天心年鉴

2021

YEARBOOK of TIANXIN

◎ 长沙市天心区地方志编纂室 编

方志出版社
Publishing House of Local Records

图书在版编目（CIP）数据

天心年鉴. 2021 / 长沙市天心区地方志编纂室编. —北京 : 方志出版社, 2021.12
ISBN 978-7-5144-5039-2

Ⅰ. ①天… Ⅱ. ①长… Ⅲ. ①区(城市)－长沙－2021－年鉴 Ⅳ. ①Z526.44

中国版本图书馆 CIP 数据核字(2021)第 265482 号

责任编辑：齐笑
责任校对：刘玉霞
责任印制：赵楚
出 版 者：方志出版社
地　　址：北京市朝阳区潘家园东里 9 号（国家方志馆 4 层）
邮　　编：100021
网　　址：http://www.zgfzcb.cn
发　　行：方志出版社图书营销中心（010-67110500）
印　　刷：湖南省日大彩色印务有限公司
开　　本：889 毫米×1194 毫米　1/16
印　　张：21.75，插页印张：2
字　　数：700 千字
版　　次：2021 年 12 月第 1 版
印　　次：2021 年 12 月第 1 次印刷
定　　价：223.00 元

《天心年鉴》编纂委员会

顾　问　　吴新伟

主　任　　周志军

副主任　　许　波　洪孟春　张　建　刘　瑜

《天心年鉴（2021）》编辑部

主　编　　周雅娴　符文滔

副主编　　李　强

编　辑　　袁　敏　范淑雷　谢上军

　　　　　罗　波　石占福

《天心年鉴（2021）》组稿人员

（按姓名笔画排序）

丁珂	万朝晖	王丹	王宁	王庆忠	王沪	王凯璐
王佳龙	王珍	王莉	王凌霞	王康	王婵	王歌
毛爱珍	毛萍	毛敏	仇玉瑜	文亮	文琼	孔伟成
石占福	龙灼尧	田谧	付余	代旭	兰菲	吕正明
任先鸿	任咏梅	任金海	任湘	刘宇昊	刘安妮	刘军
刘志强	刘芙蓉	刘灿	刘迪	刘泱溪	刘波	刘茜
刘衍	刘姣	刘健	刘晨凌	刘望	刘震	闫化忠
汤莲	许子龙	许世栋	许湘玲	孙芹	孙春平	孙喆
阳利平	阳偲	严伟	严思宇	严晋	李贞缜	李伟
李兴秋	李昌化	李凯	李俊	李浩明	李珺	李强
李群	李慧珊	李慧媛	杨娴	杨威	杨晶璆	肖婧
肖朝霞	吴刚	吴承休	吴静静	何小舟	何春利	何密
邹芳	邹盈盈	邹颖	闵家喜	汪献	沈幸	沈爱华
张一璇	张立兵	张雨玲	张洁利	张琼	张喜盛	张婷韬
张勤	张磊	陆地	陈文	陈正明	陈欢源	陈佳
陈晓宇	陈晓菁	陈婧怡	陈琳	陈楠	范诗蕊	易畅
罗兰	罗华栋	罗振杰	罗钱	周冬云	周华利	周奔
周佳	周京京	周茜	周科	周倩兰	周娟艳	周惠
周雯轩	赵一蓉	赵志芳	赵林	赵荣娜	胡外云	胡玥
胡典香	胡施扬	胡晶	柳馨娴	钟翠婷	首子航	洪波
贺路帆	骆兰莎	骆建安	袁思博	莫惠岚	夏丽莎	夏剑航
殷婷	唐卓琳	唐斌	唐媛	资贞芳	黄文思	黄雅玲
黄紫徽	黄强	黄滔	黄憬	黄巍	曹晓姣	崔博
符凤姣	梁海龙	彭伟	彭林仁	彭昱	彭莎	彭燕燕
蒋荣利	粟小霆	焦畅	鲁怡欣	曾凡人	曾凡江	游桃红
谢如薇	谢羽桉	谢昌友	谢明生	谢彦波	甄璐	雷诗意
廖丽琼	廖清影	廖惠民	廖道荣	谭巧	谭媛	熊芬
熊琛	滕秋玲	颜益阳	薛宏超			

编 辑 说 明

一、《天心年鉴（2021）》坚持以马克思列宁主义、毛泽东思想、邓小平理论、“三个代表”重要思想、科学发展观、习近平新时代中国特色社会主义思想为指导，坚持辩证唯物主义和历史唯物主义的立场、观点和方法，围绕中共天心区委、天心区人民政府的决策部署，全面、客观、系统地记载天心区自然、政治、经济、文化、社会和生态建设等方面概貌和发展情况。

二、《天心年鉴（2021）》由中共天心区委、天心区人民政府主办，天心区地方志编纂室编纂。本卷年鉴所载资料由全区各部门专人撰写、领导审核，年鉴编辑部编辑人员加工整理后再反馈原单位核对，最后由编委会定稿。

三、本卷年鉴采用分类编辑，设类目、分目、条目 3 个层次。全书设有 29 个类目，130 个分目、1097 个条目。正文体例有概况、条目、附录、图表等，书中插排彩色专版。

四、记述时限为 2020 年 1 月 1 日至 2020 年 12 月 31 日。统计资料由区统计局提供。文稿中有些部门数据，由于统计口径不同，与统计局公布的数据可能不完全一致，以统计局数据为权威数据。

五、本年鉴汉字规范按照 2013 年 6 月国务院公布的《通用规范汉字表》执行。标点符号按照中华人民共和国国家质量监督检验检疫总局、中国国家标准化管理委员会 2011 年 12 月发布的《标点符号用法》（GB/T 15834—2011）执行。数字用法按照中华人民共和国国家质量监督检验检疫总局、中国国家标准化管理委员会 2011 年 7 月发布的《出版物上数字用法》（GB/T 15835—2011）执行。

六、本卷年鉴收录县级领导，区直各部门、各单位、各街道、双重领导和垂直管理单位负责人名单，截至 2020 年 12 月 31 日，在 2020 年度职务内有任免的分别予以注明。名单最终由天心区委组织部审定。

数说天心 ·2020

❖ 总面积 **137.34** 平方千米，湘江岸线天心段长 **32** 千米，辖 **14** 个街道，**102** 个社区（村）。

❖ 常住人口 **83.62** 万人。

❖ 地区生产总值 **1120.64** 亿元。

❖ 三次产业比例结构为 **0.1 ∶ 30.5 ∶ 69.3**。

❖ 规模以上工业增加值增长 **0.9%**。

❖ 一般公共预算收入 **150.18** 亿元，其中，地方一般公共预算收入 **63.60** 亿元。一般公共预算支出 **68.05** 亿元。

❖ 固定资产投资比上年下降 **4.1%**。

❖ 城镇新增就业 **11310** 人，失业人员再就业 **6392** 人，就业困难对象再就业 **2752** 人。

❖ 社会消费品零售总额 **407.65** 亿元。

❖ 内外资招商项目（企业）**258** 个，外商直接投资 **4000** 万美元；实际到位省外境内资金 **200.17** 亿元。

❖ 各级学校 **226** 所，在校学生 **12.16** 万人，专任教师 **1.08** 万人。

❖ 高新技术产业增加值比上年增长 **8.1%**，专利申请 **3612** 项。

❖ 非物质文化遗产项目资源 **31** 个，非遗展示中心 **1** 个，文化馆 **1** 个，公共图书馆 **10** 个。

❖ 全民健身项目 **778** 项次，社会体育指导员 **208** 人，年末拥有各级社会体育指导员 **3321** 人，健身辅导站 **14** 个，公共体育场地 **1056** 个。

❖ 医疗卫生机构 **478** 个。区级注册卫生技术人员 **7942** 人，其中医生 **3242** 人，护师护士 **4700** 人。

❖ 空气质量优良率 **84.4%**，优良天数 **309** 天。

❖ 城镇居民人均可支配收入 **62293** 元。

（资料来源：区统计局）

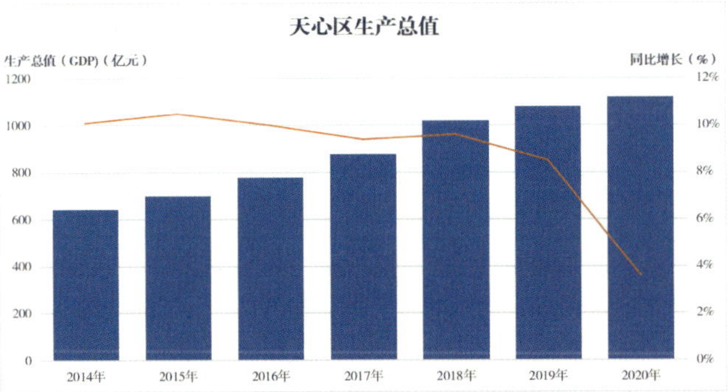

2014—2020 年 天心区地区生产总值（GDP）及增速

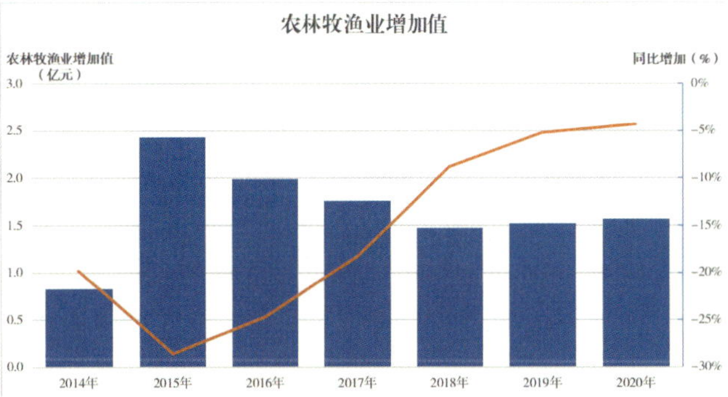

2014—2020 年 天心区农林牧渔业增加值及增速

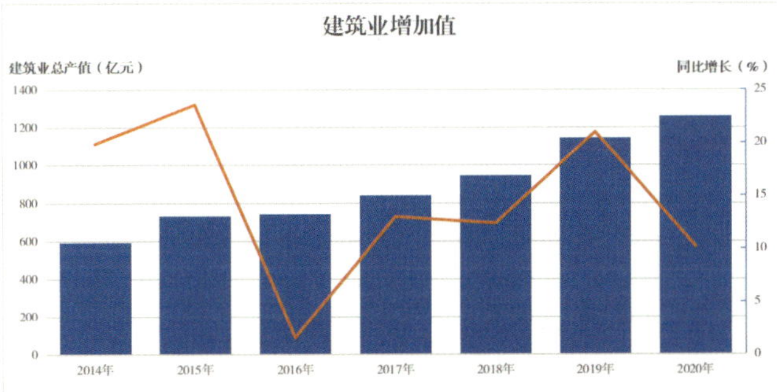

2014—2020 年 天心区建筑业增加值及增速

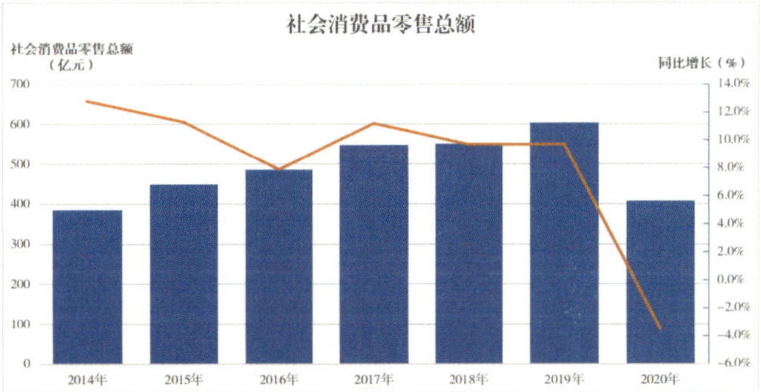

2014—2020 年 天心区社会消费品零售总额及增速

2014—2020 年 天心区常住人口数及增速

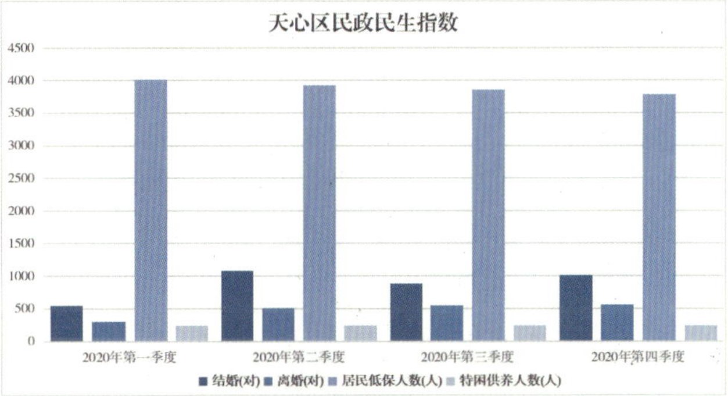

2020 年 天心区民政民生指数

（资料来源：区统计局、区民政局）

2020 年 1 月 2 日，中共长沙市天心区委务虚会议、五届八次全体（扩大）会议暨经济工作会议召开（徐　拓　摄）

2020 年 12 月 26—27 日，长沙市天心区五届人大七次会议第三次全体会议召开（杨　威　摄）

2020 年 9 月 29 日，天心区政府第五届人民政府第 42 次常务会议召开　（区政府办供图）

2020 年 12 月 26—27 日，政协长沙市天心区第五届委员会第五次会议召开　（杨　威　摄）

2020 年 3 月 25 日，中共天心区第五届纪委第五次全体会议召开 （徐 拓 摄）

2020 年 11 月 3 日，学习贯彻习近平总书记考察湖南重要讲话精神市委宣讲团报告会天心专场在区政府三楼大会议室召开 （徐 拓 摄）

2020 年 1 月 10 日，天心区“不忘初心、牢记使命”主题教育总结会议召开　　（区委办供图）

2020 年 5 月 20 日，天心区 2020 年度绩效考核工作部署暨“大干一百天实现双过半”讲评会议召开
（徐　拓　摄）

2020 年 1 月 23 日，天心区委书记朱东铁（右三）调研区疾病预防控制中心　（徐　拓　摄）

2020 年 1 月 26 日，天心区新开铺街道卡斯迪酒店迎来第一批来长人员，街道成为全省首个承担集中隔离酒店管理任务的基层组织　（新开铺街道供图）

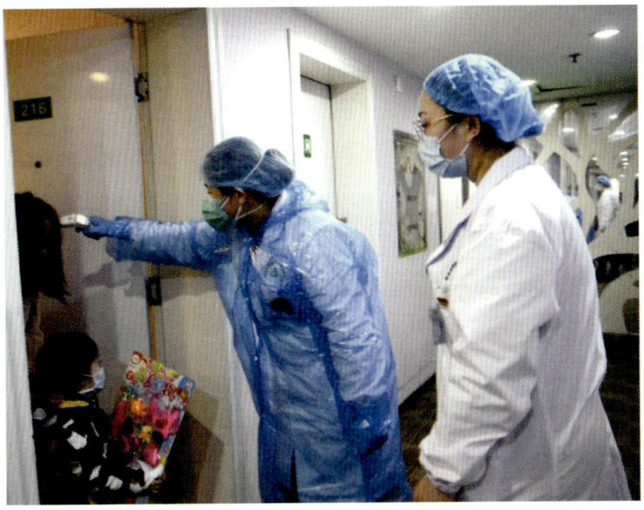

1 2

3

4

1　　2020 年 1 月 25 日（正月初一），天心区启用定点酒店安置疑似人员，推出密切接触者集中隔离措施。图为医务人员上门测量体温

2　　2020 年疫情期间，天心区抽调 700 余名干部下沉基层防控一线，发动党员、群众及志愿者 5 万余人次，累计排查近 100 万人次

3　　2020 年疫情期间，天心区开展核酸检测超 12 万人次

4　　2020 年疫情期间，天心区市容环境卫生维护中心公共垃圾站厕清扫员对公共站厕每天至少 6 次消杀

（区政府办供图）

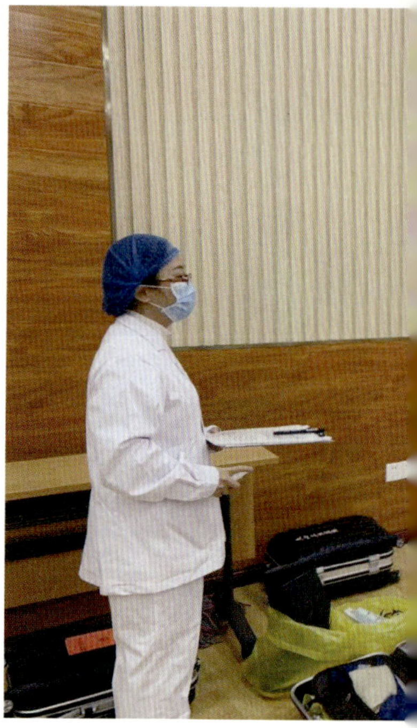

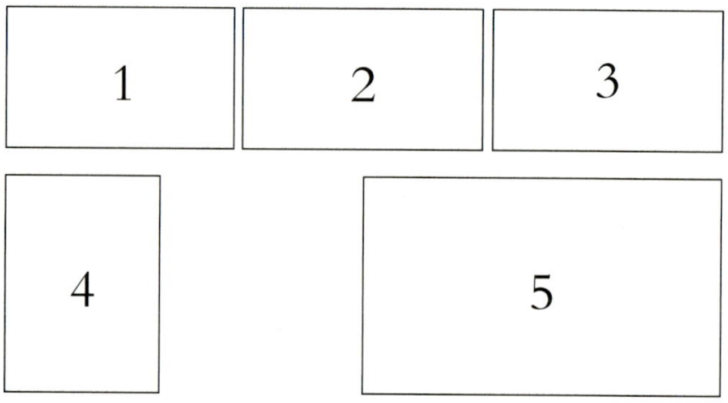

1　　2020年，天心区金盆岭街道文艺志愿者书写防疫作品，助力抗击疫情

（金盆岭街道供图）

2　　2020年1月10日，天心区率先在全区组织开展不明原因肺炎应对演练

（区卫健局供图）

3　　2020年2月4日，湖南鑫远投资集团向天心区捐款400万助力抗击疫情

（区政府办供图）

4　　2020年2月21日，天心国资公司成立天卫医疗用品有限公司，是年3月投产，日产一次性口罩30万只　（天心国资公司供图）

5　　2020年11月30日，湖南省抗击新冠肺炎疫情表彰大会在长沙举行，天心区2个集体、5名个人获国家、省级表彰

（区政府办供图）

湖南鑫远投资集团
湖南鑫远投资集团有限公司向天心区红十字会捐赠
人民币400万元整
用于天心区新型冠状病毒肺炎的疫情防控

南省抗击新冠肺炎疫情表彰大会
光荣

酒店
天天购物消费季
开心暨天心汽车消费节

1　2　3　4

5

1—4　2020 年，天心区选派驻企联络员联系服务企业 5493 家。减免企业税款 8.79 亿元、社保费用 8.6 亿元，拨付企业各类奖补资金 2.5 亿元；率先开放农贸市场、大型商超及文娱场所，率先推动早餐店、理发店复工复产

5　2020 年 3 月 14 日，天心区率先全省启动有奖促销购物消费季，促进复工复产，图为天天开心购物消费季暨天心汽车消费节启动仪式现场

（区政府办供图）

2020 年 9 月 9 日，天心区“天心青英汇之青年企业家的传承与创新”主题沙龙举行　（团区委供图）

2020 年 9 月 15 日，天心区软件产业高峰论坛举行　（区工信局供图）

2020 年 4 月 2 日，天心区 24 小时自助办税服务厅揭牌，拉开天心税务第 29 个全国税收宣传月活动序幕 （罗 钱 摄）

2020 年 7 月 17 日，百度 ARM 云手机产业基地在天心经济技术开发区落地揭牌 （区政府办供图）

2020年10月29日，天心区委书记刘汇（左二）实地调研精准扶贫产业发展情况　（杨　威　摄）

2020年9月22日，天心区委副书记、区长黄滔（右）调研洛塔乡精准扶贫项目—锥栗生长情况（徐 拓 摄）

2020年，天心区313户建档立卡贫困户实现稳定脱贫，35户贫困户危房应改尽改，零就业贫困家庭100%动态清零　（区政府办供图）

2020年，天心区贫困户全部纳入基本医疗、大病保险和医疗救助　（区政府办供图）

2020年，天心区消费扶贫智能柜试点工作获湖南省推广　（区政府办供图）

2020年，天心区安排对口帮扶资金4300万元，打造迷迭香、华南锥栗、“侗嫂”等重点特色产业项目20余个　（区政府办供图）

目 录

专 文

大事记

概 览

自然地理

人口 民族

建置 区划

国民经济和社会发展

精神文明建设

中共天心区委员会

综　述

重要会议

区委办公室工作

组织工作

宣传工作

统一战线工作

机构编制

党校教育

档案史志

天心区人民代表大会

综　述

重要会议

天心区人民政府

综　述

重要会议

民生实事

政府办公室工作

行政审批与政务服务

信访工作

“两型社会”建设

中国民主建国会长沙市天心区工委

中国民主促进会长沙市天心区工委

中国农工民主党长沙市天心区工委

中国致公党长沙市天心区工委

九三学社长沙市天心区工委

群众团体

总工会

共青团

妇　联

科　协

工商联

法　治

政法委及综治工作

公　安

·交通管理·

检　察

法　院

司法行政

公共工程建设

城市建设投资开发

国资经营

城市管理和行政执法

·城市管理综合执法·

·环境卫生维护·

步行商业街管理

交通运输

生态环境保护

综 述

环保审批与政务服务

生态环境管理

大气污染防治

经济综合管理

宏观经济管理（发展和改革）

审计监督

统　计

应急管理

消防救援

市场监督管理

农业　林业　水利

综　述

农　业

财政　税务　金融

财　政

税　务

金　融

长沙农商银行天心支行

长沙农商银行湘江支行

教育　科学技术

教　育

科学技术

文化　旅游　体育

综　述

文　化

旅　游

旅游景点

体　育

卫生医疗

卫生行政

卫生监管

疾病预防控制

妇幼保健

社会生活

人力资源和社会保障

民政事务

民族宗教事务

退役军人事务

残疾人事务

医疗保障

人居环境管理

园区建设

长沙天心经开区

长沙天心文化（广告）产业园

街　道

坡子街街道

城南路街道

裕南街街道

金盆岭街道

赤岭路街道

新开铺街道

文源街道

桂花坪街道

青园街道

黑石铺街道

大托铺街道

先锋街道

暮云街道

南托街道

荣誉榜

统计资料

附　录

组织机构及负责人名录

重要文献

文件选录

新闻媒体报道

索　引

天心区"十三五"发展纪实

"十三五"时期是长沙市天心区全面建成小康社会和基本实现现代化的关键阶段，也是天心区经济社会发展极不寻常的五年。面对错综复杂的国内外环境和改革发展稳定任务，面对经济下行压力加大，特别是2020年突如其来的新冠肺炎疫情的不利影响，天心区始终坚持新发展理念，通过实施"北提南进、服务引领、民生造福"发展战略，推动了该区经济实力不断增强、产业结构优化升级、居民收入稳步提升、社会保障日益完善。

综合实力迈上新台阶

实现地区生产总值1120.64亿元，突破千亿大关，比"十二五"末增加419.88亿元，年均增速9.8%；完成一般公共预算收入150.2亿元，比"十二五"末增加48.1亿元，年均增速8.0%，其中，地方一般公共预算收入63.60亿元，增加23.46亿元，年均增速9.6%；税收收入登上百亿元台阶，占一般公共预算收入比重达87.3%，比"十二五"末提升4.6个百分点；三次产业结构比由"十二五"末的0.4 ∶ 34.1 ∶ 65.5调整为2020年的0.13 ∶ 30.54 ∶ 69.33；实现服务业增加值776.91亿元，同比增长3.8%，财税贡献率超过75%；纳税过亿元的楼宇呈稳步增长态势，该区税收过亿元楼宇达19栋，为长沙市最多。成功跻身全国城区高质量发展水平百强区排名第64位。

产业转型再获新突破

坚持把现代服务业作为产业发展主导方向，全力抓好商贸物流、现代金融、文化创意、地理信息、健康医疗、旅游休闲六大产业发展，基本形成了以"现代服务业为主要形态，楼宇经济为重要载体，六大产业特色鲜明"的发展格局。五一商圈持续繁荣，夜间经济、网红经济蜚声全国；长株潭商圈不断壮大，数字经济、5G、人工智能、大数据中心等新基建项目抢滩布局。金融集聚效应明显，2020年年底，金融业税收占比从"十二五"末的21.7%上升到40%，成为该区第一大税源。天心文化（广告）产业园获批全国版权示范园区，引入国家知识产权局长沙商标受理窗口、中华版权代理总公司长沙工作站等平台助推文化产业发展。积极推进医养结合，爱尔眼科总部等一批重点项目加速建设。大力推动文旅融合，精心打造了西文庙坪等一批历史文化街区。天心经开区、文化（广告）产业园完成整合；绿心地区361家工业企业全部退出。第三产业占比提升了3.8个百分点。

营商环境实现新提升

发展环境持续优化，形成“一日一制一景三中心”（区长企业接待日，区领导联系走访服务企业制度，应用场景推广，企业服务中心、园企产销对接服务中心、夜间经济服务中心）常态化营商环境机制。率先湖南出台“天心营商环境30条”，率先湖南成立区级企业服务中心，开通24小时企业服务与全球招商热线和智慧营商平台，全省首推“区长企业接待日”，建立区领导联系服务走访企业制度。全面推进“最多跑一次”改革，1349项事项实现“最多跑一次”；打造“无人政务超市”，推出24小时自助政务服务厅；率先湖南推出“工商登记立等可取”服务，实行“容缺受理”政务服务事项57个；实施“瞪羚企业培养计划”，建立长沙市首个区域信贷“白名单”制度。扎实推进社会信用体系建设，实施公平竞争审查制度；率先出台人才新政配套实施细则，大力推进高精尖人才向天心集聚，不断激发创新创业活力。夜间经济服务中心、绿心工业企业退出转型升级成功入选《中国营商环境报告2020》。

城市品质展现新面貌

地铁1号线、2号线、4号线、长株潭城际铁路、芙蓉南路快改、湘府路快改顺利通车，桂花坪路、园艺路等22条道路拉通，新建和改造农村公路117千米；新韶山南路、西湖路、圭白路等6条主次干道加快建设，暮云片区“四纵六横一环”路网不断完善。地铁尚双塘站、城铁先锋站、暮云站、芙蓉南路站市政配套建设全面完成。完成棚户区改造13197户，面积约155.94万平方米，累计筹建保障房1201套。完成芙蓉南路、赤岭路等95个社区（老旧小区）提质提档。新改建农贸市场16个、停车场95个，改造人行道81.24千米、自行车道118千米、历史文化步道25.01千米、健身步道33.4千米。新建公共厕所13座、垃圾站12座。电力“630攻坚”成效明显，城南220千伏输变电工程成为长沙市电网建设典范。

图1　天心区全面推进“最多跑一次”改革

（区政府办供图）

生态保护取得新成效

建成先锋公园、红旗绿化广场、滨江公园三期等公园（游园）32个，新增绿地272.2公顷；完成水、气、声、噪污染防治项目136个，该区空气质量优良天数比例持续增加；全面启动“河长制”，黑臭水体基本消除，重点流域水质持续稳定达标，饮用水水源保护区水质100%达标；完成暮云污水处理厂提质扩容，城区污水处理率达99%；推进清洁能源改造，该区实现散煤“清零”，餐饮单位油烟净化设备安装率达100%；强力推进生活垃圾分类减量，率先长沙市实现生活垃圾分类社区全覆盖；开展农村环境综合整治，该区规模化畜禽养殖户全部退出；全力推进“美丽三园”建设，打造了沿江村、许兴村、大托新村等一批美丽乡村示范点。

民生保障彰显新作为

坚持以民为本，2020年民生支出占一般公共预算比重由“十二五”规划末的75%提高至81%。全区城乡居民人均可支配收入达62293元，居湖南省第二，较“十二五”规划末年均增长近4000元；城镇新增就业5.6万人，城镇登记失业率五年均低于4%的“十三五”规划控制目标；拥有中小幼各类学校226所，教职工10809人，在校学生和入托儿童121590人，分别较“十二五”规划末增加了66所、5060人和51505人，该区国民平均受教育年限达11.5年，义务教育完成率100%；成功创建为国家慢性病综合防控示范区、全国基层中医药服务示范区，该区拥有医疗卫生机构479个，区级注册卫生技术人员7942人，分别较“十二五”规划末增加了10个和2214人；拥有非物质文化遗产项目资源

图 2　天心区持续推进生态环境保护

（区政府办供图）

31 个，“非遗”展示中心 1 个，公共图书馆 10 个，示范性社区（村）综合文化服务中心 93 个，分别较“十二五”规划末增加 15 个、1 个、7 个、31 个；完成区级社会福利中心建设，建成日间照料中心 12 家，新建居家养老服务中心 27 个；结对帮扶浏阳市张坊镇富溪村、龙山县洛塔乡、怀化通道侗族自治县，全面完成脱贫攻坚任务。

社会事业开创新局面

严格落实安全生产责任制，不断健全公共安全体系，认真开展重点领域的安全监管，严厉打击各类安全生产非法违法行为；积极构建食品安全长效监管机制，成功创建国家食品安全示范城区。加快推进“法治天心”建设，法律服务供给不断完善，建成区公共法律服务中心，街道、社区（村）公共法律服务实现全覆盖，先后被评为全国法治创建活动先进单位、全国法治宣传教育先进区。积极化解信访积案，加强社会治安综合治理，成功创建全国和谐社区建设示范城区。全面推行网格化管理，成功获批全国社区治理和服务创新实验区，着力打造基层治理体系和治理能力现代化的“天心样板”。深入开展文明城市创建，志愿服务常态化有序推进。

（区发改局　区统计局）

紧扣“供给侧”改革打造夜经济先行示范区

夜间经济是城市经济在第二时空的进一步延伸，对于拉动消费升级、增加社会就业、带动经济增长至关重要。2020 年，天心区紧扣“供给侧结构性改革”，依托五一商圈等核心商圈，持续做强夜经济产业基础取得显著成效。网易财经等发布的疫情后消费“满血复活”指数显示，包括上海、深圳、杭州、长沙等在内的全国 11 个核心城市最核心商圈客流量，上海领跑，长沙五一商圈位居第二。中国政府网发布国务院《优化营商环境条例》实施情况第三方评估发现的部分创新举措，长沙市“以主动服务促进夜间经济发展”的创新举措入列“国家经验”名单，重点肯定了天心区建立夜间经济服务中心的创新举措，且为获表彰地区唯一以区级工作入选的案例。

建章立制打造“安全”夜间经济

出台《服务夜间经济十二条》《促进夜间经济发展十条》等专项政策，完善夜间经济食品安全、治安和经营秩序等配套管理措施，严格监督检查，为夜间消费和夜间经济发展提供安全制度保障。组建六支巡逻队伍，加大该区夜间巡逻防控力度，提升夜间见警率、织密防控网络，年内，五一商圈刑事案件、扒窃案件、侵财案件分别比 2019 年下降 56.28%、64.7%、48%。深度展示大都市核心商圈城市警察日常工作警务纪实观察类真人秀《星城卫士·守护解放西》第一季、第二季均在全网取得高口碑，总播放量超 1.2 亿次，B 站评分达 9.8 分，301.6 万系列追剧。

图 3　天心区持续完善配套设施服务夜间经济（区政府办供图）

优化服务打造“暖心”夜间经济

在黄兴南路步行街成立湖南省首个“夜间经济服务中心”（简称“服务中心”），开通“夜间经济”公共服务热线。每晚 20:00 至次日凌晨 2:00，服务中心采用驻点办公与巡查办公相结合的方式，由该区区委、区政府、区人大、区政协 26 位区领导轮值“夜间管家”，区发改局、区民政局、区商务局等 12 个部门轮班驻点、多方协调联动，确保夜间经济工作服务到位。此外，服务中心还为市民游客提供便民医疗、公共雨伞、信息咨询等服务，营造温暖舒适的夜间消费环境。年内，服务中心累计受理、化解各类纠纷 810 余起，为市民、游客提供帮助、救助 490 余次，形成良好社会效应。

完善配套打造“便捷”夜间经济

全面优化市政、环卫设施，夜间经济繁荣地带和重点商圈周边实现 24 小时清扫保洁。合理优化五一大道地铁站周边交通路线，打通交通微循环，彻底解决地铁站人流车流拥挤问题；整合商圈周边 13 条公交线路，延长 4 条线路运行时间至凌晨 2 时；组织哈啰出行等公司累计在商圈投放共享单车、助力车 3 万余辆，实现重点区域共享单车、公共汽车与轨道交通顺畅接驳。同时，以配建停车场为主体、公共停车场为补充，加快完善夜间停车配套，累计在五一商圈新增停车位 600 余个，长株潭商圈新增停车位 1300 余个，解放西路酒吧街、太平历史文化老街、奥特莱斯购物中心周边停车压力有效缓解。

包容创新打造“开放”夜间经济

在率先湖南省完成5G基础网络全覆盖基础上，进一步完善 5G 等公共通信设施建设，引入商圈新零售，在商圈范围内开展 5G 智慧街区建设，推广移动互联网新兴支付方式，引领夜间消费新风尚。创新推出街头艺人“持证上岗”模式，推行“四容许”“五统一”夜市管理模式，在法律法规允许范围内，降低夜间经济经营主体准入门槛，简化审批程序。出台《市场监管领域市场主体轻微违法实施告知承诺制度》，对市场主体首次、轻微且未造成明显危害后果的违法行为实行柔性执法和审慎包容监管，带动商家入市、群众逛市。

深化内涵打造“品质”夜间经济

投入 31.85 亿元（含征收资金），同步推动城市有机更新与五一商圈提质改造互利共生，助力餐饮、文化、旅游、娱乐等业态协同发展，构建线上线下互动、服务体验融合、商旅文体协同的产业生态。其中，开展“拾老城烟火”老长沙文化征集活动，征集老物件、老故事 4000 余件；保护修缮文物和历史建筑 131 处、留住老街巷名 50 余处；太平街打造“前行美术馆”等一批文化企业，两厢支巷各类门店营业额普遍增加约 15%；联合“喜马拉雅”，成功建成黄兴路“有声步行街”项目，让市民游客获得“走过一条街，听见一座城”的实景体验。同时，将太平街、黄兴南路步行街、天心阁（高正街）等

图 4　天心区汽车消费节期间，汽车 6S 街区销售人员每日直播售车（桂花坪街道供图）

管委会从街巷管理拓展为街区管理，提高更新街区的常态化、精细化、科学化管理水平，促动五一商圈娱、购、游环境整体升级。

提亮特色打造“网红”夜间经济

积极应对疫情冲击，大力开展系列主题活动促消费、凝人心、聚人气。年内，先后开展“天天开心购物消费季暨天心汽车消费节”、天心区首届网红嘉年华暨夜经济博览会、“步行街首届黄金珠宝节”“诗意天心·庆五一”诗词大会等大型商业活动30余场、公益活动、主题活动20余场，全力助推复工复产、复商复市，以城市烟火气恢复提振生产、消费信心，获中办国办复工复产调研工作组充分肯定。经统计，汽车消费节期间，汽车销售额同比增长30%；黄金珠宝消费节期间，各企业销售额较疫情期间增加180%—220%。2020年国庆长假期间，黄兴南路步行街客流量达到平时5倍以上，五一商圈消费同比增长30%—35%，其中夜间消费超五成。

（孙　喆）

天心区抗击新冠肺炎疫情纪实

突如其来的新冠肺炎疫情发生以来，天心区认真落实中央、省委、市委决策部署，坚持“思想不松、机制不变、队伍不散”“外防输入、内防反弹”的防控策略，统筹推进疫情防控和经济社会发展。年内，该区先后抽调700余名干部下沉基层防控一线，发动党员、群众及志愿者5万余人次，累计上户摸排近100万人次，开展核酸检测超12万人次。2月16日，该区实现新增确诊病例清零。且连续10个月无新增病例。天心区成为长沙市内五区第一个被评定为中风险B、C类的城区，有2个先进集体、5名先进个人获国家、省级表彰。

应变迅速筑牢防控保障

1月10日，天心区在湖南省率先开展了不明原因肺炎应急处置模拟演练，16日召开不明原因肺炎防控会议，24日（除夕）上午在长沙市率先启动重大突发公共卫生事件一级响应，25日（大年初一）晚，区委常委会决定该区四大班子、街道党政班子、相关区直部门班子和社区（村）干部取消休假，各街道联点区领导到一线蹲点调度。疫情防控应急阶段，区疫情防控指挥部下设综合、医疗救治、疫情防控、摸排管控、舆论宣传、后勤保障、复工复产、督查问责8个工作组每日统筹调度，取得了疫情防控阻击战阶段性胜利。疫情防控进入常态化阶段后，该区结合自身实际，着手建立健全防控机制：由天心卫健部门主管，各街道、纪委监委、组织、宣传、统战、政法、教育、工信、公安、民政、财政、人社、交运、农业农村、文旅体育、应急管理、城管、市场监管、医保部门以及人大、政协和群团组织各司其职，开展联防联控，新增隔离组、外事组、数据组3个专班开展工作，坚持“日报告、周调度”，确保了防疫工作有条不紊地开展。天心区是湖南省最早拨付抗灾专款、储备防疫抗灾物资的区县。1月24日为应对新冠肺炎疫情突发，拨付200万元防控专项经费，其中，区卫健局拨付40万元，区公安分局拨付20万元，各街道共拨付140万元。2020年天心区共投入疫情防控资金8100万元，区红十字会接收抗疫捐款751.7万元，抗疫物资价值206.3万元，保障了疫情防控工作的顺利开展。该区第一时间启动应急物资的紧急采购工作，全年共采购一次性医用口罩80万只，医用N95口罩1.8万只，一次性防护服 1360 套，护目镜 2260 副，红外体温枪 2300 个，84 消毒液 25 吨，酒精 20 吨，为疫情防控工作有序开展提供了后勤保障。

多措并举落实防控举措

紧盯重点区域、重点部位、重点人群，强化酒店、宾馆等人口密集场所排查筛查，累计摸排在区人员近百万。疫情防控应急阶段，天心区即在城铁先锋站、暮云站、芙蓉南站等 6 个入城口设置了医学排查点，先后派出医疗机构 30 家，医务人员 370 余名，严查严控过往车辆和人员，共排查 6.7 万余人次；大数据核查专案组全力做好长沙市数据分析组每日下发数据的核查工作，确保大数据核查“日清日结”，共核查数据 6 万余条。1 月 25 日，该区率先启动定点隔离酒店，先后征用湖南荣军医院、长沙融城医院部分场所为密切接触者的定点隔离场所，累计医学观察近 400 人；先后选定卡斯迪酒店等 10 余家定点隔离酒店，累计集中隔离医学观察 700 余人。在长沙市内五区，率先实施小区封闭式管理，一级应急响应期间，全区 334 个小区实现出入体温测量设置全覆盖。严格“外防输入”的闭环管理，对境外、中高风险地区到天心区人员以及健康码“红码”“黄码”人员主动监测；11 月 19 日、12 月 3 日、12 月 17 日、12 月 31 日，按照长沙市防指统一安排，天心区连续接待 4 架次肯尼亚内罗毕—长沙的国际客运航班，按照预先制定的《天心区疫情期间国际客运航班来长旅客防控接待工作方案》，区委、区政府主要领导挂帅，综合协调组、机场转运组、防疫医疗组、隔离酒店组 4 个工作组各司其职。提前选定一家定点隔离酒店，实行酒店分层分区管理，由隔离酒店组选派后勤专班、安保专班进驻酒店；区卫健局择优选派医护人员参与机场转运和进驻酒店；区疾控中心对所有参与航班接待的人员进行防疫培训，严防交叉感染。实行核酸检测关口前移，全区对密切接触者、发热门诊患者、医疗机构工作人员等八类对象做到核酸检测“应检尽检”，累计检测超 6 万次；其他人员实施“愿检尽检”，累计核酸检测采样 10 万人；对农贸市场、生鲜超市、网吧、娱乐演艺等重点场所从业人员采取政府适当补贴的方式，加大核酸检测力度，累计检测近万人次。加强外环境新冠病毒监测，从 7 月起，该区确定涵盖超市、餐饮、农贸市场、企业、医院等各行业的 15 家单位作为监测哨点，建立一支拥有 150 余名采样人员的外环境监测队伍，每周一次对哨点进行采样监测。为避免交叉感染，2 月 6 日，该区联合微医互联网总医院开启免费问诊网络平台，有头疼脑热等轻微症状的患者可以到平台上向专家咨询，再酌情考虑是否需要及时到医院就诊；市民通过扫二维码或使用微信搜索功能搜索“微天心”微信公众号进入公众号，在底部菜单栏“电子政务”找到“免费问诊”菜单点击即可进入免费问诊，还可以获知最新疫情动态，了解防疫知识。

图 5　2020 年疫情防控期间，天心区多措并举落实防控措施　（区政府办供图）

统筹推进确保大局稳定

选派驻企联络员联系服务企业 5493 家，减免企业税款 8.79 亿元、社保费用 6.5 亿元，拨付企业各类奖补资金 2.5 亿元；辖区内 500 余家超市（市场）、26 家农贸市场、400 余家药店开业，民生得到保障；在做好疫情防控的前提下，成功举办了汽车消费节、黄金珠宝购物消费节、数码消费节等月 10 余次节会活动，大力刺激消费。认真研究制定学校开学方案，教育、卫健、市场监管及街道参与开学联审，分类分批有序推进复学复课；所有返校入学上岗的3万余名师生员工完成电子健康码的申领，对 1800 余名教职员工进行了核酸检测，全力做好“三考”及“自考”期间防疫工作，全力保障师生健康。对重点场所，督促落实体温检测、健康码查验等举措；做好冷链食品相关企业和农贸（集贸）市场常态化防控。加强医疗机构院管院控工作，指定长沙市三医院为医疗机构发热门诊，严格发热门诊管理和各类医疗机构管理；落实首诊责任制，充分发挥医疗机哨点作用；严格执行探视和陪护管理制度，对发热门诊患者、新住院患者及陪护人员、医疗机构工作人员一律开展核酸检测大筛查，做到“应检尽检”。

常抓不懈筑牢防控防线

按照市防指要求，结合天心区实际，建成核酸检测机构2家，签约第三方机构3家，培训核酸采样人员260人，预留应急检测场地共382个；组建5支区级流行病学联合调查组，42支街道流行病学调查小组，95支社区流调协查员队伍；组建1支区级专业消杀队伍，95支日常消杀队伍，均已进行专项业务培训；储备不少于30天用量的物资，其中，医用口罩10万只，医用N95口罩6000只，一次性防护服200套；签约1家酒店作为隔离场所；开展2次区级大型应急演练。压实疫情防控政治责任，织牢“区—部门—街道”三级督查网络，由区防指督查问责组牵头，加强对各部门和街道督查；强化行业管理，由各部门对所管行业进行督查；压实属地责任，各街道对社区（村）进行督查。对于防控工作中履职不力的严肃问责，督促三级联动主体责任落地落实。加大正面宣传力度，在中央电视台、《人民日报》、《湖南日报》、湖南卫视等中央、省、市主流媒体推介新闻信息2000余条。通过全区500余个播音小喇叭、宣传车、广播，利用辖区120余块电子屏，悬挂2200余条横幅，印制发放30万余份宣传册（单），全面开展防疫知识宣传；组建专业团队，加强居民心理疏导。深入开展爱国卫生运动、环境卫生整治行动，引导公众保持良好卫生习惯。有序开展新冠肺炎疫苗接种和重点人群核酸检测“应检尽检”工作，筑牢疫情防控严密防线。（符凤姣）

图6 2020年疫情防控期间，天心区统筹推进疫情防控措施（区政府办供图）

建设社工站升级版 打造民生服务新平台

天心区地处湖南省会长沙南大门，是全国和谐社区建设示范城区、全国首批社工人才队伍建设试点示范区、全国社区治理和服务创新实验区。2020年，该区坚持把社会工作和社工人才队伍建设作为加强社会治理创新的重要组成部分，建机制、强保障、优服务，建立以区级社工总站为指导、街道社工站为骨干、社工下沉社区网格的“三位一体”社会工作格局，打造民生服务和社会治理新平台。

加强站点建设

将社工站列为该区“重点民生工程”，安排736万元用于站点建设，建立1个区级指导服务平台、14个街道社工站，按照每个站点配置2名专职社工的标准，设置30个专业社工岗位。落实社工站阵地达标化的要求，明确场地面积标准，配备办公设备，统一服务标识，做到了服务场地、设施设备、人员力量“三个到位”。

图 7　2020 年 11 月 10 日，天心区组织开展社工成长训练营　（区民政局供图）

健全机制体系

在湖南省率先设立区级社会工作局，出台了《社会工作专业人才队伍建设中长期规划》。制订《天心区街道社会工作服务站项目的实施方案》《天心区街道社工站管理和绩效评价办法》等制度，规范社工站建设、运营、发展、评估等工作。编制《天心区街道社工站运营操作手册》，明确民政、街道、承接机构三家职责，完善民政出资金、给政策、抓监督，街道出场地、给支持、抓保障，承接机构做项目、育人才、抓服务的发展体系，共同务实功、见实效。

壮大人才队伍

建立社工准入、培训、管理、使用的“全链条”，将社工人才队伍纳入党管人才范围，明确社工持证激励、购买专业服务等政策支持，并连续十一年举办天心区社工节，真正让社工有舞台、有成长、有激励、有尊重、有希望。截至 2020 年，该区持证社工 900 余人，在湖南省各区县中最多，为该区社会工作事业蓬勃发展打下坚实的基础。

凝聚工作合力

积极引导专业社工融入“一圈”（社区 15 分钟生活服务圈）、“一格”（社区网格），在每月 28 日“网格化指导员下访日”，与全区 549 名科级干部组成的网格指导员队伍一起，深入 435 个网格，开展社工服务，实现“社工站在社区、社工在小区、服务在基层”。将社工站开展专业服务与推进社区治理创新相结合，打造了裕南街街道“三社联盟”、城南路街道“城南 580”、赤岭路街道“微协商”、黑石铺街道“黑石聚力会”等社工协同居民自治项目，培育了“八大员”志愿者协会、“五老”义务管家团、九理事志愿者协会、满嗲和谐邻里工作室等社区治理工作品牌，在全区构建了共建共治共享的生动局面和治理格局。

回应群众期盼

以社会救助、困难帮扶、养老服务、困境儿童关爱为主要领域，着力打造居民群众“家门口”的民生服务站。启动“爱心天心”困难帮扶工程，发动社工志愿者链接社会力量，寻找爱心资源，结对帮扶重病低保户、困难残疾人、独居老年人等特殊困难对象 1013 户，落实帮扶资金 1155 万元。同时，依托社工站打造了金盆岭“金福工程”、新开铺“爱满心桥”、青园“小巷汇爱”、文源“源圈”等一批个性化、多元化帮扶品牌。年内，累计服务群众 8 万余人次。

（孙　喆）

1月

2日　天心区委副书记、区长黄滔在“区长企业接待日”接待长沙市体育产业经营有限公司、阳光财产保险股份有限公司长沙中心支公司、天健会计师事务所（特殊普通合伙）湖南分所、湖南七宝商务服务有限公司、华新项目管理集团有限公司（总部）5家企业，面对面听取企业发展诉求，协调解决企业在发展过程中遇到的困难和问题。

3日　天心区蓝天保卫战工作推进会暨2020年蓝天保卫战工作领导小组第一次会议在区委常委会议室召开，黄滔主持会议，区委书记朱东铁出席会议并讲话。

是日　天心区大气污染国控质量监测站点监测结果公布：2019年天心区空气优良天数278天，优良率达76.4%。优良率、臭氧浓度改善率排名市内五区（芙蓉区、天心区、岳麓区、开福区、雨花区）第一，超标天数、中度污染及以上天数为长沙市内五区最少。

7日　天心区首张IC卡式道路运输电子证件发出。

8日　天心区南托街道欣南社区正式揭牌成立，辖区面积3.18平方千米，常住人口约1.28万人。

是日　天心区农业农村局与中国建设银行长沙芙蓉支行正式签约，双方共同建设天心区农村集体产权管理信息平台。副区长洪孟春出席签约仪式。

10日　湖南省委常委、长沙市委书记胡衡华到天心区豹子岭生鲜市场检查市场供应工作，详细了解蔬菜、禽畜、水产品的市场供应保障情况。市领导谢卫东、廖建华、邱继兴参加检查。区领导朱东铁等陪同。

是日　天心区向市委主题教育第五指导组汇报会在区委常委会议室举行，区委常委、组织部部长张界贻代表区委主题教育领导小组作情况汇报，朱东铁主持会议。市委主题教育第五指导组组长杜中塔等领导出席并讲话。

是日　长沙市委常委、组织部部长张宏益带队到天心区督查安全生产工作。朱东铁、黄滔等陪同。

13日　天心区2019年度绩效考核述职测评会议在区政府三楼大会议室召开，朱东铁代表班子述职，黄滔主持会议。市绩效考核区县（市）考核组组长、市委组织部副部长、市公务员局局长王瑜珲参加大会并作动员讲话。

是日　“墨韵湖湘·醉美天心”浮石书画暨浮石文创品展在长沙天心文化（广告）产业园举行，黄滔到会并致辞。

15日　长沙市委常委、常务副市长夏建平走访慰问困难企业和困难群众。朱东铁、黄滔参加慰问。

是日　国家知识产权局商标局局长崔守东一行在全国商标受理窗口工作座谈会期间，专程到长沙天心文化（广告）产业园参观调研。省市场监督管理局党组成员、省知识产权局局长段志雄，天心区黄滔陪同调研座谈。

18日　2020年度长沙火宫殿城大庙会在天心区坡子街正式启动。

23日　朱东铁主持召开新型冠状病毒感染的肺炎疫情防控工作会议。区委常委、区人大常委会主任、区政协主席、政府副区长参加。

24日（除夕）　天心区在湖南省区（县、市）中率先启动、部署重大突发公共卫生事件一级响应相关工作。

25日（正月初一）　天心区委常委会决定：为应对新冠病毒肺炎疫情，区四大班子、街道党政班子、相关区直部门班子和社区（村）干部取消休假，各街道联点区领导到一线蹲点调度，靠前指挥。

27日　张宏益到天心督导疫情防控并检查坡子街街道坡子街社区、金盆岭街道天剑社区防疫工作。朱东铁、黄滔参加。

29日　湖南省副省长陈飞到天心区兴马洲渡口督查春运疫情防控工作。

30日　天心区研究相关酒店防疫工作。

2月

1日　天心区紧急招募第一批医疗志愿者36名，经过快速培训，于2日正式上岗，奔赴各社区（村）为居民群众提供医疗志愿服务。该批志愿者年龄在20岁至60岁之间，大部分是来自大型专业专科医院的医务工作人员。

3日　朱东铁主持召开研究隔离病房、医护力量保障工作会议，黄滔，区委常委、区委办主任侯向宇，副区长黄会参加。

是日　天心区辖区湖南国际华远装饰有限公司收到紧急支援武汉雷神山医院建设施工的通知，8个小时内，公司工程部副经理兼公司党支部书记李新胜带队，22名人员紧急集合，奔向武汉。

4日　湖南鑫远投资集团有限公司向天心区红十字会捐赠400万元，用于天心一线疫情防控。

是日　天心区为该区开学延期的幼儿园推出各类符合幼儿成长的视频、音频、文档等资料，供各幼儿园共享。

5日　湖南省委疫情防控第一指导组到天心区督导疫情防控及复工复产工作。黄滔参加。

6日　胡衡华到天心区督查疫情防控工作，朱东铁等陪同。

7日　天心区疫情防控物质捐赠仪式在区疫情防控指挥部举行。黄滔，区委常委、常务副区长周志军等区领导参加。

9日　长沙王府井百货开门迎客（商场电影院及餐饮门店除外），营业时间为10:00—18:00，五一商圈大型商场复工开启。

10日　天心区各中小学校启动线上“陪伴”学习模式。

11日　天心区对口帮扶龙山县洛塔乡工作队带着6万株锥栗苗，到龙山县洛塔乡，帮扶当地群众发展能长期受益的锥栗产业。

15日　朱东铁组织召开防疫期间便民服务工作碰头会。周志军，区委常委、统战部部长刘向，侯向宇，黄会，副区长许波、张建参加。

16日　中央电视台《新闻联播》对天心区推动企业复工复产经验进行报道。

是日　深化中共十九届四中全会精神宣讲暨建设学习型城区“五个一”活动成果汇报会在区政府三楼大会议室召开。

17日　辖区周记、和记、新华楼、公交新村、易裕和、民间沙水、杨裕兴、多鱼鱼粉、本草原味粉、四喜馄饨、好粉道、牛聋子12家米粉店，通过餐饮业复工申请，恢复营业。

18日　湖南省副省长陈文浩、长沙市副市长刘明理到天心区调研检查疫情防控工作。长沙市副市长、天心区委书记朱东铁、黄滔等领导陪同。

是日　中央电视台《新闻直播间》播出天心区“限流”吃粉理发，店面有序复工营业新闻。

21日　朱东铁调研园区疫情防控和复工复产工作，侯向宇参加。

24日　长沙天心软件产业园（筹）揭牌。长沙市副市长邱继兴，朱东铁，市工信局局长康小平，区领导黄滔、吴江等参加。《天心区大力支持软件产业发展的十条措施》同时发布。

26日　朱东铁带队实地督导天心区14个街道从鄂来长人员信息核实、集中隔离工作到位情况，并检查汽车6S街区复工复产工作。

27日　天心区直机关党员疫情防控捐赠仪式在机关一楼大厅举行。

28日　长沙市委副书记、代市长、湖南湘江新区党工委书记郑建新调研湘江东岸风光带绿化维护管理工作，朱东铁、黄滔陪同。

3月

3日　朱东铁调研天心经开区经济社会发展情况。黄滔、天心经开区党工委书记吴江、周志军、侯向宇等参加。截至3月2日　天心经开区复工企业达885家，其中规上企业复工91家，复工率97.8%。

4日　在湖南省委宣传部疫情防控新闻发布会上，天心区小蜜蜂志愿者协会作为全省唯一的志愿服务代表参加会议，介绍天心志愿服务工作。

8日　天心区委常委会（扩大）会议召开，研究部署天心区“大干一百天实现双过半”竞赛活动。

10日　全国第42个植树节前夕，朱东铁率区四大班子领导到长沙理工大学南门（万家丽路北侧）植树点参加义务植树活动。

13日　郑建新调研天心区棚改及有机更新工作。朱东铁、黄滔陪同。

14日　“天天开心购物消费季”暨天心汽车消费节开幕式在黄兴南路步行商业街黄兴广场举行。朱东铁、黄滔参加。

16日　湖南省委书记杜家毫调研天心区相关工作，朱东铁陪同。

17日　中共中央办公厅、国务院办公厅复工复产调研组到天心区调研。朱东铁、黄滔陪同。

18日　朱东铁、黄滔走访国网湖南省电力有限公司。

19日　胡衡华到天心区调研经济社会发展工作。朱东铁等四大班子领导参加。

25日　天心区第五届纪律检查委员会第五次全体会议在区政府三楼大会议室召开。朱东铁出席会议并讲话，黄滔主持会议，全区副县级以上领导干部参加。

是日　天心区委召开农村工作暨全区脱贫攻坚、防汛抗旱工作会议。会前，朱东铁、黄滔一行实地察看西湖路积水点、小西门泵站、雀园路积水点、大托长塘险段综合治理项目，了解项目设计、施工进度、完工时间等。

31日　天心区22个重大项目集中签约，涵盖软件和信息技术服务、新基建、人工智能、人力资源服务、金融服务、文化创意等。朱东铁、黄滔、区人大常委会主任于献、区政协主席夏艳兰、吴江等参加签约仪式。

4月

2日　湖南省首家24小时互联网自助办税服务厅在长沙市天心区税务局办税服务厅前坪揭牌。该服务厅采用人脸识别+身份证刷卡进入方式，为纳税人提供发票申领、实名认证等服务体验。

是日　湖南省首个标准化5G网络C—RAN汇聚机房在先锋街道开工建设。黄滔、张建参加启动仪式。

3日　郑建新到天心经开区地理信息产业园、人力资源产业园等企业调研，督导天心区疫情防控和经济社会发展工作。市领导邱继兴、朱东铁参加。黄滔、吴江等陪同。

8日　天心区106个新基建项目云开工仪式在湖南建工集团三楼会议厅举行。项目总投资近30亿元，涵盖5G建设、大数据、人工智能、工业物联网、特高压、新能源充电桩等众多领域。张宏益、朱东铁、黄滔参加。

14日　长沙市人大常委会主任谢卫东到天心区就《长沙市生活垃圾管理条例（草案）》进行立法调研，并查看重大项目建设情况。朱东铁、黄滔、区委副书记朱远红、于献、吴江等参加。

16日　天心区启动社会治理“三个十”（十大社会治安乱象整治；十大“互联网+群防群治”示范服务站建设、十大“平安创建”）工作。

20日　天心区新开铺街道木莲社区党总支书记、居民委员会主任肖晓辉被评为全国“城乡社区抗疫巾帼先锋”。

23日　“防疫情、净环境、迎‘五一’、促消费”工作调度会议在区政府三楼大会议室召开。朱东铁、黄滔等参加。

是日　天心区文旅联盟启动仪式在黄兴南路步行街黄兴广场举行。省文化和旅游厅党组成员、副厅长肖凌之，朱东铁等省市领导出席，黄滔参加。

26日　天心区“商汇天心．助推双过半”政企恳谈会暨营商环境监督员征求意见座谈会在区政府九楼会议室召开。朱东铁、黄滔参加。

是日　大托铺街道第五届乡村休闲美食节在新港湾生态休闲农庄开幕。

29日　天心区五一商圈龙虾节启动仪式在黄兴路步行街黄兴广场（西广场）举行。黄滔、张建参加。

30日　天心区政务服务24小时自助服务厅揭牌。

5月

6日　朱东铁带队督查学校疫情防控及复学情况，侯向宇、黄会参加。

7日　“青春建功双过半”主题分享活动在区政府三楼大会议室召开。朱东铁、黄滔及区青年文明号、青年岗位能手、青年突击队等各条战线优秀青年代表共100余人参加。

9日　天心区雅礼融城学校、长郡外国语第一附属小学揭牌。朱东铁、黄滔及长郡中学、雅礼中学负责人参加揭牌仪式。

9—10日　天心区委常委、宣传部部长肖雄伟带队赴深圳开展招商活动。

12日　郑建新到天心区下沉督访，现场解决信访难题。朱东铁、黄滔等参加。

是日　天心区委召开书记专题会议，听取五届区委对4个街道下辖25个村（社区）党组织开展专项巡察情况汇报，研究部署推进下一阶段巡察工作。

19日　区政府召开区长办公会议，研究2020年度乡村振兴项目计划暨2020—2022年农村自来水普及工程建设等工作。根据《长沙市天心区农村自来水普及工程建设三年行动计划（2020—2022）》，截至2020年底，天心区将完成暮云街道高云社区（筹）、许兴村、暮云新村共计2304人的农村自来水普及工程建设；三年内将共计解决暮云片区农村12432人自来水问题。该工程整体投入资金预计4972.8万元。

25日　湖南省作家协会主席王跃文、长沙市作家协会主席唐樱等一行到天心区开展"老长沙·新味道"文艺创作活动。刘向、肖雄伟及相关部门、街道负责人参加。

26日　人工智能应用场景发布会在天心区召开，现场发布21个应用场景清单。其中，人工智能应用场景10个，大数据（地理信息）应用场景11个。天心经开区管委会主任主持。

30日　长沙市委常委、宣传部部长陈刚，朱东铁一行看望慰问长沙新时代好少年代表张荣景。张荣景就读于天心区沙湖桥小学，已拥有"红枣去核器""汽车车轮松动报警装置"等3项国家发明专利。

6月

2日　长沙市司法局和市律师协会招募组建的大数据产业链法律团在天心经开区成立，并发布"六个一"（举办一次法治论坛；开展一次公益法律服务进企业活动；组织一次法律法规公益宣讲沙龙；免费审查规范一批合同；搭建一座政企沟通桥梁；深度服务一批链上企业）服务活动。

3日　年度"创客中国"湖南省中小微企业创新创业大赛天心赛区决赛举行。湖南新宅数字科技有限公司、湖南探锁者网络科技服务有限公司分获企业组、创客组一等奖。部分优胜项目将代表该区参加省市级大赛。

4日　胡衡华到天心区调研防洪排渍工作。朱东铁、黄滔陪同。

是日　天心区公布111家合法校外培训机构基本信息（白名单）。区教育部门请家长在为孩子选择校外培训机构，特别是文化学科类培训机构时，要现场查看学校是否有教育行政部门颁发的"民办学校办学许可证"。同时呼吁广大家长积极探索适合孩子发展的最佳教育方式，不要盲目给孩子报补习班。

8日　天心环卫实现人工智能巡查和监管。该区环卫维护中心通过人工智能AI平台，对每台作业车辆降尘时间、降尘路线精准监控，科学调度；对全区建设施工场地出口和施工现场进行实时监控，严格管控渣土扬尘污染。

10日　10时起，天心区启动防汛Ⅳ级应急响应。

11日　天心区开展坡子街及周边社会治安重点地区联合整治大行动，共清理规范共享单车300余辆，查处电动车闯红灯和逆行20起、货车闯禁1起，机动车违停抄牌62起，劝导救助乞讨人员13人次，督促经营门店办理证件2家，完善明码标价服务3家，制止擅自设置户外广告1家。

13日　长沙电网220千伏浦沅变电站2号主变第五次受电冲击成功，2号主变扩建工程宣告顺利投产送电。此次项目顺利投运，将实现与周边220千伏红星、树木岭、芙蓉变电站以及110千伏东塘变电站协调联动，进一步优化该区域供电网格。

14日　中共中央宣传部"走向我们的小康生活"主题采访活动到天心区。由《人民日报》、新华社、中央广播电视总台等中央媒体及省内媒体记者组成的采访团50余人，深入天心区街头巷尾，用笔和镜头记录幸福天心的小康生活，展示抓"六稳"促"六保"的天心实践。

是日　中共中央宣传部"学习强国"学习平台发表《长沙市天心区以网格化服务为抓手推进社会治理创新》文章，重点推介"网格工作天心经验"。

是日　为期3个月的2020天心汽车消费节落幕，累计销售汽车6156台，合计销售金额9.5亿余元。

16日　长沙市第三代残疾人证首发仪式在天心区政务服务中心举行。家住先锋街道新宇社区的残疾人易艳芳在现场领到长沙首张第三代残疾人证。

19日　天心区禁毒教育基地揭牌成立。

是日　由全国数十家知名媒体40余名总编辑、资深记者、业内媒体人组成的采访团，走进天心区西文庙坪、天心阁等历史人文景点，重温老城文化，回味老城味道，编织老长沙“记忆地图”。

29日　天心区直属机关庆祝中国共产党成立99周年大会举行。100名优秀共产党员、24名优秀党务工作者和10个先进基层党组织受到表彰。

是日　天心区在政府机关组织召开银企对接会，破解企业融资困境，进一步优化营商环境。本次银企对接会汇集融资需求4.255亿元，中国工商银行、北京银行及渤海银行3家银行与11家企业参会，多家企业与银行达成合作意向。

7月

1日　长沙市交通运输综合行政执法局天心执法大队举行揭牌仪式，成为内五区率先揭牌的交通运输执法大队。

是日　天心区“南城之声”微广播正式开播。微广播共设学习进行时、榜样的力量、健康微资讯、生活小课堂、每日说法5个专栏和区政中心工作特别栏目。

2日　黄滔在区政府常务会议室接待微软（中国）有限公司企业服务部销售总经理孙冀军一行，双方就人工智能产业合作等进行交流探讨。张建参加。

是日　天心城投集团有机更新项目全面竣工。累计修复修缮房屋2172栋，改造街巷24096米，铺设各类管线147216米（含给排水、强弱电、燃气、消防等），改造或新增路灯666盏，新建（改建）厨卫61户，新建（改建）站厕2座，打通微循环节点11处，打造空间和景观节点26处，新增车位128个；保护修缮文物建筑、历史建筑或历史遗存8处。

6日　黄滔督查天心区2020年中心保密室及高考、学考考点工作，黄会参加。黄滔一行实地检查明德中学考点、长郡中学考点的疫情防控、食品安全、后勤保障等工作，查看天心区考试中心监控室、保密室等重点部位保密措施落实情况。

7日　全国人大常委会委员、全国人大监察和司法委员会副主任委员王教成、韩晓武一行到天心公安分局调研公安机关执法规范化建设情况。于献，副区长、区公安分局党委书记、局长肖向东等陪同。

9日　天心区在区政府三楼大会议室为新成立的互联网行业党委、物业管理行业党委、非公经济组织综合党委3个行业党组织以及非公企业党组织、社会组织党组织等20个标杆建设点授牌。通过“一个目标、双重管理、三个阶段、五类标准”，推动区域两新党建工作发展。

是日　天心区戏剧家协会在成立。金莉当选协会会长。除本地湘剧、花鼓戏外，该区剧协还吸收了京剧、昆曲、越剧、黄梅戏等剧种。

11日　区国资公司与湖南省第六工程有限公司合作的天心区环保建材产业园混凝土搅拌场项目签约。

15日　湖南大数据交易中心举行项目开工暨全国首个市场化开放式场景“酷哇”智慧环卫项目启动仪式，标志着全省唯一的数据要素与数字资产交易场所正式开工建设。谭小平、黄滔、于献、夏艳兰、吴江等省、市、区领导参加。

是日　长沙首批地理标志证明商标授权许可备案申请在长沙天心文化（广告）产业园国家知识产权局商标局长沙商标受理窗口完成。24家浏阳烟花爆竹制造企业集中办理“浏阳花炮”“浏阳烟花”“浏阳鞭炮”地理标志证明商标许可备案。

16日　天心区新时代文明实践中心、融媒体中心、“学习强国”学习平台（简称“两中心一平台”）揭牌投入使用，集新闻资讯、政务服务、民生服务等功能于一体的“云上天心”APP同步上线，该区实现媒介资源整合和工作平台聚合。陈刚、黄滔等参加启动仪式。

17日　百度ARM云手机产业基地揭牌仪式在天心文化（广告）产业园举行。项目总投资20亿元。百度副总裁马杰及邱继兴、黄滔、吴江等出席活动。

是日　在文化和旅游部帮扶企业纾困推动企业发展交流电视电话会议上，长沙天心文化（广告）产业园作为全国国家级文化产业园区唯一代表做经验交流。

21日　天心区召开面向社区（村）党组织书记考核招聘街道事业编制竞聘演说会议。符合竞聘条件的15位社区（村）党组织书记现场发表演说，市委基层办常务副主任王妍及区四大班子、天心经开区管委会主任等应邀作为评委现场打分。易红兰、汤亚吾、范雪清等7名社区、村书记通过考核考察、竞聘演说等层层关口，以优异成绩成功入选。

22—23日　天心区人大常委会在14个街道分别组织召开2020年“一府两院”半年度工作情况通报会。

24日　天心区摄影家协会成立，向永高当选协会主席。

26日—10月31日　长沙首届“夜星城”消费节活动在黄兴南路步行商业街中心广场启幕。共有22个系列127项主题促销活动。朱东铁、黄滔等参加启动仪式。

28日　长沙市第九届全民健身节暨2020长沙市社区广场舞大赛在滨江实验学校体育馆举行。天心区江河艺术团和天韵艺术团分获一金一银。

29日　胡衡华走访慰问驻天心区部队，市领导曹友华、廖建华、龚振湘，区领导黄滔、朱远红、侯向宇参加。

30日　湖南天城置业有限公司、湖南兴威建设开发集团有限公司、湖南长大建设集团股份有限公司、湖南远航控股集团有限公司现场向爱心天心帮扶基金捐赠共140万元。

31日　天心区委上半年经济形势分析暨“大干一百天实现双过半”竞赛活动、下半年重大项目建设攻坚动员会议在区政府三楼大会议室召开。会议通报天心区上半年经济运行情况、“大干一百天实现双过半”竞赛活动开展情况及考评结果，部署下半年天心区重大项目建设工作。黄滔主持会议并讲话。

是日　天心区微型消防站技能大比武在天心区明德中学举办，全区各街道22支社区微型消防站、120余名队员参加。

8月

3日　天心区召开全区负责干部会议，张宏益宣布省委决定：刘汇任天心区委书记。

5日　位于天心阁西门的“槐树巷5号”红色文化遗址举行揭牌仪式。

6日　商务部流通发展司司长郑文率调研组到长沙，就黄兴南路步行街争创全国示范步行街工作情况进行实地调研。朱东铁、黄滔等陪同。

14日　刘汇先后到青园环卫所芙蓉路环卫岗亭、芙蓉路湘府路口九中队岗亭等地，看望慰问冒着酷暑高温坚守岗位的环卫工人、执勤交警以及城管、市政、园林一线工作人员。侯向宇、肖向东参加。

18日　天心区率先在长沙城区完成锅炉低氮改造并通过验收。此次涉改单位39家，共计改造锅炉107台。

20日　胡衡华调研天心经开区发展情况。市领导谭小平、邱继兴，天心区刘汇、黄滔、吴江、周志军、侯向宇参加调研。

是日　长沙市人工智能产业联盟与湖南省中小微企业服务机构湖南稷合商务咨询有限公司在湖南省人工智能产业园签订知识产权战略合作协议。双方将在资源共享、知识产权法律服务等方面展开一系列跨界合作，促使“人工智能+知识产权”深度融合，实现聚合效应。湖南稷合商务咨询有限公司需为长沙市人工智能产业联盟内的入驻企业提供知识产权咨询、检查鉴定、维权援助、知识产权战略研究等服务。

是日　伊莱克斯大道西延段开始跨铁桥架梁施工。京广铁路大托铺站至易家湾站接触网正式停电，途经列车停运60分钟，一台架桥机将一条长40米、重146吨的箱梁稳稳落在桥梁7号跨上，该项目正式进入跨京广铁路主线桥梁架设阶段。年末，该项目实现道路和桥梁主体完工。伊莱克斯大道西延段工程西起湘江路东至中意二路以东，全长约1.573千米，规划路幅宽度46米，设计车速50千米，为城市主干路，设计为双向6车道。

24日　全国首创“书香夜市”在天心区亮相。

27日　黄滔在区政府五楼东会议室会见百度相关负责人。张建参加。

是日　中共中央宣传部、中央文明办公布年度全国学雷锋志愿服务先进典型名单，天心区先锋远征营志愿者协会负责人张建明被评为“最美志愿者”。

28日　江西省委常委、南昌市委书记吴晓军，南昌市委副书记、市长黄喜忠率领的南昌市党政代表团到天心区考察文旅工作及夜经济。刘汇、黄滔陪同。

9月

2日　天心区应急云广播模式获全市推广。该区共计建设应急广播点位1076个，基本实现14个街道、102个社区（村、合作社）、734个小区全覆盖，是长沙市第一个进行应急云广播建设的区（县）。宣导内容包括高温防暑安全、防溺水安全、禁毒宣传、燃气安全、火场逃生、电信诈骗防范等。

4—27日　2020年天心区全民健身系列活动举行，系列赛事包括羽毛球、乒乓球、广场舞、气排球等。

7日　全国抗击新冠肺炎疫情表彰大会在北京人民大会堂举行。天心区新开铺街道桥头社区党总支书记、居委会主任康姣被评为“全国抗击新冠肺炎疫情先进个人”。

是日　“12345”热线及“互联网＋政务服务”一体化平台调度会议在区政府九楼会议室召开。会议要求严格推进系统融合，全面加快天心区智慧政府和数字政府建设。黄滔主持，张建参加。

9日　电影《第一次的离别》湖南特映会暨“大象分众放映计划”启动仪式在长沙乐之书店·天心店举行。陈刚、肖雄伟出席。长沙市新华书店与天心区政府合作共建的乐之书店·天心店，成为加盟“大象分众放映计划”的全国首个文化空间。这种模式还将推广至湖南省乃至全国新华书店。

是日　天心区首届网红嘉年华暨夜经济博览会在海信广场拉开序幕。文和友、茶颜悦色、易裕和等9位网红品牌代表上台，共同宣布天心网红品牌联盟成立，首批加盟有30余家网红品牌。

10日　黄滔走访辖区重点企业湖南建工集团，与湖南建工集团党委书记、董事长蔡典维，党委副书记、副董事长、总经理李湘波等座谈。双方就发挥国有大型企业集团优势，加强合作，实现多方共赢，助推天心经济高质量发展深入交换意见，对建工集团提出的具体问题和相关解决办法达成一致。许波、张建参加。

15—17日　黄滔率队在北京市开展精准招商活动，先后到访微软（中国）有限公司、北京旋极伏羲大数据技术有限公司、北京华控智加科技有限公司、当家移动绿色互联网技术集团有限公司、北京零重空间技术有限公司、中智华清（北京）科技有限公司、北京东方至远科技股份有限公司、华为技术有限公司、中电科智慧城市运营有限公司等企业，洽谈产业合作，推动一批潜力型成长型的重大项目落地天心。天心经开区、区直相关部门负责人参加。

16日　刘汇组织召开区委书记专题会议，督查文明创建迎国检工作。

18日　文化和旅游部党组成员、副部长李群一行到天心区开展“十四五”文化和旅游改革发展调研湖南。省委常委、宣传部部长张宏森，省委宣传部副部长、省文旅厅党组书记、厅长禹新荣，朱东铁，刘汇等陪同。调研组先后到国家级文物保护单位湖南省第一师范、文旅融合消费示范点“文和友”及火宫殿，对天心区厚重的历史文化底蕴及文旅融合工作成效予以高度肯定。

21日　《哇！老街》系列微纪录片在天心区坡子街百年老店火宫殿启动开播仪式。微纪录片共选择长沙9条老街拍摄，天心区太平街、坡子街、西文庙坪3条老街名列其中。

23日　天心区组织召开全省首批法治政府示范创建推进会。会议要求各级各部门要以此次创建为抓手，提升全区法治建设水平。肖向东主持会议，周志军参加并讲话。

25日　天心区法院向辖区各银行、融资类担保公司发出《司法建议书》，就投资消费、金融借款、融资租赁等金融领域类的案件提出建议，引导单位更好地知法、懂法、守法。

27日　天心区召开2019年违法用地反馈问题整改及2020年土地例行督察工作部署会。黄滔主持并讲话。会议要求各级各部门强化红线意识和底线思维，确保最严土地政策落实到位。

28日　长沙市重大项目集中开竣工活动天心区专场活动在长沙五矿广场项目现场举行。刘汇、黄滔出席。

是日　现代天心智慧电网建设2021年“630攻坚”工作部署会在区委常委会议室召开，刘汇、黄滔及国网长沙供电公司总经理李艺波等参加。

30日　新开铺污水处理厂二期改扩建工程正式开工。

是日　天心区举行“与党同心·与国同庆”护航十一黄金周活动启动仪式，向各地游客发出邀约并承诺：只要你来打卡，天心公安、消防、疾控、应急救援等保障部门将全力为你护航。省发改委党组成员、省优化办主任陈永实，谭小平，中央广播电视总台央视湖南记者站站长谢宝军，刘汇等省市区领导参加。启动仪式上，谭小平为“同心商圈”授牌。

10月

1—8日　中秋、国庆双节来临，天心区作为长沙“网红”打卡点集中地，文旅市场呈现“秩序好、热度高、投诉少”的特点，旅游消费恢复至上年同期水平。辖区湖南省科学技术馆、长沙生态动物园、天心阁三家等级景区假期共接待游客约12万余人次，实现旅游总收入.720万余元；黄兴南路步行街客流量达到平时5倍以上，五一商圈消费同比增长30%—35%。

2日 湖南首家华为HiLink智慧家居生活馆携手苹果、OPPO等数十家品牌项目落户天心经开区中海环宇城。生活馆经营面积近600平方米，整合华为HiLink协议下多个智能家居品牌资源，汇聚华为智能手机终端和平板、TV、音响、眼镜、手表、车机、耳机、PC八大类全场景融合产品，更有华为生态链各类品牌产品，为消费者提供客制化智能家居解决方案，建一套完整的5G时代服务生态体系。

12日 天心区对口帮扶4年的龙山县洛塔乡千亩锥栗获得大丰收，当地农户采摘第一批致富果。为协助洛塔乡优质农特产品打入长沙等地市场，该区特地邀请网红主播现场销售。

是日 湖南新一批“零酒驾”创建名单公示，天心区新开铺街道天鸿社区上榜“零酒驾”创建社区（村），天心区通勤公司上榜“零酒驾”创建单位。

13日 黄滔带队走访辖区重点企业湖南华菱钢铁集团有限责任公司（简称“华菱集团”），与华菱集团党委书记、董事长曹志强等进行座谈。双方就加强投资、招商等方面合作交换意见。肖向东、张建参加。

15日 国务院第十督查组到天心区督查调研，黄滔、周志军、洪孟春陪同。

17日 天心区作家协会成立，钟伟凤（简媛）当选协会主席。

21日 刘汇陪同国家卫健委一行调研青园街道湘园社区卫生服务中心疫情防控工作。

23日 芙蓉大道（长沙段）快速化改造工程完工举行通车启动仪式，刘汇出席。该项目（长沙段）是长株潭一体化“三干两轨”项目之一，北起湘府路，南至长潭交界，全长约16.5千米。通车后，从长沙中意路到湘潭北二环全程无红绿灯，通行时间由过去40分钟缩短至22分钟，真正实现长株潭城市群“半小时交通圈”。

25日 郑建新到天心区调研湘江大道品质提升及步行街创建全国示范步行街工作。刘汇陪同。

26日 刘汇组织召开区委常委会会议，听取全区“十四五”规划编制工作，天心经开区、天心文化（广告）产业园实行统筹管理体制改革等工作情况汇报，研究审议相关文件。

27日 天心经开区湖南蚂蚁天承数字科技有限公司“V零工”项目在天心区中国长沙人力资源服务产业园启动。

29日 于献主持召开区五届人大常委会第29次会议。会议表决通过开展民生实事项目人大代表票决工作实施方案、区人大代表票决民生实事项目完成情况满意度测评办法；确认刘汇、周志军等2人区五届人大代表资格。

29—30日 刘汇到通道县开展对口扶贫工作。

11月

2日 《湖南日报》头版头条以《璀璨天心踏歌来》为题报道天心区全局工作。

3日 天心区在机构编制架构不变的前提下，启动天心经开区和天心文化（广告）产业园统筹管理体制改革。在经济发展规划、产业布局、土地开发利用、统计报表、集中办公、人员分工、干部配备和编制资源、资产债务、财政保障和绩效考核10个方面调整运行机制，实行统一决策、统一部署、统一运作，最大限度地整合资源。同时在园区探索推行相对集中行政许可权改革，进一步提升园区企业服务能力。

是日 第20期“区长企业接待日”在区政府常务会议室举行，黄滔与中国长城资产管理股份有限公司湖南省分公司等4家企业代表面对面交谈，就企业提出诉求进行现场答复或交办。截至11月3日，天心区政府主要负责人先后面对面接待企业代表100家。区企业服务中心回访显示：参会企业满意度100%。

是日 天心区举行学习贯彻中共中央总书记习近平考察湖南重要讲话精神市委宣讲团报告会暨天心区委理论学习中心组（扩大）集中学习会议，长沙市委宣讲团成员、市发改委党委书记、主任、二级巡视员夏文斌就学习贯彻讲话精神作专题辅导。会议由刘汇主持，黄滔，周志军，于献，夏艳兰，以及全区副县级领导干部、区直各单位主要负责人、各双重领导和垂直管理单位主要负责人、各街道主要负责人、天心讲师团成员代表参加。

4日 天心区迎接省级环保督察组调研绿心退出整改工作。黄滔、周志军、许波参加。

是日 天心区青山祠片区有机更新建设重点项目——天一美术馆开馆并举行馆藏作品首展，近80幅出自名家馆藏作品吸引市民、游客及文化界人士前往参观。中央数字电视书画频道董事局主席王平，中国书画报社社长何东，湖南省文联二级巡视员、湖南美术馆馆长魏怀亮，湖南省美术家协会副主席、湖南省画院院长旷小津，及周永康、黄滔等市、区领导出席开馆仪式。天一美术馆位于该区书院路妙高峰巷，建筑面积1100平方米，由中央数字电视书画频道和中国书画报社共同打造。

5日　天心区先锋街道南城社区学校被评为“湖南省优秀社区学校”。

是日　天心区养老行业协会成立。该区共有百岁老人35位，主要居住在白沙井附近。白沙井周边及白沙路沿线逐步成为富有地方特色的长寿养老街区。

10日　天心区市场监管局为长沙有点商务有限公司负责人颁发天心区首张行业综合许可证，标志着该区“行业综合许可登记”改革措施落地。此次改革涉及药品经营、医疗器械经营、食品经营（销售）、小餐饮4个行业。

11日　天心软件产业高峰论坛在现代凯莱大酒店二楼现代厅举行。刘汇、黄滔出席。

12日　天心区作为湖南省唯一区县代表，在全省社会组织管理工作会议暨全省社会组织“十百千”示范创建经验交流会上做经验推介。

16日　天心区南托街道、暮云街道10个村（社区）建档立卡贫困户全部“脱贫”；对口帮扶的浏阳市张坊镇富溪村、湘西自治州龙山县洛塔乡、怀化市通道侗族自治县均全部脱贫。

是日　长沙图书馆天心区怡海分馆举行开馆仪式。分馆设在暮云街道怡海社区公共服务中心负一楼，藏书1.5万册，与长沙图书馆系统通借通还。

17日　天心区优质资源地块暨九峰村城改项目招商发布会在鑫源白天鹅酒店三楼秋实厅召开。会上，该区集中推出16块珍稀土地资源，华润地产、中房集团、万科地产等50余家知名地产企业代表参加洽谈。黄滔、周志军、王海军、张建等出席。

是日　湖南省总工会发布《2020年湖南省百佳乡镇（街道）、开发区（工业园区）工会名单》，天心区裕南街街道工会联合会上榜。

19日　天心区举行2020年优秀年轻干部训练营结业仪式暨成果汇报会。刘汇出席结业仪式并讲话。

20日　湖南省工信厅党组书记、厅长曹慧泉带队到天心区专题调研数字经济发展情况。曹慧泉一行先后走访创辉达设计股份有限公司、湖南微算互联信息技术有限公司、湖南大唐先一科技有限公司、湖南杰城科技有限公司（欧比特长沙公司）、中驰车福互联科技有限公司、长沙酷哇人工智能及大数据产业技术有限公司，了解各公司业务发展和核心技术产品情况；听取天心区软件产业发展规划情况汇报，对天心区在长株潭生态绿心地区发展软件产业及盘活空置楼宇资源发展数字产业等具体举措进行肯定。黄滔、吴江、张建等参加调研。

24日　天心区24小时自助服务厅配置10台自助办事终端设备，企业、居民可以全天候自助查询依申请类政务服务事项624项，自助办理社会保障、交通处罚、水电气费缴纳等高频服务事项117项。该区在“我的长沙”小程序提供老年人优待证网上全流程办理，率先在全市范围内实现老年人优待证跨域通办、全程网办、免费快递到家“一条龙”服务。网上办事项占全区政务服务事项的99%。

26日　湖南省委第八巡视组巡视天心区工作动员会议在区政府三楼大会议室召开。刘汇等区领导参加。

27日　世界银行高级经济学家马钦一行到天心区考察夜经济发展情况。坡子街、“超级文和友”给专家组留下深刻印象。

30日　黄兴南路步行商业街提质改造重点项目——有声步行街项目完工。市民游客走过黄兴南路步行商业街，可以通过扫码接入小程序或APP，从听觉上体验湖湘文化魅力。音频内容包含步行街总览、邂逅革命人、走过老街巷、探寻老字号、听见老长沙、遇见美食城6部分。

12月

1日　天心区召开绩效考核暨经济形势分析会议。对标对表绩效考核要求，冲刺全年目标任务。

3日　天心区在区政府三楼大会议室召开学习贯彻中共十九届五中全会精神宣讲报告会暨2020年区委理论学习中心组（扩大）集体学习。

4日　天心区率先湖南省成立志愿服务联合会并召开第一次代表大会。审议通过《长沙市天心区志愿服务联合会章程》等文件，选举产生天心区志愿服务联合会会长、执行会长、副会长、秘书长、监事及理事会理事。

是日　杭州市委统战部到天心区考察调研夜经济工作。刘汇陪同。

8 日　长沙创谷音频产业展示交易基地启动仪式在长沙天心文化（广告）产业园主楼多功能厅召开。天津琅声腔文化传播有限公司等 10 余家企业、艺人与天心文化（广告）产业园签署战略合作协议，长沙商标中心与长沙创谷音频产业协会签署合作协议。

9 日　民政部专家组跟踪指导天心区全国社区治理和服务创新实验区工作汇报会在区政府常务会议室召开，黄滔参加。

是日　珠海欧比特宇航科技股份有限公司湖南分公司入驻天心软件产业园。

12 日　首届“何绍基杯”全国书法篆刻作品展在天心区简牍美庐美术馆开幕。此次作品展从策划到展出，历时 6 个月，共收到海内外投稿作品 6272 件，最终遴选出 180 件获奖、入展作品。

14 日　刘汇主持召开天心区委五届十次全会，审议通过《中共天心区委关于制定天心区国民经济和社会发展第十四个五年规划和二〇三五年远景目标的建议（审议稿）》。明确该区“十四五”时期主要目标。

15 日　工信部中国软件评测中心在北京发布 2020 年数字政府服务能力评估暨第十九届政府网站绩效评估结果。天心区政府门户网站——天心区公众信息网，以总分 83.8 分的成绩在全国 463 个参评区（县、市）政府网站中名列第 19 位，蝉联湖南省各区（县、市）政府网站第一。

17 日　天心区楼宇经济现场工作会暨华远 . 华中心“政企互动空间”揭牌仪式在华远国际中心举行。刘汇为华远国际中心“政企互动空间”揭牌，黄滔致辞。

18 日　张宏益调研天心区村（社区）“两委”换届选举工作。刘汇陪同。

25—27 日　政协长沙市天心区第五届委员会第五次会议在区政府三楼大会议室召开，夏艳兰作工作报告，区政协副主席赵英华报告提案工作情况，刘汇出席会议并讲话。区政协五届四次会议以来，共征集提案 100 件，立案 92 件，合并同类提案后交办 76 件，全部办结。满意率和基本满意率 100%。

25—27 日　长沙市天心区第五届人民代表大会第七次会议在区政府三楼大会议室召开，于献作人大常委会工作报告，黄滔作政府工作报告，刘汇出席会议并讲话。大会表决通过 6 个工作报告和区“十四五”规划纲要的决议。参会人大代表对区人民政府提交的 12 个民生实事候选项目进行票决，确定城镇老旧小区改造、健康天心建设等 10 个项目为 2021 年“天心区十大民生实事项目”。会议确定议案 1 件，代表建议 73 件。

26 日　长沙青苹果数据城复工典礼在天心区汇金路以东、万家丽路以北建设点举行。

27 日　天心区组织召开应对低温雨雪灾害天气影响和电力保障紧急调度会，通报长沙市气象局发布的寒潮大风预报信息，提出应对低温雨雪冰冻灾害天气保障民生方案措施。黄滔主持会议，相关区领导及区政府 21 个相关部门、14 个街道、国网长沙供电公司天心客户服务分中心负责人参会。

29 日　天心区老旧小区改造共 14 个项目全部完成。

是日　《长沙晚报》以《智慧天心，一“码”当先》为题，专版报道天心区项目建设聚力数字经济，全力推动软件业、大数据、人工智能、5G 等数字经济产业发展成就。该区综合竞争力跃升至全国百强城区第 64 位营商环境排名第 43 位。

自然地理

【区域位置】 天心区位于湖南省省会长沙市城区南部，前身为南区，得名于长沙城著名地标天心古阁。区域范围东以黄兴路、芙蓉中路、韶山路为界，与芙蓉区、雨花区交界；南至暮云，与湘潭昭山示范区毗邻；西临湘江，以湘江主航道中心线为界，与岳麓区隔江相望；北抵五一路，与开福区接壤。辖区总面积137.34平方千米，湘江岸线天心段长32千米，具有滨江（湘江）、临洲（橘子洲）、望岳（岳麓山）的独特优势，是长沙"山水洲城"魅力的最佳展示区域。区政府机关驻地湘府中路298号。（区档案馆）

【地质地貌】 全区处于湘中丘陵向洞庭湖平原过渡地带，地域呈南北长、东西窄的地理走向，南北20余千米。地形呈波状起伏。地势南北低；中部为丘陵地带，略高，由东向西略斜；西部地势平坦。由于长期风雨侵蚀，形成红土岗地，地质呈酸性。全区成土母质以板页岩风化物为主（占48.8%），其次为第四纪红土，沙砾岩则集中分布于桂花坪、青园等丘陵地带，土质肥沃的水稻土集中于大托铺街道临江的5个村。鹅洲和兴马洲为湘江上独立的沙洲，特别是京广线以西湖区湘江沉积扇上，适宜于多种农作物的生长。（区档案馆）

【水文气候】 全区地处北部亚热带暖湿区域，具有四季分明、春温多变、夏秋多晴、严冬期短、暑热期长的典型内陆季风性湿润温和气候的特点。年平均气温17.2℃，冬季平均气温4.6℃，夏季平均气温29.5℃。年平均日照1730小时，年平均无霜期275天左右，年平均降水量1420毫米。区域内淡水资源丰富，防御自然灾害能力较强，发展经济条件十分便利。南部120平方千米的天心生态新城，山体植被保护良好，空气清新、环境怡人，是全国生态示范区。

（区档案馆）

人口　民族

【人口】 根据天心区第七次全国人口普查结果，天心区常住人口836157人，较2010年第六次全国人口普查增加360936人，增长75.95%，年平均增长率为5.81%。全区共有家庭户265255户，集体户37071户，家庭户人口647377人，集体户人口188780人。平均每个家庭户的人口2.44人，比2010年第六次全国人口普查减少0.19人。常住人口中，男性人口419792人，占50.20%；女性人口416365人，占49.80%。总人口性别比（以女性为100，男性对女性的比例）为100.82，比2010年第六次全国人口普查上升1.03。全区常住人口中，0—14岁人口127247人，占15.22%；15—59岁人口589316人，占70.48%；60岁及以上人口119594人，占14.30%；65岁及以上人口83586人，占10.00%。与2010年第六次全国人口普查相比，0—14岁人口的比重上升5.32个百分点，15—59岁人口的比重下降7.60个百分点，60岁及以上人口的比重上升2.28个百分点，65岁及以上人口的比重上升2.18个百分点。全区常住人口中，拥有大学（指大专及以上）文化程度的人口为339886人；拥有高中（含中专）文化程度的人口为166846人；拥有初中文化程度的人口为166389人；拥有小学文化程度的人口为99406人（以上各种受教育程度的人包括各类学校的毕业生、肄业生和在校生）。与2010年第六次全国人口普查相比，每10万人中拥有大学文化程度的由36388人上升为40649人；拥有高中文化程度的由24003人下降为19954人；拥有初中文化程度的由23755人下降为19899人；拥有小学文化程度的由11235人上升为11888人。全区常住人口中，15岁及以上人口的平均受教育年限12.79年。全区常住人口中，文盲人口（15岁及以上不识字的人）2156人，与2010年第六次全国人口普查相比，文盲率由0.44%下降为0.26%，下降0.18个百分点。

（区统计局）

【民族】 2020年，天心区域内的民族有汉族、土家族、苗族、侗族、回族、瑶族、满族、壮族、白族、蒙古族、彝族、布依族、朝鲜族、维吾尔族、畲族、仡佬族、土族、锡伯族、藏族、黎族、仫佬族、纳西族、傣族、达斡尔族、哈萨克族、水族、哈尼族、拉祜族、毛南族、傈僳族、羌族、高山族等40个，以汉族为主，其后依次为土家族、苗族、侗族、回族、瑶族等。全区少数民族人口2.78万，其中，常住人口1.78万。

（区民宗局）

建置　区划

【中华民国时期】 1927年，国民党执政当局实行“五家挨户联法”，以五家为一联，二联为一牌，十牌为一甲。南区有47个团、区，团为军政合一建制，此建制延伸至1933年建市。1934年，长沙城内设4个区，城南区为第二区，6月成立第二区区公所，驻地朗公庙（今朗公街）。辖4个坊、15个保。1938年，长沙市废除区、坊、保、甲四级，改为镇、保、甲三级建置，城南区改为黄道镇、礼贤镇、天心镇。11月“文夕”大火后，长沙市政府裁撤，原范围归属长沙县管辖，城区分城南、城北两镇。1942年年初，恢复长沙市政府后，城区划为城东、城西、城南（镇址在鳌山庙）、城北、城中（镇址在火药局）5镇。1944年1月，镇、乡改区，长沙市划为东、南、西、北、会春、文艺、金盆、岳麓8区。抗日战争胜利后，城南恢复区建置，辖8个保。1947年2月，扩充为14个保、453个甲，后调整为292个甲。此建置直至长沙解放。

（区档案馆）

【中华人民共和国成立后】 1949年8月5日，长沙和平解放，市人民政府派军代表接管城南区警察分局及下设四、五、六分驻所。8月26日，成立城南区公安分局。27日，市接管国民政府城南区公所。9月，撤销旧区公所，成立城南区人民区公所，所址在下黎家坡。1950年6月，全区废除原3个公安分驻所、14个保、292个甲，按地域成立城南路、天心阁、西湖路、社坛街、灵官渡、楚湘街、织机街7个居民委员会。1950年9月，金盆区南大十字路（后更名为南大路）和裕南街2个居民委员会划归南区。1951年5月，南区织机街居民委员会划属东区，西湖路居民委员会划属西区。1952年，7个居民委员会均改为街道人民代表大会常务委员会办事处，次年改称街道办事处。1954年，区域调整，全区设南大路、新兴路、裕南街、天心阁、楚湘街、城南路、灵官渡7个街道办事处。1955年5月，城南区人民政府改称城南区人民委员会。1960年4月，区人民委员会撤销，成立长沙市妙高峰人民公社，驻地席草田7号，下辖8个分社（含1个农业分社）。1961年9月26日，妙高峰人民公社撤销，恢复城南区人民委员会。1968年9月，成立南区革命委员会，取代城南区人民委员会。1980年10月28日，撤销南区革命委员会，成立南区人民政府。1996年7月10日，南区更名为天心区，辖9街1镇、68个社区居委会、12个村委会。2012年7月10日，区委、区政府决定对部分街道行政区划调整：撤销坡子街街道、学院街街道、书院路街道，合并组建新的坡子街街道；将原金盆岭街道析置为金盆岭街道和赤岭路街道；将原新开铺街道析置为新开铺街道和文源街道；撤销大托镇，析置为黑石铺街道、大托铺街道和先锋街道。至此，天心区由原来的9街1镇调整为坡子街、城南路、裕南街、金盆岭、赤岭路、新开铺、文源、桂花坪、青园、黑石铺、大托铺、先锋12个街道办事处。2015年1月15日，长沙市政府决定将长沙县暮云街道和南托街道划入天心区，天心区所辖街道办事处由12个增至14个。2016年，根据全市统一部署，全区开展合并村工作2020年年末，长沙市天心区有14个街道：坡子街、城南路、裕南街、金盆岭、赤岭路、新开铺、文源、桂花坪、青园、黑石铺、大托铺、先锋、暮云、南托，下辖86个社区、12个村。

（区档案馆）

表 1　　2020 年天心区行政区域情况一览表

街道名称	单位合计（个）	其中：社区居民委员会（个）	其中：村民委员会、管委会、经济合作社（个）	社区居民委员会名称	村民委员会、管委会名称	面积（平方千米）
坡子街	12	12		太平街　西牌楼　八角亭　坡子街　文庙坪　登仁桥　楚湘　碧湘　创远　西湖　沙河　青山祠		2.60
城南路	8	8		白沙井　天心阁　燕子岭　吴家坪　古道巷　熙台岭　工农桥　城南中路		1.29
裕南街	11	11		仰天湖　石子冲　裕南街　东电　东瓜山　宝塔山　向东南　杏花园　长坡　火把山　南站		7.08
赤岭路	6	6		白沙花园　新丰　芙蓉南路　南大桥　广厦新村　书院路		
金盆岭	6	6		夏家冲　天剑　狮子山　黄土岭　涂新　赤岭路		4.86
新开铺	5	5		桥头　新天　新开铺　木莲　豹子岭		7.07
文　源	5	5		文源　金汇　天鸿　梅岭　状元坡		
桂花坪	6	6		新园　桂庄　九峰苑　银桂苑　金桂　丹桂		5.75
青　园	4	4		井湾子　青园　友谊　湘园		3.73
黑石铺	5	4	1	黑石铺　铭安　创谷　一力	披塘村	9.46
大托铺	4		4		黄合村　兴隆村　桂井村　大托新村	23.72
先　锋	5	4	1	南城　嘉和　新宇　尚双塘	新路村	7.73
南　托	9	6	3	牛角塘　融城　南托岭　南鑫　北塘　欣南	沿江村　牛角塘村　滨洲新村	64.05
暮　云	12	9	3	云塘　暮云　华月湖　花园岭　卢浮　丽发　怡海　弘高　高云	莲华村　许兴村　暮云新村	
总　计	98	86	12			137.34

说明：数据来源为 2020 年度国土变更调查的初步数据，由湖南省第二测绘院提供

（资料来源：区民政局、区资规分局）

国民经济和社会发展

【概况】 2020年，天心区实现地区生产总值（GDP）1120.64亿元，比上年增长3.6%。分产业看，第一产业实现增加值1.50亿元，下降4.3%；第二产业实现增加值342.22亿元，增长3.1%；第三产业实现增加值776.91亿元，增长3.8%。第一、第二、三产业分别拉动GDP增长0个、1.0个和2.6个百分点，三次产业对GDP增长贡献率分别为-0.2%、29.2%和71.0%。第一、二、三产业增加值占地区生产总值的比重分别为0.1%、30.5%和69.3%。

全年完成一般公共预算收入150.18亿元，比上年增长5.5%，其中，地方一般公共预算收入63.60亿元，增长6.2%。一般公共预算支出68.05亿元，增长7.7%。

天心区城镇新增就业11310人，失业人员再就业6392人，就业困难对象再就业2752人；年末城镇登记失业率3.74%，零就业家庭100%动态“清零”；新增农村劳动力转移就业377人。

（梁海龙）

【农业】 2020年，天心区实现农林牧渔业增加值1.57亿元，比上年下降4.3%，其中，农林牧渔服务业增加值0.06亿元，下降5.5%。

全年粮食种植面积0.26千公顷，总产量2058吨，其中，稻谷种植面积0.25千公顷，产量1986吨；蔬菜种植面积1.22千公顷，产量34468吨；生猪出栏0.38万头；家禽出笼12.37万羽。

（梁海龙）

【工业和建筑业】 2020年，天心区全部工业增加值与上年持平，其中规模以上工业增加值增长0.9%。

天心区具有建筑业资质等级的独立核算企业66家，其中，特级4家、一级37家。全年完成建筑业总产值1260.12亿元，比上年增长10.2%；实现建筑业增加值227.70亿元，增长5.4%。

（梁海龙）

【固定资产投资】 2020年，天心区完成全社会固定资产投资比上年下降4.1%。全区计划总投资超过5000万元的建设项目（不含房地产开发）107个，完成投资占固定投资总额的63.5%。分产业看，第二产业完成投资增长80.4%，其中工业技术改造投资增长143.3%；第三产业完成投资下降34.1%。

全年房地产开发投资比上年增长9.1%；商品房销售面积120.59万平方米，下降11.4%，其中住宅销售面积95.79万平方米，下降17.9%；商品房销售额127.48亿元，下降4.9%，其中住宅销售额95.53亿元，下降13.4%。

（梁海龙）

【国内贸易、商务和招商引资】 2020年，天心区社会消费品零售总额407.65亿元，比上年下降3.5%，占全市社会消费品零售总额比重为9.1%。按行业分，批发业实现零售额42.05亿元，增长0.5%；零售业实现零售额305.94亿元，下降4.2%；住宿业实现零售额3.84亿元，下降8.8%；餐饮业实现零售额55.81亿元，下降1.8%。

限额以上批发和零售业单位商品零售额比上年增长4.8%。分类别看，粮食、食品类零售额下降1.4%；服装、鞋帽、针纺织品类下降7.8%；化妆品类增长14.1%；家用电器和音像器材类增长22.5%；石油及制品类增长0.1%；汽车类增长2.2%。

全年内外资招商项目（企业）258个，实际使用外商直接投资0.40亿美元，比上年增长95.7%；实际到位省外境内资金200.17亿元，增长20.0%。（梁海龙）

【教育和科学技术】 2020年，天心区拥有普通中学16所（含九年一贯制学校2所）、中等职业教育学校4所、普通小学53所（含教学点1个）、幼儿园153所。普通中学在校学生32370人，教职工2789人；中等职业教育学校在校学生3816人，教职工338人；普通小学在校学生52733人，教职工2880人；幼儿园入托儿童32671人，幼师4802人。全区小学生毕业合格率100%。高考录取率90.9%。生均公用经费小学800元/生·年，初中1000元/生·年。

全年实现高新技术产业增加值比上年增长8.1%。专利申请3612项，增长19.9%，其中，专利授权2380件，增长61.4%，其中发明专利授权549件，增长52.1%。（梁海龙）

【文化体育和卫生】 2020年，天心区共有非物质文化遗产项目资源31个，“非遗”展示中心1个，文化馆1个，公共图书馆10个（其中24小时自助图书馆3个），街道文化站14个，示范性街道综合文化站14个，示范性社区（村）综合文化服务中心93个，农家书屋30个。

开展全民健身项目778项次，

全区全民健身运动参加人数57万人次。全年发展社会体育指导员208人，年末拥有各级社会体育指导员3321人，健身辅导站14个，公共体育场地1056个。

全区拥有医疗卫生机构479个，其中，疾控中心1个、妇幼保健所1个、区人民医院1个、社区卫生服务中心14个、社区卫生服务站56个、驻区企事业单位医疗机构34个。管理65岁以上常住居民34046人，高血压、糖尿病规范管理人数分别为34685和13354人，慢性病规范化管理率均达78.0%以上。区级注册卫生技术人员7942人，比上年增加434人，其中医生3242人，比上年增加290人；护师护士4700人，比上年增加144人。（梁海龙）

【环境保护和安全生产】 2020年，天心区环保共审批建设项目8件。全年空气质量优良率达到84.4%，优良天数为309天。

全年各类生产安全事故死亡9人，其中生产经营性道路交通事故死亡8人；铁路运输事故死亡0人；工矿商贸企业从业人员死亡0人；建筑施工行业死亡1人。亿元GDP各类生产安全事故死亡率0.008%。（梁海龙）

【人民生活和社会保障】 2020年，天心区城镇居民人均可支配收入62293元，比上年增长5.3%，高于全市平均水平4322元。

天心区城市低保对象26227户次、38325人次，累计发放低保金、物价补贴、过节费等2229万元；农村低保对象4369户次、8619人次，累计发放低保金、物价补贴、过节费等468.50万元；申请廉租房及廉租房补贴199户。全年共发放城乡困难居民医疗救助金563.26万元，1371人次；特困供养2818户次、2873人次，供养资金（含物价补贴、过节费）258.99万元；发放优抚金3485.01万元；新建16个居家养老服务中心。（梁海龙）

精神文明建设

【概况】 2020年，天心区打造天心品牌，创新精神文明建设。着力打造新时代文明实践阵地（中心、所、站、基地）30个，30万余人次参与实践活动。新时代文明实践传播空中平台“南城之声”微广播累计播出102期。“文润天心礼让先行”排队礼让行动覆盖全区。“文明在楼道”专项行动不断提升社区文明形象、亮化楼道环境，打造文化建设楼道试点4个。知书达“礼”文明礼仪教育被评为省级重点课题。全区志愿服务组织340个、志愿者10余万名成为温暖天心力量，“认领微心愿争当圆梦人”活动助力实现“微心愿”3193个。立足典型引领，形成向上向善浓厚氛围。“文明四季”系列网络文明传播活动围绕“全民战疫”“公筷公勺”“脱贫攻坚”“身边榜样”等主题开展，线上线下同频共振，共获得500万余人次参与。开展“十大道德模范”等典型模范推荐，共上榜全国最美志愿者1人，湖南好人3人，长沙好人12人；沙湖桥小学张荣景被评为全国新时代好少年，实现湖南省全国青少年模范“零”的突破。彭天冰、暮云小蜜蜂志愿者协会被评为湖南省疫情防控最美疫情防控志愿者、疫情防控先进志愿服务组织，杨士泉作为唯一志愿者代表参加湖南省疫情防控新闻发布会。天心区将文明创建工作纳入全区重点工作季度考核排名制，先后召开两次全区文明委全会、“七大专项整治行动”（即集中开展农贸市场及周边环境专项整治、校园及周边环境专项整治、医院及周边环境专项整治、小区楼道专项整治、“牛皮癣”专项整治、交通秩序及道路安全专项整治、不文明行为专项整治）工作部署会、街道和重点职能部门专题调度全国文明城市测评工作，为文明创建工作保驾护航。（邹　颖）

【“七大专项整治”工作】 2020年5月27日，天心区组织召开2020年文明创建“七大专项整治行动”工作部署会议，对深入开展爱国卫生运动、未成年人思想道德建设及校园周边环境、农贸市场及周边环境、小区楼道、“牛皮癣”、交通秩序及道路安全、不文明行为等7项专项整治工作进行专题部署。天心区以“七大专项整治行动”为抓手，对群众反映强烈和文明创建过程中的“老大难”“顽固症结”问题进行全面摸底、全面整治、全面销号，全面提升文明城市基础设施、生态环境、公共服务、公共秩序等方面的常态长效管理水平，提升市民群众获得感、幸福感、安全感。（夏剑航）

【“我们都是健康侠”网传活动】 2020年4月29日，长沙市“公筷行动　我们都是健康侠”网络文明传播暨天心区“新文明餐桌开启健康新生活”网络公益活动在黄兴南路商业步行街中心广场举行。长沙市委宣传部副部长、市文明办主任郭润葵，市文明办副主任汤文辉，市市场监管局副局长宋小军，天心区人民政府副区长洪孟春等出席。中国好人、道德模范、文明家庭等代表携手各网红餐饮企业代表为“新文明餐桌”代言，倡议全体市民使用公筷公勺、拒食野味，乐享健康新生活。文和友、徐记海鲜等8家网红餐饮企业现场签订《“新文明餐桌”行动承诺书》，代表天心区300余家大中型餐饮门店作出使用公筷公勺承诺。（夏剑航）

【天心区“两中心一平台”物理空间投入使用】 2020年7月16日，天心区新时代文明实践中心、融媒体中心、“学习强国”学习平台（简称“两中心一平台”）揭牌投入使用，集新闻资讯、政务服务、民生服务等功能于一体的“云上天心”APP同步上线。长沙市委常委、宣传部部长陈刚，天心区委副书记、区长黄滔，区委副书记朱远红，区人大常委会主任于献，区政协主席夏艳兰等及天心区新时代文明实践志愿服务队、优秀志愿者、优秀志愿服务组织代表参加启动仪式。陈刚、黄滔共同为“两中心一平台”揭牌。出席活动的相关领导参观“两中心一平台”各功能区域，通过可视化操作系统，现场连线记者下达工作指令，检验指挥系统功能运行情况。天心区进一步实现媒介资源整合和工作平台聚合，迈出拓展文明实践载体、探索媒体融合发展、改进提质民生服务、实现联动联唱的新步伐。“两中心一平台”打破物理隔阂，打通阵地壁垒，实现优质资源共建共用共享。其中，新时代文明实践中心依托“新时代文明实践云”“‘满天星’文明共建志愿服务活动”“天心区志愿服务协会联合会”三个载体推进工作。截至年末，该区完成7个试点实践所、21个试点站（基地）建设，建立1支总队、20支大队和N支分队的“1+20+N”的新时代文明实践志愿服务队伍综合体系。（邹颖 严晋）

【天心区文明委2020年度第二次全体会议暨深化文明创建工作推进会】 2020年9月4日，天心区委书记刘汇主持召开区文明委2020年度第二次全体会议暨深化文明创建工作推进会议。会上，播放文明创建督查暗访片《文明创建须乘风破浪》，相关部门进行表态发言，学习传达全市精神文明建设表彰暨深化文明创建工作推进会精神，并对全区文明创建工作和全国文明城市测评工作进行再动员、再部署、再推进。会议指出，要统一思想，浓厚创建氛围。全区上下要落实好市委提出的“坚定决胜之心，铆足决胜之力，笃定决胜之志”，按照勇争一流的目标，落实落细各项工作，确保圆满完成文明创建各项工作。强调要把握重点，提升创建水平。对照体系、紧盯问题、巩固成果、总结经验抓好创建提质

图8　2020年7月16日，天心区“两中心一平台”揭牌投入使用　（区委宣传部供图）

提升工作。要巩固好、保持好已经达标的项目，切不可盲目和麻痹，防止问题出现反弹、情况发生反复，确保整改的实现达标、达标的力求创优、创优的走向常态、常态的提升满意度。会议要求，要务实举措，加大创建力度。全区广大党员干部以铁的决心、铁的意志，一鼓作气、一抓到底做好文明创建各项工作。

（夏剑航）

【有序迎接2020年度全国文明城市测评】 2020年9月25—27日，中央文明办对长沙进行全国文明城市创建工作测评。各街道、文明创建各重点行业部门充分动员、调度人员与力量，以172个测评申报点为重点和中心，深化“七大专项整治行动”，开展各类整治行动200余次，教育劝导市民不文明行为2830人次，整改问题2000余个，办理案件700余件。设计制作一批精美精致、与城市景观相融合的原创景观小品，自制《文明天心你我同行》视频彩铃在全区范围内广泛投放。天心区共有13个点位、3个社区接受实地测评或入户调查，占全市测评点位的23.5%，全区上下科学调度、协调联动，形成“全员全域，共建共创”的合力。

（邹　颖）

【我们的节日·中秋系列活动】 2020年国庆、中秋节期间，天心区以街道、社区、学校等为重点，以“庆中秋·迎国庆”为主题，通过文化活动将家国团圆梦融入伟大中国梦中。中秋当天，在天心阁组织开展“诗韵天心·中秋诗词歌会”，穿插形式多样的歌舞、茶艺、书法表演、曲艺等传统文化节目，彰显“月圆家团圆，月圆天下圆”的美好寓意。（邹　颖）

【疫情防控志愿服务】 2020年，天心区发挥志愿服务在疫情防控斗争中的重要作用，区委宣传部（区文明办）共发动组织48909名志愿者、130余支队伍，分成8支专业的志愿服务小组，从抓疫情宣传、抓摸排管理、抓生活服务、抓为企服务4个方面活跃在防疫一线，形成一道靓丽的“志愿红”。在中央、省、市媒体共计开展志愿服务正面宣传报道2400余条。全国最美志愿者杨士泉作为唯一志愿者代表参加湖南省疫情防控新闻发布会，介绍防疫志愿服务工作情况。诚实守信类“长沙好人”易裕和粉店易军有序复工在央视进行专题报道等。（何小舟）

【长沙市天心区志愿服务联合会成立】 2020年12月4日，长沙市天心区志愿服务联合会成立大会暨第一次代表大会召开。长沙市委宣传部副部长唐曙光，市文明办副主任丁德喜，市文明办志愿服务处处长袁军，天心区领导周志军、肖雄伟、李曦、黎小玲，区直相关部门、街道分管负责人，以及联合会全体会员参加大会。截至年末，该区注册登记志愿服务组织340个、志愿者10余万名，各级好人103名，并涌现一批先进典型和品牌项目。其中，彭天冰、暮云小蜜蜂志愿者协会分别被评为湖南省疫情防控最美疫情防控志愿者、疫情防控先进志愿服务组织，“彩虹课堂”“‘纷分’垃圾分类公益宣讲”等志愿服务品牌走出天心区，影响全国。大会审议通过《长沙市天心区志愿服务联合会章程》等文件，选举产生天心区志愿服务联合会会长、执行会长、副会长、秘书长、监事及理事会理事。联合会第一届会长杨军表示，联合会将认真履行联合会章程赋予的职责使命，团结带领全区广大志愿者开创志愿服务事业新局面，让“有困难找志愿者，有时间做志愿者”成为天心新风尚。（何小舟）

【春节前走访慰问各级道德模范、身边好人】 2020年春节前夕，天心区领导朱东铁、黄滔、朱远红、肖雄伟走访慰问该区各级各类道德模范、身边好人，为他们送上新春祝福，并勉励他们进一步发挥典型示范作用，进一步为天心区精神文明建设工作做出积极贡献。（何小舟）

【网络文明传播活动】 2020年，天心区围绕“全民战疫”“公筷公勺”“脱贫攻坚”“榜样模范”等主题策划开展“文明四季”系列网络文明传播活动4场，线上阅读量近500万人次。1月22日，“文明人人心实践在天心”被评为2019文明中国·地方文明网优秀网络文明传播活动。配合长沙文明网做好“我的小康生活”“我的随身好物”“文明城市这么美我为家乡站C位”等主题网传活动；联合《长沙晚报》、辖区餐饮企业开展“你说话吧”新文明餐桌主题活动，设计制作“新文明餐桌”行动主题LOGO、海报，定制发放公筷公勺赠品5000份，公筷公勺在全区大中型餐饮企业实现全覆盖。

（滕秋玲）

【好人推评】 2020年，天心区推选舒煜鹏、易军、唐红伍3人被评为“湖南好人”，邓富铁、颜新艳、张雅丽、李咨、张英林、陈正国、喻晓、曾育群、马福明、陈均杰、张艳、肖慧君12人被评为“长沙好人·身边雷锋”，李咨、杨士泉、汤俊杰、陈珊珊、张旭东5人入选长沙市“星城雷锋·最美锋范”防疫典型人物。全年组织开展好人与道德模范交流活动20余场次；挖掘推出《女子新婚第一天起照顾失智婆婆和大伯》《在长沙这个面馆，陌生人一个举动引发一场善意传递》《65岁老人去世捐献眼角膜和遗体》《退休工人下水救人后不敢告诉妻子》《长沙一社区为老人开设暖心食堂》《残疾男子努力8年终于爱心送考成功》等身边典型的事迹视频，均引爆网络，充分展现天心区群众良好的精神风貌。（滕秋玲）

【“榜样的力量”道德模范、中国好人、最美志愿者宣讲进校园活动】 2020年，天心区组织开展“榜样的力量”道德模范、中国好人、最美志愿者宣讲进校园活动（以下简称“宣讲活动”），通过组织各类别道德模范、身边好人、最美人物、抗疫先进等典型人物，采取线上线下相结合的方式，按照“就近就便”原则，走进校园开展事迹宣讲，用身边人、身边事教育引导广大师生学好人、做好事、争先进、当典型，营造崇德向善、见贤思齐的浓厚氛围。11月27日，宣讲活动走进新开铺小学，全国最美志愿者、中国好人杨士泉为现场50名家长和孩子授课。12月9日，宣讲活动走进曙光小学，“感动中国”人物、全国三八红旗手、全国道德模范提名奖、湖南李丽心灵教育中心负责人李丽，曾前往汶川和湖北等地进行抗震救灾及新冠防控工作的抗疫英雄医生彭天冰，“最美志愿者”、中国好人杨士泉给全校师生分享他们的故事，勉励同学们以榜样为标杆，争做新时代好少年。12月10日，宣讲活动走进长沙理工大学，中国好人、全国助残先进个人、感动湖南人物张建明作“我奋斗我幸福”主题报告，讲述他的奋斗故事，近500名师生现场聆听报告。12月18日，宣讲活动走进南大桥小学，全国最美志愿者、中国好人杨士泉用3位人物的真实故事向同学们诠释雷锋精神的含义。（周　奔）

【创新推进青少年思想道德建设】 天心区委宣传部（区文明办）、区教育局从区域层面推进礼文化教育，深抓“礼”课题、打造“礼”课堂、实践“礼”行为。按照《新时代公民道德建设实施纲要》相关要求，结合本地实际情况，编写的文明礼仪读本《知书达礼》免费发放给全区中小学生。2020年，该区38所中小学共开发《知书达礼》配套微课42节，涵盖个人、家庭、校园之礼等8个系列，形成“礼仪课本+礼仪课堂”一体化教学体系。礼仪教育课题立项省教育科学“十三五”规划课题，《“礼”教育帮孩子扣好人生第一粒扣子——天心区创新推进青少年思想道德建设》入选湖南省委基础改革探索100例，是全省社会体制改革领域入选的27个案例之一。（周　奔）

【“南城之声”微广播开播】 2020年7月1日，天心区“南城之声”微广播开播。在第一期节目中，特邀新开铺街道桥头社区书记康姣和播音员们一起分享红船的故事，讲述红船精神在天心的落地生根。“南城之声”微广播整合南部黑石铺街道、大托铺街道、先锋街道、南托街道、暮云街道的优势资源，是天心区在探索新时代文明实践新路径中打造的实践传播平台，以广播播报的形式帮助基层干群了解政策、掌握政策，丰富基层群众精神文化生活，增进基层群众的政治认同、思想认同和情感认同。“南城之声”开播以来，广受群众欢迎。（周　奔）

【勤俭新“食”尚融入“开学第一课”】 2020年8月31日，天心区各中小学均围绕弘扬勤俭新“食”尚，争当劳动小先锋为主题，举行主题鲜明、内容丰富、形式多样的“开学第一课”。青雅丽发学校的“勤俭节约树新风，热爱劳动我先行”主题活动中，由初一新生带来情景剧表演《我们的“约”定》，演绎出学生平时生活中常见的餐桌浪费，水电浪费等现象，诠释什么是勤俭节约、热爱劳动。天心区实验小学以“撒播奇妙种子成长精彩绽放”为主题，开启新学期，学校教师们为奇妙少年们送上新学期的“见面礼”：一颗颗代表“环保、勤俭、文明、劳动”的种子，学期初大家一起种下，期盼一个学期的努力，能够收获成长的精彩。幼幼小学开学典礼上，少先队大队委向全体少先队员发起“勤俭节约”的倡议，倡议少先队员们从自身做起，从点滴做起，杜绝餐桌上的浪费行为，把“勤俭节约”传统美德内化于心、外化于行，积极投身制止浪费行动中，以实际行动宣传餐桌文明，做光盘行动的倡导者、践行者。（周　奔）

中共天心区委员会

综　述

【概况】 2020年，中共天心区委在落实好常态化疫情防控的基础上，通过稳生产、促投资、扩内需等一系列举措，巩固经济基本盘，全国城区高质量发展水平百强区排名第64位，市场主体突破11万户，网红经济、夜间经济蜚声全国，“五一”、国庆假期消费热潮获中央媒体高度关注。

主题教育 巩固深化“不忘初心、牢记使命”主题教育成果，区属各党（工）委、党组结合理论中心组学习、“三会一课”、主题党日等契机，开展集中学习研讨420余次，邀请专家授课112人次，组织现场教育132次；抓好区委常委班子问题整改，把巩固深化主题教育成果同全区重点工作结合起来，同落实中央和省委、市委决策部署结合起来，同实现经济社会高质量发展结合起来，确保疫情防控和区域发展“两手抓、两不误、两促进”。贯彻落实中共十九届五中全会精神和中共中央总书记习近平考察湖南重要讲话精神，班子成员带头讲党课，逐层逐级带动全区干部群众学深悟透习近平新时代中国特色社会主义思想，进一步增强“四个意识”、坚定“四个自信”、做到“两个维护”。

项目建设 开展“大干一百天实现双过半”竞赛和“八个一批”重大项目建设攻坚活动。全年铺排重大项目150个，完成投资近300亿元；31个征拆项目扫尾清零，腾地170公顷；湖南大数据交易中心等牵引性项目开工建设，远航健康城、五田医药物流三期主体竣工，中交国际、星浩医药等一批项目加快推进；完成桂花坪路东段等建设项目5个，完成街区微改造项目6个；抢抓“新基建”发展机遇，全省首个标准化5G网络汇聚机房开工建设，完成5G基站建设3829个，5G基站建成数和5G网络覆盖率全省第一。

产业发展 积极响应市委“软件业再出发”号召，率先全市挂牌成立天心软件产业园，打造长沙第五谷“天心数谷”，该年引进软件企业875家，新增从业人员1.4万余人，全国软件企业50强分（子）公司落户数量和全省互联网企业50强上榜数量位列全省区县（市）第一。天心经开区、长沙天心文化（广告）产业园顺利整合。加快推动土地招商项目落地，成功出让土地5宗。成功引进投资过亿元项目31个，三类500强项目10个，百万元以上重点税源企业53家，百度云手机产业基地、酷哇高精地图全国运营总部成功入驻，中能建南方建设华中分公司、湖南四建贸易等一批重点项目相继落户。

营商环境 推动“天心营商环境30条”落地落实，区领导走访企业978次，收集交办问题158个；率先开展“15分钟政务服务圈”试点，打造“无人政务超市”，推出24小时自助政务服务厅；设立“天心赢商学院”，开发“天心区智慧营商服务平台”，全省首家推出“天心金融”银企线上对接平台；区级社会信用信息共享平台上线，正式启动五一商圈“信用商圈”建设。2020年，天心区位列全国营商环境百强区第43位。

“三大攻坚战” 把防止返贫摆在重要位置，区内313户980名贫困人口脱贫质量不断巩固；落实“摘帽不摘帮扶”，投入2700万余元，继续做好对口帮扶怀化通道县、龙山洛塔乡、浏阳富溪村工作；推动消费扶贫，消费扶贫智能柜试点工作在全省推广。遏制隐性债务增量，2020年政府综合债务率为190.23%，风险等级为风险提示地区。严格防范处置非法集资等地方金融风险，全区政治安全和社会稳定风险防控举措有力。持续打好蓝天、碧水、净土、静音保卫战，空气优良率达到86%，黑臭水体基本消除，垃圾分类全面推进，中央环保督察及“回头看”、省级环保督察反馈404.5个（件）问题全面整改到位。

民生福祉 推进民生实事项目人大代表票决制试点工作，民生支出占财政支出比例达80%以上。雅礼书院中学、青园教育集团友谊校区等一批学校完成建设改造，新增学位6040个，新增公办幼儿园10所。新增城镇就业人员11214人，城镇登记失业率控制在4%以内。创新实施“爱心天心”帮扶工程，结对帮扶特殊困难对象1013户，落实帮扶资金1155万元。完善公共配套服务，实现15分钟生活圈全覆盖。紧扣“四精五有”提升城区品质，启动实施城市道路空间品质提升工程和黄兴南路步行街创建“全国示范步行街”工作；7大片区12个老城区有机更新项目全面完工，铁路沿线人居环境提升全线启动，提质“15分钟生活圈”34个，创建市级五星、四星美丽屋场6个。全面落实安全生产专项整治，年度内未发生较大及以上安全生产事故，连续17年保持省“平安县市区”称号；开展扫黑除恶专项斗争，打好最严禁毒人民战争。（孙　喆）

重要会议

【中共天心区第五届委员会第九次全体会议】 于2020年11月13日在天心区政府三楼大会议室召开。天心区委书记刘汇作《坚毅前行争先创优攻坚克难奋力交出大考之年的满意答卷》工作报告；区委副书记、常务副区长周志军就天心区2020年经济运行情况及全区项目攻坚、绩效考核工作进行讲评；全会要求天心区各级各部门切实增强责任意识、忧患意识，以更加务实的作风、更加扎实的举措，全力以赴决战四季度，千方百计完成全年目标任务，确保实现“十三五”规划圆满收官。区委副书记、区长黄滔主持会议。区人大常委会党组书记、主任于献，区政协党组书记、主席夏艳兰，天心经开区工委书记吴江，全体区委委员、候补委员以及各部门、各街道负责人、部分基层党代表出席、列席会议。

（范诗蕊）

【中共天心区第五届委员会第十次全体会议】 于2020年12月14日在天心区政府三楼大会议室召开，审议通过《中共天心区委关于制定天心区国民经济和社会发展第十四个五年规划和二〇三五年远景目标的建议（审议稿）》。全会总结“十三五”规划期间天心区发展成绩，明确天心区“十四五”规划时期主要发展目标为地区生产总值2025年达到1500亿元，一般公共预算收入达到170亿元以上，产业投资占固定资产投资比重达45%，社会消费品零售总额年均增长7%，服务业增加值占地区生产总值比重达75%，高新技术企业达到500家；单位地区生产总值能耗降幅达长沙市市级标准，空气质量优良天数比例达到82%，地表水达到或优于Ⅲ类水体比例达100%，建成区绿化覆盖率46.5%；城乡居民人均可支配收入年均增长5%，城镇登记失业率控制在4%以内。区委书记刘汇主持会议。区委副书记、区长黄滔，区人大常委会党组书记、主任于献，区政协党组书记、主席夏艳兰，天心经开区工委书记吴江，全体区委委员、候补委员以及各部门、各街道负责人、部分基层党代表出席、列席会议。

（范诗蕊）

【主题教育总结会】 2020年1月10日，天心区在区政府三楼大会议室召开“不忘初心、牢记使命”主题教育总结会议。区委副

图9　2020年12月14日，中共天心区第五届委员会第十次全体会议在区政府三楼大会议室召开（区委办供图）

书记、区长黄滔传达长沙市“两会”精神，区委书记朱东铁作主题教育总结讲话。区委副书记朱远红主持会议，区四大班子成员，天心经开区全体班子成员，区法院、区检察院主要负责人，区机关各部门、各街道党政负责干部等共190人参加会议。市委主题教育第五指导组领导出席会议并讲话。（范诗蕊）

【区委经济形势分析暨“大干一百天实现双过半”竞赛活动总结下半年重大项目建设攻坚动员会议】 于2020年7月31日在天心区政府三楼大会议室召开。会议通报天心区上半年经济运行情况、“大干一百天实现双过半”竞赛活动开展情况及考评结果，部署下半年天心区重大项目建设工作，号召全区各级各部门大抓项目，抓大项目，加快形成“全区动员、全区参与、全区聚力”项目攻坚浓厚氛围。区委副书记、区长黄滔主持会议并讲话，区委副书记朱远红，区人大常委会党组书记、主任于献，区政协党组书记、主席夏艳兰，天心经开区党工委书记吴江，全体区委常委，区政府副区长以及天心经开区、天心文化（广告）产业园、区属相关单位、街道党政负责人共120人参加。（范诗蕊）

【区委常委会会议】 2020年，中共长沙市天心区委召开常委会会议26次。

1月3日，研究天心经开区有关工作。

1月20日，听取天心区深入推进产业项目建设优化营商环境大会筹备工作情况汇报。

1月25日，研究天心区疫情防控工作。

1月26日，听取天心区疫情防控工作情况汇报，研究部署下一步疫情防控工作。

1月31日，听取天心区疫情防控工作情况汇报。

2月5日，听取天心区疫情防控工作情况汇报。市委常委、组织部部长、督导天心区疫情防控工作联点市领导张宏益到会指导。

2月14日，听取天心区疫情防控工作情况汇报。

2月24日，听取天心区疫情防控和经济社会发展工作情况汇报。

2月28日，审议《天心区“抢抓三月份、奋战一百天、实现双过半”行动方案（送审稿）》；研究安全生产工作。

3月5日，研究审议《中共长沙市天心区委常委会2020年工作要点（送审稿）》《长沙市天心区人大常委会2020年工作要点（送审稿）》及《政协长沙市天心区委员会2020年工作要点（送审稿）》；听取天心区组织、宣传、统战、政法、区委办工作情况汇报并研究审议工作要点；听取党风廉政建设和反腐败工作情况汇报。

3月8日，听取天心区“大干一百天实现双过半”竞赛活动情况汇报；部署现阶段“两手抓、两手硬”工作。

3月20日，研究“大干一百天实现双过半”竞赛活动有关工作；听取天心区教育、污染防治、脱贫攻坚工作情况汇报及省、市挂牌督办安全隐患整改情况汇报。

4月17日，传达学习中共中央总书记习近平近期有关重要讲话及中央、省委、市委有关会议精神。

5月14日，听取天心区保密、关工委及老干部工作情况汇报；审议《2019年度市委主要领导向省委述职基层党建工作中有关问题整改、区委主要领导向市委述职基层党建工作有关问题整改方案（送审稿）》；研究服务企业、绩效考核、干部教育工作；听取全区疫情防控、学校开学疫情防控、驻企防疫联络员工作、“大干一百天实现双过半”竞赛活动等工作汇报。

6月1日，研究确定民主推荐对象。

6月2日，听取天心区“领导接访下访推动矛盾化解”攻坚年活动、扫黑除恶专项斗争、公务员职务与职级并行、打击治理电信网络新型违法犯罪工作情况汇报；研究审议《关于建立区人民政府向区人大常委会报告国有资产管理情况制度的意见（送审稿）》。

7月2日，听取天心区深化整治形式主义、官僚主义，软件产业发展，“爱心天心”帮扶工程，发展壮大新型村级集体经济及村级组织运转经费有关工作情况汇报；研究深化纪委监委派驻机构改革和向园区、街道派出监察机构有关工作以及脱贫攻坚干部考察工作。

7月8日，听取天心区财政及“三保”工作、扫黑除恶专项斗争、农村自来水普及工程三年行动计划工作情况汇报。

7月17日，听取天心区信访工作及“领导接访下访推动矛盾化解”活动开展、营商环境工作情况汇报；研究审议2020年软弱涣散基层党组织整顿、天心区关于建党99周年党内表彰有关工作。

7月20日，研究确定民主推荐对象。

7月30日，研究天心区绩效考核体系、民主党派市级层面代表人士人选推荐、面向社区（村）党组织书记考核招聘街道事业编制工作人员等有关工作；审议《长沙市天心区重大项目建设攻坚行动方案（送审稿）》。

8月18日，听取天心区扫黑除恶专项斗争、食品安全工作情况汇报；研究干部人事工作。

8月26日，研究部署湖南省委常委、长沙市委书记胡衡华调研天心经开区指示落实举措；明确区领导对口联系街道等工作安排。

9月4日，听取天心区打击“黄赌毒”及禁毒工作、“坚持政治建警全面从严治警”教育整顿工作情况汇报；研究全区文明创建迎国检工作；研究审议有关文件。

9月24日，研究有关干部职级晋升任职呈报事项。

9月25日，听取天心区国安、安全生产、网格化、铁路沿线人居环境提升、湘江大道和芙蓉南路品质提升等工作情况汇报。

10月26日，听取天心区“十四五”规划编制，天心经开区、天心文化（广告）产业园实行统筹管理体制改革，区人大常委会、区政府、区政协、区法院、区检察院党组工作，全区长江流域（湘江段）禁捕退捕工作，区委党内规范性文件第二次集中清理等工作情况汇报；审议《长沙市天心区第五届人民代表大会第七次会议筹备工作方案（送审稿）》《政协长沙市天心区第五届委员会第五次会议筹备工作方案（送审稿）》《天心区市域社会治理现代化试点工作实施方案（送审稿）》《长沙市天心区党政领导干部食品安全责任清单（送审稿）》；研究干部人事工作。（范诗蕊）

【区委理论学习中心组学习】 2020年，中共天心区委理论学习中心组举办理论学习12场。

2月24日，长沙市副市长、天心区委书记朱东铁主持集体学习，深入学习中共中央总书记习近平2月21日关于统筹推进新冠肺炎疫情防控和经济社会发展工作的重要讲话精神、关于关心爱护参与疫情防控工作医务人员的重要指示精神。区委常委、区人大常委会主任、区政协主席、天心经开区党工委书记、区直相关部门主要负责人参加学习。

3月20日，朱东铁主持集体学习，深入学习中共中央总书记习近平3月18日关于抓好疫情防控和经济社会发展重点工作的重要讲话精神。区委常委、区人大常委会主任、区政协主席、天心经开区党工委书记、区直相关部门主要负责人参加学习。

4月27日，朱东铁主持集体学习。湖南省扶贫办党组副书记、副主任贺丽君围绕“以中共中央总书记习近平扶贫工作重要论述为根本遵循，坚决打赢全省脱贫攻坚收官战”主题作专题辅导报告。区委常委，区人大常委会主任，区政协主席，天心经开区党工委书记、管委会主任，区政府副区长；区直单位主要负责人；区驻村工作队成员；各街道书记，南托街道、暮云街道分管负责人，有扶贫任务的村（社区）书记参加学习。

5月22日，朱东铁主持。湖南省委组织部副部长、省委编办主任刘越高围绕“学习贯彻《中国共产党机构编制工作条例》，着力助推国家治理体系和治理能力现代化”主题作专题辅导报告。区委常委，区人大常委会主任，区政协主席，天心经开区党工委书记、管委会主任，区政府副区长；区直机关各单位党政主要负责人；各街道党政主要负责人参加学习。

7月8日，天心区委副书记、区长黄滔主持集体学习，深入学习中共中央总书记习近平关于宣传思想工作、意识形态工作的重要论述。区委常委，区人大常委会主任，区政协主席，天心经开区党工委书记；区直相关部门主要负责人，各街道党工委书记参加学习。

7月20日，黄滔主持集体学习。湖南省工信厅巡视员颜琰以“数字经济与数字化”为主题、湖南大学教授彭绍亮以“大数据时代下的超能计算”主题，作专题辅导报告。区四大班子成员，天心经开区班子成员；区直机关各单位党政主要负责人；各街道党政主要负责人，分管经济主要负责人；企业家代表一同参加学习。

8月18日，天心区委书记刘汇主持集体学习。市委党校教授陈果就《〈习近平谈治国理政〉第三卷学习导读——深刻认识力戒形式主义、官僚主义的重要性》作专题辅导。区委常委、区人大常委会主任、区政协主席、天心经开区党工委书记参加学习。

9月17日，刘汇主持集体学习暨“天心讲堂”学习。湖南省自然资源厅办公室副主任胡金勇围绕“中共中央总书记习近平关于土地管理的重要论述精神及相关法律法规政策”主题作专题辅导报告，国防科技大学文理学院教授、博士生导师徐能武讲授《百年未有之大变局中的当前国际形势》。区四大班子成员，天心经开区班子成员；区直机关各单位党政主要负责人；各街道党政主要负责人参加学习。

11月3日，天心区举行学习贯彻中共中央总书记习近平考察湖南重要讲话精神市委宣讲团报告会暨天心区委理论学习中心组（扩大）集中学习会议，长沙市委宣讲团成员、市发改委党委书记、主任、二级巡视员夏文斌就学习贯彻中共中央总书记习近平考察湖南重要讲话精神作专题辅导。该区副县级以上领导干部、区直机关各单位党政主要负责人、各街道党政主要负责人、天心讲师团成员代表参加学习。

11月4日，天心区参加十一届省委理论学习中心组第三十五次集体（扩大）专题学习辅导报告会，学习中共中央总书记习近平关于安全生产的重要论述。区委常委，区人大常委会主任，区政协主席，天心经开区党工委书记，其他在职县级领导干部；区直相关部门负责人；各街道主要负责人参加学习。

11月20日，刘汇主持集体学习。长沙市安委办主任、市应急管理局局长胡春山以“增强安全意识，提升管理能力”为题，联系自身工作实际，围绕安全生产工作“为什么要抓”“怎么看”“怎么抓”等方面作专题辅导。区委常委，区人大常委会主任，区政协主席，天心经开区党工委书记，区政府副区长；区直机关相关单位和各街道主要负责人参加学习。

12月3日，天心区举行学习贯彻中共十九届五中全会精神宣讲报告会暨区委理论学习中心组（扩大）集体学习，长沙市委宣讲团成员、市科技局党组书记、局长郭埗作宣讲报告。报告会由刘汇主持，该区副县级以上领导干部，区直机关各单位、各双重领导和垂直管理单位、各街道主要负责人参加。（刘芙蓉）

区委办公室工作

【概况】 2020年，中共长沙市天心区委办公室（简称“天心区委办”）深入学习贯彻习近平新时代中国特色社会主义思想，努力践行“五个坚持”，做到“五个始终”，围绕区委中心工作和全区发展大局，加强统筹协调、信息宣传、督查督办、服务保障，发扬敢于负责、动真碰硬、深入细致、吃苦耐劳和只争朝夕的精神，全面提升办公室工作规范化、制度化、科学化、精细化水平，进一步推动办公室工作提标提档、提质提效。（谢昌友）

【政策研究】 2020年，天心区委政研室围绕区委中心工作和群众关注的热点难点问题，深入园区、街道、部门开展调查研究，起草各类文稿、调研报告400余篇。其中130余篇经济发展类调研报告中有80余篇形成调研成果，20余项进入区委决策；160余篇工作推进类调研报告中有90余篇形成调研成果，30余项进入区委决策；120余篇社会民生类调研报告中有60余篇形成调研成果，20余项进入区委决策。累计向中共中央办公厅、湖南省委办公厅、长沙市委办公厅报送党委信息近500条、被采用270余条。做好涉区紧急信息处置与报送工作，坚持24小时值班制度，未发生重大紧急信息迟报、漏报、瞒报现象，信息工作绩效继续位列省、市先进方阵。（谢昌友）

【督查督办】 2020年，天心区委办紧扣中央、省、市、区委决策部署跟进督查督办，完成《天心督查》22期，省、市交办件23件，区委书记批复、指示件24件。围绕项目征拆和建设、蓝天保卫战、文明创建、网格化综合服务管理等工作开展专项督查，服务全区统筹推进、均衡向优发展；新冠病毒疫情防控期间，严督查、快落实，采取“四不两直”（不发通知、不打招呼、不听汇报、不用陪同接待、直奔基层、直插现场）方式，把日常督察与专项督查相结合，保障政令通畅；深化整治形式主义、官僚主义，对违规签订责任状的5个部门、街道进行约谈。接待来访群众20余批次70人次，办复红网《问政湖南》网民信访件363件，市委网络问政留言办理工作、红网网民留言办理工作获得长沙市优秀单位、先进单位称号。（廖道荣）

【办文办会保密工作】 2020年，天心区委办加强对全区重大会议活动的统筹安排和组织协调，编发《区委每周动态》51期；牵头组织区委重要会议活动153次，同比下降3.6%；以区委、区委办名义印发重要文件79个，在2019年精简30%的基础上，保持发文数量稳定；办理上级文件604个；办理呈批件917个；服务党委视频会议66次。推进党委信息化建设，保密工作被评为全市先进。（陈晓菁）

【外事工作】 2020年，天心区委健全外事工作体制机制，召开2次区委外事工作委员会会议，做好外籍人士到区学习、投资、旅游等涉外管理和服务保障工作。优化外事服务，畅通外资企业问题反馈、解决渠道，帮助解决遇到的问题，全年走访外资企业20余次，帮助企业复工复产，为近20家医疗物资出口企业办理对外贸易经营备案。抓好联防联控措施，严密防范境外疫情输入。发放中英文疫情防控手册3000余份；做好国际客运航班外籍人员接待工作。（赵一蓉）

【港澳台工作】 2020年，天心区委严格落实常态化疫情防控措施，帮扶港澳台企业发展和服务。积极向辖区港澳台企业提供口罩、消毒液等防护物资购买渠道，及时传达关于疫情防控工作部署要求和优惠补贴政策，为企业享受优惠补贴待遇提供便利。天心台协分会召集18家台企和社会爱心人士在台湾采购医疗口罩8万只、防护服5300件，捐赠给湖南各省市医院及中小学校。配合做好澳门特别行政区全国人大代表实地考察天悦地块工作，助推项目落地。协助台胞办理大陆居住证10人次，帮助台胞解决子女入学等难题。统筹推进湖南天心两岸经济文化交流中心项目建设。（赵一蓉）

【接待工作】 2020年，天心区委办发挥政务接待"桥梁、纽带、窗口"作用，完成国家发改委、文旅部、湖南省委脱贫攻坚干部考察组、南昌市党政代表团等单位到天心区考察，中建国际投资集团等企业到区会见，"三干"项目集中通车、"与国同庆"护航十一黄金周活动等重大接待、重要视察、大型活动；配合完成区委全会等大型会务工作。（陈晓菁）

【机关党建】 2020年，天心区区直机关有基层党支部（党委、总支）53个，与2019年持平，有党员1443名，较2019年减少116名。从性别结构看，女性604名，占41.86%。从年龄结构看，30岁以下的党员104名，占7.2%；31—40岁党员362名，占25.1%；41—50岁党员417名，占28.9%；51—60岁党员345名，占23.9%；61—70岁党员112名，占7.76%；71岁以上党员103名，占7.14%。从学历结构看，研究生学历党员256名，占17.74%；大学本科学历党员815名，占56.48%；大专学历党员231名，占16.01%；中专、高中学历党员141名，占9.77%。突出党建引领，开展"红色领航"系列活动，号召机关党员干部投身疫情防控和帮助企业复工复产工作；开展机关党支部"五化"（支部设置标准化、组织生活正常化、管理服务精细化、工作制度体系化、阵地建设规范化）建设和模范机关创建活动，评定出"五星支部"46个，"四星支部"7个，五化达标率100%；组织召开庆祝中国共产党成立99周年大会，表彰优秀共产党员100名、优秀党务工作者24名、先进基层党组织10个；严把党员入口关，发展党员21名，确定入党积极分子46名，转正党员20名。天心区机关党建工作成功经验在市直机关工委组织的专职书记培训班上作典型发言（区县唯一），在全市"红色故事宣讲"比赛中被评为"精品宣讲作品"全市第二名。（毛　萍）

【体制改革】 2020年，天心区委办每月对全区所有改革任务通过信息平台进行调度督促，年度49项改革任务全部完成。推进公共法律服务示范城区、社区治理和服务创新实验区2个国家级改革试点创建工作，"一统三化"（即以党建为统领，加强网格化管理、推进全程化服务、实现现代化目标）探索城市基层治理改革被《中国改革年鉴》收录；《"礼"教育帮孩子扣好人生第一粒扣子——天心区创新推进青少年思想道德建设》入选2020年度"湖南基层改革探索100例"。（谢昌友）

【湖南天心两岸经济文化交流中心落户南郊公园】 2020年8月2日，湖南天心两岸经济文化交流中心开工建设。该项目位于南郊公园核心区域，总投资人民币800万元，总建筑面积866.02平方米，功能分区为观景台、音乐餐吧、餐厅、民宿展示馆等。长沙市委台办主任肖玮，天心区委副书记朱远红出席开工仪式。（赵一蓉）

组织工作

【概况】 截至2020年年末，长沙市天心区有基层党组织1039个，其中党委99个、总支32个、支部908个。城市街道14个，全部建立党工委，其中城市社区86个，建立党委69个、党总支9个、支部8个；建制村12个，建立党委7个、总支部5个。在全区700家非公企业中，共建立207个基层党组织，其中党委8个、党总支2个、党支部157个（联合党支部157个，覆盖企业164家）。

全区有党员26555人，其中女性党员10907人，占41.07%。35岁及以下的5584人，占21.02%；60岁以上的11456人，占43.14%。具有大学专科及以上学历的15062人，占56.72%；具有高中及以上学历的21124人，占79.55%。截至年末，组织关系在街道的党员20040人，占党员总数的75.47%，其中街道党工委书记14人，社区（居委会）委员中党员309人，街道干部中党员883人；60岁及以上的党员10223人，占51.01%；具有大学专科及以上学历的9614人，占47.91%。

2020年，全区发展党员253人。其中，女性155人，占61.26%；35岁及以下的160人，占63.24%；具有高中及以上学历的252人，占99.60%。年内新发展的党员中，农牧渔民13人，占5.14%；离退休人员1人，占0.39%；劳务派遣工党员1人，占0.39%；生产、工作第一线217人，占85.77%。

2020年，天心区组织工作在中央、省级以上新闻媒体上稿119篇。11月18日，湖南省委政研室《城市经济论坛》（2020年第5期）“城市治理”专栏刊发《把支部建在网格上——天心区积极探索网格化党群服务管理新格局》文章，推荐天心区网格党建经验。

（李　群）

【基层党组织建设】 2020年，天心区深化主题教育成果，区属党工委、党组开展集中学习研讨420余次，邀请专家授课112人次，组织现场教育132次；依托“缘起湘江”“红船印初心”“光辉历程”“心中的梁家河”4个“不忘初心兴天心”示范化党性教育基地，开发微党课、录制微视频、举办微竞赛，年内1.5万余名党员群众到现场参观学习；创新举办“基层党建工作训练营”，培训基层党组织书记、党务工作者和后备干部800余名。完善基层治理体系，启用长沙智慧党建系统，推进党组织移动信息化办公，党员精细化管理、个性化服务；坚持把支部建到网格、小区，成立网格党支部215个，网格党小组135个，小区党支部110个，构建“区委—街道党工委—社区党总支（党委）—网格（小区）党支部”党组织体系；创新“网红党建”，服务“五一商圈”经济，《人民日报》专题报道相关经验；进一步规范社区（村）干部聘用管理，健全“两委”成员凡进必审区级联审工作机制；按照“六个一”工作要求，完成新天、桂井社区党组织整顿并验收。加大村级组织建设投入，配套拨付4万元农村党员教育基训营经费，补助2万元基层党支部活动经费，社区、村（集资办）年均运转经费分别提升至117.37万元和70.7万元。年内，天心区“五化”党支部达标率95%以上，8个基层党组织被评为市级“五化”示范党支部。庆祝建党99周年大会上，全区表彰先进基层党组织85个、优秀共产党员100名、优秀党务工作者100名。

（李　群）

【干部人才队伍建设】 2020年，天心区抓住理论教育、党性教育和提升治理能力三条主线，开展线上干部教育专题培训，共举办学习贯彻中共十九届四中、五中全会精神专题网络培训班及中共中央总书记习近平重要讲话精神、疫情防控、推进应急管理体系和能力现代化网上专题班等5期，1800余名在线学员参与；举办优秀年轻干部训练营1期，党校主体培训班20余期，培训3000余人。对26个区政府工作部门和2个平台公司领导班子、班子成员开展政治建设专项考察，深度访谈341人，民主评议610人。加强基层干部选拔培养，录用1名社区主职为公务员、7名社区（村）党组织

图10　2020年7月30日，长沙市委组织部副部长、两新工委书记、基层办主任杨俊（左）为天心区基层党建工作训练营授牌

（区委组织部供图）

书记为事业编制干部。加强干部提拔任前档案审核，做到“凡提必审”“凡转必审”，突出档案审查在干部选拔任用工作中的监督作用。严格执行国家工作人员因私出国（境）、领导干部兼职审批等干部监督制度，对12名领导干部进行提醒谈话；出台《关于开展国家工作人员因私出国（境）专项清理工作的通知》，将一般干部、政府雇员、重要岗位临聘人员纳入管理范围，管理干部1646人，保管因私出国（境）有效证件1534本。29名人才获得长沙市高层次人才绿卡，社工人才队伍建设在全国作经验发言；在长沙人力资源产业园迈入国家级行列的基础上，建立湖南省首家区县级青年人才综合服务中心——“星梦想·心驿站”。（李　群）

【天心区党组织和党员投身疫情防控】 2020年，天心区下发《关于在新型冠状病毒感染的肺炎疫情防控中充分发挥基层党组织战斗堡垒作用和共产党员先锋模范作用的通知》和《致全区广大党员的倡议书》，引导基层党员做到“六个带头”（带头站在防控斗争第一线，确保各项防治措施落实到位；带头发扬无私无畏精神，不畏艰险，挺身而出，顽强拼搏；带头做好群众思想工作，宣传防范知识，解读政策措施，关心关爱群众；带头落实防控措施，不搞串门拜年、不参加聚会聚餐，引导群众移风易俗，弘扬新风正气；带头顾全大局，遵守纪律，团结一心，扶危济困；带头坚守岗位，扎实工作，自觉经受政治考验和党性检验，以做好本职工作的实际行动，全力以赴投入疫情防控工作）。成立天心区新型冠状病毒肺炎防控指挥部临时党支部，95支党员突击队，3861名党员干部春节期间返岗工作，1252名区直机关在职党员干部到社区报到，67人在抗疫一线递交入党申请书，一线确定入党积极分子38名，发展党员13名。结合网格化管理，建立区、街、社区（村）、网格四级党员干部防护网，14个街道、98个社区村、414个网格全覆盖。疫情缓解后，分两批共选派451名干部作为驻企防疫联络员，下沉全区已复工复产的2484家企业（其中楼宇企业1697家）、51个重点项目、16个产业平台和50栋重点楼宇，开展企业防疫和复工复产帮扶工作，对接29家单位600余个用工需求，帮助企业采买口罩3万只、测温计400余个，解决企业复工复产其他困难2000余个。编发《让党旗在防控疫情斗争第一线高高飘扬》28期，刘珍、李咨、黄海波等40余位一线党员干部典型，被中央新闻联播、《人民日报》等媒体推介。转拨上级和本级党费90.2万元，慰问抗疫一线基层党员干部310人。

（李　群）

【两新组织工作】 2020年，天心区集训两新党组织书记1200余人次、轮训两新党员3400余人次。开展“三基”建设（基层建设、基础工作、基本功训练）试点工作创新，打造全省首批街道社区社会组织“双培”基地。推进“一极四维”楼宇商圈建设，开展“引领·成长”、党组织书记党课大赛等活动，持续实施“两争一创”（争建先进基层党组织，争当优秀共产党员，创一流发展业绩）行动计划，涌现中合慧景、保利天创、远征驾校和张建明等一批全国、省、市先进基层党组织和党员。（李　群）

【公务员管理】 2020年，天心区贯彻落实《中华人民共和国公务员法》及其配套法规，做好公务员招录、事业单位工作人员招聘、公开选调等工作，全面完成公务员职级套转。年内招录选调生1人，省考公务员5人。按政策接收营职及以下军转干部，按程序调配区外公务员及参公人员。

（李　群）

【绩效考核工作】 2020年，天心区对标省、市考核体系不断优化调整区考办法。制定《天心区2020年度市绩效考核工作目标责任分解表》，将纳入考核的69个部门分成6个类别，14个街道分成北部、南部进行分类考核。调整科级领导班子考核定等规则和部分区内绩效考核指标，制定《天心区2020年度街道工作目标考核体系》《天心区2020年度绩效考核单位自身建设目标考核体系》《天心区2020年度绩效考核单位业务工作目标考核体系》。下发《天心区2020年度重点工作季度考核实施办法》，将财税、经济、项目建设、优化营商环境、文明城市建设、城市管理、安全生产、基层党建8项工作纳入季度考核讲评，全年共开展季度讲评3次，对评选出的42个（次）单位给予季度奖励，其中街道占76%，对15个（次）季度指标完成情况较差的单位进行通报批评。加强日常调度、督查，及时跟进各项绩效考核指标进展，对市考规则调整或完成进度滞后的市考、区考指标，及时向各分管区领导、相关部门和街道发出提示函督促改进。（李　群）

【老干部工作】 2020年，天心区共有离休干部52人，其中老干科直管离休干部17人、代管异地离休干部12人、接管省属破产企业离休干部20人、教育局管理离休干部1人。副县级以上退休干部94人。

政治待遇 组织集中学习8次，政情通报3次，及时向老干部传达中共十九大、十九届四中五中全会精神及中共中央总书记习近平考察湖南重要讲话精神，发放学习资料500余套，使老干部及时了解党的政策方针，了解天心区发展现状，在政治立场上和中共中央保持一致。利用“三会一课”、主题党日等创新形式，组织老干部参观红色基地、观看红色影片，举办“银发先锋大课堂”，通过“学习强国”“微天心”“银龄e支部”等信息化平台建设网上“金色家园”。实施老年教育“悦心”工程，以区老干部（老年）大学为轴心，26所社区老年大学、44个老年教育网络课堂站点、110余个老年兴趣班和团队为辐射，构建辖区老年人都能参与的老年教育学习网。

生活待遇 2020年，区直单位科级退休干部党组织关系移交原单位管理工作完成，区委组织部利用上门、电话、短信、微信形式按节点对各单位及时进行工作提醒沟通，使离退休老干部体检、重阳节、春节走访慰问等活动不掉链；指派专人与区直各单位对接，对各单位待遇政策方面的问题进行实时答疑，保障老干部各项待遇落在实处。全年发放离退休干部相关福利待遇470万余元，慰问离退休干部124人次，看望生病住院的离退休干部23人，80岁以上生日的离退休干部18人。11月，组织看望家住外省的离退休干部，让退休老干部感受组织的关爱和温暖。

老干部管理 把离退休支部纳入基层党建工作考核，每季度召开工委会议进行党建点评，将离退休支部带头人、老干部工作者纳入该区干部教育培训系统，轮训支部书记2次，党务工作者1次。长效常态推进离退休支部“五化”建设，培育6个基层“美在金秋”老党员之家，4个市级离退休干部“五化”党支部示范点。结合区直机关离退休干部管理模式改革，及时完成离退休工委直属支部换届选举。新建社区老年大学功能型、临时型离退休党支部36个。

场地建设 该区新投入190万余元对两处办学点进行内部整体提质，改造面积约2977平方米，年内学校完成验收并正式投入使用；拨付14.6万元支持仰天湖社区老年教育网络课堂等4个市级、13个区级站点运行；拨付44万元支持怡海社区老年大学等6个市级、7个区级老年教育基层教学点建设。（李 群）

图11 2020年1月2日，天心区老干部大学召开校长换届暨教学工作总结会（区委组织部供图）

【关工委建设】 2020年，天心区关工委有成员单位18家，基层关工组织281个，开展“八大故事”（中国故事、红色故事、励志故事、经典故事、美德故事、英雄故事、成长故事、好人故事）宣讲活动232场，青少年受众近3万人。“爱孙有方育孙有道”隔代家庭教育行动帮助1400余名隔代家长更新教育观念；“同在蓝天下牵手共成长”“双助”活动资助、奖助71名中小学生继续筑梦、逐梦；老少书画展赛、“天心红孩子”表彰、“亲情五老关爱明天聚爱工读”等品牌活动帮助天心广大青少年成长成才。（李 群）

【“五老四教”活动】 2020年，天心区成立“心·天心”五老志愿服务队，以区级队伍为主导，56支基层分队联动，1600余名“五老红”骨干志愿者示范引领全区2万余名“五老”（老干部、老战士、老专家、老教师、老劳模）下沉楼栋开展志愿服务活动1800余场。

“百名五老共商百年大计”“百名五老进百个社区讲百堂党课”“银发星辉耀天心”等培训、宣讲、志愿服务品牌不断巩固提升。

（李　群）

【天心区面向社区招考街道事业编制】 2020年7月21日，天心区召开面向社区（村）党组织书记考核招聘街道事业编制竞聘演说会议，符合竞聘条件的15位社区（村）党组织书记现场发表演说，区委副书记、区长黄滔，市委基层办负责人，区四大班子、天心经开区管委会主任等应邀作为评委现场打分。易红兰、汤亚吾、范雪清等7名社区、村书记通过考核考察、竞聘演说等层层关口，以优异成绩成功入选。（李　群）

【社区（村）“两委”换届工作】 2020年12月31日，天心区98个社区（村）全面完成党组织换届选举。98名新当选社区（村）书记，得票率90.01%，平均年龄40.3岁，大专以上学历占比96.9%；481名社区（村）支委得票率86.32%，平均年龄37.9岁，大专以上学历占比93.3%。（李　群）

【行业党委、标杆建设点授牌】 2020年7月10日，天心区在区政府三楼大会议室为新成立的互联网行业党委、物业管理行业党委、非公经济组织综合党委3个行业党组织以及非公企业党组织、社会组织党组织等20个标杆建设点授牌。通过“一个目标”（党建工作强、两新组织发展强为目标）、“双重管理”（形成行业党委或党总支负责指导、直属党工委或党组直接管理）、“三个阶段”（分领域明确创建目标、分层级确定创建对象、分节点落实创建任务）、“五类标准”（民营企业党组织、社会组织党组织、孵化平台园中园党组织、楼宇商圈党组织、社会组织“三基”基地标杆建设点五类验收标准），激发两新组织发展内生动力，推动区域两新党建工作发展。（李　群）

【天心基层党组织书记训练营开营】 2020年7月30日，天心区基层党组织书记训练营举行开营仪式暨党史、国史微宣讲诵读活动。长沙市委组织部副部长、两新工委书记、基层办主任杨俊为该区基层党建工作训练营授牌。区委副书记、区人民政府区长黄滔作开营动员讲话。区委常委、组织部部长张界贻，区委常委、宣传部部长肖雄伟，区委党校常务副校长陈泽枝等出席会议。相关单位党组织负责干部、街道党工委书记，参训社区、村、合作社、管委会党组织书记，部分两新党组织书记、社区（村）后备干部，以及部分青训营学员参加活动。（李　群）

【青训营结业仪式暨成果汇报会】 2020年11月19日，天心区优秀年轻干部训练营结业仪式暨成果汇报会在区机关举行。此次青训营中63名年轻干部平均年龄25岁。汇报会上，学员们通过诗朗诵、情景剧表演、红色分享等多种

图12　2020年11月19日，天心区举行2020年优秀年轻干部训练营成果汇报会暨结业仪式

（区委组织部供图）

方式，集中汇报并展示在本期青训营里的所学所悟和所行。区委书记刘汇出席结业仪式并讲话，区委常委、常务副区长、区委党校校长周志军，区委常委、组织部部长张界贻等领导参加。

（李　群）

宣传工作

【概况】 2020年，天心区以深入学习宣传贯彻习近平新时代中国特色社会主义思想为主线，以建设学习型城区“五个一”〔即“每日一阅”：发动党员干部每日登录“学习强国”学习平台自主开展学习；“每周一学”：每周三举办专题讲座、读书沙龙、非遗课堂、学习分享会、朗读会、宣讲会等活动，打造“天心思享汇”；“每月一课”：组织各级党委（党组）理论学习中心组学习，推动理论学习进一步规范化、系统化、实效化；“每季一讲”：每季举办一期“天心讲堂”，邀请专家学者就改革发展中的突出问题进行专题辅导；“每年一评”：每年评选表彰一批“学习标兵”“学习型党组织先进单位”〕学习活动为抓手，以社科理论教育服务中心建设和爱国主义教育基地建设为载体，推进宣传工作。全年开展宣传报道3万余条，中央媒体刊（播）发报道1858篇（条），中央电视台综合频道、新闻频道等刊播报道55条，其中，《新闻联播》6条（2条头条）；《湖南日报》等省级媒体刊（播）发报道10021篇（条）；《长沙晚报》等市级媒体刊（播）发报道5898篇（条）。被评为全省“学习强国”学习平台推广使用先进单位，区域舆情信息工作连续14年被评为全省优秀联系点，创新打造的党委（党组）理论学习中心组学习“模范班”获得市委宣传部推介。

中心工作宣传 开设“长沙战‘疫’天心作为”等多个专题，全方位呈现天心区打赢疫情防控人民战争的动人场景。推出“走向我们的小康生活”系列重头报道，《人民日报》《科技日报》《工人日报》头版文章刊登抓“六稳”（稳就业、稳金融、稳外贸、稳外资、稳投资、稳预期）促“六保”（保居民就业、保基本民生、保市场主体、保粮食能源安全、保产业供应链稳定、保基层运转）的天心实践。

民生事业宣传 2月6日，中央电视台《新闻直播间》对天心区农贸市场开业情况直播，时长5分多钟；2月14日、4月6日、10月28日中央电视台《新闻联播》用镜头展现天心区开新局、助力民生事业发展的成效。

先进典型宣传 推出“爱心天心”系列重头报道，体现天心温暖之治。让残疾人掌握人生“方向盘”的驾校校长张建明，贴上暖心纸条、让有困难的人免费就餐的粉店老板曾女士等，一经推出迅速在网上引爆话题，国内主流媒体后续跟进报道。

产业发展宣传 以“数字天心”为切入口，在中央、省、市主流媒体上集中爆发式刊发报道1000余条，在红网开设《“数”聚天心》等专栏，区属全媒体联动，展示天心数字经济的蓬勃发展。

文旅网红宣传 先后承办火宫殿庙会、“3·18”共同战“疫”央视直播、五一期间央视太平街直播、《乘风破浪的姐姐》、央视“坐着高铁看湖南”、“草莓音乐节天心区快闪”、“哇、老街！”开播仪式、央视新闻《买遍中国》直播8次大型活动，展示“网红”天心魅力，促进天心区文旅消费。

（严　晋）

【意识形态工作】 2020年，天心区落实意识形态工作责任制，把握意识形态工作领导权。将意识形态工作做到“六个纳入”，明确区委班子成员意识形态工作责任清单，开展《中国共产党宣传工作条例》执行情况自查，组织区属党组织书记履行意识形态工作责任制述职评议，举办意识形态和新闻宣传工作专题培训班，组织街道党工委书记、部门主要负责人谈意识形态工作“怎么抓”，安排专人参加街道党组织书记落实意识形态工作责任制述职评议会议，开展意识形态工作专项巡察。创新形式召开意识形态联席会议，将会议开到现场，开到阵地，对于一些倾向性问题，进行重点研判。针对天心区宗教场所多、学校多的实际，开展综合和专项整治行动，确保重点领域、重点地区阵地安全。开展联合执法行动，组织网信、民宗、公安、市监、文化执法、街道、社区等单位，妥善处理相关问题。按照《市委落实意识形态责任制述职评议反馈问题整改方案》的相关要求抓问题整改。区委常委会专题研究湖南省委常委、长沙市委书记胡衡华点评要点，对责任领导、责任单位及整改时限进行明确，确保整改到位；对于意识形态工作专项巡察发现和述职评议反馈的问题，督促各党委（党组）抓好落实；对于上级交办和日常发现的问题即时处理，形成闭环。（张立兵）

表 2　　2020 年天心区“每周一学”主题活动（摘录）一览表

日　期	主要内容	地　点	备注
3 月 25 日	“听防疫工作者说”微宣讲视频	—	第 28 期
4 月 30 日	版权宣传进园区助推天心高质量发展	先锋街道	第 33 期
5 月 6 日	新媒体技术应用与实践	乐之书店天心店	第 34 期
5 月 13 日	“不忘初心，继续前进”学习分享活动	新开铺街道桥头社区	第 35 期
5 月 27 日	“因为热爱，所以担当——讲述我与天心共成长的故事”	青园街道	第 37 期
6 月 10 日	新时代文明实践在暮云——主题微访谈	暮云街道	第 39 期
6 月 12 日	“重温初心明使命文明实践故事会”主题活动	城南路街道	第 40 期
6 月 24 日	“学习新思想展现新作为奋进新黑石”主题宣讲比赛	黑石铺街道智轩学苑	第 41 期
7 月 1 日	联合天心教育系统，开展意识形态专题培训课	雅礼外国语学院	第 42 期
7 月 8 日	“党徽耀城南，商圈同心圆”暨“学习强国”答题王活动	城南路街道	第 43 期
7 月 15 日	“深入学习全会精神·知识竞赛我们同行”暨“学习强国”知识竞赛活动	区政府三楼大会议室	第 44 期
7 月 22 日	“就认这个理”2020 年长沙市“学习新思想理论微宣讲”视频大赛天心区社区（村）选拔赛	先锋街道	第 45 期
7 月 30 日	基层党组织书记训练营开营仪式暨党史、国史微宣讲诵读活动	区政府三楼大会议室	第 46 期
8 月 5 日	重温经典电影《狼图腾》	暮云街道	第 47 期
8 月 12 日	《习近平谈治国理政》第三卷线上学习宣传	新媒体平台	第 48 期
8 月 19 日	“用镜头记录新时代，为天心发展留影画像”主题活动	暮云街道	第 49 期
8 月 27 日	就认这个理！——“天心讲师团”理论微巡讲	裕南街街道	第 50 期
9 月 3 日	“党史国史微宣讲不忘历史来时路”主题宣讲	区政府三楼大会议室	第 51 期
9 月 9 日	联合区委组织部两新工委、团区委共同举办创新创业“青年说”主题活动	北京银行长沙分行活动中心	第 52 期
9 月 16 日	5 位“天心讲师团”成员开展“就认这个理”理论微宣讲活动	远征驾校	第 53 期
9 月 27 日	“致敬长征精神传承红色基因”学习观影活动	区政府三楼大会议室	第 54 期
9 月 28 日	组织青少年志愿者开展“厉行节约，反对浪费”主题宣讲活动暨天心区粮食安全教育实践基地揭牌仪式	大托铺街道	第 55 期
10 月 15 日	联合长沙理工大学共同举办“同上一堂思政课”学习活动	长沙理工大学	第 56 期
10 月 21 日	青训营学员开展以“悦读·思享”为主题的读书沙龙活动	区政府三楼大会议室	第 57 期
10 月 28 日	天心区重点场所“如何应对秋冬季新冠肺炎疫情变与不变”专题讲座	区政府九楼会议室	第 58 期
10 月 30 日	“学习强国”知识竞赛	乐之书店天心店	第 59 期
11 月 11 日	通过“微天心”就“党的十九届五中全会精神”进行宣传阐释	—	第 60 期
11 月 17 日	2020 年“全民终身学习活动周”启动	湘江剧院	第 61 期
11 月 25 日	学习贯彻党的十九届五中全会精神宣讲报告会	区政府九楼会议室	第 62 期
12 月 9 日	“践初心见未来”主题党日活动	乐之书店天心店	第 65 期
12 月 18 日	“加强知识产权保护激发产业创新活力”学习活动	长沙天心文化（广告）产业园	第 67 期

（资料来源：区委宣传部）

【理论宣讲】 2020年，天心区开展建设学习型城区“五个一”活动，组织“疫情防控”“脱贫攻坚”等区委中心组学习12次，举办“学习强国抢答赛”“思政教育大讲堂”等主题活动69期。印发《关于加强天心讲师团建设深化理论宣讲工作的实施方案》，建立天心讲师团，全网推发理论宣讲课程表供基层选学；组织“党的十九届五中全会精神”“就认这个理”“新思想进基层”等主题宣讲巡讲，制作“同上一堂思政课”“听防疫工作者说”等系列短视频60余个，天心区被评为全市“就认这个理”理论宣讲工作优秀组织奖。与市委党校共建天心区社科理论教育服务中心，实现辖区内6所高校社科理论教育阵地全覆盖。《在打造“三个高地”担当“四新”使命中展现省会中心城区作为》《从“心”开始以文化人，激发乡村振兴的内生动力》《要把立德树人的根扎在家庭》《以新闻宣传最强音奏响天心发展主旋律》等理论文章在省市刊物发表。（刘芙蓉）

【文化事业】 2020年，天心区成功举办“快乐长沙璀璨天心”2020年长沙火宫殿城大庙会、首届“何绍基杯”全国书法篆刻作品大赛、“诗意天心，幸福长沙”诗词大会、天心区文旅联盟“城心嘉年华”系列活动、2020草莓音乐节天心区专场巡演、“青春芒果节打卡长沙城”太平老街、文和友专场活动、“哇！老街”系列微纪录片开播仪式、“诗词与天心”诗词书法作品展等活动。突出文艺聚集效应，先后成立区戏剧家协会、区作家协会，举办“妙笔天心”笔会、“老长沙新味道”文艺创作活动，湖南省作家协会主席王跃文、长沙市作家协会主席唐樱等创作一批天心主题文学作品，让老城区更具长沙味；天一美术馆开馆。开展“爱心天心”文艺战“疫”“共克时艰、共享小康”等作品征集活动，征集作品500余件，制作文艺专辑10期、编辑《天心文艺》3期，《双11排起来视频快闪》获得长沙市第十三届精神文明建设“五个一工程”优秀作品奖。（田谧）

【文化产业发展】 2020年，天心区建立文化创意产业项目储备库，为文化创意产业蓄能。实行“一事一议”政策服务，推出音频产业特色政策条款，长沙创谷音频产业展示交易基地落户天心区。联合区知识产权局制定《天心区知识产权补助办法》，组织企业和个人申报著作权登记补助9.81万元。借助“每周一学”平台，推进“版权宣传、知识产权宣传进园区”系列主题学习活动，为企业送“学”“策”上门。依法依规做好行政审批工作，年内成功办理出版物零售许可证25件，包装装潢和其他印刷品经营许可证2件。助力文化企业复工复产抗击疫情，天心文化（广告）产业园累计为142家企业和商户减免租金约800万元。（田谧 杨晶璎）

【“五个一”活动成果汇报会】 2020年1月16日，“凝心聚力·筑梦天心”长沙天心区深化中共十九届四中全会精神宣讲暨建设学习型城区“五个一”活动成果汇报会在区政府三楼大会议室举办。活动依托文艺节目和故事分享，从不同角度、不同视野、不同层面回顾总结该区学习型城区建设工作及发展成果，对全区学习强国“学习型党组织先进单位”“学习标兵”进行表彰。天心区委书记朱东铁，区委副书记、区长黄滔等区领导及长沙理工大学、中南林业科技大学、湖南广播电视大学、湖南女子学院、中南大学铁道学院相关负责人出席活动。（刘芙蓉）

【长沙火宫殿城大庙会】 2020年1月18日，长沙市委宣传部指导，长沙市天心区委、区政府主办，天心区委宣传部、区文明办承

图13 2020年1月16日，天心区举办“五个一”活动成果汇报会（杨威摄）

办的2020年长沙火宫殿城大庙会在坡子街开幕。此次启动仪式专门设置“天心历史文化”主题打卡点和线上线下汉服挑战赛，市民逛庙会，赏民俗，打卡拍照，体会“快乐长沙，璀璨天心”的时代风情，实现传统文化现代传承。大庙会专为对口扶贫点的农产品代言，为通道侗族自治县、龙山县洛塔乡优质农产品展销助力。

（田　谧）

【天心区戏剧家协会成立】 2020年7月10日，长沙市天心区戏剧家协会召开成立大会，大会选举产生天心区戏剧家协会主席、副主席、理事、秘书长等领导班子，金莉当选协会会长；商议确定协会的工作方向。除了本地湘剧、花鼓戏外，该区剧协还吸收京剧、昆曲、越剧、黄梅戏等剧种，再现天心“戏窝子”风采。湖南省文化馆、长沙市文联、市群众艺术馆、市戏剧家协会及区相关负责人出席成立大会。（田　谧）

【天心区摄影家协会成立】 2020年7月24日，天心区摄影家协会成立并召开第一次会员大会。会议审议通过《长沙市天心区摄影家协会章程（草案）》《长沙市天心区摄影家协会选举办法（草案）》，选举产生天心区摄影家协会第一届理事会、理事、监事；接着召开理事会一次会议，选举产生主席、副主席、秘书长，向永高当选协会主席。区委常委、宣传部部长肖雄伟、区人大常委会副主任张少林等参加会议。

（田　谧）

图14　2020年7月24日，天心区摄影家协会成立并召开第一次会员大会（田　谧　摄）

【文化惠民戏曲专场演出】 2020年9月25日，湘剧大师曹汝龙、京剧梅派传人黄璜等戏曲名家在长沙实验剧场举行“迎国庆盛世梨园”为主题的天心区文化惠民戏剧专场演出。演出剧种多样，本地戏剧瑰宝湘剧、花鼓戏和京剧、越剧、昆曲、黄梅戏，还有器乐演奏、歌舞和相声等轮番上演，丰富广大市民的文化生活。

（田　谧）

【天心区作家协会成立】 2020年10月17日，长沙市天心区作家协会正式成立。大会选举产生天心区作家协会主席、副主席、秘书长，钟伟凤（简媛）当选协会主席，大会同时聘请刘克邦、汤素兰、唐樱等作家为顾问。省散文学会名誉会长刘克邦，省政协常委、副秘书长、省作协副主席、市文联主席汤素兰，肖雄伟等参会。

（田　谧）

【“诗词与天心”书法作品展】 2020年10月19日，“诗词与天心”书法作品展在天心区政府一楼中厅启幕，此次展览共收集各类天心相关诗词80余首，分为“咏怀天心”“咏志天心”“咏歌天心”3个板块。此次展览为期7天，由天心区委宣传部、区文联主办，天心区诗词楹联协会承办，原中华诗词学会副会长、原湖南省诗词协会会长、原湖南省岳麓诗社社长、原湖南省纪委副书记赵焱森等领导及天心区书法、诗词爱好者共200余人参加开幕式。

（田　谧）

【天心区社科理论教育服务中心建设】 2020年12月2日，天心区社科理论教育服务中心授牌仪式暨意识形态工作专题培训班在长沙市委党校举办开班仪式。市委宣传部副部长、市社科联党组书记李卫政，市委党校副校长杨名兴，区委副书记、区政府常务副区长、区委党校校长周志军，区委常委、宣传部部长肖雄伟等出席。（刘芙蓉）

【首届“何绍基杯”全国书法篆刻作品展】 2020年12月12日，首届“何绍基杯”全国书法篆刻作品展开幕式在天心区简牍美庐美术馆开幕。此次作品展共收到海内外投稿作品6272件，经过评委会评审，最终遴选出180件获奖并入展。此次展览由天心区委宣传部、区文联主办，区书法家协会承办。长沙市文化旅游广电局党组副书记、局长郭润葵，以及中国书法家协会理事、湖南省书法家协会副主席陈羲明，湖南省书法家协会副主席、长沙市书法家协会主席孔小平等省市书法家协会相关负责人和文学艺术爱好者共400余人参加开幕式。开幕式由肖雄伟主持。（田　谧）

统一战线工作

【概况】　2020年，中共长沙市天心区委统一战线工作部（简称“区委统战部”）落实全国、省、市统战部部长会议精神，持续深耕“同心、创新、实干、亲清”四个统战，为建设“智慧天心、融城核心”贡献统战力量。

多党合作事业　各民主党派区工委、天心区党外知识分子联谊会（简称“区知联会”）履职尽责，围绕防疫达产、环境整治、餐饮浪费等群众急难愁盼问题提交提案议案76篇，反映社情民意89条；围绕乡村振兴、夜间经济、共享单车治理等中心工作完成区委重点课题项目8个；与市委党校联合开展课题攻关，推进课题调研成果转化。全面落实特约人员民主监督工作，开展特约人员聘任单位走访调研活动，全区72名特约人员向19个聘任单位累计提交意见建议65条，参加工作例会活动38次，协调解决困难问题16个。以“同心创建”为载体，支持各民主党派区工委、知联会与9个社区（村）开展联创共建，在全省创新启动“五一同心商圈”建设，被中央统战部内刊收录推介，并与沿江村、“街艺星秀”共同评为市级同心项目（乡村）。全年开展法律普及、送医下乡、文艺会演等各类同心服务活动48场次。指导支持各民主党派基层组织做好换届调整工作，支持区知联会召开二届二次理事大会；推荐张磊、周缇等党外代表人士参加省市统战干部能力素质培训。

服务经济发展　启动实施天心区非公企业领军人才培养计划，落实区领导联系非公企业和非公经济代表人士制度，创新成立“天心赢商学院”，围绕政策解读、5G新基建、智能制造等举办专题培训班8期，累计培训非公经济人士2500余人次。助力优化营商环境，着力在服务非公企业降成本、推进政策落地落实、加强非公经济人士权益保护等方面下功夫，组织召开政企恳谈会、维权联席会、非公企业路演、专业技术职称评定专场沙龙等活动20余场次，2020年赛迪营商环境百强区评选天心区位列榜单第43位，内五区排名第二。促成16家软件企业到天心区考察洽谈，湖南中治科技等5家企业落户天心区。推进“富心讲堂”侨公益品牌，培育“贺龙商圈·侨胞之家”，走访慰问老侨困侨74人次，化解涉侨信访矛盾问题6起。加强基层商会建设，14个街道商会全部完成换届工作。

基层社会治理　以同心社区（村）创建为抓手，不断健全完善区、街道、社区（村）三级协商民主议事体系，创新探索“开放空间”议事会、“小巷”议事会等基层协商民主新模式，引导统战成员参与基层社会治理。全年共完成民主协商案例158个，其中疫情防控问题26个，社区治理问题48个、征收补偿问题17个，停车收费问题12个，矛盾纠纷36起，子女上学问题6个，其他问题13个。围绕共享单车管理难问题，联合民建天心区工委组成共享单车课题项目组，组织区交警执法大队、区城管执法局等相关部门召开专题研讨会4次，赴昆明实地考察学习共享单车治理经验，形成《天心区共享单车现状及管理对策》研究成果，被区城

图15　2020年12月26日下午，长沙市非公企业“科技创新·文化赋能”创新路演展示活动天心专场举行　（区委统战部供图）

管执法局实践应用。

助力脱贫攻坚 组织党外代表人士赴通道开展第三年扶贫助学活动，为51名贫困学子捐赠爱心助学金12.75万元、文体用品2万元，邀请雅礼外国语学校老师给学生讲授语文和心理学课程。支持引导统战成员开展桑植助学、邵阳支教等教育扶贫活动，主动对接帮助失学孩子入读长沙市中等城建职业技术学校。响应区委、区政府“爱心天心”困难帮扶倡议，全区统战爱心人士募集爱心基金140万余元。参与消费扶贫活动，通过以购代捐、以买代帮的方式帮助通道县、龙山县扶贫产品进家庭、进社区、进食堂、进商超、进市场，累计帮销农副产品1万余件，价值50万余元。

统战宣传推介 全方位讲好天心统战故事、传播统战声音，2020年在电视、报纸、期刊、网站、微信公众号等平台，发布稿件140余篇次，撰写报送统战信息116条，其中被中央统战部采用2条，省市委统战部采用60余条。通过年度工作纪实、“爱心天心”、“同心商圈”等宣传手册，新春贺岁、同心战“疫”、“同心杯”羽毛球赛等短视频，与党外代表人士谈心谈话等H5（用第5代超文本标记语音制作的数字作品）多形式、多渠道宣传推介统战工作，累计转发量2000余次，浏览量5万余次，被评为“2020年度中国统一战线宣传先进单位”。（周　科）

【民族宗教工作】 2020年，天心区推进民族团结进步创建活动，玉泉寺、沙河社区分别被评为省级、市级民族团结创建示范点。举办政策法规和普通话专题培训班，培训新疆籍少数民族群众54名，为91名少数民族学生办理高考加分审核业务，解决少数民族群众子女入学问题16个，调解少数民族矛盾纠纷3起。深化校地合作联席会议制度，支持青园、文源街道分别与湖南女子学院、中南林业科技大学签订校地联合开展民宗工作协议。（周　科）

【新的社会阶层人士服务工作】 2020年，天心区出台新的社会阶层人士服务团管理办法，完成服务团阵地建设，升级文化（广告）产业园“星联新”新的社会阶层人士实践创新基地，组织开展“弘扬爱国精神、凝聚同心能量”主题学习、“同心能量聚天心·共话新时代新阶层”联谊沙龙、“新形势下行业发展的新路径”主题分享等系列同心活动，增进广大新的社会阶层人士的政治认同和创新活力。举办首届“爱心天心·精准脱贫光明行”公益活动，在全区巡回义诊65场次，完成眼疾筛查2533人，提供眼疾手术救助200例。（周　科）

【谭小平督导天心区宗教活动场所疫情防控】 2020年2月19日，长沙市委常委、统战部部长谭小平对天心区宗教活动场所“两个暂停”（暂停对外开放、暂停开展集体活动）情况及新冠肺炎疫情防控工作进行实地督导。谭小平先后前往长沙清真寺、基督教城南堂、佛教玉泉寺以及城南堂新址，各场所均按要求关闭，暂停所有集体宗教活动，疫情防控工作落实情况良好。长沙市人民政府副市长、天心区委书记朱东铁参加督导。（周　科）

【政企恳谈暨营商环境监督员征求意见座谈会】 2020年4月26日，天心区“商汇天心·助推双过半”政企恳谈会暨营商环境监督员征求意见座谈会在区政府九楼会议室举行。13位来自天心区各行各业的优秀民营企业家代表及6位长沙市营商环境特约监督员驻天心区代表与长沙市人民政府副市长、天心区委书记朱东铁，区委副书记、区长黄滔等区领导围绕疫情背景下如何促进民营经济发展这一主题进行面对面恳谈，讲问题、谈发展，三个小时的坦诚交流，畅所欲言。（周　科）

【走访慰问宗教活动场所】 2020年6月3日，天心区委常委、统战部部长刘向率领区民宗局班子成员对辖区内主要宗教活动场所佛教玉泉寺、伊斯兰教清真寺、基督教城南堂进行走访慰问。刘向与各宗教场所教职人员进行深入交谈，详细了解疫情防控期间场所情况和需要解决的实际问题，就各宗教场所有序恢复开放前期准备工作进行指导调研，并为场所送去米、面、油、口罩和消毒水等生活和防疫物资，对各场所疫情防控期间顾全大局，自觉响应“两个暂停”，积极捐赠善款支援全区疫情防控工作表示衷心感谢。（周　科）

【知联会组织建设】 2020年，区知联会组织召开常务理事会第四、第五次会议，第二届理事会第二次全体会议，选举周缇为新任会长，增补常务理事2名、吸纳新入会理事19名；筹备文创、科技、法律专委会，为发挥党外知识分子的专业性搭建平台。建立“理事走访日”制度，常务理

图 16　2020 年 4 月 26 日，天心区"商汇天心·助推双过半"政企恳谈会暨营商环境监督员征求意见座谈会召开（区委统战部供图）

事会集中走访湖南大唐先一科技有限公司、长沙宇光新材料有限公司、BBunion 国际早教等理事单位 10 余家；协调解决湖南鼎吉佰弘教育科技有限公司、湖南省交通科学研究院、长沙太格教育、湖南弘尧文化传媒有限公司等理事单位中央资金申报、场地租赁、企业注册、职工社保等问题 20 余个；组织理事参与区委统战部开展的"同心杯"羽毛球赛，获得第二名。（周　科）

【参政议政】 2020 年，天心区知联会理事中的 19 位人大代表、政协委员积极参政议政，撰写提案议案，反映社情民意，张敏纯、李纯、张文等理事通过"委员讲坛""十四五"规划征求意见会等形式为天心区发展建言献策；组建 13 位理事参与的课题调研小组，到长沙天心文化（广告）产业园、岳麓山国家大学科技城、马栏山视频文创产业园、西文庙坪有机更新现场进行实地调研，形成《关于西文庙坪片区的创新城区发展方式浅析》调研报告。（周　科）

【区知联会二届二次会议】 2020 年 5 月 30 日，区知联会召开第二届理事会第二次会议。天心区委常委、统战部部长刘向，区政协副主席、区科技局局长彭元强，市委统战部知工处处长、市党外知识分子联谊会秘书长陶冶，以及区各民主党派工委、区工商联主要负责人，各街道统战工作分管负责人、区知联会全体理事参加会议。会议由区委统战部常务副部长、区知联会常务副会长胡浩主持。会议听取区知联会工作报告，通报区知联会会长、常务理事、理事人员调整情况，审议通过《长沙市天心区党外知识分子联谊会二届二次会议选举办法》，选举周缇为区知联会第二届理事会新任会长。新当选的知联会会长周缇作就职发言，民革天心区工委主委刘湘勇代表各民主党派区工委、区工商联向大会的顺利召开及周缇的当选表示祝贺。陶冶希望广大党外知识分子要通过学习扩宽视野，提高个人思想觉悟和能力水平，发挥人才荟萃、智力密集、联系广泛的优势，助力长沙经济社会高质量发展。刘向希望全区广大党外知识分子要立足自身岗位，积极履职尽责，争做先进生产力的开拓者、传统文化的传承者、现代文明的传播者。（周　科）

【"天心赢商学院"第三期培训班暨专题讲座】 2020 年 6 月 18 日，天心区"天心赢商学院"第三期培训班暨"新零售模式下非公企业的思与行"专题讲座举行。华夏基石产业服务集团数字咨询专家蒲剑洵以《从经营产品到经营用户——企业数字化转型方法与实践》为题，着眼当前经济发展的新模式、新增长点，为企业经营创新、动能转换、转型升级提供可操作性指导。华夏合伙人杨智宇以《事业合伙人的理论、方法与实践》为题，对企业组织变革管理、人力资源体系建设与人才队伍赋能等进行讲解。区委常委、统战部部长刘向、天心区工商联执常委、各街道商会会长、正和岛湖南岛亲公司、区重点非公企业负责人近 200 人参加。（周　科）

【爱心帮扶基金捐赠仪式】 2020 年 7 月 30 日，天心区举行"爱心天心·同心同行"爱心帮扶基金捐赠仪式，天城置业、兴威建设、长大集团、远航控股等爱心企业现场共捐赠 140 万元。天心区委副书记、区长黄滔，区委常委、统战部部长刘向，区直相关单位负责人，以及各街道商会会长、工商联专干等参加捐赠仪式。（周　科）

【公开承诺护航十一黄金周活动启动】 2020 年 9 月 30 日，天心区在黄兴南路步行街黄兴广场举行"与党同心·与国同庆"护航十一黄金周活动启动仪式，向各地游客发出邀约并承诺：天心公安、消防、疾控、应急救援等保障部门已做好准备，只要你来打卡，各保障部门将全力为你护航，欢迎各地游客来长沙、来天心体验“最安全、最方便、最温暖、最时尚”的“新网红”和“夜经济”，感受长沙和天心独特魅力。湖南省发改委党组成员、省优化办主任陈永实，长沙市委常委、统战部部长谭小平，中央广播电视总台央视湖南记者站站长谢宝军，天心区委书记刘汇等领导及商圈相关保障单位、蓝天救援队、商会、重点民营企业代表、市民代表参加。启动仪式上，谭小平为“同心商圈”授牌。（周　科）

机构编制

【概况】 中共长沙市天心区委机构编制委员会办公室（简称“区委编办”）作为区委机构编制委员会的办事机构，承担区委机构编制委员会日常工作，正科级，归口组织部管理。

2020年，区委编办落实机构编制工作条例，巩固深化机构改革成果，统筹机构编制资源，为“智慧天心、融城核心”建设提供体制机制和机构编制保障。（孙　芹）

【园区管理体制改革】 2020年，天心区在机构编制架构不变的前提下，推进天心经开区和天心文化（广告）产业园统筹管理体制改革，在经济发展规划、产业布局、土地开发利用、统计报表、集中办公、人员分工、干部配备和编制资源、资产债务、财政保障和绩效考核10个方面调整运行机制，实行统一决策、统一部署、统一运作，最大限度地整合资源，释放“1+1>2”的叠加效应，走出“天心特色”的园区改革之路。同时在园区探索推行相对集中行政许可权改革，提升园区企业服务能力，推动以园区为主导、全区数字经济和地理信息产业的蓬勃发展。（孙　芹）

【事业单位改革】 2020年，天心区通过多轮调查摸底，统筹考虑涉改事业单位历史沿革、经营状况、业务资质、资产状况、人员编制等因素，明确全区经营类事业单位的改革路径，分类施策，完成长沙市步行商业街管理服务中心、天心区城市建设投资有限公司、天心区旧城建设开发公司和长沙市南湖新城建设开发有限公司管理办公室等单位经营类事业单位改革任务，全面实现事业单位规范管理、落实中央关于政企分开、事企分开、管办分离的改革要求。（孙　芹）

图17　2020年5月22日，湖南省委组织部副部长、省委编办主任刘越高（左）到天心区做专题辅导授课　（区委编办供图）

【重点领域改革】 2020年，天心区率内五区之先完成市场监管综合行政执法改革任务，第一时间实现“四子”（单位铭牌、公章、班子成员、办公用房）到位，顺利完成生态环保、交通运输、农业等领域综合行政执法改革，完成人员转隶和职能移交等改革任务。深化监察体制改革，出台向街道派出监察办公室、向园区派出监察机构的实施方案，明确街道、园区监察机构设置、职能职责，推动监察工作向基层延伸。立足“三定”（定职能、定机构、定编制）规定，对涉及多部门共同管理的事项，厘清主办与协办关系，解决了城市管理、渣土管理、森林防火、保障性住房管理等职能交叉重叠和关系不顺的问题。（孙　芹）

【机构编制服务保障】 2020年，天心区用编进人计划优先向经济、民生、基层一线领域倾斜，调剂124名行政事业编制全力支持引进专业化、综合型人才，为区域经济服务；核增中小学教职工编制521名、幼儿园教职工编制112名，统筹320名中小学、幼儿园教职工编制用于名优特和应往届教师的公开招聘、免费师范生和外调教师的引进；在街道机构改革中向街道增加105名事业编制的基础上，先后拿出29名行政事业编制用于街道引进省委选调生等优秀人才。积极向上争取资源，区新闻中心（区融媒体中心）成功升格为副科级，为区市场监管综合行政执法大队争取到副大队长等3名副科职数。（孙　芹）

【机构编制日常管理】 2020年，天心区建立机构编制实名制管理责任体系，做好每日用编、出入编、部门台账维护等信息审核，全年共办理机构编制事项2646人次。搭建机构编制信息化服务平台，实名制系统账号下发至区直各单位、园区、中小学校和幼儿园等150余家单位，机构编制日常业务全面试行网上申报和纸质申报双运行模式。（孙　芹）

【统一社会信用代码管理】 2020年，天心区事业单位登记管理实行“全事项”“全流程”网上办理。全年办理设立登记事项6次、变更登记事项129次、注销登记13次，完成189家事业单位的年度报告公示、6家事业单位法人公示信息抽查和3家机关群团单位的统一社会信用代码赋码工作。（孙　芹）

【刘越高为区委理论学习中心组授课】 2020年5月22日，天心区委理论学习中心组（扩大）集体学习暨“天心讲堂”学习在区政府三楼大会议室举行。湖南省委组织部副部长、省委编办主任刘越高就“学习贯彻《中国共产党机构编制工作条例》，着力助推国家治理体系和治理能力现代化”作专题辅导授课。长沙市人民政府副市长、天心区委书记朱东铁主持学习。区委常委、区人大常委会主任、区政协主席、天心经开区党工委书记、管委会主任、区政府副区长参加学习。

（孙　芹）

党校教育

【概况】 中共长沙市天心区委党校（简称“区委党校”）是党委的重要部门，是区委领导下培养党员干部和理论骨干的学校。

2020年，区委党校把握“党校姓党”根本原则，发挥轮训培训党员干部的主渠道、主阵地作用，克服疫情对集中培训不利影响的条件下，年内举办基层党组织书记、党务干部、纪检干部、青年干部、发展对象等主体班12期，培训党员干部和理论骨干1860人次；配合统战、城管、司法等部门，联合举办部门班8期，培训各类基层骨干1120人次。年内，区委党校立、结项省、市校课题4个，完成省、市、区级课题10个，科研成果获市校论文评选一等奖1篇、二等奖2篇、其他奖5篇，科研工作在全市城区党校中排名第一，连续第二年获全市党校系统科研工作先进单位称号。

（资贞芳）

图18　2020年7月15日，天心区青训营学员参加“每周一学”之“全会精神”知识竞赛活动

（区委党校供图）

【教育培训】 2020年，天心区聚焦理论武装和党性教育主业主课，落实党校培训“两个不低于”的要求，把习近平新时代中国特色社会主义思想内容，作为党校教育的核心板块，把党章和党规党纪学习作为必修内容，年内主体班中，党的理论教育和党性教育课达到72%，党性教育课超过20%；优化教学布局，制定《主体班课程设置制度》，在党性教育单元，以党性教育和党性锻炼为主要内容，设置理论教育、党性党史教育、热点问题、区情教育等6个板块；突出科级领导干部、后备干部、青年干部和发展对象等培训重点，因地制宜安排各主体班次教学课程，增强理论教育、党性教育的针对性和实效性。发挥党校宣传阵地，开展联合办学，有18个区直部门和街道配合党校开展培训轮训工作。重视党校培训，四大班子负责人先后到党校讲党课、作动员22场次。

（资贞芳）

【科研工作】 2020年，天心区围绕区委、区政府发展决策，在“北优南融、数字赋能、民生为本”战略实施中，主动发挥党校科研资政的作用，先后组织《政府在发展养老服务中的职能定位研究》《打造长沙南部最美“绿心”》等12个课题调研，提交给区有关部门作为参考。（资贞芳）

【学校管理】 2020年，天心区落实区委关于全区性党员干部培训归口党校管理实施的要求，对培训工作统一申报、统一审批、统一施训，该年全区性党员干部培训95%以上由党校管理实施，全区性党员干部培训归口党校管理实施的做法在全市党校系统作经验发言。完善科研课题申报、立项办法，对课题申报、评审、立项、结项、时限作出明确规定；健全科研经费管理办法，对区级课题和省市立项课题，实行课题负责人责任制；落实科研工作奖励办法，增强科研工作积极性和实效性。（资贞芳）

【天心区基层党组织书记基训营举行开营考试和首次授课】 2020年9月2日，天心区委组织部、区委党校联合组织基层党组织书记基训营参训对象进行开营考试和首次授课。104名社区、村、合作社、管委会党组织书记，25名社区、村后备干部，228名两新党组织书记参加。开营考答题时间为1个小时，根据社区、村、合作社、管委会和企业党建的不同性质分为AB两套考卷，成绩反馈到各街道党工委。湖南省委党校、省行政学院教研部副主任，哲学教授，硕士研究生导师，兼省委党校系统哲学教学研究会副会长杨振闻为书记基训营进行首次授课。（资贞芳）

档案史志

【概况】 2020年，天心区档案馆（中共天心区委党史研究室、天心区地方志编纂室）（简称“区档案馆”），履行“为党管档、为国守史、为民服务”职责，发挥“存史、资政、育人”作用，结合中心工作，在档案进馆、档案开发利用、库房整治、史料征集、志鉴编撰和史志宣传等方面齐头并进，完成年度计划任务。

（李　强）

【档案接收征集】 2020年，天心区档案馆通过库房合理布局，腾出一定空间，接收移交农村土地确权颁证档案和民生档案进馆；联合区纪委监委、区委宣传部、区文联等单位，开展“天心记忆”、老干书画协会展等活动，征集优秀书画作品收藏进馆，丰富档案资源体系建设；对档案数字化成果进行整改，挂接档案管理系统，确保档案资源的安全和延续。完成区县中任务最重的国企退休人员人事档案移交工作。

（石占福）

【档案查阅利用】 2020年，天心区档案馆回应政府信息公开申请和“12345”市民热线的查档申请，坚持职业操守，执行档案查询规定，发挥档案服务效能，年内没有发生泄密失密事故和个人隐私泄露情况。疫情防控应急阶段，该区适时调整档案查询服务方式，开通电话、信函等“无接触”查档服务；疫情防控进入常态化阶段后，该区积极开展预约查档、延时服务、受理委托，并运用电话沟通、微信视频等新媒体，及时核实当事人查档需求及身份信息，推行绿色服务，实现“最多跑一次”；在查档室配备老花镜、放大镜、饮水机、便笺纸等便民设施，服务查档群众，提高群众满意度。全年共接待各类查档及电话查询2537人次，免费提供复制件2141份。

（石占福）

【档案信息化】 2020年，天心区档案馆依托档案信息化建设，推行“网络化服务”和“绿色服务”，建立查档窗口，与区属部门、各区县（市）档案馆查档窗口实现信息共享、查询对接，形成档案利用服务的“互通网络”。（石占福）

【档案规范管理】 2020年，天心区档案馆强化制度建设，先后健全完善《库房人员出入库登记》《库房管理制度》《档案查借阅登记》《档案接收进馆制度》，规范档案的保管保护工作。重新编排二号库房档案柜架，科学调整、优化布局档案排列顺序，并设置精准的位置索引，共移动档案30000余卷（盒）次。对馆藏档案数量再次进行全面清点并更新《馆藏档案指南》。收集整理地图档案、收藏档案、照片、光盘、锦旗等实物档案，并进行统计编目。刻制档案用章，完成部分档案盒脊背盖章工作；对部分档案盒的不规范情况进行整改和更换。定期开展库房除湿和环境维护，确保档案库房保管环境符合要求。对档案密集架、电源电线、灯光照明、除湿设备、消毒柜等进行检查，购买防虫霉药片，提高档案虫霉防治能力，筑牢档案安全工作防线。（石占福）

【党史和党史联络工作】 2020年，天心区档案馆（中共天心区委党史研究室）贯彻“存史、资政、育人”总要求，结合纪念李富春120周年诞辰，开展系列纪念活动。整理汇编《李富春研究文集》，收录纪念文章和研究论文19篇，成书18.7万字。组织区委党史联络组成员到长沙和平解放纪念馆、《湘江评论》旧址参观学习。做好党史知识“四进”（进机关、进社区、进学校、进企业）工作，征订《湘潮》杂志322份精准投送到各区直机关、街道及区属中小学校，普及党史知识，扩大党史宣传面。（李　强）

【增设两处革命遗址标识】 2020年，天心区文旅体育局、区档案馆梳理历史旧址情况，查证相关档案资料，证实1946年10月，中共中央管华中分局第三工作委员会湘鄂赣三省工作指挥部在天心阁景区南大门附近的槐树巷5号成立，8月5日，该处红色文化遗址举行揭牌仪式。另一处红色遗址为中共湖北省工委长沙特别支部，于1947年在火宫殿附近的“火后街8号”成立。两处机构均为长沙和平解放作出重要贡献。（石占福）

【地方志工作】 2020年，天心区档案馆（天心区地方志编纂室）完成《湖南年鉴（2020）》《长沙年鉴（2020）》天心区部分组稿任务。《天心年鉴（2019）》由方志出版社公开出版，全彩印刷，全书设置29个类目、98个分目、1000余个条目、27个表格、110余幅照片，共76.9万字。指导城南路街道启动《长沙市名镇名村志——城南路街道志》编纂工作。方志文化“四进”工作持续开展。编研出版《贾太傅新书》等地情文献资料，推送《长沙市天心区志》《贾太傅新书》《历代名人咏天心诗词选》等10类百余本（套）天心地情书籍进驻长沙市图书馆、长沙市老年大学，宣传天心地情文化。（李　强）

天心区人民代表大会

综　述

【**概况**】　2020年，天心区第五届人民代表大会常务委员会（简称“区人大常委会”）围绕中心大局，依法履职行权，主动实干担当，全年共召开代表大会1次、常委会会议6次、主任会议25次，作出决议决定6项，任免国家机关工作人员20人次，听取审议专项工作报告35个，对3部法律实施情况开展检查监督，备案审查规范性文件5件，完成区五届人大六次会议确定的目标任务。

依法履职行权　执行重大问题、重大事项请示报告制度，在思想上、行动上与区委保持一致。履行宪法法律职责，依法行使重大事项决定权，审查批准2019年财政决算报告、2020年财政预算调整方案和2020年发展计划、民生实事项目部分内容调整的议案，作出加强司法建议、检察建议工作的决议和召开区五届人大七次会议的决定。切实规范人事任免工作，严格执行任前法考、会前见面、任职陈词、向宪法宣誓等制度，全年任免人大和“一府一委两院”国家工作人员20人次，补选区人大代表2名。拓宽监督思路，继续试点推进民生实事项目代表票决制工作，细化票决工作实施方案，综合运用预算审查、专项审议、集中视察和满意度测评等方式，加强对民生实事项目实施情况的监督，确保各票决项目落到实处。

助力“三大攻坚战”　主任会议听取审议防控化解政府债务风险工作情况报告，督促规范资金管理，管控债务风险。常委会听取审议年度环境状况和环境保护目标完成情况报告，跟进大气污染防治法审议意见的办理情况；主任会议成员带队开展垃圾分类调研和蓝天保卫战“三级执法、两级巡查”工作，推动《中华人民共和国环境保护法》和环境保护基本国策在辖区内的实施。开展“扶贫帮困、天天一元捐”活动，筹资8万余元，为龙山洛塔九年制学校和安化天心小学学生捐赠校服近600套；结合“民族团结进步行”活动，组织优秀教师为当地学生送课；参与“爱心天心”帮扶工程，发动代表结对帮扶困难群众100余户，支持通道侗族自治县、浏阳市张坊镇富溪村消费扶贫工作。

参与新冠疫情防控　响应市人大“三讲三做当表率”（讲政治、

图19　2020年2月12日，长沙市天心区人大向武汉市洪山区人大捐献防疫物资

（区人大常委会办公室供图）

做坚守初心的表率，讲担当、做推动高质量发展的表率，讲奉献、做服务人民群众的表率）号召，常委会带头为武汉洪山区紧急募集一批防疫物资，倡议发动全区各级人大代表、人大工作者扛起社会责任，共捐赠医用口罩22万余只、资金300万余元。（李　珺）

【监督工作】 2020年，区人大常委会坚持正确监督、有效监督，撰写调查和审查报告14份，发出审议意见9份、会议纪要5份。

财经审查监督 围绕“十三五”规划，关注国民经济和社会发展主要指标进展情况，支持政府及其职能部门攻坚克难，完成“十三五”规划。调研“十四五”规划编制、重大项目（重点工程）、税收征管等工作，为区域发展出谋献策。围绕提质繁荣“五一商圈”，采取工作座谈、代表视察、走访企业、外出交流等方式进行调研，向区委专题报告调研成果，为商圈消费聚集和升级建言献计。听取区政府的年度审计工作报告和区监察委关于审计问题线索处理情况报告，连续三年对审计查出问题单位的整改情况进行满意度测评，促使24个问题整改到位。提请区委出台《关于建立区人民政府向区人大常委会报告国有资产管理情况制度的意见》，常委会听取审议行政事业性国有资产管理情况报告，督促区政府摸清国有资产家底，提高经营效益，实现保值增值。

民生事业监督 听取审议物业管理工作情况报告，督促区政府认真贯彻落实物业管理法律法规，不断健全工作机制，提升物业监督管理水平。关注教育事业发展，跟踪督办义务教育法执行及教育“十三五”规划审议意见落实情况，促进义务教育优质均衡发展。听取审议区政府人居环境工作情况报告，督促区政府立标准、建机制、定程序，依法推进棚户区改造和有机更新工作，营造更美的人居环境。听取审议区政府养老工作报告，提出加强对养老机构的监督管理、精准做好养老服务的建议，助推老龄事业协调可持续发展。

行政司法监督 开展《中华人民共和国野生动物保护法》《中华人民共和国动物防疫法》《关于全面禁止非法野生动物交易、革除滥食野生动物陋习、切实保障人民群众生命健康安全的决定》和《中华人民共和国传染病防治法》及其实施办法、《突发公共卫生事件应急条例》等执法检查，督促政府严格执法，提升疫情防控能力和公共卫生服务水平，维护人民生命安全和身体健康。聚焦“让人民群众在每一个司法案件中感受到公平正义”，主任会议听取审议区法院、区检察院司法责任制改革工作情况报告，就健全监督制约机制、规范司法权力运行、完善综合配套改革等方面提出审议意见；支持司法机关有序参与社会综合治理，依法作出《关于加强司法建议、检察建议工作的决议》，规范“两类建议”备案、反馈和监督机制。配合省市人大开展《湖南省实施〈中小企业促进法〉办法》《长沙市生活垃圾管理条例》立法调研和《中华人民共和国食品安全法》《长沙市文明行为促进条例》执法检查。

（李　珺）

【代表工作】 2020年，天心区人大常委会坚持以人民为中心的发展思想，依法保障人民通过人民代表大会行使权力。

代表履职作为 通过邀请专家授课、组织学习考察、开展红色教育等形式，组织市、区代表参加学习培训，提高代表履职水平。开展代表述职评议工作，部分常委会组成人员、职务代表带头述职，69名市、区人大代表分别向原选举单位和原选区选民述职，现场评议，接受监督。扩大政

图20　2020年12月31日，天心区人大代表集中视察天心经开区
（区人大常委会办公室供图）

图 21　2020 年 7 月 29 日，长沙市“一府两院”向市代表天心区联组通报 2020 年上半年工作情况　（区人大常委会办公室供图）

治参与，组织代表听取审议“一府两院”半年度工作情况通报，有计划邀请代表列席常委会、主任会议，参加区长接待日和常委会会前调查、集中视察、执法检查等 500 余人次，保障代表的知情权参与权表达权监督权，激发代表履职热情。

代表履职保障　推进“双联”工作，建立健全代表联络机制，做好代表履职服务。开展以争当“五好”（政治思想好、履行职责好、遵纪守法好、带头致富好、科技运用好）人大代表、优秀人大工作者、创建“五星级”示范代表联络站为主要内容的“两争一创”主题活动，全区各级代表积极响应，深入基层、深入企业，走访群众 2000 余人次，收集各类意见、建议 200 余条，42 名代表、20 名人大工作者获表彰，6 个代表联络站成功创建示范。围绕议案建议督办、推动经济复苏、垃圾分类、节能减排、老旧小区改造等主题，人大街道工委组织各类代表活动，开展闭会期间视察调研、选民接待，畅通民意表达渠道。“三回三访三化”（三回即回归选区、回报社会、回应关怀，成为服务辖区的“连心站”；三访即访特困家庭、访社会贤达、访基层骨干，成为社情民意的“暖心站”；三化即软硬件建设规范化、活动形式多样化、实现效果力最优化，成为履职表率的“尽心站”）“五个一”（召开一系列专题会议，强化工作保障；投入一批帮扶资金，聚焦脱贫攻坚；培养一批青年干部，浇灌人才之花；发展一批重点项目，撬起致富梦想；培训一批贫困人口，拓宽就业渠道）等工作机制和代表进网格、代表讲坛、代表议事会等特色做法，受到省、市媒体的推介。　（李　珺）

【议案建议办理】　2020 年，天心区人大常委会加大议案建议办理公开力度，及时向代表反馈办理进度；注重办理考评，对各承办单位办理工作量化打分、分类排名，落实办理责任。通过常委会集中督办、主任会议成员重点督办、委室分类督办的形式，加大督办力度，提高办理质量，一批群众关心的“小事”、身边事得到圆满解决。2020 年，区人大常委会听取审议议案建议办理情况报告，144 件代表建议办复率 100%、满意率 99.3%。　（李　珺）

【人大代表票决制民生实事项目】　2020 年，天心区向全区征集民生实事人大代表票决候选项目，征集渠道包括居民群众、“两代表一委员”和辖区单位，从征集到的 42 条建议中最终确立 12 个项目，作为 2021 年民生实事人大代表票决候选项目。12 月 27 日，经天心区五届人大七次会议第三次全体会议的 193 名人大代表，代表天心区 68 万市民投票表决，2021 年天心区十大民生实事项目敲定，涉及城乡人居环境、学校建设、公共卫生、安全饮水、文化服务、特殊困难群体帮扶等各个方面，都是社会关注度高、群众反映强烈，且亟待解决的热点问题。人大代表对 2020 年区民生实事票决项目实施情况的满意度 100%。

（李　珺）

【人事任免】　2020 年，天心区人大任命：

颜斌为长沙市天心区人民法院审判员、审判委员会委员；

刘立为长沙市天心区人民检察院检察员、检察委员会委员、副检察长；

谢彦为长沙市天心区人民检察院检察员、检察委员会委员、副检察长；

刘林玲为长沙市天心区人民检察院检察委员会委员。

刘亚娟为长沙市天心区人民法院审判员（任期一年）；

表 3　　2020 年度天心区人大代表优秀议案、建议一览表

序号	作　者	议案、建议名称
1	谭凯明 薛宏远 等 13 名	关于进一步繁荣发展天心区夜间经济的议案
2	袁石岗	关于加强多元化机制化解天心区橘郡礼顿小区民事纠纷的建议
3	梁　峰 张　超 王　征	关于进一步推动夜间经济发展的建议
4	周　云	关于加强对重点青少年群体的监管服务的建议
5	蔡宇虹	关于提高教育配套千人指标测算标准，落实小区配套幼儿园的建设
6	胡雪滢	关于推行校长职级制管理的建议
7	王　征	关于规范非机动车临街停放管理的建议
8	张建国	关于长沙重点旅游示范街太平街公共卫生间缺乏的问题
9	周国建	关于加强坡子街一带垃圾清运的建议
10	黄　靓	关于加强养老机构监管，保障老人合法权益的建议
11	颜日强	关于优化芙蓉中路浦沅立交桥至赤岭路（脑科医院）段交通组织的建议
12	魏建桂	关于鼓励中小企业新三板挂牌、促推民营经济发展的建议
13	胡锦华	关于加快碧湘街小学重建、保障师生安全的建议
14	谭　卫	关于扩大公共停车区域，解决群众办事“停车难”问题的建议
15	陈　谦	关于加强垃圾分类工作收集、转运环节管理的建议
16	郑　蓬	关于“尽快落实长沙市长郡外国语实验中学扩建用地”的建议
17	李迎军	关于请求规范民商事案件中自由裁量权行使的建议
18	唐香军 何庭洁	进一步做好家庭医生服务联动机制的建议
19	唐香军	关于加强老旧小区安全设施管理的意见和建议
20	谭凯明	关于完善牛冻路大托铺铁路桥路灯并加强对沿线路灯设施维护管理的建议
21	储　湘	加强“两安”用地指导　提速乡村振兴发展
22	彭　瑛	关于建立“110GPS 定位报警牌系统”，进一步推进平安天心建设的建议

续表 3

序号	作　者	议案、建议名称
23	曾智云	深入发展学前教育事业，推进普惠制幼儿园建设
24	张　珉 肖　艳	关于兴汝金城、富景园等小区夏季供水不足的问题
25	戴灿军 许　可	关于由天心区卫健局派遣校医进驻学校的建议
26	夏雪芬 付辽源 鲁艺芝	关于解决新园社区所辖中保路排水问题的建议
27	裴　尧	关于石碑路（九峰小区五区路段）大货车限行的建议
28	聂浩波	关于促进“供应链”管理服务业发展，打造天心区“明星”企业的建议
29	湛建平	关于建立虚拟科技园，助力天心科技发展的建议
30	阳碧芳	关于加强共享单车管理的建议
31	叶志芳	关于切实解决工业企业退出绿心地区后人员所面临的问题、困难的建议
32	莫建宏	关于优化营商环境继续支持民营企业发展的建议
33	李子玲	关于将办好“430 乐园”作为“创建儿童友好型城市”的实事工程的建议
34	杨万维	关于先锋路建设的几点建议
35	唐宁民	关于加大力度支持南部片区发展的建议
36	王钰莹	关于加快南部新城基础设施建设的建议
37	唐　湘	关于加强社区物业管理，促进社区和谐建设的建议
38	黄　超	建议保留种植户的棚屋，新建三格化粪池的建议
39	刘　果	关于加快推进兴马洲渡口深水码头建设的建议
40	孙　辉	关于我区城市犬类管理工作的建议
41	颜丽华	关于尽快增加与暮云街道人口增长相适应的配套学位的建议
42	杨国良	关于解决暮云街道暮云社区黄土塘组山体滑坡安全隐患的建议

（资料来源：区人大常委会联工委）

方群英为长沙市天心区人民法院知识产权案件审判庭副庭长。

免去：

彭伟的长沙市天心区人民法院审判委员会委员、审判员职务；

张澜的长沙市天心区人民法院知识产权庭庭长、审判员职务；

周洪波的长沙市天心区人民法院审判员职务；

周新的长沙市天心区人民检察院副检察长、检察委员会委员、检察员职务；

吴冠勋的长沙市天心区人民检察院副检察长、检察委员会委员、检察员职务；

张飞进的长沙市天心区人民检察院专职委员会委员、检察委员会委员、检察员职务；

李治明的长沙市天心区人民检察院检察委员会委员、检察员职务；

谢唯的长沙市天心区人民检察院检察员职务；

张克勤的长沙市天心区人民检察院检察员职务；

禹利华的长沙市天心区人民检察院检察员职务。

胡斯可的长沙市天心区人大常委会办公室副主任职务；

周静的长沙市天心区人民法院审判员职务；

文彩的长沙市天心区人民法院审判员职务。

免除：

晏鑫的长沙市天心区人民陪审员职务。（李　珺）

重要会议

【天心区第五届人民代表大会第七次会议】 于2020年12月25—27日在天心区政府三楼大会议室举行。大会听取和审查区委副书记、区人民政府区长黄滔作的《政府工作报告》、区五届人大常委会主任于献作的《天心区第五届人民代表大会常务委员会工作报告》、区人民法院院长谭剑辉作的《天心区人民法院工作报告》、区人民检察院检察长袁征作的《天心区人民检察院工作报告》，审查区人民政府的《长沙市天心区国民经济和社会发展第十四个五年规划纲要（草案）》、区发展和改革局的《天心区2020年国民经济和社会发展计划执行情况与2021年国民经济和社会发展计划草案的报告》、区财政局的《天心区2020年预算执行情况与2021年预算草案的报告》，表决通过上述6个工作报告和区“十四五”规划纲要的决议；投票表决确定城镇老旧小区改造、健康天心建设等10个项目为2021年“天心区十大民生实事项目”；会议确定议案1件，代表建议73件。

（李　珺）

【区人大常委会会议】 2020年，区人大常委会共召开常委会会议6次。

2月28日，区人大常委会召开第25次会议。审议通过《区五届人大常委会2020年工作要点（草案）》，传达学习全国人大常委会关于全面禁止非法野生动物交易、革除滥食野生动物陋习、切实保障人民群众生命健康安全的决定。

4月29日，区人大常委会召开第26次会议。听取和审议关于2019年天心区环境状况和环境保护目标完成情况报告；听取和审议关于加强司法建议、检察建议工作的决议。

6月29日，区人大常委会召开第27次会议。听取和审议区人民政府关于贯彻实施《中华人民共和国野生动物保护法》《中华人民共和国动物防疫法》情况的报告及区人大常委会执法检查组执法检查情况的报告；听取和审议区政府关于文化体育旅游工作情况报告；听取和审议区政府关于物业管理工作情况报告；听取和审议区政府关于应急管理工作情况报告；审议决定区政府2020年国民经济和社会发展计划个别项目调整情况；书面听取和审议区政府贯彻落实义务教育法及教育“十三五”规划审议意见情况的报告。

8月27日，区人大常委会召开第28次会议。听取和审议2019年区本级预算执行和其他财政收支情况的审计工作报告；审查和批准区2019年财政决算（草案）；听取和审议区政府关于国有资产管理情况报告；听取和审议区政府关于行政审批服务工作情况报告。

10月29日，区人大常委会召开第29次会议。依法任命2名法院人员。确认刘汇、周志军的长沙市天心区五届人大代表资格有效。听取和审议区人民政府关于贯彻《中华人民共和国传染病防治法》《突发公共卫生事件应急条例》情况的报告及区人大常委会执法检查组执法检查情况的报告；审查和批准区2020年财政预算调整方案；审议通过区五届人大七次会议筹备工作方案（草案）；听取和审议关于区五届人大六次会议代表建议批评意见办理的情况报告；表决通过《天心区人大常委会关于开展民生实事项目人大代表票决制工作的实施方案（试行）》（修正案）；审查和批准2020年民生实事项目调整情况；表决通过天心区人大代表票决民生实事项目完成情况满意度测评办法（草案）。

12月18日，区人大常委会召开第30次会议。初审区2020年国民经济和社会发展计划执行情况与2021年国民经济和社会发展计划草案，提交区五届人大七次会议审查批准；初审区国民经济和社会发展“十四五”规划纲要（草案）；初审区2020年预算执行情况与2021年预算（草案），提交区五届人大七次会议审查批准；书面听取和审议区政府落实《中华人民共和国野生动物保护法》、《中华人民共和国动物防疫法》、全国人大《关于全面禁止非法野生动物交易、革除滥食野生动物陋习、切实保障人民群众生命健康安全的决定》执法检查审议意见情况的报告；书面听取和审议区政府落实物业管理工作审议意见情况的报告；书面听取和审议区政府落实文化旅游体育工作审议意见情况的报告；书面听取和审议区政府落实应急管理工作审议意见情况的报告；听取和审议2019年区本级预算执行和其他财政收支审计查出问题整改落实的情况报告；听取区政府关于2020年民生实事项目工作情况及2021年民生实事候选项目（草案）的报告；初审区人大常委会工作报告（草案）；初审区人大各专门委员会工作报告；书面审议区人大常委会办公室、联工委、各人大街道工委2020年工作情况总结；初审区五届人大七次会议主席团成员和秘书长建议名单；审议决定区五届人大七次会议列席人员名单（草案）；审议通过天心区人大常委会关于“两争一创”活动先进的表彰决定；初审《天心区人民代表大会议事规则（草案）》。

（李　珺）

【区人大常委会主任会议】 2020年，区人大常委会共召开主任会议25次。

1月10日，区人大常委会召开第1次主任会议，传达区委有关市对区绩效考核工作部署要求；研究区人大机关干部2019年度考核工作；研究2019年度人大街道工委考核工作。

1月10日，区人大常委会召开第2次主任会议，听取2019年度人大街道工委考核情况汇报；听取区人大机关干部2019年度考核情况汇报。

2月18日，区人大常委会召开第4次主任会议，通过2020年第一次常委会会议议题；初审2020年区人大常委会工作要点。

3月9日，区人大常委会召开第5次主任会议，初审区人大各专门委员会、常委会各工作机构联系对口区有关单位调整情况及职责；初审区人大常委会2020年工作要点责任分解表；初审区人大常委会2020年学习培训计划；研究信访工作。

3月19日，区人大常委会召开第6次主任会议，初审“两争一创”主题活动实施方案；初审“六行”工作方案；审议人大街道工委工作职责。

4月9日，区人大常委会召开第7次主任会议，审议区人大常委会开展《中华人民共和国传染病防治法》《突发公共卫生事件应急条例》执法检查方案；审议《中华人民共和国野生动物保护法》《中华人民共和国动物防疫法》《中华人民共和国传染病防治法》执法检查工作方案；听取法律知识考试情况；审议“学好看家法练好基本功”2020年天心区人大系统法律知识线上学习100天活动方案。

4月23日，区人大常委会召开第8次主任会议，初审关于2019年度天心区环境状况和环境保护目标完成情况的报告；听取关于2019年度天心区环境状况和环境保护目标完成情况的初审意见；初审关于加强司法建议、检察建议工作的决议草案。

4月27日，区人大常委会召开第9次主任会议，初审关于防控化解政府债务风险工作的情况报告；初审人事任免的情况。

5月20日，区人大常委会召开第10次主任会议，初审关于起草《关于建立区人民政府向区人大常委会报告国有资产管理情况制度的意见（代拟稿）》的情况报告；听取区人大信访工作情况报告。

6月4日，区人大常委会召开第11次主任会议，听取区政府人居环境工作情况报告。

6月24日，区人大常委会召开第12次主任会议，初审区人民政府关于贯彻实施《中华人民共和国野生动物保护法》《中华人民共和国动物防疫法》等情况的报告；初审区人大常委会执法检查组关于“两法一决定”执法检查情况的报告；初审区政府关于物业管理工作情况报告；初审关于物业管理工作情况的调查报告；初审区政府关于文化体育旅游工作情况报告；初审关于文化体育旅游工作情况的调查报告；初审区政府贯彻落实义务教育法及教育“十三五”规划审议意见情况的报告；初审区政府关于应急管理工作情况报告；初审关于应急管理工作的调查报告；初审区政府关于提请审议将湖南省电力线路器材厂零星地块棚改项目和长沙市铝制品厂零星地块棚改项目纳入2020年国民经济发展计划的议案和有关情况报告；初审关于区人民政府提请将湖南省电力线路器材厂零星地块棚改项目和长沙市铝制品厂零星地块棚改项目纳入2020年国民经济和社会发展计划的审查报告。

8月19日，区人大常委会召开第14次主任会议，初审2019年区本级预算执行和其他财政收支情况的审计工作报告；初审区2019年财政决算（草案）情况报告及财经委审查报告；初审区政府关于国有资产管理情况报告及财经委调查报告；听取和审议区政府关于行政审批服务工作情况报告及财经委调查报告。

10月13日，区人大常委会召开第15次主任会议，初审区五届人大七次会议筹备工作方案（草案）；审议外出调研报告。

10月14日，区人大常委会召开第16次主任会议，听取区法院关于司法责任制改革工作情况报告，调研司法建议工作情况。

10月15日，区人大常委会召开第17次主任会议，听取区检察院关于司法责任制改革工作情况报告，调研检察建议工作情况。

10月22日，区人大常委会召开第18次主任会议，初审区政府2020年财政预算调整报告及调查报告；初审区政府关于贯彻实施《中华人民共和国传染病防治法》《突发公共卫生事件应急条例》情况的报告及区人大常委会执法检查情况的报告；初审关于区五届人大六次会议代表建议批评意见办理的情况报告；初审《天心区人大常委会关于开展民生实事项目人大代表票决制工作的实施方案（试行）》（修正案）；初审2020年民生实事项目调整情况；初审天心区人大代表票决民生实事项目完成情况满意度测评办法（草案）。

10月27日，区人大常委会召开第19次主任会议，听取全区养老服务工作情况报告。

11月10日，区人大常委会召开第20次主任会议，审议区五届人大七次会议秘书组、宣传组、组织组、会议议案组、会议会务组工作方案（草案），初审《长沙市天心区人民代表大会议事规则》。

11月20日，区人大常委会召开第21次主任会议，审议人大工作报告提纲；初审各委办工作报告。

11月25日，区人大常委会召开第22次主任会议，审议人大工作报告（二稿）；大会各工作组组长布置工作。

12月2日，区人大常委会召开第23次主任会议，审议人大工作报告（三稿）；审议“两争一创”表彰名单；初审2021年民生实事候选项目。

12月10日，区人大常委会召开第24次主任会议，初审区2020年国民经济和社会发展计划执行情况与2021年国民经济和社会发展计划、“十四五”规划纲要草案及调查报告；初审区2020年预算执行情况与2021年预算草案及审查报告；初审2019年区本级预算执行和其他财政收支审计查出问题整改落实的情况报告及审查报告；初审区政府落实《中华人民共和国野生动物保护法》、《中华人民共和国动物防疫法》、全国人大《关于全面禁止非法野生动物交易、革除滥食野生动物陋习、切实保障人民群众生命健康安全的决定》执法检查审议意见情况的报告；初审区政府落实物业管理工作审议意见情况的报告；初审区政府落实文化旅游体育工作审议意见情况的报告；初审区政府落实应急管理工作审议意见情况的报告；初审区政府关于2020年民生实事项目工作情况报告。

12月11日，区人大常委会召开第25次主任会议，初审区五届人大七次会议主席团成员和秘书长建议名单、列席人员（草案）；初审区五届六次会议优秀议案及代表建议名单；初审区人大常委会工作报告。（李　珺）

天心区人民政府

综　述

【经济建设】　2020年，天心区铺排市区重大项目150个，完成征拆1909户，腾地124.73公顷，劳动广场、舒家桥等31个项目成功扫尾清零，新姚2号地、天悦2、3号地等5块优质土地顺利挂牌出让；加大闲置资源盘活力度，处置闲置土地30宗140.47公顷，盘活闲置楼宇11.5万平方米。推动现代服务业高质量发展，金融业税收占比42.6%，上市后备企业16家；举办首届夜经济博览会，五一商圈、长株潭商圈“四上”（即规模以上工业企业、资质等级建筑业企业、限额以上批零住餐企业、规模以上服务业企业）企业商品零售额同比增长7%、23.3%，黄兴南路步行街成功入选全国第二批步行街改造提升试点；发展数字经济，率先发布“天心软件10条”，率先全省“云开工”重大新基建项目106个，完成5G基站建设3829个，数字经济相关企业突破4000家；加大总部企业招引力度，成功引进投资过亿元项目31个、“三类500强”项目10个。天心经开区、长沙天心文化（广告）产业园完成整合，湖南地理信息产业园年产值达85亿元；长沙人力资源服务产业园被评为2020中国人力资源服务产业园“最具特色园区”；省人工智能产业园持续稳定发展，打造全国首个市场化开放式道路无人驾驶智慧环卫应用场景；率先全市挂牌成立天心软件产业园，新增注册软件类企业875家，东方至远、绿盟、欧比特等行业龙头企业相继入驻。

（任金海）

【营商环境】　2020年，天心区率先全市开展“15分钟政务服务圈”试点，推出24小时自助政务服务厅和办税服务厅，“网上办”“一次办”比例达98%以上。“三集中三到位”（“三集中”是指行政审批职能向一个科室集中、承担审批职能的科室向行政服务中心集中、行政审批事项向电子政务平台集中；“三到位”指做到事项进驻大厅到位，审批授权，窗口到位，电子监察到位）和综合窗改革全面完成。设立“天心赢商学院”，搭建“天心金融”线上对接平台。把保市场主体作为保就业、稳发展的主要举措，新增“四上”企业118家、高新技术企业65家，R&D经费占GDP比重2.4%。

（任金海）

【三大攻坚】　2020年，天心区35户贫困户危房应改尽改，零就业贫困家庭100%动态清零，贫困

图22　2020年8月3日，天心区举行第17次“区长企业接待日”活动

（区政府办供图）

家庭学生基础教育入学率、巩固率100%，贫困户全部纳入基本医疗、大病保险和医疗救助；安排对口帮扶资金4300万元，打造迷迭香、华南锥栗、“侗嫂”等重点特色产业项目20余个。推进大气污染防治专项行动，严格落实“六控十严禁”（“六控”即控尘、控车、控排、控烧、控煤、控油；“十严禁”即严禁渣土车、混凝土搅拌车、运砂车等各类车辆带泥上路；严禁违法倾倒渣土；严禁工地裸露黄土；严禁重污染天气下土石方施工；严禁燃烧散煤；严禁在禁放区域时段燃放烟花爆竹；严禁露天焚烧垃圾；严禁露天烧烤；严禁露天焚烧秸秆；严禁拖拉机等高排放车辆进城）措施，安装老旧小区家庭油烟净化设施13559户，完成锅炉低氮改造107台，实现规模以上餐饮单位油烟在线监控185家，空气质量优良天数较2019年增加33天；持续推进河湖“长治久清”工作，启动污染防治项目29个，湘江天心段水质稳定达标。成立区国资公司，平台公司市场化转型全面完成，隐性债务有序化解，政府债务风险总体安全可控；搭建区级金融风险监测预警平台，及时处置非法集资风险企业14家。

（任金海）

【城乡建管】 2020年，天心区推进有机更新项目，提质“15分钟生活圈”34个，改造城镇老旧小区26个；提质建设园区道路17条，伊莱克斯大道西延线即将通车，107国道城市化改造加快推进，暮坪湘江大桥、新韶山南路启动前期建设准备工作；电力“630攻坚”三年行动计划全面完成。年内未发生较大及以上安全生产事故；率先全国实现5G应急云广播小区全覆盖并获全市推广，暮云消防站完成建设，消防宣传“三普一帮”（通过开展全员普训、隐患普查、档案普建、精准帮教等系列活动，探索“政府购买、中介实施、综合监管、基层配合、全民参与”的消防安全宣传）新模式入选全国2020民生示范工程；成功创建2020年度湖南省知识产权建设强县；开展扫黑除恶和禁毒人民战争，刑事案件发案率持续下降，污水涉毒成分检测值大幅降低。保持省“平安县市区”称号。第七次全国人口普查深入开展。

（任金海）

图23　2020年12月12日，天心区委副书记、常务副区长周志军（左四）检查安全生产工作　（区政府办供图）

【法治政府】 2020年，天心区梳理并公示政府权力清单事项3013项，天心公众信息网在全国测评中连续两年位居全省区县级政府网站第1名；主动接受区人大及其常委会的工作监督、法律监督，区政协的民主监督和社会舆论监督，区政府及其部门认真办理代表建议144件、委员提案76件、群众来信78件，办复率100%；建立人大代表、政协委员参与“区长企业接待日”制度；依法审查规范性文件229份，办理法律援助案件435件，“12345”热线工单办结率100%；压减政府一般性支出20%、“三公”经费30%。年内该区获中央电视台《新闻联播》报道点赞6次。

（任金海）

重要会议

【天心区政府五届六次全体（扩大）会议】 于2020年1月10日在区政府三楼大会议室召开。区委副书记、区长黄滔，区领导周志军、王海军、洪孟春、肖向东、黄会、许波、张建，以及区政府副调研员、区人武部部长、区属各单位及街道主要负责人参加会议。会议对区《政府工作报告》进行责任分解，共梳理出7个大类别79项工作任务；对市《政府工作报告》涉及天心区的目标任务进行责任落实，梳理出161项工作任务。明确牵头单位和责任单位，要求各级各部门根据职能分工，对号入座，主动作为。动员全区上下迅速行动，掀起工作热潮，确保各项任务全面完成。黄滔指出，完成政府各项工作要做到“四个落实”，即落实目标任务、落实项目建设、落实为民办事、落实政府治理责任。党员干部要保持良好作风，创新工作举措，以“赶考交卷”的紧迫感和责任感，全力以赴抓好工作落实，努力用天心干部更用心的“辛苦指数”换来天心百姓更开心的“幸福指数”。（任金海）

【区政府常务会议】 2020年，长沙市天心区人民政府召开常务会议12次。

1月19日，研究全区网格化综合服务推进相关工作；研究2019年天心区“两个年”活动及有机更新、绿心工业企业退出等工作考评情况。

3月11日，审议《2020年天心区发展壮大市场主体实施方案（送审稿）》《长沙市天心区知识产权补助实施办法（送审稿）》；研究天心区应急广播体系建设及管理工作；传达学习3月6日中共中央总书记习近平在决战决胜脱贫攻坚座谈会上的重要讲话精神，研究全区2020年脱贫攻坚暨乡村振兴工作；审议《关于承接市级下放第二批“一件事一次办”审批权限的通知（送审稿）》；传达学习上级关于化债有关文件精神，研究全区化债工作。

3月20日，审议《长沙市天心区“大干一百天实现双过半”竞赛活动考评细则（试行）（送审稿）》及《奖励办法（试行）（送审稿）》；研究教育相关工作。

4月29日，审议《长沙市天心区安全生产委员会工作规则（送审稿）》；研究统计工作；研究依法治理小区物业管理工作；研究2020年区政府系统建议提案办理工作；研究扶贫及相关农业农村工作；研究特殊困难群体帮扶工作；研究服务企业工作；研究大数据（含地理信息）产业链和大数据交易中心建设工作。

5月21日，研究天心区脱贫攻坚工作；研究天心区2020年民生实事及“一圈两场三道”（15分钟生活圈，停车场、农贸市场，人行道、自行车道、历史文化步道）建设、老旧小区改造工作；研究天心区违建别墅问题清查整治、自然资源例行督察反馈问题和土地违法违规问题整改、批而未供项目清查、闲置土地处置工作；研究天心区残联工作。

6月22日，审议《长沙市天心区进一步深化“放管服”改革重点任务分工实施方案（送审稿）》；审议《长沙市天心区2020年真抓实干督查激励实施方案（送审稿）》；审议《长沙市天心区政府投资信息化建设项目管理办法（试行）（送审稿）》；研究天心区生活垃圾分类工作；审议《长沙市天心区建筑垃圾资源化利用特许经营项目实施方案（送审稿）》。

7月30日，审议《关于长沙市天心区2019年财政决算草案和2020年上半年预算执行情况报告（送审稿）》《关于长沙市天心区2019年度行政事业性国有资产管理工作情况报告（送审稿）》《关于长沙市天心区2019年度国有资产管理综合情况报告（送审稿）》；研究全区2020年度绩效考核工作；审议《长沙市天心区重大项目建设攻坚行动方案（送审稿）》；研究全区安全生产工作；研究天心区法治政府建设示范创建工作；研究全区社区矫正工作；研究天心区“六稳”“六保”工作；研究全区长江流域禁捕退捕工作；审议《长沙市天心区基层医疗卫生机构规范化建设及能力提升三年行动方案（2020—2022年）（送审稿）》；研究全区自然资源例行督察反馈问题及土地违法违规问题整改、闲置地处置工作；研究全区铁路沿线人居环境提升工作。

8月27日，研究天心区防控化解政府债务风险工作；研究天心区防范处置非法集资工作；审议《关于开展网格化示范创建打造“三零”街道、社区（村）实施方案（送审稿）》；研究第七次全国人口普查工作；研究天心区新冠肺炎疫情防控工作；研究天心区危旧房屋改造工作，审议《长沙市天心区危旧房屋改造工作方案（送审稿）》；研究天心区河长制工作。

9月29日，研究天心区安全生产工作；研究天心区食品安全工作；研究消费扶贫智能柜投放工作；研究《长沙市2019年度财政预算执行和其他财政收支情况审计报告》涉及天心区的问题整改工作。

10月30日，研究天心区新型智慧城市建设工作；审议《关于进一步加强行政机关涉诉民事案件应诉工作的通知（送审稿）》；审议《关于印发〈长沙市天心区“就近办”政务服务事项清单（2020版）〉的通知（送审稿）》；研究天心区重点民生实事工作；研究天心区“十三五”规划执行情况；研究天心区防控化解债务风险及抗疫特别国债资金安排有关工作。

11月25日，传达学习贯彻中共十九届五中全会精神和中共中央总书记习近平在深入推动长江经济带发展座谈会上的重要讲话精神及指示批示精神；审议《长沙市天心区行政审批服务“三集中三到位”改革实施方案（送审稿）》《长沙市天心区推进政务服务大厅“综合窗”改革实施方案（送审稿）》和《关于进一步推进街道及社区（村）政务服务平台标准化建设和运行的指导意见（送审稿）》；研究2020年区人大代表票决民生实事项目进展，审议《2021年区人大代表票决民生实事候选项目（送审稿）》；审议《长沙市天心区进一步加强塑料污染治理2020年工作方案（送审稿）》；审议《长沙市天心区残疾人联合会改革方案（送审稿）》；研究天心区禁毒工作。

12月7日，研究天心区污染防治攻坚战工作；研究天心区脱贫攻坚工作；审议《政府工作报告（讨论稿）》；审议《长沙市天心区国民经济和社会发展第十四个五年规划纲要（送审稿）》；审议《关于长沙市天心区2020年国民经济和社会发展计划执行情况及2021年国民经济和社会发展计划草案的报告（送审稿）》；审议《关于调整一批行政权力事项的通知（送审稿）》；审议《关于2019年度区本级预算执行和其他财政收支审计查出问题整改情况的报告（送审稿）》；审议《关于长沙市天心区2020年预算执行情况和2021年预算安排草案的报告（送审稿）》及研究天心区2021年财政预算安排。（任金海）

【区政府区长办公会议】 2020年，长沙市天心区人民政府召开区长办公会议48次。

1月9日，研究太平街交通微循环改造工作；审议《关于加快推进天心教育现代化的实施方案（2020—2022年）（送审稿）》。

1月19日，研究坡子街街道社区卫生服务中心选址建设相关工作；研究省府新区集体土地拆迁“非农”建房人口安置相关工作；研究区水利及兽医体制改革人员福利待遇相关工作；研究教育相关工作；研究双管子高排涵工程（二标段）项目结算相关工作。

1月26日，研究新型冠状病毒感染的肺炎疫情防控有关工作。

2月11日，研究化债及平台公司转型工作。

2月16日，研究经济运行有关工作。

2月18日，研究软件产业发展相关工作。

3月18日，研究芙蓉大道快速化改造相关工作。

3月18日，研究天心区重点招商项目相关工作。

3月24日，研究天心区防汛抗旱工作。

3月31日，研究天心区教育系统疫情防控和春季开学联动保障相关工作。

3月31日，研究学校建设工作。

4月7日，研究全区“大干一百天实现双过半”竞赛活动相关工作；研究区禁毒、扫黑除恶工作；研究区民生实事项目、“一圈两场三道”建设及老旧小区改造工作；研究区农村宅基地和集体建设用地房地一体实施工作；研究全区环保相关工作。

4月20日，研究营商环境优化工作；研究蓝天保卫战相关工作；研究“大干一百天实现双过半”竞赛活动相关工作；研究交通问题顽瘴痼疾集中整治及断头路、瓶颈路改造相关工作；研究全区安全生产工作。

4月21日，研究化债及平台公司转型工作。

4月27日，研究部署电网建设项目“630攻坚”工作。

4月28日，研究教育相关工作；研究自动驾驶环卫车应用场景相关工作。

5月11日，研究“大干一百天实现双过半”竞赛活动；研究国民经济和社会发展“十四五”规划纲要编制工作；研究出租屋流动人口管理工作；研究企业上市工作；研究“软件产业再出发”工作。

5月13日，研究湖南省第六工程有限公司有关问题。

5月15日，研究长沙长郡中学老旧教师宿舍改造有关工作。

5月19日，研究2020年度地质灾害防治相关工作；研究住房租赁市场培育和发展相关工作；研究天心经开区相关工作；研究2020年度乡村振兴项目计划暨2020—2022年农村自来水普及工程建设相关工作；研究森林防灭火相关职能暨机构移交工作；研究芙蓉南路绿化提质项目结算相关工作。

6月9日，研究“大干一百天实现双过半”竞赛活动相关工作；研究数据资源相关工作；研究2020年老旧小区餐厨油烟净化治理工作；研究生活垃圾分类相关工作；研究建筑垃圾资源化利用特许经营相关工作。

6月10日，研究渣土消纳工作。

6月11日，研究重点土地挂牌出让工作。

6月17日，研究合作办学学校发展工作。

6月24日，研究全区发展壮大新型村级集体经济工作；研究全区受污染耕地安全利用工作；研究区国资公司混凝土产业合作相关工作；研究全区交通运输综合行政执法改革相关工作；研究全区群租房消防安全专项整治工作；研究天心区城市养犬管理工作；研究暮云中心消防站建设工作。

6月28日，研究历史步道建设工作。

7月2日，研究城市管理品质提升和环境整治暨交通重点路口提质提档工作。

7月7日，研究区国资公司相关工作。

7月21日，研究启动丁家垅零星地块棚户区改造项目国有土地政府征收（改造）工作；研究省府片区社保用地及安置工作。

8月17日，研究学校项目建设工作。

8月21日，研究爱尔眼科集团公司爱尔大厦项目及“全球眼科医疗中心”建设有关工作。

8月25日，研究供而未建土地工作。

8月28日，研究集中化解房地产办证信访突出问题专项行动相关工作；研究教育相关工作；研究南湖新城片Z11-F-09、Z11-F-34地块规划修改教育配套缺口相关工作；研究南托街道沿江村乡村文旅项目相关工作。

9月21日，研究城市管理整改提质工作。

9月24日，研究国家自然资源督察武汉局2019年违法用地反馈问题整改及2020年土地例行督察工作。

9月30日，研究长江流域（湘江段）禁捕退捕工作；研究全区养老工作；研究老旧小区改造有关工作。

10月9日，研究文和友安全生产相关工作。

10月12日，研究2020年财政预算调整相关工作。

10月13日，研究湖南华菱钢铁集团有限责任公司有关问题。

10月19日，研究全区重点领域消防安全排查评估工作；研究全区物业专职社工工作；研究长沙机床厂及周边零星地块棚改项目新新花园团购房相关工作；研究区政务服务大楼、区税务局办税大厅装修改造工程结算相关工作。

10月29日，研究九峰整村开发招商工作；研究教育有关工作。

11月4日，研究省生态环境保护督察“回头看”交办问题整改及南托港综合治理工作。

11月9日，研究省生态环境保护督察“回头看”交办问题整改工作。

11月18日，研究国网省电力公司相关工作。

11月18日，研究盘活闲置资金、烂尾楼处置工作；研究教育有关工作；研究披塘村生活安置用地教育配套有关工作。

12月10日，研究天心区新冠肺炎疫情防控工作。

12月21日，研究启动西文庙坪周边地块棚改项目B2地块（二期）政府征收有关工作；审议《长沙市天心区农村房屋安全隐患排查整治工作实施方案（送审稿）》；研究2019年度科技创新奖补资金拨付有关工作；研究公共垃圾站、公厕除臭设备运维服务采购有关工作。

12月28日，研究省委巡视组反馈教育问题立行立改工作；研究省委巡视组反馈环境保护问题立行立改工作。 （任金海）

民生实事

【天心区十大民生项目建设】 2020年，天心区根据《中共长沙市天心区委办公室印发〈关于开展民生实事项目人大代表票决制工作的意见〉的通知》和《长沙市天心区人大常委会办公室印发〈天心区人大常委会关于开展民生实事项目人大代表票决制工作的实施方案〉的通知》精神，区政府及时组织相关部门、街道召开2020年民生实事项目专题部署会，研究讨论并制定项目实施方案，明确十件民生实事的联系区领导、责任单位和责任人，把年度目标任务细化分解到每个季度和每个具体工作内容，确保进度可控、责任压实；坚持月调度、季讲评工作机制，每季度政府常务会议专门听取汇报，及时解决项目推进中的困难和问题；主动邀请区人大代表到项目现场视察，听取项目责任单位汇报，充分发挥监督推动效果；对民生实事项目进行积极宣传，区教育局的新增学位项目被《长沙晚报》《华声新闻》等主流媒体报道，区人居环境局的老旧小区改造项目被“新湖南”客户端重点报道，让老百姓了解民生实事的进展，积极参与和配合各个项目的推进。2020年12月27日，天心区五届人大七次会议第三次全体会议上，人大代表对2020年区民生实事票决项目实施情况进行满意度测评。 （任金海）

【“一圈两场三道”建设】 2020年，天心区完成“15分钟生活圈”34个，完成率100%；停车场16个、停车泊位7556个，完

表 4　天心区 2020 年十大民生项目完成情况统计表

序号	项目名称	工作目标	实际完成	进度
1	提质“15 分钟生活圈”	1.“一圈”：改建城南路街道政务服务中心，改造沿江村、滨江新村党群服务中心，建设西湖文化公园； 2.“两场”：新改建铁道学院菜市场，新建停车场 17 处，新增泊位 7636 个； 3.“三道”：改建人行道 7.7 千米、新建自行车道 10 千米、历史步道 2 千米	完成沿江村、滨江新村党群服务中心改造、西湖文化公园和铁道学院菜市场建设任务，完成停车场建设 16 处、新增泊位 7556 个，改建人行道 7.7 千米、新建自行车道 10 千米、历史步道 2 千米	基本完成
2	新增学位	完成雅礼书院中学、青园友谊小学建设，启动新昌小学、许兴小学新建。完成天鸿天府幼儿园、大唐印象幼儿园建设装修	完成雅礼书院中学、青园友谊小学建设，启动新昌小学、许兴小学建设。完成天鸿天府幼儿园、大唐印象幼儿园建设装修，实际新增学位 6040 个	超额完成 3880 个学位的目标任务
3	老旧小区改造	全区每个街道铺排 1 个老旧小区改造或微改造项目	完成 13 个老旧小区改造项目，另外 1 个桂花坪白沙世纪佳园小区改造因消防因素延误，于 2021 年 1 月完成	基本完成
4	解决农村安全饮水问题	1. 实现暮云街道弘高社区通上自来水。 2. 对高云村、莲华村、沿江村等不具备通自来水条件的片区，加强农户用水水质检测，保障安全饮水	投入资金约 260 万元，完成暮云街道弘高社区 179 户 750 人通自来水任务。对高云村、莲华村、沿江村等尚未通自来水的片区，加强农户用水水质检测，保障安全饮水	完成
5	农村地区无害化厕所改造	完成大托铺、南托、暮云 3 个街道 2280 座改厕目标，实现全区农村户用旱厕、卫生厕所三格池无害化改造全覆盖	完成大托铺、南托、暮云 3 个街道无害化厕所改造 2290 座	完成
6	建设社区居家养老服务中心	完成丽发社区、西湖社区、创谷社区、天鸿社区、南托康华睦邻 5 个社区居家养老服务中心建设。全年完成老年群体家庭医生签约 5000 人	完成丽发社区、西湖社区、创谷社区、天鸿社区、南托康华睦邻 5 家社区居家养老服务中心建设任务。成立家庭医生签约服务管理中心，设立了 4 个街道家庭医生服务点和 1 个家庭医生签约工作室，2020 年新增老年人签约家庭医生 5000 人	完成
7	改善老旧棚户区群众居住条件	完成棚户区改造 525 户，实施西文庙坪 B2 地块、太平街地块棚改项目配套改造、古道巷有机棚改三期等有机更新项目	完成碧湘街、劳动广场、长沙机床厂、湖南机床厂、南湖片、西文庙坪 B2 地块、太平街地块等棚改项目 1088 户，西文庙坪、古道巷三期等有机更新项目 150 户	超额完成
8	提质建设农村公路	提质建设大托铺、南托、暮云 3 个街道农村公路 8.4 千米	完成大托铺街道大兴路、南托街道滨洲新村东干道、暮云街道西湖村雅依塘路等 6 处共计 9.6 千米农村公路提质改造	超额完成

续表 4

序号	项目名称	工作目标	实际完成	进度
9	建设街道社区卫生服务中心	完成大托铺社区卫生服务中心、坡子街社区卫生服务中心建设	大托铺街道社区卫生服务中心基本完成业务用房室内外装饰装修及配套设施建设，坡子街街道社区卫生服务中心基本完成装修改造，均已具备投入使用的条件	完成
10	实施特困群体帮扶行动	加大财政支持与社会爱心力量整合力度，深入开展全区特困群体“五项帮扶”	制定《“爱心天心”帮扶工程实施方案》，围绕重病低保户、困难残疾人、孤寡独居老年人、困境儿童、特扶家庭五类重点对象，开展基本生活、急难、医疗、住房、就业“五项帮扶”，打造了“源圈爱心零距离”“金福工程”等特色品牌。共摸排走访 1.6 万余户，实施帮扶 5810 户，发放帮扶资金 1975 万元，落实结对帮扶 1014 户	完成

（资料来源：区政府办）

成率 100%；农贸市场 2 个、完成率 100%，社区生鲜门店 2 个、完成率 100%；人行道完成 14.4 千米，完成率 100%；自行车道完成 10 千米，完成率 100%；健身步道完成 5.4 千米，完成率 100%；历史文化步道完成 3 千米，完成率 150%。（任金海　李慧媛）

【省、市考项目建设】 2020 年，天心区省考项目 9 项 13 个指标，完成率 100%，其中农村转移劳动者、村卫生室运行经费、增加公办幼儿园学位等 8 个指标超额完成，其余 5 个指标均完成；市考项目 10 项 26 个指标，完成率 100%，其中扶残助学、增加公办幼儿园学位、新改进历史文化步道等 10 个指标超额完成，其余 16 个指标均完成。（任金海）

政府办公室工作

【概况】 2020 年，长沙市天心区人民政府办公室（简称“区政府办”）围绕全区中心工作，主动服务、超前服务、系统服务、精细服务，以“创一流业绩、建一流队伍、树一流形象”为目标，充分发挥办公室“中枢桥梁”作用，牵头或配合完成疫情防控、百日竞赛、重大项目攻坚、“一圈两场三道”、禁毒、城中村改造、国务院大督查等重大工作任务。（任金海）

【政策研究】 2020 年，天心区政府政研室及时跟进领导思路、工作重点和社会热点，围绕“十三五”规划、着眼“十四五”规划，聚焦区域发展、产业升级、动能培育、社会民生等重点难点问题开展专题调研，会同相关部门先后完成《天心区商贸业发展情况报告》《关于依法治理小区物业管理工作的专题调研报告》等调研报告，其中《天心区家政服务行业发展调研报告》入选“观点长沙”。撰写会议讲话、工作报告、经验材料等各类文稿 400 余篇、100 万余字。在新华社、《人民日报》、《湖南日报》、湖南卫视等中央、省、市主流媒体推介新闻信息 2400 余条，复工复产复市等工作 5 次在央视新闻联播报道，累计上报国务院、省、市政务信息 103 条，被长沙市政府办公厅表彰为“政务信息工作优秀单位”。（任金海）

【政务督查】 2020 年，天心区政府办对市区《政府工作报告》确定的各项目标任务进行细化分解，对区政府确定的重点工作任务强化跟踪督查。全年开展各类督查暗访 80 余次，编发政务督查通（专）报21期，迎接国务院、省政府大督查等上级各类督查30余次，教育、民政、商务3项工作获省政府真抓实干督查激励表彰通报，数量内五区最多。全年承办区人大代表建议141件、区政协提案76件，办复率100%，满意率100%。（任金海）

【办文办会】 2020年，天心区政府办严格执行办文、办会、办事的规程、制度，持续在精简文件、改进会风等方面为基层减负。2020年，承办区政府常务会议12次，区长办公会议48次，主办、承办其他各类会议1050余次。处理传阅性公文2535份，请示性公文1145件，其他呈送区领导文件2751份，制发文件522件，纪要73份，处理区政府行政公章使用审批件569份。全年压缩各类督查简报19%，会议同比减少5%，发文同比减少31.8%。（任金海）

【值班应急】 2020年，天心区政府办建立健全值班制度，明确专人24小时到岗到位，严格落实重大节假日领导带班和值班制度，确保工作联络畅通。全年共处理报送各类重大（突发）事件信息266条，接收转办“12345”工单1135条，处理群众来电347条，未发生重特大突发事件漏报、迟报、虚报、瞒报事件。（任金海）

【“大干一百天实现双过半”竞赛活动调度会议】 于2020年3月16日在区政府三楼大会议室召开。会议强调全区上下要聚焦“双过半”（时间过半、任务过半）工作目标，倒排工期、奋力推进；要深入一线，全力推进项目建设，加快消费服务升级，梳理企业困难，限期交办解决；要靠前调度，强化责任担当；要抢抓发展时机，释放经济发展的动能。天心区委副书记、区长黄滔主持会议。区委副书记、常务副区长周志军、副区长王海军、洪孟春、肖向东、黄会、许波、张建及区直相关部门、街道办事处负责人参加会议。（任金海）

行政审批与政务服务

【概况】 天心区行政审批服务局主要负责行政审批服务、政务服务、政务公开、“12345”政务热线的规范和管理；承担区政府推进政府职能转变和“放管服”改革协调小组办公室的日常工作。内设办公室、政策法规科（政务公开科）、审批服务管理科、效能监督科4个职能科（室），现有干部职工30人，其中在职在编干部13人（含借调1人），聘用人员17人。天心区政务服务中心为区行政审批服务局所属副科级公益类事业单位，核定全额拨款事业编制12名。

2020年3月，天心区行政审批服务局被评为年度湖南文明窗口单位，5月被长沙市委、市政府授予“长沙市文明单位”。

（张一璇）

【行政审批服务改革】 2020年，天心区承接市级下放的第二批“一件事一次办”审批权限35项，新增涉及人社、民政、卫健、医保等144个民生事项下沉到街道、村（社区）办理；出台《长沙市天心区政务服务事项动态管理办法》，每月动态调整部门、街道的权责清单，截至12月31日，该区权力清单共4225个事项，其中依申请类事项1035项，依职权类事项3190项；结合天心实际梳理“就近办”事项，出台《长沙市天心区“就近办”政务服务事项清单（2020版）》，下放权限223项，每个街道、村（社区）设立政务服务“全岗通”窗口，实现群众办事就近能办、多点可办、少跑快办；梳理“一门式”政务服务事项40项，公布统一规范的事项清单目录和办事指南，在各

图24　天心区政务服务大厅政务公开专区　（区行政审批局供图）

村（社区）政务大厅落地实施。

（张一璇）

【“一件事一次办”改革】 2020年，天心区推进“跨域通办”，完成涉区级权限197件“跨域通办”事项清单填报发布工作；在区政府门户网设置“一件事一次办”专栏，区政务大厅设置“一件事一次办”综合窗和“跨域通办”专窗，线上线下公布事项清单和办事指南，落实“一次告知、一次表单、一次联办、一次办好”；优化简化审批环节和业务流程，做好“互联网+政务服务”一体化平台常态使用，推动网上办理深度二级比率达到99%，三级比率达到90%。打破数据壁垒，创新实现老年人优待证在线申办、免费快递、在家坐等证件上门，全程零见面零收费。“一件事一次办”改革工作被《湖南新闻联播》、“学习强国”、人民网、《潇湘晨报》、《长沙晚报》等省市级主流媒体正面报道26次，两条改革经验被收录到《长沙改革交流（2020年第20期）》。 （张一璇）

【政务公开工作】 2020年，天心区落实《政府信息公开条例》，坚持“公开是常态，不公开是例外”的原则，编制《长沙市天心区人民政府信息公开指南》，全面推进行政决策、执行、管理、服务、结果“五公开”。对标市级梳理要求，形成天心区重大建设项目、公共资源交易等26个领域基层政务公开目录；在区门户网站设置基层政务公开专题专栏，全区各街道、各部门按照梳理好的基层政务公开目录，做好平台事项录入工作；在区级政务服务大厅、街道便民服务中心建设基层

图25 2020年4月30日，天心区24小时自助服务厅揭牌

（区行政审批局供图）

政务公开专区，统一标识标牌、统一设施设备、统一服务功能，设置信息公示栏、信息查阅区、资料展示区、办事指南资料架，配备电子触摸显示屏，拓展基层政务公开渠道；完善政府信息公开申请登记、审核、办理、答复、归档制度，全年受理政府信息申请公开89件，其中，当面申请16件，网络申请36件，信件申请37件，均依法依规予以答复；信息公开行政复议数量4件，信息公开举报数量和信息公开行政诉讼数量均为零。 （张一璇）

【政务服务】 2020年，天心区印发审批服务“三集中三到位”改革实施方案，全区政务服务事项按应进尽进原则进驻实体政务大厅，5月份，社保、医保入驻政务大楼一楼，二楼完成市场准入类、工程建设类、社会民生类（个人和法人）、“一件事一次办”（含跨域通办）综合窗口设置和运行；4月30日，建成24小时自助服务厅，配置10台自助办事终端设备，设立5G体验区，可全天候自助查询依申请类政务服务事项624项，自助办理社会保障、交通处罚、水电气、税务等服务事务117项；5月15日，开设“天心区复工复产政策兑现专窗”，为395家企业提供相关服务，兑现复工复产政策事项6720件，减免企业税款6.8亿元，拨付企业各类奖补支持5311万元。优化排队叫号系统，完善便民服务区，添置休息座椅沙发，提供自助查阅电脑、自助打印复印、审批结果免费邮寄、公安免费刻章等便民服务。天心区自助政务服务、“复工复产政策兑现专窗”等工作被人民网、“学习强国”、《湖南日报》、《长沙晚报》等省市主流媒体正面报道26次。 （张一璇）

【“12345”政务热线】 2020年6月，天心区整合“12315”（消费者投诉举报专线电话）和“12333”（人力资源社会保障政务公开电话）等多条热线并入“12345”政务热线。为促进工单落地基层，

区政府为辖区所有社区、市场监督管理所开通四级账号；对办理职责权限不清、牵涉历史遗留问题、市民反复投诉的疑难工单，加大领导调度、现场交办、实地督办力度；同时将政务热线工单办理情况纳入网格工作考核，推动工单反映的问题得到解决。年内，天心区共签收市政务热线派发工单51034件，接收工单43761件，办理工单42910件，回访工单41739件，市长信箱908件，区长信箱406件，政协微建议9个，人民网留言13个，省人民网留言交办31个，好差评18个，联动警情67个。签收率、办结率均为100%，年度平均满意度为97.86%。及时、准确督促区直部门在“一网通办”平台办件，确保无超时办件现象，全年电子监察无红黄牌。

（张一璇）

【“12345”热线工作及互联网+政务服务一体化平台工作会议】 2020年9月7日，天心区委副书记、区长黄滔在区政府九楼会议室主持召开“12345”热线工作及互联网+政务服务一体化平台工作会议。听取区行政审批服务局、区数据资源管理局关于“12345”热线工作和互联网+政务服务一体化（一网通办）平台常态化使用情况汇报，并就工作推进中遇到的相关具体问题进行研究，对下阶段工作进行部署。区领导张建、唐建云，天心文广园工委副书记、管委会主任谢巍，以及相关部门、街道主要负责人参加会议。

（张一璇）

信访工作

【概况】 长沙市天心区信访局（简称“区信访局”）是区政府直属行政单位，主要负责来信及网络信访办理，信访事项转办、交办和督办，案件办理、复查复核；突出信访事项处理；信访形势分析研判；组织协调处理跨行业、跨部门的信访突出问题及群体性事件等。长沙市天心区人民来访接待事务中心，为区信访局所属公益一类事业单位。主要职责为负责群众来访登记接待、来访事项转交办和跟踪落实工作；负责区领导公开接访的组织、公示、预约、协调等服务性工作；负责做好信访工作法律法规的宣传和政策咨询；完成区信访局交办的其他公益性任务。

2020年，天心区以“三无”创建和“领导接访下访推动矛盾化解”攻坚年活动为牵引，通过健全长效机制、加强源头防控、夯实基层基础、强化依法治访、着力化解积案方法解决信访难题。该区共受理、转办群众信访件1394件，按期办结率及群众满意率分别为99.3%、98.6%，初件平息化解252件，化解率61.46%，“五率”（及时受理率、按期办结率、群众满意率、参评率、网信占比率）工作走在长沙市前列。领办省委第八巡视组交办的5批273件群众信访事项，均全部按程序办结，妥善处理到位，群众满意率40%。被评为市信访工作目标管理考核优秀单位。

（殷　婷）

【领导下沉一线接访】 2020年，天心区领导示范引领，积极参与“领导接访下访推动矛盾化解”，通过坐班接访、联系街道、下沉一线、调度协调、专题会议等形式，领导接访下访保持常态高效。年内，区领导坐班接访490批1842人次，下沉督访436次，推动化解信访问题100件。

（殷　婷）

【信访积案化解】 2020年，天心区开展信访积案“百案攻坚”行

图26　2020年5月12日，长沙市委副书记、代市长、湖南湘江新区党工委书记郑建新到天心区倾听群众诉求，现场解决难题

（区信访局供图）

动、集中解决重复信访、化解信访积案问题。结合全区“三无”街道创建活动，综合运用领导包案、密集约谈、耐心劝导、信访救助、扶贫帮困等方法，下大力化解一批“钉子案”。年内，市交办7件“四重”攻坚（重点领域、重点群体、重点问题、重点人员）类信访突出问题全部化解，其他类信访突出问题化解19件，重复信访件20件，区“百案攻坚”信访件28件。（殷　婷）

【信访责任落实】 2020年，天心区委常委会及政府常务会定期研究信访工作，落实信访责任。区信访工作联席会议坚持每月对该区信访工作情况进行总结、分析和研究。区信访局坚持不定期将重大信访事项信息第一时间报告区委、区政府，及时进行调度和处置，防止事态恶化。对全区值得关注的突出信访问题进行梳理和摸排，交办责任单位提前介入、访前掌控、事前解决，严防重大信访事项的出现。（殷　婷）

【郑建新到天心区下沉督访】 2020年5月12日，长沙市委副书记、代市长、湖南湘江新区党工委书记郑建新到天心区下沉督访，倾听信访群众诉求，现场解决信访难题。区委书记朱东铁，区委副书记、区长黄滔等领导参加。（殷　婷）

【“领导接访下访推动矛盾化解”推进会】 2020年9月11日，会议在区政府三楼大会议室召开。强调坚持领导带头，狠抓信访攻坚，带案下访督访，以上率下带动下访接访制度全面落地；坚持“三个一”（开好一个会议、找准一个症结、配好一副处方）原则，确保积案化解后不反弹；坚持关口前移，突出初信、初访，把问题隐患发现在初始、解决在当地；天心区坚持因案施策，力促积案化解。区委书记刘汇，区委副书记、区长黄滔，区人大常委会主任于献、区政协主席夏艳兰等参加。（殷　婷）

“两型社会”建设

【概况】 2020年，长沙市天心区“两型社会”建设服务中心（简称“区两型中心”）为区政府直属正科级公益类事业单位。3月，区南部融城办由区发展改革局调整至区两型中心，相关职能职责随之移交。区两型中心主要职责是贯彻执行中央、省、市有关“两型社会”（资源节约型社会、环境友好型社会）建设法律法规和方针政策，承担全区“两型社会”建设的事务性工作，组织推动区级“两型社会”创建，统筹协调区域范围内长株潭城市群生态绿心保护工作等。（粟小霆　王　康）

【绿心监管工作】 2020年，天心区落实长沙市政府《关于明确长沙市绿心地区保护工作职责分工的通知》和《长沙市2020年度绿心地区保护工作方案》精神，统筹协调该区各相关单位，对绿心地区工业企业退出后做好常态长效管理，依照各自职能职责，坚持每周1次以上对绿心地区开展日常巡查，发现违规行为立即现场解决。聘请湖南省第二测绘院作为第三方监测机构，采用卫星遥感影像技术，每季度对绿心地区土地使用变化情况进行监测和核查。年内监测发现61处疑似违法违规用地，核查后认定10处违法违规用地，年末整改工作全部落实到位。严格把好绿心地区建设项目准入的区级前置审查“第一关”。9月起，区两型中心承担绿心准入前置审查职责，共有6个重大项目通过省市区三级准入。做好绿心保护标志设置和智能化改造，按省、市批复，推进保护标志的设计、采购制作、安装施工等工作，在绿心区域设置界碑11块，界桩90根。（粟小霆　王　康）

【绿心生态补偿修复工作】 2020年，天心区贯彻实施绿心地区生态补偿机制，拨付市级生态补偿资金341.3万元，其中，暮云175.5万元、南托165.8万元；区级基础性补偿资金651.86万元，其中暮云324.39万元、南托327.47万元。对绿心地区规下退出企业未付款金额进行统计梳理，完成剩余9家退出企业奖补资金340.05万元拨付工作。组织绿心区域内沿江村污染水域修复等5个市级生态修复治理项目申报，加快推进现有生态修复治理项目建设力度。（粟小霆　王　康）

【餐厨油烟净化治理工作】 2020年，天心区完成2019年10022台油烟净化器安装及市级验收和合同付款，完成辖区老旧小区家庭餐厨油烟治理任务13559户。（粟小霆　王　康）

【“两型”创建活动】 2020年5月，天心区组织召开天心区“两型”示范评选和表彰会暨授牌仪式，共有社区、企业、学校、村庄等25家单位参评，其中14个单位被评为区级“两型”创建示范单位。推荐申报被评为省级“两型”示范单位1家，省级“两型”创建单位1家，省级宣教基地1家；市级“两型”示范单位1家，市级“两型”创建单位3家。承办长沙市“两型”宣传月活动启动仪式，通过“两型”知识宣传、“两型”成果展示、“两型”生活体验和“两型”文艺会演进行广泛宣传教育。 （粟小霆　王　康）

【南部融城工作】 2020年，天心区多次向长沙市政府专题报告，组织召开20余次工作对接协调会，加强与长沙市资规局详规处、权益处，市土储中心及市政府办公厅城建城管处的协调，反映天心诉求，提出合理建议和解决办法。截至年末，暮云绿心地区用地控规编制基本完成。统筹协调天心经开区、区城建投、天心国资集团、相关街道（村）用地需求，合理调整绿心用地指标。优先落实两安用地的选址与用地规划指标，其中经营性用地11.01公顷，绿色产业用地7公顷；全力保障社保融资用地规划指标，共计92.33公顷，净用地面积75.33公顷，其中经营性用地59.13公顷，绿色产业用地9.67公顷；另有部分教育用地、绿地；落实天心经开区工业企业退出用地规划指标，其中经营性用地指标28.87公顷，绿色产业用地43.85公顷；推动落实天心国资集团部分化债用地，两宗零星用地共3公顷由天心国资集团收储，湖南省自然资源厅实物地质资料库用地约54.2公顷用地由天心国资集团进行土地收储与整理。 （粟小霆　王　康）

表5　2020年天心区“两型”社会创建示范单位一览表

序号	创建单位	创建类型
1	大托铺街道桂井村	湖南省“两型”示范单位
2	城南路街道工农桥社区	湖南省“两型”创建单位
3	暮云街道华月湖社区	湖南省“两型”宣教基地
4	天心区仰天湖桂花坪小学	长沙市“两型”示范单位
5	暮云街道卢浮社区	长沙市“两型”创建单位
6	桂花坪街道金桂社区	长沙市“两型”创建单位
7	赤岭路街道广厦新村社区	长沙市“两型”创建单位
8	暮云街道华月湖社区	天心区“两型”示范社区
9	青园街道湘园社区	天心区“两型”示范社区
10	暮云街道弘高社区	天心区“两型”示范社区
11	黑石铺街道创谷社区	天心区“两型”示范社区
12	裕南街街道南站社区	天心区“两型”示范社区
13	南托街道沿江村	天心区“两型”示范村庄
14	暮云街道许兴村	天心区“两型”示范村庄
15	大托铺街道兴隆村	天心区“两型”示范村庄
16	大托铺街道桂井村	天心区“两型”示范村庄
17	长沙市天心区青雅丽发学校	天心区“两型”示范学校
18	天心区青园梓枫小学	天心区“两型”示范学校
19	湖南睿听文化发展有限公司	天心区“两型”示范企业
20	湖南新港湾生态农业示范有限公司	天心区“两型”示范企业
21	长沙创远环保科技有限公司	天心区“两型”示范企业

（资料来源：区两型中心）

网格化综合服务

【概况】 2020年，天心区网格化综合服务中心（简称“区网格中心”）加强制度设计、夯实网格基础、整合平台资源、充实网格力量，推动网格化管理和服务做细做实。截至12月31日，共收集网格各类事项42896个，受理事项38175个，处置事项37794个，处置率99%，化解矛盾纠纷2200余起。11月，湖南省委政策研究室送阅件《畅通神经末梢激活红色细胞——湖南省基层网格化党建工作探索与实践》推介该区网格化党建新模式；12月，天心区网格工作经验《织牢“小网格”推动大服务》被评为该年长沙市基层社会治理与思想政治工作创新优秀案例；12月22—31日，人民网湖南频道联合天心区委宣传部、区网格化综合服务中心，共同推出“天心‘格’网事”系列报道。年内，中央、省市媒体推广该区网格中心工作信息200余条，收到群众锦旗、感谢信近200面（封）。 （陈　琳）

【网格制度建设】 2020年，天心区推行“网格吹哨，部门报到”机制，制定《关于推进网格化综合服务工作的实施方案》，在该区统筹实行“定人、定时、定责”三定模式，每月28日为领导干部驻点日，县级领导联街道、科级领导干部联网格、社区干部进网格，区委督查室、区政府督查室、区网格中心组成督查组，对全区领导干部、社区（村）干部入网格履职情况进行督查；落实四级问题处理机制，每月安排网格重点工作、每季度召开讲评会，截至年末，该区交办督办久拖未决重点民生难题109个，解决难题107个，解决率达98.16%；强化督查考核，将“三零”工作、综治民调、禁毒、“12345”热线工单数量等纳入街道、社区（村）网格工作评优考核范畴；引导居民自治，推动网格内共产党员、人大代表、政协委员、在职机关干部等进入业委会等自治组织，建立公共问题、难点问题议事解决机制。开展重点民生问题调研，特别是群众广泛关注的重点热点难点问题深入调研，形成专题报告2份，均得以解决。（熊　琛）

【网格平台建设】 2020年，天心区在数据共享基础上打造区、街道、社区三级网格化综合管理平台，新增网格党建、网格数据、网格问题、环保巡查、网格考核等功能，同时加大平台整合力度。畅通信息渠道，推出“便民天心”微信公众号，开发“网格通”“居民通”“物业通”等移动端应用，提高网格管家、网格治理指导员入户走访、问题上报等网格工作效率。2020年11月新版网格平台启用以来，录入居民人数超50万人。截至年末，该区网格总数435个，平台在册网格管家（社区工作人员）435人，网格员（楼栋长、单元长、志愿者等）267人。（吕正明）

【网格管理】 2020年，天心区把公共服务和人员下沉到网格，按照“4+X”〔即1个党组织、1名网格管家、1名科级联点干部、1名公安民（辅）警、X名社会力量〕模式配备网格治理力量，逐步形成“网格管家牵头、科级网格治理指导员配合、相关部门单位参与、各类社会力量作后盾”的网格解题模式。截至年末，该区734个小区有社会组织208个、物业力量2389名、政府服务力量1023名（含网格治理指导员、入网职能部门派驻力量等）。（严　伟）

【网格品牌打造】 2020年，天心区创新网格化手段，打造网格服务亮点：金盆岭街道赤岭路社区在开放式小区探索“单元长”制、桂花坪街道银桂苑社区打造智慧AAAAA社区、新开铺街道探索党员联单元楼栋模式等，网格服务基层社会治理成效显现。全年在“三零”标准的基础上，新增综治民调、禁毒民调、入户走访数等考核内容，该区被评为网格化综合服务“优秀社区（村）”仍有31个。区网格中心先后接待长沙市委政法委、市文明办，益阳市政法委及长沙县、雨花区等调研交流。（严　伟　胡　玥）

【网格化服务培训启动】 2020年5月19日，天心区年度网格化服务培训工作在城南路街道正式启动。培训会上，区公安分局、区应急管理局、区网格中心、区综治中心等部门结合网格工作实际，针对群防群治体系建设、网格内各类案件录入标准和规范，如何使用“天心区网格通”手机APP对入户走访和案件进行录入、处置及办结等内容进行详细培训。街道网格工作人员、网格管家、网格员、社区专干等50余人参加此次培训。（吕正明　胡　玥）

【网格化综合服务工作推进暨问题交办会召开】 2020年7月14日，天心区召开全区网格化综合服务工作推进暨问题交办会，对各网格收集、梳理的109个久拖未决的网格问题，以交办函的形式向区直各相关部门和街道进行集中交办。天心区委副书记朱远红，区委常委、政法委书记黄文先出席并讲话。区直相关单位、各街道分管负责人参加会议。（严　伟）

【区委常委会会议研究部署网格化工作】 2020年9月25日，天心区委书记刘汇在区机关北栋五楼常委会议室主持召开区委常委会会议，研究部署网格化工作。会议强调，要把解决问题、优化服务作为网格化工作基本原则和要求，围绕“人要下得去、问题能带上来、困难解决得好”畅通工作渠道；要健全领导干部下沉网格、定期调度、解决问题机制，健全问题统一受理、统一分拨、协同处置和结果反馈机制，建立领导干部下沉网格考核工作体系，确保工作得到全面落实。（熊　琛　严　伟）

【长沙县到天心区学习考察网格工作】 2020年10月14日，长沙县委组织部、大数据中心、城管、街道等10余人到天心区学习考察网格化管理、党建平台融合等相关工作。在该区网格化综合管理平台指挥大厅，学习考察组了解天心区网格化管理工作机制和运行平台。（严　伟　胡　玥）

【刘汇下沉网格听取群众诉求】 2020年10月28日，天心区委书记刘汇下沉至先锋街道南城社区、尚双塘社区网格，听取群众诉求，解决百姓问题，要求全面落实好“街道吹哨、部门报到”机制，推动科级领导干部主动下沉到网

格。区委常委、区委办主任侯向宇参加。（熊　琛　严　伟）

【廖建华带队调研天心区网格化工作】 2020年11月24日，长沙市委常委、政法委书记廖建华带队调研天心区网格化工作。在天心区网格化综合服务中心，廖建华了解该区“领导干部驻点日”工作开展情况，并现场观看“AI+智慧城市智治体系”系统运行演示。廖建华肯定天心区在网格化管理、城市智慧治理方面取得成绩，强调要进一步实现平台互联，畅通信息、数据渠道，做实做细网格化管理工作。天心区委书记刘汇，区委常委、政法委书记黄文先，区委常委、区委办主任侯向宇陪同。（熊　琛　张洁利）

机关事务

【概况】 长沙市天心区机关事务中心（简称“区机关事务中心”）为区人民政府直属事业单位，主要负责区直机关后勤管理和服务。内设办公室、公车管理科、食堂管理科、公共设施科和物业监管科5个职能科室。机关事业编制17名，在职工作人员19名。

2020年，区机关事务中心以“强化管理、优化服务、深化保障”为工作思路，进一步细化和完善食堂、食堂供应商、物业公司相关管理制度和规定，建立台账，严把采购关、仓管关，做到价格合理、货物安全。特别在疫情期间，区机关事务中心及时采取防范措施，按照区疫情防控工作预案，做到八个“到位”，保障机关干部职工近40万人次的安全就餐，公务用餐60余次。物业管理、后勤服务登上新台阶。5月，区机关事业单位公务用车管理办公室相关职能由区财政局划分至区机关事务中心，平台按照年初制定的工作计划，推进“管理平台化、平台信息化、车辆标识化”的公务用车管理方式，确保公务用车及时、安全；年内完成各类会议2000余次，大中型会议服务300余场。完成机关老宿舍门面和扫把塘市场3个门面的移交，签订政务中心大楼屋顶移动、联通运营商租赁场地合同，收取门面租赁费652572元。（洪　波）

【食堂管理】 2020年，天心区开展“新文明餐桌”行动，宣传公筷公勺，开展“光盘行动”，强化餐余情况监督，抵制“舌尖浪费”。疫情期间，机关大院、厨房、餐厅区域内所有地面、桌面用84消毒液每天上班前、下班后进行两次喷洒和擦拭；机关食堂实行微信群提前订餐、错时错峰集体取餐、分散打餐就餐的供餐模式；5月份恢复自助餐模式后，中餐开餐时间调整为11：30，错时错峰就餐，就餐人员须体温测量，佩戴口罩进入，避免人员聚集交叉感染。以“消费扶贫”为抓手，围绕脱贫攻坚目标开展工作，采取线上线下等多种渠道做好对口帮扶地区年货销售工作，在“832扶贫平台”完成年度80万元采购，获得脱贫攻坚专项奖励记功。（洪　波）

【物业管理】 2020年，天心区每月按照《天心区机关事务中心考核物业公司实施细则》对物业公司实施动态考核；督促、指导物业公司完善安保、机电、保洁、垃圾分类、绿化、综合等相关台账；监督、指导物业公司每月对机关大院消防设备进行检查，每季度对机关大院安保人员进行一次消防演练培训与实操；新签订机关大院中央空调循环水处理、食堂虫害防治、政务服务大楼远大中央空调维保及循环水处理4份维保合同；完成物业有关“12345”热

图27　2020年1月25日，公车平台保障“新型冠状病毒”防疫期间公务用车应急出行（区机关事务中心供图）

线工单共 27 单。（洪　波）

【项目管理】 2020 年，天心区完成区机关三楼、九楼会议系统设备及区政务服务大厅 2 台电梯的更换；完成融媒体中心改造，区退役军人服务大楼、应急指挥中心、市场监督局档案室装修改造，附一楼中东、西通道停车坪改造，天心区人社局业务用房维修改造；完成政务大楼物业服务采购。全年完成 105 项零星维修、采购项目。（洪　波）

【公车管理】 2020 年，天心区公务用车管理制度，对全区各单位车辆信息重新统计、录入，做好机关大院停车收费前期准备及日常管理工作。年内，平台本级派车 6374 台次，租赁车辆 20 台次，维修及保养 512 台次。配合疫情期间境外返长人员接送工作，租赁疫情防控专用车 364 台次；组织平台所有车辆进场进行室内 CELA 消毒；平台制定天心区境外来长旅客防控车队保障组工作方案，分批安排平台 11 辆小车作为引导车引导大巴车至定点隔离酒店。完成 123 台次车辆的续保、年检；购置新车 4 台（其中，商务车 2 台、轿车 2 台），报废车辆 3 台（其中，客车 2 台、轿车 1 台）。组织开展“蓝天保卫战，我们在行动”活动，平台司勤人员带头签订“蓝天保卫战倡议书”，公务车辆全部粘贴倡议标签，此举先后得到中央、省、市、区媒体报道。（洪　波）

【办公用房管理】 2020 年，天心区完成退役军人事务局、应急管理局、人社局、医保局等 8 家单位办公用房调整及搬迁；对院内 64 家、院外 31 家单位开展办公用房“回头看”，对全区院内外各单位办公用房的位置、房间数、在岗人员数及编制数等使用情况重新进行统计，完善办公用房相关台账；11 月，联合区纪委监委对院外 31 家单位进行办公用房现场督查，发现 11 家单位存在相关问题，予以发函整改。（洪　波）

【垃圾分类】 2020 年，天心区完成机关大院 62 间公共卫生间的四分类垃圾标志标牌和楼层两分类标志标牌的更新；年内参与市、区两级公共机构垃圾分类相关会议 8 次；完成机关大院垃圾分类宣传和入室宣传 6 次；实现机关大院生活垃圾分类全覆盖，垃圾分类投放正确率 100%，生活垃圾回收利用率达到 35% 以上。（洪　波）

【人口计生管理】 2020 年，天心区机关事务中心及时与辖区青园街道和友谊社区对接，完善育龄妇女情况、人口出生、准生证登记等台账。落实奖励政策。对区直机关不满十四周岁符合政策的 197 名独生子女家庭，发放独生子女保健费总计 35220 元，并按要求购买独生子女平安团体保险。（洪　波）

【资产移交】 2020 年 4 月 1 日，天心区扫把塘市场及门面（白沙路 179 号、白沙路 397 号、白沙路 399 号、钟馗庙 83 号、钟馗庙 85 号、钟馗庙 87 号、敦仁里 2 号）从区机关事务中心移交至天心国资公司管理。（洪　波）

【公务车贴上蓝天保卫战标签】 2020 年 4 月 22 日，天心区机关事务中心公车平台在区直机关南栋前坪，为该区公务车贴上“蓝天保卫战，我们在行动”标签。要求每一位公车平台驾驶员时时警醒，节能减排从开车习惯做起，为蓝天保卫战贡献自己的力量。（洪　波）

【消费扶贫】 2020 年 9 月 3 日，天心区到龙山县洛塔乡考察了解对口帮扶地农特产品和产地基本情况，并与该县电商平台签订定向采购洛塔乡扶贫农特产品协议，助力“消费扶贫”。此次采购农副产品 10 余个品种，约 30 万元。区人大常委会主任于献、龙山县人大常委会主任余佳祥等出席签约仪式。（洪　波）

政协天心区委员会

综　述

【概况】 2020年，天心区政协第五届委员会常务委员会坚持建言资政和凝聚共识双向发力，通过全会协商、常委会议协商、主席会议协商、专委会对口协商、提案办理协商、委员组专题协商、微协商7种形式的全方位协商，有效发挥作用。年内组织召开全体委员会议1次、常委会议4次，其中，3次为议政性常委会议；开展主席会议视察协商1次、专题调研6项；围绕21件重点提案开展提案办理协商；开展民主评议1次。区政协被评为长沙市2020年度反映社情民意信息工作二等奖。

落实区委战略部署 积极投身“爱心天心”帮扶工程，54名区政协委员与困难家庭结对认亲。开展“助力巩固脱贫成果帮扶行动”，全体政协委员和机关干部组成52个帮扶小组，与天心区52户农村建档立卡贫困户结对。走访区重点企业73次，集中深入网格履职100余人次，开展环保督察近20次，区政协县级领导联系的12个重点项目均有序推进。落实优化营商环境部署，开展“聚焦涉企行政执法，优化营商环境”民主评议“回头看”。

图28　2020年，政协天心区委员与困难家庭结对认亲，开展“助力巩固脱贫成果帮扶行动”　（区政协办公室供图）

建言献策 关注“城市品质提升”，区政协委员周宏歌、温岚、葛鹏、荆健、任健、张毅分别围绕盘活历史文化资源、改善农村人居环境、治理校园周边交通拥堵、提质五一商圈、推动开放式老旧小区物业化进程、用好用活民法典等主题建言献策；助推“重点产业发展”，区政协委员孙刚、苏剑、赵礼发、王蓉、许彬、刘湘勇、李春和分别从应对自贸区虹吸效应、打造“天心数谷”、促进长株潭文旅融合、推动灵活用工平台发展、谨防新型互联网金融“陷阱”、打造天心中部商圈、挖掘何绍基文化资源等方面，开展对面协商；围绕民生热点难点，委员们共提交提案22件，撰写社情民意信息97篇，事关公民驾驶证、公积金、农村宅基地改革等方面的社情民意信息被全国政协采纳。关注天心城区提质，区政协常委会议就“推动黄兴南路步行街提质升级”“老城区历史文化保护与利用”开展协商，主席会议就“改善农村人居环境，提升农民幸福指数”开展协商。

服务基层 发挥智慧委员工作站（室）作为委员学习和交流的平台、收集社情民意的平台、深入基层服务群众的平台、参与基层社会治理的平台等方面作用，为政协委员履职提供保障；创新开展“委员组专题协商”及“微协商”工作，引导广大委员深入基层，组织相关利益群体开展协商对话140余场，开展调研视察60余次，有效解决问题与矛盾190余个。利用政协人才荟萃的优势，先后开展委员讲坛、专业知识宣讲等活动，帮助群众答疑释惑。（丁　珂）

【社情民意信息】 2020年，天心区政协共编审报送社情民意信息137条，其中葛鹏撰写的《应减少驾驶证公民隐私信息显示内容》、杨文献和粟晓宇撰写的《关于科学引导路边摊经济发展的建议》、夏艳兰撰写的《稳步推进住房公积金制度改革的建议》、周文辉和彭彦华撰写的《以农村宅基地改革为突破口，激活乡村振兴源头活水》、邓静撰写的《增强内地港澳台生民族认同的建议》《多管齐下，提高统一战线应急动员能力的建议》6条社情民意信息被全国政协采纳。（张雨玲）

【提案工作】 2020年，天心区政协五届四次会议征集提案100件，立案92件，合并同类提案后交办76件，其中，重点提案21件。经过32家承办单位的办理，截至年末，所有提案均已办复，办复率100%，办结率100%，委员满意率100%。（贺路帆）

【委员讲坛】 2020年，天心区政协打造“委员讲坛”品牌，由区政协委员担任主讲，深入学校、社区，开展“让孩子远离近视”“逆风启航、展翅高飞——浅谈与孩子共同成长”“《民法典》视角下青年婚恋观教育”3次主题讲座，受到大中小学生、家长、社区居民和其他群众欢迎。（任　湘　沈　幸）

【“菁英沙龙”活动】 2020年，天心区政协举办菁英沙龙3期。

5月29日，天心区政协举行2020年第一期“菁英沙龙”活动，以“发挥专门协商机构作用，释放基层治理新力量”为主题，旨在进一步激发委员履职热情，在基层治理中释放更强的政协力量。湖南省政协研究室主任高鑫、副主任廖国豪，长沙市政协研究室主任李德胜，天心区政协党组书记、主席夏艳兰，副主席彭泽南、黎小玲、陈劲、赵英华、彭元强参加活动。先锋街道委员组通过“六事工作法”（群众提事、协商议事、研究定事、公开晒事、共同办事、大家评事）破解难题，打通基层协商民主“最后一里路”。部分区政协委员和街道、社区工作人员围绕长沙电视机厂社会化移交、基层自来水网改造等基层民主协商的具体实例和工作经验开展交流分享。

7月30日，第二期“菁英沙龙”活动在赤岭路街道凯里亚德酒店二楼湖南厅举行。市政协委员学习联络委员会（港澳台侨和外事委员会）副主任易红，彭泽南、黎小玲、陈劲、赵英华、彭元强以及区政府副调研员曹之才出席会议。活动以“运用法治思维破解基层治理难题”为主题，旨在加强省、市、区三级政协委员间的沟通和交流，激发委员履职热情，发挥各级政协委员在依法进行基层治理中的作用，进一步把政协协商落实到基层治理每个环节。

11月5日，天心区政协第三期“菁英沙龙”之“天心最舒心，有事您说话”活动在湖南省第六建筑工程有限公司会议中心举行。夏艳兰，区委常委、统战部部长刘向，黎小玲、陈劲、彭元强出席。区直相关部门、“两代表一委员”、企业代表及街道相关负责人100余人参加此次活动。活动中，来自金盆岭街道的企业家代表赵礼发、许彬、娄兰芳、伍勇分别就减税降费、物业管理、人才招聘、惠企政策等方面发表看法，提

图29　2020年6月23日，主题为“让孩子远离近视”的天心区政协委员讲坛（第一期）在井岗小学开讲　（区政协办公室供图）

图30　2020年5月29日，天心区政协在先锋街道举行第一期"菁英沙龙"活动　（区政协办公室供图）

展调研。调研中，文树勋一行前往创辉达设计股份有限公司、五江国际商业广场建设项目、湖南微算互联信息技术有限公司、珠海欧比特宇航科技股份有限公司，与企业、园区负责人交流，了解企业发展、长株潭商圈建设、园区建设、软件产业发展等情况，实地察看暮云片区基础设施建设情况。天心区委书记刘汇，区委副书记、区长黄滔，区政协党组书记、主席夏艳兰，天心经开区党工委书记吴江陪同参加。

（任　湘）

出建议。区税务局、区发改局、区市监局、区企业服务中心相关负责人现场答疑解惑，给出具体推进措施和办法。互动环节，企业界委员代表就法治营商、政务服务发表见解，对天心区政府及基层街道提出相关建议意见。本次沙龙是基层党建工作引领基层民主协商的大胆探索和尝试，采用"交流互动＋视频展播"的创新形式。　（任　湘　陈婧怡）

【委员工作站（室）建设】　2020年11月，李春和政协委员工作室（湖南省德鑫瑞书画院）被评为湖南省示范性政协委员工作室，省政协提案委员会提案工作督办处为工作室现场授牌。　（任　湘）

【市政协主席会议成员调研天心区】　2020年11月12日，长沙市政协主席文树勋带领市政协主席会议全体成员到天心经开区开

重要会议

【天心区政协第五届委员会第五次会议】　2020年12月25—27日，政协长沙市天心区第五届委员会第五次会议在区政府三楼大会议室举行。会议听取并审议区政协党组书记、主席夏艳兰所作的常务委员会工作报告和区政协

表6　2020年天心区政协五届四次会议优秀提案一览表

提案者	联名人	提　案	委员组
刘湘勇	—	关于加强对城市弱特群体帮扶的建议	新开铺
杨士泉	向　东	关于促进我区志愿服务工作开展的建议	暮　云
赵礼发	周羌笛　唐　可	关于对我区企业开展政策解读培训的建议	黑石铺　金盆岭
坡子街委员组	—	关于完善五一商圈（天心区）公共配套服务功能的建议	坡子街
刘　婷	刘　洋　杨东升　张善翥	关于以夜间文化消费升级促进天心南部繁荣的建议	桂花坪
朱　静	邓　静　贺子洋	关于进一步加强基层社区卫生服务队伍建设的建议	青　园
刘　琴	—	关于推进教育信息化融合应用试验区建设的建议	城南路
杨华昭	—	关于维护区域稳定，减少涉征地补偿案件的建议	大托铺
裕南街委员组	—	关于统筹社会活动、事务进校园，减轻师生负担的提案	裕南街
周红金	黄金利	关于整顿"无底薪制、责任底薪制"乱象的建议	先　锋

（资料来源：区政协办）

副主席赵英华所作的提案工作报告，听取并赞同区委副书记、区长黄滔所作的《政府工作报告》。会议期间，委员们围绕区委、区政府中心工作，通过大会发言、专题协商、委员提案、委员组协商讨论等形式，提出意见和建议，履行政协职能。会议就“城市品质提升”和“重点产业发展”开展专题协商，周宏歌、温岚等13名委员围绕两个主题进行发言。

（任　湘）

图31　2020年6月29日，政协天心区五届十九次常委（扩大）会议召开，就“推动黄兴南路步行街提质升级”开展专题协商

（区政协办公室供图）

【区政协常委会会议】 2020年，天心区政协常委会召开常委会会议4次。

3月27日，区政协召开第五届常委会第18次会议，区政协党组书记、主席夏艳兰，区政协常委会组成人员，区政协各委办主任、支部书记，非常委的委员组组长及区商务局、区文旅和体育局负责人参加。会议就区“文旅融合”相关政策进行交流互动，审议通过《区政协2020年提案（重点提案）督办安排》《区政协各专委会、各街道政协委员组2020年工作安排》和委员辞免、各专委会兼职副主任推荐名单。任健常委进行常委讲堂分享。

6月29日，区政协召开第五届常委会第19次（扩大）会议，夏艳兰，区政协常委会组成人员，区政协各委办正副主任，非常委的委员组组长，区政协关于“推动黄兴南路步行街提质升级”调研小组代表及各街道政协联络工作负责人参加会议。区委常委、统战部部长刘向，区政府副区长许波，步行商业街管理服务中心、区商务局、区文旅和体育局、区城管局、区城管执法大队负责人应邀参加“推动黄兴南路步行街提质升级”专题协商。会上，区政协委员学习联络委主任张瑜就智慧委员工作站（室）工作情况作汇报，彭泽南就天心区政协“助力巩固脱贫成果帮扶行动”进行动员部署，黎小玲领学“两会”精神，常委杨华昭以“民间借贷纠纷的防范及处理”为主题开展常委讲堂分享。

9月28日，区政协召开第五届常委会第20次会议，区政协常委会组成人员、各委办正副主任、支部书记和非常委的委员组组长及相关部门、街道负责人参加会议。刘向，区政府副区长黄会受邀参加会议第二项议程。会议由夏艳兰主持。会议传达学习中共中央总书记习近平在湖南省、长沙市考察调研时的重要讲话精神及省委、市委、区委有关会议精神，随后就“老城区改造中历史文化遗存的保护与利用”开展专题协商，丁荣培、杨东升两位委员分别作补充协商发言。会议就天心区“城区生活垃圾分类”相关工作与区城管局进行互动交流，彭泽南对“助力巩固脱贫成果帮扶行动”进行三季度工作讲评。常委孙咏华以“远离家庭暴力，构建幸福家庭”为主题开展常委讲堂。

12月11日，区政协召开第五届常委会第21次（扩大）会议，区政协常委会组成人员、区政协各委办正副主任、支部书记、非常委的委员组组长出席会议。区委副书记、区政府常务副区长周志军，区发改局局长何海兵及区政府办相关负责人应邀参加相关议题。会议由夏艳兰主持。区发改局、区政府办先后汇报《长沙市天心区国民经济和社会发展第十四个五年规划纲要》（征求意见稿）、《政府工作报告》（征求意见稿），现场听取常委和特邀界别委员代表们的意见和建议。会议听取区政府关于五届四次会议提案办理情况报告，审议通过《区政协五届五次会议议程、日程（草案）》《区政协五届五次会议常委会工作报告》《区政协五届四次会议以来提案工作情况》《2020年度区政协履职评先评优建议名单》和《拟辞免委员名单》。

（任　湘　沈　幸）

综　述

【概况】　2020年，天心区各级纪检监察机关学习贯彻习近平新时代中国特色社会主义思想，特别是全面从严治党、党风廉政建设和反腐败工作的重要论述，按照中央、省委、市委和区委的部署要求，围绕中心、服务大局，忠诚履职、真抓实干，推动全区党风廉政建设和反腐败工作不断深入。

从严治党　加强对党章党规党纪和宪法法律法规执行情况、党中央和省市区委重大决策部署、各部门各单位履行职责使命情况的监督检查，确保令行禁止。协助区委制定落实全面从严治党主体责任清单和具体措施，督促推动党组织特别是党委（党组）主要负责人担负起全面从严治党政治责任。加强对选人用人各环节监督和廉政审核把关，做好廉政意见回复工作，共为2931人次和283家单位出具党风廉政审查意见。出台《天心区纪委监委问责工作程序规定》，规范问责程序，办理问责案件4起11人。围绕加大“六稳”、落实“六保”任务部署，推动落实企业复工复产的用工、运输、防疫、金融支持、减税降费等政策措施，共督促整改问题265个，约谈7人次。

专项整治　紧盯涉农和扶贫资金项目开展专项监督检查，督促整改扶贫领域问题87个，开展谈话提醒12人次；推动基层减负，共查处违反中央八项规定精神问题11起15人，其中形式主义、官僚主义问题3起4人；部署开展人防系统腐败问题、干部持有多个居民身份证清理、“洞庭清波”专项行动、工程建设项目招投标突出问题、农村乱占耕地建房等专项整治工作，对项目指挥部违规发放津补贴、全区各街道部门财务进行专项监督检查，共查办群众身边腐败和作风问题19起，给予党纪政务处分13人，采取组织措施10人。

惩治腐败　紧盯重点领域、重点人员、重点环节，做到受贿行贿一起查，全覆盖、无禁区、零容忍。年内共处置问题线索344条，立案122件、结案110件、给予党纪政务处分84人，其中科级以上领导干部6人，采取留置措施5人，移送司法机关10人，为国家挽回经济损失2527.11万元。将“四种形态”精准运用到监督执纪全过程，其中第一种形态189人，占比66.8%；第二种形态59人，占比20.8%；第三种形态22人，占比7.8%；第四种形态13人，占比4.6%。与公、检、法联合制定出台《关于办理职务犯罪案件强制措施操作规程》，深化纪法贯通、法法衔接。出台《天心区纪委监委案件质量评查及归档方案》，组织开展案件评查，铸就“铁案工程”。

预防教育　将党纪法规教育、警示教育、作风纪律教育同培养家风建设相结合，推进“家立方”廉洁文化项目建设。抓好《中华人民共和国公职人员政务处分法》学习宣传，组织党员干部参观长沙市廉政警示教育基地、李富春故居等地，全区开展各类廉政教育活动30余次，在中央、省、市各级各类媒体开展宣传120余次，营造廉政氛围。以邓林、谢进和刘永忠案为镜鉴抓好以案促改工作，完善规章制度，对各单位专题民主生活会开展全程监督，优化天心政治生态。开展纪律处分执行情况监督检查，强化对受处分人员回访教育，增强案件查处的综合效果。

（李兴秋）

【天心区街道监察办公室完成挂牌】　截至2020年7月，天心区监察委员会派出的14个街道监察办公室完成挂牌，标志着全区监察工作向基层延伸迈出关键一步。派出街道监察办公室与街道纪工委合署办公，实行一套工作机构、两块牌子，依据区监委授权，履行监督、调查、处置职责，重点是日常监督。主要对街道管理行使公权力的公职人员、辖区内基层群众性自治组织中从事管理的人员、经区监委授权管辖的行使公权力的公职人员以及其他有关人员进行监察。（李兴秋）

【案件质量评查】 2020年7月，天心区纪委监委对该区年内已办结的案件组织开展质量评查。评查人员一边查阅案件卷宗，一边对照《案件审理质量评查标准及评分细则》，将文书材料中不符合细则要求，需要扣分或者需要进行反馈的内容填写到《案件质量评查评分表》中。本次评查抽取案卷8个，发现问题27项。案件审理室将对评查情况建立专项台账，对评查发现的问题向机关内设各室、各派驻机构、街道纪工委进行适时通报，并督促整改落实。（李兴秋）

【区监察委移送起诉首例职务犯罪案件开庭】 2020年5月23日，天心区人民法院开庭审理该区城投公司下属天泰公司原经理李某涉嫌受贿罪一案。李某当庭表示认罪、悔罪。该案是天心区监察委移送起诉的首例职务犯罪案件，也是首起未使用留置措施调查的案件。区纪委监委机关干部、区纪委各派驻纪检组长、各街道纪工委书记旁听庭审。

（李兴秋）

【纪检监察干部专题培训】 2020年4月21—23日，天心纪检监察干部队伍建设专题培训班在区党校举行。培训设置精准运用“四种形态”、案件查办、信访举报、队伍建设等方面的课程，邀请长沙市纪委监委领导及长期从事纪检监察业务的专家到场授课，从理论、实战经验、办案体会，方法技巧等方面讲解透彻，重点突出。组织观看《走读式谈话体会》，开展纪检监察系统警示教育和业务知识测试。（李兴秋）

重要会议

【天心区五届纪委第五次全体会议】 2020年3月25日，中国共产党长沙市天心区第五届纪律检查委员会第五次全体会议在区政府三楼大会议室举行。长沙市人民政府副市长、天心区委书记朱东铁出席会议并讲话，天心区委副书记、区长黄滔主持会议，区委常委、区纪委书记、区监委主任曾卫国代表中共长沙市天心区第五届纪律检查委员会常务委员会作《强化监督职责，维护制度权威，为决胜全面建成小康社会提供坚强保障》的工作报告，大会观看警示教育专题片《迷航——长沙典型贪腐案件警示录》。区纪委委员、全区副县级以上领导干部，区直机关和垂管单位、街道党政负责人，全区纪检监察系统副科级以上干部、特约监察员（党风政风监督员）代表257人参加会议。（李兴秋）

政治巡察

【概况】 2020年，天心区委巡察机构坚持巡视工作十六字方针，继续保持“严”的总基调，年内共开展3轮常规巡察，2轮村（社区）专项巡察，巡察区属党组织27个，巡察全覆盖率100%；巡察村级党组织66个，巡察全覆盖率100%。巡察共发现三个聚焦方面的问题250个，反映重点人的问题线索14条，向被巡察单位提出意见建议92条。移交问题线索14条、办结14条，办结14条，办结率100%，给予党纪政务处分12人，其中科级干部2人。

（薛宏超）

【制度建设】 2020年，天心区完善巡察制度体系，推动区级巡察与区属部门以及纪检监察机关、派驻机构监督相互协同，制定下发《关于健全完善区委巡察机构与区属有关部门协作配合机制的意见》，与区委组织部、区委宣传部、区委政法委等10个部门建立协作配合机制。（薛宏超）

【队伍建设】 2020年，天心区调入2名事业编制、2名行政编制人员，公开招考2名事业编制人员，充实巡察队伍；抽调20余名巡察人才库中的优秀年轻干部参与巡察整改监督检查，抽调17名干部参与市委提级交叉巡察，提高业务能力；在村（社区）专项巡察人员的调配上原则上以街道人员为主，采取交叉安排方式并入区委各巡察组开展巡察，利用村

（社区）工作人员更加熟悉基层的特点，开展“村官”巡“村官”。（薛宏超）

【配合巡视】　2020年11月，湖南省委第八巡视组对天心区委开展常规巡视，对区委巡察工作开展专项检查，区委巡察机构协助区委全力配合，推进省委巡视反馈意见整改，省委巡视组共交办群众信访事项287件，其中，民生类信访举报273件，检举控告类14件，均已经全部办结。受理问题线索12件，处分24人。10个立行立改突出问题全部整改完毕。配合上级巡察区人民法院、区人民检察院。（薛宏超）

【巡察整改】　2020年，天心区召开第九至十一轮巡察情况通报会，压紧压实巡察整改责任，做好巡察整改“后半篇文章”。7月，区委巡察办牵头，区纪委监委、区委组织部配合对全区已巡察的单位开展巡察整改监督检查，对检查出未整改到位的25个问题交办被巡察党组织，督促整改到位。（薛宏超）

【五届区委巡察工作动员部署会】2020年4月10—12月9日，天心区先后召开五届区委第十轮至第十二轮巡察工作动员部署会，区委常委、区纪委书记、区监委主任、区委巡察工作领导小组组长曾卫国，区委常委、组织部部长、区委巡察工作领导小组副组长张界贻出席会议。每轮巡察组建5个巡察组，为期2个月。先后对区发改局、区“两型”社会建设服务中心、区司法局、区市场监督管理局、区应急管理局、区审计局、区民宗局、区委办、区委接待服务中心、区政府办、区征地服务中心、区委宣传部、区委网信办、区委统战部、区工商联、区侨联、区委政法委、区网格服务中心、区人大办、区政协办、区行政审批服务局、区信访局、区医疗保障局、区城市人居环境局、区征收办、区委党校、区国资公司、长沙市生态环境局天心分局28个单位开展常规巡察，对区城管局、区园林绿化维护中心、区市政设施维护中心、区市容环境卫生维护中心4家单位开展专项巡察。（薛宏超）

【巡察反馈】　2020年5月，天心区委巡察组（简称“区委巡察组”）分别对新开铺街道、青园街道、桂花坪街道、黑石铺街道下辖的25个村（社区）开展专项巡察。区委巡察组通过个别谈话，受理群众来信来访，调阅有关文件资料，深入了解情况，完成巡察任务。5月，区委巡察组向25个村（社区）反馈专项巡察情况，共反馈共性问题43个。（薛宏超）

【区委巡察工作领导小组专题会议】　2020年4月27日，天心区委巡察组召开会议，专题研究《2020年区委巡察工作要点》，并听取区委第一轮村（社区）专项巡察工作情况汇报。区委常委、区纪委书记、区监委主任、区委巡察工作领导小组组长曾卫国，区委常委、组织部部长、区委巡察工作领导小组副组长张界贻参加会议。（薛宏超）

【书记专题会议听取巡察汇报】2020年9月16日，天心区委书记刘汇主持召开区委书记专题会议，听取区委第十一轮巡察综合情况汇报。区委副书记、区长黄滔，区委副书记、常务副区长周志军，曾卫国，张界贻参加会议。（薛宏超）

民主党派

中国国民党革命委员会长沙市天心区工委

【概况】 2020年，中国国民党革命委员会长沙市天心区工委（简称“民革天心区工委”）贯彻中共十九大精神，加强自身建设，努力提高队伍素质和参政议政能力，围绕中心，服务大局，认真履行职能，各项工作健康有序地进行，完成各项工作计划。

（周　科）

【民革组织建设】 2020年，民革天心区工委开展“不忘合作初心，继续携手前进”主题教育实践活动。6月，民革市委对天心区工委班子进行新一届的人事调整，8月，民革天心区工委召开“不忘合作初心、共担时代使命”（民革天心区工委2011—2020年工作成果）暨所辖各基层支部集中换届、第三支部成立大会。换届后，工委成立5个内设机构（办公室、参政议政工作部、党务活动工作部、社会服务工作部、祖统联络工作部）。11月28日，民革天心区工委、九三学社天心区工委联合开展中共十九届五中全会精神、中共中央总书记习近平考察湖南重要讲话精神学习活动。

（周　科）

【参政议政】 2020年，民革天心区工委组织党员们成立2个课题调研小组，于9—10月经过多次座谈、走访调研，完成《后疫情时代推动天心区家政服务行业高质量发展》及《打造天心中部商圈，繁荣省府片区》的调研报告。其中“打造天心中部商圈，繁荣省府片区”的建议作为政协五届五次会议专题协商发言。民革天心区工委提交“关于发挥零售药店疫情防控前哨作用的建议”被市政协采纳。民革天心区工委组织承办民革长沙市委2020年第一期“头脑风暴”沙龙活动。

（周　科）

【社会服务】 2020年，民革天心区工委广发倡议筹集一大批消毒液、口罩和额温枪等防疫物资，支援天心区相关街道、中小学等防控一线，累计支援捐赠防疫各类物资60万余元。开展天心区“9.20全国爱牙日”主题公益活动。资助贫困学生文羽欣。

（周　科）

【民革长沙市委2020年第一期“头脑风暴”沙龙】 2020年5月13日，由民革长沙市委主办、民革天心区工委承办的2020年第一期“头脑风暴”沙龙活动在长沙南湖新城建设开发有限责任公司会议室举行。长沙市政协副主席、民革市委主委朱建军，民革湖南省委参政议政处处长李春林，天心区委常委、统战部部长刘向，市委统战部研究室主任胡振强，民革市委秘书长杨舜尧，民革全市各工委、总支、支部的优秀党员代表近60人参加活动。此次活动分为现场观摩和集中座谈两个阶段。刘向阐述天心区有机更新项目历史文脉及宏观布局，与会民革党员们沿着福临街、金信街、国医里、孚嘉巷、卫国街、马家巷、太平街现场观摩天心区有机更新项目。杨舜尧主持集中座谈，8位民革党员分别阐述各自信息的写作思路，从各自职业领域出发，发现问题、解决问题，参会党员对8篇信息提出意见和建议。胡振强在点评中阐述统战信息的写作技巧以及《零讯》的写作要求和采用标准。李春林从标题、开篇、中心内容、问题、建议、语言文字等6个角度，概括总结社情民意和统战信息的写作方法。刘湘勇表示，工委将把学习收获有效转化为工作成果，提高工委信息工作整体水平。朱建军以社情民意和统战信息对国家社会发展可能产生的深刻影响，阐明信息的重要性；从发现新问题、寻找新方法、借势热点焦点等方面，向与会者分享个人撰写信息的心得体会。刘向从同心统战、创新统战、实干统战、亲清统战4个维度，介绍天心区的统战工作，并希望能和民革市委实现资源共享，从社会热点和焦点入手，开展深入调研，共同助力长沙高质量发展。（周 科）

【“920全国爱牙日”主题公益活动】 2020年9月20日，民革天心区工委与裕南街街道火把山社区、湖南暄美口腔医疗管理公司联合开展天心区“920全国爱牙日”主题公益活动，通过科普讲解、现场教学、免费诊断等方式，宣传普及口腔卫生常识。该次活动，有利于增强群众自我保健意识，提高人民身体健康水平。

（周 科）

中国民主同盟长沙市天心区工委

【概况】 2020年，中国民主同盟长沙市天心区工委（简称“民盟天心区工委”）团结带领全区8个基层支部和广大盟员，发扬民盟优良传统，加强自身建设，积极参政议政，投身社会服务，各项工作取得新进展。（周 科）

【民盟组织建设】 2020年，民盟天心区工委新发展盟员7名，其中，综合支部3名，文体支部2名，机关支部、雅礼外国语支部各1名，学历均为本科以上，平均年龄37岁。民盟天心区工委向民盟市委社情民意工作室推荐人选，涌现出易斌、李小灯等优秀盟员。及时收集提案、建议案，涌现出金杰、李亮、王婷等优秀政协委员。10月31日，参加民盟湖南省、长沙市委会在湖南商务职院联合举办湖南民盟第一届气排球比赛，获得季军。10月24日，参加天心区统一战线羽毛球比赛，获得第六名。12月20日，参加民盟市第二届桥牌比赛，获得优胜奖。以“追寻红色足迹、感恩幸福生活”为主题，组织盟员赴陈树湘故居、影珠山抗战遗址馆开展活动。到湘西州土家苗族自治县十八洞村、怀化市芷江侗族自治县参加区委统战部组织的谈心活动。民盟天心区工委主委李新洲作为区政协常委参加区政协常委会，就政府工作报告、农村人居环境整治等主题进言献策，参加区政协组织的各民主党派负责人的座谈会，就政协工作履职体会及党派工作情况进行发言，向区政协介绍民盟组织推荐政协委员的条件以及对委员的考核评估工作。（周 科）

【参政议政】 2020年，民盟天心区工委调研课题《加快天心老城区有机更新建设，助力天心阁5A级景区创建》获得区委统战部党派课题调研二等奖。组织部分盟员人大代表、政协委员调研天心区夜间经济工作。10月14日，在全区“十四五”规划编制座谈会上，盟员委员李亮、张文浩等参加座谈并发言。区“两会”期间，民盟天心区工委提交集体提案《关于进一步释放经济活力，倾力打造天心“夜明珠”工程的建议》，5位盟员人大代表、15位盟员政协委员建言献策，提交10件个人建议和提案。民盟市委会常委、区人大代表杨万维撰写的《关于先锋路建设的几点建议》被评为优秀代表建议，周军执笔的《关于完善五一商圈（天心区）公共配套服务功能的建议》被评为优秀提案，周军、李亮、石婷、彭伟、王婷、邹新军6人被评为2020年度优秀政协委员，周军被评为社情民意信息工作先进个人，金杰撰写的《关于加强我省统战历史文化旧址的保护和开发利用的建议》、段周德撰写的《“挂证”专项整治“越整越猖獗”亟待重视》被评为社情民意信息工作优秀稿件一等奖。盟员杨鲲、韩颖撰写的《谨防第三方支付平台沦为洗钱“绿色通道”》得到湖南省委常委、常务副省长谢建辉批示；盟员李小灯撰写的《重视人脸信息采集数据的安全保护迫在眉睫》被省政协采纳。（周 科）

【社会服务】 2020年，民盟天心区工委集中盟员教师的力量和智慧，指导基层开展送课送教下乡、资助贫困学生、同心社区创建、扶贫帮困等活动。1月15日，民盟天心区工委到裕南街街道长坡社区开展主题为“送温暖、解难题”春节慰问活动，走访慰问10户困难户；疫情期间，综合支部盟员易斌向天心区养老机构捐赠口罩、消毒包等防疫物资；6月5日，在坡子街街道沙河社区举行区工委工作会议，整合盟内外资源，配合同心社区创建工作，从基层文化建设、民主协商和扶贫帮困等方面给予支持和帮助；7月10日，组织优秀盟员教师开展“烛光行动”及捐赠活动；9月8日，政协坡子街委组的盟员委员周军、李新洲、石婷等参与暮云街道扶贫活动，向建档立卡户捐赠生活物资；9月22日，区工委主委李新洲、副主委李昌林到通道侗族自治县参加助学活动，为5位结对帮扶学生发放助学金1.25万元。2020年，将坡子街的沙河社区设为同心社区，为沙河社区新建雷锋超市，为社区同心书屋捐赠价值5000元的图书。

（周　科）

【“烛光行动”及捐赠活动】 2020年7月10日，民盟天心区工委、天心区教育支部组织优秀盟员教师赴宁乡市道林镇尹垅小学开展“烛光行动”及捐赠活动。民盟天心区工委副主委、天心区教育支部主委肖宗文参加活动。活动仪式上，民盟天心区工委、天心区教育支部向尹垅小学捐赠贫困学子助学金和课外阅读书籍；盟员教师代表与当地教师就学校发展愿景、教育教学质量和学生身心健康教育等方面提出建议；盟员教师肖宗文、彭爱莲为该校师生送去科技创新课和阅读课；88岁的老盟员周泰壬坐在轮椅上讲授爱国主义教育课，并向师生捐赠自编书籍《铭记历史》和5000元助学金。尹垅小学系支部盟员何浅所任职的乡村学校，民盟天心区工委、天心区教育支部与该校携手努力，支持学校建设与发展，致力于将该校建设成为教学环境日渐优美、教育质量愈加优秀的农村示范小学。

（周　科）

【民盟天心区工委调研天心区夜间经济工作】 2020年7月29日，民盟天心区工委组织部分盟员人大代表、政协委员到黄兴路步行街管委会调研天心区夜间经济工作。民盟天心区工委主委李新洲主持座谈会。黄兴路步行街管委会主任杨波应邀参会，民盟长沙市委会社会服务处处长周军及民盟天心区工委副主委刘晓军、李羽和肖宗文等参加调研。调研组一行听取黄兴路步行街夜间经济发展情况，了解发展过程中存在的问题与困难，针对问题与困难建言献策，认为夜间经济发展过程中需要注重提升文化品位和打造文化品牌，就如何进一步挖掘步行街周边历史文化，提升天心区经济活力提出意见建议。

（周　科）

中国民主建国会长沙市天心区工委

【概况】 2020年，中国民主建国会长沙市天心区工委（简称“民建天心区工委”）团结协作扎实工作，完成年度工作计划，被授予长沙市先进区工委、民建湖南省委先进基层组织、民建湖南省委脱贫攻坚战先进基层组织称号，赵礼发、任超文、侯四海、杨自章等45名会员被民建长沙市委授予扶贫攻坚先进个人、25名会员被授予优秀会员和优秀会务工作者。张顺新、邓霞辉、肖超元、肖业尧、王德军被民建湖南省委授予优秀会员称号。（周　科）

【民建组织建设】 2020年，民建天心区工委组织开展各项活动，组织会员座谈讨论谈感想。将一批有责任担当的中青年骨干会员，推荐给市委考察，天心区7个支部于5月底基本完成换届工作，并进行任前培训。换届后，分别举办《中华人民共和国民法典》讲座、民建人讲民建发展故事等活动。（周　科）

【参政议政】 2020年，民建天心区工委在市、区“两会”期间，撰写建议和提案30余件，内容覆盖精神文明建设、法律法规建设、经济发展、民生福祉投入、疫情防控及后疫情期间如何恢复生产生活促进国民经济发展等多个方面。长沙市人大代表张顺新关于“推进我市生活垃圾分类”的建议案被市人大常委会列为重点督办建议。市人大代表黄周炳撰写的《推动长沙制造业高质量发展的建议》由长沙市政府政策研究室采用，并全文刊载在《决策与咨询》刊物。申报的湖南省委统战部课题《我国统一战线在国家治理现代化中的地位和作用》《统一战线助推乡村治理现代化研究》均成功立项，列入2020年度湖南省统一战线理论政策研究立项课题。市人大代表邓霞辉关于“加快培育我市住房租赁市场的建议”，市政协委员江跃龙关于“用心耕耘‘跨境电商试验田’助推长沙国际化的提案”，区工委主委王德军关于“培育市场提升人气树立信心促进餐饮旅游业健康发展”的社情民意，区工委副主委政协常委赵礼发《关于对5712厂老旧小区加装电梯的建议》等提案，紧扣民生和经济发展，为各级领导和政府的重要决策起到助手参谋作用。（周　科）

【社会服务】 2020年，民建天心区工委引导结对会员加大对桑植县贫困学生的思想沟通疏导和物质投入，对黄广文、杨文波2名学生提出所需经费由区工委兜底的特殊对策。区工委结对帮扶的桑植县澧源镇中学50名初三毕业生在7月全部以优异成绩考上高中，在桑植县一中、四中、贺龙中学就读的高三学生，有38位被录取本科，12位被公费师范和重点大专录取。提出将一力社区“打造省级同心社区”升级版为目标的工作方案。与社区党组织共同研究确定民法宣讲、凝心聚力献爱心、青春助力护绿认领、人人关注消防共建平安一力、迎新年庆元旦等6件实事来对接各支部。2020年疫情期间，张顺新、邓霞辉等20余名会员捐款近10万元。4月，民建天心区工委主委王德军到桑植看望慰问桑植县民建班的100名学生，送去5000只口罩。区工委副主委赵礼发主动联系武汉当地社区做志愿者，为居家隔离的居民楼送生活用品。65岁的会员卓雄，主动担任望月湖街道志愿者30余天。（周　科）

中国民主促进会长沙市天心区工委

【概况】 2020年，中国民主促进会长沙市天心区工委（简称“民进天心区工委”）围绕天心区经济社会发展大局，以增强政治站位为核心，以参政议政为抓手，以促进组织活力为基础，努力实现自身建设、履职能力、社会服务各个方面的不断提升，做好区委、区政府的好参谋、好帮手、好同事。民进天心区工委二支部获2019年全省基层组织建设先进基层组织称号；周红金、彭燕燕获2019年省级先进个人；一支部、四支部获2019年市级示范支部；莫钦获2019年民进市级优秀会员；民进天心区工委获2019年度工作一等奖。（周　科）

【民进组织建设】 2020年，是民进长沙市委“基层组织建设”主题年，是民进长沙市委所属6个工委和全部支部的组织换届年。6月，完成区工委所属支部的选举换届；10月，完成区工委的换届工作，政治交接工作顺利完成。10月30日，全体新任工委班子成员参加民进长沙市委组织的新一届工委、基层组织负责人培训班。12月6日，新一届工委班子组织30名会员开展“中共中央十九届五中全会学习实践”活动。2020年发展新会员11人：张景山、唐宇、陈军、黄梅、刘坤、李沫萱、向辉荣、李泰、朱绍华、贺诚、王钦钦。做好人才推荐，孙刚被提拔为校长；周红金任湖南省女社会科学工作者协会理事，增补为五届四次政协委员；女子学院支部会员陆源任招生办公室主任（正科）；明德支部何国瑞任教务处副主任，晋级为副科级。（周　科）

【参政议政】 2020年，民进天心区工委集体提案《关于天心区大数据（含地理信息）产业发展的建议》，彭燕燕提案《以区块链技术释放四新经济潜力》。委员彭燕燕、黄金利、李华伟3人被评为区优秀政协委员；委员陈明被评为社情民意优秀个人；区级优秀稿件2篇，彭燕燕、黄金利撰写的《初中毕业生普职对开分流政策亟待调整》获一等奖，陈明撰写的《“人才引进”需实现三个转变》获二等奖。天心区工委2020年提交社情民意47篇，其中委员陈铭撰写的《关于废除高空抛物案件处理中“连坐制度”的建议》被全国政协和民进中央同时采纳，黄金利撰写的《关于改变艺考“泛滥”的建议》被湖南省政协采纳；莫钦撰写的《关于公安机关停止使用“训诫”措施的建议》被长沙市委统战部采纳。委员周红金完成民进湖南省委会对口联系课题项目《发挥女性在“非遗”文化中的重要作用助力乡村振兴》，以及市委统战部课题《自媒体时代统战宣传工作研究》；陈铭参与《借鉴先进模式，推进农村人居环境整治》调研论证。民进天心区工委赴娄底万宝新区调研大数据产业，完成《天时地利，数领未来——天心区大数据（含地理信息）产业发展调研报告》，获2019年度区各民主党派工委、党外知识分子联谊会参政议政调研三等奖。（周　科）

【社会服务】 2020年，民进天心区工委开展同心活动，建设同心讲堂、同心心灵驿站、同心书屋、同心梦想家活动室等活动阵地，开设“童声唱诵”“大师绘本”“国学礼仪”“鼓乐精灵”等多门课程，开展“移风易俗树立时代新风”“承传统文化，树诚信之风”等活动。2020年1月，民进天心区工委参与慰问先锋街道新宇社区贫困群众活动；6月10，开展天心民进结对共建社区“同心书屋”话情谊活动，为新宇社区捐赠价值数千元的书籍充实社区图书馆；6月29日，在新宇社区举办禁毒宣传教育活动；11月27日，开展民进“同心书屋”图书捐赠活动。区工委配合民进市委会深耕“名师同心讲坛”品牌，长郡中学支部主委随民进长沙市委会到邵阳市洞口县开展“名师同心讲坛，助力洞口教育”活动，接待6所高中教师196人。配合民进市委会打造“会员法律服务中心”品牌，一支部主委陈铭在2月录制“抗疫法律知识讲座”视频，为企业家和劳动者在疫情期间劳动关系处理提供法律意见。2020年疫情期间，区工委各支部会员向市委会捐款18996元；区工委原主委黄金利带头捐赠防疫消毒物资；区工委委员、湖南湘杉教育管理有限公司、湖南湘杉教育科技有限公司董事长向姗姗从海外采集防疫物资向市教育局、区红十字会、区住建局等13个部门和单位捐赠共1.9万只口罩和一批护目镜，价值20万元。

（周　科）

【民进天心区工委2020年工作部署会议】 于2020年4月15日在天心区青园街道办事处七楼天心区党外人士之家召开。民进长沙市委秘书长兰德泉、办公室主任谢琳、组织处处长陈康，区工委委员、支部主委参加会议。会上，区工委主委黄金利对换届工作和履职能力建设主题年活动作安排部署，提出换届工作的基本规定和具体要求，明确换届过程需要注意的重点事项。会议组织学习《民进长沙市委2020年工委和基层组织换届工作方案》和《民进长沙市委2020年履职能力建设主题年工作方案》文件精神。陈康针对换届工作步骤做说明和指导，强调要严格把握选人标准、时间节点和工作程序；紧扣主题，全面推进组织换届选举工作顺利开展。兰德泉提出要求，要做好换届和履职能力建设工作的安排与部署；开好民主推荐会和支部主委选举大会；把工委和各支部基层组织工作与各自的本职工作做好。与会代表围绕如何开展换届工作、履职能力建设主题年活动以及《民进天心区工委2020年工作要点》进行交流讨论，提出性意见和建议。

（周　科）

【“同心讲堂·家长如何高效助考”活动】 2020年，民进天心区工委联合先锋街道新宇社区举行“阳光成长+”系列活动之“同心讲堂·家长如何高效助考”活动。6月10日，“同心讲堂”在新宇社区开讲。长沙市人大常委会委员、民进长沙市委会专职副主委李素娥，天心区委常委、统战部部长刘向，民进长沙市委会秘书长兰德泉，天心区民进会员、同心讲堂名师、各共建单位爱心人士及社区居民群众、中小学生等100余人参加活动。活动现场，民进天心区工委主委黄金利介绍同心社区暨“阳光成长+”系列共建服务活动情况，新宇社区内的先锋小学四年级学生杨忆恬演绎经典朗诵节目《爱与陪伴》，作为“阳光成长+”社会服务活动的成果展示。与会领导为参与“同心讲堂”的14位民进教师颁发聘书。民进会员企业学成国际教育集团行政人事中心总监、广州城建学院客座教授韩毅讲授《高三家长如何高效助考》。来自民进湖南女子学院支部的教师陈志坚作为“同心讲堂”的讲师代表和新宇社区的高中考家长进行现场互动，对家长们提出的问题给予解答和引导。民进会员、湖南建筑高级技工学校教师、国家二级心理咨询师王茜则利用心理咨询中的绘画疗法，帮助家长直视亲子问题症结。李素娥希望民进天心区工委要继续传承“同心”理念，擦亮“同心”品牌，服务好基层社区，让“同心”创建成果惠及更多居民群众。

（周　科）

【民进天心区工委支部换届选举会议】 2020年6月20日，民进天心区工委一、二、三、四支部换届选举会议在天心区青园小学梓枫校区会议室举行。选举过程由民进天心区工委委员彭燕燕主持。民进长沙市委会副主委、市人大财经委副主任邹国兴，民进长沙市委会副秘书长谢琳、组织处处长陈明，民进天心区工委主委黄金利等参加会议。天心区工委一、二、三、四支部共80余名会员参加会议并进行投票选举。根据会议议程，各支部主委向会员汇报本届支部班子的工作。金伟、彭燕燕、李华伟、谭凯分别就本支部的组织活动开展、参政议政成果、自身建设工作和会员发展等情况作总结。选举环节，陈明宣读《关于民进天心区工委一、二、三、四支部委员会换届人事安排请示的函复》，谢琳对各位候选人作介绍，会员曹智慧宣读换届选举办法，随后进行投票。经过计票，当选的新一届民进天心区工委4个支部的委员顺利产生。新支部委员会委员分别召开会议，班子进行分工。一支部由陈铭任主委，曹智慧任组织纪律委员，黄慧宜任宣传委员；二支部由彭燕燕任主委，肖晋宇任副主委，苏佳维任组织委员，韦朦任宣传委员、蔡巧芳任纪律委员；三支部由孙刚任主委，左智唤任组织委员，曾琳任宣传委员；四支部由彭熹任主委，邹拥军任副主委，谭凯任组织纪律委员，吴治任宣传委员。新当选的委员代表陈铭作表态发言。邹国兴祝愿新的委员带领各个支部作出更多的成绩。

（周　科）

中国农工民主党长沙市天心区工委

【概况】 2020年，中国农工民主党长沙市天心区工委（简称“农工党天心区工委”）统一思想行动，强化责任担当，带领农工党天心区工委广大党员，履行参政议政和民主监督职能，加强自身建设，开展多种形式的社会服务，各项工作取得进展。工委主委李光焰在8月庆祝农工党中央成立90周年大会上获得“全国优秀党员”称号。党员黄树明、高智颖、时慧君、刘敏等多名党员获得庆祝农工党成立90周年，长沙市委“优秀党务工作者”和“优秀党员”称号。（周　科）

【农工党组织建设】 2020年，农工党天心区工委于7月12—25日对工委2个总支8个支部进行换届选举，产生新的基层组织，明确支部职责和分工。全年召开基层党员大会4次，参观学习2次。区工委组织党员参加农工市委各项学习及农工党90周年主题活动，选派党员参加农工市委第三届健康健身运动会和农工党90周年知识抢答赛并获得第二名。3月18日，农工党天心区工委组织支部主委学习中共中央总书记习近平在决战决胜脱贫攻坚座谈会上的重要讲话；5月上旬，三医院总支、中医院总支、天心区药业支部、直属一支部分别开展农工党“不忘合作初心、继续携手前进”三学一讲教育活动，并开展工委主委、支部主委讲党史活动，学习农工党创始人邓演达创建农工党的历史背景及建党过程以及中国农工党在抗日战争时期的重要贡献；6月19日，药业支部组织全体党员到长沙县江背镇徐特立故居调研学习；6月22—24日，中医院总支主委周卫东参加农工党湖南省委会组织的2020年全省基层组织主委培训班，并于10月11—17日参加长沙市委统战部红旗渠干部学院基层组织骨干学习班；8月9日，代表农工党长沙市委参加农工党省委庆祝中国农工民主党成立90周年文艺会演，获得全省一等奖、组织奖；10月25—30日，市直属一支部、综合一支部专题传达学习中共中央总书记习近平在湖南考察重要讲话精神。文艺支部党员龙婕、肖雨滋、医卫支部江映辉参与“学习强国”学习平台及“政协云”APP的学习，学习积分均排名所在单位前茅。（周　科）

【参政议政】 2020年，农工党天心区工委发动党员、政协委员参与年度专题调研课题、委员提案和专题视察。长沙市政协委员、文艺支部党员但旦提案《关于进一步加强中小学生心理健康教育的提案》被列为市政府重点提案；市政协常委、工委主委李光焰撰写《关于构建医用物资应急储备系统》提案，得到市卫健委高度重视；区工委撰写的《激发民营企业发展活力，助推民营经济发展》的提案，在区政协五届四次全会大会发言；直属一支部党员丁荣培在“增进民生福祉”专题协会上发言。（周　科）

【社会服务】 2020年，农工党天心区工委党员李光焰、欧阳庆标、朱波、刘敏、丁新华、张维等积极捐款捐物，参与防疫一线工作。中医院总支宣传委员何玉梅，参与捐赠物资的搬运、新冠肺炎预防方药和香囊的代购等志愿服务。陈玉香作为志愿者，在火车站疫情筛查点参与疫情防控；李斌在手术后尚未康复的情况下，投入疫情防控工作；易丹主动请缨，春节期间加班加点，自制防护用具。（周　科）

【“农工送健康·服务到龙骧”公益活动】 2020年10月21日，农工党长沙市委会“不忘合作初心、继续携手前进”主题教育活动暨2020年“农工送健康·服务到龙骧”公益活动在长沙汽车南站举行。该次活动由农工党长沙市委会与湖南龙骧交通发展集团有限责任公司共同主办，农工党天心区工委承办。农工党湖南省委会副主委、长沙市委会主委、长沙市政协副主席龚振湘，天心区委统战部常务副部长胡浩等参加活动启动仪式。启动仪式上，湖南龙骧交通发展集团有限责任公司副总经理段学军向参加活动的农工党医疗专家和爱心人士表示感谢。农工党长沙市委会专职副主委周锦民表示，希望通过此次公益服务活动，让龙骧集团员工增强保健意识，建立科学、文明、健康的生活方式。农工党天心区工委主委、湖南普瑞康医药董事长李光焰，农工党员、湖南新华口腔投资管理有限公司董事长丁新华向龙骧集团捐赠医用口罩2万只、新冠肺炎防疫方1000份、口腔检查套券暨洁牙券500份，总价值48.4万余元。活动现场，来自长沙市第三医院、长沙市第八医院的农工党医药专家为龙骧集团、汽车南站工作人员及驾驶员进行提供健康咨询、中医问诊、口腔检查等服务，共服务100余人次。龚振湘表示，农工党市委会将以多种形式持续开展社会服务活动，搭建惠民利民服务平台。

（周　科）

中国致公党长沙市天心区工委

【概况】 2020年，中国致公党长沙市天心区工委（简称“致公党天心区工委”）开展学习中共十九大精神及中国致公党第十五次全国代表大会精神，践行“同心”思想，各项工作顺利开展，实现“思想统一提共识，履职到位见实效，服务社会亮风采”。致公党天心区工委党员获得多项国家、省级荣誉，李丽家庭获“全国抗疫最美家庭”，张盟被评为湖南省抗疫先进个人，并被黄冈市人民政府授予“黄冈市荣誉市民”称号及武汉市金银潭医院“荣誉职工”称号。工委副主委王蓉被致公党省委推荐到致公党中央挂职锻炼学习工作半年。

（周　科）

【致公党组织建设】 2020年，致公党天心区工委推荐发展新党员8名，平均年龄32岁，来自科技、文化、医院、教育等多个行业。5月初，工委进行重新分工，每位工委班子成员结对带领1—2名年轻党员，加强对年轻党员的锻炼和培养。开展支部拆分和换届选举工作，将原有的2个综合支部拆分为白沙一支部、白沙二支部、城南一支部、城南二支部4个支部。召开区工委各综合支部换届选举会议，新的支部班子平均年龄小于40岁。走访慰问党员王柱、陈强等多家企业，助力党员企业复工复产情况。对患病党员奉小桃、老党员王棋南等多次走访慰问。

（周　科）

【活动开展】 2020年1月16日，致公党天心区工委组织党员开展“不忘初心、牢记使命”文艺联欢活动；5月7日，召开工作会议，学习《致公党长沙市委2020年度工作要点》；5月30日，组织党员开展2020年致公党湖南省直、长沙市天心区工委思想政治建设暨新农村发展调研联合活动；7月25日，召开基层组织换届大会，组织全体党员学习《中国致公党章程》；8月8日，开展党员思想政治建设年“红色研学”活动，组织党员参观李维汉故居，聆听区工委主委骆伟的专题授课；10月17—18日，组织党员参加“不忘合作初心，继续携手前进”主题教育活动；10月27日，与“智多星”平台联合举办“读书与人生”读书沙龙活动，由致公党员周晔和田萌主持，作家彭见明，以及全市60余名致公党员、企业家代表、共青团员及读书爱好者参会；12月6日，组织党员到杨开慧故居参观学习，并开展传达学习中共十九届五中全会精神的专题培训。组织开展学习贯彻《习近平在决战决胜脱贫攻坚座谈会上的讲话》、“全国两会精神”学习活动，参加统战业务培训班等学习活动。致公党天心区工委羽毛球队在区“同心杯”羽毛球赛中获得三等奖、在市委组织的“致公·威尔保杯”羽毛球团体赛活动获得一等奖。

（周　科）

【参政议政】 2020年，致公党天心区工委党员围绕“新农村发展”“夜间经济”“优化营商环境”“项目改造年”等方面开展调研工作，提交的社情民意被全国政协采纳2篇，湖南省政协采纳2篇，长沙市政协采纳1篇。致公党天心区工委形成的《灵活用工趋势下，平台化发展如何破局而立》的提案，获得区委统战部二等奖，党员王蓉的《推动灵活用工平台发展缓解“雇工难”“就业难”》的提案与天心区委副书记、区长黄滔面对面协商发言，工委所在界别的政协委员组获得区级优秀委员组，党员杨华昭的提案被评为优秀提案，党员邓静、王蓉及王建国的社情民意分别被全国政协、省政协采用，评为区特等奖和一等奖。

（周　科）

【社会服务】 2020年防疫期间，致公党天心区工委党员张磊、李丽、王蓉、邓静、万强、张科、彭亮、王建国、黄开武、欧阳智等人参与社区组织动员、宣传引导、应急志愿服务、物资募集支援、捐款等工作。城南支部捐款65168元，三医院支部捐款950元，白沙支部捐款11670元，共捐款77788元。购买KN90口罩、医用口罩，艾条、84消毒液、酒精等防疫物资捐赠给长沙市第三医院、长沙市第一中学、天心区委统战部，长沙市老干部大学、天心区老干大学，天心区城南路街道、青园街道、大托铺街道等地在一线的党员干部等。党员李丽被评为“全国最美抗疫”家庭，筹集10万只一次性医用口罩、4000瓶免洗手消毒液（250毫升/瓶），定向支持全省乡镇（街道）社工站、养老服务机构和儿童福利机构，覆盖全省122个县，6000余人受益，并启动“抗击疫情，从心开始”心理专项志愿服务平台，提供电话、微信咨询辅导服务，为1000余名青少年普及防疫心理知识。

党员张盟用文字和镜头记录抗疫精神、传递中国力量，被黄冈市政府、武汉金银潭医院授予荣誉称号。（周　科）

【公益服务】 2020年，致公党天心区工委依托致公党“精神助学”基地平台，面向天心区北塘小学、桂花坪小学、丰城小学、仰天湖金峰小学等12所小学，湘园社区、南城社区、豹子岭社区等多个社区，开展“青柚课堂”儿童性教育课程超过90场，投入志愿者200余名，服务儿童及青少年5000余人。“开绘啦”阅读点亮心灵公益项目为长沙、湘潭两地37所学校，200个定点班级，共8500余名学生提供系统绘本阅读课程。致公党天心区工委坚持“物质+精神”的双扶贫模式，以致公课堂、致公图书室、致福送诊等形式为抓手，到浏阳市文家市镇岩前村送去“天生我材必有用”主题演讲，前往致公党省委桑植双溪镇扶贫基地开展对口帮扶地区的脱贫攻坚工作，到湘西土家族苗族自治州、浏阳市、衡阳市等地开展扶贫活动，捐赠书籍、卫生用品等爱心物资近40万元。致公党天心区工委联合长沙市残联举办“圆梦美好生活，助力精准扶贫”第五届全国身障人“五创”高峰论坛。在大托铺街道兴隆村和大托新村开展“迎新春，送关爱”慰问活动，慰问失火困难家庭、困难残疾人和大托敬老院孤寡老人。帮扶暮云街道扶贫对象，开展产业扶贫，购买猪苗送上门，代销鸭子、鸡等解决扶贫户实际困难，为同心社区困难家庭和抗洪抢险一线工作人员送上慰问物资。（周　科）

【致公党天心工委班子工作会议】 2020年5月7日，致公党天心区工委在天心区党外人士之家召开工委班子工作会议，工委主委张磊主持会议。工委副主委王蓉、邓静以及工委班子成员等11人参加会议。会上，张磊领学《致公党长沙市委2020年度工作要点》，对思想宣传、参政议政、社会服务、侨海联络、自身建设5个工作板块进行具体分工，将各项责任落实到人。王蓉通报疫情期间党员爱心捐款的情况。与会人员就支部拆分、支部委员会换届、新的支部委员提名、换届工作的安排等具体事项进行讨论。张磊强调，要逐项落实市委工作要点的各项内容，不断丰富和创新支部活动内容，提升支部活力指数。（周　科）

【致公党天心区工委支部换届选举会议】 2020年7月25日，致公党天心区工委支部换届选举会议召开。致公党长沙市委专职副主委枭燕、组织处处长欧阳明，以及70余名党员参加会议。致公党天心区工委主委张磊主持会议，会议组织与会党员学习《中国致公党章程》，党员张盟带领大家一起重温入党誓词。市委组织处处长欧阳明宣读《关于同意支部拆分和各支部委员会换届选举候选人的批复》。天心区工委所属4个综合支部严格按照选举办法分别进行选举。会议采取不记名投票选举产生4个支部的主委、副主委和委员。万强、欧阳智、王蓉、李旺分别当选白沙一支部、白沙二支部、城南一支部、城南二支部主任委员，新当选的4位支部主委分别作表态发言。枭燕提出要求，要自觉接受中国共产党的领导；认真抓好支部自身建设；履行参政党的各项职能；加强内外联络，争取各方支持。通过选举会议，有利于增强党员凝聚力，强化基层组织建设。（周　科）

【第五届全国身障人“五创”高峰论坛】 2020年10月31日，致公党天心区工委联合长沙市残联举办“圆梦美好生活，助力精准扶贫”第五届全国身障人“五创”高峰论坛。中国社会工作联合会副会长刘良，湖南省残联党组书记、理事长肖红林，以及来自国内的专家学者、全省9个地（市、州）的身障人士代表、社会组织负责人及市民代表共200余人参与活动。远东控股集团首席行政服务官庄太纬，投资人、集团党委委员、资深顾问、远东慈善基金会执行理事长周东佼，远东智慧能源股份有限公司首席人力资源官、远东大学管理学院院长陶存书，集团品牌文化部负责人张笛，投资人、智慧能源区域客户官张之龙，投资人、集团党工群团部负责人、远东慈善基金会秘书长助理孔群令受邀参会，投资人、集团监事、远东慈善基金会名誉理事长徐浩然主持论坛。论坛以“圆梦美好生活，助力精准扶贫”为主题，通过慈善模式的发展与探讨、“五创”（创业、创新、创优、创富、创福）典范分享、心理健康支持、生命故事讲述等多种形式，动员更多社会力量为身障人提供社会资源和心理支持，鼓励身障人士积极就业创业，着力在身障群体脱贫攻坚中彰显慈善价值，发挥“五创”力量。论坛上，刘良玉，湖南省残联教育就业部部长阳庆云为论坛开幕分别致辞。周东佼代表远东慈善基金会与长沙市残疾人联合会副理事长贺海军进行远东身障创业帮扶点签约。论坛现场邀请来自国内各领域的专家，通过主题报告、圆桌对话、主题论坛等形式进行交流与分享。周东佼作《以“五创”助力精准扶贫的远东样本主题报告》，分享远东在身障人就业帮扶的有效经验；贺海军作《以“三扶”促“四自”努力使残疾人朋友站起来富起来》主题发言，讲述如何通过扶产业、扶就业、扶创业促进自我净化、自我完善、自我革新、自我提高的“长沙模式”；中国康复研究中心副主任密忠祥作《自助与互助：关注身障人心理健康》主题报告，对身障人的心理进行解读；湖南李丽心灵教育中心主任李丽作《社会组织的创新力量》主题报告。圆桌对话环节由陶存书主持，密忠祥、魏悦、湖南安邦制药股份有限公司董事长陈飞豹、湖南广播电视台潇湘之声《为民热线》制片人徐神等嘉宾以“圆梦美好生活”为主题进行讨论交流。阳庆云作《加强政策和服务保障，托底帮扶身障人就业》主题发言；中科博爱（北京）心理医学研究院副院长魏悦作《身障人士积极创业心理构建》主题发言；中国社会工作联合会副秘书长林平光作《身障人士社会融入的社会工作支持》主题发言；长沙市远征驾校党支部书记、校长张建明作《唯尊重和信仰让人生有价值》主题发言。湖南电视台“轮椅”主持人梁艺解读《新媒体时代的公益传播》；全国残疾人游泳锦标赛百米蛙泳冠军代国宏演绎《雕刻人生》；“全国自强模范”“全国就业创业优秀个人”肖跃莲讲述《“一根钩针”助巧手脱贫》；长沙市上善助残服务中心主任谢向前分享《幸福生活是奋斗出来的》。该次论坛，有利于带领着身障群体走上一条具有特色的、可持续的发展之路。

（周　科）

九三学社长沙市天心区工委

【概况】 2020年，九三学社长沙市天心区工委（简称“九三学社天心区工委”）强化工作考核要求，加强组织建设，积极参政议政，服务社会，组织开展党派活动，加强领导班子建设，大力挖掘人才，发展新社员，增加新力量。（周　科）

【九三学社组织建设】 2020年，九三学社天心区工委组织开展慰问活动，对老社员予以关爱和慰问，对青年社员的工作及发展给予指导和帮助。开展多种形式交流学习等活动，增强社员间的凝聚力和集体荣誉感。组织深入学习“两会”精神，指导工委各支社开展学习，落实学习成果。联合民革开展中共十九届五中全会精神、中共中央总书记习近平考察湖南重要讲话精神学习。组织开展学习交流活动，加强社员之间的沟通。10月，参加“同心杯”羽毛球友谊赛。（周　科）

【参政议政】 2020年，九三学社天心区工委社员们围绕规划重点，对社会热点问题进行分组调研，鼓励社员申报九三调研课题，开展调研活动。对长沙市互联网人士统战工作进行研究报告，从网络人士统战工作背景、长沙互联网行业从业人员情况概述、互联网从业人员特征等方面进行了解，给予互联网从业人员开展统战工作的意见建议，包括对促进天心区志愿者服务工作开展的建议、对在天心区推广应急救援培训的建议。（周　科）

【服务社会】 2020年，九三学社天心区工委开展“送温暖献爱心”活动，走进怀化通道侗族自治县第一中学，为“天心同心励志班”的51名贫困学子送上文体用品、助学金及爱心课堂。1月，九三学社天心区工委开展“同心社区”特殊居民节前慰问活动；6月，开展主题为“党建联席聚合力同心同行促发展”党建联席会暨基层共商共治推进会；7月，开展“睦邻汇同心志愿服务”走访慰问独居老人。（周　科）

【九三学社天心区工委走访慰问独居老人】 2020年7月17日，九三学社天心区工委主委苏剑带领区工委班子来到天心区金盆岭街道黄土岭社区，走访慰问社区独居老人。苏剑一行询问老人身体情况、日常起居、经济来源等问题，了解并搜集老人在生活中存在的实际困难，把这些困难的解决措施列入下一步工作计划中。苏剑表示，“睦邻汇·同心志愿服务”项目启动后，区工委把在社区开展各类志愿服务活动作为长期性、持续性的工作项目，精准对接社区群众的需求。（周　科）

总工会

【概况】 长沙市天心区有14个街道工会联合会，1个园区工会联合会，1个农民工工会联合会，3个行业性工会联合会，13个战线工会；基层工会组织6980家，其中规模以上企业工会162家；工会会员9万人。

2020年，天心区总工会紧扣全省工会“五个年”（深化拓展思想政治引领年、深化拓展劳模工匠培育年、深化拓展维权帮扶服务年、深化拓展基层改革创新年、深化拓展工会资产高质量发展年）工作部署，主动将工会工作融入市、区党委政府中心工作，从职工根本利益和实际需求出发，推进重点工作落实落地，推动实现工会品牌更亮、工会服务更强、工会改革更实。（杨　娴）

【工会组织建设】 2020年，天心区总工会开展“八大群体”（货车司机、快递员、护工护理员、家政服务员、商场信息员、网约送餐员、房产中介员、保安员）建会入会，新建工会组织424家，涵盖企业691家，发展会员1.1万余人，其中农民工会员8900余人，“八大群体”新入会会员1600余人。区总工会下拨各街道园区工会经费300万余元，推进“小三级”〔由街道、社区（村）及其辖区内各法人单位工会所构成的基层工会组织体系〕工会组织规范化建设工作，裕南街街道工会联合会被评为省级百佳乡镇（街道），青园街道标志商务楼宇工会代表长沙市在全省“小三级”工会规范化建设经验交流会上作典型发言。开展模范职工之家创建活动，推荐区农林水利局工会等3家单位为市级模范职工之家。开展工会工作项目化推进、“活力工会”建设等创新性工作。加强全区工会工作网格化管理与服务，完成市总年度基层工会组织、会员实名制数据录入8.9万人。（杨　娴）

【职工劳动竞赛】 2020年，天心区总工会出台《关于鼓励全区法人单位开展职工劳动竞赛的实施细则》，安排专项经费43万元。评选优质劳动竞赛项目21个，集中组织电工、焊工、信息网络布设等“十行状元、百优工匠”系列劳动竞赛活动，经初赛后推荐35人参加市级竞赛。在天心区人力资源产业园开展“强劳动大军，促天心发展”长沙市首场人力资源职业技能竞赛。联合区发改局发文《关于组织、发动、参与2020年长沙市重点建设项目劳动竞赛的通知》，及时向上级推荐先进集体和个人。区总工会联合区卫生健康局和区应急管理局下发《关于开展2020—2021年度全区“安康杯”竞赛活动的通知》。出台《关于在天心区范围内开展2020年度“一户一产业工人”培养工程工作的通知》文件，开展育婴员、养老护理员、家政服务员等技能培训8期，培训人数3000余人次，颁发国家认证的资格证书，使新增劳动力、下岗失业者、困难职工及农民工掌握就业技能和致富本领。（杨　娴）

【职工服务帮扶】 2020年，天心区总工会设立专项资金，分两批投入182万元专项资金用于发放职工“抗疫”特别慰问消费券及企业工会复工复产、“大干一百天实现双过半”助力行动，对区卫健局、奥克消毒科技有限公司、长沙王府井、林胜快递等11家单位工会发放慰问金26万元，指导企业工会为职工采购疫情防控物资、防护物品等。出台“致敬抗疫英雄，驾培优惠补助”消费、培训活动方案，2020年新增“抗疫英雄驾培全补助”举措。安排16万元专项经费用于为职工发放“清凉一夏”天心职工冰雪文化节消费券。成立“天心区职工（企业类）志愿者队伍”，建立首批75家企业、900余名职工报名加入的职工志愿者队伍，开展防疫执勤、配送蔬菜、爱心义剪等志愿服务活动。为建档立卡困难职工发放各项慰问金16万元，下拨各街道、园区工会300万余元。实施精准分类帮扶，实现在档13名困难职工全部脱困。与通道侗族自治县、龙山县、浏阳市等地工会建立职工福利消费扶贫点联动机制。推进职工医疗互助、失业再就业、技能培训、心理咨询辅导等职工普惠服务。新建母婴关爱室2家和亲子关爱室3家。在全区工会系统开展2020年度高温慰问活动，区总工会本级发放慰问金及慰问物资35万元。开展工资集体协商“集中要约”行动，指导和监督全区1000余家企业签订工资集体协商，树立2家市级、14家区级企业工资集体协商推进典型。

（杨　娴）

【职工素质引领】 2020年，天心区总工会成功推选刘珍、杨维君2人为湖南省劳动模范和先进工作者。开展劳模“云讲堂”，在“天心工会”微信公众号上发布3期劳模宣讲视频。开展为职工送图书、送电影、送春联的“文化惠职工·帮扶再提质”系列活动，结合“‘五一’工人阶级宣传月”活动，组织庆“五一”职工短视频大赛和线上有奖答题竞赛，10月组织第四届“天工杯”职工篮球运动会。引导全区各基层工会以“职工书屋”为平台，倡导全民阅读，推荐豪布斯卡酒店为市级职工书屋示范点、书香企业，对9家职工书屋予以命名为天心区职工书屋示范点，专项以奖代拨19家基层职工书屋更新补充图书29万元。

（杨　娴）

【人力资源职业技能竞赛】 2020年7—9月，2020年天心区人力资源职业技能竞赛在中国长沙人力资源服务产业园举行。该次竞赛由长沙市总工会指导，天心区总工会、区人社局联合主办，旨在弘扬“工匠精神”，发展高技能人才队伍，提升技能水平。作为长沙市首次举办的区级人力资源职业技能竞赛，活动吸引200余名人力资源管理从业人员参加，分别来自移动互联网、大数据、房地产、餐饮、计算机、健康医疗、人工智能及人力资源服务机构、政府机关事业单位等多个行业。经过80天的角逐，最终有12名选手进入决赛。9月16日，2020年天心区人力资源职业技能竞赛总决赛举行。竞赛设置人力资源案例路演、个人即兴演讲、现场问答3个环节。参赛选手依据过往实操经验，挑选模块形成案例进行讲述，现场抽取人力资源管理相关关键词进行即兴演讲，最终由决赛评委专家小组向选手提问。最终，来自长沙市云研网络科技有限公司的巢灿、湖南合富辉煌房地产顾问有限公司邹明亮、天心区先锋街道周佳分别获大赛一、二、三名。现场对竞赛成绩最终排名前八名优胜选手，被评为“天心区技术能手”。该次竞赛，有利于提升广大企业职工专业素质，建设一支技术过硬、数量充足、结构合理的人力资源从业队伍，为天心区发展提供人才保证。

（杨　娴）

【第四届“天工杯”职工篮球运动会】 2020年10月22日，天心区第四届“天工杯”职工篮球运动会在长沙奥创篮球体育馆开幕。来自全区各街道、园区、战线、企业工会的在职职工、会员组成的110支代表队、900余名运动员参赛，共进行160场比赛。长沙市市总工会党组成员、副主席黄渐坤，天心区委常委、常务副区长周志军，区总工会党组书记、主席等参加开幕式。肖时昴致开幕辞，运动员和裁判员代表进行宣誓，黄渐坤讲话。由区委办工会代表队和区文旅体育局工会代表队进行揭幕战。11月2日，持续12天的第四届“天工杯”职工篮球运动会闭幕。区教育局工会代表队获得第四届“天工杯”职工篮球运动会机关战线组冠军。该次职工篮球运动会的举办，有利于天心区职工活跃体育生活、促进全民健身运动，展示团结向上的精神风貌，增强各单位的凝聚力、向心力。

（杨　娴）

【“一户一产业工人”培训班】 2020年12月7日，天心区“一户一产业工人”中级电工职业技能提升培训班在深圳市北方物业管理有限公司湖南分公司开班。天心区总工会主席何干才指出，该次培训旨在培育技能型人才，提高职工的就业能力和技术能力。北方物业湖南分公司总经理助理周俭对各位学员提出希望。来自北方物业项目基层的50名职工参加此次为期20天的培训。培训分为线上理论培训、线下以工代训2个部分，共140课时。参加培训的学员在考试合格后获得“中级电工”职业技能证。

（杨　娴）

共青团

【概况】 中国共产主义青年团长沙市天心区委员会（简称“团区委”）为正科级单位。团区委有下级团组织425个。其中团委12个，团工委16个，团总支6个，团支部301个，共有团员5797人。

2020年，团区委坚持以党建带团建，围绕党政中心大局，紧扣主题，聚焦思想引领；紧跟大势，助力区域发展；紧贴需求，服务青年成长；紧抓改革，着力夯实基础，提升天心团青工作水平，为天心经济社会发展做出积极贡献。2020年，团区委全团带队工作被团市委评价为“好”，在市对区预防青少年犯罪考评中获得考核满分。（李贞缜）

【共青团组织建设】 2020年，团天心区委坚持团要管团，从严治团，着力夯实团的政治基础、组织基础、群众基础。聚焦主责主业，强化团务管理。发展新团员470名，将团员档案全部扫描录入智慧团建系统，全区无1例违规入团情况。推进“智慧团建”系统完善团员、团干及团组织信息，做好全年团员清理工作及“学社衔接”等工作，“学社衔接”率98.2%。开展“推优入党”，全年团员推优入党64人。指导湖南思洋互联网产业发展有限公司等34家企业成立团组织。发挥青年人才“点灯效应”，开展“两红两优”（优秀共青团员、优秀共青团干部；五四红旗团委、五四红旗团支部）四个奖项推树，推荐长沙市优秀共青团员3名，长沙市优秀团干部3名，长沙市五四红旗团委3个，长沙市五四红旗团支部（总支）2个。天心区少先队总辅导员吴海芸被评为全国“优秀共青团干部”，推选湖湘青年英才2人、长沙市青年岗位能手10名，青年文明号创建集体4家、优秀青年突击队4支。推进“青年之家”建设，2020年新增区级青年之家6家，打造省级青年之家1家（新开铺街道桥头社区“青年之家”），市级青年之家1家（裕南街街道长沙外滩党群服务中心“青年之家”）；全区有“青年之家”26家，实现全区14个街道阵地全覆盖，全年开展活动235场。组织天心区、通道侗族自治县2020年共青团干部创新与能力提升专题培训班。（李贞缜）

【政治思想引领】 2020年，团天心区委采取线上线下相结合的形式，加强思想政治引领。依托“青年天心”微信公众号平台，推出“@天心青年，你的五四节日礼物到啦！请观看视频《青春有我》”五四青年节等专题文章，全年推送信息300余期，浏览总量10万余次，粉丝数突破6万。打造《青春有我》等文化产品，被省、市、区多家主流媒体纷纷转载，浏览量10万次以上。创办9期“天心少年”成长网上课堂，开展“致敬最美逆行者·争做新时代好队员”网上系列活动，其中践行雷锋之星城锋范（云队课）被中国辅导员公众号推介。创新推出“学习涨知‘食’团友来消费”青年大学习以奖促学促消费活动，推动青年团员理论学习成常态，有收获。7—11月，邀请“向日葵”青年讲师团讲师等开展青少年制度自信教育宣讲共11场，累计听课人次1万余人次。11—12月，开展“青年担当，于斯为盛”的主题征文比赛，引导青年热议时政。11月18日，团区委组织共青团系统党员、团干到田汉文化园和黄兴故居纪念馆参观学习。全年组织青年团员开展主题沙龙、学习讨论、业务培训等12次。（李贞缜）

【服务中心大局】 2020年，团天心区委组织青年参与社会治理，开展抗击疫情、垃圾分类、文明城市创建、禁毒、护河、蓝天保卫等多场志愿服务。累计开展大型志愿服务14场，服务时长5万余小时。2月，团区委联合三生公益，发起线上公益讲座，提供24小时心理咨询服务；5月1—5日，开展“天心区青年便民志愿服务”活动，在公共场所及天心区8个物业区、近200个楼栋服务点开展劝导服务。5—7月，集结征地拆迁、招商引资、优化服务、产业发展、项目建设5个领域组建22支青年突击队，队员279人，开展为期2个月的“比学赶超”突击竞赛；9月22—26日，联合区文明办开展2020年文明交通劝导志愿服务，累计2000余人参与，服务时长1万余小时。全年开展多场禁毒宣讲进校园，进社区活动，引导青少年远离毒品，健康生活。疫情期间，组织复工复产、排查排危、政策宣传、心理疏导4类天心青年突击队41支，1800名青年志愿者深入小区、超市、高速路口等抗“疫”一线中开展志愿服务。团区委引导发动水滴、小蜜蜂、先锋远征营、农创联等志愿者协会和组织，重点开展物资募集、帮代购、义剪等志愿服务，家庭代购生活物资服务13.33万人次，募集口罩10.38万只、酒精2600瓶，捐赠水果7530件、蔬菜2000千克，为100余名社区工作者免费剪发。组织三生公益等42名专业心理咨询老师组建心理疏导队，每周开课3次，为全区600余个家庭提供在线心理咨询。制作防疫小视频10余期。

（李贞缜）

【服务青少年】 2020年，团天心区委发挥青年人才“点灯效应”，推选全国优秀共青团干部1人、湖湘青年英才2人、长沙市青年岗位能手10名、青年文明号创建集体4家、优秀青年突击队4支。4月，团区委组织辖内青年企业参与第四届“中国创翼”创业创新大赛长沙市选拔赛；6—8月，开展“长青护”心理健康护航计划，开展中高考心理讲座5场；7月18—19日，联合华图教育举办2020年天心区青年公考公益培训；7—8月，依托全区20家“青年之家”青少年活动阵地，开展垃圾分类、楼道清洁、书法培训、手工制作、图书阅读等假期活动；8—9月，到通道侗族自治县、龙山县等对口扶贫县开展“爱心捐书”“微心愿认领”“爱从湘江来公益游学”关爱扶贫活动6场，共捐赠物资总价值30万余元；10月，组织青少年情景剧模拟法庭送进学生课堂。开展中学生喜闻乐见的“法治成长礼”“与人生对话”“依法护航‘少年的你’”等重点活动，送课进校园，增强青少年的法治观念。

（李贞缜）

【“天心青英汇”主题活动】 2020年，团天心区委组织开展5期“天心青英汇”主题活动。4月30日，举办“天心青英汇之赤岭有约”活动，邀请街道物业公司青年员工、青年业主、行业企业青年等围绕“青年参与社会治理”主题分享交流。8月24日，举办“青英汇之魅影七夕荟”天心青年联谊活动，邀请教育系统、政法系统、城管系统青年进行交友联谊活动，共同聚焦青年婚恋问题，助力青年树立正确婚恋观。9月9日，举办“天心青英汇之青年企业家的传承与创新”主题沙龙，邀请青年企业家分享创新创业心路历程，为各界青年提供资源链接、平台搭建等帮助，助力青年筑梦成才。10月22日，举办“天心青英汇之乘风破浪的哥哥”篮球赛，邀请市青企协篮球队与天心区坡子街队、创谷队分别进行篮球会友活动，促进行业之间相互交流。10月23日，开展“青英汇之青年担当于斯为盛”青年大学习讨论，引导天心青年看天心、话天心、建天心。

（李贞缜）

【青年大学习以奖促学促消费活动】 2020年4—12月，团天心区委组织开展“学习涨知‘食’团友来消费”——青年大学习（由共青团中央发起的线上青年思政教育平台）促网红店打卡消费活动。活动旨在营造青年热爱学习、积极进取的氛围，吸引青年到五一商圈网红店打卡消费。活动内容为：评选“推广之星”，每周评15人，先领先得，每周每期发动20人参与完成青年大学习即可参评“推广之星”；评选“学习之星”，每月评15人，每季度评30人，先领先得每月连续4期参与完成青年大学习即可参评月度“学习之星”，参评者每季连续10期参与完成青年大学习即可参评季度“学习之星”（季度“学习之星”奖品翻倍）。全年学习人数5万余人次。

（李贞缜）

【“青春建功双过半、天心青年勇担当”五四主题活动】 2020年5月7日，天心区“青春建功双过半、天心青年勇担当”五四主题活动举行，长沙市副市长、天心区委书记朱东铁，共青团长沙市委书记、党组书记叶妙，天心区委副书记、区长黄滔，区委副书记、区委党校校长朱远红，天心区领导张界贻、侯向宇、张少林、黄会、彭泽南，以及天心区青年文明号、青年岗位能手、青年突击队等各条战线优秀青年代表共100余人参加活动。竞赛活动启动后，天心区各级团组织和团员青年迅速行动，以参与区竞赛活动单位及人员为团队主体，从征地拆迁、招商引资、优化服务、产业发展、项目建设5个领域，组建湖南建工装饰五一商圈提质改造项目、中建五局三公司爱尔总部大厦项目青年突击队等22支“青春建功双过半”青年突击队，队员279人。朱东铁号召广大天心青年在做强企业、项目建设、服务人民中积极奋斗，在博学、创新、坚持中创造无限，积极参与到“大干一百天实现双过半”竞赛活动中来。青年代表新开铺街道青年干部，新开铺423号地块棚改项目青年突击队队长戴威；湖南中建信和置业有限公司董事长，天心区青年岗位能手，中建江山一号青年突击队总队长曹智，中房集团湖南建设发展有限公司执行董事，天心区青年岗位能手贺玲玲；裕南街街道杏花园社区书记、主任，长沙市青年岗位能手吴新龙；湖南大唐先一科技有限公司测试组青年文明号号长陈军华；

天心区行政审批服务局政务服务团队青年文明号号长黄志敏；平安财富项目副总经理卢艳丽；新天地物流副总经理朱美玲等青年代表分别在主题分享中讲述他们在“璀璨天心”中成长成才的青春故事。活动表彰城南路街道白沙井社区等17家青年文明号集体和新开铺街道桥头社区党总支书记康姣等25位青年岗位能手。经过2个月的“比学赶超”突击竞赛，截至7月2日，工作成效为：项目建设类共有12支队伍，天心佳苑项目部青年突击队、中澳广场项目青年突击队均完成项目基础工程；中建江山壹号青年突击队实现项目全面交房，实现销售1.9亿元；卓越江岸青年突击队、愚公青年突击队完成项目主体工程80%以上；友谊学校新建项目部青年突击队完成教学楼主体带装饰部分的全部建设。社零销售、固定资产投资类共有3支队伍，金盆岭社零青年突击队及友阿奥莱青年突击队二季度累计完成社零总额4.97亿元；城南先锋汇青年突击队共计走访企业300余家，摸排出7个固投项目，施工面积4万平方米，投资金额2.81亿元，解决党务、融资、经济关系变更等问题60余个，为企业争取融资贷款6000万余元。项目征拆类共有7支队伍，各项目叠加累计完成签约1473户，房屋改造136栋，协调到位资金2.5亿元，其中暮云“项目征拆”青年突击队实现6个项目清零。（李贞绩）

【“爱从湘江来——书送希望”捐赠仪式】 2020年六一儿童节之际，团天心区委联合天心区小蜜蜂志愿者协会、湖南第四工程有限公司团委在湘西自治州龙山县洛塔乡九年制学校举办“爱从湘江来——书送希望”捐赠仪式。此次活动，通过天心区“认领微心愿，温暖身边人”网络公益平台，募集到小学三年级到初中三年级所需课本，青少年课外阅读书籍千余册，并额外捐赠书柜10个。捐赠仪式上，将所募集书籍分发到所需的学生们手中。公益志愿者们为洛塔九年制学校每个教师增添图书角，摆放书籍，与各班的学生一同品读书籍。（李贞绩）

【青年公考公益培训】 2020年7月18—19日，团天心区委联合华图教育在新开铺街道桥头社区“青年之家”举办2020年天心区青年公考公益培训。活动主要根据备考青年实际需求，围绕言语理解与表达、判断推理、资料分析、申论等重要知识点进行分析和讲解，帮助学员充分掌握考点内容及答题技巧，并给所有学员免费发放图书大礼包。团天心区委开展的公益培训系列活动，主要针对大学生村干部、“三支一扶”、西部计划志愿者、特岗教师、应届毕业生、各单位编外人员及青年志愿者，开展公考培训、教师考编培训及其他专业技能培训。该次培训，有利于帮助更多青年解决就业创业问题，为青年成长成才提供更多机遇和平台。

（李贞绩）

【爱心天心“爱心助学情暖童心”志愿服务活动】 2020年9月14—16日，团天心区委联合中化石油湖南/湖北有限公司、天心区对口帮扶洛塔乡工作队、天心区青年志愿者协会开展爱心天心“爱心助学情暖童心”志愿服务活动，组织天心区爱心企业、天心青年文明号、青年志愿者形成帮扶合力，走进龙山县，为龙山第四小学、洛塔乡九年制义务学校的学生送去开学礼物——爱心天心“化雨图书电子阅览室”。团区委通过“青年天心”公众号向广大天心青年发出募捐令，中化石油湖南/湖北有限公司等企业积极响应，30台电脑、30名留守儿童微心愿，共6万元物资全部被认领。活动上，爱心天心“化雨图书电子阅览室”在龙山县第四小学、洛塔乡九年制学校揭牌成立，30台电脑被赠送给龙山第四小学、洛塔乡九年制义务学校两所学校，天心青年志愿服务队将30份微心愿送到洛塔乡九年制学校30名留守儿童手中。（李贞绩）

【“创新杯”共青团微团课决赛】 2020年10月27日，天心区2020年“创新杯”共青团微团课决赛在天心区雅礼外国语学校道德讲堂举行，7位教师参加决赛，全区100余名团支部书记、中队辅导员、共青团员观摩学习。比赛中，雅礼书院中学的教师易文宇以《永葆初心，担当使命》为题，诠释“民主讨论”和“中心发言”的内涵；青雅丽发学校的教师康志以《节约的〈条件〉》为题，通过辩论赛的形式让大家认识节约的重要性；明德天心中学的教师曾大为以《劳动拥抱新时代》为题，让学生懂得如何践行劳动价值观；长郡外国语学校的教师卜淋莉以《五四之光青年之名》为题，讲述五四运动的历史、五四运动精神的传承；明德启南中学的教师陈敏现场还原入团仪式；长郡天心实验学校的教师杨琦敏以《郡园少年心向团》为题，通过情景剧与舞蹈两组表演，向大家展示当代青年如何一心向团，健康成长；雅礼外国语学校的教师张雪涛以《青春的答案》为题，分享三个身边的小事。最终，易文宇、张雪涛被评为特等奖，其他人分获一、二等奖。此次“微团课”大赛突破传统团课的授课方式，为天心区广大青年学生带来一场思想深刻、富有内涵、贴近青年、生动活泼的“思政公开课”，有利于加强团史教育，增强团员意识，推进天心区共青团各项工作的进行。（李贞缜）

【共青团干部创新与能力提升专题培训班】 2020年10月21—23日，2020年天心区、通道侗族自治县共青团干部创新与能力提升专题培训班举行。培训班以理想信念宗旨教育、思想道德教育、优良作风教育和实践锻炼为重点，以专题讲座、现场教学、实地观摩、交流研讨等多种方式展开，提升培训的互动性、实践性和实效性，让参训团干部学有所成、学有所获。10月21日，培训班开班仪式在区委党校举行。通道侗族自治县团干部到天心区，与天心区各团组织负责人共70余人参加培训班。团长沙市委党组成员、副书记赵雪峰以《制度自信的底气从哪里来？》为题，从“制度自信是什么”“制度自信从哪里来”以及“我们该如何坚定制度自信”3个问题展开授课。省委党校（湖南行政学院）党史教研部教师全紫红以《从党的奋斗史看中国共产党人的初心和使命》为题授课。团湖南省委宣传部新媒体运营中心负责人彭亚围绕共青团工作新媒体宣传等方面进行基层团务实操业务培训。（李贞缜）

【研学天心系列活动】 2020年11—12月，团天心区委联合天心青年志愿者协会等部门，共开展三场研学天心活动。11月14日，首期研学天心活动正式启动，天心区辖区中小学生及陪同家长共计80余人前往天心非物质文化遗产保护展示中心及赛孚城防灾应急体验馆，增强青少年对“非遗”文化认知，培养青少年的消防安全意识。11月22日，研学天心第二期送法、送课进校园活动于天心区雅礼书院中学礼堂举行，通过“我是小法官”模拟法庭，“青柚课堂”性教育法制宣讲增强青少年法律意识，提高中学生防范侵害的能力。12月13日，共青团天心区委开展研学天心第三期“暖冬行动暖童心”志愿服务活动。辖区内35名中小学生前往湖南省科学技术馆参观学习。本次活动通过物质帮助和精神关爱有机结合的帮扶模式，精准服务青少年快乐生活、健康成长，同时，以轻松活泼的方式，激发同学们爱科学的兴趣，帮助其树立科学思想、增强创新精神和实践能力，将温暖送到孩子们的心中。（李贞缜）

【伍伟到天心区调研】 2020年10月20日，团中央国际联络部副部长伍伟一行到长沙市天心区先锋街道嘉和社区长沙市飞翔教育创新发展中心调研。伍伟一行考察天心区嘉和社区青年之家、长沙市飞翔教育创新发展中心，与相关负责人进行交流和探讨，对天心共青团搭建社区“青年之家”、培育青年社会组织等做法和成效给予肯定，提出嘉和社区青年之家阵地充分体现党建带团建；充分动员社会组织的力量；志愿服务活动充分适应青少年需求。（李贞缜）

【团市委调研天心区共青团工作】 2020年12月2日，团长沙市委党组书记、书记叶妙，党组成员、副书记赵雪峰一行到天心区调研共青团工作。叶妙一行与天心区委书记刘汇，区委副书记、常务副区长、区委党校校长周志军等就基层团组织建设等工作进行交流。叶妙一行走访天心区青年人才综合服务中心、共青团天心区桥头社区团校等青年活动阵地，

图32　2020年10月21—23日，2020年天心区、通道县共青团干部创新与能力提升专题培训班举行　（团区委供图）

图 33　2020 年 12 月 2 日，共青团长沙市委党组书记叶妙（中）一行到天心区调研共青团工作　（团区委供图）

考察天心区青年创新创业、校地共建、社区“青年之家”、社区团校建设等重点工作。天心区青年人才综合服务中心位于湖南广播电视大学终身教育大楼，是天心区以“党建引领”搭建的一个集服务青年人才、楼宇群团和企业三位一体的综合性阵地平台，通过打造创业故事进校园、天心青英汇等品牌项目为青年充电加油，充分挖掘、有效凝聚、大力举荐各类青年人才。在这里，大学生可以咨询青年人才创业就业政策、留驻星城生活服务；办理关系转接、创业就业补贴、营业执照等业务；参加创新创业大赛、创业就业培训、人才沙龙、企业论坛等活动。共青团天心区桥头社区团校是长沙市首家社区团校，包括图书阅览室、书法书画室、多功能活动室、绿色上网场所、综合文化展示区域、“连心桥”公益空间服务站、“红船映初心”党群学习活动中心等，为青少年提供集学习、活动、交流、实践于一体的综合性平台，以“社区＋社工＋社会组织”三社联动方式，打造“红孩子训练营”“益童成长园”等青少年喜爱的服务品牌。叶妙强调，文源街道青年活动阵地要充分发挥区位优势和高校优势，团结凝聚一批优秀青年为长沙经济社会发展贡献青春力量；社区团校要进一步整合资源、完善功能、提炼品牌、加大宣传，最大限度服务青少年成长成才、筑梦圆梦。　（李贞缜）

妇　联

【概况】　2020 年，长沙市天心区妇女联合会（简称“区妇联”）履行保障妇女儿童权益职责，加强街道、社区（村）妇联组织建设，全区妇女儿童工作取得成效，妇联系统推荐、涌现一些先进和典型。新开铺街道木莲社区党总支书记肖晓辉被评为全国妇联和民政部评选的全国“城乡社区抗疫巾帼先锋”；李丽家庭被评为“2020 年全国抗疫最美家庭”；裕南街街道仰天湖社区党总支书记刘珍被评为湖南省“最美妇联人”。省妇联主席姜欣分别于 2 月 4 日、4 月 27 日看望天心区基层优秀女性代表，召开座谈会。　（焦　畅）

【妇联基层组织建设】　2020 年，天心区在全区机关事业单位、工业园区、农村合作组织、社区商务楼宇、专业市场、社会组织等地方新建 50 个基层妇女组织，创建 3 个市级示范“妇女儿童之家”（暮云街道丽发社区、暮云街道怡海社区、新开铺街道桥头社区），5 个区级示范“妇女儿童之家”。推选湖南家家红食品有限公司、天心区裕南街街道杏花园社区为长沙市“巾帼文明岗”。区妇联举办全区妇联干部培训班，各街道、社区分别组织开展兼职副主席和执委的学习培训，增强基层妇联干部的业务能力和综合素质。　（焦　畅）

【参与疫情防控】　2020 年疫情期间，天心区妇联制发巾帼志愿者袖章、马甲分送到社区（村）妇联；联合水滴志愿者在步行街中心广场开展“抗疫有我巾帼最美”志愿服务活动，免费发放口罩；慰问援鄂护士、疫情防控一线优秀女性、孤寡老人、贫困妇女儿童 30 余户。开展天心区庆“三八”国际妇女节暨“科学防疫·安全复工”网络有奖问答活动；开设巾帼维权网络微课堂，为全区妇女姐妹提供法律知识保障；联合李丽心灵教育中心推出“益助她力量”妇女节直播系列活动。　（焦　畅）

【家庭文明建设】　2020 年，天心区推选市级“五好（最美）家庭”14户，评选区级“最美家庭”20户。利用“天心女性”微信公众号对康姣、肖晓辉、刘珍、蒋苒、丁甜、刘婵等全国、省、市级先进个人，市、区级疫情防控“最美家庭”，基层妇联执委“微故事”等天心优秀女性、单位、家庭进行宣传。8月5日，联合区纪委、区文明办举办“传承好家风 好家训建设文明好家庭”活动。

（焦 畅）

【关注未成年人健康成长】 2020年1月10日，天心区妇联在桂井小学开展“把爱带回家”双百万结对寒假特别行动，为学校23名留守儿童送去“六个一”温暖大礼包；5月28日，在桂井小学开展庆“六一”关爱留守儿童志愿服务活动，并送上学习用品、防疫物资；联合李丽心灵教育中心开展“青柚课堂”项目，走进辖区多所小学开展儿童性教育主题活动，为近1000人次的儿童青少年送去儿童性教育系列课程。

（焦 畅）

【维护妇女儿童权益】 2020年，天心区婚调委接待离婚纠纷案件256起，成功调解和好87对，和平离婚149对。配合当事人向区法院申请人身保护令7份。5月8日，联合区统计局召开天心区“两纲”监测统计工作暨培训会议。

（焦 畅）

【引领巾帼建功】 2020年，天心区妇联通过“天心女性”宣传疫情期间妇女创业就业扶持政策，发布企业招聘名录，为妇女群众提供相关的岗位。指导湖南贝林母婴公司开展职业技能培训1000余人次，该公司被评为2018—2019年度湖南省“巾帼家政服务示范基地”。举办天心区母婴护理师职业技能大赛，60余名优秀母婴护理师参赛。

（焦 畅）

【助推精准扶贫】 2020年，天心区妇联发动辖区内的女干部、女企业家、女性社会组织负责人等20余名巾帼志愿者参与爱心帮扶结对。区妇联申请市级“两癌”救助名额3个，为3名“两癌”妇女每人发放慰问金3000元；联合区卫生健康局开展农村和城镇低保适龄妇女“两癌”免费检查，完成检查人数1455人。“六一”儿童节前夕，为暮云、南托街道8名贫困儿童每人送上慰问金1000元。开展“户帮户亲帮亲互助脱贫奔小康”活动。

（焦 畅）

【服务妇儿民生】 2020年4月23日，天心区妇联联合长沙咿呀实业有限公司开展温暖微力量之战疫情护母婴公益活动，为天心区的37名孕妈发放孕妇裤74条。购买崇善公益联盟“忘忧草”馨家园项目，运用社会工作的专业工作方法，开展了禁毒、垃圾分类、反家暴法宣传、插花、形体训练、自我成长沙龙等活动，促使单亲家庭成员健康成长。

（焦 畅）

【天心区第四期中国妇女社会地位调查】 2020年7月，天心区根据全国妇联统一部署，在5个样本（村）社区开展第四期中国妇女社会地位调查。新开铺街道豹子岭社区、先锋街道嘉和社区、暮云街道卢浮社区、桂花坪街道金桂社区、城南路街道城南中路社区对样本（村）社区的住户资料进行收集、整理并上传，完成抽样。新开铺街道豹子岭社区常京湘被评为全国第四期中国妇女社会地位调查优秀个人、区妇联邱亚林被评为湖南省第四期中国妇女社会地位调查优秀个人。

（焦 畅）

【“湘女关爱保”捐赠仪式】 2020年9月18日，天心区妇联、中国人寿天心支公司在天心区政府北栋1101会议室举办“户帮户亲帮亲邻帮邻携手共建奔小康”主题活动暨“湘女关爱保”捐赠仪式。区妇联、中国人寿天心支公司负

图34　2020年12月4日，天心区“国际反对家庭暴力日”暨“垃圾分类靠大家”主题活动在坡子街悦方举行　（区妇联供图）

责人，南托、暮云街道分管领导、专干，许兴村等10个村（社区）负责人代表参加活动。活动向来自暮云、南托街道10个村（社区）的307名18～60周岁建档立卡贫困女性每人捐赠1份价值100元的“湘女关爱保”。（焦　畅）

【妇联干部培训班】2020年10月29日，天心区妇联在区政府三楼大会议室举办天心区2020年妇联干部培训班。全区妇联执委，各街道妇联工作分管负责人，街道、战线、社区（村）妇联专干等130余人参加培训。天心区委副书记、常务副区长、区委党校校长周志军出席开班仪式并作动员讲话，强调要积极主动作为，引领巾帼岗位建功、依法维护妇女权益、加强家庭美德建设、办好妇儿民生实事。培训内容涵盖如何做好当前的妇联工作、妇联组织如何参与社会治理、妇女儿童权益维护、《中华人民共和国民法典》解读等方面，邀请长沙市妇联党组书记、主席文方，市妇联副主席（挂职）、市委党校公管教研部副主任、副教授关媛媛，湖南省律协婚姻家庭法律事务委员会副主任余宇等专家学者进行专题授课。通过培训，拓宽全区妇联干部思路和眼界，提升工作能力和水平。（焦　畅）

科　协

【概况】长沙市天心区科学技术协会（简称“区科协”）主要职能有开展科技学术交流，促进学科发展和科技成果的现实生产力转化，维护科技工作者的合法权益，组织有关专家学者参与科技政策的制定，开展全民科学技术普及活动、科技人员继续教育和技术培训，搞好科技咨询服务等。

2020年，区科协落实《全民科学素质行动计划纲要实施方案（2016—2020年）》，通过巩固和壮大科普阵地，扩大科普工作覆盖面，延伸科普工作效果，深化科协系统改革，各项工作取得成效。将科普经费列入同级财政预算，全年投入经费133.92万元。区科协在“2020年全国科普日”活动中，获得多项评优：“打卡数谷·智看天心”企业科普联合行动被评为中国科协优秀活动；区科协被评为省科协“全国科普日”优秀组织单位。（刘晨凌）

【科协组织建设】2020年，天心区成功创建湖南大球泥瓷艺科普基地为省级科普教育基地，桂花坪街道金桂社区被评为市级科普社区，牛角塘村VR科普基地被评为市级科普基地，中信青园小学“信之光”创建被评为校园科普e站。截至年末，全区有5个科普e站，7个科普社区，2个科普基地。湖南省京湘电力开发有限公司、中铁十二局集团第七工程有限公司成立科协组织，全区35家规上高新技术企业加入市企事业科协联合会；全区14个街道全部成立科协组织。区科协组织区各部门单位、各街道、各科普社区、天心区科普教育学会及科创联盟召开大会，发展壮大天心区科技志愿者和科普信息员队伍，利用中国科技志愿服务网站和“科普中国”APP平台，宣传推广天心区开展的大小科普活动。截至年末，天心区发展科技志愿者1122人，科普信息员2000余人。（刘晨凌）

【“科普天心”品牌】2020年，天心区科协开展“天心科普大讲堂”活动，活动以科学抗疫、科学学习方法、人工智能与机器人体验、无人机与大疆机甲、生命安全教育和科学常识科普体验为主要内容，由教授或博士带领专业师资团队，准备科学防疫、科学学习方法、人工智能与机器人、无人机与大疆机甲、生命安全教育和科学常识科普体验6个主题的讲座课件；配备智能机器人、3D打印机、激光雕刻机、大疆无人机、乐高机器人和VR等专业科普设备，针对青少年为主的目标受众群体开展体验式科普讲座活动。全年开展40场各类科普讲座和科普体验活动，覆盖11个街道、16个社区（村）和9所中小学，累计参与人数5196人。

（刘晨凌）

【全国科技工作者日活动】2020年全国科技工作者日期间，天心区裕南街街道工委、长沙市第三医院邀请长沙市第三医院呼吸内科学科主任朱应群在长沙外滩党群服务中心进行防疫知识宣讲；先锋街道南城社区开展公共卫生防疫知识抢答赛。区科协组织动员全区科技工作者参加“长沙市第三届‘科技工作者杯’乒乓球赛”，并获得优秀组织奖。（刘晨凌）

【全国科普日活动】2020年9月，天心区科协联合区教育局、区卫健局、区应急局、区农林水利局等部门开展“多阵地、多战线、广覆盖、齐参与”的线上活动为主、线下为辅的5个科普活动，通过“掌上长沙”APP等策划宣传。开展“打卡数谷智看天心”企业科普联合行动，以“天心数谷”为宣传核心，以手机为载体，开发科普小游戏，借由媒体平台宣传优势，将天心区下辖7家重点高新企业及其科技成果在线上进行推介，截至10月20日参与人数22.11万余人。开展“科技为民，期待有你”科技志愿者宣传活动，借由媒体平台向公众推介5名在各领域优秀科普志愿者事迹，号召群众关注科普工作，公益事业。开展校园科普联合行动，动员科技志愿者开展走进校园系列科普活动，举办“奇思妙想”纸质结构模型普及竞赛活动、线上科技名师“科普大讲堂”、校园科技节等活动，南塘小学、许桥小学、幼幼学校设计开展系列体验活动，全区5万余名师生均参与不同形式的科普系列活动。开展农村科普联合行动，组织涉农科技工作者、科技志愿者等深入农村开展“美丽屋场”科普讲座、农村改厕培训等活动，提高农民生产生活能力。开展科技场馆联合行动，各学校、社区利用社区科普e站等各类科普教育场馆，开展科普展览科普宣传活动，全区各园区、街道、学校分别开展各类活动20余场次，参与人员1万余人次。（刘晨凌）

【科普大篷车进社区宣传活动】 2020年8月19日，2020年长沙市科普大篷车进社区宣传活动暨天心区未成年人“阳光成长”心理健康教育系列活动启动仪式在天心区裕南街街道杏花园社区保利国际前坪举行。长沙市文明办副主任杨立平，天心区委常委、宣传部部长肖雄伟等参加活动。开场舞《小梦娃》拉开仪式序幕，现场展播校园心理剧《生长吧》，王子宽、易永晴、李惟蕬、刘为息4位新时代好少年分享自己的创新实践心得，并宣读“阳光成长”倡议书。现场启动“阳光成长”心理健康教育系列活动，开展主题为《我们如何做父母——亲子交往艺术探讨》的心理健康教育讲座。活动通过设置机器人、无人机、VR展区，互动车载展品区，科普大篷车、科普展板展区等，融知识性、科学性、趣味性为一体，鼓励青少年在充分的动手体验中，掌握科学探究的方法和过程。（刘晨凌）

【青园中信小学“信之光”科普e站建成投用】 2020年9月，天心区青园中信小学“信之光”科普e站建成投用，成为湖南首个建成投用的航天主题校园科普e站。该科普e站位于学校2楼走廊拐角，四面墙上装饰航天类主题图文，分为智慧、中国梦和榜样3个篇章，包括航天技术在衣食住行等生活中的应用、中国航天科技发展史，以及加加林、杨利伟、刘洋等世界航天史上的人物事迹。科普e屏滚动播放科学知识，科普一体机连接“科普中国”网站。（刘晨凌）

工商联

【概况】 长沙市工商业联合会（简称“区工商联”）是区委、区政府领导下联系非公有制经济代表人士、协助政府管理非公有制经济，具有统战性、经济性、民间性的人民团体和民间商会。

2020年，天心区工商联围绕“两个健康”（非公有制经济健康发展和非公有制经济人士健康成长）工作主题，全面助力疫情防控，聚焦企业复工复产，发挥桥梁纽带作用，优化营商环境，助推民营企业转型升级，引导非公人士履行社会责任，促进民营经济健康发展。（游桃红）

【工商联组织建设】 2020年，天心区14个街道商会完成换届选举工作。召开关于推进基层商会改革和发展及加强基层商会党的建设专题工作会议。推荐坡子街商会为省“四好标杆商会”（政治引领好，队伍建设好，服务发展好，自律规范好），暮云商会为省级“四好”商会。（游桃红）

【招商引资】 2020年6月10—13日，天心区工商联组织赴浙江省开展“筑梦天心·商汇天心”精准招商活动，走访浙江省湖南商会、嘉兴市湖南商会、嘉兴市电商行业促进会等异地商（协）会，拜访杭州光云科技、杭州志卓科技服务股份有限公司（简称“志卓科技”）等知名软件企业，共走访商会（企业）21家，发放天心区招商手册120余份，收集来区投资意向企业16家。跟进对接志卓科技、杭州美创科技有限公司等有意向落户天心的企业，协调推动长沙瑞恩科技、湖南霁月物业等公司入驻事宜，做好“迎老乡、回故乡、建家乡”工作。6月，引进广州湖南商会副会长企业湖南中治信息技术有限公司注册落地天心区。自7月始，区工商联先后到访湖南省山东商会、湖南省陕西商会、长沙市泉州商会等6家异地商会。（游桃红）

【扶贫帮困】 2020年2月，天心区工商联发动非公企业负责人组织非公企业捐赠爱心款840.90万元，调配捐赠口罩49760只、酒精1040千克、防护服100套等抗疫物资。3月，组织开展“爱心大礼包助力天心区小微企业复工复产”活动，裕南街街道商会会长企业南湖医院集团向天心区小微企业捐赠1500份总价值100万元的助力复工复产爱心大礼包。7月，向全区统一战线发出爱心倡议书，号召广大民营企业家积极参加“爱心天心·同心同行”爱心帮扶基金捐赠活动，天城置业、兴威建设等5家爱心企业现场捐款141万元。9月24日，与通道侗族自治县工商联召开消费扶贫工作对接会，累计销售农产品1万余件，价值50万余元。9月底，在赴通道侗族自治县第一中学开展的“天心区同心励志班”学生的帮扶活动中，爱心企业捐赠第三学年学杂费、生活费12.75万元。

（游桃红）

【优化营商环境】 2020年，天心区出台《天心区政商交往若干具体问题行为指引》，保障“清”“亲”政商关系落到实处；出台《长沙市天心区政企常态化沟通制度》，帮助企业解决面临的困难和问题。区工商联畅通政企沟通渠道，4月，举办“商汇天心·助推双过半”政企恳谈会暨营商环境监督员征求意见座谈会，收集到34项意见建议，在15个工作日内给出解决举措；6月，分别在湖南汉坤实业有限公司、湖南茶悦餐饮管理有限公司、湖南文和友文化产业发展集团有限公司召开企业服务协调会议，限时交办解决问题；11月，联合区发改局召开天心区“十四五”规划民营企业家座谈会，邀请14位民营企业家代表参会。先后召开优化营商环境“政策落地”专项指标工作推进会、指标专题调度会，统筹推进惠企政策的落地实施。区工商联维护企业家合法权益，6月，牵头召开非公有制经济领域维权联席会工作例会（建筑行业专场会议），为参会企业现场答疑15个问题；10月，联合区司法局举办天心区“防范企业法律风险”培训班暨“天心区检察院对外开放日”主题活动；11月，依托天心区商会纠纷调解中心成立天心区商会调解工作站。

（游桃红）

图35　2020年3月6日，天心区工商联组织开展“爱心大礼包助力天心区小微企业复工复产”活动　（区工商联供图）

【服务经济社会】 2020年2月，天心区工商联开展“民企大走访、同心促发展”调研活动，走访调研区内220家民营企业，对餐饮服务、医药制造、互联网软件等行业进行企业抽样调查，为园区、楼宇中小微企业筹集口罩2万余只、体温枪220把、消毒液和医用酒精6吨，发放《应对疫情支持性政策汇编》《天心区优化营商环境政策汇编》等资料1500余册，收回《天心区民营企业受疫情影响情况的调查问卷》220份，收集民企在疫情中的实际发展难题300余个，撰写的《天心区民营企业爱疫情影响情况调研报告》被评为2020年全市工商联系统优秀调查成果一等奖；印制1000本《应对疫情支持性政策汇编》送给企业，组织企业参加公益网课、微课，线上解读惠企政策；主动对接联系长沙市张家界商会及相关公司，帮助企业从异地购置近10万只口罩和一批防疫物资助力复工复产。3月，区工商联帮助福晟集团等企业解决钢材供应问题，帮助浦德环保等企业解决员工“出不来”、招工难问题，帮助湖南普瑞康医药有限公司办理担保贷款500万元，促成其成为市工信局重点医药器械采购单位。6月，区工商联会同区金融事务中心联合召开银企对接会，邀请中国工商银行、北京银行及渤海银行3家银行与11家企业参会，汇集融资需求4.26亿元，多家企业与银行达成合作意向。　（游桃红）

【天心赢商学院】 2020年，天心区工商联制定《关于启动天心区非公企业领军人才培训计划暨成立“天心赢商学院”实施方案》，由区委统战部、区工商联牵头，整合全区相关资源，成立天心区非公企业领军人才培训基地——“天心赢商学院”。全年举办8期线下培训班，2次现场交流学习活动，累计培训2500人次。4月24日，天心区非公企业领军人才培训基地启动暨“天心赢商学院”第一期开班仪式举行，近200名企业代表参加学习。该期主要围绕政策解读展开，分别由区税务局专家讲授“应对疫情企业税务政策解读”、区人社局专家讲授“应对疫情企业社保政策解读”。6月18日，天心区“天心赢商学院”第三期培训班暨“新零售模式下非公企业的思与行”专题讲座举行，开拓民营企业家的视野，激发企业内生活力和发展动能。7月16日，开展“天心赢商学院·赴知名企业学习考察”活动，组织120余名企业负责人实地参观58科创集团、58到家和湖南流量互娱科技有限公司，为企业转型升级提供新思路。9月16日，组织《开展“天心赢商学院”第七期暨天心区基层商会会长培训班》，组织14个街道分管领导、商会会长、秘书长到长沙县长龙街道商会进行交流学习，搭建学习交流平台。10月28日，举办“天心赢商学院·赢在天心”创新企业路演分享会，路演内容包含新一代信息技术、建筑安全、在线远程教育、智慧校园、智能家居等多个科技服务领域。湖南汉坤实业有限公司、长沙阳环科技实业有限公司、长沙爱尔眼科医院、湖南中治信息技术有限公司、湖南探锁者网络科技服务有限公司5家创新企业携最新产品项目亮相，围绕新技术、新增长、新趋势与来自风投机构、产业界的专家学者展开交流。（游桃红）

【“爱心天心·同心同行”爱心帮扶基金捐赠仪式】 2020年7月30日，天心区“爱心天心·同心同行”爱心帮扶基金捐赠仪式举行，天心区爱心企业湖南天城置业、湖南兴威建设开发集团有限公司、湖南长大建设集团股份有限公司、湖南远航控股集团有限公司现场向爱心天心帮扶基金捐赠140万元。天心区委副书记、区长黄滔，区委常委、统战部部长刘向，区直相关单位负责人，以及各街道商会会长、工商联专干等参加捐赠仪式。2020年，天心区全面启动实施“爱心天心”工程，区委统战部、区工商联、区侨联联合区慈善会，向全区广大统战成员发出参与“爱心天心”帮扶工程、募集爱心帮扶基金的倡议，得到广大爱心企业的响应和支持，一批爱心企业和爱心人士积极参与“一对一”帮扶、志愿者服务及爱心捐赠。捐赠仪式上，黄滔表示，全区上下要增强帮扶的责任感和使命感，增强帮扶的针对性和实效性，全方位、多形式帮扶困难群众。（游桃红）

【“科技创新·文化赋能”创新路演展示活动】 2020年12月16日，长沙市非公企业“科技创新·文化赋能”创新路演展示活动天心专场举行，来自天心区的4家创新企业通过项目路演的形式，展现科技创新融合文化赋能，彰显民营企业在数字经济前沿阵地上的风采。参与此次路演的4家企业：长沙锄禾展示展览有限公司秉承“智慧展厅，绿色展厅，科技展厅”的精神，坚持“绿色环保低碳”的理念，诠释“文化+艺术+科技”的灵魂展馆；湖南大球泥瓷艺有限公司展示他们如何创作出工艺不同、器形各异、形式独特、画面千秋的高端艺术珍品；湖南戴氏企业集团展现炊烟时代是怎样借助品控宝的系统排班、食品安全保障系统和绩效激励管理系统，实现湘菜在菜品量化、运营流程化、操作标准化的率先引领；长沙璀璨电竞俱乐部通过聚焦赛事规划、人才培养、游戏研发等视角，用电竞产业教育化、数字体育城市化的前沿发展格局，把住“数字时代”融合“电竞文化”的时代脉搏。（游桃红）

图36　2020年7月16日，天心赢商学院组织开展赴知名企业学习考察活动

（区工商联供图）

法　治

政法委及综治工作

【概况】 2020年，中共长沙市天心区委政法委员会（简称“区委政法委”）以建设“平安天心、法治天心”为工作主线，综治维稳、禁毒防邪、扫黑除恶、服务发展等重点工作扎实推进，年内没有发生影响重大的政治性事件、影响重大的群体性事件、影响恶劣的不稳定事件、暴力恐怖事件和重大安全事故。继续保持省“平安县市区”称号，被评为长沙市综治优秀区县，长沙市国家安全工作红旗区县、长沙维护稳定红旗区县。人民网、《法制日报》、《长安》杂志、《湖南日报》、《长沙晚报》、《潇湘晨报》等中央、省、市媒体对天心区政法、平安建设工作开展情况进行推介，特别是教育转化去存量工作得到中央政法委督导组现场视察时的充分肯定。（雷诗意）

【维护社会稳定】 2020年，天心区建立稳控机制，对涉稳事项做到第一时间掌控信息、第一时间调度、第一时间处置、单位“一把手”第一时间到场，共进行6次不稳定因素专项排查调处；与湖南革命陵园、湖南有色金属总公司建立维稳工作联动机制，实行企业秩序和社会稳定的共赢；建立专项督查机制，对重点难点问题实行“台账式”跟踪督办，先后对青园小学友谊校区学区划分、东能华府项目延期交房、“爱之心”、东怡外国商铺等问题专项交办和督办80余次。在春节、清明节、“五一”等期间，该区共出动1.5万余人次关注社会面，处置问题380余起。对辖区八号农民安置房、青园小学友谊校区划分、湖南机床厂及周边地块等10个涉众利益的项目开展风险评估，从源头减少风险隐患。按照定期排查和专项排查相结合的方式，共排查各类问题387起，及时调处化解284起，调处化解率73.39%。快速处置突发事件33起。完成元旦焰火晚会、清明期间陵园祭扫、芙蓉南路快速化改造开通仪式等80余场重大活动安保，确保各类活动平安顺利进行。（雷诗意）

【平安天心建设】 2020年，天心区持续推进平安家庭、平安小区（网格）、平安物业等十大平安创建活动，147个平安创建主体被评为平安天心创建先进单位（集体、家庭）。打造十大“互联网+

图37　2020年6月11日，天心区针对人群密集的坡子街及周边社会治安问题，开展集中时间、集中力量进行专项整治

（区委政法委供图）

群防群治”示范服务站，截至12月31日，十大示范服务站建设全部建成。发挥公安民（辅）警、治安综管队员、物业、楼栋长、志愿者等群防群治队伍作用，平安创建协会10046名志愿者参加义务巡逻50万人次，17名平安志愿者讲师面向群众开展政法综治宣传“赛课”活动，听众上万人；推行“公安联勤、街道联动、教育联防、社会联巡、家长联合”的“五位一体”护校模式，组建五支护学队伍，每日出动护学力量1000余人。创建“平安院落”，星城园丁、智能防控“大钥匙”，涵盖所有楼栋各行各业，实现积“小安”为“大安”。（雷诗意）

【社会治安整治】 2020年，天心区研究制定市域社会治理区级实施方案。与中南林业科技大学、长沙理工大学、国防科技大学相继签订合作协议，成立3个天心区市域社会治理课题研究室，为平安天心建设出谋划策。推进市域社会治理试点，将试点工作纳入区季度重点工作绩效考核，明确以“五个‘+’”（网格+、服务+、课题+、协会+、AI+）为载体，通过区、街道和社区（村）三级试点，打造天心市域社会治理特色品牌，12月下旬，该区在全市平安建设工作会议上作典型经验介绍重点发言。实行“一街道一重点整治”，围绕非法集资、涉毒、涉黄、涉赌、物业管理矛盾、传销、偷盗、电诈、校园周边环境等10个方面治安问题，辖区14个街道各确定一个重点片区，突出一方面重点问题开展整治，年末全部实现验收达标；对人群密集的坡子街及周边社会治安问题，该区集中时间、集中力量进行专项整治，受到上级充分肯定。《法治日报》、“学习强国”、湖南长安网、《湖南日报》、《长沙晚报》等媒体对该区社会治安重点整治工作进行推介报道。

（雷诗意）

【禁毒工作】 2020年，天心区开展公职人员吸毒检测行动、毒品预防教育宣传专项行动、吸毒人员“大排查、大管控、大录入”专项行动，年内共检查各类场所2000余家，检测人员13423名，破获毒品刑事案件76起，抓获毒品犯罪嫌疑人194人，移送起诉189人，查处吸毒治安案件275起，抓获吸毒人员442人，缴获疑似冰毒37.81克，破获部省督目标案件2起。（雷诗意）

【执法监督】 2020年，天心区回复市级督办核查案件1件，依法协调处理辖区内各政法机关请示案件5件，协助其他县案件协调1件，均未造成不良影响。9月，该区启动2020年度案件评查工作，共抽取区政法各单位案卷40件。案件评查组由法律专家、区人大代表、区政协委员、区涉法涉诉信访案件化解律师库中的律师代表共12人组成，分为4组，每组通过详细阅卷、查阅法规、组员集体讨论等程序，对每个案件的证据、事实、法律适用与法律文书质量等进行全面审查评判。被评查单位在调取案卷、听取情况汇报、约谈当事人、开展案件核查等环节予以支持。40件参评案件中被评定为优秀等次的案件9件，占比22.5%；合格等次的案件共计24件，占比60%；基本合格等次的案件7件，占比17.5%。

（雷诗意）

【长沙市年度防范邪教宣传月活动开启】 2020年9月28日，长沙市“崇尚科学、远离病毒、防范邪教、共建平安”防范邪教宣传月活动在天心区黄兴南路步行街黄兴广场开启。活动现场，围绕主题组织表演文艺节目，开展知识竞答、志愿者签名、“平安课堂”讲师赛课颁奖，摆放宣传展板20余张，发放宣传资料4000册。区委政法委、

图38　2020年12月29日，天心区与中南林业科技大学签订合作协议，成立市域社会治理课题研究室　（区委政法委供图）

区平安创建协会相关负责人和街道居民代表、平安创建志愿者以及过往群众1000余人参加本次活动。 （雷诗意）

【启动“三个十”打造社会治理升级版】 2020年，天心区启动“三个十”工作，创新打造社会治理升级版。十大社会治安乱象整治即整治非法集资、涉毒、涉黄、涉赌、物业管理矛盾、传销、偷盗、电诈、校园周边环境等问题，发动各街道社区，对辖区社会治安重点地区和突出问题进行全面摸排，14个街道各确定一个重点整治片区，集中时间、集中力量进行专项整治，解决一批群众反映强烈的治安问题和隐患。十大“互联网＋群防群治”示范服务站建设：依托“互联网＋群防群治”平台、“星城园丁”APP，重点打造10个“互联网＋群防群治”示范服务站，即在一所大学（中南林业科技大学）、一所中学（长郡中学）、一所小学（新天小学）、一个社区（丽发社区）、一个公园（南郊公园）、一个小区（九峰小区）、一个市场（湖南钢材大市场）、一家银行（长沙银行）、一家酒店（现代凯莱酒店）、一家酒吧（熊猫酒吧）各建1个示范服务站，以点带面，全面铺开全区“互联网＋群防群治”巡逻防控工作。十大“平安创建”：深化平安家庭、平安小区（网格）、平安物业、平安社区（村）、平安街道、平安校园、平安医院（社区卫生服务中心）、平安经营单位（商场、门店、超市、酒店、餐馆、旅馆、文化娱乐场所等）、平安企事业单位、平安创建协会创建活动。 （雷诗意）

【李春和被评为全国首批“平安卫士”】 2020年11月，在中国长安网、中央政法委“长安剑”微信公众号主办的“平安之星网络宣传活动”中，天心区平安创建协会副会长兼新开铺街道平安创建分会会长李春和被评为全国首批“平安卫士”称号。

（雷诗意）

公 安

【概况】 2020年，长沙市公安局天心分局（简称“区公安分局”）以“坚持政治建警全面从严治警”教育整顿为契机，以县域重大风险防控、公安工作现代化为主线，主动服务、攻难克坚、社会大局持续平稳，风险隐患妥善化解，打击犯罪成效显著。被评为年度反恐工作先进集体；区公安分局人口与出入境管理大队被评为长沙市文明窗口示范单位。

（刘 震）

【县域风险防控】 天心区公安分局出台《2020年天心区社区（村）政治安全和社会稳定风险报告》，对该区98个社区、村进行风险隐患大起底、大梳理、大排队。健全防控县域风险九大机制，把防范化解全区重大风险的重任压实到相关职能部门、落实到基层一线。利用“星城快警”平台、依托“互联网＋群防群治”，该区成立群防群治委员会297个，站牌授予率、站长“钉钉”上线率、共建协议签订率均达到100%。年内共采集“一标三实”信息18万余条，采集总量排名全市靠前，完成二代身份证指纹补采任务10万余人。加强重点人员一体化管控。11月，区公安分局破获的“4·20专案”宣判，国家移民局致以贺电。做好护校安园，营建“五位一体”工作机制；对辖区内25家加油站安装人脸识别系统，严格加油站安全设施及散装油采购管理，强化站点检查与散装汽油购买登记制度，确保及时预警；不定期对寄递物流开展督导检查行动，督促从业人员严格落实“三个百分百”要求。 （刘 震）

【服务发展专项行动】 2020年，天心区公安分局开展“除虫护花”“铁拳行动”，共办理侵害企业合法权益案件66起，刑拘101人，逮捕16人，起诉86人。区公安分局联合区相关职能部门，在全市率先构建区级金融风险监测预警平台，有效防控涉众型经济风险。开展“五一商圈”、沿江风光带综合整治，对各类乱源进行全方位管控，开展综合整治行动210余场次，共救助流浪乞讨人员35人，劝离摆摊设点、流动摊贩80余起。持续开展蓝天保卫战，年内进行“三级两巡”检查工作18次，检查门店250余家，办理非法储存销售成品油案1起，刑拘2人；办理违规燃放烟花爆竹案4起、烟花爆竹非法储存案2起，处罚6人。对危害群众生命安全的制假售假食药烟案件重拳打击，9月破获的“7·28”专案，受到公安部、国家烟草专卖局祝贺。在打击整治枪爆违法犯罪专项行动中，共收缴杀伤力枪支8把。疫情期间，共清查出租房屋6.7万余户，6个检查卡点和3个快警平台共排查7万余人、3万余辆车，处置持刀警情2起，未发生一起涉疫人员失管事件。1月30日，成功侦破长沙市首例销售假冒伪劣医用口罩案，抓获犯罪嫌疑人5名，扣押非法所得数十万元。

（刘　震）

【黄赌毒专项整治】 2020年，天心区公安分局开展黄赌毒专项整治行动及涉黄小卡片专项整治行动，检查旅馆120家、娱乐休闲场所280余家、发现隐患40处、现场整改40处、停业整改15家，收缴招嫖小卡片3.8万余张。开展“降低污水涉毒成分专项行动”，针对长沙市禁毒办考核的4个重点污水取样点所涉及的10个街道、38个社区，深入开展涉毒清查行动，严格控制污水监测涉毒成分比例。（刘　震）

【执法规范化建设】 2020年，天心区公安分局推行“一站式”办案和“三集中”工作机制，实现民警办案压力、办案环节、执法问题大幅减少和案件攻坚能力、执法安全系数、办案民警获得感提升“三减少三提升”。4月28日，区公安分局在全省法治公安建设工作会上作典型发言和视频展播。7月，全国人大常委会委员、全国人大监察和司法委员会副主任委员王教成、韩晓武一行到区公安分局调研执法规范化建设情况，对区公安分局执法办案工作给予高度评价。天心执法规范化建设特色品牌，建成全省一流，全国先进的执法办案管理中心。

（刘　震）

【基层基础建设】 2020年，天心区公安分局完成湖南省公安厅、长沙市公安局下发的基层基础设施建设目标。全年累计完成“智能枪柜”、环宇新城和湘府文化公园2个“星城快警”岗亭、警务室维修、分局宿舍自来水改造等10余个建设工程。年内更新办理11台警用车辆和2台民牌车辆，累计办理全局公务车辆维修保养266台次。推进智能车门岗、大钥匙智能门锁、平安乡村视频建设和“两车”物联网防控系统安装等工作。全年“大钥匙”智能门锁安装5229把，商务楼宇智能安防建设完成安装28家，实名认证数2.6万人，累计通行人次84.7万人次。（刘　震）

【便民服务】 2020年，天心区公安分局共接待办理各类户口业务62146人次，办理身份证44809张、临时身份证743张，提供查询、咨询服务4万余次、非工作时间接待2700余次，打通服务群众“最后一公里”。利用微博、微信公众号及时发布警方提示、政策解读、防诈骗宣传等信息800余次近30万条，为群众提供最贴心的“微服务”。（刘　震）

【宣传工作】 2020年，天心区公安分局策划制作9部反电信诈骗宣传短视频，获多家省市政法线新媒体转播推送。宣传网红民警典型故事，联合媒体拍摄《守护解放西》第二季，网上播放量1亿余次，受到国内多家网站和媒体的关注。（刘　震）

【长沙市首个群防群治工作站组建】 2020年3月16日，天心区公安分局在桂花坪街道长城水郡小区组建长沙市第一个群防群治工作站。市公安局相关部门负责人、区委政法委副书记、桂花坪派出所所长参加群防群治委员会授牌仪式。会上，社区书记、志愿者介绍当前社区群防群治工作重点难点、取得的成绩，区委政法委副书记提出今后社区工作的理念和目标，派出所所长进行表态发言。（刘　震）

【慰问春节一线干警】 2020年1月10日，受国务委员、公安部部长赵克志委托，公安部春节慰问组巡视员刘林华一行2人到天心区坡子街派出所走访慰问一线干警。湖南省公安厅政治部副主任蒋再为，法制总队政委王建国，长沙市公安局党委委员、政治部主任陈定佳，天心区公安分局政委罗晖等领导陪同。（刘　震）

【廖建华到天心调研】 2020年9月3日，长沙市委常委、政法委书记廖建华带队到天心区调研，通过实地走访、会议座谈、听取汇报等形式了解天心区政法工作情况。天心区委书记刘汇，区委常委、政法委书记黄文先，区委常委、区委办主任侯向宇，副区长、区公安分局党委书记、局长肖向东参加调研。（刘　震）

·交通管理·

【概况】 2020年，天心区道路交通事故立案115起，同比下降0.86%；死亡人数31起，同比下降6.06%，未发生一起一次死亡3人以上事故。全年纠处交通违法共92.1万余起，接待人民群众15万余人次，接处警情7.1万余起，调解处理交通事故2.2万余起。央视、卫视等媒体进行交通安全宣传报道176场次，组织路面民警“七进”宣传270余场，在湖南省公安厅、长沙市公安局等发表简报、动态230余篇。天心区交警大队被评为年度市州公安交警系统“优秀基层单位”、长沙市文明标兵单位、长沙市文明窗口示范单位。（罗振杰）

【重点货运企业全部纳入平台监管】 2020年，天心区交警大队、区交运局加大科技“治超”工作力度，强力督促货运源头企业安装监控设备并与区“治超”平台联网。全区8家重点货运源头企业全部纳入“治超”平台接受监控系统监管，从源头遏制货运车辆“超限超载”等违法行为。（罗振杰）

【电动车上牌工作】 2020年3月23日，天心区楚湘、南站、新开铺、黑石铺、兴隆、吴家坪、白沙花园、金宏、金桂、丹桂、南城、高云、南托岭13个社区（村）上牌点开启辖区范围内城区电动车（黄色牌照）有序上牌工作。截至12月31日，电动车上牌工作全面完成。（罗振杰）

【芙蓉路湘府路口优化工程完工】 2020年3月26日，芙蓉路湘府路口作为天心区首批交通标志标线提档升级工程项目正式开始施行。交通优化方案主要针对行人过街安全、非机动车通行秩序、机动车通行效率等方面进行。芙蓉路湘府路口路标线施划复新完工。全年，天心区交警大队组织交通优化67处，打造芙蓉路湘府路口、芙蓉路劳动路口等样板路口共21个。（罗振杰）

【马路市场专项整治】 2020年，天心区开展马路市场隐患专项治理和隐患路段的排查整治工作，整改马路市场3处；排查整治道路隐患232处；事故多发路段湘江南路黑石铺至湘潭路段经过顽瘴痼疾整治行动的交办治理，对道路进行提质改造，全年未发生亡人事故。（罗振杰）

【联合执法】 2020年，天心区交警大队、区交运局、长沙市交通运输综合行政执法局天心大队、区农业农村局等部门开展联合执法行动150余次，打击非法营运94起，查处酒驾醉驾1080起、刑事立案413起、货车超限超载2922起、非法载人（农用车、三轮车、低速货车）1399起，客（校）车、面包车超员162起，摩托车无牌无证、不戴头盔、违法载人14240起。严格重点车辆管控，涉嫌非法营运车辆、涉嫌“大吨小标”车辆、涉嫌高排放污染车辆、涉豫涉琼违法车辆全部查缉到位，省市交办整治任务基本清仓见底。全年打击“百吨王”37台；疲劳驾驶7起。（罗振杰）

【超限超载夜间整治行动】 2020年8月12日晚，天心区交警大队、区交运局、天心执法大队、区城管执法大队，联合对辖区大型载货车辆开展夜间专项整治行动。执法人员采取定点检查和随机抽查沿路货运源头企业的方式，重点查处107国道与牛冻路口重型货车、挂车超限超载、非法改装的违法行为，并督促沿线货运源头企业严格落实主体责任，完善监控设备建设，提升对货运车辆的监管力度。截至22时，共查处货车超限超载行为3起，其他道路交通违法行为4起，突出检查货运源头企业2家。（罗振杰）

【夜间高排车专项整治行动】 2020年7月24日，天心区开展夜间高排车专项整治行动，规范工地转运车辆。按照“全面铺排，精准打击”的原则，当晚8时，天心区交警大队兵分三路，根据事先摸排情况，两路分别前往2个工地周边进行查缉，预留10名警力在湘府路以北区域内进行流动整治和流动增援力量。行动过程中，拦截正在运行的高排车辆15辆。（罗振杰）

【长沙首个非机动车等候区亮相天心】 2020年4月8日，长沙首个非机动车“蓄水池等候区”亮相天心区芙蓉路劳动路口。天心区交警大队将该路口东西南北四个进口施划2.5米宽的非机动车导向车道及行人等候安全岛，设置全市首个非机动车“蓄水池等候区”（隔出来的这段位置形似蓄水池），同时将路口南往东车道增设右转机动车道指示灯，当路口西往东车道拥堵时，可通过信号灯控制南往东方向车辆，平常则设置为绿灯。路口优化解决路口空间过大、行人过街距离较远、机动车通行延误增大、非机动车未设置等候区、路口交通秩序混乱、通行效率低下等问题。（罗振杰）

【七夕“爱心红绿灯”在天心区亮起】 2020年8月25日（中国传统的七夕节），五一商圈周边黄兴路步行街口往北至五一广场、西至湘江路口的六处路口信号灯红灯临时改为“心形”，零点开始，“爱心红绿灯”在天心区正式启用，迅速引爆市民朋友圈。“爱心红绿灯”以新颖的形式，发出“爱TA就护TA安全”的倡议，呼吁市民遵守信号灯、礼让斑马线，关爱TA的交通安全，暖心过“七夕”，平安路上一起走。长沙交警的暖心创意受到市民点赞。

（罗振杰）

检　察

【概况】 2020年，长沙市天心区人民检察院（简称“天心区检察院”）全面履行检察职能，从严管理检察队伍，严厉打击各类刑事犯罪，受理提请批准逮捕案件650件1072人，批准逮捕550件864人，批捕率80%。受理移送审查起诉案件1223件1842人，提起公诉955件1290人，起诉率70%。共办理适用认罪认罚程序案件1151件1430人，认罪认罚适用率89%，量刑建议采纳率85.9%。

8月，天心区检察院进行内设机构改革，改革后内设机构为检察一部、检察二部、检察三部、检察四部、检察五部、检察六部、政治部（司法警察大队）、办公室8个部门。

（谢如薇）

【刑事检察】 2020年，天心区检察院批准逮捕两抢一盗、诈骗犯罪案件283件329人，提起公诉343件453人；批准逮捕涉“黄赌毒”犯罪案件103件228人，提起公诉147件222人；提起公诉涉黑涉恶案件11件66人；重点惩治集资诈骗、非法吸收公众存款等涉众型经济犯罪，共批准逮捕破坏市场经济秩序类案件38件102人，提起公诉64件116人；依法批准逮捕涉疫案件6件7人，提起公诉5件9人；受理移送审查起诉职务犯罪案件12件13人，决定逮捕6人，提起公诉8件8人。依法维护营商环境，坚持“少捕”“少押”“慎诉”的司法理念，受理涉及民营企业刑事案件53件61人，对其中37件37人依法作出不起诉决定。最大限度教育挽救涉罪未成年人，对涉罪未成年人批准逮捕35件48人，不批准逮捕12件17人；提起公诉40件67人，附条件不起诉26人，犯罪情节轻微不起诉1人。为涉罪未成年人提供法律援助60余人次，进行心理疏导73人次。

（谢如薇）

【诉讼监督】 2020年，天心区检察院监督立案30件，追诉漏犯39人，追诉漏罪57笔，发出纠正违法通知书38份。对事实不清、证据不足或者不构成犯罪的案件不批准逮捕55人，不起诉28人。对犯罪情节轻微、社会危害较小的案件不批准逮捕128人，不起诉297人。受理各类民事、行政诉讼监督案件86件。开展社区矫正执法情况监督，发出纠正违法通知书6份、检察建议3份。对2018年以来判决生效的涉黑涉恶犯罪案件财产刑进入执行程序开展检察监督。全面摸排2014年至2016年所有生效刑事判决涉财产刑判项的案件1649件2009人，重点针对生效裁判涉及财产刑5万元以上的144人进行检察监督，对财产刑执行中存在的问题向法院发出检察建议1份，发出纠正违法通知书115份。

（谢如薇）

【公益诉讼检察】 2020年，天心区检察院办理各类线索232件，立案203件。针对美团、饿了么等网络外卖平台中商户无证经营、超范围经营，以及辖区高校、医院、公园等公共场所摆放自动售货机，商户无食品经营许可证情况进行调查，立案64件；对在湘江禁渔区进行“电鱼”的宋某某以非法捕捞水产品罪提起公诉，同时向法院提起刑事附带民事公益诉讼；协同相关执法部门对接纳未成年人进入网吧、电游室的商户进行监督，进行公益诉讼立案56件。

（谢如薇）

图39　2020年11月2日，天心区检察院到青园小学开展“普法进课堂——‘校园欺凌’专题讲座”　（天心区检察院供图）

【流动维权岗进企事业单位】 2020年1月9日，天心区检察院以王渊等为代表，在东亚银行、酷贝拉、中华联合保险集团有限公司、材智网4个企事业单位挂牌流动维权岗，帮助企业防范法律风险，用法治为民营企业发展创造更好的营商环境。（谢如薇）

【未成年“一站式”咨询服务】 2020年6月1日，天心区检察院与长沙市公安局天心分局、湖南李丽心灵教育中心在区检察院六楼会议室签订“引入多方力量关护性侵害未成年被害人工作机制”协议，标志着天心区性侵案件未成年受害人“一站式”询问救助中心工作机制正式建立。“一站式”询问救助工作机制在检察机关设立专门询问室，通过公安局、检察院的工作对接和信息共享，实现立案后由检察官参与对未成年受害人询问，并通过同步录音录像固定证据的方式，减少因多次询问造成的二次伤害。湖南李丽心灵教育中心选择15名具有专门资质的专业社工团队，经受害人同意或按其意愿在团队中选择自己认为合适的社工陪同询问。天心区人大、区政协、区委政法委、区妇联、团区委、区综治中心等有关单位共同见证该工作机制的建立。（谢如薇）

法 院

【概况】 2020年，长沙市天心区人民法院（简称“天心区法院”）围绕“努力让人民群众在每一个司法案件中感受到公平正义”工作目标，坚持司法为民、公正司法工作主线，履行宪法法律赋予的职责。全年受理案件23146件，审结22435件，结收比96.93%，法定审限内结案99.99%。

（谢明生）

【刑事审判】 2020年，天心区法院共收刑事案件1050件，结案960件，未结案90件，结案率91.43%，法定审限内结案率100%。作出有罪判决1353人，其中，判处十年以上有期徒刑44人，五年以上十年以下有期徒刑79人，三年以上五年以下有期徒刑178人。深入开展扫黑除恶专项斗争，共审结涉黑恶案件12件50人，2案18人被认定黑社会性质组织犯罪，7案21人被认定为涉恶团伙，3案11人被认定为涉恶集团；加大黑财清底（指“涉黑涉恶”案件中，法院生效文书所判决的违法所得和罚金等涉财判决应当全部予以追缴或强制执行完毕）工作力度，共判决财产刑总额5703万余元；以“三书一函”（监察建议书、司法建议书、检察建议书、公安提示函）为抓手推动扫黑除恶“行业清源”走深走实，向13个单位发出司法建议函37份。依法审结抢劫、绑架、强奸、聚众斗殴等严重暴力犯罪案件48件；非法吸收公众存款罪和集资诈骗罪案件11件；职务类犯罪案件6件。

（谢明生）

【民商事审判】 2020年，天心区法院共受理民商事案件13666件，审结12102件，结案率88.56%。完善执转破工作机制，共计受理申请公司清算及破产案件9件；灵活运用保全措施维护债权人合法权益，共受理涉公司诉前财产保全案件305件，已办结302件；加大反家暴力度，保护妇女、儿童弱势群体，依法发出人身安全保护令21件；强化劳动争议庭前调解，共受理劳动争议纠纷485件，庭前调解471件；加大知识产权保护，共集中管辖芙蓉区、雨花区、天心区知识产权案件1118件，审结1034件，先后审理“茶颜悦色”“爱尔眼科”“文和友”等知名品牌侵权案件，对侵权人实施严惩重罚。（谢明生）

【执行工作】 2020年，天心区法院执行结案7141件，结案率90.62%，执行完毕率28.64%，执行到位金额约26.29亿元，到位率53.87%。2020年12月15日，天心区法院在全市法院率先依法受理拒不执行法院生效判决、裁定罪刑事自诉案，打响拒执罪刑事诉讼第一枪；将1728名个人或单位纳入失信被执行人名单，发布限制高消费令5858人，共拘留25人，对66起案件的个人或单位进行罚款，罚款金额63万余元；针对“扫黑除恶”领域的重点案件，制定“一案一策”针对性执行措施，完善“涉黑涉恶”案件台账管理，专人办理涉黑恶案件的执行，加快财产变现率，累计接办涉黑涉恶执行案件10件，涉案金额5604万元。（谢明生）

【法治服务与宣传】 2020年，天心区法院针对近年涉农街道外嫁女拆迁补偿纠纷多发现象，指导先锋街道新路村试点《新路村关于调整特殊群体收益分配的方案》，一次性减少外嫁女、独生子女户拆迁补偿纠纷76件，并在全区涉农街道推广；天心区法院南托法庭与长沙天心经济开发区企业定期联系、及时通报、提出司法建议，释疑解惑涉法问题，为企业提供法律服务49场次；加大宣传力度，先后就商品房买卖、反家暴、涉侵财犯罪和涉环境保护犯罪等法律问题，到社区、企业、学校组织巡回审判和法律宣讲活动23场次。党报、党刊媒体采稿200余篇，官方微信推出以案说法37期。（谢明生）

【多元化调解工作】 2020年，天心区法院先后挂牌成立长沙市天心法院公证司法辅助中心、驻天心区经开区诉源治理工作室、天心区人民法院知识产权协会多元调解工作室，多途径减少纠纷成讼，与区司法局联合下发《关于建立人民调解协议司法确认机制的意见》，办理司法确认案件378件。搭建律师调解工作室、人民陪审员调解工作室、大学生志愿调解工作室三大平台，多元化调解矛盾纠纷，通过人民法院调解平台受理案件7879件，诉前调解成功3305件，其中，90%以上案件当场履行完毕。在诉讼服务中心组建7个速裁团队，多角度落实“简案快审”速裁改革，2020年共收案5158件，结案4812件，人均结案687件。完善三级接访、专职接访、院长接访等处访机制，引入律师等第三方参与化解信访案件，多维度畅通涉诉信访渠道，共接访810人次，妥善化解信访案件161件。2020年，天心区法院一站式多元解纷和诉讼服务机制建设工作（简称“一站式建设”）在全省法院召开的诉讼服务经验交流会上作经验发言，被湖南省人大刊物《人民之友》专题刊发。9月1日，天心区法院作为湖南法院代表现场视频连线最高人民法院院长周强，汇报“一站式”建设工作，得到充分肯定。（谢明生）

【智慧法院建设】 2020年，天心区法院推进“闪信+”诉讼通知平台与“湖南法院收转发一体化”送达平台的衔接，电子送达共计71710条，发送成功48301条，成功率67.35%。发挥数字化诉讼服务效能，全年网上立案1354件，跨域立案96件。完善“12368”诉讼服务热线，设立“24小时自助法院”。创新湖南法院首例“无人记录”庭审方式、湖南法院系统首例结案文书电子送达方式，创新全省法院首例区块链存取证，以电子证据保全方式助力法院留存证据。（谢明生）

司法行政

【概况】 长沙市天心区司法局内设办公室、行政复议与应诉（区政府行政复议办公室）、执法监督与法制审查、普法与依法治理（区委依法治区办秘书科）、公共法律服务管理（行政审批和政务服务科）、人民参与和促进法治（区人民陪审员和监督员选任管理办公室）、社区矫正管理（区社区矫正工作局和区社区矫正执法大队）等7个职能科室，下设14个司法所、2个服务中心（天心区社区矫正中心和天心区公共法律服务中心）、6个区属律师事务所、12个基层法律服务所。

2020年，天心区被推荐为湖南省首批法治政府建设示范区，在长沙市法治政府建设推进会上作经验推广；司法所建设工作经验在湖南省司法所工作会议上作书面汇报；长沙市天心区司法局被评为全市司法行政工作红旗单位。推送的“某检测公司不服某环境保护局行政处罚决定案”和“湖南省长沙市天心区公共法律服务中心对未成年人李某某申请人身保护令提供法律援助案件”分别被评为全市“年度十大典型行政复议案例”和“年度十大示范公共法律服务案例”。（周雯轩）

【法治政府建设】 2020年，天心区以申报全省首批法治政府示范创建为契机，先后召开法治政府创建动员会、调度会，全面部署、稳步推进相关工作。加强政府规范性文件合法性审查，编印《规范性文件工作手册》，制发规范性文件5件，报备率、及时率、规范率均为100%；清理《天心区部门责任清单》3013项责任事项。率先实施行政执法三项制度，举办全区行政执法大竞赛活动和行政执法专题培训，组织开展年度行政执法案卷评查工作，以评促改，以赛促优，提高行政执法能力和水平。创新案件会商机制，首创行政复议新模式，制定出台《天心区行政复议案件庭审办法》《天心区人民政府行政复议应诉重大疑难案件会商制度》和《关于进一步加强行政机关涉诉民事案件应诉工作的通知》；加快推进重大疑难案件会商法律顾问专家库建设，出台《天心区行政复议应诉重大疑难案件会商法律顾问聘用管理办法》，为重大疑难案件办理提供制度保障和智力支持。年内办理区政府作为复议机关的行政复议案件28件，办理以区政府作为被告的行政应诉（应复议）案件101件，已审结的80件，均无败诉情形发生。

（周雯轩 唐 斌 李昌化）

【普法依法治理工作】 2020年，天心区先后召开区委全面依法治区委员会和区委依法治区委员会守法普法协调小组会议，听取全区依法治理和普法宣传工作情况汇报，审议通过《区委全面依法治区委员会守法普法协调小组工作细则》《区委全面依法治区委员会守法普法协调小组成员单位工作职责》《2020年全区普法与依法治理工作要点》。抓好领导干部、青少年、村居（社区）工作人员等重点对象普法宣传，通过手机报、机关电梯视频、洗手间隔间植入普法视频、资料等形式，将法治宣传工作渗透到工作生活的方方面面；开展送书下乡、送法进乡村等活动274场次，入户宣传1273次；编印《基层法律服务宝典》等系列读本，联合《法制日报》抖音号推出普法抖音视频，通过建设“云普法”广播站，将普法音频送入田间地头。推进民主法治村（社区）创建工作，截至年末，该区共有全国民主法治社区2个、省级民主法治村（社区）14个、市级民主法治村（社区）41个，其中，年度新增全国民主法治示范社区1个、省级法治宣传教育基地1个、省级民主法治示范社区1个。（黄文思）

【公共法律服务】 2020年，天心区区级公共法律服务中心新增复议、调解“就近办”功能，所有社区（村）100%配备法律顾问。截至12月31日，该区共有公共法律服务中心1个，公共法律服务站14个，公共法律服务志愿点967个。受理法律援助案件444件，挽回损失450万余元；接待咨询群众6691人次，为犯罪嫌疑人提供认罪认罚具结见证服务1105人次。各街道社区（村）法律顾问共为群众提供法律服务3476人次，为社区（村）依法治理提供法律建议265次，参与化解涉企矛盾纠纷170余件。（许湘玲）

【人民调解】 2020年，天心区整合全区近400个调解网格，构建起“区—街—社区—楼栋”四级联动化解矛盾纠纷工作体系，共成功调处各类矛盾纠纷1232起，涉及金额5218万余元，调解协议履行率100%。实现人民调解、行政调解、司法调解三调联动，诉源治理工作在全国推广。

（赵志芳）

【社区矫正和安置帮教】 2020年，天心区共接收社区矫正对象281人，开展社会调查评估253起，在册社区矫正对象253人中没有发生因监管不到位而导致脱漏管。开展刑满释放人员安置帮教工作，共衔接帮教730人，衔接率和帮教率100%。推进社区服刑人员就业创业培训，为符合条件的社区服刑人员落实低保40人次。（李浩明）

【法治政府建设示范创建活动动员暨培训会召开】 2020年7月28日，天心区在区政府三楼大会议室召开法治政府建设示范创建活动动员暨培训会议，就进一步提升全区依法行政和行政执法水平，全力打造法治政府建设“天心样本”进行部署和培训。天心区委副书记、区长黄滔，长沙市司法局党委副书记、副局长杨建辉，区委副书记、常务副区长周志军，副区长、区公安分局局长肖向东，以及天心区委依法治区各协调小组、园区、区属单位、街道主要负责人共160余人参加会议。（周雯轩）

【征拆工作依法行政专题培训会】 于2020年4月28日在区机关召开。天心区委常委、政法委书记黄文先出席并讲话。区司法局、区城管执法大队、区征收办、区征地服务中心、各街道相关分管副职和工作人员以及各项目指挥部相关征收工作人员参加。

（周雯轩）

军　事

人民武装

【概况】 2020年，天心区人民武装部（简称“天心区人武部”）认真学习中共中央总书记习近平在“不忘初心、牢记使命”主题教育总结大会上的重要讲话精神，推动“不忘初心、牢记使命”主题教育和“传承红色基因、担当强军重任”主题深化思想政治教育。开展民兵宣讲活动，发动老革命军人、行业尖兵、突出典型，采取理论固本、历史寻根、案例警示、情境感悟等方式，强化政治训练，触及思想灵魂，推动全区民兵预备役人员立足本职创先争优。扭住青园、桂花坪“窗口”单位不放松，发挥示范引领作用。抓好长坡社区、金桂社区、桥头社区几个不同类型的示范点建设。完成2020年新兵征集任务并实现“零退兵”。结合春节、“八一”等时机，开展“心连心、战友情”活动，对天心籍现役官兵家庭进行走访慰问；协调教育、政法、民政等相关单位为现役官兵解决子女入学等难题；组织街道为现役军人和天心籍现役军人送立功喜报。以“六进六入”（进媒体、进网络、进橱窗、进讲堂、进活动、进行动，入机关、入学校、入景区、入企业、入社区、入乡村）活动为载体，全面推动国防教育深入普及。（柳馨娴）

【抗洪抢险专业集训】 2020年4月，天心区人武部组织民兵骨干开展为期12天的抗洪抢险专业集训。集训以湘江洪峰过境、兴马洲居民急需转移为演练背景，通过面对面讲、手把手教，使全体参训人员切实掌握专业理论、舷外机操作使用、编队航行以及抗洪抢险综合演练和紧急自救互救等知识技能，促进训练质量的提高。

（柳馨娴）

【民兵组织整顿】 2020年，天心区各街道党工委组织基干民兵开展基干民兵体检。此次体检，严格按照民兵调整改革政策规定，对所有准备编入基干民兵队伍的人员进行体格检查，包括身高、体重、血压、血常规、病史调查等项目；对体检合格的人员进行政治考核，把政治过硬、身体过关、作风优良、听指挥、守纪律的人员充实到基干民兵队伍当中，编实建强民兵队伍；编组完成后，同步进行年度基干民兵政治教育培训，增强基干民兵思想政治建设质效。天心区人武部结合民兵训练科目及环境实际，邀请辖区

图40　2020年5月9日，天心区人武部邀请辖区92岁抗美援朝老兵谭桂秋为参训民兵作战斗精神教育报告　（天心区人武部供图）

92岁抗美援朝老兵谭桂秋为参训民兵进行战斗精神教育报告。谭桂秋以亲身经历，鼓励参训民兵“不忘初心、牢记使命”，努力掌握训练科目，为应急抢险等多种民兵遂行任务打下基础。（柳馨娴）

【征兵工作调研】 2020年6月9日，天心区人武部到辖区长沙理工大学调研2020年征兵工作。长沙理工大学武装部部长、副部长及部分学院负责征兵工作老师参加。大学武装部部长表示将进一步加强组织领导，推进与毕业生就业结合，有序做好疫情防控下大学生征兵工作；副部长从学生报名情况、学校开展的主要工作、下步工作等方面介绍学校征兵工作开展情况，学校利用互联网，开展线上政策宣讲、咨询答疑、征求意愿等工作及取得成效。区人武部部长指出，兵役机关将与学校对接，多措并举，共同做好大学生征兵工作。双方就疫情防控形势下征兵工作的重点难点以及如何推进下阶段工作进行交流。（柳馨娴）

【新兵入伍欢送仪式】 2020年9月10日，天心区新兵入伍欢送仪式举行。天心区人武部领导参加欢送仪式。区人武部部长代表区委、区政府向新兵表示祝贺，政治委员对新兵提出希望，学生代表和新兵代表发言，展示天心区从军报国、拥军优属的氛围以及经各方支持、社会参与的征兵工作成果。（柳馨娴）

【“党史国史微宣讲不忘历史来时路”主题宣讲】 2020年9月3日，天心区建设学习型城区“五个一”活动之“每周一学”第51期紧紧围绕“党史国史微宣讲不忘历史来时路”主题展开宣讲，天心区委副书记、常务副区长、区委党校校长周志军，区委常委、组织部部长张界贻，区委常委、宣传部部长肖雄伟，区委常委、区人武部部长，区人武部政治委员，以及广大现役官兵、专武干部，武警、消防指战员，民兵等参加活动。活动上，分享故事《藏在衣柜里的父子情》，讲述珍藏在衣柜里的父子深情，抒发共产党员为国家和人民勇于牺牲的凛然大义；朗诵经典《英雄的长征青年的长征》，回顾长征路上中国红军用青春热血谱写的一段段传奇。（柳馨娴）

【全民国防教育日系列活动】 2020年9月第20个全民国防教育日之际，天心区人武部、区国防教育办公室举办以“奋进新时代，聚力强军梦”为主题的系列宣传活动，通过国防教育讲堂、国防视频宣传等群众性宣传教育活动，向广大居民宣传国防法规、普及国防知识、展示中国国防和军队建设成就。9月17日，区人武部邀请国防科技大学文理学院教授、博士生导师徐能武在“天心讲堂”开展“全民国防教育日”主题讲座，讲座以“百年未有之大变局中的当前国际形势”为主题，阐述和讲解当前国际政治的风云变幻和中华民族复兴伟业面临的机遇和挑战。制作拍摄的天心区国防教育宣传片在天心区各大商场LED电子显示屏、中小学课堂及“微天心”微信公众号等平台播放。（柳馨娴）

【“传英烈精神，谱时代新篇”烈士纪念活动】 2020年9月30日，纪念活动在湖南革命陵园举行。来自湖南出入境边境检查总站、长沙市民政局、公安局、退役军人事务局、长沙铁路公安处、天心区全民国防教育委员会、天心区裕南街街道南站社区、烈士家属、长沙丝竹青少年交响管乐团、心飞翔残疾人艺术团等各界群众800余人，向烈士敬献花篮、寄托哀思。湖南革命陵园采用云祭扫等方式，尝试用互联网直播的形式传播红色文化、传承英烈精神，吸引上万人在线观看和线上祭扫；同时可以通过云祭扫平台，了解安葬在湖南革命陵园100余位烈士的英雄事迹，通过点击电子鲜花等方式表达敬意和哀思。（柳馨娴）

人民防空

【概况】 2020年，天心区人民防空办公室（简称“区人防办”）推进“15019”工程完成主体建设，信息系统进场施工，开始筹划后期人员配备、资金投入及运转维护、管理等相关事宜。完成“4·4”哀悼新冠肺炎疫情牺牲烈士和逝世同胞警报器鸣响和“11·1”全省警报试鸣日任务；组织开展指挥通信野外实战训练和人防疏散路线考察工作；开展全区警报器培训。对全区人防工程进行2次地毯式巡查，调动各人防工程单位、街道、社区开展人防工程安全生产和维护管理工作的积极性，确保全年人防工程安全无事故；配合长沙市人防办完成新竣工人防工程验收、登记和挂牌；组织全区各街道、社区和物管单位300余责任人开展业务培训，组织全区街道、社区人防专干进行专业培训。（王　沪）

【人防“准军事化”训练】 2020年7月23—24日，天心区住建局人防系统负责人参加长沙市人防办在省军区综合训练队组织开展的全市人防系统“准军事化”训练活动。长沙市人防办邀请湖北省人防办处长陈文讲述人防战术标图；原火箭军指挥学院博士研究生导师卢春林结合中外军事实力对比讲述“人防战时组织指挥程序”课程。基础队列训练考验参训人员的毅力和耐力，同时对内务卫生、战术标图训练、集体队列动作、遵规守纪等情况进行检查评比。市人防办党组成员罗峰表示，这次培训做到了“四训”，即领导重视带头训，方案周全灵活训，多方配合协调训，全体参与自觉训。（王　沪）

【参加人防宣传活动】 2020年，天心区人防办参加在长钢控股集团公司开展的以“提升应急救援志愿服务专业能力，筑牢防灾减灾救灾人民防线”为主题的天心区“5·12”全国防灾减灾日集中宣传活动。区人防办将10月定为人防宣传教育月，开展系列宣传教育活动，在4所小学、4个社区举办8场人防主题宣传活动。（王　沪）

【人防宣传教育月系列宣传活动】 2020年，天心区人防办将10月份定为人防宣传教育月，通过在学校社区开展系列宣传活动庆祝中国人民防空成立70周年。10月13日，区人防办人防宣传教育月启动仪式暨首场“小手拉大手·防空防灾体验嘉年华”活动在天心区新港小学举行，众多学生及家长参加。活动现场，区人防办悬挂宣传横幅、设置科普知识展板；人防授课专家讲解什么是人防，人民防空的历史、地位、作用，防空警报信号的识别以及面对空袭、自然灾害的应对方法等知识，并结合动画形式将人防教育和应急避险、逃生、自救、互救等防空防灾知识进行展示。10月22日，人防宣传教育月活动在天心区幼幼小学举行，200余位学生参加。活动由“防空防灾知识小课堂”和“防空防灾互动体验营”两个部分组成，长沙市民众应急服务中心的专家为学生们普及防空警报的信号辨识、溺水自救互救等知识；外伤处理及搬运、“应急救护我最行”等诸多体验项目，让学生们在轻松愉快的氛围中学到防空防灾应急技能。区人防办向幼幼小学赠送人防应急箱和科普图书。（王　沪）

【“铸就护民盾共建新人防”宣传演练活动】 2020年，天心区人防办以11月1日“全省防空警报试鸣日”为契机，联合湖南省广播电视大学在其校内开展主题为“铸就护民盾共建新人防”大型宣传演练活动，庆祝中国人民防空成立70周年。600余名街道、社区干部群众及学校师生现场参加活动。长沙市人防办和区人防办现场给社区和学校赠送一批实用的人防应急物资和人防知识手册，号召民众主动储备人防应急物资，学习国防人防知识，参与支持人防建设。演练开始之前，长沙市民众应急服务中心工作人员给大家传授防护装备穿戴、心肺复苏、防空警报辨识、止血包扎及伤员转运等多项防空防灾技能。演练活动采取情景模拟方式，结合“11·1”湖南省防空警报试鸣信号，演示防空警报信号辨识、早期疏散人员集结、居民疏散掩蔽等防空应急疏散科目。（王　沪）

城市建设与管理

自然资源和规划

【概况】 长沙市自然资源和规划局天心区分局（简称“区资规分局”）是长沙市自然资源和规划局的正科级派出机构。办公地点设在天心区新姚南路188号。

（谭　巧）

【规划管理】 2020年，天心区资规分局协助完成两轮市级国土空间规划意见反馈编制工作；开展大托铺街道、暮云街道、南托街道村庄规划编制；配合天心经开区科学制定绿心相关规划，谋划做好新旧动能转换文章；全程参与暮云四片控规修编，配合长沙市南部融城办落实“两安”（生产安置、生活安置）用地、社保融资用地缺口和解决长沙县遗留问题。办理有机更新范围内危房翻建审查24户，老旧小区加装电梯备案97台，推进34个“15分钟生活圈”83个项目建设；协助行业主管部门推进“630”电网工程、变电站、5G基站建设，现场参与踏勘58次；审批临时建筑项目6个，总建筑面积6713.11平方米；审批城市个人住宅危房翻建项目11个，总建筑面积772.53平方米；审批公房按四原翻建项目2个，总建筑面积477.29平方米。备案设施农用地项目6个，总计面积6672平方米。

（谭　巧）

【自然资源保护】 2020年，天心区资规分局编制天心区永久基本农田补划方案，落实辖区内基本农田保护方案，严守辖区耕地红线。天心区耕地面积1582.46公顷，超过市对区耕地保有量责任目标1304公顷的要求；经补划，天心区永久基本农田面积共981.51公顷。下发天心区批而未供项目共78个，面积409.65公顷。其中，6个湖南省自然资源厅已做失效批单处置，面积为32.34公顷；处置完成38个批单，处置面积145.80公顷。天心区原有2处废弃露天矿山（新城砖厂、南托杨桥砖厂）生态修复工作全部按时按质完成，且均完成区、市级验收。落实地质灾害调查评价及隐患普查、详查、承担起群测群防、专业检测和预报预警等工作。对于黄土塘地质灾害隐患的问题，及时向区政府提出专业意见，消除安全隐患。制定“打非治违”工作方案和“安全生产专项整治三年行动方案”，以“安全生产月”为契机，开展安全生产宣传。

（谭　巧）

【房地一体权籍调查发证】 2020年，天心区资规分局调查房地一体权籍外业11485宗（宅基地11390宗，集体建设用地95宗）；内业完成9895宗，集体建设用地完成9宗；农村宅基地调查结果公示3864宗，集体建设用地调查结果公示及首次公告1宗；调查成果完成质检6111宗；农村宅基地数据审核入库61宗，集体建设用地数据审核入库8宗。集体建设用地权籍调查及房地一体登记发证工作稳步推进，对部分集体建设用地、农村私房和集体经济组织产业用地颁发不动产登记证书。

（谭　巧）

【依法拆迁】 2020年，天心区资规分局严格按照“103号令”〔《长沙市征地拆迁补偿实施拌饭（长沙市人民政府第103号令）》〕及相关政策文件的要求实施征地补偿。实施征拆的项目共57个，新启动33个项目，拆迁资金长沙市自然资源和规划局到账10.01亿元，共计支付约8.18亿元补偿款，支付社保资金1.49亿元，拆迁腾地115.06公顷，完成私房补偿588户，拆除合法房屋面积约15.53万平方米，拆除集体企业16家。依法依程序审核发布《征收土地方案公告》20个、《征地补偿安置方案征求意见公告》22个、《征地补偿安置方案实施公告》14个，所有项目做好社会稳定风险评估方案，并及时上报市自然资源和规划局及市征地办备案。根据新《中华人民共和国土地管理法》，依法依程序审核发布《拟征地公告》19个。（谭 巧）

【国土执法监察】 2020年，天心区资规分局加大巡查工作力度，实时跟踪监管，下达《责令停止违法行为通知书》50余份、《责令改正违法行为通知书》4份，及时抄告街道和移送城管部门；立案查处违法用地行为12宗，涉及土地面积4.82公顷。其中占耕地总面积约2.18公顷，占基本农田总面积约0.57公顷，已收缴罚款53.16万元。2018年和2019年卫片有存量违法用地共18宗，监测总面积4.85公顷，占耕地总面积2.38公顷。其中3宗完成拆除复耕复绿；8宗进行办理用地手续；1宗授权移交天心国资集团；3宗制订方案；剩余村民建房3宗将以拆除复耕复绿的方式消除违法状态。2020年下发天心区违法图斑共12宗，监测总面积7.43公顷，占耕地总面积3.39公顷。其中5宗完成拆除复耕复绿；6宗完成建设用地手续；1宗移送城管立案调查。国家自然资源督察武汉局2019年耕地保护督察及湖南省自然资源厅2020年例行督察涉及违法用地部分，全部通过审核。（谭 巧）

【农村乱占耕地建房整治】 2020年，天心区资规分局组织技术任务攻坚组、干部职工、街道人员及村委负责人等共489人次，核实核准全区农村乱占耕地建房问题整治清单，1.4万余个图斑按时按质完成，对自然资源部下发的6000余个图斑在全市率先复查完毕。经过技术手段及现场逐一摸排剔除，全区纳入摸排范围面积48.32公顷，涉及占用耕地32.05公顷，占用永久基本农田7.18公顷。（谭 巧）

【规划执法监察】 2020年，天心区资规分局新增批后项目39个，放线25次，建设位置复验23次，竣工检查21次，到位率均达100%，全年向区城管执法部门移送违法建设案件15件，向市支队专报7份，上报行政处罚案卷9个，完成行政处罚2个。协助城管部门、街道现场核查44处疑似违法图斑。共实施控规修改、总图变更、总图批前公示、报建图变更等现场公示117次。配合区城管执法大队，联动长沙市自然资源和规划局审批处室、行政审批和政务服务处，天心区国土执法大队，疑难问题上报支队，准确、及时查处违法建设行为，共向区城管部门出具规划专业咨询意见109余份，认定违法面积超42030平方米。（谭 巧）

【闲置土地盘活】 2020年，国家自然资源督察武汉局要求对天心区21宗闲置土地在6月20日前整改并认定，天心区按要求将12宗闲置土地处置到位，9宗认定为阶段性到位。湖南省自然资源厅下达天心区闲置土地8宗（存量4宗、新增4宗）。处置到位6宗，处置到位率75%。区资规分局负责牵头新开工建设项目和供而未建土地盘活工作，其中：开工建设项目共9个，面积为43.85公顷；天心区供而未建土地共20宗，面积为145.2公顷。（谭 巧）

【房地产办证信访化解】 2020年9月，房地产办证信访遗留处置问题工作移交至天心区资规分局，纳入化解项目18个，其中，原处遗项目5个，完成办结2个：颐美沁园、地震局职工宿舍。推进国家信访局交办件原裕

图41 2020年11月18日，天心区资规分局化解工作获业主锦旗表扬（方 菲 摄）

敏里（7、8 号）项目不动产办证工作。（谭　巧）

【建议提案办理及信访】 2020 年，天心区资规分局处理“12345”市长热线电话及群众诉求电话 200 余件，办结率 100%，满意率 98%。全年办理依申请政府信息公开 33 宗。承办市、区建议提案 23 件，其中，长沙市人大建议 5 件、市政协提案 3 件、区人大建议 12 件，区政协建议 3 件。（谭　巧）

【地质灾害隐患排查】 2020 年，天心区资规分局通过执法人员前期调研，发现桂花坪街道九峰苑社区、九峰公园地块；裕南街道南站社区、湘江中路沿线；暮云街道西湖村铁路坡组、暮云社区黄土塘组、许兴村许桥组屋后存在大雨滑坡的风险；南托街道三兴村和平组地面；城区内的各类建设工地存在施工造成的崩塌、地面塌陷等地质灾害风险。4 月 21 日，天心区资规分局局长康哲新带领办公室及地质灾害相关科所 6 名人员，对上述地方进行排查。自 4 月 21 日始，区资规分局组织工作组对辖区大托、暮云、南托 10 余处地质灾害隐患进行排查，确保在汛期到来之前，人员生命财产安全。（谭　巧）

【2020 土地例行督察工作部署会】 2020 年 9 月 24 日，国家自然资源督察武汉局 2019 违法用地反馈问题整改情况及 2020 土地例行督察工作部署会召开。天心区委副书记、区长黄滔主持，区相关园区、部门、街道主要负责人参加。会议传达学习中央、省、市相关文件精神，听取 2019 年违法用地整改工作及 2020 年土地例行督察相关工作情况汇报，就下阶段整改工作进行研究部署。黄滔强调，各级各部门要坚决遏制各类土地违法行为；确保最严土地政策落实到位；制定科学可行的细化整改方案，按时限要求整改到位；加大执法监管力度，严厉打击各类违法用地行为。（谭　巧）

房屋征收管理

【概况】 长沙市天心区城市房屋征收和补偿管理办公室（简称“区征收办”）主要职能是依据国家、省、市有关征收管理法规、政策对城市规划范围内国有土地上的房屋实施征收，并对补偿、安置进行监督；负责国有土地上房屋行政征收的审批；负责监督、管理征收补偿资金的使用和征收委托合同的备案；负责辖区城市房屋拆除工作监督管理。办公地点设天心区白沙路 389 号。

2020 年，天心区征收办实现签约 1311 户。被评为 2020 年长沙市城市房屋征收工作突出单位，2020 年长沙市征收业绩突出单位、综合联动突出单位。（代　旭）

【扫尾项目】 2020 年，天心区太平街项目开展拆除倒栋工作，项目完成结算；火宫殿项目 7 月初签订征收补偿协议并启动医院搬迁；劳动广场项目实现腾房清零；碧湘街二期项目剩 1 户私房、1 家单位未签约。（代　旭）

【新启动项目】 2020 年，天心区湖南机床厂项目首日签约 639 户，签约率 75%，累计签约 869 户，签约率近 99%；长机棚改长铸地块项目 45 户私房和 8 户公房全部签约，剩 1 家单位未签约；南湖片鼓风机厂项目签约 157 户，签约率 90.23%；燕子岭项目发布四公告、丁家垅项目发布三公告。（代　旭）

【项目结算】 2020 年，天心区新建西路项目于 8 月初完成征收结算；南湖路狮子山、长沙广播电视大学、古道巷（三期）S3 地块、太平街地块、殷家冲零星地块、石人冲水库公园、城南西路顺利结算；碧湘街一期提交结算资料、太平街地块棚改项目有机更新片区进行结算资料整理。（代　旭）

【太平街地块棚改项目有机更新片区】 2020 年 2 月 24 日，天心区发布太平街地块棚改项目有机更新片区项目征收范围公告，启动征收工作；2 月 28 日，发布房屋征收补偿方案征求意见公告；4 月 7 日，发布项目房屋征收补偿方案征求意见情况及根据公众意见修改情况的公告；4 月 30 日，发布项目房屋征收决定。项目是外滩板块首批棚户区改造项目，占地面积 1.07 公顷，建筑面积 19204.69 平方米，征拆私房 160 户，单位 4 家（含 52 户公房、48 户自管产）。项目由坡子街街道办事处承担房屋征收与补偿的具体工作，街道于 2020 年 5 月完成项目腾地工作，11 月底全面完成项目结算工作。（代　旭）

【新开铺路 423 号地块棚改项目（S1、S2、S3 地块）】 2020 年 3 月 31 日，天心区发布新开铺路 423 号地块棚改项目（S1、S2、S3 地块）项目房屋征收补偿方案征求意见情况及根据公众意见修改情况的公告。 （代 旭）

【湖南机床厂及周边地块棚改项目 A、B、C 地块】 2020 年 3 月 31 日，天心区湖南机床厂及周边地块棚改项目 A、B、C 地块发布项目房屋征收补偿方案征求意见情况及根据公众意见修改情况的公告；6 月 24 日，发布项目房屋征收决定。项目由新开铺街道办事处承担房屋征收与补偿的具体工作。项目涉拆面积 6.53 万平方米，涉及征收房屋 19 栋，共 879 户。天心区前期重点针对企业改制遗留问题、安置房源、奖励政策等热点问题广泛征求意见，组织群众对话 30 余场，与中建五局对接。项目 6 月 27 日启动集中签约，首日签约 662 户，签约率 75.3%，第一个签约奖励期（截至 8 月 23 日 24 时）签约 839 户，签约率 95.4%；截至 8 月 26 日 24 时，共签约 840 户，签约率 95.5%，完成协议备案 774 户，备案率 88.6%。 （代 旭）

【长沙广播电视大学新校区迁建项目】 2020 年 4 月 13 日，天心区发布长沙广播电视大学新校区迁建项目房屋征收决定。项目由黑石铺街道办事处承担房屋征收与补偿的具体工作。

（代 旭）

【长沙机床厂及周边零星地块棚改项目（长铸地块）】 2020 年 4 月 14 日，天心区发布长沙机床厂及周边零星地块棚改项目（长铸地块）房屋征收补偿方案征求意见情况及根据公众意见修改情况的公告；11 月 4 日，发布项目房屋征收决定。项目由新开铺街道办事处承担房屋征收与补偿的具体工作，至 11 月 5 日，53 户私房全部签约清零。 （代 旭）

【鼓风机厂及周边零星地块棚改项目】 2020 年 4 月 29 日，天心区发布鼓风机厂及周边零星地块棚改项目征收范围公告，启动征收工作；6 月 17 日，发布房屋征收补偿方案征求意见公告；9 月 4 日，发布项目房屋征收补偿方案征求意见情况及根据公众意见修改情况的公告；10 月 30 日，发布项目房屋征收决定。项目由裕南街街道办事处承担房屋征收与补偿的具体工作，于 11 月 5 日启动签约，截至 12 月 3 日，签约 132 户，签约率 75.8%，腾房 5 户。

（代 旭）

【劳动广场及周边零星地块棚户区改造项目】 2020 年 4 月，劳动广场及周边零星地块棚户区改造项目实现签约清零，12 月 14 日实现全部私房腾房倒栋。项目位于天心区，东临白沙路，南临湖南第一师范学院，西临旭鸣里巷，北临劳动路，总占地面积约 3.3 公顷，涉及征收房屋 325 户（私房 311 户、单位 14 家）。该项目于 2017 年 11 月 2 日由天心区发布项目征收范围公告，启动征收工作。

（代 旭）

【丁家垅零星地块棚改项目】 2020 年 8 月 6 日，天心区发布丁家垅零星地块棚改项目征收范围公告，启动征收工作；8 月 26 日，发布该项目被征收房屋调查结果公告。 （代 旭）

【燕子岭零星地块棚改项目】 2020 年 11 月 6 日，天心区发布燕子岭零星地块棚改项目征收范围公告，启动征收工作；11 月 10 日，发布该项目被征收房屋调查结果公告；11 月 17 日，发布房屋征收补偿方案征求意见公告。

（代 旭）

征地管理

【概况】 长沙市天心区征地服务中心（简称“区征地服务中心”）为区政府直属正科级公益一类事业单位，主要职能有拟订征地方案，承办征地公告和征地补偿安置方案报批工作，协调处理征地补偿安置争议等。截至年末，在职人员 8 名。 （谭 媛）

【征地补偿工作】 2020 年，天心区征地服务中心依法依程序审核发布《征收土地方案公告》20 个，发布《拟征地项目公告》19 个，按要求完成项目社会稳定风险评估方案，及时报送长沙市国土资源和规划局及市征地办进行备案。全年集体土地实施征拆的 103 号令项目有 57 个，腾地 115.06 公顷，完成私房补偿 588 栋，拆除合法房屋面积 15.53 万平方米。

（谭 媛）

【征地安置工作】 2020 年，天心区征地服务中心对省府新区 103 号令征拆项目中 27 名被征地农民进行货币安置，22 名被征地农民进行住房安置；对暮云片区 103 号令征拆项目中的730名被征地农民进行货币安置。协调相关部门将牛角塘城中村改造项目、中意路项目、长沙机床厂及周边零星地块棚户区改造统征地项目、福中福项目、先锋路项目等项目中6385名被征地农民先后分56批纳入医保社保。（谭　媛）

【新开铺路两厢片区改造及基础设施建设工程项目】 2020年9月，新开铺路两厢片区改造及基础设施建设工程项目启动征拆，8天时间完成全部签约。实现项目内31栋私房、8762平方米的建筑物全部拆除，腾地面积18.13公顷。（谭　媛）

【圭白路东延线项目】 2020年11月，圭白路东延线征拆项目13户52人签约，项目集体土地顺利实现签约清零。圭白路东延线项目是连接107国道与芙蓉南路的一条市政道路，南托段全长约1.5千米，道路宽度36米，拟征地面积5.4公顷。（谭　媛）

住房和建设管理

【概况】 长沙市天心区住房和城乡建设局（长沙市天心区人民防空办公室）[简称“区住建局（区人防办）”]主要职能为研究制定全区住房和城乡基本建设工作的整体发展战略、产业政策、近期和中长期规划及年度计划并组织实施，研究制定全区建设工作的整体发展战略，近期和中长期规划及年度计划，对全区城建重点工程建设进行统筹管理、协调和服务，负责全区建筑行业管理、全区建筑市场管理、城市房屋征收监督管理、建设工程质量安全监督管理，负责指导、管理和规范全区房产业，组织实施辖区内城市房屋的征收、补偿、安置等工作，推进建筑节能、墙体材料革新和建设科技进步等工作。

2020年，天心区住建局围绕区工作要点，坚持高标准、严要求，规范办事流程，完成各项工作任务。疫情期间，全区所有规模以上建筑企业和全部在售楼盘均于2月29日之前完成复工复产，42个在建项目在3月底均恢复正常施工，辖区在建项目于4月全部复工。（谢羽桉）

【住房保障】 2020年，天心区住建局共筹集房源632套，保障全区征拆项目房源。为区棚改工作调配保障性房源496套，其中经济适用房41套，合作商品房363套，限价商品房31套，公租房61套。公共租赁住房实物配租521户。新增审批租赁补贴资格33户，实现租赁补贴实时保障227户，发放保障金额165万余元；新增实物配租资格384户；新增经济适用房购房资格72户，经济适用房货币补贴17户；退出公租房保障异动审批130户；完成“半边户”资格确认282户，购房奖励资格551户；办理租赁备案185件。日常巡查累计24311户，上门收取租金4800余次，多次对孤寡老人、“三无”（无生活来源、无劳动能力、无法定抚养义务人或法定抚养义务人丧失劳动能力而无力抚养的公民）人员、病痛户等711户重点关注对象进行上户走访，并建立动态管理台账。（阳　偲）

【房地产经济】 2020年，天心区建筑业总产值1260亿元，同比增长10.2%。房地产新建商品房批准预售面积146.83平方米，网签面积132.38万平方米。共完成建设工程交易备案项目47个，投资总额42.37亿元，其中政府投资（含经开区）总额为13.40亿元，其他投资总额为28.97亿元。区政府投资应招标项目的招标率100%，公开招标率100%，未出现投诉举报事件。（周华利）

【闲置楼宇盘活】 2020年，天心区住建局全面排查区内“闲置楼宇”项目，摸清烂尾原因，协调各方，分类处置。博林金谷项目：法拍486套，法拍金额5.48亿元，面积4.5万平方米。项目盘活并正式销案。橘郡礼顿山项目：工程项目进入工程款结算扫尾阶段，C1区洋房不动产登记证发出，C2区洋房栋证进窗，C2区洋房进行消防预验收，按要求基本整改到位，D区高层消防进行整改。下河街商贸城：主要业主方进行分层办理1—7层栋证，在联合相关业主筹措资金处理后续遗留问题，推动8层违建遗留问题处理。太和广场项目：进入破产清算程序，做好上报湖南省国资委审批工作。德胜001项目：由湖南省绿竹建筑有限公司投资启动德胜001项目二次装修，该公司已缴纳3000万保证金至区委政法委账户，项目相关案件归口到天心区法院，其中40宗达成和解，4宗未达成；项目外架拆除完毕，安全隐患已排除。五七一二棚改项目：开展选房工作，区住建局协调长沙市资规局、市住建局等相关职能部门推进办证手续相关工作，纳入房产办证处遗范畴。青苹果数据城：完成招投标。（何　密）

【黑臭水体整治】 2020年，天心区住建局配合长沙市住建局制定《港子河流域综合治理整治方案》并印发《港子河流域综合治理任务清单》。截至年末，港子河入江口水质基本达标。配合天心经开区、区农业农村局完成南托港2#支流污水接驳至伊莱克斯大道西延段问题。会同各单位推进南托港问题整治，完成1#支流设备运维管理、河道清淤、河底硬化、生态护坡等工作。 （吴承休）

【建筑工程施工许可】 2020年，天心区住建局完办理建筑工程施工许可35个，其中房屋建筑项目32个、市政基础设施项目3个，施工许可3个工作日内办结。 （罗华栋）

【消防验收备案】 2020年，天心区承办建设工程消防验收备案项目114个，其中验收项目29个，备案项目85个。区住建局对辖区重点企业文和友集团总部、文和友海信广场店等多次走访，做好消防验审工作的服务。 （刘　健）

【物业行业监管】 2020年，天心区成立物业行业党委，推进“红色物业”创建，推动成立党组织领导下的业主委员会，指导新成立、换届业委会38个。创评长沙市物业管理标杆（优秀）项目6个、长沙市规模标杆（优秀）企业8家。受理使用物业维修资金申请项目220个，拨付维修资金1092.90万元；通过推动物业管理事项进网格等，预防和减少物业矛盾纠纷，调处物业矛盾纠纷、办理“12345”物业热线工单、来信来访件等共490件。推动物业行业文明创建、垃圾分类、第七次人口普查、消防安全、高空坠物安全隐患排查整治等工作。 （蒋荣利）

【房屋安全管理工作】 2020年，天心区住建局每季度一次在全区范围内开展危旧房屋（构筑物）、高边坡挡墙和深基坑安全隐患排查，更新完善危旧房屋监管台账，形成危房台账报长沙市住建委房屋安全处，对于排查出来的隐患，及时移交区人居环境局负责处理。向各街道下发《房屋（构筑物）安全管理工作紧急通知》，及时处置房屋（构筑物）安全隐患15余起。下达房屋安全隐患整改督办函24份，受理房屋危房鉴定43起，妥善处理涉及破坏房屋承重结构的装饰装修投诉180余起，下达房屋装饰装修整改通知9份。召开城区房屋安全管理三年行动计划及装饰装修软件上线座谈会。全年行政排危流程危房52起，解决天心区涉拆范围内住房安全问题42起。 （王　婵）

【建设执法】 2020年，天心区住建局下发整改通知书60份，立案查处31起，罚款金额90万元。 （万朝晖）

【农村危房改造】 2020年，天心区住建局制定《2020年天心区农村危房改造实施办法》，印发住房安全宣传资料600份，印发危房改造“一户一档”档案300份，制作危改户登记牌600份。下达天心区70户农村危房改造工作任务，其中建档立卡贫困户35户，其他三类人员贫困户35户。联合区财政分配下达补助资金314万元，其中，中央补助资金80万元。 （王　婵）

【租金收缴】 2020年，天心区市属产权非定向公租房收缴2240户，应收租金为260.73万元，实收租金为248.22万元，收缴率95%。定向配租公租房（龙骧巴士）收缴租金14.71万元。合计收取租金金额为262.93万元，全部汇缴到长沙市非税收入管理局。区属产权公租房共收缴61户，收取租金为51.16万元。 （阳　偲）

【“一圈两场三道”】 2020年，天心区推进“一圈两场三道”建设。全年自行车道铺排3条（10千米），分别为：湘江中路（五一大道—劳动路）、城南路（书院路—芙蓉路）、披塘路（新开铺路—中意一路）自行车道改造。全区2020年自行车道项目均达到考核验收要求并投入使用。停车场建设任务为新增停车场16个，泊位数7556个，包括太平路立体停车场和省直机关政务服务窗口立体车库项目。均完成。 （谢羽桉）

【万家园公租房公开摇号选房】 2020年1月13日，天心区万家园公租房公开摇号选房工作启动，此次选房工作持续4天，分配房源近300套。该次摇号选房工作依托长沙市公共租赁住房动态管理系统平台开展，天心区住建局邀请长沙市住建局、天心区纪检驻城建线监察机构、媒体频道等进行全过程监督，确保公开摇号选房工作阳光透明、公平公正，公开摇号选房结果在天心区政府信息网站进行公示。 （阳　偲）

【住建工作会议】 2020年3月19日，天心区召开闲置楼宇处置工作调度会议。区住建局就闲置楼宇近期工作处置情况进行汇报，会议对博林金谷、橘郡礼顿山、青苹果数据城、太和广场、下河街商贸城、德胜001等重点项目逐一进行研究，就每个项目下阶段的具体推进工作进行部署。区委副书记、区长黄滔强调，各相关单位和街道要对各项目逐一研究处置路径和方法；核实清楚每个项目的闲置原因，明确每个项目的处置标准和完成时限，倒排工作计划；加大工作力度，强化工作调度，盘活城市闲置资产，推动区域经济高质量发展。3月26日，区委常委、常务副区长周志军，副区长王海军调研区住建工作，并召开工作会议。区住建局汇报相关工作情况，重点汇报房地产市场基本情况和建筑业运行情况。王海军指出要加强建安企业的发展扶持，做强行业协会，重点走访龙头企业，提升建筑业总产值，优化营商环境，促进项目发展。周志军要求区住建局加大建筑行业扶持力度，提高区域经济贡献度。4月24日，王海军组织召开统筹调度会议，专题研究全区青年公寓示范项目建设、租赁住房房源筹集工作及各申报项目建设情况。区住建局住保中心主任熊磊汇报天心区住房保障和住房租赁市场试点工作落实情况、第一批申报奖补项目评审会相关情况及下一阶段的主要任务及计划。王海军对各申报项目目前的建设进度、下一步计划、实施过程中存在的问题等内容进行解与疑难解答，指出租赁住房主要用于解决外来务工、新毕业年轻群体等的住房问题，要完善住房租赁市场试点工作。5月12日，王海军组织召开天心棚改房源工作调度会议。熊磊对各项目剩余房源分配情况，以及已选房未缴款对象相关情况进行汇报。王海军指出，各街道要进一步核实房源使用情况，进行梳理分类，抢抓时间，完成征拆项目扫尾工作。

（谢羽桉　阳　偲）

【长沙市住建局调研天心区】 2020年4月2日，长沙市城市建设科学研究院院长刘凯带队到天心区，代表市住建局对市政基础设施项目建设情况开展抽查。刘凯一行先后到桂花坪路、杉木冲路、新韶山南路、西湖路、圭白路项目现场实地检查，听取天心区住建局、区公建中心、天心经开区关于天心区市政基础设施项目建设情况及存在的困难。6月30日，市住建局项目规划处副处长郭小东一行到天心区调研指导第二批拟申报租赁住房奖补项目。郭小东一行到丽水熙园、红米公寓、弘高车世界等项目查看现场情况，听取项目负责人的情况汇报，针对各项目申报单位提出的问题进行现场答疑，帮助各申报单位完成项目申报工作。7月9日，长沙市住建局调研员竺钦军带队，组织长沙市住建局设计处、总工室、排水处、科技处一行到天心区专题调研“精美长沙”建设有关工作，天心区副区长王海军，天心经开区、区住建局、区发改局、区财政局、区教育局、区人居局、区城管局、区资规分局、区城建投、区公建中心、区市政维护中心、区园林维护中心相关负责人参加会议。长沙市住建局相关处室和广州市城市规划勘测设计研究院介绍“精美长沙”相关情况及实施方案。为推动将长沙市打造“四精五有”（“四精”即精准规划、精美建设、精致管理、精明增长；“五有”即有颜值、有气质、有内涵、有格调、有品位），拟通过在全市范围内实施“精美五条”（一是精美建筑，实现从“穿衣戴帽”到“内外兼修”的转变；二是精美街道，实现从“城市道路”到“精美街道”的转变；三是精美社区，实现从“传统小区”到“精美社区”的转变；四是精美环境，实现从城市“只做加法”到“加减结合”的转变；五是“精美生活”，实现从“腾笼换鸟”到“筑巢引凤”的转变），以建成可漫步的街道、能阅读的建筑、有温度的城市。王海军要求全区各项目建设单位要按照市政府和市住建局的要求抓好落实，由点到面逐步打造核心区域。竺钦军强调，要从人民的需求和需要出发，小改造做出以小见大的效果，拟打造一批示范项目，推广将“以人文本”的理念贯彻到每一个项目的设计、建设、运维管理全过程。10月28日，长沙市停车办到天心区调研公共停车场建设管理工作。王海军，区住建局负责人陪同调研。长沙市停车办负责人听取天心区停车办关于停车场建设管理工作完成情况、2020年停车场建设计划铺排的情况汇报，对市区关于停车难问题进行分析探讨，要求各单位要以人民需求为导向，努力提升群众的满意度和幸福指数；要确保停车场任务落地，缓解停车难问题，促进城市宜居水平提升。王海军指出，要定期进行督查，确保2020年停车场建设任务落地。

（谢羽桉　王　丹　李　俊）

【万润·时光里新品发布会】 2020年4月24日，万润·时光里新品发布会召开。发布会由天心区住建局指导，赤岭路街道协办，万润·时光里承办，区住建局副局长刘振华，区商务局党组成员李凯，赤岭路街道及白沙社区主要负责人，以及湖南万润控股集团副董事长兼湖南区域董事长王胜成等参加仪式。受疫情影响，该项目非住宅销售基本处于停滞，天心区住建局主动对接各在建项目，扶持和服务房地产开发企业，联合赤岭路街道对该项目进行指导，建设智慧街区，引进优质企业落户，提高项目综合品质，加快辖区房地产去库存工作。项目位于天心区赤岭路街道辖区内（芙蓉路以西，赤岭路以南），总建筑面积近16万平方米，是集商业、SOHO、LOFT公馆等产品业态于一体的城市片区商业中心，主体塔楼为轻奢时尚公寓，配建有独具特色的商业街区，结合地形设置“多首层”商业及商业天街。

（谢羽桉）

【既有多层住宅增设电梯工作调度会】 2020年6月16日，天心区召开既有多层住宅增设电梯工作调度会召开。区政府副区长王海军，区住建局局长李劲松、副局长胡华波参会，辖区13个街道相关负责人参会。会议对上半年既有多层住宅增设电梯工作进展情况进行汇总，将天心区在内五区的排名进行通报，王海军作出工作指示。9月1日，王海军牵头组织天心区住建局、区市场监管局、区资规分局、区工信局、区各街道、通讯公司、燃气公司、供水公司、电梯公司、电梯设计公司召开会议，对全区既有多层住宅增设电梯工作进行讲评和后续安排。（谢羽桉）

【物业管理培训】 2020年9月14日，天心区物业行业文明创建、第七次全国人口普查、垃圾分类工作推进会暨物业管理培训召开。会议由区政府副区长王海军主持，区住建局、区文明办、区城管执法局、区统计局相关负责人以及天心区各街道物业工作分管负责人、天心区物业公司（项目）负责人等400余人参加会议。区住建局局长李劲松通报、部署物业行业文明创建、第七次全国人口普查、垃圾分类工作，区文明办、区统计局、区城管执法局负责人分别就相关工作进行指导及培训。会议要求，各物业服务企业要进一步提高思想认识，建立以问题为导向，抓好问题整改落实，提升物业服务水平，提高业主满意度和幸福感。

（蒋荣利）

【保障性住房违规整改】 2020年11月22—23日，天心区住建局住房保障服务中心工作人员利用住户周末在家未外出的机会，上门对部分购房的住户进行核实，以进一步了解情况，并填写整改通知书，通知住户进行情况说明及举证，同时对已确定的违规行为立即进行整改。区住建局上门核实住户购车、收入超标等情况，提高公租房使用效益，让真正有需要的群众“住有所居”。12月8日，长沙市住建局住房保障规划项目处相关负责人到天心区凤凰苑小区进行房屋使用安全检查。

（阳　偲）

【第四批租赁住房奖补项目评审会】 2020年12月24日，天心区住建局组织召开第四批租赁住房奖补项目评审会。长沙市培育和发展住房租赁市场工作领导小组办公室、区住建局相关负责人参加会议，对申报项目进行集体评审。此次参评共有2个项目，预计房源1000套左右。会议采取逐个项目评审的方式，由项目单位介绍项目建设、筹集、运营等基本情况，以及奖补资金使用方案等内容，并做出相应承诺。评审组针对项目申报资料中的相关情况，提出意见建议，区住建局将综合各评审意见给出评审结论。通过宣传和组织申报，截至2020年12月底，天心区第一、二批已备案项目12个，合计房源2351套；第三批已评审通过正在公示项目3个，合计房源292套。待第四批奖补项目备案通过后，天心区即完成2020年3000套的目标任务。

（阳　偲）

公共工程建设

【概况】 长沙市天心区公共工程建设中心（简称“区公建中心”）为天心区人民政府直属公益一类正科级事业单位，主要承担区政府投资项目（工业园区项目、水利项目及城管、市政、环卫、园林等市城管系统下达的建设任务除外）的组织实施和代建管理工作。内设办公室、总工室、工程管理科、计划前期科（合约造价管理科）、财务科5个科室。

2020年，区公建中心紧紧围绕项目建设主责主业，坚持一手抓疫情防控，一手抓项目建设，努力推进项目建设，全年完成投资约2亿元。（刘　望）

【项目建设成果】 2020年，天心区公建中心完成园艺路、银杏路延长线、杉木冲路二标、桂花坪路东段等道路建设，一批断头路、瓶颈路实现建成通车。完成雅礼书院中学、友谊学校、建业中学提质改造，青园小学梓枫校区二期地下工程4个学校项目建设。完成青山祠社区有机更新项目、历史文化步道标识系统等项目建设。暮云特勤消防站项目建成投入使用。（刘　望）

【项目建设重难点工作】 2020年，天心区公建中心完成4个项目立项，取得2个项目可研批复、3个项目初步设计批复、2个项目的工程规划许可证和综合管线规划许可证、1个用地红线，完成1个施工图备案，为项目建设提供保障。年初全面梳理2011年以来未结算合同，逐项明确工作目标和责任人员，加强协调联动，全年完成17个项目结算，另有24个项目结算送审。项目移交工作以整治交通顽瘴痼疾为契机，实现8条道路项目管理权移交突破性成果。（刘　望）

【重点工程服务】 2020年，天心区公建中心代表区政府对接服务湖南省“三干两轨”〔即推动长株潭交通一体化项目，“三干”即芙蓉大道、洞（井铺）株（洲）路、潭州大道快速化改造项目；“两轨”即长株潭城际铁路“四完善两加快”（完善股权结构、完善管理体制、完善运营机制、完善与之相配套的基础设施；加快推进城际列车“小编组、高密度、公交化”开行，加快推进票务系统兼容和“一卡通”）〕重点项目芙蓉大道快速化改造和先锋路项目建设，牵头负责项目在天心区的征拆协调工作，打造“市、区共建”模式典范。截至2020年年底，芙蓉南路快速化改造项目实现通车，先锋路征拆及腾地任务全面完成。（刘　望）

【杉木冲路道路工程】 天心区杉木冲路道路工程是天心区规划路网中的一条城市次干道，地处天心区黑石铺街道，二标段（保利花园—书院路）西起保利花园小区西侧，东至书香路，全长540米，设计车速为40千米 / 小时。2020年5月8日，区政府副区长许波一行调研杉木冲路一标段项目。许波就相关事项进行现场调度，要求各职能部门全力配合，加大工作力度，为项目建设顺利推进提供保障；项目各参建单位要确保按期高质完成建设任务。（刘　望）

【园艺路北段道路工程】 天心区园艺路北段（桂花坪路—时代阳光大道）道路工程是天心区规划路网中的一条城市支路，地处天心区桂花坪街道，北起桂花坪路，南至时代阳光大道，全长625.50米，规划路幅宽度为20米，设计车速为30千米 / 小时。（刘　望）

【桂花坪路道路工程】 天心区桂花坪路（园艺路—刘家冲路）道路工程位于天心区桂花坪街道，西起园艺路，东至刘家冲路，长度349米，路幅宽度30米，为城市次干路。（刘　望）

【雅礼书院中学项目】 天心区雅礼书院中学改扩建工程总建筑面积53170.73平方米（地上建筑面积39432.73平方米，地下建筑面积13738平方米），项目建成后可容纳60个班。主要建设内容包括：科学楼、综合楼、后勤用房、体育馆、办公楼、门厅及看台、大门及门卫室及土石方工程、基坑支护工程、桩基工程、绿化等附属工程。2020年3月26日，天心区副区长许波调研雅礼书院中学项目建设工作，区教育局、区公建中心、雅礼书院中学、施工单位等相关负责人参加。许波现场听取区公共工程建设中心关于项目建设进展情况的汇报，提出要求：打造平安工程、样板工程；抢抓节点工期，确保工程保质保量按期交付。7月23日，天心区雅礼书院中学新校区启用，第一场活动就是在体育馆举行2020届高三毕业生毕业典礼暨成人礼，800余名毕业生和家长代表参加。同年秋季学期，该校正式投入使用。（刘　望）

【友谊学校新建项目】 天心区友谊学校新建项目于2020年1月实现封顶，8月29日正式交付使用。项目位于天心区青园街道木莲路南侧，项目总用地面积14524平方米，总建筑面积15908.84平方米，地下1层、地上6层。包括1栋教学楼、1栋综合楼、1栋体艺楼，建设规模为18个班，可容纳全日制学生900人。该所学校的建设，有利于弥补该区域义务教育阶段教育资源的不足，改善该地区适龄儿童入学条件和完善区域内义务教育教学基础设施建设。（刘　望）

【青山祠社区有机更新项目】 天心区青山祠社区有机更新项目主要对福王墓以西、书院路以东、劳动路以南、第一师范以北的区域进行改造。该片区主要以居住为主，项目建设主要围绕“改善环境、实现宜居、展现历史、增加宜游”展开建设，进行地面、绿化、文化节点及小品小景建设，沿线强弱电杆线下地，环境配套改造，消防等相关设施完善，改造总面积6万余平方米。通过“微改造”，改善建筑风貌，整体提升社区基础设施和公共服务、文化、教育、卫生水平，同时，项目结合历史步道的建设，建立包含17处记忆点在内的解说系统，并通过文字、绘画、二维码音视频等媒介进行线上、线下展示，以达到保存城市记忆、传承历史文脉的目的。（刘　望）

【暮云特勤消防站项目】 天心区暮云特勤消防站项目于2020年10月26日完成竣工验收，地处于天心区暮云街道，是集特勤消防站、消防物资储备、部队轮训多功能为一体的新型城市消防站。项目净用地面积13944.86平方米；规划建筑总面积7716.6平方米，包含主楼建筑面积4893.2平方米，附楼建筑面积1600.2平方米，训练塔建筑面积1136.8平方米，门卫建筑面积86.4平方米。暮云特勤消防站可服务半径7千米以内的人群，主要为暮云片区及周边区域服务。项目的建设，有利于优化片区消防网络布局，增强整个区域的安全防范能力。

（刘　望）

城市建设投资开发

【概况】 长沙天心城市建设投资开发集团有限公司（简称“天心城投集团”），主要负责天心区范围内棚户区改造投资和老城区有机更新，城中村改造投资和被征地农民社保安置，土地整理开发以及天心区政府授权的重大项目投资建设。集团有1家母公司——长沙天心城市建设投资开发集团有限公司，3家子公司——长沙天悦投资有限责任公司、长沙天泰投资有限责任公司、长沙顺之安棚户区改造投资有限公司，其中，长沙顺之安棚户区改造投资有限公司代管长沙市天心棚改投资有限责任公司，负责天心区纳入市级统筹棚改项目相关业务。集团办公地址位于长沙市天心区雀园路568号创谷·长沙天心文化（广告）产业园1栋3楼。

（刘决溪）

【重大项目建设】 2020年，天心城投集团推进天悦和苑二期、天心佳苑、港子河暮云砂场段堤防加固工程等重大项目建设。天悦和苑二期实现主体封顶，天心佳苑完成外运土方23万立方米，港子河暮云砂场段堤防加固工程项目完成建设。（刘决溪）

【棚户区改造项目】 2020年，天心城投集团投入棚户区改造资金25.92万元，确保棚户区改造及有机更新项目顺利推进。湖南机床厂棚户区改造项目6月24日发布征收五公告，启动征收。长沙机床厂棚户区改造项目（长铸地块）11月4日发布征收五公告，启动征收当天即完成私房签约清零。碧湘街二期剩2户私房、1家单位，西文庙坪A地块签约率66.72%。完成火宫殿一期、太平街有机更新、劳动广场、西文庙坪B1、B2（一期）项目征收清零工作。（刘决溪）

【城中村改造项目】 2020年，天心城投集团完成黑石城改用地统征手续办理以及暮云1、2号地，天悦14号地三公告，天悦12号地一公告发布，完成黑石小学改扩建项目征收腾地，新天城改舒家桥地块在启动拆迁12个小时内实现拆迁清零，累计投入拆迁安置社保资金9.34亿元；完成实物房源安置48套、6119.16平方米，安置指标43个；完成货币安置指标1070个，累计支付安置资金36317.86万元；纳入社保839人，缴纳社保资金11633.36万元；累计支付超期过渡费2141.23万元。

（刘决溪）

【老城区有机更新项目】 2020年，天心城投集团对太平街、古道巷（三期）、火宫殿二期、西文庙坪4个片区实施有机更新改造。西文庙坪一、二、三期竣工验收，四期基本完成；太平街四标项目护窗及招牌进入扫尾阶段；古道巷（三期）竣工验收；火宫殿二期进入扫尾阶段。全年完成房屋改造2085栋，改造街巷长度19.21千米，改造、铺设各类管线148.28千米，改造、新增路灯464盏，新建、改建厨卫78户，新建、改建站厕等36座，打通微循环11处，新增停车位30个，改造节点25处。保护修缮文物建筑、历史建筑或历史遗存8栋（处）。

（刘决溪）

【项目征收结算】 2020年，天心城投集团完成天心一中、新建西路、狮子山、太平路二期、古道巷三期、太平街一期项目征收、

前期、棚改补贴结算，完成劳动广场前期费用、碧湘街一期棚改补贴、新下河街前期、棚改补贴结算。（刘泱溪）

【土地整理开发】 2020年，天心城投集团对接区南部办、区资规分局，完成暮云片区内92.33公顷社保用地控制性详细规划方案批前公示，落实商住用地指标59.13公顷、绿色产业用地9.69公顷、教育配套指标5.07公顷，其他为市政配套。（刘泱溪）

【资产招商运营】 2020年，天心城投集团关注和发掘城中村改造、棚户区改造过程中释放的优质资产，探索招商运营，盘活国有资产。通过合作、租赁、房款回收等方式，盘活闲置资产。2020年，实现太平路（二期）、碧湘佳苑、顺安大厦等零星资产的运营，创收4330万元。（刘泱溪）

【地块招商】 2020年，天心城投集团完成天悦2、3号地出让，湘江集团旗下湖南梦想置业有限公司以楼面地价6300元/平方米、总价12.08亿元价格摘牌，实现城投土地出让的零突破；促成九峰整村城改招商基本意向落地；与融创中国控股有限公司就古道巷与长沙机床厂搭配达成招商意向；与当代置业（中国）有限公司就狮子山地块达成合作意向。全年实现土地资金回笼21.34亿元。（刘泱溪）

【朱东铁调研天心佳苑项目建设工作】 2020年3月26日，长沙市副市长、天心区委书记朱东铁一行到天心佳苑项目部调研。在项目现场，天心城投集团党委副书记、总经理彭野战介绍项目复工复产、项目规划和工程建设进度等相关情况。朱东铁对天心佳苑项目的规范化、标准化做出相应的工作部署。天心佳苑系天心区新建西路零星棚改项目配建安置房，是长沙市、天心区重点建设项目，位于赤岭路街道辖区，用地面积约5.27公顷，建（构）筑物10栋，建设住宅1512套，全部用于安置天心区棚改征收户。2月以来，长沙顺之安棚改公司多措并举助力项目施工单位复产达产，提前组织区直各部门召开基坑支护和土方开挖的技术交底会，办好质安监提前介入手续，协调万润打通临时出土通道，办好渣土证等，确保项目在3月初顺利复工；紧盯目标任务，有效推进施工进程。该项目质安监理提前介入手续、办公区域的硬化及施工用房搭设等前期铺垫工作基本完成，土方外运及道路硬化进入施工阶段。（刘泱溪）

【债券市场化及创新专题培训】 2020年6月4日，天心城投集团组织开展债券市场化及创新专题培训。培训邀请国家开发银行湖南省分行市场处副处长张少平主讲，集团全体干部员工参加。张少平分别从债券市场40年发展情况、债券市场发展驱动因素、债券市场发展新趋势、湖南省债券市场发展特点、从市场角度看城投转型六个方面，结合城投集团平台转型、AA+信用评级及现有业务内容进行讲解。天心城投集团党委书记、董事长张勇刚表示，此次培训有利于提升全体员工对金融工具及债券市场的认识为公司战略转型拓宽新的思路。（刘泱溪）

【天悦2号、3号地块挂牌出让】 2020年9月2日，天心区天悦2号、3号地块挂牌出让，该地块被湖南梦想置业开发有限公司以底价120827万元摘得。天心城投集团采取线上线下相结合的方式，利用地块电子地图、视频会议等方式，以“云招商”模式扩大招商范围；集中力量瞄准中国建筑集团有限公司、中国金茂控股集团有限公司、湖南湘江新区发展集团有限公司、城发集团等央企、大型国有企业、省市级平台公司，实施“一企一策”精准招商；完成出让蓝线、规划条件、测绘、挂牌条件等出让准备工作，顺利通过2020年第二次市土委会议审议，及时解决因政策调整带来的杆线迁移、项目内租赁住房核定等问题，确保顺利挂牌出让。该地块位于天心区杉木冲路与书院路交叉口东南角，出让面积为6.72万平方米，规划用途为商业住宅用地（R2/B1B2），起始价土地挂牌出让最高限价为134253万元，住宅（毛坯）销售均价不超过1.28万元/平方米。挂牌条件包括，竞得人须在天悦2、3号统征地块红线外投资建设完成1所小学和1所中学的扩建，总投资额度不低于8000万元，总建筑面积不低于2.2万平方米，按照区教育局和区住建局确定的建设标准进行建设，并无偿移交给区教育局。学校须在2022年7月31日前完成交付；小学、中学用地为划拨用地，由天心城投集团负责交地；小学和中学的设计方案须通过天心城投集团审查后方可实施建设。竞得人须按城市道路建设标准投资配建S09—A422和S09—A43地块中间的豹山路，城市道路的设计方案须通过天心城投集团审查后方可

实施建设。（刘泱溪）

【何敬麟考察天悦待出让地块】 2020年12月18日，全国人大代表、澳门工商联会会长何敬麟一行到天心区实地考察天悦5—1/11号地、5—2号地，了解土地总体规划以及沿新昌路周边开发建设情况。长沙市政府港澳办主任郑力虎、市商务局副局长孙春华、天心区政府副区长王海军和市、区相关单位人员陪同考察。王海军表示，希望能加强合作力度，深化多领域、多层次的合作关系，促进共同发展，实现互利共赢。5—1/11号地位于天心区黑石铺街道，新开铺路和新昌路的西南角，可出让面积2.93公顷，规划指标为住宅用地，现状容积率2.5。5—2号地位于天心区黑石铺街道，新开铺以东、新联路以西、新昌路以南、春明路以北，可出让面积3.32公顷，规划指标为商业用地。

（刘泱溪）

【九峰整村城改项目招商】 2020年11月17日，天心区举办优质资源暨九峰村整村招商推介会，现场推出包括九峰村城改项目在内的16块珍稀资源地块，吸引华润地产、中国电建、中房集团、厦门建发集团、万科地产等国内知名地产企业参会。2020年12月30日，天心区发布九峰整村城改项目招商公告。经天心区黑石铺街道九峰经济合作社三分之二以上村民表决及授权，同意九峰经济合作社两安留地及集体土地委托天心城投集团作为招商主体，对其所需土地开发合作招商项目以公开招商方式组织招商活动。12月31日，与中国电建地产签订《九峰整村城改项目招商协议书》，从确定实施整村招商，到意向企业报名、2.5亿元保证金到账，前后不到两个月，再次展现“城投速度”。（刘泱溪）

【精准扶贫】 2020年7月17日，天心城投集团党委书记、董事长张勇刚一行赴天心区对口扶贫点——怀化市通道县石壁村考察调研，对10名贫困户逐一走访，为石壁村送上10万元扶贫资金，为打赢脱贫攻坚战贡献城投力量。

（刘泱溪）

国资经营

【概况】 2019年12月15日，长沙市天心区人民政府出资组建长沙市天心国资经营集团有限公司（以下简称“天心国资集团”），注册资本15亿元。主要承担国有资产运营和资本运作，有效盘活“三资”（资金、资产、资源），实现市场化经营。自成立至2020年年底，天心国资集团设5家全资子公司、2家控股子公司和8家二级子公司和1家三级子公司，主要以政府划拨的土地、资产，拓展人力资源、建材经营、医疗投资、新能源新基建、贸易供应链、农业投资等项目。公司位于长沙市天心区雀园路568号创谷产业园1栋12层1249—1256房。

（颜益阳）

【资产管理公司】 2020年3月，湖南天心资产运营管理有限公司（简称“资产运营公司”）从区城投集团划转至天心国资集团，注册资本2000万元，主要承担从政府划拨的产业园及配套设施项目的管理及资产、土地、物业、农贸市场经营管理业务。2020年，资产运营公司全年经营性创收破1亿元。（颜益阳）

【天心人才公司】 湖南省天心人才集团有限公司（简称“人才公司”），由天心国资集团与湖南人才市场有限公司共同投资成立，注册资金3000万元，实缴资本500万元，天心国资集团已投入资金255万元，持股51%，主要承担人力资源管理咨询、培训、供求信息的搜集和发布业务。（颜益阳）

【天晖医疗】 2020年1月，长沙天晖医疗投资有限责任公司（简称“天晖公司”）从区城投集团划转至天心国资集团，注册资本5000万元，主要承担湘雅五医院建设、筹备等医院建设管理业务。

（颜益阳）

【中御建材】 2020年1月，湖南中御建材有限公司（简称“中御建材”）由天心建材与长沙镕帆建材有限公司共同出资成立，注册资本600万元，天心建材认缴出资306万元，持股51%，主要承担五金建材的批发与零售、消纳场、渣土运输等业务。

（颜益阳）

【天卫公司】 2020年2月，长沙天卫医疗用品有限公司（简称“天卫公司”）由天晖医疗与广州粤利他防护用品有限公司共同出资成立，注册资本1000万元，天晖医疗认缴出资900万元，持股90%，主要有口罩生产、二类医疗器械、劳动防护卫生用品经营业务。（颜益阳）

【新能源新基建项目战略合作协议签订】 2020年3月27日，天心区政府与中核山东能源有限公司（简称“中核山东能源”）签订电动汽车充电基础设施建设及配套服务项目战略合作框架协议。天心国资集团作为合作实施单位，全面启动新能源、新基建项目合作与建设。 （颜益阳）

【供应链合作协议签订】 2020年5月19日，天心国资集团与湖南和鑫供应链合伙企业（有限合伙）共同投资成立湖南天心供应链有限公司（简称“供应链公司”）。公司注册资金5000万元，实缴资本1000万元，天心国资集团已投入资金510万元，持股51%，通过组建专业团队，双方将在建材、电子产品（手机）集中采购、大宗有色金属、能源等业务板块开展贸易业务合作，增加企业现金流。

（颜益阳）

【智慧城市战略合作协议签订】 2020年5月20日，天心国资集团与威胜信息技术股份有限公司（简称“威胜信息”）签订智慧城市战略合作协议。根据协议，双方将在开闭所终端设备（DTU）、配变终端设备（TTU）、馈线终端设备（FTU）以及配套DTU/FTU的配电自动化线损模块，充电桩用直流表，综合能源管理系统配套配电监测仪表，以及在大数据云平台、人工智能、智慧城市、智慧园区、智慧消防、第四代建筑+智慧社区、智慧生活等物联网全链条产品和系统形成全面的战略合作伙伴关系。如安防自动化系统、楼宇自动化系统、消防自动化系统、能耗管理系统、智能抄表等各自优势领域进行解决方案深度融合。威胜信息主要导入DTU/FTU/TTU以及站所/馈线终端线损模块、直流表、导轨式电力仪表、安装式配电仪表、智能水表、各种通信模块和技术，以及在能源管理、智慧安防、智能家居、通信技术等方面提供产品和技术，天心国资集团在建筑规划、设计等方面提供产品和技术，并将整合项目合作信息、组织并协调商业运作和提供执行采购接口，互相进行产品导入，提升合作项目的整体竞争力。

（颜益阳）

图42 长沙市天心国资经营集团有限公司 （天心国资集团供图）

【黑石铺砂石转运基地】 2020年，中御建材在天心区黑石铺砂石货运站原有基础上进行升级改造，完成标准化厂房建设，有效解决露天作业带来的扬尘、噪声等一系列环保问题；对接广铁集团，启用高低站台，由年吞吐量80万吨提升到200万吨，可实现堆放5万吨，年产值2.5亿元。

（颜益阳）

【天筑六建】 2020年7月，湖南天筑六建混凝土有限公司（简称“天筑六建”）由天心建材与湖南省第六工程有限公司共同投资成立，注册资本6000万元，由天心建材投入资金3060万元，持股51%，主要承担混凝土制造、水泥销售、建筑工程机械与设备租赁等业务。公司位于长沙市天心区南托街道中意二路356号牛角塘村。

（颜益阳）

【黄滔专题调研天心国资集团】 2020年7月7日，天心区委副书记、区长黄滔专题调研天心国资集团工作。区领导周志军、王海军，以及区属相关单位、街道主要负责人参加。会议听取天心国资集团工作情况汇报，公司全力布局产业，加大招商力度，克服疫情影响，在人才、建材、医疗、资产、新基建和供应链等板块实现项目推进，2020年上半年创收1.2亿元，引进百万以上税收企业5家。会议就天心国资集团厘清管理关系、薪酬制度改革等问题进行研究。黄滔强调，天心国资集团要有效整合、盘活“三资”，确保平稳化债；要建立现代企业制度，实行制度化、流程化、标准化、市场化、法制化、规范化运作；要做实产业基础，拓宽融资渠道，扩充资产规模，探索多种经营，提升经营效益；要确保企业健康快速发展。（颜益阳）

【天心农投公司】 2020年8月，为进一步推进南部片区乡村振兴，天心国资集团出资成立天心区农业农村发展投资平台公司：湖南天心农业发展投资集团有限公司（简称“天心农投公司”）。天心农投公司属于天心国资集团全资控股子公司，作为天心区政府生态修复及农业农村项目市场化投资实施主体。公司定位为生态资源修复、农用土地改良、农业产业资源整合、现代农业服务和农业产业投资发展的综合服务商。公司目标为落实乡村振兴战略，在城乡统筹、城乡一体、产城互动、生态宜居、和谐发展的新型城镇化建设模式下，推动“适宜居住、适宜生产、适宜创业、适宜休闲”的美丽乡村建设，带动天心区涉农产业的规模发展，推进辖区农民精准致富增收；以市场为导向，根据大托、南托、暮云3个涉农街道的自然环境和政策资源，对区内三农资源全面整合，依托3街道实际土地情况，统筹规划、设计、重点落实可操作性强的涉农产业项目，大力发展具备特色的现代种植业产业、休闲文旅服务产业、农产品加工贸易产业，努力构建“三产联动、多业融合”的经济业态，实现农发投自身经营持续发展。

（颜益阳）

【区领导调研区国资公司发展情况】 2020年11月18日，天心区政协主席会议成员、相关委办负责人、部分政协委员调研区国资公司，实地视察天心人才集团、南托混凝土搅拌场、黑石铺砂石转运场等项目，随后召开座谈会议。区领导周志军、夏艳兰、彭泽南、黎小玲、陈劲、赵英华、彭元强参加。会上，区国资公司汇报成立以来的工作开展情况，与会人员对国资公司当前工作成效给予充分肯定，就国资公司当前工作面临的困难、后续的发展进行协商交流，并提出相关建议。周志军强调，区国资公司在三大攻坚纵深推进、加强国有资产管理、政府化债等背景下应运而生，作为国资企业工作人员，要把握好政治性、市场性、资源型、协同性、风险性五个特性；要科学谋划企业未来发展，争取“一年打基础，三年成规模，五年上水平”；要在管理上下功夫，注重从人力资源管理、风控管理、智慧管理等方面，建立精细科学的现代企业管理制度；要赢得支持，加强对内对外的宣传推介；要开放理念，善于借力，加强与优质资源合作、对接和共享，着力提升公司的市场竞争力。

（颜益阳）

【洽谈交流开放式小区物业管理运营模式】 2020年12月15日，天心国资集团党委书记、董事长何竞，纪委书记、监事长吴佳波一行到湖南建工物业发展集团有限公司（简称“物发集团”）洽谈合作事宜。物发集团党委书记、董事长吴湘海，首席战略官万志强，七星物业党支部书记、董事长胡红波等相关负责人参加洽谈。七星物业作为物发集团全资子公司，在该次合作中负责具体落地事宜。吴湘海指出，该次交流旨在落实天心区政府有关会议精神，加强沟通、探索开放式小区物业管理运营模式，探讨合作模式。何竞介绍天心国资集团基本情况，期待双方共同探索开放式小区物业管理运营模式，承担社会治理责任，促进和谐社区建设。万志强介绍物发集团及中国城市化进程加速背景下开放式小区的痛点与运营方案。与会人员对开放式小区物业管理运营模式进行交流，就合作模式、职能定位、业务渠道等合作事项进行探讨，并达成共识。该次洽谈交流，有利于双方凝聚共识、深化合作，高效推进具体事项合作进程。（颜益阳）

城市管理和行政执法

【概况】 长沙市天心区城市管理和综合执法局（简称“区城管执法局”）主管全区城市管理的政府工作部门，内设办公室、党建宣教科、监督考评科、基础指导科、行政审批和政务服务科、工程设施管理科、固体废弃物管理科、政策法规科8个科室，下设区数字化城市管理协调中心、重点窗口地区（长沙新世纪体育文化中心广场）城市管理协调事务中心2个直属事业单位。截至年末，在职工作人员75名。

2020年，区城管执法局围绕全区中心工作，把握“四精五有”工作标准，推进城市管理品质提升行动，全区市容井然有序，城区品质显著提升。

（汪　献）

【精细化管理】 2020年，天心区城管执法局组织召开区级专项调度会12次，刊发《天心城管》34期；推行城市管理“721工作法”（出现城市管理难题，70%的问题用服务方式解决，20%的问题用管理方式解决，10%的问题用执法方式解决），变被动管理为主动服务，变末端执法为源头治理。依靠数字化城管指挥中心办理案卷近9万条，建立完善智慧环卫系统、建筑装修垃圾人工智能监管系统、共享单车运维调度系统、油烟监测系统。每季度开展“城管开放体验日”活动，畅通公众有序参与城市管理的渠道；严格落实“门前三包”责任制，调动相关部门单位和沿街经营户参与城市管理积极性。（汪　献）

【污染防治】 2020年，天心区城管执法局查处餐饮油烟及垃圾焚烧案件106起，罚款12.6万元。全年安装油烟净化设备2713家，油烟在线监控设备353台；探索安装建筑垃圾人工智能监管系统，助推建筑垃圾运输行业迈入智能车联网时代；治理裸露黄土27.75万平方米。完成省级环保督察“回头看”交办问题7个、湘江风光带社会噪音治理项目2个、弘阳·昕悦府工地噪音治理项目1个。加大双管子河科学治理力度，完成3条支流水质检测，双管子河基本消除黑臭。（汪　献）

【拆控违工作】 2020年，天心区城管执法局严格控制新增违法建设，推进历史违法建设拆除。全年拆除新建违法建设50处1955平方米，拆除历史违法建设321处3.79万平方米，销号市拆违办交办国土违法图斑9处。（汪　献）

【垃圾分类工作】 2020年，天心区城管执法局通过政府采购招标，完成有害垃圾、大件垃圾处置端建设，除装修垃圾、可回收物之外，各类垃圾收运处置体系基本搭建完成。制定下发《2020年度天心区生活垃圾分类工作绩效考核实施细则》《天心区厨余垃圾年度考核目标任务攻坚方案》，全年刊发周报、月报34期，部门联动约谈物业企业85家，发布督查通报52份，整改问题413个。以《长沙市生活垃圾管理条例》颁布为契机，开展宣传“七进”系列活动，全年开展宣传宣讲活动5000余次，入户宣传21万次，在《人民日报》宣传报道18次，《湖南日报》《长沙晚报》等省、市主流媒体宣传报道93次。试点推广暮云街道磊鑫嘉苑小区“五定一督”无桶化先进管理模式。（汪　献）

【城管项目建设】 2020年，天心区城管执法局实施芙蓉路（人民路—湘府路）道路空间品质提升工程，对沿线绿化景观带进行花化彩化，对贺龙体育馆东侧、新建西路口、新韶路口等重要节点打造景观节点；实施“一江两岸”城市照明提质工程，对中建江山一号小区8栋楼宇、金域南外滩1栋新建楼宇及望江公园山体进行亮化，同步接入全市“一江两岸”整体亮化系统；实施“人民满意公园”建设，对天心阁公园亮化设施进行全部升级，通过泛光和投光的方式点亮天心阁城墙，对园区老旧庭院灯进行修缮翻新；实施南二环（浦沅—猴子石）桥下空间综合整治项目，美化绿化桥下环境，提升城市品位。（汪　献）

【行政审批和招牌备案】 2020年，天心区城管执法局推行“就近办、网上办、马上办”，优化审批流程，缩短审批时限，由7个工作日缩短为5个工作日。以保障市容秩序稳定为前提，以促进消费为根本，推行包容、审慎、柔性执法，全年办理涉企交办问题32件，办理占用、挖掘城市道路审批219件，临时占用街道两侧和公共场地许可885件，建筑工地围挡广告设置审批44件，临时占用城市绿化用地审批38件，砍伐城市树木审批12件，招牌登记157件。（汪　献）

【燃气行业监管】 2020年，天心区城管执法局组织开展燃气安全宣传活动3次，印制燃气安全宣传手册6.63万份，在市级以上媒体发表有关安全生产文章11篇。定期对大中型餐饮门店开展隐患排查行动，下发警示通知单7次，交办单36次，全部督促整改到位，及时消除安全隐患。联合区城管执法大队、街道查处黑气站点7家，没收液化气200余瓶；查处损毁天然气设施案件5起，非法储存液化气案件7起；首次实现跨市执法，联合湘潭昭山示范区查处非法运输黑气案件1起，扣押非法运输车辆4台，罚款22.09万元。（汪　献）

【燃气安全专项整治及宣传】 2020年，天心区城管执法局组织各街道、各城管执法中队对辖区内瓶装液化气点进行专项整治。1月5日，执法人员查处1处燃气点存在非法经营液化气黑站点现象，对22瓶液化气罐进行暂扣。6月22日，天心区城管执法局组织燃气站点管理员、一线配送员、街道社区人员、执法中队代表在湘府文化公园开展燃气安全知识趣味竞赛。现场通过游戏互动、发放宣传画报、有奖知识问答等多种形式，向广大市民推广燃气的安全性，增强群众的用气安全意识。12月1日，区城管执法局组织区城管执法大队、步行街管委会、辖区街道在黄兴步行街中心广场举行长沙市天心区“燃气安全、情系万家”暨燃气安全宣传活动，现场邀请提质提档小区业主代表、餐饮门店负责人、燃气企业代表等300余人参加，向市民现场答疑咨询80余次、发放燃气宣传册1000余份。活动安排播放燃气安全宣传视频、文艺演出、有奖问答、分类游戏等环节。（汪　献）

【城市管理整改提质行动】 2020年7月2日、7月8日，天心区委副书记、区长黄滔分别就城市管理整改提质工作进行专项调度。天心区城管委办下发《天心区城市管理整改提质行动方案》，明确工作任务和实施步骤，推动整改提质行动全面开展。8月21日，区委书记刘汇专题听取省府周边环境整治工作情况汇报；9月4日，刘汇就城市管理整改提质行动中“五纵五横”等重点项目进行调度；9月21日，刘汇、黄滔调度湘江大道、芙蓉路提质改造项目，明确项目设计单位、实施内容和投资规模。此次行动，区城管委办落实市城管委交办整改清单3批47处，整改率100%，牵头自查自改问题2批94处。（汪　献）

【垃圾分类工作调研及活动】 2020年1月10日，天心区政协主席夏艳兰带队调研青园街道友谊社区金葳佳园小区垃圾分类工作，听取青园街道安全生产、垃圾分类工作汇报。1月13日，区委常委、统战部部长刘向督导赤岭路街道垃圾分类工作，查看示范社区白沙花园社区垃圾分类工作开展情况。1月17日，区委副书记朱远红到文源街道金汇社区佳馨园小区检查指导垃圾分类工作。4月14日，长沙市人大常委会主任谢卫东到天心区就《长沙市生活垃圾管理条例（草案）》进行立法调研。谢卫东一行到天心区通用时代小区，从宣传宣教、设施设备投放，居民分类情况等方面了解天心区垃圾分类工作开展情况，强调各级相关部门要从事关民生、事关节约使用资源、事关绿色发展的高度来推进垃圾分类立法工作，加强立法调研和审议，听取和吸纳各方面的意见建议，使《长沙市生活垃圾管理条例（草案）》具有可操作性。5月18日，区政府副区长许波带队观摩裕南街道先进工作模式，召开专题座谈会，听取垃圾分类工作情况汇报及经验推介，并就如何推进全区垃圾分类工作进行研究部署。许波强调，各街道要做好居民厨余垃圾前端分类和收集；加速推行“裕南模式”；开展全区垃圾分类工作每月调度。区城管执法局局长杨维君指出，各街道要做到应收尽收，区环卫维护中心做好设备保障，区分类办做好经费预算。7月6日，区人大常委会主任于献一行到鑫远尚玺小区专题调研垃圾分类工作现状及存在的问题，听取北方物业、政府有关部门、街道和社区的有关情况介绍。于献表示，要加大宣传，形成典型引领；制定激励机制，调动全社会主动参与的积极性。8月6日，许波带队观摩暮云街道卢浮社区磊鑫嘉苑小区定时投放外无桶化管理先进工作模式，并召开全区生活垃圾分类工作调度会。暮云街道卢浮社区党支部书记艾爱云做先进经验推介，区城管执法局副局长段应定通报7月份全区生活垃圾分类工作进展情况，文源街道及其他参会人员作表态发言。许波强调，各街道要做好居民厨余垃圾前端分类和收集，切实增加厨余垃圾有效数量；加速推行先进模式；开展好《长沙市生活垃圾管理条例》的宣传宣讲。杨维君指出，要把厨余垃圾增量工作重点从二次分拣转移到居民源头分类上来；科学谋划固定好居民源头分类工作模式；做到分类投放、分类收集、分类运输、分类处置全流程无缝衔接；把源头分类作为下阶段重点工作来抓。8月25日，区委常委、区委办主任侯向宇调研卢浮社区垃圾分类工作。10月21日，区城管执法局、区城管执法大队联合组织开展《长沙市生活垃圾管理条例》暨餐厨垃圾无害化处置宣传活动。各街道相关工作人员、区垃分办、水滴志愿者协会、餐饮门店、物业及群众代表等200余人参加。活动现场发放宣传资料1000余份，工作人员讲解垃圾分类的重点知识，设置游戏互动环节。12月7日，区委书记刘汇听取全区垃圾分类工作专项汇报。刘汇强调，要以更高站位、更高标准推动垃圾分类工作常态长效开展；要打造一批垃圾分类工作典型，推广一批可复制、有实效的经验做法；让居民群众形成支持、参与垃圾分类的习惯自觉；围绕重点区域加大监督执法力度；加强督查督办，确保工作实效。12月24日，区城管执法局与暮云街道卢浮社区联合举办“源头分类齐参与携手共建新家园”垃圾分类主题活动。各街道分管领导、垃圾分类专干、区垃分办、暮云街道辖区单位代表、辖区党员代表、志愿服务队、居民群众约260人参加。（汪　献）

图43　2020年12月24日，天心区城管执法局与暮云街道卢浮社区联合举办“源头分类齐参与携手共建新家园”垃圾分类主题活动（区城管局供图）

【燃气安全管理工作会议】 2020年3月12日，天心区城管理执法局牵头组织相关区直部门、街道、涉及燃气安全的施工单位和建设单位在区政府九楼南栋会议室召开燃气安全管理工作会议。会议通报因施工导致的燃气安全事故警示案例，新奥燃气城北公司和城南公司相关负责人做燃气安全管理与使用方面的政策解释，区城管执法大队相关负责人进行燃气安全管理的执法解释，区应急管理局作安全生产相关要求。区城管执法局相关负责人指出，燃气公司、建设单位及施工单位三方要做到无缝对接、主动对接；执法部门对违法行动要做到有案必查，严查必罚；各相关单位要采取有效措施，消除安全隐患，防止和减少各类事故。（汪　献）

【五一期间城市管理工作调度部署会议】 2020年4月27日，天心区召开五一期间城市管理工作调度部署会议。会议由天心区政府副调研员何建明主持，区政府副区长许波，区城管执法局班子成员和各业务科室长，区市政、环卫、园林维护中心主要负责人及分管副职，区城管执法大队班子成员和直属一、二、三、四中队、广场、风光带、步行街及各驻街中队长，黄兴路步行街管委会主要负责人，天心经开区、区交警大队、区住建局、区公建中心、区城建设、南郊公园、天心阁公园、天心国资集团分管副职，各街道分管副职参加会议。区城管执法局副局长段应定对垃圾分类工作进行部署，区城管局副局长李贵勇对数字化考核工作进行部署。区城管执法局局长杨维君指出，节前要开展两次大扫除活动；抓好施工路面开挖报备，加大黑气执法查处力度；做好节日期间商铺促销活动审批服务工作，对垃圾站清运情况进行督查。许波强调，保障五一商圈和坡子街重点区域；突出共享单车乱象的整治；推进重点项目，加快施工进度。（汪　献）

【消纳场建设推进会】 2020年5月9日，天心区2020年度消纳场建设推进会召开。天心区委常委、常务副区长周志军，区政府副区长王海军、许波，区直相关部门、相关街道负责人参加会议。会议听取区城管执法局关于渣土消纳场建设任务及建筑垃圾特许经营权情况汇报，天心国资集团、区资规分局、区农业农村局、区应急管理局、区两型中心、区环卫中心、相关街道发言。会议确定2020年天心区渣土消纳场建设项目选址，明确由区住建局牵头推进建筑垃圾资源化利用特许经营工作。会议指出，各部门要加强配合，完成好渣土消纳场任务的同时，加强监管，防止山体滑坡、坍塌等安全问题的发生。周志军强调，要由天心国资集团主导推进渣土消纳场建设；相关部门要齐心协力，确保完成任务；加快渣土消纳场的手续办理；天心国资集团要履行主体责任，各部门要落实好监管责任；天心国资集团要做好统筹，做好基础设施建设。（汪　献）

【试点首个流动摊贩临时规范点】 2020年5月28日，天心区先锋街道老甫冲路流动摊贩临时规范点“上线”，规范点可容纳20个摊位，这是天心区首个试点，被央视、政法频道等媒体相继报道。先锋街道制定《临时规范点文明公约》《临时规范点管理制度》，明确规范点的路段、时段和最大容量，实行准入备案制，按照一街一策、一点一策，进行合理引导，同时创新一套“五统一”〔统一划线、统一准入、统一编号、统一管理、统一收集（废弃垃圾）〕管理法。该临时规范点的设置，取综合管理+自我约束相结合的管理办法，有利于满足部分市民的需求，体现对底层群体的关怀和包容。（汪　献）

【城管项目建设会议】 2020年6月15日，天心区城管项目建设会议召开，专题调度2020年城管项目建设计划相关工作。区政府副区长许波主持。会议指出，推进道路空间品质提升工程和道路平坦行动，湘江东岸亮化以修复和补齐建设为主；借助项目建设，解决日常管理维护中痛点难点，保障维护作业顺利进行。会议要求，以问题为导向进行科学系统的铺排，建设更高品质的和谐宜居城市；扎实推进，确保2020年任务顺利完成。（汪　献）

【城管劝导员业务培训班】 2020年10月12—15日，天心区城管执法局在暮云街道军魂培训基地开展城管劝导员业务培训班，全区近400名城管劝导员参加培训。区城管执法局副局长段应定在开班仪式致辞。在4天培训中，学员们通过团队素质训练、军姿训练、思想政治学习及劝导案例讲解等一系列课程，改善和提升综合素质。（汪　献）

【上线长沙市首个共享单车管理及运维调度系统】 2020年11月27日，长沙市首个共享单车管理及运维调度系统由天心区城管局开发并正式上线运行。前期，天心区城市管理委员会办公室印发《天心区互联网租赁自行车（电动自行车）乱象综合整治工作方案》，开展辖区互联网租赁自行车乱象综合整治行动。区城管执法局多次约谈各运营企业，共同探讨如何优化互联网租赁自行车管理。各运营企业按照全市统一部署要求清移无牌照的车辆，并将自身的停放管理系统全部纳入天心区城市管理数字化系统。截至2020年11月27日，美团、喵走、小遛、哈啰、青桔5家全市主要互联网租赁自行车单车公司，全部纳入监管系统。通过系统平台可实时监管互联网租赁自行车停放分布、停放数量、是否超数额投放等情况；可以查看各运营企业是否按要求配足人员进行线下运维以及运维人员运行轨迹、在岗情况，城管部门一旦发现违规停放情况可以通过系统直接远程调度附近的运维人员，第一时间赶到现场进行处置。（汪　献）

·城市管理综合执法·

【概况】 长沙市天心区城市管理综合执法大队（简称“区城管执法大队”）负责全区的城市管理执法工作，与区城管公安大队合署办公。

2020年，区城管执法大队办理各类案件16525起，罚款478.42万元。以城区主干道和窗口区域为重点，下大力气整治市容环卫秩序；采取审慎柔性执法，加强城市复工复产和消费复苏，安排20余名驻企联络员；在“三考”等重要时间节点，在长郡中学、明德中学等重要场所部署执法力量值守；开展抗洪抢险、抗冰救灾等工作，组织50人以上的应急分队。（甄　璐）

【蓝天保卫战整治行动】 2020年，天心区城管执法大队每周组织1次以上的联合整治行动，共出动2万余人次，开展巡查执法2100余次。严查渣土车辆未净车出场、违规运输和建筑垃圾乱倒、乱卸等违法行为，检查工地3180余次，渣土运输车2510余辆，处罚案件303件，罚款90.96万元；督促全区餐饮门店安装油烟净化设施及省府片区规模以上餐饮门店安装油烟在线监测设备，加大对不按要求安装和使用油烟净化装置的查处，查处餐饮油烟案件13起、罚款7万元；对全区重点地区加强巡查值守，联合其他部门开展集中整治行动，整治违规早夜市行为800余起，暂扣烧烤摊担和店外经营夜宵工具1100余件；加大露天焚烧垃圾、秸秆，露天烧烤等行为的巡查力度，全年处罚相关案件93起，罚款5.66万元。（甄　璐）

【垃圾分类工作】 2020年10月《长沙市生活垃圾管理条例》颁布实施以来，天心区城管执法大队办理垃圾分类案件68起，罚款27050元。获得“长沙市2020年度公共机构生活垃圾分类示范单位”称号。“纷分”垃圾分类公益宣讲项目分别获湖南省“雷锋杯”青年志愿服务项目品牌赛AAAA项目、长沙市“垃圾分类我先行美家美妇在行动”十大巾帼志愿团队、长沙市学雷锋志愿服务优

秀项目银奖。（甄　璐）

【常态执法整治】 2020年，天心区城管执法大队重点管控暮云、南托等城乡接合部违法建设，派专人开展南部片区专项拆违工作，配合各拆迁区域和区有机更新办拆除征迁、改造区域违法建设。加大案件办理力度，处罚7起，罚款19.32万元。拆除大型违规广告招牌170处，拆除面积1.65万余平方米，处罚13起，罚款16650元。处罚共享单车企业5家，罚款4.5万元，机动车违停行为15526起。开展系列燃气执法整治行动，排查安全隐患，办理案件14起，罚款17.09万元。对违反相关施工要求、产生噪音影响市民正常生活的行为处罚72起，罚款28万元。对擅自占道、破路等行为加大执法力度，重点整治不按规定围挡、围挡不规范等行为，办理市政案件117件次，罚款16.24万元。

（甄　璐）

【区城管执法大队成立20周年“五个一”活动】 2020年5月25日，天心区城管执法大队开展城管执法队伍成立20周年“五个一”活动，即开展一次队伍建设整治活动，评选一批先进集体和先进个人，走访和慰问一批执法人员，开展一次全方位的宣传推介活动，召开一次建队20周年暨城管执法工作大会。7月9日，天心区政府召开庆祝区城管执法大队建队成立20周年大会。区委副书记、区长黄滔，区委副书记朱远红，天心经开区党工委副书记、管委会主任等出席。大会观看“见证辉煌——天心城管20周年”视频，表彰20年来表现突出的执法队员。2000年6月22日，长沙市城市管理综合执法支队天心大队成立。队伍成立后全面实行准军事化管理，加强政治理论学习、业务知识分享、队列形象训练，致力于改善城市人居环境、优化城市市容秩序、提高城市整体形象，至2020年共拆除违章建筑面积超400万平方米对违规经营、噪声扰民、乱停乱放、违章户外广告等违法违规行为重拳出击，对小、散餐饮门店的餐厨垃圾全面回收，对餐厨垃圾混装、偷运潲水等行为严厉处罚，从渣土扬尘、露天烧烤、餐饮油烟、露天焚烧垃圾及燃煤使用5个方面开展源头整治。（甄　璐）

【“纷分”垃圾分类公益宣讲项目获奖】 2020年12月15日，天心区“纷分”垃圾分类公益宣讲项目在长沙市学雷锋志愿服务文化节上获得银奖。“纷分”垃圾分类公益宣讲项目于2018年成立，旨在加快推进长沙市生活垃圾分类进程，提升市民环保意识，参与分类，正确分类。项目内容主要包括打造专业宣讲团队，制作形成一批覆盖不同年龄层的宣讲课件，创设一批富有趣味的辅助游戏；开设垃圾分类公益课堂，开展垃圾分类公益宣讲，组织垃圾分类实践活动，参与大型推广活动，创造行之有效的社区推广模式，初步形成“宣讲发动—队伍孵化—精准施策—科技助推”的社区推广模式。（甄　璐）

·环境卫生维护·

【概况】 2020年，长沙市天心区市容环境卫生维护中心（简称“区环卫维护中心”）负责全区115条主次干道689余万平方米道路和绿化带、新世纪体育文化中心广场、黄兴南路步行街、湘江风光带（湘江一桥至辣椒广场）的清扫、清洗、保洁、“牛皮癣”清理以及沿线垃圾箱、果皮筒、路名牌等公共设施的清洗、保洁、维护工作；负责全区43个地下人行通道维护、保洁工作以及1座车行通道、8座人行过街天桥保洁工作；负责全区每年30余万吨生活垃圾（干湿垃圾）的收集清运工作；负责大件垃圾、有害垃圾等其他垃圾的运输工作；负责全区130座公共垃圾站、132座公共卫生间、57座环卫工作间等环卫设施的建设、管理、维护、保洁工作；负责区域范围内32千米湘江水域一体化（水面及河滩）的保洁工作；负责全区渣土工地、渣运车辆的监管和南二环线桥下空间（天心段）的维护管理。区环卫中心有垃圾运输队1个队，坡子街、城南路、裕南街、赤岭路、新开铺、桂花坪、青园、黑石铺、先锋9个环卫所；各类环卫作业车辆244台，其中垃圾运输车113台、水车87台、洗扫车37台、环境监测车7台。

2020年，杉木冲西路、桂花坪路、新姚南路天桥的清扫保洁移交至长沙市天心区市容环境卫生维护中心。被评为市级文明标兵单位。（胡　晶）

【市容专项整治】 2020年，天心区环卫维护中心开展蓝天保卫战、南部片区整治行动、垃圾分类、渣土扬尘治理、河道卫生整治及环卫设施完善等专项行动。出动清扫员8000余人次，对城乡接合部道路及入城口进行卫生清扫，清理卫生死角1473处，清运裸露生活垃圾及绿化带白色垃圾2300余吨；清除“牛皮癣”近2万张；更换垃圾桶1110个；新增洒水车10台，机扫车9台。（张 勤）

【湿垃圾分类】 2020年，天心区环卫维护中心改造14个湿垃圾站，新增15个湿垃圾箱，湿垃圾箱总量27个，完善湿垃圾站点布局，加大干湿垃圾收集、分拣、运输，配合区垃圾分类办和各街道严格按照“定时、定点、定人、定车”的模式进行分类收运。制定《天心区环卫维护中心垃圾分类攻坚整治方案》，对湿垃圾进站进行严格把关，对居民分类不彻底的垃圾进行文明劝导及二次分类。配合街道对不进行垃圾分类的物业小区采取停运措施进行管控，截至年末，天心区年度湿垃圾总量达到20362.64吨，合格率97.34%。（胡 晶）

【夜间经济服务】 2020年，天心区环卫维护中心每晚22点至早晨6点对步行街进行全面清洗，在节假日采取每天安排压缩直运车备勤，根据垃圾量变化随时支援。针对“夜间经济”繁华地带及肯德基等特殊单位夜间垃圾倾倒需要，选取裕南街谢家冲公共垃圾站作为长沙市首家关站时间延长至凌晨2点的公共垃圾站。有针对性开放夜间垃圾站、公共厕所，采取“歇人不歇车”“人车蹲点”的方式，每天多轮次地清运垃圾、清洁卫生。（胡 晶）

【站厕改建】 2020年，天心区用于环卫公共设施建设项目的总投资近2000万元，包括启动4座公共垃圾站、5座装配式公共厕所建设、改造1座公共垃圾站、7座湿垃圾站、12座地下通道大修等及相关设备采购。（胡 晶）

【降尘治渣工作】 2020年，天心区环卫维护中心在避开三个上下班高峰期的基础上，对重点主次干道坚持1个小时降尘1次，根据臭氧浓度情况实时调度，按30分钟1次的降尘频率，加大对全区主次干道洒水降尘力度，抑制扬尘污染。对辖区内开工的渣土工地进行检查督促，加强源头管控，严格渣土运输线路，管控扬尘污染。2020年，区环卫维护中心联合城管、公安、交通、环保等部门开展73次大型的渣土整治行动，出动3304人次，整治工地312个，教育整改车辆2158台次，扣押车辆84台次，罚款金额111.99万元。（胡 晶）

【主次干道“大清洗”活动】 2020年，天心区环卫维护中心坚持开展每周大清洗行动，出动所有作业车辆，配合人工，对所有主次干道大清洗；同时，利用重大节假日重点开展，效果明显。3月20日，天心区环卫维护中心对辖区主次干道进行大面积洗扫冲刷。该次清洗活动出动环卫工人1400余名，组织大小水车84台次，机扫车29台次，采取清洗车辆与人工相配合的方法进行地毯式冲洗清扫，确保路面显原色、无积泥灰尘、无油污。在做好自身防护的同时，作业人员对各类环卫设施进行清洗消毒。4月30日，区环卫维护中心开展五一节前“大清洗”行动。该次行动出动1000余人次，组织大小水车78台次，机扫车34台次，对全区660万余平方米主次干道尤其是芙蓉中路、芙蓉南路、书院路、新韶路、新开铺路、省府周边、贺龙广场、黄兴南路步行街、中意一路、中意二路等污染严重的道路、路沿石、花坛边、路灯杆及各类市政公用设施进行精细化维护清洗，加大人员保洁力度，增加果皮桶清掏频次。8月14日，区环卫维护中心开展“大清洗”行动，对辖区内主次干道、重点区域路面进行清扫清洗。该次行动将1200余名作业人员、63台大小水车、30台机扫车等科学调配，对芙蓉南路、贺龙广场、黄兴南路步行街、省府周边、中意二路等重点区域路面、路

图44 2020年，天心区环卫维护中心安排炮雾机降尘，助力打赢蓝天保卫战 （区环卫维护中心供图）

名牌、交通标志线进行精细化清洗，对暗沟暗渠及绿化带内白色垃圾采取地毯式排查清理方式，对果皮桶、公交站台、站厕、地下通道等进行深度清洁。9月29日，区环卫维护中心组织开展“迎中秋，庆国庆”环境卫生“大清洗”行动。该次行动出动1600余人，组织大小水车52台次，机扫车30台次，对全区660万余平方米主次干道、重点区域路面进行全面清扫清洗，消除积尘盲区。11月20日，区环卫维护中心开展“大清洗”行动。（胡　晶）

【天心智慧环卫管理平台】 2020年5月以来，天心区环卫维护中心依托天心智慧环卫管理平台，对每台作业车辆降尘时间、降尘路线精准监控，科学调度车辆作业情况，提升作业效率；对全区建设施工场地出口和施工现场进行实时监控，严格管控渣土扬尘污染。天心智慧环卫管理平台于2018年7月投入使用，针对环卫作业人员、车辆、渣土工地以进行精细化、智能化的管理，通过实时画面监控，替代人工实地巡查，提高环卫作业效率。（胡　晶）

【渣土运输交通安全与扬尘治理专项整治工作会议】 2020年6月16日，天心区环卫维护中心组织辖区内20家渣土运输企业召开渣土运输交通安全与扬尘治理专项整治工作会议，长沙市渣土事务中心主任首珍，天心区政府副调研员何建明，区蓝天办、区城管执法大队、区交通运输局、区交警大队、区渣土办有关负责人和部分渣土运输企业代表参会。会议由区环卫维护中心副主任张文广主持。会议下发《天心区渣土运输交通安全专项整治行动方案》和《天心区渣土扬尘专项整治工作方案》，组织集中学习；相关部门就渣土运输交通安全问题进行强调，渣土运输企业代表表态发言；何建明要求各渣土运输企业要做好安全生产工作，加强学习，将安全生产工作落到实处。首珍强调各渣土运输企业要落实主体责任，提高安全意识。此次专项整治行动，对辖区内的渣土工地、消纳（回填）场及运输企业交通运输违法违规行为进行严肃查处，针对渣土扬尘突出问题加强重点整治，实现渣土扬尘治理工作的科学精准和常态长效。（胡　晶）

【环卫工人节活动】 2020年10月23日，天心区举行庆祝湖南省第二十五届环卫工人节表彰大会。区政府副区长许波，长沙市城管执法局市容环卫管理处处长张安，天心区环卫维护中心班子成员、全体中层干部、一线环卫工人代表等100余人参会。区环卫维护中心党委书记、主任蒯建红汇报2020年工作情况：全力防疫抗疫，打好“新冠”阻击战；全力提升管理，突出精细维护；全力调度管控，打好蓝天保卫战；全力推进重点，突出民生民意。会议授予坡子街环卫所等6个部门为先进集体，授予周利民等15人为优秀中层干部，授予刘学梅等50人为先进个人。10月26日，区环卫维护中心举行庆祝湖南省第二十五届“环卫工人节”劳动技能竞赛。该次劳动技能竞赛的主题是“高效处理突发污染”，9个环卫所100余名环卫工人参加比赛。各参赛人员按照规范处置流程开展清洗作业，展现一场人机配合清洗技能竞赛。经过角逐，裕南街环卫所、先锋环卫所、赤岭路环卫所分别获前三名。10月30日，区环卫维护中心在贺龙体育场东广场举办拔河比赛。有2支队伍（每队各6名男性、4名女性）参加比赛，采取三局二胜淘汰制，经过角逐，由垃圾运输队夺得冠军。（胡　晶）

·市政设施维护·

【概况】 长沙市天心区市政设施维护中心（简称“区市政维护中心”）主要承担全区范围内13条主干道、73条次干道、83条支路、386条背街小巷的市政道路和排水设施的维护与管理，车行道、人行道维护面积约1195万平方米，泄水井、检查井约6万余个，排水管网786余千米（含暮云、经开区新移交道路）；并承担着辖区范围内12个高排涵通江口、无物业小区化粪池的日常维护管理及城区防涝排渍工作等。

2020年，区市政维护中心以“围绕一个主业、抓住两个重点、坚守两条底线”为工作目标，推进各项工作。（唐　媛）

【防汛防涝】 2020年，天心区市政维护中心实施西湖路高排管涵、雀园东路及周边堵点的整治改造工作，完成51处小型堵点的改造。实行“一点一策”精准施策，与市、区相关职能部门、街道、社区建立联动机制。启动防汛应急响应23次，出动人员约3048人次，出动车辆设备约970台次。内渍险情均得到及时有效处置，未发生人员伤亡及重大财产损失。（唐　媛）

【市政道路维护】 2020年，天心区市政维护中心维护维修沥青路面约2.37万平方米、人行道约1.08万平方米；查看、疏通地下排水管道约635千米，清理淤泥量约699吨，清掏雨水篦子约2.5万个次，清掏明沟约2.8万米，更换、修复井盖约2505个，修复、补装防坠网约1367个；对13处三、四级重要隐患点实施整治，并加强对其他一级、二级低风险隐患点的巡查及定期检测，受理、处置数字化案卷约10016条，结案率、按期结案率均为100%。

（唐 媛）

【项目建设】 2020年，天心区市政维护中心完成管网功能性普查，窨井、堵点整治，2020年度“一圈两场三道”的披塘路、新姚路及竹塘路自行车道、人行道建设、“630”电力改造、湘江南路路灯增设等民生工程。赤岭路提质改造项目于1月5日挂网招标；湘江大道提质改造工程于12月7日开标，12月11日进场施工。完成90%侧平石的安拆、劳动路至南湖路55%路面的病害处理，启动南湖路以北作业内容，海信广场、华远广场、汇源大厦3个节点的景观改造，东侧人行道提质施工、分隔绿化带改造施工进场施工。

（唐 媛）

【案件处置】 2020年，天心区市政维护中心加强对人大、政协代表意见建议、路政审批、市民服务热线的办理和处置，完成办理人大、政协代表意见建议6件；办理路政审批手续250起，其中占道170起、挖掘80起，收费约310万元，审批时限大为缩减；受理、处置“110”市民热线912件、“12345”工单1794条。

（唐 媛）

【窨井整治项目】 2020年，天心区政府以政府采购的形式投资近300万元，由区市政维护中心负责实施示范区内各类窨井设施的整治工作，示范区范围为省政府周边及区政府周边。整治各类窨井共742套，全部为市政井盖，2020年4月进场施工，8月竣工。

（唐 媛）

【登仁桥巷提质改造工程】 登仁桥巷提质改造工程由天心区市政设施维护中心负责施工，于2020年完工。项目实施的地址为登仁桥巷（长郡中学南门—西湖路），约150米。实施的主要内容包括：路面铣刨罩面、增设人行道、绿化带改造、排水管沟迁改、窨井井盖更换调整等。上述项目资金来源为区级财政，投资金额约99万元。登仁桥巷位于天心区坡子街街道登仁桥社区，社区西靠古潭街，北起上黎家坡，南接西湖路，属典型的棚户区。辖区总面积0.12平方千米，常住人口2100余户，5300人，流动人口1000余人，有长郡中学、培粹中学、好又多超市等单位，社区的道路有学院街、三府坪、二府坪、学院巷、登仁桥、南墙湾、修文街、上黎家坡、泉嘶井、公路局坪等。

（唐 媛）

【湘江大道提质改造项目】 湘江大道提质改造项目由天心区市政维护中心负责施工，于2021年完工。施工内容是湘江大道（劳动路—湘府路大桥段）的提质改造，改造内容包括车行道提质改造、人行道提质改造等。湘江大道南段北起白沙路，南至猴子石大桥以南，西临湘江，东靠长达3千米的山体，全长约9.2千米，是贯穿长沙市区南北的重要交通枢纽，是长沙临江风光的窗口。

（唐 媛）

【城防指防汛应急演练】 2020年4月25日，天心区在西湖路组织开展防汛应急演练，天心区政府副区长许波、长沙市排水事务中心副主任程继学、区交警大队及区各街道防汛工作分管副职参加演练观摩。该次演练模拟湘江水位已达38米以上，城区低洼地段排渍泵站无法正常开启，同时湘江水位持续上涨，险情不断扩大，天心区调度城区防涝排渍抢险队和外援防涝排渍抢险队赶赴现场排水抢险，降低渍水区域水位，解除险情。演练科目为通江高排密封井配重应急演练；混凝土管围堰应急演练；雨水（泄水井）口杂物清理及抽排应急演练。该次演练，有利于强化城市防涝排渍应急处置能力，锻炼应急抢险队伍的技能，提高防汛工作应急能力，检验人员、设备的快速集结能力。

（唐 媛）

【高排涵、密封井安全隐患排查】 2020年6月15—16日，天心区市政设施维护中心所属12个高排涵密封井进行全面排查。组织排查人员3人，一线处置人员6人；吸水车1辆，清淤车1辆，对每个密封井定位编号拍照，记录每个密封井的情况。该次排查主要工作是对密封井螺丝的检查、加固；密封井是否破损；巡查密封井、检查井防坠网的安装；密封井内雨水的抽排；巡查晴天是否有污水进江；对密封井、沉砂池积淤进行清理。排查出的所有问题均形成书面报告，并提出整改

建议，督促整改到位，确保汛期安全。（唐　媛）

·园林建设与绿化·

【概况】 长沙市天心区园林绿化维护中心（简称“区园林中心”）主要负责对全区公共道路绿化、公共绿地、受区政府委托管理的公园、社区公园及其设施进行建设和维护；指导辖区单位开展园林绿化工作，负责辖区绿地的核查、统计，新增绿地的申报；负责辖区内古树名木的管理、保护，组织辖区开展义务植树活动等。2020年12月7日，区园林中心机关办公地址搬迁至天心区新姚路与新韶路交会处西南角海棠公园内。（王佳龙）

【绿化工程建设】 2020年，天心区园林中心完成芙蓉南路和湘府路交会处、芙蓉南路和正塘坡路交会处、芙蓉南路和友谊路交会处3处街角花园项目；完成交通问题顽瘴痼疾集中整治任务，对南湖路、新开铺路30处中心掉头口增设绿植花坛并用金属绿栅全连接封闭隔离；推进芙蓉大道快速化改造绿化恢复、新建工程。（王佳龙）

【绿化维护管理】 2020年，天心区园林中心配合区城管执法局受理临时占用绿地申请和砍伐移植城市树木手续59例、处理交通汽车肇事损坏绿化行为30例；及时处理城管“110”案件、“12345”市民服务热线及社区居民报告等100件，处理死危树186株，处理数字化平台案卷1487件，处置率100%。补栽乔木450余株，灌木10.2万株，草皮5.1万平方米，草花、小苗共计88.6万盆；修剪乔木、大灌木5万余棵，修剪绿篱及草皮55.8万平方米，安装护栏2900米，更换景观灯1200盏。（王佳龙）

【交通问题顽瘴痼疾整治】 2020年，天心区园林中心对南湖路、新开铺路30处中心掉头口改建绿植花坛，使用金属绿栅全连接封闭隔离，消除安全隐患。完成对芙蓉路中意路口、芙蓉路杉木冲路口等66处遮挡交通标志标牌树枝进行清理，修剪树木60余株，清理树枝10余车，发挥交通标志标牌提醒标示作用。（王佳龙）

图45　2020年11月11—12日，天心区园林绿化维护中心织技术骨干在宜春路举行劳动技能“比武”活动（区园林中心供图）

【古树名木保护】 2020年，天心区园林中心完成辖区101棵古树名木的复勘、挂牌工作，与管护责任单位或责任人签订责任书，明确相关权利和义务，利用湖南古树名木信息管理系统进行动态管理；完成辖区32株零星分布生长的濒危衰弱古树名木抢救复壮作业。（王佳龙）

【窗口区域管理】 2020年，天心区园林中心对湘江风光带、贺龙广场、省府景观轴公园等重点区域开展清洁行动，开展清洁行动60余次，出动皮卡、洒水车、货车3000余台次，清洗花坛、地面50万平方米，清除卫生死角1000余处，清运垃圾1920车，清除“牛皮癣”1800余张，更换过时公益广告牌148块。在湘江风光带设立志愿服务站，倡导市民游客文明出行；加强信步亭、脸谱广场便民服务站的管理。（王佳龙）

【绿化维护培训】 2020年1月8日，天心区园林中心在省府景观轴公园、芙蓉南路进行园林植物修剪理论、实操要领及安全操作培训，区园林中心干部职工、技术骨干参加培训学习。培训邀请园林专家、中南林业科技大学教授杨柳青进行现场授课，讲解修剪知识和技巧。冬季修剪可以改善树木外观，保持树木优美的形态和匀称的结构，能够增强景观效果，提升绿化品质。6月19日，区园林中心在省府景观轴公园内开展园林机械设备操作使用培训，中心各维护所负责人、绿化维护队长、园林机械操作员参加培训。技术人员讲授园林绿篱机、打草机、背负式吹风机、电锯等设备的结构、性能、安全使用规范和保养知识，以及园林机械在使用过程中经常出现的故障及处理的措施、方法。11月11—12日，区园林中心组织开展乔灌木修剪培训暨劳动技能“比武”。11月11日，区园林中心邀请杨柳青在省府景观轴公园讲授乔灌木修剪要点及保持园林景观效果技术措施，区园林中心40余名技术骨干参加培训；11月12日，在宜春路举行劳动技能“比武”，7支队伍参加，经角逐，维护二所、维护三所、风光带南维护所、维护一所分获团队一、二、三等奖，刘少帮、李谟作、李维3人获个人优胜奖。（王佳龙）

【义务植树活动】 2020年3月10日，长沙市副市长、天心区委书记朱东铁带领区委、区人大、区政府、区政协四大班子领导及区直单位代表、社会志愿者来到长沙理工大学南门（万家丽路北侧）植树点参加义务植树活动，栽植樱桃、碧桃、桂花等树种苗木约400余株。（王佳龙）

【危树险情处置】 2020年3月21—23日，针对强对流雷暴天气后倒伏树木，天心区园林中心组织人员开展危树处置作业，在现场设置防护标识、清空场地，对倒伏树木进行分解、清理、外运，处置倒伏树木90余棵。4月8日，针对南大桥社区1棵约50年树龄且有大量枯枝的樟树，安排人员对其进行修剪处理，清理、转运枯枝。9月22日，针对省府景观轴公园一棵有倒伏危险的合欢树，区园林中心安排工作人员进行处置作业。11月5日，针对金盆岭街道天剑社区水工小区2栋旁一株被虫蛀空的枫杨树干，区园林中心安排人员到现场进行剪枝、砍树、外运、清扫，妥善处置危树险情。（王佳龙）

【驾驶员培训】 2020年3月27日，天心区园林中心开展驾驶员培训工作。培训传达《天心区交通问题顽瘴痼疾集中整治方案》，要求全体机动车驾驶员、电动车驾驶员学习理论，达到牢记理论知识、全员熟练掌握、始终安全驾驶的目的。在行车安全操作规程、交通事故预防要点培训结束后，区园林中心对全体机动车驾驶员、电动车驾驶员进行知识测试。6月11日，区园林中心开展驾驶员培训教育，区园林中心各室（所）负责人、安全员、机动车驾驶员、生产专用电动车使用人参加培训。培训邀请交通安全顾问和车辆资深修理人员进行授课，通过讲解交通常识、交通安全的注意事项、车辆性能对行驶安全的影响、识别车辆安全行驶故障、常见问题的处置等内容，提高驾驶员对车辆安全性能的判断能力和发现问题后的处置能力。10月27日，区园林中心在桂花坪街道六楼会议室举行驾驶员教育培训，区园林中心机动车驾驶员、电动车驾驶员、各维护所负责人及安全员共80人参加培训。培训邀请区交警大队宣教员何敏雄授课，专题讲授道路交通安全、事故案例及安全警示教育；进行机动车驾驶员、电动车驾驶员理论考试；安排技术顾问在广场西路为全体驾驶员讲解冬季车辆维护保养、行车中注意事项，进行车辆故障答疑。（王佳龙）

【绿化科普活动】 2020年3月26日，天心区园林中心联合坡子街街道西文庙坪社区在区有机更新项目现场，开展“用绿植点缀阳台，让鲜花开满庭院”植绿种绿小窍门培训活动和“绿化庭院，美化家园”植绿种绿市民宣传讲座及知识抢答赛活动。活动邀请中南林业科技大学教授杨柳青和市民群众600余人，提供绿植300余盆作为活动奖品。（王佳龙）

【绿化养护】 2020年“五一”假期，天心区园林中心加强主次干道、主要广场、公园等区域内的绿地及园林绿化设施养护、保洁，快速处置缺株断带、黄土裸露、杂草丛生等绿化问题，截至5月6日，出动人员1063人次，进行打草、修剪绿篱作业面积近2.5万平方米，清扫保洁面积近11万平方米，处理危树、断树53株。5月18日，区园林中心重点对湘江大道沿线进行示范路段精细化养护作业。6月2日，区园林中心在芙蓉南路对法桐进行修剪抹芽作业，以便于树木集中营养，平衡树木的树形，保持树冠内膛通风，促进法桐美观树形的形成。6月23日，区园林中心对辖区道路绿化、社区公园、公共绿地等存在绿化缺失、杂干乱枝、死株杂草等突出绿化环境斑点进行全面清理，开启为期一个月的城市重点问题集中攻坚综合整治工作。区园林中心开展夏季苗木病虫害防治工作，对城区主次干道、社区公园绿地植物进行洒药作业，截至7月20日，完成新开铺路、木莲西路、消防社区公园、湘园社区公园等辖区公共绿地打药工作。8月26日，区园林中心组织工作人员对省府景观轴公园水池、园路等处青苔进行打捞清理。11月27—29日，区园林中心以湖南省政府周边公园绿地、主次干道绿化为重点，做好修整塑形，及时更换草花。扯草除杂1.2万余平方米，清理园林绿化垃圾10余车，更换草花5.8万余盆。（王佳龙）

【抗旱保苗】 2020年7月27日，天心区园林中心调整作业时间，选择在凌晨和夜间进行浇水，浇水时注意控制水车行驶速度，多次浇灌、确保浇透，保证植株正常生长。利用白天组织绿化工及时对花坛、林带等公共绿化区域进行人工扯草、机器打草作业，防止过多杂草夺取植株养分。对出现植株死亡的区域，及时进行补栽补种，保证绿化景观效果。（王佳龙）

步行商业街管理

【概况】 长沙市步行商业街管理服务中心负责黄兴南路步行商业街范围内的业态提升、企业服务，协调辖区街道、相关部门在街区范围内履行有关行政管理职责，统筹步行街范围内的城市管理工作，协调各执法单位在步行街范围内开展联合执法工作，具体负责黄兴南路步行商业街创建全国示范步行街工作，承担天心区五一商圈建设领导小组办公室、区夜间经济服务中心办公室等工作。2020年8月，长沙市步行商业街管理服务中心剥离经营性职能，从自收自支事业单位调整为公益一类事业单位。在职在编7人。办公地点位于天心区人民西路247号新福源大厦5楼南头。

2020年，黄兴南路步行商业街被评为“2020年度全市优化营商环境工作优秀案例”“2020年五一商圈夜间文旅消费示范集聚区”“2020年最美夜购示范商圈”“2020年度最美夜购示范街区”“2020年度天心区青年文明号”“2020年度长沙青年文明号”“市级文明标兵单位”等称号。（陆　地）

【步行街疫情防控】 2020年疫情防控期间，长沙市步行商业街管理服务中心向街区商户、市民、游客等发放口罩1.5万余只，为100余家复工企业提供备案指导、配送防疫物资。通过召开调度会、组织走访、公开倡议、个案化解等形式，推动街区降租减租工作，7MALL公司、世纪情投资有限公司、沃华商贸公司、悦方IDMALL、印象汇等企业均减免商户部分租金费用。街区举办天天开心购物消费季暨天心汽车消费节、步行街首届黄金珠宝节、步行街龙虾节、“诗意天心·庆五一”诗词大会、“老字号嘉年华”等主题活动30余场，其中汽车销售额同比增长30%；黄金珠宝消费节期间，街区各黄金珠宝门店销售额基本达到往年同期水平。（陆　地）

【步行街日常工作】 2020年，长沙市步行商业街管理服务中心通过加强街区设施、设备的维护、维修和安全生产的监督、检查等工作，联合区消防大队、坡子街派出所、步行街城管中队等单位对街区商铺进行4次消防安全集中整治，排除各类安全隐患40余处，组织街区管理人员、商户消防灭火疏散演习1次，街区全年无重大安全事故发生；协调街区商户及大型电子显示屏业主单位加大公益广告投放量，街区公益广告播放占比40%以上；督促餐饮门店及时安装油烟净化器，街区全年向城管部门报备油烟净化器安装门店148家。“五一”、国庆等节假日期间，步行街客流量均达到平时5倍以上。全年街区接待各类考察、学习、交流团30余批次。《人民日报》、新华社客户端、央视CCTV、湖南卫视等主流媒体及自媒体、新媒体平台，发布街区相关宣传报道200余条。（陆　地）

【夜间经济】 2020年，长沙市新增3名在黄兴南路步行商业街持证上岗的街头艺人。截至2020年年底，有14名持证艺人在街区进行街头艺术表演，平均每日吸引游客万余人次驻足观看。夜间经济服务中心累计安排值班超过1800人次，受理、化解各类纠纷750余起，提供帮助、救助300余次。（陆　地）

【创建全国示范步行街】 2020年7月，黄兴南路步行商业街入选全国第二批步行街改造提升试点，明确以“千年湖湘，烟火长沙”为创建改造提升主题。在智慧街区改造提升项目中，完成“有声步行街”项目建设工作，打造“走过一条街、听见一座城”的应用场景，每日超过500人在街区通过扫码收听街区相关历史故事音频。8月6日，商务部流通发展司司长郑文一行调研长沙市黄兴南路步行街争创全国示范步行街工作。郑文强调，黄兴南路步行街要按照高起点规划、高标准提升、高水平运营的要求，讲好历史文化故事，优化商业业态，打造购物环境优美、商业业态丰富、文化氛围浓厚、管理标准统一的全国示范步行街。11月7日，长沙黄兴南路步行商业街作为第二批全国示范步行街首次在中国国际进口博览会上亮相。（陆　地）

【步行街首届黄金珠宝消费节】 2020年4月24日，“春天有约长沙消费季”系列活动——“聚天心、惠生活、乐消费”步行街首届黄金珠宝消费节在黄兴广场启动。开幕仪式现场，湖南省珠宝协会会长陈新国致辞，长沙黄兴路步行街管委会主任杨波介绍活动情况，步行街黄金珠宝企业代表现场宣读《诚信经营倡议书》，天心区政府副区长张建宣布开幕。开幕式后，市民进入街区黄金珠宝企业自由参观，在现场设置的珠宝鉴定展台免费体验珠宝检测和咨询服务。该次活动从4月24日持续至5月6日，旨在提升街区人气，推动经济复苏，借助天心区“春天有约长沙消费季”系列活动平台，对步行街黄金珠宝品牌进行参观、交流和消费。（陆　地）

【“老字号嘉年华”湖南分会场】 2020年12月4—8日，以“潇湘韵·中国风”为主题的全国2020年“老字号嘉年华”湖南分会场在长沙市黄兴南路步行街举行。该次活动由湖南省商务厅主办，长沙市商务局、天心区人民政府协办，天心区商务局、区文旅体、体育局、黄兴南路步行街管委会办公室、湖南省连锁经营协会共同承办，来自全省41家老字号企业的产品进行展示展销。“老字号”是指历史悠久，拥有世代传承的产品、技艺或服务，具有鲜明的民族传统文化背景和深厚的文化底蕴，取得社会广泛认同，形成良好信誉的品牌。九芝堂、金彩霞湘绣、億昌麻香卷、马复胜、有成斋、长乐街甜酒、蜜蜂哥哥、杨裕兴、玉和醋、湘窖酒业、屈原酒等老字号，通过传统技艺展示、“非遗”表演、文化体验、网上直播带货、零售企业和步行街小店与老字号对接直采等活动形式，吸引市民围观、体验，促进消费者对老字号的认识和了解，拓展湖南老字号的品牌价值和影响力。湖南省白沙溪茶厂股份有限公司、浏阳市德胜斋食品厂、湖南徐长兴餐饮管理有限公司、长沙玉和酿造有限公司4家老字号企业分别与中石化易捷便利店、湖南搜农电子商务有限公司、步步高商业连锁股份有限公司、湖南通程佳惠商业有限公司签署项目合作协议，双方通过联营、代销、专柜、线上线下等多种形式合作，促进老字号企业与零售行业对接合作，树立湖南老字号的整体形象。（陆　地）

交通运输

【概况】 长沙市天心区交通运输局（简称“区交通运输局”）主要负责权限范围内交通运输领域行政审批受理、审核、办理；对辖区内农村公路进行规划、建设、养护和管理；协调全区交通运输行业安全监管工作；组织协调春运和防汛、抢险、救灾、应急等工作中各种运输方式的组织协调；承担交通应急战备工作。

2020年，天心区交通运输局农村公路养护考核全省第十名，被评为省级农村公路养护工作先进单位、市级农村公路目标管理红旗单位，交通顽瘴痼疾整治工作、治超工作在市级年度综合考评中获内五区第一，被长沙市精神文明建设指导委员会授予“2019年度文明行业”称号。（王　珍）

【道路运输行政审批】 2020年，天心区交通运输局开辟绿色通道，压缩办结时限，免费提供资料复印、邮寄证照等便民举措。全年新增道路运输经营业户168户，新增道路运输车辆300辆，审验车辆道路运输证1851本。对因疫情影响45天内未年审车辆免予行政处罚。（赵　林）

【农村公路提质改造项目】 2020年，天心区新改建农村公路总里程11.1千米。大托铺街道完成农村公路新建改建3.7千米，南托街道完成农村公路新改建3.3千米，暮云街道完成农村公路新改建4.1千米。（王　歌）

【农村公路安全整治项目】 2020年，天心区交通运输局开展农村公路安全巡查54次，发现安全隐患20处，完成整治20处，完成农村公路安全隐患处治13千米，安装波形护栏2132米，标识标牌73块，反光镜34块，减速带425平方米。（王　歌）

【铁路沿线安全隐患整治】 2020年，天心区以“双段长”工作机制为抓手，整治铁路沿线安全隐患共121处，压实先锋、文源、赤岭路、新开铺、黑石铺、大托铺、南托、暮云8个沿线街道主体责任，路地联动、齐抓共管。截至年末，所有安全隐患全部按期完成整治，并验收销号。

（孙春平）

【公交路网优化】 2020年，天心区交通运输局受理公交线路、站点设置的各类诉求，优化公交路网。帮助爱尔眼科等企业协调迁移公交站点4处，上报优化线路12条，做好139区间线路的恢复工作。在地铁站、五一商圈开展“文明交通·绿色出行”系列宣传活动，倡导乘坐公共绿色出行。

（王庆忠）

【交通运输应急保障】 2020年，天心区交通运输局筑牢公、水、站、运多条疫情防线，深入辖区渡口、道路运输企业、公交车辆开展疫情巡查工作。对渡口码头及运输企业开展督导检查，联合公安、海事部门对渡口船舶随船人员进行检测排查，督查相关防控措施的落实情况；加强入境车辆及人员管控，会同天心区公安、交警、卫健部门人员重点检查疫区车辆，对辖区大托收费站、暮石路口、G107国道的3个卡点实行24小时防守，落实防疫管理相关措施。

（王　珍）

【交通顽瘴痼疾整治】 2020年，天心区交通运输局联合区交警大队、区交通执法大队、区城管执法大队等单位，开展重点路段及区域、高速公路入口、运砂车、非法改拼装四大治超行动，强化路面治理、源头监管、宣传培训。运用科技手段强化源头监管，以区治超平台监管系统为依托，对全区重点货运源头企业进行全覆盖全时段不间断监控，督促企业落实主体责任，约谈货运源头企业32家次。加大对各类道路运输企业和铁路沿线、农村公路的巡查整治力度，消除各类交通运输顽瘴痼疾。全年查扣违法车辆109台，卸载货物2433吨，查扣违法车辆124台，整改货运源头企业5家次，消除农村公路、铁路沿线交通顽瘴痼疾隐患54处。开展顽瘴痼疾整治宣传进校园、进社区、进企业、进集市“四进”活动。撰写交通顽瘴痼疾整治相关信息动态39篇，其中全国媒体3篇，省级媒体10篇，市级媒体26篇。推送的原创作品《在这里爱上长沙》在长沙市“文明交通，你我同行”短视频大赛中被评为二等奖。

（崔　博　王　珍）

图46　2020年1月7日，天心区首张IC卡式道路运输电子证件发放

（区交通运输局供图）

【超限超载治理】 2020年，天心区治超办以区治超平台为中心点以新开铺路、107国道、芙蓉南路3条主要道路为主干线，依托货运源头企业治超监控系统，构建起以南部片区为重点、覆盖全区的科技治超面，有效打击货运车辆超限超载违法行为。工作人员利用区治超平台和货运源头企业治超监控系统对货运源头企业进行实时监控，发现可疑车辆，第一时间反馈至位于湖南钢材大市场周边的联合流动执法队伍，在2分钟左右赶到现场开展执法检查。截至2020年12月底，依托治超平台系统共查扣违法车辆20台，卸载货物326吨。

（王　珍）

【天心区首张IC卡式道路运输电子证发放】 2020年1月7日，天心区首张IC卡式道路运输电子证件发放。IC卡式道路运输电子证件能够更好地采集和完善运营车辆及从业人员基础数据，实现道路运输市场动态监管，具有防伪性强、信息存储量大等特点，既可作为运输证件进行年审、许可变更、稽查案件处理等运政业务的电子化，还可作为高速ETC通行卡，并可在全国245个互联互通城市使用。

（王　珍）

【春运工作巡查】 2020年1月22日，天心区委常委、常务副区长周志军带队前往辖区城铁、地铁站和码头渡口开展春运工作巡查。区委宣传部、区委政法委、区交通运输局、区应急管理局、区交警大队相关负责人和南托街道分管负责人陪同巡查。周志军一行巡查了尚双塘地铁站、先锋城铁站、兴马洲渡口等重点场所。周志军强调，各部门要建立和完善春运协同联动、应急保障、值班值守和信息报送工作机制，加强信息沟通和资源共享，注重协调配合、各司其职、齐抓共管，及时掌握春运动态，妥善处置突发事件。（王　珍）

【爱路护路宣传】 2020年5月，在全国第六个“路政宣传月”之际，天心区交通运输局开展多渠道、多层次、多方位、多形式的“路政宣传月”活动。在X055县道、G107国道的集镇和先锋地铁站设立宣传点，邀请群众在“公路连接千万家，通畅整洁靠大家”横幅上签名，承诺做好保护公路的守护者，向过往群众和司乘人员发放《中华人民共和国公路法》《公路安全保护条例》、顽瘴痼疾整治等宣传册，现场为群众答疑解惑。（王　珍）

【黄土塘、李家坪渡口撤销】 2020年6月10日、9月11日，天心区人民政府分别对黄土塘渡口、李家坪渡口予以撤销。黄土塘渡口和李家坪渡口因布局不合理，且存在重大安全隐患，根据《湖南省交通运输厅关于“一江一湖四水”（长江湖南段，洞庭湖，湘江、资江、沅江、澧江）港口码头专项整治工作有关事项的通知》《长沙市人民政府办公厅关于印发长沙市非法码头渡口专项整治工作方案的通知》相关规定应予以撤销。（胡外云）

【长沙市交通运输综合行政执法局天心执法大队成立】 2020年7月1日，长沙市交通运输综合行政执法局天心执法大队（简称“区交通执法大队”）举行揭牌仪式，天心区委副书记、区长黄滔，长沙市交通运输局副局长陈湘共同为区交通执法大队揭牌。新成立的区交通执法大队，主要负责辖区内道路客运、道路货运、货运站（场）、城市公共客运、驾驶员培训市场、机动车维修市场等处罚及相关处罚的行政强制、行政扣押等执法工作。（王　珍）

【“治超”工作会议】 2020年7月28日，天心区政府副区长、区“治超”领导小组副组长张建主持召开“治超”工作会议。区交通运输局局长陶曙山汇报2020年“治超”工作的开展情况，区交通执法大队副大队长曾伟汇报路面执法工作情况，各相关单位和街道分别发言。会议就拟建的卸载场地选址和建设工作进行研究，确定建设用地为老甫冲路以南、新开铺路以东的原长韶公园。张建要求各相关单位要紧密配合，做好卸载场地的审批、立项、建设和资金保障工作。4月份以来，因国道107扩建，原“治超”卸载场地部分被拆迁，导致卸载场面积被压缩，难以满足“治超”工作的需求。区交通运输局多次组织相关单位现场查勘并与反复探讨研究，初步确定新建卸载场的选址和建设方案。（王　珍）

【禁渔退捕专项整治行动】 2020年8月3—5日，天心区在湘江水域天心段、长潭交界处开展禁渔退捕专项整治行动，对沿线涉渔船只、“三无”（无船名船号、无船舶证书、无船籍港）船只、僵尸船等进行全面清理。为解决违法船只在长潭两地逃窜躲避执法的难题，天心区交通运输局主动对接相关单位，与湘潭市相关执法部门取得联系、达成共识，建立联合执法机制。该次整治行动中，由天心区交通运输局、区农业农村局、长沙市相关水上执法部门等10家单位和街道组成的联合执法队伍，沿湘江巡查，共清理涉渔船只、“三无”船只、僵尸船等23条。（王　珍）

生态环境保护

综　述

【概况】 长沙市生态环境局天心分局（简称“区生态环境分局”）为长沙市生态环境局派出机构，也是天心区生态环境保护委员会的办事机构，对本地区区域范围内生态环境保护工作实行统一监督管理，在市生态环境局授权范围内承担生态环境保护许可具体工作。长沙市天心区环境监测站于2020年1月调整为长沙市天心生态环境监测站，为长沙市生态环境局驻天心区生态环境监测机构，具体工作接受长沙市生态环境局天心分局领导。长沙市天心区环境监察大队于2020年1月整建制划入长沙市生态环境保护综合行政执法局天心执法大队，为执法局内设机构。

2020年，天心区开展蓝天保卫战、碧水攻坚战行动，加大污染控制和生态环境保护力度；湘江天心段国控断面橘子洲、省控断面猴子石、五一桥水质全年水质达标率100%，全区集中式饮用水水源地水质达标率100%；开展省级环保督察“回头看”工作，省级环保督察“回头看”案件办结率62.2%；妥善处理各类投诉393起，全年无环境污染事故发生；区生态环境分局在各级新闻媒体报道40余篇，其中市级以上媒体34篇，省级生态环境保护督察“回头看”开展期间天心区共发布相关报道130余篇。面临的形势和问题：环境保护责任空前重大；体制机制需要进一步理顺，环保队伍力量亟待加强。区生态环境局天心分局被评为长沙市第二次全国污染源普查工作先进集体。

（周娟艳）

【天心区第八届环境保护宣传月启动】 2020年6月3日，天心区第八届环境保护宣传月启动仪式暨铜铺街小学第十一届绿色狂欢节活动在天心区铜铺街小学举行。湖南省生态环境事务中心社会宣传部部长周知新，天心区委宣传部副部长、文明办主任杨英，区生态环境分局局长徐乙天、区教育局副局长杨晓雄等参加活动。活动分为“水的奇妙旅程”探索、水之源探索成果汇报、天心生态文明建设足迹展、“铜小绿色十年”回顾展和“‘引’水思源”创意书签5个板块。现场，自来水公司工作人员讲解自来水净化过程，开展传统与环保相结合的扎染体验项目、环保酵素制作体验项目；铜铺街小学学生以年级为单位分别开展水之源探索成果汇报；参与者参观天心生态文明建设足迹展、“铜小绿色十年”回顾展和“‘引’水思源”创意书签。宣传月期间，天心区举办环境监管网格化知识培训、“见证污水净化之旅”教育基地活动、“美丽中国，我是行动者”户外公益宣传、“我是志愿者，我骄傲”天心区环保志愿者“五进”宣传月等各类活动80余场次，发放宣传资料1万余份。

（周娟艳）

【环境监察网格化管理培训会议】 2020年7月30日，天心区生态环境分局组织召开天心区环境监管网格化管理培训会议，区生态环境分局局长徐乙天，副局长史毓和，区生态环境分局相关科室工作人员及各街道环保专干参加会议。区生态环境分局总工程师倪正对饮用水水源保护区巡查、大气污染防治巡查、非道路移动源管控等工作进行培训，天心执法大队大队长肖宇君对危险废物产生单位的巡查内容及方式进行培训。会议要求各街道要及时向社区传达会议精神；持续做好水源保护区巡查、大气污染防治巡查、危险废物监管巡查、非道路移动源巡查；完善信息录入，加强台账整理等相关工作；充分利用环境监管网格化平台落实各项环境保护工作，将环境监管网格化工作抓实抓到位。通过培训，有利于提升网格员业务知识水平。

（周娟艳）

【长沙市生态环境保护综合行政局天心执法大队挂牌成立】 2020年9月3日，长沙市生态环境保护综合行政执法局天心执法大队挂牌成立。该执法大队的挂牌，标志着长沙生态环境机构垂直管理制度改革迈出坚实一步，是落实中共中央总书记习近平实现生态环境领域治理体系和治理能力现代化的要求，有助于打赢污染防治攻坚战、促进生态环境事业发展。

（周娟艳）

【天心区2020年第三季度生态环境保护委员会全会】 2020年10月16日，天心区2020年第三季度生态环境保护委员会全会召开。区委副书记、区长黄滔，区领导邱忠献、洪孟春、许波、张建、赵英华，以及园区、区属相关单位、街道主要负责人参加。会议听取区环委会办公室关于2020年市对区生态环境绩效考核工作情况及配合省级环保督察“回头看”工作情况汇报，以及区生态环境分局、区住建局、区农业农村局、区城管执法局、区公安分局关于市对区生态环境考核工作进展情况汇报，就下阶段各项重点工作进行研究部署。会议要求，各级各部门要聚焦重点行业、重点领域、重点环节，集中优势力量和资源，分类施策、标本兼治，以重点突破带动整体推进，全力以赴抓好蓝天、碧水、净土保卫战和环保督察“回头看”工作。会议下发《2020年天心区生态环境保护（蓝天保卫战）工作目标考核责任清单》，审议并原则通过《天心区配合湖南省生态环境保护督察“回头看”总体工作方案》等文件。

（周娟艳）

【市生态环境局调研天心区】 2020年10月20日，长沙市生态环境局党组书记、局长潘胜强一行到天心区调研生态环境保护工作情况，并进行座谈。天心区生态环境分局、长沙市生态环境保护综合行政执法局天心执法大队、天心生态环境监测站分别就重点工作和“环保垂改”（湖南省生态环境机构监测监察执法垂直管理制度改革）以来遇到的困难、问题、工作建议等进行汇报。潘胜强强调，要加强学习，提升站位，提振信心；要厘清职责，准确定位，扎实开展工作；要从严从实，廉洁自律，带好生态环境保护队伍。潘胜强就充实人员、经费和待遇、工作机制、纪检监察、监测能力建设、省级环保督察“回头看”准备等具体问题提出意见建议。

（周娟艳）

【省级环保督察“回头看”】 2020年10月26日，湖南省第一生态环境保护督察组（简称“省督察组”）进驻长沙，开展为期15天的督察“回头看”。在区委、区政府密集调度、强力推进下，天心区各部门积极作为，快速响应，完成本次省级环保督察“回头看”相关工作。天心区共收到信访件13批次，37件，其中，重点件3件（全市共16批次，450件，其中，重点件51件）。总数按照由少到多排名，在市内五区排名第二。另有天心区协办的交办件1起（牵头单位为市住建局）。截至2020年12月31日，已办结信访件23件，办结率62.2%。

（周娟艳）

【区配合省级环保督察“回头看”工作会议】 2020年10月27日，天心区召开突出环境问题整改工作领导小组暨区配合省级环保督察“回头看”工作会议。天心区委书记刘汇要求，要严格按照省环保督察组要求，配合做好个别谈话、新闻报道、下沉督察、资料准备、调查取证等各项工作；各相关区领导和部门、街道负责人要亲自挂帅、靠前指挥，各专项工作组要高效运转、不分队列、紧密配合，统筹抓好协调、情况综合、督办落实、新闻宣传等各项工作；要倒逼省级环保督察“回头看”各项工作推进和落实；要科学调度各项工作，抓好各项工作落实。

（周娟艳）

【生态环境保护督察整改工作调度会】 2020年11月12日，天心区委副书记、区长黄滔主持召开天心区生态环境保护督察整改工作调度会，对近期信访交办件办理情况、典型案例整改工作进行专题调度。副区长王海军、洪孟春、许波，天心经开区工委委员、管委会副主任刘正文，以及区直相关部门、街道主要负责人参加。区整改办汇报天心区配合省级生态环境保护督察“回头看”有关工作情况，桂花坪街道、黑石铺街道汇报省级生态环境保护督察“回头看”重点信访件办理情况，区住建局、区农业农村局汇报省级生态环境保护督察“回头看”交办件南托港黑臭水体问题整改情况，区城管执法局、区环境维护中心汇报生活垃圾收集处置问题整改情况，天心经开区汇报长利电气废气扰民等情况。会议就相关具体问题进行研究和交办。黄滔强调，全区各级各部门要对省级生态环境保护督察“回头看”交办的信访交办件、典型案件通报、督办件、通报件4类问题迅速抓好整改；要依法依规采取约谈等处罚措施；要对整改工作推进不力、履职不到位的职能部门要严肃追责，严厉查处；要加强协调配合，凝聚合力，加快形成齐抓共管的长效机制。

（周娟艳）

环保审批与政务服务

【网格化环境监管体系】 2020年，天心区生态环境分局将网格化环境监管与污染源日常监管巡查紧密结合，通过网格通APP对网格员进行动态管理，督促加强网格内环境监管，及时发现、处理环境问题，全区各级网格员巡查5084起，上报环保类案卷信息673条。（周娟艳）

【环境信访投诉处理】 2020年，天心区生态环境分局妥善处理各类投诉393起，其中噪声污染216件，废气污染105件，废水污染10件，其他污染62件，处理率和回复率都达到100%。全年无环境污染事故发生。（周娟艳）

【环评审批】 2020年，天心区生态环境分局接受办事咨询300余次，批准环评项目8件，批准夜间施工许可证590件，办理核辐射许可证业务2件，核发排污许可证28件，协助长沙市生态环境局预审排污许可3件，下达排污限期整改通知书7件，排污登记216件。在信用天心平台累计核查41次，上传信用承诺10条，上传2020年6月1日起办理的行政许可2条。在“天心区公众信息网”版块设置“登记表备案系统”专栏，实现登记表项目网上备案155件。（周娟艳）

【通过第二次全国污染源普查市级验收】 2020年3月25日，长沙市污染源普查领导小组办公室副主任朱明岗及市档案局、市农委、市污普办及验收组专家对天心区第二次全国污染源普查及档案整理工作进行验收，副区长许波陪同参加验收。验收组听取天心区第二次全国污染源普查及档案整理工作情况汇报，分组对具体工作进行检查验收。验收组检查天心区普查工作前期准备、清查建库、入户调查及数据采集、数据汇总审核、数据定库与上报、档案建设等六个阶段的资料准备情况；查阅工作报告、质量控制报告、技术报告、验收自评估报告；查看管理类、污染源类、声像实物类档案资料整理情况。现场检查完毕后，验收组进行情况反馈并通报验收意见，天心区顺利通过第二次全国污染源普查市级验收。（周娟艳）

【排污许可清理整顿及发证登记工作】 2020年3月11日至4月1日，天心区生态环境分局开展五批针对重点管理和简化管理等需发证企业的专题培训会，培训企业76家，企业代表121人次。区生态环境分局各科室分别从管理、执法、监测等方面传达环保部门对企业的要求，第三方技术服务单位专家解读排污许可工作指南、申报流程、材料要求，进行前期发证试点企业的典型案例填报演示，分行业组建企业微信群，为企业提供实时技术支持。

（周娟艳）

【污染源普查】 2020年，天心区顺利通过第二次全国污染源普查市级验收，全区获长沙市第二次全国污染源普查工作先进集体表彰2个，1人被评为湖南省第二次全国污染源普查工作先进个人，11人被评为长沙市第二次全国污染源普查工作先进个人。

（周娟艳）

【建筑工地场内非道路移动机械污染整治工作调度会】 2020年7月13日，天心区召开建筑工地场内非道路移动机械污染整治工作调度会，对全区非道路移动机械污染整治工作进行部署。副区长许波，区政府督查室、区蓝天办、天心经开区、区生态环境分局等有关单位负责人参加会议。会议听取区生态环境分局关于全区非道路移动机械污染整治工作的汇报，对检查标准进行讲解，区住建局、区城管执法局、区渣土办等单位及各街道负责人分别表态发言。会议要求，要摸清建筑工地底数，对建筑工地场内非道路移动机械进行全覆盖检查，推进非道路移动机械污染整治工作，确保实现建筑工地场地内全部编码登记和高排放机械全部清场的“两个清零”工作目标。会议强调，要提高认识，高度重视；要明晰行业管理责任，明晰属地摸排责任，明晰业主单位主体责任。（周娟艳）

【自行监测培训会议】 2020年8月5日，天心区生态环境分局组织召开企业开展自行监测培训会议，长沙市生态环境局科技监测处副处长杨彪、天心区生态环境分局总工程师倪正，区生态环境分局相关科室工作人员、天心生态环境监测站工作人员、各街道环保专干、天心区内相关企业负责人共50余人参加会议。杨彪对企业自行监测工作的意义、具体要求和企业怎么做进行解读。倪正对《企业自行监测及信息公开办法》进行解读。区生态环境监测站站长向剑军强调企业要按时开展自行监测工作，做好数据上报和信息公开工作，切实履行企业职责和法定义务。与会企业表态将认真落实《企业开展自行监测及信息公开的工作指南》有关要求，及时编制自行监测方案，规范开展自行监测，将监测数据上传到国家数据系统。（周娟艳）

生态环境管理

【水污染防治】 2020年，天心区加强饮用水水源保护，将集中式饮用水水源地定期巡查工作纳入网格化监管；加强排口监管维护，实现湘江沿线排口旱季无污水溢流；湘江一级饮用水水源保护区天心区段全面隔离保护；推进治污和水质监测设施建设，完成北环路、暮云大道、伊莱克斯大道等16条建成道路排水管网提质改造，修建排水管道约16.6千米，天心经开区污水收集能力增强；完成4个水质自动在线监测站建设；开展“一江四河”（湘江天心段，港子河、双管子河、南托港、官桥湖撇洪渠）监督性监测，及时将监测数据反馈至相关部门，全年发布警示函3次；巡河60余次，发现问题及时交办整改。（周娟艳）

【土壤污染防治】 2020年，天心区开展危险废物大调查大排查工作，建立天心区危险废物产生单位清单、拥有危险废物自行利用处置设施单位清单、危险废物经营单位清单、危险废物重点监管单位清单、省级以上工业园区管理清单；完成长沙市生态环境局下发的关于涉镉等重金属污染源排查整治调研等相关工作；完成天心区3块疑似污染地块调查工作；有效推进“绿盾2020”自然保护地强化监督工作。（周娟艳）

【噪声污染防治】 2020年，天心区推进禁噪行动，严格规范声环境准入，将声环境影响评价纳入城乡建设、区域开发、交通发展和其他专项规划建设项目环评，严格实施城市夜间施工审批管理；开展酒吧KTV、网吧、影剧院等娱乐场所集中整治40余次，及时受理、调度、处理各类噪声扰民问题；完成桂花坪街道银桂苑社区鑫远尚玺小区2020年度噪声控制示范区及长沙市刑侦支队噪声污染治理项目。（周娟艳）

【支持做好水站建设有关工作调度会议】 2020年4月22日，天心区召开关于支持做好水站（水质自动监测体系）建设有关工作的调度会议。会议由天心区生态环境分局组织，区政府副调研员孙志余参会，长沙市生态环境局科技处处长许雄飞到会指导。会议解读《关于支持做好水站建设有关工作的函》，介绍项目基本情况及实施要求，参会单位对水站建设用地、选址、四通等方面提出相关工作意见建议。许雄飞就水站建设情况做补充说明。会议要求，各级各部门要高标准、严要求全力配合长沙市做好水站建设工作，确保水站建设按时按质按量完成。（周娟艳）

【非道路移动源专项整治会议】 2020年8月7日，天心区生态环境分局组织召开天心区非道路移动源专项整治会议。区生态环境分局相关科室工作人员及各街道环保专干参加会议。会议要求要做好非道路移动源巡查，动态更新辖区内非道路移动源的数量，完善非道路移动源台账管理；未编码登记的非道路移动源进行编码登记，巡查发现使用不符合要求的非道路移动机械，要责令立即撤场；街道要加强反馈，及时报送不配合整改的非道路移动源情况。会议要求天心区相关部门开展非移动道路源联合专项执法行动，推动非道路移动机械污染管控工作有效开展。（周娟艳）

【湖南省危险废物大调查大排查天心区帮扶工作培训会议】 2020年11月8日，天心区组织辖区内200余家单位举行湖南省危险废物大调查大排查天心区帮扶工作培训会。天心区各街道环保专干、相关企业负责人共200余人参加会议。此次培训会，由湖南省成立专门技术帮扶组下沉市县区进行技术帮扶指导。天心区生态环境分局总工程师倪正对监管平台数据的填报提出要求；长沙市生态环境保护综合行政执法局天心大队副大队长彭帅林对《中华人民共和国固体废物污染防治法》进行宣讲；湖南瀚洋科技环保有限公司专家邓印现场授课，对湖南省危险废物监管平台信息填报以及危险废物规范化管理进行专题培训，指导系统填报。与会企业表态将落实危险废物管理有关要求，做好湖南省危废监管平台系统填报工作，并加强危险废物现场管理。会议要求，加强对全区危险废物产生、收集、贮存、转移、利用、处置的全过程监管，推进危险废物治理体系和治理能力现代化。（周娟艳）

大气污染防治

【概况】 2020年，天心区蓝天保卫战工作领导小组办公室联合区生态环境分局调度相关部门全力应对污染天气；加强空气质量监测分析，按时接收并分析国控站空气质量日报；牵头开展非道路移动机械和工业企业废气专项整治，组织对全区非道路移动机械进行排查，编码登记1385台，检查机械684台次，清退65台；开展涉气企业专项整治，加强对汽车4S店、印刷企业等涉挥发性有机物企业监管，分组巡查，开展“三级两巡”11次，调度令巡查100次，出动巡查人员300余人次；推进大气污染防治整治项目，完成长沙理工大学印刷厂等10家印刷企业无组织排放废气治理；内五区率先全面完成低氮化锅炉改造，改造完成107台锅炉、349.22蒸吨；全区30个社区完成“绿色创建”工作，占全区社区总数的31%；完成22家省级以上工业园区以外企业的VOCs治理设施（在5万立方米/小时以下风量单个排气口治污设施）用电监测动态管控系统安装并接入监管平台。截至2020年年底，天心区空气质量优良天数为309天，优良率84.4%，优良天数同比增加31天，优良率同比提升8个百分点，$PM_{2.5}$累计浓度均值39微克/立方米，同测点较上年同期下降15.2%；PM_{10}累计浓度均值47微克/立方米，同测点较上年同期下降19%；O_3第90百分位浓度147微克/立方米，同比下降13.5%，全年未出现重度污染天。空气质量各项指标均优于市对区考核要求，年度考核成绩内五区排名第一。相关经验和做法被中央媒体报道23次，省、市媒体报道748次。（刘　灿　周娟艳）

【组织推进】 2020年，天心区蓝天保卫战领导小组成立，区委、区政府主要领导分任正、副组长，国控站点实行“点长制”，区委书记任空气质量国控站点点长，区委副书记、区长任副点长，蓝天保卫战组织规格进一步提升。制定出台《天心区2020年蓝天保卫战（大气污染防治）工作方案》及专项工作方案等系列文件，建立日研判、周会商、旬调度、双月讲评机制，区委常委会、区政府常务会、月工作布置会等定期研究部署蓝天保卫战50余次，形成党委政府牵头总揽、部门落实行业监管责任、街道落实属地责任、企业落实主体责任、群众积极参与的齐抓共管新格局。出台《2020年天心区蓝天保卫战工作绩效考核实施细则（试行）》，将蓝天保卫战工作单独纳入对部门、街道的考核，细化、量化、具体化各项考核指标，对各街道和重点部门实施双月考核，通过压紧压实责任、层层传导压力，构建责任体系。抓实区“三级两巡”工作，全区34名副县级领导参与，采取“四不两直”方式查处违反“六控十严禁”行为。建立问题交办、处置反馈、督查督办机制，全年共立案处罚1177起，罚款727.33万元。印发天心区蓝天保卫战工作领导小组办公室《工作简报》59期。（刘　灿）

【“六控”专项整治】 2020年，天心区紧盯重点时段、重点区域、重点行业，突出问题导向，靶向发力。控尘：落实渣土处置新规范和“三查”〔渣土处置（消纳）责任主体单位自查、区级属地检查、市级城管部门日常抽查〕工作机制，巡查发现问题332个，行政处理问题55个。落实管控要求，开展科学精准洒水降尘保湿作业，对辖区内工地“8个100%”（施工工地现场围挡和外架防护100%全封闭，围挡保持整洁美观，外架安全网无破损；施工现场出入口及车行道路100%硬化；施工现场出入口100%设置车辆冲洗设施；易起扬尘作业面100%湿法施工；裸露黄土及易起尘物料100%覆盖；渣土实施100%密封运输；建筑垃圾100%规范管理，必须集中堆放、及时清运，严禁高空抛洒和焚烧；非道路移动工程机械尾气排放100%达标，严禁使用劣质油品，严禁冒烟作业）防尘落实情况进行全面督查，发现问题142个，行政处理问题102个。严抓黄土裸露整治，累计治理裸露地块面积30.2万平方米。控车：每晚开展夜间高排车整治行动，全年查处货车违法33919起、闯禁货车27636台次、超载超限货车2922

台次，查扣货车571台次。加强非道路移动源整治，审核编码1517台，清退65台，查处不达标排放非道路移动机械14台次。控烧：查处露天焚烧垃圾93起；对185家大中型餐饮单位加装餐饮油烟在线监控设备，查处不规范维护、运行油烟净化设备或油烟超标排放13起；完成老旧小区油烟净化设备安装13559台。控排：开展集中执法行动35次，检查涉气工业企业91家次，办理涉气违法案件31起；率先完成107台燃气锅炉低氮改造验收任务。控煤：在坚持常态化开展燃煤整治巡查的同时，组织街道对燃煤整治工作全面进行“回头看”，收缴煤炉230个。控油：全面完成长沙大道加油站油气三级回收治理工作。

（刘　灿）

【蓝天保卫战专题调度会】 2020年9月16日，天心区生态环境分局组织召开蓝天保卫战专题调度会。长沙市生态环境保护综合行政执法局天心执法大队队长、副队长，市生态环境监测站站长，区生态环境分局相关科室负责人参加会议。会议通报天心区2020年7—8月蓝天保卫战双月考核情况。会议要求，天心区相关部门开展非移动道路源联合专项执法行动，推动非道路移动机械污染管控工作有效开展。（周娟艳）

【长沙市天心生态环境监测站挂牌成立】 2020年12月29日，长沙市天心生态环境监测站挂牌成立。长沙市生态环境局党组成员、湖南省长沙生态环境监测中心党委书记、主任吴坚，天心区生态环境分局党组书记、局长徐乙天共同为环境监测站揭牌。此次挂牌标志着长沙市天心区环境监测站调整为长沙市生态环境局驻天心区生态环境监测机构，调整后长沙市天心生态环境监测站主要职能为执法监测，支持配合属地生态环境执法，同时按要求做好生态环境质量监测、污染源监测和应急监测等相关工作。挂牌成立后，长沙市天心生态环境监测站在长沙市生态环境局的领导和湖南省长沙生态环境监测中心的指导下，加强数据质量监督管理，准确把握生态环境监测“支撑、引领、服务”的职责定位，协助天心区政府和天心区生态环境分局打好污染防治攻坚战。

（刘　灿　周娟艳）

图47　2020年12月29日，长沙市天心区生态环境监测站投入使用　（区蓝天办供图）

宏观经济管理（发展和改革）

【概况】 2020年，天心区实现地区生产总值1120.64亿元，比上年增长3.6%。分产业看，第一产业实现增加值1.50亿元，下降4.3%；第二产业实现增加值342.22亿元，增长3.1%；第三产业实现增加值776.91亿元，增长3.8%。第一、第二、三产业分别拉动GDP增长0、1.0和2.6个百分点，三次产业对GDP增长贡献率分别为-0.2%、29.2%和71.0%。第一、二、三产业增加值占地区生产总值的比重分别为0.1%、30.5%和69.3%。完成全社会固定资产投资比上年下降4.1%。该区计划总投资超过5000万元的建设项目（不含房地产开发）107个，完成投资占固定投资总额的63.5%。分产业看，第二产业完成投资增长80.4%，其中，工业技术改造投资增长143.3%；第三产业完成投资下降34.1%。（吴静静）

【重大项目建设】 2020年，天心区铺排重大项目150个，累计开工复工137个，开工复工率91.3%。其中，续建项目铺排84个，开工82个，开工复工率97.6%；新建项目铺排66个，开工55个，开工率83.3%。年度计划投资240.23亿元，实际完成投资300亿元，另有预备项目68个。为推动重大项目开工复工建设，该区开展“大干一百天实现双过半”竞赛活动和全区重大项目攻坚活动，区主要领导组织召开调度会议20余次，现场察看督导项目90余次，细分任务，倒排工期，明晰工作节点，实行“挂图作战”。（吴静静）

【争取上级支持】 2020年，天心区做好政府专项债券及中央预算内项目补助资金的申报和调度监管。共争取老旧小区、保障房配套、黑臭水整治项目及湖南省社会服务兜底工程年度中央预算内资金1872万元；组织项目单位申报专项债项目储备，形成项目申报滚动库；向国家发改委申报2020年专项债发行项目6个，共计7.04亿元。加强中央资金及专项债项目建设调度，保证到位专项资金在本年度内合法合规完成支付。（吴静静）

【政府投资管理】 2020年，天心区进一步简化小额政府项目审批程序，落实告知承诺制审批，推行容缺受理，创新项目评审方式。共办理企业投资项目备案198件，涉及企业投资金额约502.02亿元。完成政府投资项目立项177件，涉及政府投资额约3.36亿元；批复政府投资项目可行性研究报告16项，涉及政府投资额约18.8亿元；完成政府投资初步设计概算审查13个，涉及政府投资额约15.92亿元，审减政府投资6680.37万元。完成法定限额以上市级交易工程36个（不含社会投资项目），中标金额约10.7亿元；完成工程建设审批“多规合一”平台办结事项376项；回复项目建设相关意见135件。陪同省市发改委6次对天心区绿心地区建设项目现场踏勘实地调研，完成29个建设项目绿心准入初审。加强招投标规范指导，整理汇总国家、省、市现行招投标法律法规、政策文件，印发政策文件汇编。（吴静静）

【“十四五”规划编制】 2020年，天心区成立“十四五”规划编制领导小组，选定中国高新技术研究院区域经济研究所为该区“十四五”规划编制技术咨询机构，确定编制工作任务和时间进度安排；组织召开园区、经济部门、综合部门、社会民生部门、城建部门、街道、人大代表和政协委员等多个“十四五”规划编制专题调研座谈会，听取园区、部门、街道和代表委员意见建议；

带领规划团队多次赴经开区、文（广）园、金融外滩、五一商圈等重点园区、片区进行实地调研；面向社会各界发布“十四五”规划意见建议征集方案，共收到意见建议73条；就该区“十四五”规划纲要的重大思路和重大战略与长沙市“十四五”规划思路积极对接，将天心区“十四五”期间发展重点、产业布局等诉求融入长沙市“十四五”规划中。12月26日，天心区“十四五”规划经该区第五届人民代表大会第七次会议批准，面向社会正式发布。

（吴静静）

【能源监督管理】 2020年，天心区推进重点用能单位管理和节能示范单位创建，组织园区、各街道、相关部门开展节能宣传和能源保供稳定工作。共成功申报省、市分布式光伏发电项目49个；被评为市级节能专项项目2项，市级公共机构生活垃圾分类示范单位2个，市级“煤改气综合示范社区”5个；完成20个充电站项目验收；评选出区级节能示范单位12个，节约型党政机关19个。

（吴静静）

【价格管理服务】 2020年，天心区制定该区重要民生商品保供稳价工作方案，统筹协调全区疫情期间保供稳价工作。疫情期间，每日深入辖区内各大超市、农贸市场调查了解重点民生商品价格及供应，对重点民生商品价格和供应情况进行重点监测，保持价格总水平和供需量在合理区间运行。开展节假日前后市场物价检查，对关系市民基本生活的粮油副食品价格重点检查，规范明码标价。年内，共核准（备案）中小学伙食费收费标准13起，公办幼儿园保教费伙食费收费标准22起，普惠性民办幼儿园伙食费收费标准78起，商品住宅小区前期物业服务收费标准9起，政府指导价停车场停车服务收费标准5起。共办理“12345”交办件216件，其中市长信箱25件，群众满意率98.6%；完成刑事、民事、行政、经济案件价格认定业务273例，金额合计2366万元。 （吴静静）

【重大项目集中开工】 2020年4月28日，长沙市天心区金桂小区三期安置房、中澳广场一期、新昌学校、西湖商业中心项目等6大重点项目在金桂小区三期农民安置房项目现场集中开工。长沙市人民政府副市长、天心区委书记朱东铁，天心区委副书记、区长黄滔，区委副书记朱远红，区人大常委会主任于献、区政协主席夏艳兰、天心经开区党工委书记吴江等出席开工仪式。集中开工的6个重点项目总投资27亿元。9月28日，长沙市天心区五矿广场、中交国际中心、新开铺污水处理厂提标扩建（二期）工程、石人学校4个重点项目在长沙五矿广场宣布集中开工。天心区委书记刘汇，五矿地产副总经理、五矿二十三冶党委书记、董事长宁和球，黄滔等区领导及五矿地产负责人出席开工仪式，集中开工的4个重点项目总投资62.75亿元。

（吴静静）

【信用体系建设工作】 2020年6月，天心区完成信用长沙（天心）平台的升级工作，年内共报送信用信息224725条。9月30日，区政府在黄兴南路步行街黄兴广场举办“五一信用商圈”启动建设仪式，正式开启建设工作。

（吴静静）

【世行高级经济学家马钦到天心考察夜经济】 2020年11月26日，世界银行高级经济学家马钦一行到天心区考察夜经济发展情况。长沙市优化营商环境协调事务中心党组书记、主任刘莉霞，天心区委副书记、区长黄滔，区委常委、统战部部长刘向陪同考察。马钦一行参观石牌坊、火神庙和古戏台，了解长沙民风民俗，对长沙民风民俗、天心区商业布局、功能配套、多元业态夜经济以及营商环境进行实地体验，并给予高度评价。 （吴静静）

审计监督

【概况】 2020年，天心区围绕审计监督主责主业，系统谋划审计改革创新，为维护区域经济秩序发挥审计的“免疫系统”功能和建设性作用。共完成审计项目24个，发现违规及损失浪费资金1431万元，管理不规范资金15.86亿元，审计后挽回或避免损失917.28万元。移送区纪委监委案件线索12条（已反馈处理结案2起，移送处理人员17人），撰写审计要情和审计专报2篇。年内共派出6人次参加各级巡视巡察6次，派出2人参加上级审计机关审计项目1个。连续第六年被评为长沙市优秀审计项目，1人被评为湖南省审计工作先进个人。

（胡施扬）

【政策跟踪审计】 2020年3—7月，天心区开展应对新冠肺炎疫情情防控资金、捐赠款物及“一圈两场三道”建设项目专项审计调查，对项目使用绩效、建设资金管理、信息公开及时性准确性、物资使用规范性等情况进行重点关注，督促被审计单位加强设施维护、及时公开捐赠款物信息，收回闲置建设资金311.17万元。（胡施扬）

【财政审计】 2020年3—11月，天心区开展区级财政预算执行、部门预算执行、招商引资履约情况审计，重点关注财政资金使用效益，数字经济、总部经济、楼宇经济等招商引资绩效情况，发现部分单位预算编制不科学、财政资金闲置浪费、产业发展招商绩效较差、单位内控制度不健全等问题，提出审计建议15条。首次对全区84个一级预算单位实现审计全覆盖，筛查出审计疑点150条，查出重复编制预算、挤占挪用专项经费、违规发放津补贴等问题42个，涉及被审计单位25家。开展该区财政供养人员经费专项审计调查，发现银行代发工资制度存在重大风险、长病休制度不健全、缺乏聘用人员管理机制等问题，揭示风险漏洞，促进体制机制完善。（胡施扬）

【经济责任审计】 2020年4—11月，天心区完成青园街道、区环卫中心、区教育局、区人社局、区后勤中心、区政府办6家单位的经济责任审计，涉及领导干部14人，查出问题90个，违规及损失浪费金额1824.4万元，管理不规范金额2.46亿元，非金额计量问题20个。（胡施扬）

【政府投资审计】 2020年，天心区开展教育系统提质改造工程审计、固定合同价工程审计、应急工程审计等工程审计项目，发现工程建设领域机制不完善、监管不严、建设资金损失浪费等问题，挽回建设资金损失136万元。（胡施扬）

【区委审计委员会第三次会议】 2020年4月28日，区委审计委员会第三次全体会议在区政府机关召开。会议审议《2020审计年度项目计划》《关于建立区经济责任审计工作联席会议制度的通知》。长沙市副市长、天心区委书记、区委审计委员会主任朱东铁主持会议。（胡施扬）

统　计

【概况】 2020年，天心区以人口普查、统计信息服务、数据质量和基层基础为重点，加快推进统计改革创新，全力打造现代化服务型统计。

普查工作 按照国家、省、市的《普查方案》规定和时间节点有序稳步推进第七次全国人口普查工作，顺利完成普查试点、地图标绘、“两员”（普查员、普查指导员）培训、入户摸底和正式登记等工作。摸清全区人口家底，该区共配备普查指导员845名、普查员2548名，划分普查小区3730个。区财政安排普查专项经费680万元，完成户籍清查、摸底调查、短表登记、长表填报、比对复查、行职业编码等工作，各阶段质量验收均达到合格标准，确保普查数据真实准确。截至年末，人口普查工作取得阶段性进展，该区常住人口836157人。

经济运行监测 紧扣区委、区政府中心工作，每季度组织召开全区统计系统经济形势分析会，对该区经济运行态势进行监测并作出客观分析研判，重点是工业、能源、房地产、投资和消费市场的调研分析，每月编印《天心经济运行快报》，每季度编印《天心区统计系统经济形势分析材料汇编》，及时排查经济工作中的薄弱环节，督促相关单位强化措施。针对疫情冲击，组织专业人员开展调查研究，深入研判疫情对经济运行特别是对生产、需求、就业、消费等主要指标的影响，及时与相关部门和企业沟通，关注重点企业、重点行业的指标变化对该区的影响，提出有针对性的意见建议。年内，共撰写统计分析报告46篇，6篇被长沙市统计局官方网站采纳。其中，《天心区互联网和软件信息技术服务业发展现状分析》得到区长批示。

统计调查 组织实施常规统计调查任务，完成基本单位、核算、工业、重点服务业等国民经济领域，以及人口就业、社会科技、能源资源环境等领域常规统计调查工作。做好月、季、年度调查工作，完成采购经理指数调查、月度劳动力调查、城乡一体化住户调查。（梁海龙）

【统计规范化建设】 2020年，天心区以贯彻中央《防范和惩治统计造假、弄虚作假督察工作规定》为契机，推动全区领导干部学习相关文件；开展业务培训，提高统计人员知法、用法、普法、执法的能力；利用“9·20”统计开放日、“12·4”国家宪法日、“12·8”统计法颁布纪念日等时间节点，组织开展面向社会的法治宣传活动10次，增强调查对象统计责任和法治意识。实行“天心区统计局基层统计工作联点制度”，通过“分片包干”的形式，确保每个街道都有1名联点干部，联点人员对联点单位统计数据和人普数据质量负联点责任，数据质量实行网格化管理，责任明确到岗到人；制定下发《2020年天心区统计基层基础工作季度评估细则》，对街道联网直报、数据质量、报表及统计台账管理、统计信息化建设等统计基础工作进行季度评估，评估结果用于对街道年度考核。建立完善统计执法“双随机”抽查工作制度，对辖区内40家企业开展统计执法检查。年内，天心区南托街道被评为全省示范统计站，金盆岭、桂花坪、赤岭路街道统计站被评为全市乡镇街道统计站目标管理综合考评二类单位。（梁海龙）

【数据开发利用】 2020年，天心区以经济普查资料分析研究为主，组织开展经济普查专题研究，做好普查主要成果分析，发布普查公报、编印《天心区第四次全国经济普查年鉴》、完善基本单位名录库。发布《2019年天心区国民经济和社会发展统计公报》《2019年统计提要》，编印《2019统计年鉴》。数据开发工作为推动全区下一步高质量发展，提供全面详实可靠的统计数据信息支持。

（梁海龙）

【第七次全国人口普查宣传月活动启动】 2020年9月21日，天心区在黄兴广场举行长沙市第十一届“中国统计开放日”活动暨第七次全国人口普查宣传月启动

图48　2020年9月21日，天心区举行第十一届“中国统计开放日”活动暨第七次全国人口普查宣传月启动仪式　（区统计局供图）

仪式活动。活动以人口普查“大国点名没你不行”为主题，通过歌舞表演、有奖问答、优秀短视频展示等活动形式，现场连线基层普查员、微信留言抽奖等环节，号召全社会共同关注和支持人口普查工作。市第七次全国人口普查领导小组副组长、市统计局局长汤建尧，天心区委副书记、常务副区长、区第七次全国人口普查领导小组组长周志军等市、区领导和市民200余人参加。（梁海龙）

应急管理

【概况】 2020年，天心区安全生产态势总体平稳，全区发生一般生产安全事故8起，死亡9人（其中生产经营性道路交通事故死亡8人；铁路运输事故死亡0人；工矿商贸企业从业人员死亡0人；建筑施工行业死亡1人），受伤0人，直接经济损失710万元。

6月22日，长沙市天心区应急管理局（简称“区应急局”）办公地址搬迁至天心区正塘坡路300号友谊综合楼B栋五楼，12月17日，区应急局党组改设党委，党组组成人员职务相应变更。

（黄　憬）

【安全责任网建设】 2020年，天心区牢固树立安全发展理念，年内召开区委常委会3次、区政府常务会6次、区长办公会8次，专题研究部署安全生产工作。推行“一线工作法”，常态化开展区级领导带队督查暗访，以领导责任落实推动工作责任落地。组建10个行业安委会，实现安全生产监管分治。建立完善《天心区党政领导干部安全生产责任制实施细则》，定期巡查安委会成员单位、园区、街道、重点企业安全生产工作落实情况，倒逼部门监管责任、街道属地责任履行到位。全面夯实企业安全生产主体责任，建立健全“一企一档一清单”制度，对相关企业的主体责任落实情况，特别是企业负责人“十个一次”落实情况、全员隐患排查制度落实情况等，进行全面巡查、

问题交办、限期整改。组织召开安全生产警示约谈会 8 次，集中约谈 850 家生产经营单位负责人，通过以案说法、以案警示、以案促改的方式推动企业主体责任进一步落实。（黄 憬）

【安全监管执法】 2020 年，天心区紧盯隐患整改，聚焦消防、道路交通、市政设施、燃气使用、建筑工地、人员密集场所、森林防火、电动车充电、危险化学品等行业和领域，以地毯式、拉网式方式开展领导带队检查、街道常态检查、部门联合检查，共排查整治隐患 14327 条，整治销号省、市级挂牌重点隐患 3 处、区级挂牌重点隐患 8 处、火灾隐患 1745 处、道路交通隐患 178 处。推进安全生产专项整治三年行动，共检查生产经营单位 12644 家次，责令限期改正 1845 家次，责令停产停业整顿 46 家次，罚款 403.9 万元；查处渣土车交通违法 6049 台次、酒驾醉驾 1069 起，行政拘留 25 人，刑事拘留 5 人。（黄 憬）

【安全生产宣传】 2020 年，天心区组织开展党政领导干部安全生产责任制专题培训暨安全生产知识考试，创新开展“安全宣传咨询日”“防灾减灾日”活动，在坡子街、赤岭路、黑石铺等街道建立安全文化长廊，加强对干部、企业、群众的宣传教育。同时强化媒体平台宣传，年内在国家、省、市等各级媒体上稿 1000 余篇，其中国家级媒体上稿 40 篇，省级媒体上稿 280 篇。（黄 憬）

【安全基础建设】 2020 年，天心区加强应急信息化建设，率先全省打造集线上语音通讯、预警信息发布、安全知识宣传为一体的 5G 应急云广播系统，设置应急云广播点位 1076 个，实现该区 14 个街道、102 个社区（村、合作社）、734 个小区全覆盖。全面整合防汛抗旱、应急指挥、公安天网系统平台，建成区应急指挥大厅、应急会商室、应急值班室等安全基础设施。成立天心区应急救援大队、无人机侦察救援排、民兵应急连等专业救援队伍，开展应急救援实战演练，应急处置、抗洪抢险等应急能力得到全面提升，年内未发生重大财产损失和负面舆情。完善街道、社区（村）工作薄弱环节，开展执法、救助、救灾等专题业务培训，建立三级灾害信息员队伍。（黄 憬）

【安全生产知识考试】 2020 年 4 月 30 日，天心区组织党政领导干部安全生产责任制专题培训暨安全生产知识考试，天心区委副书记、区长、安委会主任黄滔，区委副书记、常务副区长周志军，副区长张建以及安委会成员单位主要负责人、街道党政主要负责人全程参加。培训会上，湖南省应急管理厅综合协调处负责人为全体参会人员授课，黄滔及所有参会人员全部参加闭卷考试，当场批阅试卷，公布考试成绩。参考人员 86 人，满分 62 人，占比 72.09%；90—99 分的 18 人，占比 20.93%；90 分以下的 6 人，占比 6.97%。（黄 憬）

【防灾减灾宣传】 2020 年 5 月 12 日，天心区应急局、区委宣传部、区住建局（人防办）、区消防救援大队、区卫健局等 30 余家单位在黑石铺街道黑石铺社区开展年度全国防灾减灾日集中宣传活动，长沙市民众应急服务中心等社会组织与志愿者一道参与。现场设立咨询台和主题宣传展板，发放防灾减灾宣传资料，提供咨询服务，普及防灾减灾知识和自救互救常识。在互动游戏中，心肺复苏术、生命三角实验、落水自救与互救、模拟紧急救护体验、消防车及消防装备展示与体验、结绳训练、防灾减灾桌面游戏、应急包揭秘与触电体验等项目吸引市民前往观摩和互动。当天 200 余人参加活动。（黄 憬）

【应急云广播】 2020 年 6 月 15 日，长沙市首家应急云广播在天心区正式开播，播放时间为周一到周五的 18:00—18:30，播放内容平时以宣传党和政府政治、经济、文化政策为主，需要应急处置时转为应急信息广播。截至年末，应急云广播进行高温防暑安全、防溺水安全、禁毒宣传、燃气安全、火场逃生、电信诈骗防范等各类专题宣导 46 次，发布雷电、山洪、暴雨、大风等各类预警信息 18 次。（黄 憬）

【刘汇检查五一商圈安全生产工作】 2020 年 12 月 25 日，天心区委书记刘汇一行到坡子街、黄兴南路步行街、解放西路实地察看公安、城管、街道、社区等相关单位值班备勤、巡逻值守情况，向坚守一线的工作人员、志愿者表达问候，对他们履职尽责，担当作为的优良作风予以肯定。随后，一行人深入酒吧、商场等人员密集场所，对各场所消防设施运行情况，疏散通道、安全出口是否畅通进行全面细致检查，听取各场所负责人疫情防控、消防安全、应急处突工作落实、值班安

排情况汇报。区领导黄文先、刘向、侯向宇、王海军、肖向东、许波参加。（黄　憬）

消防救援

【概况】 2020年，天心区消防救援大队贯彻中共中央总书记习近平授旗训词精神，围绕建过硬班子、带过硬队伍、创过硬业绩，勇于担当、稳中求进，实现火灾形势和队伍管理的“两个稳定”。年内接警出动1247起，出动车辆1991辆次，出动人员11941人次，抢救被困人员91人，疏散被困人员151人，抢救财产价值935万元。2人被评为三等功，56人获嘉奖，4人获政府专职先进个人。

全年天心区发生火灾35起，伤2人，直接财产损失68.96万元，“火灾四项”（接报火灾数量、火灾死亡人数、火灾受伤人数、直接财产损失）指数比上年分别下降32.6%、100%、71.4%和66.7%。（李　凯）

【消防整治救援】 2020年，天心区开展冬春、易燃易爆场所、文物古建筑、寄递物流、消防安全等各类专项行动13项。区消防救援大队、区应急管理局、街道、派出所等部门联合开展群租房专项整治，共排查1132家，清退60余家，取缔30余家；区消防救援大队、区民政局对区内12家养老机构进行消防安全专项整治；区消防救援大队、区教育局对区内教育培训机构和幼儿园进行全面消防安全专项整治。年内，该区共检查单位1483家，督促整改火灾隐患和违法行为984处，下发责令整改通知书535份，临时查封17家，责令“三停”3家，罚款84.87万元。挂牌督办重大火灾隐患单位10家，整改到位摘牌销案12家，解决市级挂牌且久拖不决的新芙蓉家居广场和蓝湾国际火灾隐患问题。（李　凯）

【实战化练兵】 2020年，天心区立足辖区主要灾害事故特点，随机开展拉动演练，检查各站人员编配、装备配备及日常训练开展情况，强化实战演练，提升高层建筑、城市大型综合体、人员密集场所、公众聚集场所等专业救援力量。全年开展重点单位灭火演练282次，修订灭火救援预案230份，电子灭火预案2份，联合应急、公安等部门，开展4次大型联合灭火演练。罗家坡站代表队在总队操法考核夺得快速控火操法第一名，全市队列会操活动劳动路站夺得专职队第一名、罗家坡站夺得国家队第二名、贺国良夺得“最佳指挥员”，后勤装备比武竞赛大队2019、2020连续两年获团体亚军、劳动路站获破拆组合操第一名、定点停车吸水出水操获第二名、罗家坡站夺得破拆组合操第二名，劳动路站和罗家坡站总分分别获团体第五、第八名，全市条令条例知识抢答赛大队代表队夺得全市第三名，全市微型消防站比武竞赛该区3个社区夺得前六名。（李　凯）

【消防基础设施建设】 2020年5月，天心区完成金盆岭站训练塔复建项目，11月份完成新路消防站发改立项工作；12月份暮云中心消防站建设全面竣工，消防车辆及装备采购完成。在推进城市公共消防基础设施建设的同时，市政消防设施建设力度不断强化，协同供水部门对全区市政消火栓进行全面排查，登记在册，建立常态化维护保养机制。（李　凯）

【消防宣传】 2020年，天心区与省、市电视台合作，报道灭火救援和消防整治工作39次；协调利用场所楼宇视频和社会单位LED电子显示屏及消防官方微博、微信、移动互联网平台定期滚动播放消防安全知识提示语128条；依托“消防宣传进万家”活动，利用应急云广播、宣传栏、电子屏，根据火灾防控的季节特点，滚动播放预警信息、火灾案例、消防常识185条；9月份，科普教育馆投入运行后，接待参观体验群众3000余人，发放宣传资料5万份。11月9日，“关注消防·生命至上”119消防宣传日暨消防宣传月活动在天心区启动。启动仪式现场设置消防技能体验区、器材装备展示区、消防常识科普区等功能性展区，多角度、多元化普及消防安全知识。参会人员和市民现场观摩消防综合技能汇报展示和训练科目演练。区人民政府副区长肖向东、区消安委成员单位、各街道、消防志愿者、重点单位200余人参加活动。年内，在省级媒体发稿10篇，省级以下媒体发稿15篇，长沙市消防救援支队内网及政工网发稿件80余篇。（李　凯）

【灭火救援专业知识集中培训】 2020年，天心区分级分期分批对党政领导干部、行业部门、消防安全重点单位负责人、微型消防站站长等“七类人员”及社会单位和居民进行消防安全培训，开设培训班210余次，教育人数13069人次。政府购买外包服务全区培训7948场，组织应急疏散和灭火演练142次，入户宣传1.7万余户，培训3.6万余人，发放各类宣传手册9000余份，张贴海报6000余份。消防宣传“三普一帮”新模式被评为全国民生示范工程。（李　凯）

【微型消防站技能大比武举行】2020年7月31日，天心区微型消防站技能大比武活动在明德中学举行。该区22支社区微型消防站、120余名队员参加比赛。比武根据实战需要和季节特点设置初期火灾扑救操、灭火器油锅接力灭火操2个科目，经过角逐，新园社区、白沙花园社区、怡海社区3支代表队获初期火灾扑救操前三名，新园社区、怡海社区、白沙花园社区3支代表队获灭火器油锅接力灭火操前三名。

（李　凯）

市场监督管理

【概况】　2020年，长沙市天心区市场监督管理局（简称“区市场监管局”，加挂区知识产权局牌子）承担该区市场主体（个体）准入、市场综合监管执法、食药安全监管、特种设备监察、产品质量监管、消费维权等众多职责。

2020年，天心区新增市场主体3万余户。截至2020年年末，市场主体总量突破11万户，其中企业占比43.46%。（任咏梅）

【营商环境】　2020年，天心区深入推进“证照分离”改革，将“企业登记、印章刻制、申领发票”三个环节整合为一，取消企业名称预先核准，公司开办登记申请材料由以前的8份减少为5份、刻章费由政府买单，全程零费用。营业执照自助打印，全程网上办理的业务量达到80%以上。实施市场统一准入负面清单和涉企经营许可事项清单管理，依托“互联网＋政务服务”一体化平台，完善政务公开，全面推进“互联网＋监管”系统平台运行，目录清单梳理完成率100%、行政检查事项完成率100%，监管行为覆盖率30.41%。推行“一业一证、一业一照”〔“一业一证”是指对药品经营或者医疗器械经营行业涉及的经营许可、经营备案事项合并办理，统一核发加载兼营业务许可备案信息的《药品经营许可证》或者《医疗器械经营许可证》；“一业一照”是指对药品经营、食品经营（销售）、小餐饮行业涉及的经营许可、经营备案和市场主体登记事项合并办理，统一核发加载许可备案信息的《营业执照》〕改革，把146个细分事项整合为35个事项，将同一行业的经营许可、经营备案和市场主体登记事项合并办理为一张综合许可证，精简材料85.5%，压缩时限65.5%。许可证上加载集成法定许可证书的二维码，实现许可信息一码全覆盖，企业可自行下载、打印相关许可证书，实现“拿证即经营”。鼓励个人网络经营从业者办理证照，指导和督促涉网市场主体信息公开，亮标亮照经营，将淘宝、微商等新形式网络交易纳入监管。实行部分许可告知承诺制，完善经营许可注销机制，简化小餐饮许可办理程序。办理动产抵押登记备案58份，抵押登记数额84902.15万元。扫把塘农贸市场评为市级“诚信市场示范点”。（任咏梅）

【市场日常监管】　2020年，天心区完成30265家企业和10020户个体户年报工作，清查无照经营并引导办证16736户，无照经营立案查处26件，列入经营异常名录企业并公示5410户，列入严重违法企业名单并公示企业747户，“信用天心”网站行政处罚信用修复247起。强化系统监管、依法监管、源头监管和综合监管，规范全区“双随机一公开”（在监管过程中随机抽取检查对象，随机选派执法检查人员，抽查情况及查处结果及时向社会公开）。区市场监管局监管抽查事项完成任务22个，检查对象2193个，公示率100%。出台《长沙市天心区市场监管局市场主体轻微违法实施告知承诺制度》，实行告知承诺免罚制度。完成全区624家“小餐饮”透明厨房提质改造工程和“明厨亮灶”工作，完善“明厨亮灶”手机APP管理平台，实现无人智能监管和不规范行为视频抓拍。强化网络订餐平台和入网餐饮单位监管，开展标准化配送站点创建活动，推进林科大食品安全示范街直播后厨点外卖试点。

（任咏梅）

【消费维权】　2020年，天心区整合“12315”和“12345”热线，受理消费投诉举报工单16520件，发展10家在线消费纠纷调解企业。办理一起侵害消费者个人信息案，被湖南省市场监督管理局评为“湖南省十大侵害消费者合法权益典型案例”。严厉打击利用合同格式条款（霸王条款）侵害消费者合法权益，处理有关投诉833件，处理率100%。

（任咏梅）

【特种设备专项整治】 2020年，天心区开展特种设备安全生产专项整治行动，排查安全隐患2600余处，清查在用设备数据，处理率达100%。完成名册内燃气锅炉全部低氮改造20台、燃气锅炉低氮改造110台验收工作，施工改装三无电梯27台，电梯改装验收4台。完成药品医疗器械现场审评16家，开展中药饮片、零售药店二类精神药品和专管药品6个专项整治，查处违法行为25起。落实食品安全管理制度，监督检查覆盖率100%，全区食品生产经营单位100%建立纸质食品安全追溯体系，部分实现电子追溯、“一品一码”追溯。加大食品及食用农产品抽检覆盖面，全年定量检测2700批次（其中农兽药残留检验量1400批次），合格率97%；快速检测49795批次，问题样品66批次，阴性率为99.86%。

（任咏梅）

【质量强区建设】 2020年，天心区举办“聚焦标准建设提升服务质量”主题培训班。指导企业开展“质量诊断”活动，帮扶茶颜悦色等3家单位申报2021年省级标准化试点，辖区湖南建工集团被评为湖南省省长质量奖，湖南大球泥瓷入围长沙市市长质量奖。开展产品质量、计量、用能、认证等专项检查26次。对电动自行车和汽车生产、销售、改装环节排查179次，查封非法成品油罐1个和非法改装加油车1辆。检查车检机构、环境检测机构9家，督促整改问题14项。 （任咏梅）

【知识产权建设】 2020年，天心区有效发明专利拥有量2521件，同比增长18.58%。签订中小微企业知识产权托管合同51家；完成知识产权质押融资贷款2笔，金额3837万元。办理商标侵权案件28起，假冒专利2起，专利标注不规范案件71起。出台《长沙市天心区知识产权补助实施办法》，对239个项目补助104.8万元。12月7日，天心区被评为2020年度湖南省知识产权建设强县（区）。

（任咏梅）

图49　2020年4月23日，天心区知识产权宣传周活动在文源街道拉开序幕

（区市场监管局供图）

【市场集中整治】 2020年，天心区开展打击假冒伪劣和侵犯知识产权的“双打”行动，对农村市场、食品安全、认证领域、电商平台4个领域开展净化市场环境行动，全年立案516起，罚没入库160.81万元。开展公平竞争审查，清理存量文件1000余份。开展预付卡专项整治行动，建立预付式经营主体台账96家，规范合同11起，发布消费警示4起，立案查处6起，《中国消费者报》进行专题报道。开展行政事业性收费、行政审批中介服务、行业协会收费检查、停车收费检查、医疗服务价格检查等专项清查7起，查办价格案件14起；转让供电电价检查转供电主体425家，清退违规收取电费100.68万元。排查电信诈骗企业22批461家，经实地核查，全部录入经营异常名录。开展P2P网贷机构风险排查，清退网贷机构17家。打击非法集资，依法录入异常名录企业238家，移送湖南省市场监督管理局、长沙市市场监督管理局列入经营异常名录企业17家，查处非法集资机构6家。落实户外广告信息发布责任制，立案查处网络类违法案件23件。打击传销集中行动120次，出动执法人员1059人次，捣毁传销窝点62个，劝返遣散传销人员200人，查封出租屋59间，公安机关受案、立案、破案3起，逮捕4人，刑拘6人，移送起诉10人，判决人数9人，涉案金额898万元，追缴22万元。

（任咏梅）

农业 林业 水利

综 述

【概况】 长沙市天心区农业农村局（简称“区农业农村局”）承担着全区农业、林业、水利、畜牧水产、农机、扶贫、农村自来水、农村经营管理等工作，对口市农业委、市林业局、市水务局、市扶贫办、市气象局等部门。主要职能有农村党风廉政建设、农村“三资”（农村集体资金、农村集体资产和农村集体资源）管理、水资源保护、排水行业监管、渔政管理、农村自来水、农产品质量安全、农业保险、农业统计、农业产业化、牲畜屠宰监管、畜禽养殖污染治理、城市绿心保护区林政执法等，以及乡村振兴战略实施、美丽乡村建设、农村土地承包经营权确权登记颁证、农村集体产权制度改革、农村片区黑臭水体整治等多项中心工作。同时设有全区动物防疫、防汛抗旱2个办公室。

2020年，天心区有农业人口5.7万人，有暮云、南托、大托铺、黑石铺、先锋、新开铺5个涉农街道，12个行政村、12个集体经济合作社（联合社）；耕地面积1773.67公顷，其中基本农田保护面积977公顷，主要分布在大托铺、南托、暮云3个街道。粮食作物播种面积283.80公顷。其中水稻面积212.73公顷（种植两优293和湘晚粒优为主），其他粮食作物种植283.8公顷。实现粮食总产量约2350吨。林地面积1836.4公顷，水产养殖水面365公顷，畜禽养殖户4265户（均为散户）；生猪存栏6100头，家禽9.5万羽，牛羊1700头（只），家犬2380只（不含城区）；动物诊疗机构19家，冷库1座；农业企业178家，农业专业合作社37家，其中省级龙头企业4家、市级龙头企业1家、境外省级现代农业特色产业园（省级示范园）2个、涉农网络信息企业2家，国家级四星（省级五星级）生态农庄1家。全区有南托垸和解放垸2个万亩堤垸，官桥湖垸1个千亩堤垸以及1个江心洲岛；防洪设施湘江一线大堤32.05千米，其中港子河以北湘江一线大堤22.56千米，达到防御100年一遇洪水标准，南托垸湘江一线大堤9.49千米，达到防御50年一遇洪水标准；小（2）型水库3座、涵闸62个、泵站17处。全区农业生产逐渐向蔬菜、瓜果、花卉苗木种植、水产养殖等休闲农业方向发展。 （陈　文）

农 业

【粮食生产】 2020年，天心区农业农村局下发《长沙市天心区农业农村局关于做好2020年耕地地力保护补贴、稻谷目标价格补贴面积核定工作的通知》，要求各涉农街道按照文件核定耕地地力保护补贴面积，并已由区财政局通过“一卡通”将补贴金额29.98万元发放到位。 （陈　文）

【农产品质量安全】 2020年，天心区农业农村局制定《天心区2019年农产品质量安全宣传周活动方案》，在全区开展宣传咨询活动，发放农产品质量安全宣传手册和农产品质量安全宣传单等。组织在人口密集地区开展以农产品质量安全为话题的宣传活动，集中发放宣传材料3200份。

（陈　文）

【配合打好蓝天保卫战】 2020年，天心区农业农村局牵头组织开展秸秆禁烧工作，对重点涉农街道秸秆禁烧及烧荒防控全面开展巡查。对涉农街道制定下发《关于做好2020年度农作物秸秆禁烧及烧荒防控和秸秆综合利用工作的通知》，督促街道建立街道干部包村联户，包干巡查等制度，发挥村民组织作用，促使农民广泛、自觉地参与露天禁烧行动，做好秸秆禁烧、烧荒防控和秸秆综合利用，严防焚烧农作物秸秆及其他枯枝、杂草等烧灰积肥违法行为。（陈 文）

【土壤污染及肥力调查】 2020年，天心区农业农村局进行摸底调查，农用地土壤与农产品污染情况详查范围涉及暮云街道、大托铺街道、南托街道重点涉农街道。区农业农村局报请区政府，委托第三方有资质的检测机构，按照政府采购程序，土壤采样拟布设土壤监测点200个以内，农产品采样在土壤样品对应原点位上采集稻谷样品以及蔬菜、水果等食用性农产品收获期样品。开展现场勘查与调研，填写耕地重金属污染监测点位登记表，收集相关资料。（陈 文）

【农机安全生产】 2020年，天心区农业农村局制定天心区联合整治行动方案，牵头交警部门和各涉农街道开展联合执法整治行动。全年开展联合整治行动50余次，查处无牌无证、逾期未年检、未报废、超速超载等交通违法行为50余起，查扣违法车辆40余辆。开展2020年度拖拉机年度检审暨农机安全培训工作。组织开展农机集中年检和安全生产培训工作。组织年检年审，有48台拖拉机参加年检，年检率近70%。向广大农机手宣传农机安全和道路交通安全相关法律法规、农业机械安全操作规程，普及安全知识和应急常识，和农机手签订安全生产承诺书。（陈 文）

【农博会宣传组织工作】 2020年，天心区农业农村局组织辖区内企业参加第二十二届中国中部（湖南）农业博览会。天心区有湖南炫烨生态农业发展有限公司、湖南丰裕山农业股份有限公司、长沙南泥湾食品厂、湖南湖昇源生态农业发展有限责任公司、湖南文和友食品科技有限公司5家企业参展。（陈 文）

【鱼类增殖放流活动】 2020年7月2日，天心区农业农村局、区动物疫病预防控制中心等单位联合举行鱼类增殖放流活动，在天心区南托街道兴马洲码头，将青鱼、草鱼、鲢鱼、鳙鱼4大家鱼约330万尾鱼苗分批放流进湘江。2020年，全市计划向湘江、浏阳河、沩水等天然水域放流鱼苗3150万尾。天心区农业农村局加大监管力度，对电鱼、毒鱼、炸鱼和违规生产性捕捞等违法行为严厉处罚，对情节严重涉嫌犯罪的将移送公安机关依法处理。（陈 文）

【湘江禁渔联合执法】 2020年7月22日，天心区农业农村局联合长沙市农业综合行政执法局、市公安局天心分局治安三大队相关执法人员，对湘江天心段常年禁渔水域开展水、陆联动专项执法行动。执法人员在湘江天心暮云段水域，现场抓获非法捕捞的嫌疑人1名，收缴涉嫌用于非法捕捞的渔网、渔获物、放网轮胎等工具若干；在巡查港子河时，发现非法捕捞渔网1副，当即予以收缴。（陈 文）

农 村

【农村人居环境治理】 2020年，天心区农村改厕工作列入省、市、区三级民生实事项目和区人大票决民生实事项目。全区有农村户用厕所7196户，新（改）建三格式化粪池7069户，无害化卫生厕所普及率98.23%。印制发放《天心区农村厕所建设技术规范指南》，开展区级首厕过关培训；严把质

图50 2020年7月2日，天心区在南托街道兴马洲码头举行鱼类增加繁殖放流活动（区农业农村局供图）

量关，以街道为主聘请第三方监理公司，加强施工质量监督，确保改厕质量；三格化粪池外观尺寸符合规范，正常发挥无害化处理粪污的功能，合格率98%。12个行政村的垃圾分拣房常态化运行，入户收集垃圾和公共区域清扫保洁工作有序推进，全区农村垃圾分类减量全覆盖。通过微信公众号，设置宣传牌，悬挂宣传横幅，发放宣传资料，设立责任牌进行治垃圾宣传。开展农村“五清一改”（清理农村黑臭水体，清理农业生产废弃物，清理无功能建筑，清理乱搭乱建、乱堆乱放，清理废旧广告牌，改变影响农村人居环境的不良习惯），出动2万余人次，清理卫生死角8000余处，清理生活垃圾（各类陈年垃圾、公共区域大件废弃物等）共1万余吨，清理沟渠、山塘1100余处，整治耕地上乱搭乱建棚屋223处，共14058.82平方米。全年区级河长巡河71次，乡级河长巡河打卡609次，村级河长巡河1760次，共交办问题62个，并全部整改到位。配套83万元小微水体管护经费，打造小微水体管护示范名片，实现小微水体“五无”（无垃圾渣土、无集中漂浮物、无污水排入、无臭味、无违法建设）目标；投入1000万余元加固官桥湖沿线的挡水墙、护栏、堤防，绿化、亮化道路两厢，完成游步道建设；实施一体化设备建设、河道整治清淤、雨污错接整改、道路管网建设等大小综合工程项目70余项，完成16条建成道路排水管网提质改造，修建排水管道约16.6千米。强化基层红白理事等制度落实。拓展文明乡风工作涵盖面、切入点，将“新文明餐桌”与乡村治理工作深度融合。（陈　文）

【“美丽屋场”创建】 2020年，天心区重点打造暮云新村长塘、许兴村许家桥、滨洲新村白马塘、大托新村高家坪等4个“美丽屋场”，并列入2020年区乡村振兴项目计划，安排以奖代补项目资金280万元。制定《天心区“美丽屋场”创建工作方案》，成立区“美丽屋场”创建工作专班，由区长任总召集人，落实区领导办点、街道工委书记蹲点工作机制。在280万元区财政奖补资金基础上，整合市区交通、水利、林业、城管等其他各类创建资金600万余元，发动乡贤、群众等筹资投劳折合资金400万余元。召开各层级宣传动员会，组织学习先进典型经验，屋场之间、内部互评互比。通过7个多月的创建工作，天心区4个美丽屋场在2020年长沙市“五星”“四星”美丽屋场创建评比中获奖，其中南托街道滨洲新村白马塘被评为“五星”美丽屋场，暮云街道暮云新村长塘、许兴村许家桥和大托铺街道大托新村高家坪被评为“四星”美丽屋场。南托街道沿江村尧塘组屋场、暮云街道许兴村易家坪屋场经提质打造后，在市级评选中，分别被评为“五星”美丽屋场、“四星”美丽屋场。（陈　文）

【乡村振兴建设】 2020年，天心区落实落细2020年全区乡村振兴项目，通过初审和区财政等部门的联审，从101个上报项目中确定22个作为2020年全区乡村振兴项目，投资金额4700万元。采取“以奖代补”方式，调动村民群众投入乡村建设的积极性。创建暮云新村长塘、许兴村许家桥、滨洲新村白马塘、大托新村高家坪4个美丽屋场，群众筹资筹劳筹料超过400万元。打造乡村旅游新亮点，暮云街道西湖经济联合社支持西湖农场建设民宿；高云经济联合社在4个村建设民宿；推进迷迭香、黄桃等新型农业产业发展。（陈　文）

【村级集体经济发展】 2020年，天心区村级集体现有资产总额38.46亿元，固定资产12.06亿元，流动资产11.57亿元，其他资产14.59亿元，其中，经营性资产26.57亿元，非经营性资产11.89亿元。吸纳苏州、杭州、成都等地发展新型村级集体经济组织的好经验、好办法，制定下发《长沙市天心区发展壮大新型村级集体经济实施意见（试行）》的通知，围绕“土地合作型”“资源开发型”“物业经营型”“乡村服务型”的发展目标，制定十条具体措施，推动全区新型村级集体经济组织发展。全区24个村级集体经济组织收入均达到20万元以上，总收入达到1.8亿元。（陈　文）

【白马塘被评为“五星”美丽屋场】 2020年，天心区南托街道滨洲新村白马塘在长沙市“美丽屋场”验收中被评为“五星”美丽屋场。滨洲新村启动白马塘美丽屋场建设、小微水体的改造，对池塘进行清淤、生态护砌、木桩固定，塘基种植多种绿色植物，多用透水砖，道路相连。村民从网上购买原材料，自己动手手工制作湖畔栏杆、凉亭。白马塘美丽屋场片区，有一个2公顷的连片水塘，边上是生态护坡，还有栏杆、步道、绿化带、健身设备和凉亭。白马塘屋场片区共新建小游园4个，文化墙彩绘面积近700平方米，51户农户庭院美化绿化、菜园规范化。滨洲新村对白马塘屋场片区水体周边的农户家的厕所进行无害化改造，分别建设三格化粪池285个、隔油池25个、四格池20个、小型人工湿地23个，建设大型人工湿地2个，种植净化类植物50万余株，种植草坪2300平方米。滨洲新村对片区内的池塘、沟渠采取松木护坡、边坡修复、除杂砍青、清淤疏浚等形式进行原生态修整，共清理淤泥3.5万余立方米，安装松木桩1000余根。（陈　文）

【农村集体产权管理平台签约仪式】 2020年1月8日，天心区农业农村局与中国建设银行长沙芙蓉支行签约，共同建设天心区农村集体产权管理信息平台。该信息平台于2月底上线，实现农村“三资”监管数字化、产权交易网络化。长沙市农业农村局党组成员、副局长黄志强，天心区政府副区长洪孟春，区农业农村局局长冯学武，中国建设银行长沙芙蓉支行党委书记、行长李旭东，以及天心区相关街道分管负责人等参加签约仪式。该信息平台主要包括两部分，一是贯通产权流转渠道的产权交易平台，可实现土地经营权、荒地使用权、水面经营权、农村集体林权、知识产权等十一大类产权的信息发布、注册、竞价、交易；二是省、市、区、街道、村五级联网的“三资”监管平台，可对农村集体“三资”状况进行业务管理、过程监控、查询分析和有效监管。洪孟春表示，农村集体经济组织“三资”实现网上统一管理、监督后，有利于提高农村资产财务管理工作效率，盘活乡村土地资源，推动资源变资产、资产变资金，不断促进农民增收，推进农村集体经济发展壮大。李旭东表示，将围绕天心区乡村振兴战略规划，将金融产品按需嵌入信息平台，对乡村小微企业开通绿色通道，利用金融科技，搭建线上大数据平台，破解融资难、融资贵、审批繁、放款慢等问题。

（陈　文）

图51　2020年，天心区南托街道滨洲新村白马塘在长沙市“美丽屋场”验收中被评为“五星”美丽屋场　（区农业农村局供图）

林　业

【林业管护】 2020年，天心区启动天然林保护修复工作，解决天然林资源底数不清等问题，通过调查，全区天然林865.66公顷，并通过湖南省林业局验收。组织开展林业有害生物防治81.33公顷。开展春秋季松材线虫病普查，防治松材线虫病（松林面积63.33公顷），清除枯死树木240株，送检反馈天心区不是疫区未涉及松材线虫病；加强“加拿大一枝黄花和白蚁”的防治，面积18公顷，结合其生长特性制定防治方案。加强生态公益林的监管和年度生态公益林补偿资金下发工作，全区省、市生态公益面积953.33公顷核实到村，上级补偿资金下达后及时下放资金66.26万元到村；加强小微湿地创建工作，打造生态湿地城市，落实“一江一湖六河”（湘江长沙段、团头湖、浏阳河、捞刀河、沩水河、靳江河、龙王港、沙河）任务3公顷，项目通过市级验收。（陈　文）

【森林防火】 2020年，天心区森林防灭火职能于7月移交区应急管理局。区农业农村局以“五个抓手”为契机做好森林防火工作，即抓森林火灾防范的工作部署、抓森林防火的宣传教育、抓疏堵结合的野外火源管理、抓森林防火预案落实情况的督查、抓森林火灾案件的侦破。全年未发生一起森林火灾。配合上级林业执法部门开展森林执法和林业企业安全大检查，开展林业企业安全生产大检查，开展行业安全生产大检查，累计检查生产经营单位30余次，出动检查人员75人。全年办理永久占用使用林地9起，面积12.54公顷，未办理临时占用林地；林木采伐证10本，采伐蓄积2214.5立方米。强化查处林业行政违法行为，全年森林督查图斑25块，通过调查涉嫌违法图斑19块，并将调查成果汇总上报已通过省检。针对省林业局反馈天心区涉嫌违法（项目）16块图斑，区林业水利局配合上级林业执法部门点对点对涉嫌违法图斑进行核查，收集佐证材料，核查面积，最后行政立案2起，刑事立案1起，并形成报告材料上报。对2019年涉嫌违法森林督查图斑全部销号，整改率100%。

（陈　文）

水　利

【防汛抗旱】 2020年，天心区农业农村局提前做好防汛抗旱各项准备工作，科学修订完善防汛预案，开展全区备汛自查、督查工作，清查防汛物资、清仓、登记并按标准补充落实防汛物资和资金，核实防汛抢险队伍并造册登记，排查防洪排涝工程设施。举办110名防汛抗洪骨干队员培训，分别在大托铺、南托、暮云3个街道进行防汛抢险、安全转移和山洪地质灾害应急演练。在全区范围内就防汛减灾、安全避险知识等进行宣传，在湘江大堤沿线设立防汛守堤站对沿线的居民群众进行劝解和引导。组织防汛值班值守工作，做好防汛督查工作，对全区14个街道、2个水管单位进行专项督查。对涉农街道、水管单位抗旱工作进行摸底调查，完成2020年的防汛工作，未发生较大险情，未出现人员伤亡情况。

（陈　文）

【水利工程项目建设】 2020年，天心区完成解放垸长塘险段管涌群综合治理、南托港1#支流底板硬化与岸线治理、南托港通江口段堤防修复、解放垸土木桥至泥鳅塅主排渠堵点疏通等10个水利工程，加快圭白路排渍泵站、周公塘排渍泵站等项目手续工作。加快完成年度冬春修水利项目建设工作，重点解决山塘加固、排涝、灌溉沟渠损毁修复、清淤疏浚等问题。（陈　文）

【农村饮水安全工程建设】 2020年，天心区农业农村局多次组织召开专题会议，在完成省、市重点民生实事任务自来水普及工程的基础上，研究制订并下达《天心区农村自来水建设三年行动计划（2020—2022）》，开展高云等6个村（社区）自来水建设，计划解决12432人农村自来水饮水问题。完成暮云街道弘高社区179户750人农村自来水工程建设，全部通上自来水、完成高云集资办214户主管网埋设以及增压泵房建设。全区农村饮用自来水人口数5.95万人，投入建设资金共计2790.8万元，农村自来水普及率88%。（陈　文）

【湘江天心段流域工程类治理】 2020年，天心区湘江天心段流域工程类治理任务6个，分别为：暮云大道（北环路—南二线）1.5千米排水管网改造项目完成；高云安置小区雨污分流改造工程，11月初进场施工；3公顷湿地修复、小微湿地建设完成；坡子街片区排水管网清淤疏浚工作，对小西门水系完成清淤疏通；完善南托港、双管子河流域水环境治理及纳污体系建设工作，对伊莱克斯等3条道路排水管网进行提质改造，管网铺设均完成；港子河流域综合治理项目，完成两处排口截污，完成万家丽路、月塘路污水错接排查，邀请设计单位及相关专家制定生态修复方案，进行方案设计。（陈　文）

【宣传引导活动】 2020年，天心区农业农村局策划“微故事、微演讲、微作品、微公益”系列活动；搭建群众与“官方河长”良性互动沟通平台，开展“谈河长、聊环保、讲生态”河长论坛；弘扬先进学习典型，开展最美民间河长评选；增强社会各界参与河湖保护的责任意识，开展河长制知识抢答赛、水环境科普进学校、水环保知识进企业活动。

（陈　文）

扶　贫

【精准扶贫】 天心区建档立卡贫困户313户986人，其中低保户106户244人，残疾人122户140人，贫困监测户20户46人，涉及南托街道、暮云街道的10个村

（社区），全部标识为已脱贫；边缘户5户8人。2020年天心区落实“四个不摘”（摘帽不摘责任、摘帽不摘政策、摘帽不摘帮扶和摘帽不摘监管），开展脱贫质量“回头看”，建立健全常态化问题动态清零工作机制，确保“两不愁三保障”（稳定实现农村贫困人口不愁吃、不愁穿；保障农村贫困人口义务教育、基本医疗和住房安全）和饮水安全等各项帮扶措施和政策落实到位。安排313名科级领导干部开展结对帮扶走访，开展帮扶，为贫困户排忧解难。全区贫困户中低保户、残疾人全部按政策享受低保或残疾相关待遇。38户危房改造任务全部竣工。设置公益性岗位19个，实现零就业贫困家庭动态清零。制订《天心区农村自来水普及工程建设三年行动计划（2020—2022）》，通过三年时间实现农村片区城市自来水全覆盖。推进教育扶贫、健康扶贫等专项扶贫工作。安排732万元财政专项资金，铺排产业扶贫项目9个，资金投入359万元；民生综合保障项目457万元，用于实施建档立卡农村自来水改造、危房改造项目。区内建档立卡贫困户人均可支配收入1.4万余元。推进乡村振兴工作，开展农村人居环境综合整治，暮云街道、南托街道在2019年全市农村人居环境综合整治评比活动中分别被评为四星级、三星级街道。强化对口帮扶力度。累计投入对口帮扶财政资金9582万元，有效助力三个对口帮扶地区打赢脱贫攻坚，支持当地经济发展。加强人才交流，天心区与通道县两地互派青年干部8名挂职锻炼，天心区从教育、卫计系统共选派134名业务骨干赴对口帮扶地区支医、支教，区内29所学校与对口帮扶地区31所学校“手拉手”提升贫困地区义务教育水。（陈　文）

【脱贫攻坚会议】 2020年3月23日，天心区委副书记、区长黄滔主持召开全区脱贫攻坚工作调度会，区政府副区长洪孟春出席会议。会议听取区扶贫办、对口帮扶通道侗族自治县、龙山县洛塔乡扶贫有关工作情况，就2020年扶贫重点进行铺排。黄滔强调，要加强对脱贫不稳定户和边缘户的动态监测，全面巩固脱贫攻坚成果；要深入开展“三走访”（走穷亲、走农家、走街坊）活动，加强“四不两直”调研督查，强化对驻村帮扶工作队员的管理。12月31日，天心区召开“知党恩、感党恩、听党话、跟党走”脱贫攻坚主题活动动员部署会。区委副书记、常务副区长周志军做动员部署，洪孟春主持会议。区扶贫办就如何开展天心区“知党恩、感党恩、听党话、跟党走”脱贫攻坚主题活动进行具体安排。周志军要求，要重点抓好五个关键，关键部门齐发力，关键力量勇担当，关键节点强推进，关键任务共攻坚，关键成效出特色、有亮点、有典型。洪孟春指出，要提保持主要帮扶政策整体稳定，巩固脱贫成果；要与换届选举、乡村振兴有机结合，深入宣传，展现天心风采；要确保主题活动有实效，聚人心促振兴。（陈　文）

工业 信息化

综 述

【概况】 长沙市天心区工业和信息化局（简称“区工信局”）为正科级区政府工作部门，加挂长沙市天心区数据资源管理局牌子。区工信局的主要职能有全区工业行业管理，全区工业经济的日常运行调节，拟订全区工业、信息化固定资产投资规模和方向（含利用外资和境外投资）及国家、省、市对口部门和本区用于相关领域的财政性建设资金的安排建议，归口管理全区工业和信息化领域招商引资、技术合作等工作，促进全区工业和信息化领域技术创新和技术进步工作，工业和信息化领域的节能和资源综合利用工作，全区信息化发展工作等。长沙市天心区企业服务中心、长沙市天心区数据资源中心为区工业和信息化局所属事业单位。

（阳利平）

【工业经济发展】 2020年度，天心区工业技改投资同比增长143.3%；工业投资同比增长89.9%；新增入规户数7户，其中，新建投产入规户数2户。工业产值达100亿元的有国网湖南省电力有限公司长沙供电分公司1家，达10亿元的企业有长沙供水公司1家，另有达1亿元的企业5家。湖南烁科热工智能装备有限公司等5家公司被评为长沙市第七批智能制造示范企业。全年新增软件和信息服务业注册企业915家，全区累计软件和信息服务业注册企业4775家。其中，规模以上软件和信息服务业企业24家，营业收入14.7亿元，过亿元涉软龙头企业有湖南美联通通信网络维护有限公司、湖南微算互联信息技术有限公司、湖南大唐先一科技有限公司3家，新增长沙计支宝信息科技有限公司等规模以上软件企业6家，新增过亿软件和信息化业龙头企业1家（湖南雷诺科技发展有限公司）。2020年湖南省软件企业50强和互联网50强中，天心区分别上榜5家和6家，全国软件百强企业分（子）公司落户数量全省区县最多；绿盟科技集团股份有限公司上榜中国网络安全竞争50强；用友软件的解决方案进入湖南省软件业优秀解决方案名单；2020年度全省移动互联网重点企业86家中，天心区占6家；五凌电力有限公司等5家企业的项目上榜湖南省“数字新基建”100个标志性项目名单。（阳利平）

【软件产业发展】 2020年，天心区软件产业协会成立，为区内软件企业提供“双软”认证，行业标准评定、软件人才评定等服务。整合闲置楼宇30万余平方米打造软件产业园、省府软件集聚区和多个签约产业基地。在全区范围内征集天心应用场景，针对痛点难点问题及时发布应用场景需求，支持和鼓励区内软件企业开发应用场景。5月，召开人工智能应用场景发布会，现场发布21个应用场景清单，支持苏州千视通视觉科技股份有限公司、安徽酷哇机器人有限公司等企业加快场景建设。瞄准优质软件企业进行精准招商，引进绿盟科技集团股份有限公司、长沙市好未来科技有限公司等一批企业。7月，投资20亿元的百度ARM云手机产业基地落户天心区。（阳利平）

【服务企业发展】 2020年，天心区为重点企业提供各类公共服务事项“帮代办”服务，通过热线为企业解决困难问题335个。开展“区长企业接待日”活动，区领导走访企业987次，举办“区长企业接待日”活动11次，接待企业57家，收集并交办企业问题和诉求324个，办结237个。上线天心区智慧营商服务平台小程序，让企业一站式了解信息并及时反馈企业问题、诉求；通过微天心推送每周政策荟萃37篇，为94家企业送达专属政策包；利用“政策速递”云平台短信服务机制，为辖区内400余位企业负责人及时送达疫情提示和最新政策及项目申报信息累计2600余条；推出“企业微课”线上直播解读政策，紧扣企业关心的“长沙市稳定经济26条”和“天心软件十条”开展远程面授。累计为区内工业和信息化企业申请扶持省市资金4450万余元。制作市外返（来）天心区人员电子登记表，对4000余名复工人员进行筛查；以动画形式制作企业开复工防疫指南小视频，方便企业了解防疫指南；以中国移动云视讯平台为载体开展空中战“疫”在线课堂活动，进行专业医疗防疫意识和疫情防控专项技能培训；举行“天心区优质企业和包消费券现场团购”活动。组织对4000余名复工人员进行核酸筛查；协调国网供电公司，采取欠费不停电和7×24小时响应诉求等措施，保障正常用电；指导长沙奥克科技等多家企业申报湖南省疫情防控物资保障企业专项补助；协调中国移动为政府和企业免费提供线上办公、会议平台。全年数据资源中心完成防疫数据的分发核查共615批次61258条，分析统计3980余次，核实在区纳入管控数据共10740条。

（阳利平）

工　业

【市国资委到天心区调研】 2020年4月28日，长沙市国资委党委书记、主任、市企改办主任王雄文带领市委组织部、市人社局、市民政局、市档案局等相关部门，调研天心区国有企业退休人员社会化管理工作。天心区政府副区长张建出席会议，区委组织部、区工信局、区财政局、区民政局、区人社局、区档案局、裕南街街道、新开铺街道、文源街道及湖南省建工集团等相关负责人参加会议。会上，调研组听取区工信局关于天心区国企退休人员社会化管理工作进展情况汇报，了解社区在开展国企退休人员社会化管理工作中出现的困难和问题，探索分析国企退休人员社会化管理工作开展的新思路、新方法。王雄文主任强调，落实“放管服”各项政策，做好国企退休人员社会化管理工作；按照先易后难的原则，具体问题具体分析；做好档案整理工作，妥善处理统筹外费用问题。张建表示，天心区将确保如期完成国企退休人员社会化管理工作目标任务。12月30日，市国资委、市企改办副主任杨能武一行5人在天心区青园街道青园社区二楼会议室就天心区国有企业退休人员社会化管理工作开展专项督查，督查采取座谈会形式，张建，区工信局、区委组织部、区委办（区档案局）、区人社局、区民政局、区财政局、青园街道、青园社区相关负责人参加会议。会上，区工信局汇报天心区国有企业退休人员社会化管理工作完成情况，区委组织部、区人社局、区档案局、区财政局、青园社区分别就国有企业退休人员社会化管理工作中人员移交、党员接收、档案接管等工作情况进行汇报，提出意见建议。杨能武强调，天心区各相关职能部门要认真履行职责，要精准把握政策，要落实工作责任，形成齐抓共管工作合力，强化宣传引导，高标准完成国有企业退休人员社会化管理各项工作。张建表示，天心区强化服务保障，践行“最多跑一次”理念，各街道和社区做好接收工作。

（阳利平）

【规模以上工业企业统计业务培训会】 2020年4月28日，天心区工信局举办全区规模以上工业企业统计业务培训会，来自园区、街道及区内规模以上工业企业统计员近60人参加培训。培训会上，专业人员从工业统计基础知识、企业一套表直报平台操作流程及常见错误处理办法、各项统计指标含义、填报方法和工业统计台账的建立等方面进行讲解，并就工业投资项目入库及填报要点进行培训。通过此次培训，有利于使企业的统计数据更加真实可靠，准确地反映经济运行情况。

（阳利平）

【电网建设】 2020年，天心区完成电力“630攻坚”32个任务，陆续投产城南220千伏输变电工程、城南220千伏变电站110千伏送出工程等5个工程，投产变电容量达到48兆伏安，新增线路106.42千米。支持新姚二号地块杆线迁移项目，保障该项目的进度；为湘府文化公园24小时自助图书馆单独新建一条线路和变压器，协助办理小型光伏发电站的并网手续，保障图书馆的正常用电；从省府变专门架设一条专线，解决解放垸片区防汛用电问题；为区福利中心供电设施提供双回路的外线支持，保障福利中心的正常、安全用电；在太平老街增设两台变压器，保障太平老街5至10年

的用电容量。（阳利平）

【电网建设“630攻坚”工作会议】 2020年3月11日，天心区政府副区长张建主持召开电网建设“630攻坚”调度会，天心经开区、区工信局、区发改局、区住建局、区资规局、区征地服务中心、区公建中心、区城管执法局、区市政中心、区交警大队、暮云街道和国网长沙供电公司等相关单位参加会议。会议专题研究天心变站址、线路廊道建设和两型准入的问题；洞井铺变、和平变、营盘变配套路由相关问题；新村变土地征收相关问题。4月27日，天心区召开电网项目建设2020年“630攻坚”工作部署会议。

（阳利平）

【国企小区移交改造】 2020年，天心区推进国企小区物业移交和退休人员接管，签订国有企业退休人员社会化管理移交协议155份协议，中央企业104份，省属企业30份，其他企业21份，完成22970人退休人员和6857人退休党员接管，完成中储粮、省粮油等4个小区的物业维修改造工作，国企老旧小区屋顶漏水、下水堵塞、化粪池塌陷、楼道照明缺失、小区道路沉陷等问题得到集中解决。中石化湖南石油基地花园小区进行施工。（阳利平）

【“创客中国”中小微企业创新创业大赛】 2020年2月，2020年“创客中国”湖南省中小微企业创新创业启动，大赛分创客组和企业组，全省2100余家企业参赛。4月，“创客中国”创新创业大赛天心赛区启动，天心区近50家企业报名参赛，经过海选评选出17家优胜企业进入区级决赛。6月3日，2020年“创客中国”湖南省中小微企业创新创业大赛天心区选拔赛决赛在现代凯莱大酒店举行。比赛采取“7+2+1”的模式，即项目路演7分钟，评委提问2分钟，打分1分钟。17名参赛选手通过项目路演和项目答辩，结合PPT现场展示陈述自身项目，对项目创新性、经济效益、社会效益及市场推广进行阐述，与评审专家互动。评审团通过对参赛企业的项目创新性、社会价值、项目团队、发展前景，对选手进行点评和现场亮分。活动现场，专门开设“破零倍增”“上云上平台”等咨询对接台，邀请省核心服务机构、优质上云服务机构，现场对接企业提供咨询服务。经过角逐，企业组，湖南探锁者网络科技服务有限公司获得第一名，长沙全程数字机电科技有限公司获得第二名，湖南省京湘电力开发有限公司、湖南林科达农林技术服务有限公司获得第三名，川汽信息处理（长沙）有限公司、长沙比盟云信息科技有限公司、湖南中成伟业电子技术有限公司、前行技术有限公司获得优胜奖；创客组，湖南新宅数字科技有限公司获得第一名，湖南烁科热工智能装备有限公司获得第二名，长沙泽松智能机器人有限公司获得第三名。企业组前4个优胜项目以及创客组前2个优胜项目代表天心区参加市级、省级大赛。6月23日，2020年“创客中国”长沙市中小微企业创新创业大赛在长沙西湖公园58小镇举行。经过角逐，天心区美丽乡居交易服务平台（湖南新宅数字科技有限公司）、多功能旱地精准作业机器人（长沙泽松智能机器人有限公司）2个项目皆获得创客组三等奖，入围湖南省“创客中国”大赛决赛。7月21日，湖南省工业和信息化厅公布2020年“创客中国”湖南省中小微企业创新创业大赛现场决赛项目名单，天心区美丽乡居交易服务平台（湖南新宅数字科技有限公司）入围。7月30日，2020年“创客中国”湖南省中小微企业创新创业大赛决赛举行。经过角逐，天心赛区参赛企业湖南新宅数字科技有限公司被评为决赛创客组三等奖。（阳利平）

【人工智能应用场景发布会】 2020年5月26日，天心区组织召开人工智能应用场景发布会。现场发布21个应用场景清单，其中，人工智能应用场景10个，大数据（地理信息）应用场景11个。天心经开区党工委副书记、管委会主任主持发布仪式，天心区政府副区长张建、天心经开区管委会副主任陈宇等参加发布会。该次发布的人工智能应用场景主要围绕AI安防、AI教育、AI金融、AI城市、AI社区、AI环卫等方向，项目总投资3.63亿元，致力于将天心打造为以AI深度应用为特色的智慧城市样板。此次发布的大数据（地理信息）应用场景包含智慧气象、智慧社区、智慧交通等内容，旨在通过对数据资源进行深度分析、挖掘和开发利用，充分释放数据的商用、民用、政用价值。这一批应用场景具有聚焦涉及面广、带动示范性强、着力解决痛点问题等特征，是天心区助推新技术、新业态与传统领域深入融合，促进数字化、网络化、智能化改造全面普及，进一步筑牢实体经济和数字经济发展基础的举措。（阳利平）

【惠企（招商）政策知识竞赛】 2020年8月6日，天心区“学政策、比业务、促服务”惠企（招商）政策知识竞赛举行。来自天心区重点园区、街道的48名“千人帮千企行动”服务专员代表分为16支队伍参赛。比赛设置必答题、抢答题、选答题、附加题4个环节，涵盖财税扶持、金融支持、减轻企业负担等答题内容，对参赛选手进行全方位、多方面的检测检验。比赛期间，赛务组安排答题互动环节。经过角逐，暮云街道代表队获得一等奖，先锋街道代表队、南托街道代表队获得二等奖，长沙天心文化（广告）产业园代表队、赤岭路街道代表队、裕南街街道代表队获得三等奖。该次活动，有利于充分调动全区学习惠企政策的积极性和主动性，用专业培训激发学习力量，用知识竞赛巩固学习成果，形成“以赛促学、以学促做、融会贯通”的学习氛围。（阳利平）

信息化

【人工智能应用场景项目】 2020年，天心区有人工智能应用场景项目10个：湖南省大数据交易中心、天心区智慧（智能无人驾驶）环卫示范区、重点街区AI安防智能识别、5G应急云广播、天心智教·慧成长·慧体育、精准政策推送、建筑垃圾人工智能监管、天心区金融风险监测预警平台、天心诗吧、智慧工地云平台。湖南省大数据交易中心，投资3亿元，是以地理信息数据为特色的线上交易平台，平台整合政府数据及商业数据，建立数字资产运营管理体系，搭建阳光化数据交易平台，吸引产业链企业的加入。天心区智慧（智能无人驾驶）环卫示范区，投资5000万元，通过智慧云脑系统和智能驾驶系统的智能路径规划、智能作业模式规划，提升作业机械化率与作业效率，解决对环卫工人的依赖所导致的环卫用工荒、减少安全事故。重点街区AI安防智能识别，投资500万元，通过人工智能技术、科技信息化手段，结合天网工程，为解决居住安全、生活安全、旅游安全等问题。5G应急云广播，投资381万元，是一种迅速快捷的消息提供平台和信息传输渠道，可在发生重大自然灾害、突发事件、公共卫生与社会安全等突发公共危机时，在第一时间把灾害消息或灾害可能造成的危害信息传递给民众。天心智教·慧成长·慧体育，投资100万元，建立和完善教育质量综合评价数字化管理平台，开发评价工具，为开展评价、改进工作提供技术支撑，努力创造“校校智‘汇’数据，人人乐‘享’运动”的智慧体育新局面，构建智慧教育引领下的人才培养新模式。精准政策推送，投资8万元，企业可通过智慧营商小程序“一站式”了解区/市/省/国家级政府惠企政策，实时反馈相关诉求。建筑垃圾人工智能监管，投资116万元，通过智能分析模，借助计算机数据处理能力自动识别在监控路段行驶的车辆及车牌信息，快速定位现场，判断监控画面中的异常情况，并以最快的速度通过系统向城管110发出警报，以便快速派出执法力量到达违法倾倒垃圾的现场进行处置，并能自动存储、随时调取以便事后取证。天心区金融风险监测预警平台，投资95万元，平台建立全区企业档案，实现一企一界面的全息画像和企业风险等级评估，对企业是否存在金融风险进行主动预警并及时推送预警信息，实现上下联动、实时反馈机制。天心诗吧，投资84.5万元，诗吧让科技与文化融合，商业与民生融合，通过人工智能与IoT物联网融合，共同驱动民生消费，助推人文、商业、智慧城市建设，用新技术构建全新模式的立体互联网新媒体范式。智慧工地云平台，投资30万元，平台采用“互联网”“物联网”“云计算”等多技术合成将原本分散的单体集成一个可以实现投资管控、远程质量检测、数据分析、调度指挥、劳务实名制的信息化监管平台，形成市县区、监管单位、项目部、监理部、实施项目五级监控管理，同时构建智能监控和防范体系，实现对人、机、料、法、环的全方位实时监控。（阳利平）

【5G建设】 2020年，天心区完成5G基站建设3996个，改造现有汇聚机房31个，新建汇聚机房25个，实现天心区城区5G连续覆盖效果。4月，湖南省首个标准化5G新型网络汇聚机房在天心区开工建设。在5G推进过程中协调解决建设中高电价、高租金等问题，通过宣传动画和制作宣传手册，打消居民群众对基站辐射的误解，妥善解决好阻工问题。

（阳利平）

【大数据（地理信息）应用场景项目】　2020年，天心区有大数据（地理信息）应用场景项目11个：智慧天心气象服务平台、天心区大数据综合应用服务平台、AAAAA智慧社区、投资控制管理云平台、“倾斜摄影”应用场景、一张图实施监督信息系统、交通大数据中台、城市综合体“领路人”“互联网两违”监管服务平台、天元城市智慧管网平台、“图说天心”系统。智慧天心气象服务平台，旨在结合互联网、大数据、人工智能、云计算等技术，推进气象与多领域的深度融合，基于气象风险预报预警和多灾种早期预警，构建行业气象服务平台。天心区大数据综合应用服务平台，服务于交通运输行业卫星遥感、地理信息、基础设施调查、软件开发等领域，通过采用“遥感核查现场核查自动处理多级审核”机制，推出交通领域应用遥感技术“跨界融合”的天心区大数据综合应用服务平台，可对路、桥、隧、渡等交通基础设施数据，进行遥感全面调查，摸清基准底数。AAAAA智慧社区，利用物联网、北斗网格码、大数据、人工智能和区块链新技术，通过自主创新、整合创新、突出社区运营，赋能天心区所有社区，打造AAAAA智慧社区。投资控制管理云平台，以合同清单为基准，实现清单管理、过程结算、材料调价管理、进度管理、结决算管理等多个产品底层数据的完全打通，响应各专业各岗位人员的业务需求，确保每一笔资金、每一册档案的数据有迹可循、有据可依，完善全要素管控的精准化和管理流程的标准化。“倾斜摄影”应用场景，提出一种利用倾斜摄影测量技术，测绘大比例尺地形图的方法，可充分发挥无人机倾斜摄影测量技术灵活、成本低、高效的优点，倾斜影像可自动生成三维模型和点云，简化后续绘图工作，适合快速测绘城市区域大比例尺地形图。一张图实施监督信息系统，涵盖空间分析与评价、规划审批与管理、规划展示与应用、规划指标与模型、空间监测与预警及自然资源领导驾驶舱6个模块，基于规划底版基础数据，辅助规范规划编制和实施，根据各地实情，突出对重点资源、重点项目的关注，建立评估分析模型，并基于上级指标下达，建立指标体系、发展要求等方面的监测预警模型。交通大数据中台，通过数据采集、存储、计算、治理等技术形成统一标准和口径的数据资产服务，解决交通行业数据孤岛、数据资产流失、数据服务能力不足、数据价值低下的问题，最终使数据能够赋能交通业务场景、形成产业价值。城市综合体“领路人”，通过使用建筑信息模型构建三维地图、物联网人工智能精确定位、云平台优化寻址，大数据解决存储并提炼数据价值，形成“高科技高效率”的运作模式，以更“人性化”的方式提供室内导航服务。“互联网两违”监管服务平台，主要结合运用卫星遥感、北斗、人工智能、云计算、大数据、物联网等现代信息技术，开展违章建筑、违法用地信息自动采集、智能识别分析、在线监测预警、统一管控治理等体系建设。天元城市智慧管网平台，运用物联网、云计算、大数据、空间地理信息集成等新一代信息技术，并通过感知化、一体化的手段，实现城市地下管线及设施的动态管理和信息的综合集成，系统采用1N的总体架构，以管理管网数据、服务管网应用为核心，一方面连通各管线权属单位及智慧城管、智慧交通等智慧城市其他行业应用，另一方面贯穿各级管线管理政府主管部门，实现互联互通、信息共享与交换。“图说天心”系统，以地理信息公共服务平台的地图为背景，以时间为纵向，规整汇总历年空间演变及属性资料，三级行政划格网空间为横向，从地情概况、自然环境、自然资源、特色特产、民俗风情、方言俚语、古今名人、土特产品等方面，以文字、图片、音视频等方式逐级展示区（县）、街（镇）、村（居）三级行政区划的空间演变与历史沿革情况。　（阳利平）

【智慧管理】　2020年，天心区印发首个区县级的《长沙市天心区政府投资信息化项目管理暂行办法》，并开展信息化项目建设的专题业务培训，审批信息化项目28个，节约财政资金210.66万元；对全区39家单位开展政务系统效能评估工作，共梳理评估73个信息化应用系统，汇编形成《天心区政府政务系统效能评估分析报告》，会同专家团队对22个区直单位和6个街道进行信息化现状及规划调研，并形成初步调研报告。推进智慧政务建设，天心区政府门户网站月平均浏览量11万次，发布各类政务信息约19万条，门户网站在线网上办套餐数达到156个，网上可办事项7542个，总办件量25万余条；开展全区信息资源目录梳理，采集全区有效电子证照近13万个，电子印章近500个；在全区推广使用“互联网+政务服务”一体化平台，完成“一网通办”系统的配置、政务网络的全覆盖以及综窗硬件设施配置。推广“我的长沙”APP和小程序，“我的长沙”APP和微信小程序实名用户分别新增3.37万户、4.99万户。（阳利平）

【5G网络C—RAN汇聚机房开工】 2020年4月2日，湖南省首个标准化绿地5G网络C-RAN汇聚机房开工建设仪式在长沙市天心区启动。5G网络C—RAN是通过实现减少基站机房数量，减少能耗，采用协作化、虚拟化技术，实现资源共享和动态调度，提高频谱效率，以达到低成本、高带宽和灵活度的运营。C—RAN作为5G无线的网络架构之一，通过在集中化等方面的突破性创新，可以更好地支持多样的5G业务接入和网络的灵活部署。天心区委副书记、区长黄滔表示，将深度推进5G与产业的融合，重点发展大数据、人工智能、软件产业，打造长沙第五谷“天心数谷”。（阳利平）

【天心区软件产业协会成立】 2020年8月31日，长沙市天心区软件产业协会成立大会暨第一届会员大会召开。按照选举相关程序，湖南大唐先一科技有限公司总经理、党委副书记刘文哲当选为协会首届会长，湖南紫微垣信息系统有限公司总经理罗强当选为首届监事长。刘文哲表示，协会将加快产业转型升级，提升企业发展质量，推进行业抱团发展，完善软件产业体系，助推天心区经济社会高质量发展。天心区软件产业协会的成立，有利于汇聚天心软件行业技术、人才、资本、产业数据等各方力量，搭建创新共享平台，促进天心软件产业发展。（阳利平）

网络管理

【网络宣传】 2020年，天心区在网络平台推出正面报道约2.45万篇，开设专题36个。推出“我和我的璀璨天心”系列人物访谈网络宣传活动，在2020长沙市新媒体年度影响力评选活动中被评为“长沙十大优秀视频”，并被多家媒体评为年度优秀传播案例。推出“小康天心的幸福密码”网络宣传活动，相关成果和经验获中共中央网信办官网官微推介肯定；同步推出《小康天心的幸福密码》书籍，在区两会期间向两会代表和列席人员发放。牵头推出的“我在项目攻坚第一线”等100余个小视频持续引爆网络。制作《这里是天心》网络形象宣传片，在全网广为流传。“天心发布”微博充分发挥50余万粉丝影响力，在全省政务微博影响力排行榜排名前十，在2020长沙市新媒体年度影响力评选活动中被评为“长沙最具影响力政务微博”第二名。（陈正明）

【网络管理执法】 2020年，天心区开展网站大排查行动，组织开展专项整治行动9轮，共排查网站平台7500余家，发现一批涉嫌违法违规网站，相关线索已移交有关部门核查。会同相关部门开展执法行动，依法关闭网站平台10余家。（陈正明）

【网络安全宣传周湖南专场活动】 2020年，天心区委网信办承办“2020年国家网络安全宣传周湖南专场活动暨第六届‘湖湘杯’网络安全技能大赛洞庭决赛启动仪式”，策划举办天心区“2020年国家网络安全宣传周系列活动”，征集和创作出4个网络安全主题优秀作品，编印《网络安全知识读本》5万册，通过线上线下相结合的方式进行广泛传播。被省委网信办作为全省唯一推荐为全国2020年国家网络安全宣传周先进单位。（陈正明）

【网信工作能力专题培训】 2020年11月11日，天心区网信工作能力素质提升班开班，为期3天，来自全区各部门、街道分管负责人和网信专干170余人参加。邀请上级相关领导和媒体专家，从“如何提升网络安全防护能力”“网络安全形势与应对策略”“融媒体爆款从哪里来”等方面开展业务培训，以小切口、大讲堂的形式，分享经验做法、工作方法、学习体会，为全体学员搭建一个学习锻炼和业务交流的平台，促进学以致用、学用相长。（陈正明）

商贸 服务业

商　贸

【概况】 长沙市天心区商务局是天心区政府工作部门，为正科级。主要职能有协调推进全区流通产业结构调整，协调、规范全区商贸、物流行业秩序工作，拟订全区市场运行和调控的政策措施，负责全区对外经济技术合作工作、全区外商投资促进工作，组织参与国家、省、市举办的商贸、招商活动，统筹全区商贸、招商活动等。

2020 年，区商务局紧紧围绕“北提南进、服务引领、民生造福”战略，全力建设“融城核心、璀璨天心”，主动适应经济发展新常态，以更强烈的创新意识、更有力的工作措施，突出抓好招商引资，巩固提升商贸流通，助推区域经济持续健康发展，被评为 2020 年湖南省人民政府真抓实干奖。

（廖惠民）

【招商引资】 2020 年，天心区引进国家电投集团湖南综合智慧能源公司、湖南思极科技有限公司等三类 500 强项目 13 个（世界 500 强 6 个、中国 500 强 4 个、民营 500 强 3 个）；引进湖南微算互联信息技术有限公司、中驰保福汽车服务有限公司等百万税源企业 53 家；引进投资过亿元项目 31 个；出让土地 5 宗，面积 19.27 公顷。面向三类 500 强、行业 20 强，招引金融、商贸、文化广告、人力资源、人工智能、软件信息等总部企业。重点收集金融、文化、商贸等重点产业和数字经济、网红经济等新兴业态的项目信息，抢抓产业先机。依托国网湖南公司，成功引进思极科技、湖南能源大数据中心、英大泰和人寿保险股份有限公司等公司；通过打入青腾大学圈子成功对接浙江孚临科技有限公司、杭州光云科技股份有限公司、杭州尚尚签网络科技有限公司等多家杭州优质企业。由区领导带队赴公司本部或集团总部实地参观交流，全区全年开展小分队精准招商 32 次（商务局牵头 14 次）。通过“天心招商资源发布”、招商引资白皮书、H5 等形式，集中推广全区 30 余块近 200 公顷土地；策划及参加“天心区重点土地招商推介会暨盘活‘三资’专场恳谈会”“天心区优质土地资源暨九峰村城改项目招商发布会”“沪洽周长沙分会场暨长沙市百日竞赛重大项目集中签约仪式”等系列推介活动，推介优质天心资源。集中招商资源和招商精力，主攻软件产业、人力资源产业、地理信息产业等特色产业链条。通过“一事一议”成功招引湖南轨道砂石产业有限公司、长沙铁路砂石产业有限公司、湖南四建贸易有限公司、广西瑞远柳工机械股份有限公司等一批总部项目落地。建立重点项目跟踪服务台账，帮助湖南华创医疗科技有限公司、茶颜悦色、雨润实业、长沙浩业跨境电子商务等一批重点招商引资项目办理工商、税务手续。全年走访企业 500 余次；完成对外贸易备案登记 164 家（其中，新备案 122 家，变更 42 家）；组织 121 家企业申报省、市、区各级奖扶资金，资金范围涉及外经外贸、外商投资、招商引资等多个方面，申报金额 1613.46 万元，实际拨付金额 960.77 万元。

（廖惠民）

【商贸流通】 2020 年，天心区举办“天天开心购物消费季暨天心汽车消费节”“聚天心·惠生活·乐消费”九大系列活动、“春天有约”“夏季有礼”“秋天有韵”“冬天有味”等系列节会活动、时尚 5G 数码消费节、“六一”童玩节、“首届网红嘉年华暨夜经济博览会”等主题消费活动。全年共举办夜间经济网红经济各类活动 14 场。国庆 8 天，友阿奥特莱斯销售额突破1.3亿元，同比增长82%，客流量突破70万人次；王府井百货销售额6349万元，同比上涨25%，到店人数45万人次，同比上涨3.9%。北部“五一商圈”，“茶颜悦色”“黑色经典”等“网红品牌”正式落户天心区，“文和友”走出湖南，在广州市、深圳市开店，“茶颜悦色”在武汉市和常德市布点；2020年7月，黄兴南路步行街纳入商务部全国第二批国家级步行街改造试点。南部“长株潭商圈”，友阿奥特莱斯、环宇城、鑫远鑫悦汇、德盛欢乐广场等商贸企业协同差异化发展。构建体验式智慧商圈，动员和发动企业、商家参与建设一流商业中心，支持春天百货、悦荟、海信广场等商贸企业转型升级提质改造。组织辖区内企业申报各级奖励、补贴资金共计200万余元，其中，住宿餐饮业新增就业人员补贴110万余元、疫情期间保供应补贴50万余元、促消费奖励资金40万余元。五一期间，黄兴南路步行街人流量基本恢复到疫前水平。（廖惠民）

【农贸市场提质改造】 2020年，天心区推进“一圈两场三道”建设，完成新建1家、改造1家便民生鲜市场，新建生鲜门店2家。完成7家农贸市场、2个社区门店，共计256.72万元未解控奖励资金的收回工作，开展便民生鲜农产品供应体系建设规范整治，修改完善《天心区便民生鲜农产品供应体系建设项目奖励资金使用管理办法》。（廖惠民）

【重点区域土地招商推介会】 2020年7月4日，天心区2020年重点区域土地招商推介会暨盘活“三资”专场恳谈会在湖南建工集团三楼会议厅举办。长沙市人民政府国有资产监督管理委员会主任党委书记、主任王雄文，天心区委副书记、区长黄滔，以及市商务局、天心区相关负责人，大型地产央企、重点省、市属国有企业、全国地产百强企业、商业地产前20强企业、知名地产咨询机构等60余家重点企业代表以及天心区直部门、省、市多家主流媒体工作者等社会各界人士共130余人参加活动。活动现场，天心区政府副区长张建作天心区2020年天心区投资环境分析及土地资源推介，古道巷、狮子山、长沙机床厂等多块国有、集体建设/两安用地逐一亮相，类型涵盖沿江“绝版”地块、棚改“稀缺”地块、城改“含金”地块等，总面积近67公顷。黄滔介绍，天心区率先全省出台“天心营商环境30条”，着力营造“最方便”“最赚钱”“最安全”“最亲清”的一流营商环境，竭力为企业提供全天候、全要素、全链条、全生命周期的“一站式”服务。出席恳谈会的重点地产企业表达合作意向。（廖惠民）

【天心汽车消费节】 2020年3月14日，天心区“惠聚天心·乐购天心”——天天开心购物消费季暨天心汽车消费节在长沙黄兴南路步行街黄兴广场开启。这是新冠疫情发生后长沙举办的首个购物消费季。天心区16家大型商场超市、13家餐饮企业、27家汽车4S店为消费者送去福利，时间持续至6月30日。消费节每周开出百名中奖者，赢取万元千元不等的奖励，每月有十万元奖品抽出。在天心区6S街区一汽丰田店，购车享5888大礼包，天心汽车消费节期间购车客户可延长5年10万公里整车质保；九城别克店英朗最高优惠5万元，别克君威最高优惠4万元，别克威朗最高优惠5.5万元；九城别克购车，长沙地区购指定车型享受购置税7折，并赠送终身基础保养材料；长安汽车湖南华捷店提供20台特供车，订车送千元油卡，至高现金优惠1.8万元。（廖惠民）

【湖南四建贸易有限公司落户天心区】 2020年4月27日，湖南四建贸易有限公司落户天心区并注册成立。公司法定代表人周波，注册资本5000万元人民币，位于长沙市天心区中意二路617号省建四公司综合楼3栋，所属行业为批发业，经营范围包含：体育用品及器材、钢材、五金产品、开关、插座、接线板、电线电缆、绝缘材料、铝合金制品的零售；金属及金属矿、建材、金属制品、电线、电缆、电气设备的批发；机电产品、电子产品、水暖器材、光电材料、太阳能路灯、配电设备、高低压成套设备、水泥、粉煤灰、矿粉、脱硫石膏、铝合金型材、木制品、煤炭及制品、化工产品销售；建筑工程材料的技术咨询；货物仓储（不含危化品和监控品）；装卸搬运（砂石除外）；装卸服务（砂石除外）；建筑劳务分包；建筑工程机械与设备经营租赁；建设工程施工；信息技术咨询服务；贸易代理；贸易咨询服务；智能技术咨询、服务；铝合金模板的租赁、销售。（廖惠民）

【时尚5G数码消费节】 2020年5月26日，天心区首届“夏季有礼·乐购天心”暨“心动一夏时尚5G数码消费节”在黄兴南路步行街黄兴广场开启，这是天心区首次推出以电子产品为主的5G数码消费节。该次5G数码消费节从5月26日持续至6月底，聚集移动、联通、电信三个运营商、国美、飞鸿电子大型数码产品零售企业以及华为、小米、OPPO、vivo、荣耀等国产数码产品品牌。活动期间，各品牌进行智能手机、智慧家居等数码电子优秀产品展销；各品牌推出促销政策。5月30日后，在湖南飞鸿电子信息有限公司天心区门店一次性购买2000元以上的数码通信产品的前200名消费者，以及在国美侯家塘旗舰店一次性购买2000元以上的数码通讯产品的前100名消费者，即可获赠华为4e手环一个，送完为止。区政府副区长张建表示，天心区是湖南省首个5G基础网络全域覆盖区，是湖南省首个5G电话拨通所在区，是湖南省首个标准化5G网络汇聚机房开工建设区，推出天心区首届时尚5G数码消费节，旨在抢抓5G发展东风，刺激数码智能产品消费。5G网络普及后可以实现万物互联，通过网络即可将家用电器都连接起来，也可以远程操作设备、工具、器械等，5G的应用标志着移动互联网新时代的真正到来。（廖惠民）

【天心区首届网红嘉年华暨夜经济博览会】 2020年9月8日，天心区首届网红嘉年华暨夜经济博览会在长沙市海信广场前坪启动。该次博览会联合“长沙吃喝玩乐”在微信公众号及微博，发布“天心锦鲤在哪里？”活动，集结天心区17家人气网红品牌，共同寻找5位“天心锦鲤”，中奖的“天心锦鲤”可获得文和友、茶颜悦色、天宝兄弟、盟重烧烤等17个商家送出的福利。发布一天时间，公众号文章的点击阅读量就达到8.3万。活动集聚天心网红品牌，挖掘网红品牌背后发展的故事，发布天心区网红打卡地图，全方位展示天心网红品牌，引导全国各地人士到长沙天心旅游打卡消费，提高长沙天心网红品牌的影响力。启动仪式上，文和友、茶颜悦色、易裕和等9家天心网红品牌的代表上台，共同宣布天心区网红品牌联盟正式成立，首批30余家网红品牌齐心协力服务群众，促进消费，助力将天心区打造成为“中部网红第一区”。文和友CEO冯彬表示，品牌之间的强强联手绝不是“1+1=2”的简单加成，而是一种求同存异，互利共赢的协同效应，为了培育和创造更多的“网红经济”，更好地拉动天心区“夜间经济”增长。天心区政府副区长张建表示，该次活动，有利于实现全区“网红经济”与“夜间经济”的高度融合、相互促进与共同发展。

（廖惠民）

【新姚二号地块成功出让】 2020年10月30日，新姚二号地块（编号〔2020〕长沙市090号商住地块）挂牌出让，被长沙珑悦置业有限公司（龙湖集团企业）以底价竞得。新姚二号地块位于天心区新开铺街道辖区内（友谊路与新姚路交会处西北角），净用地面积7.27公顷，由3宗小地块组合而成，商住比6∶4，容积率≤3.0，控高85米。该地块由天心区商务局具体负责手续办理、商务洽谈、高压杆线迁移、挂牌出让全过程。龙湖集团以8.96亿元摘得该地块，拟建城市综合体。购物中心超12万平方米，龙湖集团全部自持。项目一期有住宅6栋，最高层数为26层。项目共有620户，其中，面积在90—150平之间的有484户，150平以上的有136户。住宅配建车位613个。

（廖惠民）

【九峰村城改项目招商发布会】 2020年11月17日，天心区优质土地资源暨九峰村城改项目招商发布会举行，现场推出包括九峰村城改项目在内的16块地块，吸引华润地产、中国电建、中房集团、厦门建发集团等一批企业参加。天心区政府副区长张建重点推介九峰村城改项目，同步推出位于五一商圈周边的古道巷一二期地块、南湖路狮子山地块、火宫殿周边零星地块、碧湘街周边地块（二期）、长沙机床厂地块5个棚改地块，以及位于省府核心片区的天悦19号等10宗稀缺城改地块，总面积近66.67公顷，可建产品涵盖商业中心、大型商业综合体、滨江金融中心、高端人居楼盘等多种业态。龙湖地产湖南区总经理孙维强表示，龙湖地产在天心区投资的龙湖·春江悦茗项目于2020年6月交付，新姚天街项目于10月底开工，希望可以和政府达成协议，共推天心区的发展。区委副书记、区长黄滔介绍天心区的优势，邀请全国各地的企业、企业家到天心区参与城市开发建设，将为企业提供“全天候、全要素、全链条、全生命周期”的一站式服务。

（刘泱溪 廖惠民）

【商贸行业防疫工作和安全生产工作推进会】 2020年12月18

日，天心区召开商贸行业防疫工作和安全生产工作推进会，区政府副区长张建，区商务局、区卫健局、区应急管理局和各街道、辖区大型商场超市、加油站、再生资源回收企业、物流企业、住宿业单位相关负责人参加会议。会上，组织观看《〈生命重于泰山〉——学习中共中央总书记习近平关于安全生产重要论述》电视专题片，区商务局通报全区2020年商贸行业防疫工作和安全生产工作情况，指出存在问题，部署下阶段全区商贸行业防疫工作和安全生产工作。张建要求，各企业要落实好主体责任，部门要落实行业监管责任，街道要履行好属地管理职责，形成齐抓共管的局面，确保全区商贸行业安全生产形势稳定。

（廖惠民）

现代服务业

【概况】 长沙市天心区现代服务业发展中心（简称“区现服中心”）的主要职能有负责全区现代服务业发展和楼宇经济的信息综合、数据统计，分析研判运行情况，负责现代服务业和楼宇经济企业的服务工作，会同招商部门开展全区现代服务业、楼宇经济的招商推介等职能。

2020年，区现服中心以重大项目建设攻坚行动为契机，统筹推进疫情防控和经济社会发展工作，通过合理规划、积极引导、政策扶持等举措，优化全区现代服务业和楼宇经济发展的软硬环境。（黄 巍）

【现代服务业】 2020年，天心区在库规模以上服务业企业212家，其他营利性服务业企业156家，完成其他营收上报数100.98亿元。全年新增规模以上服务业单位32家，新增数量内五区排名第一。打造具有天心特色的现代服务业产业体系，聚力提升现代金融、商贸物流、旅游休闲、数字产业（地理信息、人工智能、软件信息）等重点产业，加快发展文化创意、医疗健康、人力资源等特色产业，提高科技服务产业发展水平。成功引进国家电投集团湖南综合智慧能源公司、长沙汇天智慧能源有限公司、湖南四建贸易有限公司等一批500强公司子公司，2020年新增信息服务业注册企业875家。推动全区限额以上批零住餐、商贸流通及规模以上服务业企业等服务业“四上”单位复工复产工作，截至2020年5月底，全区规模以上服务业企业除影院行业有规定暂缓复工外其余企业均实现有序复工，企业人员复岗率超过95%。2020年，天心区服务业市“三百工程”在库重点项目8个，重点商务楼宇16栋。（汤 莲 黄 强）

【“楼长制”工作】 2020年，天心区完成新时空大厦楼宇服务站的搬迁工作，成立“新时空大厦企业家交流中心”，举办华远·华中心“政企互动空间”揭牌仪式。发放惠企政策汇编1500余本，为200余家企业提供用工信息，倡导运营管理方减免租金、物业费、停车费790万余元，协助300余家企业对接融资20.7亿元。与湖南红网合作推出《服务引领楼宇崛起》系列宣传报道；及时更新《天心区商务楼宇招商手册》，梳理《长沙市天心区2019—2020惠企政策》《长沙市楼宇经济发展评价体系》，印制并发放至各街道及重点楼宇。建成区智慧营商服务平台中的“楼宇招商”模块，对天心区有招商需求的重点楼宇进行全面展示。（李 伟 彭 伟）

【重点楼宇培育】 2020年，天心区新增亿元楼宇4栋（新世纪大厦、星浩医药物流中心、星电大厦、邮储大厦），亿元楼宇总数达19栋（坡子街街道辖区内的国家开发银行办公楼、北京银行办公楼、华远国际中心，城南路街道辖区内财信大厦、新世纪大厦、嘉盛国际，裕南街街道辖区内的长沙电业局大楼、星电大厦，金盆岭街道辖区内的湖南省第六工程公司智能化办公楼、光大发展大厦、邮储大厦、蓉苑C栋，新开铺街道辖区内的建工集团大楼，文源街道辖区内的湖南农村金融大厦，桂花坪街道辖区内的鑫远尚玺综合楼、现代投资综合楼，青园街道辖区内的鑫远杰座、湖南国网电力大楼，先锋街道辖区内的星浩医药物流中心），5000万税收楼宇35栋。助推华远国际中心被评为长沙市重点楼宇，鑫远国际大厦被评为长沙市特色楼宇。引导星浩医药物流园、爱尔眼科大厦、实施错位发展。

（张婷韬）

【资金帮扶】 2020年，天心区完成服务业新增“四上”单位市区级奖励资金583万元；拨付长沙文和信餐饮文化管理有限公司、湖南山猫吉咪传媒股份有限公司、湖南电洋信息科技有限公司、长沙养和康乐老年服务有限公司4家企业市级服务业引导专项资金共245万元。

（汤 莲 黄 强）

【楼宇招商】 2020年，天心区盘活11.8万平方米闲置楼宇面积，引进各类楼宇企业488家，其中，包括湖南综合智慧能源有限公司、湖南茶悦文化产业发展集团有限公司、湖南微算互联信息技术有限公司等重点税源企业。（兰 菲）

【集聚区建设】 2020年，天心区现服中心组织长沙天心文化（广告）产业园成功通过市服务业示范集聚区复检抽查工作，在全市参与复检单位综合得分排名第三，指导湖南人工智能产业园（长沙天心）成功申报第三批市服务业示范集聚区。

（汤 莲 黄 强）

【编制现代服务业“十四五”规划】 2020年，天心区现服中心落实区“十四五”规划编制工作的部署安排。1月22日，成立区现代服务业“十四五”规划编制领导小组。推进全区现代服务业“十四五”规划编制工作，先后组织完成编制单位遴选、实地座谈调研、规划意见征求等工作，进入送审稿编撰阶段。

（汤 莲 黄 强）

【“政企互动空间”揭牌】 2020年12月17日，天心区“政企互动空间”揭牌仪式在长沙华远国际中心举行。天心区委书记刘汇，区委副书记、区长黄滔以及其他4位区领导参加仪式。揭牌仪式后，由区政府副区长张建主持，在华远国际中心召开楼宇经济工作座谈会。长沙市楼宇经济促进会秘书长郑祥就长沙市特色楼宇和重点楼宇评定工作要点及未来变化趋势做介绍；戴德梁行、投资家网相关负责人介绍当前楼宇经济发展现状及楼宇招商工作面临的主要问题；长沙橘韵投资有限公司总经理许智来以华远地产为例，分享互动创造价值——互动推动楼宇经济发展；参会的其他楼宇企业负责人以及相关区直部门负责人相继发言。刘汇表示“政企互动空间”围绕“政务服务、党建服务、招商服务、物业服务”四个方面，发挥楼宇联络专员的作用，探索市监、税务、优化办、物业现场驻点办公机制；由8类管家提供党务、政务、法务、公益等多方位的服务；构建信息畅通机制、问题解决机制、“面对面”服务机制，以商招商机制和共建共享机制，搭建楼宇企事业单位与党委政府之间的桥梁。

（张婷韬）

财 政

【概况】 长沙市天心区财政局主要负责本区财政收支预算及执行、财税政策制定、国有资产管理、财政检查监督、财政投资评审和承担政府债务核查、监督等各项工作。

2020年，天心区财政局被湖南省财政厅相继授予县级乡镇财政管理工作先进单位、市县财政日常管理工作绩效评价A级、市县财政部门预算绩效管理工作二等奖。 （莫惠岚）

【财政收支】 2020年，天心区完成一般公共预算收入150.18亿元，比上年增加7.85亿元，增长5.5%，其中税收(全口径)131.15亿元，比上年增长4.2%；非税收入19.03亿元，比上年增长15.4%。完成地方一般公共预算收入63.60亿元，比上年同口径增加3.72亿元，增长6.2%（以下收入均为同口径比较）；完成一般公共预算收入支出68.05亿元，比上年增加4.85亿元，增长7.7%，其中市级专项支出8.64亿元、上年结转项目支出（上级）1.49亿元、本级财力支出57.91亿元。

（闵家喜 张喜盛）

【支持经济发展】 2020年，天心区全力服务实体经济发展，积极推动“天心营商环境30条”、《天心区大力支持软件产业发展十条措施》、区域经济奖励办法等惠企政策落地，兑现科技项目、人才引进、贷款贴息等奖励资金，激发市场主体活力。落实国家直达资金管理体系，年内惠及企业直达资金8203万元。支持市场稳主体、稳供应链，中央、省、市、区四级投入2.5亿元。助力企业复工复产，全年投入疫情防控资金8100万元，减免房租1407万元，惠及中小企业及工商户315家；减免社保费6.5亿元，惠及中小企业及工商户9300家；抢抓疫情期间金融政策机遇，区财政局、区金融事务中心协调辖区金融机构为1454家企业完成授信，争取上级贴息补助950万元，落实本级贴息222万元。 （闵家喜）

【税收征管】 2020年，天心区开展大数据治税，对该区财税收入情况进行全面分析，落实到每一个税种和重点企业，分行业、分税种、分地域制定征管方案，组织开展欠税清缴、房地产行业税收清查、股权转让税收治理、车船税联动管理等，确保应收尽收、应减尽减。 （闵家喜）

【民生运转保障】 2020年，天心区逐年加大教育资金投入，教师工资待遇提标落到实处，新建续建学校、幼儿园12个，新增学位6040个，区级教育支出11.73亿元，比上年增长10.0%；城乡居民基本养老金以及特困、养老金、优抚、残疾儿童康复等补助实现提标扩面，社会保障和就业支出4.18亿元，比上年增长9.5%；完善社区卫生服务中心等公共医疗服务建设，卫生健康支出2.11亿元，比上年增长14.5%。持续帮扶通道侗族自治县、龙山县洛塔乡、浏阳市富溪村实现脱贫摘帽。积极推进城市有机更新，西文庙坪、太平街等有机更新项目亮点纷呈，提标黄兴南路步行街“老长沙”城市名片，大力支持老旧小区提质改造，推进智慧电网“630攻坚”，提升老百姓生活幸福感。

（张喜盛）

【财政管理】 2020年，天心区强化预算硬约束，以“三保”（保工资、保运转、保基本民生）为根本，牢固树立过“紧日子”思想，出台《关于进一步规范财政管理严肃财经纪律的通知》，大力压减一般性支出，严控“三公”经费，全年该区一般性支出和“三公”经费支出分别下降17.5%和

5.9%；盘活资金、资产和土地资源等合计 8.07 亿元，确保将有限财力用于“三保”、疫情防控、“三大攻坚战”和重点领域与中心工作上。逐步有序化解政府隐性债务，债务总量平稳降至风险可控水平，政府国有企业平稳转型，年内没有发生一例区域性、系统性债务风险事件。兜牢政府“三保”风险底线，制定全区“三保”资金保障方案，以收定支，加强库款运行风险防范，做到量力而行，尽力而为。延伸财政投资评审监管范围，加强事前介入，评审项目审减率达到 25%。

（莫惠岚）

【预算绩效管理】　2020 年，天心区坚持预算执行与目标实现相结合。定期对财政项目支出预算执行进度和绩效目标实现程度开展双监控，监控范围涵盖所有预算单位全部项目支出预算；坚持自我监控与财政监控相结合。预算单位先对自身项目支出预算开展自我监控，将监控结果报送区财政局，区财政局根据单位监控结果及业务管理情况，抽取重点项目进行再跟踪、再监控，对项目运行、预算执行及绩效目标实现情况进行重点分析研判，为后续资金投入和使用监管提供重要参考依据；坚持问题整改与预算安排相结合。对绩效监控发现的问题，督促预算单位及时采取措施纠正整改，并在下年度部门预算编制阶段予以重点关注，对无法按计划完成或预期不能实现绩效目标的项目，视情况核减或取消下年度预算安排。（付　余）

【直达资金管理】　2020 年，天心区按照直达资金管理要求，明确时间节点和工作任务，确保分配进度 100%、下达比例 100%。对直达资金进行特别标识，确保专款专用；依托直达资金监控系统，建立直达资金下达台账、支付台账，对直达资金的分配使用进行动态监管，确保来龙去脉清楚可查；严格资金申报审核，实行项目清单式管理，将预算指标信息、资金支付信息和受益企业个人信息等导入资金监控系统，形成工作闭环。（陈　楠）

【政府采购监管】　2020 年，天心区推出政府采购正负面清单，正面清单鼓励引导采购单位和代理机构优先采购科技创新、节能环保等产品，促进中小微企业、贫困地区、残疾人单位和监狱企业发展。负面清单从资格条件、采购需求、评审标准、公平竞争 4 个部分，列出政府采购中必须禁止的 51 种行为。两份清单双向出击，从政府采购活动源头正本清源，控制政府采购活动中的法律风险，为打造政府采购营商环境

表 7　2020 年天心区地方一般公共预算收入决算　（单位：万元）

预算科目	决算数	决算数为调整预算数比率	决算数较上年增长
一、税收收入	445,672	107.7%	2.7%
增值税	235,324	102.9%	-8.6%
企业所得税	80,572	111.9%	20.6%
个人所得税	28,084	105.0%	48.5%
房产税	22,063	106.1%	-8.7%
印花税	11,023	105.0%	16.8%
土地增值税	58,483	130.0%	8.1%
耕地占用税	9,961	99.6%	282.1%
其他税收收入	162	—	-40.9%
二、非税收入	190,312	115.4%	15.4%
专项收入	2,178	108.9%	-11.3%
行政事业性收费收入	6,739	116.2%	90.7%
罚没收入	4,762	95.2%	149.3%
国有资源（资产）有偿使用收入	163,233	107.3%	37.8%
其他收入	13,400	—	-65.2%
合计	635,984	109.9%	6.2%

（资料来源：区财政局）

提供政策保障。年内共完成政府采购项目1167个，比2019年减少468个；采购金额6.08亿元，节约资金5487.79万元，节约率8.3%。（彭燕燕）

税务

【概况】 国家税务总局长沙市天心区税务局（简称“天心区税务局”）主要承担天心区14个街道办事处范围税（费）征管工作。办公地址为天心区刘家冲北路25号和天心区湘府中路298号。

2020年，天心区完成税收收入139.61亿元，比2019年增收5.19亿元，增幅4%。（任先鸿）

【税费征管】 2020年，天心区税务局加大税源调查和监控力度，全面开展税收分析，强化日常征管、推进综合治税、抓实风险管理；规范征管数据管理，对尚未认定增值税和企业所得税税种的纳税企业进行全面清分；精细税费管理，组织专门业务团队，对土地增值税、企业所得税等税种进行综合分析，加大风险应对力度，严防跑冒滴漏。重点做好企业社保费及机关事业单位职业年金划转、城居两险征缴工作，年内累计征收社保费22.27亿元、机关事业单位职业年金1300.51万元。全年入库非税收入54.8亿元。

（孔伟成）

【便民办税】 2020年，天心区税务局整合服务资源，简化办税流程，优化办税环境，扩大发票领用“网上办、自助办、邮寄送、线上签”的覆盖面，提升“非接触式”办税业务比例，发票业务网办笔数30.2万笔。提高出口退税质效，为216户出口企业办理退税4.15亿元，平均办结时间压缩至2个工作日以内。天心区税务局在长沙市税务系统首推派驻联络员制度，69名党员干部点对点帮扶217户企业，支持企业开展复工复产，帮助解决企业问题120余个。推出软件企业“十个工作日”退税承诺，将金三系统流程设定的审批时限减半，并在所需报送资料上进一步精简，流程进一步优化。全面推广“用心用力用真情 全员全程全覆盖”工作，组建政策解答等5个小分队，网格式服务辖区纳税人，实现点对点精准送政，为企业发展提供助力。

（刘 军 罗 钱）

图52 2020年4月2日，国家税务总局长沙市天心区税务局第29个全国税收宣传月启动（罗 钱 摄）

【依法治税】 2020年，天心区税务局严格落实“三项制度”，统一公布权力责任清单，完成重大执法决定法制审核事项6起。落实“谁执法谁普法”责任制，开展税法宣传“五进”活动，税务干部学法考法合格率100%。

（黄 滔）

【湖南省内首家24小时自助办税服务厅揭牌】 2020年4月2日，天心区税务局在区税务局办税服务厅前坪举行第29个全国税收宣传月启动暨24小时自助办税服务厅揭牌仪式。国家税务总局湖南省税务局党委委员、副局长方志平，长沙市天心区委副书记、区长黄滔，长沙市税务局党委委员、副局长刘国锋等参加仪式并讲话，共同为湖南省内首家24小时自助办税服务厅揭牌，随后进入自助办税服务厅，现场体验自助办税服务。当天约100人参加活动。纳税人携带身份证可在任何时段自助办理普通发票和专用发票的领用、完税证明打印、发票认证4大类业务。截至2020年年末，累计自助办理2.7万笔。

（罗 钱）

金 融

【概况】 长沙市天心区金融事务中心为正科级事业单位，主要服务全区金融机构，负责全区金融产业发展，联系和引进各类金融机构；负责企业上市协调服务工作；协助做好全区金融机构以及有关中介机构的监督管理；配合有关部门防范、化解区域内金融风险，承担区打击和处置非法集资工作领导小组相关事务性工作。

2020年，天心区有各类金融机构407家（不含配套中介机构），其中，银行170家，占比41.77%；保险公司124家，占比30.47%；证券公司25家，占比6.14%；期货公司8家，占比1.97%；融资担保公司7家，占比1.72%；融资租赁6家，占比1.47%；小贷公司5家，占比1.23%；典当公司11家，占比2.7%；拍卖公司24家，占比5.9%；其他金融机构27家，占比6.63%。金融业税收55.26亿元，占全区税收40%，同比增长26%。（彭林仁）

【金融产业招商】 2020年，天心区按照规划引领，以质心招商、诚心服务，宣传天心区金融发展优势，对招商载体信息深入摸底实时更新，鼓励金融机构到天心区建立分支机构。协调服务广汽众诚保险等金融机构搬迁选址，推进项目落地。九州证券股份有限公司、英大泰和人寿保险股份有限公司省级总部等金融机构入驻天心区。指导湖南湘隆典当有限公司设立，丰富地方金融资源。年内招引金融机构36家。

（彭林仁）

【金融产业服务】 2020年，天心区出台应对疫情金融助力实体经济发展措施，为937家企业购买防疫复产综合保险，保额2.17亿元。发挥小微企业信贷风险补偿基金作用，天心经济开发区10家企业通过信贷风险补偿基金获得授信3840万元。全区457家企业获得市级风险补偿基金合作银行投放贷款553笔，贷款额5.2亿元。畅通政银企对接渠道，组织多层次多系统银企对接会8场次，多家企业与银行达成合作意向；全省首家推出“天心金融”线上金融服务超市小程序，受理并开展融资服务122单。新增61家受疫情影响严重的行业企业进入信贷“白名单”（该区共114家），占比53.51%。建立“金融联络员”新机制，联动驻区金融机构选派优秀员工担任企业“金融联络员”，为200余家企业提供“一对一”融资服务。引导驻区重点金融机构为区内1656家企业授信296.65亿元，放款243.97亿元，为255家企业办理无还本续贷22.57亿元，对632家企业109.25亿元贷款给予展期。为7家企业争取省市扶持资金254.31万元。

（彭林仁）

【企业上市培育】 2020年，天心区组织辖区内12家拟上市企业参加各类业务培训。推荐长沙农村商业银行、创辉达设计股份有限公司等14家企业进入长沙市2020年拟上市（挂牌）企业库，湖南金铠文化传播股份有限公司、湖南建工物业发展集团有限公司等10家企业进入湖南省上市后备资源库。华光源海股份有限公司进入新三板精选层。推动拟上市企业服务机制，区领导带队走访金铠文化、华光源海等拟上市企业现场办公，为企业发展解决难题。截至2020年年末，天心区有上市企业10家，数量排名内五区第一，总市值约4477亿元，占长沙市的33.01%、湖南省的25.36%。

（彭林仁）

【金融风险防范】 2020年，天心区加强金融风险防范，严厉打击非法集资。推进金融领域扫黑除恶。拟定《天心区金融放贷行业领域突出问题专项整治工作方案》，发布《关于在全区开展金融放贷行业专项整治行动的通告》《关于收集金融放贷行业领域涉黑涉恶线索的通告》，将金融放贷行业整治与防范打击非法集资工作有效结合，从银行、保险等传统金融机构，融担、典当等地方金融机构以及其他从事金融放贷业务的企业三条主线开展行业清理整治。抓实地方金融监管。做好融资担保、小额贷款、融资租赁、典当等地方金融机构年度检查和评级工作，组织会计师事务所对全区典当行业现场检查，召开集中约谈会，通报年审和风险排查情况，对企业逐一下达《整改通知书》，限期整改，企业现场签订《合规经营承诺书》。打击非法集资。扫黑除恶宣传“七进”（进机关、进企业、进学校、进家庭、进社区、进村组、进金融网点）活动1000余场次，受众12万余人次。开发运用天心区金融风险监测预警平台，利用大数据对辖区企业画像，多维度结合主动提示风险；同时全省首创将日常排查工作植入预警平台同步管理，平台使用以来，共对11753家企业开展线上日常排查，年内专项排查企业4300余家，对300

余家风险企业公告预警，联合市监、公安锁定风险企业，提前化解风险隐患10起，清退资金400万余元。（彭林仁）

【银企对接会】 2020年3月20日，天心区在区政府三楼大会议室举行“大干一百天实现双过半”政银企对接会暨签约仪式，区内部分银行业金融机构、企业以及区政府相关部门负责人参加。政府部门和银行机构分别就疫情防控期间出台的各级政策和金融产品进行解读和推介，7家银行机构与11家企业进行项目对接签约，涉及医药、钢贸、信息科技、文化传媒等领域和行业，协议授信金额5.73亿元。（彭林仁）

长沙农商银行天心支行

【概况】 截至2020年年底，长沙农商银行天心支行各项存款余额75.73亿元，比年初净增3.95亿元，增幅为5.56%；各项贷款余额为54.54亿元，比年初净增6.39亿元，增幅为13.27%；法人贷款客户净增84户，个人贷款客户净增825户；当年到期贷款收回率98.51%，不良贷款率为0.77%。（张　磊）

【银行金融服务】 2020年，长沙农商银行天心支行服务天心地方经济社会发展，积极做好“六稳”工作，落实“六保”任务，深入开展“党建共创、金融普惠”活动，大力实施“整村”“整圈”授信，与天心区6个村和御溪国际商圈、天剑商圈2个商圈建立战略合作关系，覆盖居民2000余户、7000余人，为天心区辖内6个村级经济合作社授信1.44亿元；代发天心区低保费和特困供养费3244笔，区养老保险3.96万笔，金额2.03亿元；区国库集中支付业务33298笔，金额25.57亿元；社保费上缴国库15499笔，金额805万元。全力支持地方防疫和复工复产工作，先后向文源、友谊、豹子岭等社区捐赠各类防疫物资总价值约3万元。（张　磊）

【区域网格化服务】 2020年，长沙农商银行天心支行参与天心区经济建设，深化政企银联动，持续加强与区内战略伙伴客户的合作关系；依托长沙市物业维修基金平台跻身成为市物业维修资金归集行之一；与市科技厅持续对接，积极推进长沙市高新技术企业信贷风险补偿资金池银行业务合作项目等；开展“暖春行动”，与辖内街道、社区、商会、高校携手开展“金融地摊”“金融大篷车进社区”“金融普惠进校园”“反洗钱、反电诈、远离非法集资”宣传等活动30余次，累计活动参与3500余人次。（张　磊）

【风险防控】 2020年，长沙农商银行天心支行进一步完善员工教育培训体系和内控案防机制，坚持实施“阳光信贷”工程，前移风险端口，开展贷款业务、案件风险排查等多项案防排查或检查，加强运营督导和安全保卫工作，实现全年无重大违规、无重大安全责任事故、无案件的目标。注重不良资产的清收，采取“一户一策”“按户施策”的方针，加强不良贷款的询证，通过法院起诉和拍卖处置，加大不良贷款清收力度。（张　磊）

【银行网点建设】 2020年，长沙农商银行天心支行对营业网点和离行式自助行进行优化布局，完成金盆支行消防工程改造和芙新支行新网点选址工作，政院和井湾子支行分别划归至城中支行和总行营业部。截至年末，天心支行12家营业网点，10家网点覆盖天心区6个街道，2家网点则设置在雨花区辖内。（张　磊）

长沙农商银行湘江支行

【概况】 截至2020年年末，长沙农商银行湘江支行各项存款余额为63.4亿元，比年初净增3.9亿元，增幅为6.5%；各项贷款余额为54.8亿元，比年初净增6.4亿元，增幅为13.2%；法人贷款客户净增117户，个人贷款客户净增1330户；当年到期贷款收回率99.71%，不良贷款余额4434万元，不良贷款率0.81%。

（钟翠婷）

【银行金融服务】 2020年，长沙农商银行湘江支行主动服务天心区优质企业，做好基础客户群和小微客户的营销维护工作。发放符合“两增两控”（增贷款余额、增小微企业数，控不良贷款、控小微企业贷款成本）小微企业贷款17.86亿元；通过农户联保、农户信用贷款等形式共发放农户和社区居民贷款3.4亿元，其中，发放小额贷款1845户，贷款余额1.79亿元，户均9.7万元；主动服务社会公共事业，代发工资10.6万笔7.7亿元。加大对新业务的办理力度，试点福祥E贷、Q房抵贷，开办外资账户、办理银行承兑汇票直贴＋转贴现业务、发放长沙农商银行出口业务项下首笔订单融资业务。组织或参与银企对接会10余场，特别在新冠肺炎疫情防控期间，积极对接抗疫物资生产企业、定点医疗企业，对有资金需求的客户进行快捷渠道申报、审批，共计发放“防疫快贷”1.9亿元。组织防范电信诈骗、反洗钱反假币等为主题的金融宣传活动，提高居民安全防范意识。

（钟翠婷）

【区域网格化服务】 2020年，长沙农商银行湘江支行贯彻“党建共创、金融普惠”行动，落实夯基拓面六大计划，完成整村授信项目9个、整圈授信项目1个，入户走访6683户、信息录入2435户，累计对2202名客户成功授信、1079名客户成功用信。实现村级经济合作社开户22个，对7个经济合作社累计授信2.4亿元，成功为新路村发放湖南省第一笔经济合作社贷款1000万元。（钟翠婷）

【强化风险管控】 2020年，长沙农商银行湘江支行加强风险全流程管理，在贷前调查与申报、授信审查与审批、放款审查等环节加强信用风险与操作风险的有效识别、管理和控制，确保资产安全。实行每周信审会制。加强不良贷款管理，做好不良贷款自主现金清收工作，全年收回表内不良贷款4863万元，表外不良贷款7144万元。做好反洗钱柜面业务的排查和整改，持续推进客户信息治理，近两年累计完善客户信息66487户，并确保新增客户信息的完整性。加强安全保卫，全年无重大违规、无重大安全责任事故、无案件发生。（钟翠婷）

【银行网点建设】 2020年8月17日，长沙农商银行湘江支行下辖牛角塘支行开业。长沙农商银行湘江支行网点增加至12个，其中11个在天心区（覆盖天心区6个街道），1个在雨花区。

（钟翠婷）

教育　科学技术

教　育

【概况】 2020年，天心区共有直属学校56所，其中，九年一贯制学校2所、中学6所（初中5所、高中1所）、小学48所。另有行业子校3所。区属中小学在校学生61287人，其中，高中1663人、初中10297人、小学49327人。有公办及民办注册幼儿园153所，其中，直属幼儿园35所、企事业单位幼儿园8所、民办幼儿园110所，入园幼儿32671人。有区属民办小学1所，学生1320人；市管民办中学2所、市直属中学3所；民办教育培训学校122所；辖区高等、中职院校20所，其中，部属高校1所，省属高校、中职院校13所，市属中职院校6所。全区有区属教师3900人，其中，在职教师2232人，离退休教师1668人。该区小学生毕业合格率100%。生均公用经费小学800元/生·年，初中1000元/生·年。

2020年，该区被教育部确定为"基于教学改革、融合信息技术的新型教与学模式"试验区（简称"国家级信息化教学试验区"）；全国青少年校园篮球"满天星"训练营；因推进义务教育均衡发展成效明显，被评为湖南省政府真抓实干表彰激励奖，教育经验获省政府2020年重点工作大督查地区典型经验表扬通报，并在湖南卫视专题宣传推介；青少年思想道德"礼"教育入选湖南基层改革探索100例；增加公办园学位工作在湖南省推进会上作典型发言，并获省领导批示全省推介天心经验。市教育局绩效考核中天心区连续三年被评为一等奖。

（文　琼）

【学校建设工作】 2020年，天心区继续实施学校建设新三年行动计划，重点破解学位需求矛盾，推进义务教育优质均衡发展。年内投入5.14亿元，实施学校、幼儿园新建、续建项目10个，重点完成雅礼书院中学、青园教育集团友谊校区新建项目和湘府英才小学、实验小学、仰天湖赤岭小学、仰天湖桂花坪小学等学校教室改造项目，完成8所公办幼儿园新建项目，共新增建筑面积7万平方米，新增学位6040个、公办园位5081个。（文　琼）

【教育教学工作】 2020年，天心区坚持德育为先，推进德育项目化管理，承担湖南省"我是接班人"网络大课堂活动，网络课程被"学习强国"平台转发。重视课程管理和教学常规调研，推进区域教学改革，完善基础教育质量综合评价考核方案，促进学校内涵发展、质量提升。初中毕业会考一次性合格率96.2%，高考一本、二本上线率51.5%，刷新该区高考历史成绩，在全市同类型学校中排名前列。雅礼书院中学在全国中学生信息学奥林匹克联赛中获2个一等奖、1个二等奖，取得历史性突破，学校社会认可度大幅提升。创新推进"体艺2+1"（即通过学校组织的课内外体育教育和艺术教育活动，让每个学生在九年义务教育阶段能够掌握两项体育运动技能和一项艺术特长）项目，"智慧体育"在全市甚至全省全国推广，雅礼外国语中学获2020年全国初中足球锦标赛冠军，仰天湖中建小学被评为全国青少年校园篮球特色学校，青雅丽发学校被评为全国青少年冰雪运动特色学校。（文　琼）

【教师队伍建设】 2020年，天心区加强师德师风建设，表彰"十佳魅力教师""十佳师德标兵"等625名优秀教育工作者。启动新一轮名师工作室建设，成立25个新的区级名师工作室，认定894名第五批区级骨干教师。评选特级教师3人，正高级教师2人，高级教师33人，中级教师65人，推荐17人参加市优秀校长、优秀教育工作者和优秀教师评选。重视人才引进与交流，公开招聘在编教师309人，其中，名优特类31人、应往届类有编制教师264人、免费师范生14人。区域交流干部教师91人，支持“三区支教”29人，择优选拔30名编外合同制教师薪酬提标为同工同酬，考核录用备案制教师30名，该区教师队伍结构整体优化。（文　琼）

【教育事业发展水平】　2020年，天心区创新集团化办学，充分发掘天心区名校、名园品牌资源，雅礼融城学校和长郡外国语中学第一附属小学2所学校顺利挂牌，该区集团化办学覆盖学校（幼儿园）27所，合作办学11所。仰天湖教育集团整体推进集团校美育教育，举办第三届全国美育年会和全国最美课程发布会，展示天心美育和课程建设成果。重视天心区“未来教育”品牌打造，加快“智慧学区”建设，制订《加强融合应用推进智慧教育行动计划（2020—2022）》，开展“智慧教学”校级同课异构、“智慧课堂”教学系列活动，建设长沙市未来学校示范校1所，区智慧校园试点项目20所，被教育部确定为“基于教学改革、融合信息技术的新型教与学模式”实验区。

（文　琼）

【线上教育启动】　2020年2月10日起，天心区各中小学针对不同学段、不同学情，开展“一校一策停课不停学不停爱”活动，启动线上“陪伴”学习模式，学生在家学习。区教育局根据“市区统筹、学校组织、年级授课、班级管理”的原则，制定《天心区停课不停学“空中课堂”教育教学方案》，要求各学校通过市教育局发布的电视端和移动端开展网络学习，高三年级从2月10日起按照教学计划开始网上教学；初三年级从2月10日起开始试用并按照教学计划开始网上教学；其他年级从2月10起开始试用。学校停课不停学“空中课堂”教学，免费向学生开放，不收取费用。

（彭　昱）

【春季错峰开学】　2020年，天心区根据省、市教育部门统一安排，春季开学实行分批错峰开学。该区中小学校、幼儿园、培训学校按照属地管理原则向所属街道提交开学申请、开学工作方案、新冠疫情防控方案与突发公共卫生事件应急预案，分别由区教育局、各街道组织审核。第一批4月7日开学，开学范围为高三、初三年级及高三复读培训学校；第二批4月13日开学，开学范围为普通高中、初中其他年级；第三批4月25日开学，开学范围为小学四、五、六年级和中职学校，第四批4月28日开学，开学范围为小学一、二、三年级。第五批5月6日起，开学范围为培训学校，经审核通过后自主开学。第六批开学起始时间为5月11日至在5月15日前，开学范围为幼儿园。

（彭　昱）

【国家级信息化教学试验区】　2020年8月5日，教育部办公厅下发《公布“基于教学改革、融合信息技术的新型教与学模式”试验区名单的通知》文件，天心区被确定为国家级信息化教学试验区。该区每年教育信息化总投入3000万元，重点建设10个数字学校、100间智能教室，区域层面建成1000M光纤教育城域网和“天心智教”云平台，“智能教室、数字学校、智慧学区”三层体系的“智慧教育”已初步成形。疫情期间“停课不停学”工作，利用天心区教育城域网、“天心智教”云平台和各学校录播教室，该区教师录制网络课程224节，每天6万余名学生参与网络学习。

（彭　昱）

【新增1所学校、3所幼儿园】　2020年8月29日，天心区青园教育集团友谊校区正式开学。校址为长沙市天心区木莲西路与东青路交会处，占地面积17992平方米，建设面积15908.84平方米，学校规模24个教学班级。5月18日，新兴路幼儿园正式开园，园址为天心区南门口上碧湘街47号，办园规模6个教学班级。9月15日，万科紫台幼儿园正式开园，园址为天心区湘江南路36号万科紫台小区。办园规模6个教学班级。9月16日，天心区凯旋城幼儿园正式开园，为天心区教育局直属公办幼儿园。园址在天心区中海凯旋城小区内，办园规模12个教学班级。新增3所幼儿园均为天心区教育局直属公办幼儿园。

（彭　昱）

【天心区教育大会】　2020年4月29日，天心区教育大会在区政府三楼大会议室召开。会议由区委副书记、区长黄滔主持，区政府副区长黄会作教育工作报告。会议围绕推进教育现代化、加快义务教育均衡发展、落实立德树人根本任务，对全区教育工作进行研究部署。长沙市副市长、天心区委书记朱东铁出席会议并讲话。区委副书记朱远红、区人大常委会主任于献、区政协主席夏艳兰等领导及教育系统代表180余人参加会议。会议印发《关于加快推进天心教育现代化的实施方案（2020—2022年）》。

（彭　昱）

【雅礼融城学校、长郡外国语第一附属小学同日揭牌】 2020年5月9日，长沙市雅礼融城学校、长郡外国语第一附属小学同日相继揭牌。长沙市副市长、天心区委书记朱东铁，天心区委副书记、区长黄滔，区委副书记朱远红等区领导及长郡中学，雅礼中学负责人参加揭牌仪式。

（彭　昱）

【庆祝第36个教师节表彰大会】 2020年9月8日，天心区在区政府三楼大会议室举行庆祝第36个教师节表彰大会，表彰“十佳魅力教师”“十佳师德标兵”“十佳教育管理工作者”“优秀班主任”“优秀志愿教师”“优秀校聘教师”“优秀思政教师”“优秀教育工作者”“从教30年教师”共625人。长沙市教育局党委书记、局长卢鸿鸣，天心区委书记刘汇，区委副书记、区长黄滔等区领导以及学校、幼儿园主要负责人和受表彰优秀教师代表参加。（彭　昱）

表8　2020年度天心区“十佳”获奖者

姓　名	单　　位	评奖类别
徐合彩	仰天湖小学	十佳师德标兵
文　安	青雅丽发学校	十佳师德标兵
谭志云	八局小学	十佳师德标兵
周志英	沙湖桥小学	十佳师德标兵
王珍珍	南塘小学	十佳师德标兵
彭　湘	实验小学	十佳师德标兵
汤　琳	青园教育集团万芙校区	十佳师德标兵
杨洪霞	仰天湖金峰小学	十佳师德标兵
雍　英	幼幼小学	十佳师德标兵
王园园	许桥小学	十佳师德标兵
彭　青	仰天湖小学	十佳魅力教师
杨钦雅	幼幼披塘幼儿园	十佳魅力教师
夏群英	梨塘小学	十佳魅力教师
万爱群	青园教育集团万芙校区	十佳魅力教师
徐璟球	铜铺街小学	十佳魅力教师
何　涌	雅礼书院中学	十佳魅力教师
李志勘	青园梓枫小学	十佳魅力教师
蒋燕平	湘府英才小学	十佳魅力教师
袁海英	明德天心中学	十佳魅力教师
黄　毅	中南大学第二附属小学	十佳魅力教师
刘登峰	龙湾小学	十佳教育管理工作者
贾佳婷	仰天湖金峰小学	十佳教育管理工作者
黄　杰	南大桥小学	十佳教育管理工作者
陈勇军	雅礼书院中学	十佳教育管理工作者
肖君玉	小古道巷小学	十佳教育管理工作者
郭　燕	青园梓枫小学	十佳教育管理工作者
雷　明	仰天湖赤岭小学	十佳教育管理工作者
汤向红	碧湘街小学	十佳教育管理工作者
蓝建伟	蓝天小学	十佳教育管理工作者
朱　莹	黄兴小学	十佳教育管理工作者

（资料来源：区教育局）

【体育传统特色学校认定】 2020年9月25日，教育部发布关于2020年全国青少年校园篮球、排球、冰雪体育传统特色学校等认定结果公示。公示名单中，天心区教育局被评为2020年全国青少年校园篮球“满天星训练营”，仰天湖中建小学被评为2020年全国青少年校园篮球特色学校。青雅丽发学校被评为2020年全国青少年校园冰雪运动特色学校。雅礼外国语中学获2020年全国初中足球锦标赛冠军。（彭　昱）

【天心与通道结对帮扶建立教育联盟】 2020年10月21—23日，天心区教育局与通道侗族自治县教育局结对帮扶暨教育联盟大会在通道县举行。会议期间，天心区29所学校60余位优秀教师前往通道，分别到结对的31所学校开展教学交流研讨活动；22日，天心区教育局与通道侗族自治县教育局签订协议，正式建立教育督导工作、教育科学研究与质量评价、“体育、艺术2+1”项目、中小学心理健康4个教育联盟。同日，天心区龙湾小学教师贺辉在通道侗族自治县礼雅小学上数学示范课，深受同学们的喜欢。

（彭　昱　鲁怡欣）

【“社会主义核心价值观进课堂”教学比赛】 2020年10月27日，天心区“社会主义核心价值观进课堂”片段教学决赛在雅礼外国语学校举行。该区60余所中小学参与教学设计比赛，提交80余份教学设计方案。组委会从8位进入决赛的教师中评选出特等奖3名、一等奖5名。此类活动在长沙为首次，市文明办、各中小学、幼儿园300余名校领导、文创专干、德育主任、大队辅导员参加观摩学习。（彭　昱）

【第三届全国最美课程发布会】 2020年11月6—9日，“让课程赋予生命温度”第三届全国最美课程发布会在天心区仰天湖桂花坪小学举行。活动由天心区教育局、广东省国基教育发展研究院主办，天心区教育科学研究中心、长沙市刘菲菲校长工作室、天心区仰天湖教育集团承办。多位全国知名专家和在办学实践方面颇有建树的领导，在教育科学、心理学、课程与教学论等领域，分别以“生命在场”和“重构生态”为主题，分享研究和实践成果。在“最美课程”发布环节，6个分会场共发布25门不同领域的“最美课程”和4堂展示课，其中，天心区仰天湖桂花坪小学执行校长林志仁展示《剪纸课程，让教育“美”起来》课程。（彭　昱）

【开展系统式家庭治疗项目培训】 2020年12月25—27日，天心区组织开展“系统式家庭治疗”培训项目。课程由湖南工商大学心理健康教育中心主任、副教授戴吉讲授，内容包含家庭治疗的基础理论，生命线技术、家谱图可视化技术等基本技术，采用理论讲授、案例分析、分组讨论、练习体验、成果汇报等方式进行。该区50余名心理教师参加。（彭　昱）

科学技术

【概况】 2020年，天心区科技局着力科技进步与创新，引导发展高新技术产业，推进科技成果转化，截至12月底，该区共有有效高新技术企业255家，实现高新技术产业总产值比上年增长8.6%，高新技术产业增加值比上年增长8.1%；高新技术产业覆盖电子信息、生物与新医药、新材料、高技术服务、新能源与节能、资源与环境、先进制造与自动化等领域。推动企业加大研发投入，争取到国家级实验室落户天心区，组织规上企业填报研发经费共计40.5亿元。完成全社会科研与开发经费26.14亿元，占GDP的比重2.4%，全市排名第二。（龙灼尧）

【高新技术企业】 2020年，天心区有49家高新技术企业到期需重新认定，9家小巨人企业、10家符合条件的科技型中小企业需要申报高新技术企业。针对不同情况，天心区分别制定申报工作方案，组织“升高”工作培训，全区共有80余家单位参加。会上发放《高新技术企业认定资料汇编》宣传资料500余份（本），邀请省市专家授课，现场答疑解惑，指导企业高新申报。2020年完成高企申报126家，通过认定113家，比上年增加40家，通过认定率89.7%。

（龙灼尧）

【科技创新政策宣传】 2020年，天心区通过组织开展赢商学院·科技助力软件信息企业发展大讲堂、高新技术企业申报培训会以及科技活动周等方式，加大对国家、湖南省尤其是长沙市科技创新“1+4”（“1”即中共长沙市委长沙市人民政府关于建设国家科技创新中心的意见；“4”即围绕这个意见出台《关于提升企业科技创新能力的若干措施》《关于促进科技成果转化的若干措施》《关于加强科技创新平台建设的若干措施》《关于促进科技与金融结合的若干措施》的4个措施）及配套政策的宣传力度。多次印发《关于促进科技创新发展的相关政策摘录汇编》和《高新技术企业认定资料汇编》等宣传手册，上门服务、现场答疑，受惠企业200余家。（龙灼尧）

【科技创新激励】 2020年，天心区113家高新技术企业和153家科技型中小企业均享受国家所得税减免优惠政策；有66家企业获得湖南省研发奖补资金2611.12万元；70家新增高新技术企业获研发经费补贴1017万元；湖南海富环境污染治理有限公司、湖南中新泉环保科技有限公司、湖南星童文化传媒有限公司3家科技创新小巨人企业获研发经费补贴10万元；中国长沙人力资源创新中心、恰到好处众创空间、弘高车世界众创空间3家市级众创空间获补助资金90万元。

（龙灼尧）

【科技平台建设】 2020年，天心区共有国家级备案众创空间3家，省级备案众创空间6家、科技企业孵化器1家，市级备案众创空间5家、科技企业孵化器1家。其中，年内新增国家级、省级备案众创空间各1家、市级众创空间1家。 （龙灼尧）

【科技成果转化】 2020年，天心区以技贸合同备案为平台，重点关注技术含量高的企业以及高等院校，指导开展技术贸易合同备案登记，年内区技术贸易合同登记达到40.78亿元；以项目申报为平台，分类梳理筛选该区优势科技项目，组织发动企业进行项目申报。审核推荐市级科技计划项目71个；以产学研金为平台，深度推进科创联盟建设，走访区内高校进行产学研调研，深化企业与院校间的产学研金合作。

（龙灼尧）

【国家级实验室落户天心】 2020年4月，科技部与湖南省人民政府联合发文，批准依托湖南省林业科学院建设省部共建木本油料资源利用国家重点实验室。该实验室由南方木本油料产业国家创新联盟首席专家李昌珠领衔，主要围绕木本油料品质定向调控等技术形成功能脂质的遗传基础和物质转化机制这一重大科学问题和核心技术难题，开展木本油料高品质性状遗传机制、木本油脂功能挖掘和定向转化、木本油料生物炼制及资源化3个方向的研究。 （龙灼尧）

表9　　2020年天心区新增科技创新平台

序号	众创空间名称	运营主体名称	运营主体性质	级别
1	长沙理工大学大学生创新创业园	长沙理工大学	事业	国家级
2	中国长沙人力资源创新中心	长沙创客加速企业管理有限公司	民营	省级
3	宝锋众创空间	湖南七宝商务服务有限公司	民营	市级

（资料来源：区科技局）

表10　　2020年天心区新认定国家高新技术企业

序　号	企业名称	证书编号	备　注
1	湖南致同工程科技有限公司	GR202043000648	第一批
2	湖南写生绿色建筑科技有限公司	GR202043001537	第一批
3	湖南华升服饰股份有限公司	GR202043000286	第一批
4	湖南智弈达信息科技有限责任公司	GR202043001092	第一批
5	华新项目管理集团有限公司	GR202043001823	第一批
6	湖南建工德顺电子科技有限公司	GR202043002020	第一批
7	湖南知客科技股份有限公司	GR202043002099	第一批
8	长沙市自来水设计有限公司	GR202043000543	第一批
9	湖南隆量建设有限公司	GR202043001804	第一批
10	湖南省分析测试中心有限公司	GR202043001030	第一批
11	湖南梅溪湖建设有限公司	GR202043000763	第一批
12	湖南五凌电力科技有限公司	GR202043001934	第一批
13	湖南中德安普云瞻智审有限公司	GR202043001446	第一批
14	湖南大猫信息科技有限公司	GR202043001770	第一批
15	育才—布朗交通咨询监理有限公司	GR202043001108	第一批
16	湖南双达机电有限责任公司	GR202043001759	第一批
17	中航建筑工程有限公司	GR202043000996	第一批
18	长沙创远环保科技有限公司	GR202043001806	第一批
19	长沙五七一二飞机工业有限责任公司	GR202043001535	第一批
20	湖南华达工程有限公司	GR202043000627	第一批

续表 10

序　号	企业名称	证书编号	备　注
21	湖南大象建筑规划设计有限公司	GR202043000360	第一批
22	湖南智汇云信息科技有限公司	GR202043000871	第一批
23	湖南省第六工程有限公司	GR202043001587	第一批
24	长沙云软信息技术有限公司	GR202043001892	第一批
25	湖南中科三兴科技有限公司	GR202043001348	第一批
26	湖南人人居安消防安全服务集团有限公司	GR202043001255	第一批
27	湖南省交通科学研究院有限公司	GR202043001640	第一批
28	湖南省轻纺设计院有限公司	GR202043001351	第一批
29	湖南车瑞科技股份有限公司	GR202043001538	第一批
30	长沙市雷立行电子科技有限公司	GR202043000859	第一批
31	湖南联信科技有限公司	GR202043001900	第一批
32	湖南长庆机电科教有限公司	GR202043000979	第一批
33	中交一公局桥隧工程有限公司	GR202043001973	第一批
34	湖南继教云科技有限公司	GR202043000382	第一批
35	湖南叮点信息科技有限公司	GR202043000014	第一批
36	湖南宝徽科技有限公司	GR202043000444	第一批
37	长沙比盟云信息科技有限公司	GR202043000461	第一批
38	湖南地理空间大数据产业发展有限公司	GR202043000274	第一批
39	湖南虹康规划勘测咨询有限公司	GR202043002091	第一批
40	湖南广义科技有限公司	GR202043001677	第一批
41	湖南中科工程检测有限公司	GR202043001412	第一批
42	湖南长电投电机有限责任公司	GR202043000654	第一批
43	湖南奥通智能科技有限公司	GR202043000067	第一批
44	湖南微算互联信息技术有限公司	GR202043000246	第一批
45	湖南楚湘建设工程集团有限公司	GR202043000767	第一批
46	湖南安恒利电子科技有限公司	GR202043000736	第一批
47	长沙东桥科技有限公司	GR202043000829	第一批
48	湖南中科新域科技有限公司	GR202043000634	第一批
49	湖南筱豪新能源有限公司	GR202043001730	第一批
50	湖南振企网络传媒有限公司	GR202043001160	第一批
51	湖南云创信息技术有限公司	GR202043000866	第一批
52	湖南省海晨新能源有限公司	GR202043001117	第一批
53	湖南易联众信息技术有限公司	GR202043000249	第一批
54	中国电子科技集团公司第四十八研究所	GR202043000888	第一批
55	湖南首创投资有限责任公司	GR202043001105	第一批
56	湖南广辰机电科技有限公司	GR202043000549	第一批
57	湖南云联数通网络科技有限公司	GR202043000153	第一批
58	长沙昂卓智能科技有限公司	GR202043000708	第一批
59	湖南山猫吉咪传媒股份有限公司	GR202043001580	第一批
60	土流集团有限公司	GR202043001999	第一批
61	湖南朝一信息技术有限公司	GR202043000632	第一批
62	湖南中成伟业电子技术有限公司	GR202043000836	第一批
63	湖南大狗科技有限公司	GR202043002127	第一批
64	长沙三昇农业科技有限公司	GR202043000272	第一批
65	湖南星童文化传媒有限公司	GR202043001458	第一批
66	湖南长沙阳环科技实业有限公司	GR202043000435	第一批
67	湖南鑫宏电力勘察设计有限责任公司	GR202043002110	第一批
68	长沙三远钢结构有限公司	GR202043000210	第一批

续表 10

序号	企业名称	证书编号	备注
69	湖南国喜新能源科技有限公司	GR202043000058	第一批
70	长沙佳境环保科技有限公司	GR202043002254	第二批
71	湖南奇立建设工程有限公司	GR202043002511	第二批
72	湖南省瑞大工程建设有限公司	GR202043003728	第二批
73	湖南交科天颐科技有限公司	GR202043002872	第二批
74	湖南微流网络科技有限公司	GR202043002537	第二批
75	湖南恒电信息科技有限公司	GR202043002791	第二批
76	湖南软测信息技术有限公司	GR202043003076	第二批
77	湖南恒运环保科技有限公司	GR202043002573	第二批
78	中国能源建设集团华中电力试验研究院有限公司	GR202043002753	第二批
79	湖南江山美生态科技有限公司	GR202043002484	第二批
80	长沙凌峰科技开发有限公司	GR202043002292	第二批
81	湖南兴润环保科技有限公司	GR202043002742	第二批
82	湖南省瑞隆环境工程有限公司	GR202043002258	第二批
83	湖南久清环保工程有限公司	GR202043002835	第二批
84	湖南建工集团装饰工程有限公司	GR202043002169	第二批
85	湖南声广信息科技有限公司	GR202043002829	第二批
86	长沙京鸿信息技术有限公司	GR202043002989	第二批
87	湖南新瑞土地规划咨询有限责任公司	GR202043003175	第二批
88	大为国际工程咨询有限公司	GR202043003323	第二批
89	湖南日成园景文化发展有限公司	GR202043003107	第二批
90	湖南湘达土地规划设计咨询有限公司	GR202043002475	第二批
91	湖南万瑞建设工程有限公司	GR202043003433	第二批
92	湖南现代收易环保技术有限公司	GR202043003106	第二批
93	湖南省日大彩色印务有限公司	GR202043003216	第二批
94	湖南佳旻环保科技有限公司	GR202043003264	第二批
95	湖南电器检测所有限公司	GR202043003567	第二批
96	湖南千祥土地评估规划测绘咨询有限公司	GR202043003386	第二批
97	湖南海尔斯环境工程有限公司	GR202043002938	第二批
98	中海油（湖南）安全环保科技有限公司	GR202043003915	第二批
99	湖南云智慧水利工程有限公司	GR202043002878	第二批
100	湖南中纬测绘科技有限公司	GR202043002151	第二批
101	湖南楚林地理信息研究院有限公司	GR202043003900	第二批
102	长沙六竹机电科技有限公司	GR202043003513	第二批
103	湖南省青苹果数据中心有限公司	GR202043002557	第二批
104	湖南中核建设工程公司	GR202043002697	第二批
105	中驰车福互联科技有限公司	GR202043003105	第二批
106	湖南集智创意展览服务有限公司	GR202043002299	第二批
107	湖南聚子信息技术有限公司	GR202043002693	第二批
108	长沙劲旅网络科技有限公司	GR202043002417	第二批
109	联拍在线（湖南）网络科技有限公司	GR202043003545	第二批
110	湖南智锋信息科技有限公司	GR202043003698	第二批
111	湖南云滨信息技术有限公司	GR202043002490	第二批
112	湖南星电集团星电勘测设计监理有限公司	GR202043002309	第二批
113	湖南丰裕山农业股份有限公司	GR202043002971	第二批

（资料来源：区科技局）

文化　旅游　体育

综　述

【概况】 长沙市天心区文化旅游体育局（简称“区文旅体育局”）负责本级政府社会文化、群众文化、文物、“非遗”、文化市场管理和旅游、体育等工作。截至2020年年底，天心区有各类文化经营场所182家，其中，网吧142家、娱乐场所26家，游艺娱乐场所14家，演出场所8家；A级景区3家、星级酒店5家、旅行社40家、旅行分社9家、旅行社营业网点70余家；高危体育经营场所28家；有各类公共文化场所286家，其中，区级图书馆、文化馆、“非遗”展示中心各1个，街道综合文化站14个（示范性9个）、示范性社区（村）综合文化服务中心93个、社区图书分馆6个。各类公共文化场所坚持全年免费开放。

2020年，天心区文旅体育局维护全区文化旅游体育场所平稳发展；开展“大干一百天实现双过半”竞赛工作，成立天心区文旅联盟，创新举办“诗意天心幸福长沙”诗词大会、“浪漫天心幸福长沙”520等多场文旅活动，累计带动区域消费1000万余元，组织协助文旅企业退缴质保金1083.42万元，减免租金、社保等近2000万元。成功推荐长沙市步行商业街等单位申报2020年长沙市文旅消费示范项目。其中，长沙市步行商业街被批准为夜间文旅消费集聚区，太平街历史文化街区被批准为文旅消费特色小镇（街区），火宫殿、湖南大球泥瓷艺有限公司被批准为十佳旅游购物示范点，超级文和友文化街区、中国（湖南）第七届金音杯歌手大赛被批准为夜间经济示范项目，湖南山猫吉咪传媒股份有限公司被批准为网间经济示范项目。推进“全民阅读”项目，打造湘府文化公园、城市风情小区2个特色有声文化推广阵地，其中湘府文化公园成为全国首家推出有声阅读的公园。（严思宇）

【文化旅游体育系统培训班】 2020年7月2—4日，天心区文化旅游体育系统培训班在中共中国气象局党校湖南分校举办，区文旅体育局全体班子成员、科级领导、各科室及二级机构干部职工，以及各街道文化站长近60名文旅体育系统干部参与培训。培训共安排6场专题理论学习培训，邀请长沙市委党校教授余敏、中南林科大旅游学院院长钟永德、市文化旅游广电局党组成员贺平生、市文物局局长曹凛等文旅行业专家、学者分别就文旅融合的现状与规划、党的建设及文化、文物、体育、旅游业务知识等方面进行专题授课。钟永德结合国际、国内案例和天心区实际，对天心旅游规划及旅游提升等方面进行剖析讲解。培训安排有户外团队拓展。（严思宇）

文　化

【标准化社区（村）综合文化服务中心创建】 2020年，天心区确立文源街道梅岭社区、黑石铺街道铭安社区、暮云街道高云社区、暮云街道卢浮社区及坡子街街道沙河社区5个社区为2020年标准化社区（村）综合文化服务中心的创建点，在建设面积、功能布局、活动开展、场地开放管理、特色品牌创建上对5个综合文化服务中心建设进行指导。（邹盈盈）

【公益艺术培训】 2020年，天心区文化馆开展免费公益培训工作，开设古琴、书画、绘画、声乐等多个班级。后期受疫情影响，教学时间做相应调整，开展线上公益培训课程。下半年在老馆维修的情况下，文化馆借用湖南省文化馆场地和社会机构联合办学，恢复大部分的公益培训课程，包括声乐，古琴，黄梅戏，朗诵，舞蹈等多个种类。全年共培训2000余人次。（刘宇昊）

图53　2020年12月18日，天心区文化馆主办的迎新春暨公益培训汇报演出在湖南省文化馆群星剧场举行（区文旅体育局供图）

【文化惠民】 2020年，天心区开展文化惠民进社区系列活动，天心区群众文艺团队文艺展演在各个社区上演。在传统送戏下乡活动的基础上，增加文艺、戏曲、曲艺等专场演出并添加“非遗”展示、送书法等形式，组织进社区活动20余次。（廖丽琼）

【文博志愿活动】 2020年，天心区开展“‘非遗’进社区”志愿者服务活动，邀请毛线钩编代表性传承人欧佩琼在文源街道状元坡社区进行教学，让更多的群众深入接触、学习“非遗”文化；12月，天心非物质文化遗产保护展示中心与中建仰天湖小学、井冈小学联盟，开展“‘非遗’小小传承人”志愿者服务活动，分别在12月5日、12月11日、12月31日开展6场“非遗”体验活动，参加人数共550人次。（文　亮）

【“非遗”保护工作】 2020年，天心非物质文化遗产保护展示中心坚持免费开放，接待游客近18万人次。2020年，成功推荐1人入选市级第四批“非遗”代表性项目代表性传承人。经过严格筛选，新增4项区级“非遗”代表性项目：沙利文糕点制作技艺、郑氏正气豆制作技艺、石印印刷术、锔缸。（文　亮）

【“非遗”传承活动】 2020年，天心区依托天心“非遗”保护展示中心，举办展示体验活动20场，参加人数1600人次。其中，开展寒假社会实践活动12场，体验项目包括面塑、串珠、剪纸、脸谱绘制、彩带编织、粽叶编等；开展暑假社会实践活动8场，体验项目包括君子六艺、香道、纸艺花、毛线钩编等。全年开展两期“非遗”培训活动，共开设4门课程，包括剪纸、毛线钩编、面塑、粽叶编等，授课教师分别为各项目的代表性传承人，开设班级17个，培训人数550人次。5月29日，开展天心区“文化和自然遗产日”宣传活动暨“大手拉小手”“非遗”文化进校园活动。活动邀请糖画、面塑、粽叶编、滩头年画4位“非遗”项目代表性传承人，在西文庙坪小学开展“非遗”项目体验活动，300余人参加活动。（文　亮）

【革命文物普查】 2020年，天心区通过革命文物普查，发现辖区范围内有两处红色文化遗址——槐树巷5号、火后街8号，均为中华人民共和国成立前地下党工作生活的地方。8月5日，区文旅体育局在槐树巷5号举行天心区红色文化遗址揭牌仪式。（文　亮）

【元旦春节系列文化活动】 2020年1—2月，天心区图书馆举办元旦春节系列活动，包括2019年度50本优秀图书排行榜、“崇德向善迎新春红红火火过大年”樱花花球制作活动、“我们的节日·春节”彩纸灯笼制作活动、少儿寒假志愿服务活动四大主题活动，共吸引1200余人参与活动。（陈　佳）

【文化市场疫情防控】 2020年2月3日，天心区文旅体育局分成巡查、宣传等6个小组，每天带队深入全区网吧、KTV、酒吧、影院、电玩等文娱场所和宾馆、酒店、民宿、旅行社、景区等共计240余家开展地毯式巡查，对不按要求落实的场所采取相应措施。2月12日，区文旅体育局局长张磊带队对天心区在营业的“四上”酒店亿杰（益诚世家）进行走访，对该酒店的具体情况进行现场督查及摸排。着重检查酒店的入住客人资料、体温检测、消杀物资的存放与使用等防控工作，对检查出的无人测量体温及登记、消杀物资不足等问题要求酒店尽快整改到位。针对发现的问题，要求企业严格按照天心区防控指挥部的具体要求抓好整改落实后，方可逐步复工复产。4月2日，区文旅体育局、区卫健局、区疾控中心联合坡子街街道办事处等单位，对解放西路、坡子街沿线娱乐、酒吧等场所疫情防控措施落实及行业复工复产情况进行检查。检查组先后实地了解Playhouse酒吧、酒蜗KTV、超级猴子酒吧等场所在入场管理、体温监测、消杀措施、预案落实等方面的工作，抽查娱乐场所按60%要求限员接待、临时隔离区设置，以及一线员工应急处置能力等情况。

（刘 迪）

【征集抗疫地方文献】 2020年3月中旬，天心区图书馆到全区14个街道开展抗疫地方文献征集工作。共收集纸质资料169种（291份），相关报道487篇（含照片），照片522张，视频20条，音频5条，原创歌曲（含MV）1首，诗词29篇，原创漫画4幅等珍贵地方抗疫文献。文献资料真实记录全区各级政府的防疫措施、防控力度以及广大人民群众的防疫生活，为社会大众保留一份特殊记忆。 （陈 佳）

【扫黄打非】 2020年4月22日，天心区召开2020年“绿书签行动”系列宣传活动部署会，全面铺排2020年度“绿书签行动”系列宣传活动。活动以“护助少年儿童健康成长，抵制有害出版物和信息”为主题，在天心阁社区西厢公园前坪设立宣传点，进行绿书签活动启动仪式，向广大居民发放“绿书签”，宣传“扫黄打非”相关知识；志愿者们共张贴宣传海报120余张，发放“绿书签”1500余枚。5月13—20日，区委宣传部联合区文旅体育局等职能部门开展全区出版物市场清查整治行动。联合检查组到经营场所查看其证照情况并核对各类出版物的进货渠道，对上架销售的图书进行排查，对业主开展普法宣传教育，传授利用“扫黄打非”APP鉴别出版物真伪的方法。对因疫情未及时更换出版物零售许可证的场所，检查人员现场给予指导和催办。对未保留出版物进货凭证、消防安全不达标等现象的门店，执法人员下达限时整改通知。区文化执法部门累计开展执法检查160余人次，检查经营场所及路边流动摊点共200余家，下发各类通知书10余份，收缴非法图书、DVD光盘500余张（份），未发现严重违规违法情况。 （刘 迪）

【文化市场安全生产】 2020年4月23—28日，天心区文旅体育局对长郡中学周边、黄兴路商业步行街、明德天心中学、铜铺街小学周边的文化市场进行检查。出动执法人员32人次，检查经营单位120余家次，对大茂网吧消防安全检查制度不落实、网鱼网咖消防应急灯损坏的问题下达整改通知。4月28日，副区长黄会带队对该两家场所进行回头看，问题整改到位。6月11日，区文旅体育局联合区消防（救援）大队劳动路中队和书院路派出所，在长沙一页KTV组织开展“安全宣传进企业”活动。活动组织参与人员学习《湖南省生产经营单位安全生产主体责任规定》《天心区安全生产行政处罚案例警示录》，讲解灭火器使用、消防报警、逃生疏散等操作方法，要求辖区内娱乐演出场所负责人持续抓好排查整治、培训演练和宣传教育等工作。9月30日，黄会带队检查两家网吧。9月24—30日，区文旅体育局出动检查人员30余人次，检查网吧20家次，歌舞娱乐场所10家次，星级酒店20家次，等级景区6家次，旅行社5家次。12月7日，区文旅体育局推动安全生产专项整治三年行动暨文旅体行业安全生产培训开班。区文旅体育局各科室、二级机构负责人及安全生产专干，全区各街道文化站站长及辖区内文化与旅游企业（文化公共场馆、景区、酒店、旅行社、娱乐场所、网吧等）相关负责人，近400人参加。通过培训，提高企业安全意识和安全知识。12月16—31日，区文旅体育局对全区星级酒店、景区、文化娱乐场所、体育场所等地进行节前安全生产、防疫、有序用电等相关工作检查，针对检查中发现的应急方案不完善、消防栓缺失水管等问题现场下达整改通知书，要求第一时间整改到位，并要求相关单位做好元旦前安全生产大整治大排查自查工作。

（刘 迪）

【世界读书日系列活动】 2020年4月世界读书日期间，天心区图书馆举办“全民抗疫·你我同行”线上主题征文比赛、“以声为援·共抗疫情”主题朗读活动、“品诗赏词·诗词生活”等形式多样的线上主题书展活动，吸引近2000人参与线上活动，助力全民阅读。

（陈　佳）

【校园周边文化场所整治】 2020年4—5月，天心区文化市场综合执法局开展“护苗”专项行动，对辖区内中小学校园周边出版物巡查，检查出版物零售场所30余家。对因疫情未及时更换出版物零售许可证的场所给予指导和催办；对未保留出版物进货凭证、违规销售教材、有消防安全不达标等现象的门店下达限时整改通知；对涉嫌侵权盗版的出版物依法予以证据先行登记保存。为净化校园周边文化环境，对中小学校园周边文具店、便利店等提出明确书面要求。9月8日，区文化市场综合执法局联合长沙市文化市场综合执法局执法四处，开展2020秋季“护苗”校园周边出版物市场专项整治行动，对天心区暮云街道、南托街道中小学周边的书店、文具店等出版物零售门店进行检查。检查发现，天心区北塘小学附近2家文具店涉嫌销售盗版书籍，执法人员责令当事人停止违法经营活动，对40余本涉嫌盗版出版物登记保存。

（刘　迪）

【庆“五一”诗词大会】 2020年5月1—3日，天心区举办庆“五一”诗词大会活动。近3000名选手通过设置在黄兴南路商业步行街黄兴广场、贾谊故居、海信广场、王府井、友阿奥特莱斯等地的“天心诗吧”参与海选，经过系统机器人现场打分，最终决出8组优秀选手晋级决赛。决赛现场，选手们先后朗诵《登天心阁》《鹏鸟赋》《江南逢李龟年》《沁园春·长沙》等诗词。2018年央视第三季中国诗词大会总冠军、网络红人“80后外卖小哥”雷海为现场分享学习诗词的经验，并和一位小观众进行对诗挑战。最终，综合机器人评分与专家评委评审，选手王治国获得大赛一等奖。

（廖丽琼）

【六一儿童节绘本阅读活动】 2020年6月1日，天心区图书馆在闭馆日对外开放，在三楼少儿阅览室开展“欢乐‘六一’快乐童年”的“六一”儿童节绘本阅读活动，活动吸引50余组家庭参与。活动包括绘本阅读讲解、个人才艺秀、趣味小游戏等。区图书馆全年利用周末时间与湖南中医药大学联合举办圈圈故事会活动10次，与湖南师范大学联合举办阳光周末活动10次，为学生提供多样的课外学习和活动服务。

（陈　佳）

【“阅读，一个都不能少”馆校共建活动】 2020年7月8日，天心区图书馆在天心区龙湾小学举行“阅读，一个都不能少”馆校共建启动仪式暨“和阅联盟校”授牌活动，天心区龙湾小学1600名师生参加活动。活动在学生代表们的诗朗诵节目中拉开帷幕。长沙市图书馆副馆长张军为天心区龙湾小学授牌，刘登峰上台接牌，共同启动馆校共建“和阅”联盟。授牌仪式结束后，刘登峰致欢迎辞。活动向现场1600名学生赠送由长沙市图书馆及天心区图书馆送出的免押金读者证。

（陈　佳）

【暑期社会实践系列活动】 2020年7—8月，天心区图书馆联合天心区关工委开展“八大故事”大课堂系列讲座、“垃圾分一分，城市美十分”垃圾分类主题活动、“小小志愿者”、公益电影放映等活动，活动惠及人数1500余人次。“八大故事”大课堂系列讲座分别以安全意识、心理素质、价值观为主题，旨在让小朋友们感受红色故事带来的积极向上的正能量，护航未成年人的成长；“垃圾分一分，城市美十分”垃圾分类主题活动旨在增强青少年对垃圾分类知识的了解，引导青少年儿童在日常生活中养成垃圾分类的好习惯。

（陈　佳）

【红色文化遗址揭牌】 2020年8月5日，天心区文旅体育局在天心阁举行区红色文化遗址揭牌仪式，庆祝长沙和平解放71周年。党史研究者刘士明，天心区纪委监委派驻区委宣传部纪检监察组组长、部委会成员钱芳，区文旅体育局党组书记彭明霞，局长张磊，局党员干部参加活动。活动中，举行天心区红色文化遗址“槐树巷5号”揭牌仪式；刘士明讲述长沙和平解放前后的历史。

（文　亮）

【“百姓大舞台”活动】 2020年11月底至12月初，由长沙市文旅局主办，市群艺馆承办的“百姓大舞台”活动举行。天心区文化馆从100余个选送的节目中遴选出知青艺术团，江河艺术团，天心之声艺术团，阳光艺术团，舞韵艺术团5个团队代表天心区参与比赛，最终获得“两金三银”的成绩，以及优秀组织奖和最佳人气奖。

（刘宇昊）

【公益培训汇报演出活动】 2020年12月18日，由天心区文化馆主办的“我们的节日——元旦”迎新春暨公益培训汇报演出在湖南省文化馆群星剧场举行。活动由少儿主持班的学员主持，来自天心区文化馆公益培训班的200余位学员和老师参加，共有10个节目，涵盖中阮、合唱、京剧、黄梅戏、少儿朗诵、花鼓戏、尤克里里、舞蹈等多种节目形式，以及被纳入世界“非遗”名录的昆曲表演展示。部分机关干部、天心区教育战线的人员及文化馆全体业务人员参与培训并登台演出。活动设有有奖互动环节，围绕中华传统文化和天心区优秀文化等特色设计问答。省市文化战线的专家担任评委，对汇报节目进行指导和评审。专家评委们从节目打造，舞台编排，人员配备，培训效果等多个方面，对每个公益培训班的师生提出意见。新华社、《三湘都市报》、红网、中公网、今日头条等30余家媒体转载报道。通过该次活动，公益培训成果得到充分展示。 （刘宇昊）

旅 游

【旅游工作】 2020年，受疫情影响，天心区旅游总收入119.59亿元，同比下降41.6%，接待国内外旅客1031.71万人次，同比下降40.42%。国庆8天假期，天心区纳入监测的3家A级景区累计接待游客11.1万人次，恢复到上年同期的75%，实现营业收入660万元，恢复到上年同期的76%，其中，长沙生态动物园接待游客6.1万人次，旅游收入约640万元；湖南省科技馆接待人数25898人次，收入75550元；天心阁接待23636人次，收入18.42万元。区文旅体育局联合辖区文旅企业成立“文旅联盟”。深入企业帮扶，全区44家旅行社，55家100张床位的大型酒店在疫情防控以来获得相关政策的激励和扶持。区文旅体育局协助辖区33家旅行社退缴质保金，金额累计1083.42万元；18家酒店享受相关税收政策优惠，共减免（缓缴）税费800万余元；轩尼斯酒店、文和友、火宫殿等15家企业获得激励、扶持资金共126万元。举办文旅消费节开幕式、“庆五一”诗词大会等系列活动，带动区域消费1000万余元；10—12月，区文旅体育局代表天心区参加2020“韵味长沙”文化旅游推介会（上海、成都）、“锦绣潇湘任你游”走进东北三省湖南文化旅游推广活动，作为全省唯一上台推介的区县，展示天心区历史人文底蕴和夜间经济风采，线上直播2740万余人次。协助指导“超级文和友”创建AAAA级景区；完善旅游公共服务，指导景区完成旅游厕所建设和标注，推进景区品质和服务提升。 （谢彦波）

【天心区文旅联盟成立】 2020年4月23日，天心文旅消费节系列活动暨文旅联盟启动仪式在长沙黄兴路步行街举行。活动现场，旅游节、电音节、电竞节“三节”同启。活动以步行街中央广场为中心舞台，上演汉服秀、街舞表演、极限运动、非洲鼓表演、街球、密室逃脱、湖南好声音赛区选拔等节目。活动派发价值千万元的代金券、打折券。自4月23日起，天心区在五一商圈持续开展10场“城心嘉年华”系列活动，时间贯穿全年，集结众多优质品牌、媒体、演艺资源，形成体量大、周期长、品质优的表演秀场和消费阵地。天心区发布文韵天心——文化民俗之旅、魅力天心——都市风情之旅、研学天心——亲子科普之旅、湖湘天心——红色经典之旅、游乐天心——休闲放松之旅、舌尖天心——特色美食之旅、文创天心——体验文创之旅7条精品文旅线路。“心动城市”小程序同步上线，整合五一商圈优

图54　2020年12月3—9日，天心区参加“锦绣潇湘任你游”走进东北三省湖南文化旅游推广周活动　（区文旅体育局供图）

质资源，提供文旅、商业品牌发布促销、直播带货信息。

（谢彦波）

旅游景点

·天心阁·

【概况】 天心阁景区坐落于长沙城市中心，东临天心路，西接蔡锷南路，南起城南路，北抵人民路。天心阁景区占地面积30390.18平方米，其中，建筑面积4033平方米；道路面积7494平方米；水面396平方米；绿化面积23108平方米，绿化覆盖面积30602平方米，绿化率60.8%，绿化覆盖率91%。景区是以天心阁和古城墙为主体景观的历史名胜，古城墙于2013年3月公布为全国重点文物保护单位，天心阁于1993年4月公布为湖南省文物保护单位，崇烈亭于2014年3月公布为长沙市文物保护单位。2005年，天心阁景区被国家旅游局公布为国家AAAA级旅游景区，2006年8月加入中国文物古迹学会历史文化名楼保护专业委员会。

长沙市天心阁管理处成立于1952年，原名为天心公园管理所，1978年更名为长沙市天心公园管理处，2003年更名为长沙市天心阁管理处，先后隶属于长沙市建设局、长沙市文化局、长沙市城市建设局、长沙市园林管理局等，2018年7月13日转隶于天心区人民政府，为正科级差额拨款事业单位。（周　惠）

【旅游宣传】 2020年6月1日，举办“探索身边的历史故事——长沙市天心阁景区‘六一’国际儿童节活动”，免费为14岁以下少年儿童宣讲天心阁和古城墙历史。4月24日，湖南省全民健身“健康向上战‘疫’有我”网络大赛的主题曲《不变的信念》MV在天心阁取景；4月28日，举办“亲子健康游”消费节启动仪式。4月中旬至6月中旬，开展“聚天心惠生活乐消费”——“研学游”消费节活动；6月29日，参加中国历史文化名楼“璀璨中华名楼祈福国泰民安”中华名楼燃灯祈福公益活动，并联合抖音平台进行“云游十八名楼”的联合大直播。10月1日，举办“天心阁中秋诗歌游园会”“诗韵天心——中秋诗词歌会”。（周　惠）

【文物保护及宣传】 2020年，天心阁景区在省级文物鉴赏类报纸、网络上，发表《天心阁图案的民国湖南省银行纸钞》《舒同为天心阁题‘麓屏耸翠’匾额》等文章58篇。在“微天心”及天心阁景区微信公众号、官网上，发表《李汪度和他的〈重修天心阁记〉》《建党电影中的天心阁》等文章数篇。利用天心阁、古城墙、崇烈系列抗战纪念建筑等文物景点，举行“清明祭奠英烈”活动。（周　惠）

【诗韵天心中秋诗词歌会】 2020年10月1日晚，“我们的节日中秋”诗韵天心中秋诗词歌会在天心阁前举行。活动由长沙市文明办、天心区文明委主办，天心区委宣传部（文明办）、天心阁管理处、城南路街道办事处承办，天心阁社区、汉宫春晓协办。活动中，举行中秋赏月祈福仪式，身着汉服的女子走上舞台，依次进行上香、祭酒、读祝、拜月等仪式；上演诗歌朗诵、茶道、汉服秀等节目。诗歌朗诵《中国话》诵读中华上下五千年的文化发展，从文字、文化的角度解构中华文化的博大精深；茶道《中秋明月大国茶香》表演中，现场观众感受识茶、冲茶、泡茶、闻茶、品茶，欣赏茶道表演，学习饮茶与生活健康知识；《秋日楹联话“天心”》知识普及课堂，讲解员从楹联的视角分析一首首描绘天心阁的对联；童声诗朗诵《月满中国情》聚焦2020年疫情防控阻击战。（周　惠）

·南郊公园·

【概况】 长沙市南郊公园地处长沙市天心区南二环442号，是青年毛泽东第一次指挥军事战斗并取得胜利的地方。公园总面积约0.36平方千米，绿化覆盖率97%，是长沙城区离湘江最近的综合性山体公园，享有“湘江东岸绿色明珠”之称号。公园有“双亭映秀、竹苑听泉、杜鹃报春、甘露飞珠、秀峰醉月、高阁数红、江天一揽、天趣乐园”南郊八景。处湘江之畔、南郊之巅，远眺岳麓，俯览橘洲，成为长沙市一处集休闲、游赏、娱乐为一体的综合性城市公园。公园年接待游客220万人次。公园经过提质改造后拉通西向游步道，开设东门、西门。长沙市南郊公园管理处属于副处级公益二类事业单位，负责南郊公园和湘府文化公园2个园区的日常管理。

2020年，南郊公园管理处坚持以市民游客为中心，加强公园建设和管理，确保南郊公园和湘府文化公园的环境优美、秩序优良和服务优质。（易 畅）

【公园日常管理】 2020年，长沙市南郊公园办理区五届人大六次会议代表议案第125号议案“关于净化湘府文化公园业态、维护其文化内涵纯净性的建议”，会同区文旅体育局、区生态环境分局、天心国资集团等参会单位召开第125号议案交流见面会，议案提出代表肯定南郊公园议案办理措施。办结3月2日“区长企业接待日”交办问题办理情况，与诉求企业湖南万相屋文化创意有限公司负责人进行沟通交流，就挖掘毛泽东猴子石首战首胜文化内涵，传承红色基因达成战略合作意向。办结区政府No.2020032712交办函，与湖南金凯文化传播公司开展持续探讨，就公园文旅融合，促进全域旅游达成合作意向。及时回复“12345”市民热线有关南郊公园、湘府文化公园基础设施、经营项目、园容环境等方面投诉，市民对整改满意度100%。推行领导干部“天天巡园制”，对园内陈旧、破损的宣传广告进行更换、维护，重新更换制作公益宣传广告50余块。（易 畅）

【园容园貌维护】 2020年，长沙市南郊公园做好全园卫生保洁和绿化维护。定期对园内杜鹃、红继木、红枫、紫薇等灌木进行整形修剪，对模纹板块、绿篱进行定期修剪、除杂；对园内枯死树、病虫树、存在安全隐患树木，及时报告，及时砍伐；对前门区、漫竹湖边、粉单竹景区内的竹类进行经常性清理，及时清除病虫枝、死竹、倒竹。做好垃圾分类投放记录。制定好垃圾分类年度方案，完善垃圾分类设施，及时接收工作要求及反馈的督查信息，并整改落实，每日做好垃圾分类台账，按时报送公共机构作业完成情况台账，组织游客参与公园垃圾分类志愿服务做好城管数字化对接工作。加强公园的绿化和保洁的管理，按规定及时整改，并对照整改信息及时进行自查。（易 畅）

【公园工程项目】 2020年，长沙市南郊公园抓好3个重点项目建设的财务结算评审工作：湘府文化公园后续建设项目，该工程政府审批概算2.19亿元，到位资金1.2844亿元（含工程款以及其他费用），工程完成竣工验收并对外开放；南郊公园整体提质改造一期项目完成，财务决算基本建设支出为3496.6万元，资金全部到位；南郊公园抢险修复工程，市财评终审结果为2725.31万元，到位资金2666万元。完成猴子石青年毛泽东首战首胜红色教育基地的立项申报，纳入区发改委预备项目。（易 畅）

【“亲子健康游”消费节】 2020年4月28日，“亲子健康游”消费节在长沙市南郊公园启动，此为天心区“聚天心·惠生活·乐消费”九大活动之一。南郊公园策划“致敬抗疫英雄”涂鸦手绘、亲子健康接力赛、亲子手工课、亲子以物换物公益集市、亲子小板凳爱国电影节、健康夜跑打卡、亲子游园优惠一卡通亲子主题系列活动。南郊公园内的商家推出系列优惠套票，给市民及游客提供“吃喝玩乐学”系列优惠活动。活动被凤凰网、今日头条、新浪网及省市各主流媒体的争相报道，30位“网红”通过快手、抖音、微博、小红书等新媒体、新手段宣传天心、推介天心。（易 畅）

体 育

【全民健身】 2020年，天心区建成1个社区智慧健身中心、81处全民健身工程点，1条健身步道，提质改造区政府篮球场成标准的社区多功能运动站场。新发展三级社会体育指导员300余人，全区5个项目的9名社会体育指导员获“长沙市2019—2020年度优秀社会体育指导员”。完成2020长沙市《国家体育锻炼标准》测试组织工作，选拔400人参加测试。按要求完成第五次国民体质监测国家样本量的监测任务360人。（首子航）

【体育赛事】 2020年7月19—25日，天心区组队参加2020年长沙市区、县（市）“公仆杯”篮球赛，获第四名。7月26日，天心区组队参加2020长沙市社会体育指导员技能比武大赛，柔力球项目获第一名，太极拳项目获第二名。组队参加长沙市社区广场舞大赛获金奖。10月20日，天心区组队参加长沙市首届“快乐老年”健身展示活动，其中，广场舞和健身球获优胜奖，柔力球、太极拳、太极剑获优秀奖。10月25日，区文旅体育局参加市体育局举办的长沙市体育系统登山教学交流赛活动，获优胜奖。（首子航）

【体育调查工作】 2020年，天心区开展2019年、2020年长沙市体育场地统计调查工作，完成录入新增体育场地200余处。开展体育产业统计调查工作，完成体育产业统计调查法人及个体户近300家。 （首子航）

【社会组织、民办非企业体育】 2020年，天心区培育篮球、乒乓、武术、跆拳道、民族传统体育等项目俱乐部5家，在民政部门登记的体育社会组织14家，其中，体育总会1家、单项体育协会2家、体育俱乐部11家。 （首子航）

【社会体育指导员工作】 2020年，天心区完成二级五子棋社会体育指导员培训、一级路跑社会体育指导员培训、优秀社会体育指导员推选等工作。在技能推广培训方面，完成瑜伽、体育舞蹈（排舞）等项目培训100余人，培训周期3个月，新增三级社会体育指导员200余人。组队参加社会体育指导员技能比武大赛、社区广场舞大赛，通过全市角逐，天心区柔力球获得第一名，太极拳项目获得第二名，广场舞项目2支队伍分别获得金奖、银奖。广场舞获奖队伍代表天心区参加长沙市全民健身日展演。 （首子航）

【全民健身技能推广培训班】 2020年，天心区文旅体育局策划并开展全民健身技能推广系列培训班活动。该次培训活动包含瑜伽、体育舞蹈、柔力球3个运动项目，分别于6月、7月、9月开展，每个项目3个班，每个班为期一周。机关干部300余人参与报名。该次培训班，有利于带动和促进广大干部群众掌握运动技能，传播健身理念和健康生活方式。 （首子航）

【暑期免费游泳场馆开放政府购买服务】 2020年7月20日至8月28日，位于天心区的华驰体育中信新城小区游泳池、金贝体育白沙世纪佳园游泳池、骏伟体育游泳馆3家游泳场馆，实行免费开放、政府购买服务，通过40天免费开放日常工作，服务中小学生近1.4万人。在管理上，天心区加强监管力度，对免费开放的游泳场所明确专人进行每日定点督查，实现免费开放“双零目标”。 （首子航）

图55 2020年9月，天心区开展为期一个月的“融城核心、璀璨天心”全民健身系列活动启动。图为气排球邀请赛现场 （区文旅体育局供图）

【全民健身系列活动】 2020年9月4日，“融城核心、璀璨天心”天心区全民健身系列活动启幕。赛事历时近一个月，在这期间，天心区相继开展羽毛球邀请赛、乒乓球邀请赛、广场舞大赛、气排球邀请赛共四项健身活动，全区2个园区、14个街道、8个部门、49家辖区企业及事业单位3000余名运动员，近80支队伍参加活动。9月4—7日，羽毛球邀请赛在湖南省青少年活动中心、九峰羽网球馆举行。来自天心区机关、街道、园区、辖区单位近60支优秀队伍，运动员近1000人参赛。经角逐，男子单打项目，第一、二名被机关邀请的华菱集团队包揽，青园街道邀请的国网湖南省电力队获得第三名；女子单打项目，桂花坪街道邀请的湘水集团队获得第一名，城南路街道邀请的湖南发展集团队获得第二名，机关邀请的区直机关4队分别获得第三名；混合双打项目，城南路街道邀请的湖南发展集团队获得第一名，机关邀请的华菱集团队获得第二名，青园街道邀请的国网湖南省电力队获得第三名。比赛中有一支独具特色的队伍——抗疫明星队，该支队伍由机关医务人员组成。9月11—14日，乒乓球邀请赛在贺龙乒乓球俱乐部举行。经角逐，男子单打项目，机关邀请的华菱集团队1号获得第一名，暮云街道1号获得第二名，机关邀请的五凌电力1号获得第三名；女子单打项目，机关邀请的华菱集团队1号获得第一名，暮云街道1号获得第二名，坡子街街道邀请的北京银行1号获得第三名；团体项目，机关邀请的华菱集团队获得第一名，机关邀请的五凌电力队获得第二名，机关1队获得第三名。9月18日，广场舞大赛在长沙市明德中学体育馆开展。经角逐，坡子街街道、南托街道获得金奖；暮云街道、裕南街街道、桂花坪街道获得银奖；大托铺街道、金盆岭街道、文源街道、先锋街道、黑石铺街道、城南路街道、赤岭路街道、新开铺街道获得第三名。9月25—27日，气排球邀请赛在湖南省青少年活动中心体育馆、九峰羽网球馆开展。经角逐，湖南省建工集团代表队获得第一名；大唐先一代表队获得第二名；新开铺强戒所代表队获得第三名；长沙水业集团、五凌电力代表队、水电八局代表队、怡海星城代表队、华菱集团代表队获得优胜奖。该次全民健身系列活动，有利于激发群众体育锻炼热情，促进全民身心健康，培育健康向上的基层体育文化氛围。该活动被评为长沙市优秀品牌赛事活动。

（首子航）

【老年人体育活动赛事】 2020年9月14—15日，天心区老年人门球队参加第九届全民健身节暨长沙市老年人门球赛（共72支队伍参赛），获得第三名的成绩。9月23—25日，天心区老年人排球队参加长沙市老年人气排球比赛。10月20—22日，天心区老年人代表队参加长沙市首届“快乐老年”健身展示活动，其中，广场舞和健身球获得优胜奖，柔力球、太极拳、太极剑获得优秀奖。11月2—6日，天心区老年人门球队参加长沙市第二十二届门球赛。11月10—11日，天心区老年人代表队参加“全国健步走大联动”长沙市第二届老年人健步走比赛，获得优秀奖。（首子航）

卫生医疗

卫生行政

【概况】 2020年，天心区拥有医疗卫生机构479个，其中，疾控中心1个、妇幼保健所1个、区人民医院1个、社区卫生服务中心14个、社区卫生服务站56个、驻区企事业单位医疗机构34个。区级注册卫生技术人员7942人，比上年增加434人，其中，医生3242人，比上年增加290人；护师护士4700人，比上年增加144人。街道社区卫生服务中心医护人员共680人（其中，10家公办中心有医护人员521人），具有初级职称250人，占36.77%；中级职称173人，占25.44%；副高及以上职称19人，占2.79%。天心区卫生健康局（简称“区卫健局”）被评为“湖南省抗击新冠肺炎疫情先进集体”“湖南省先进基层党组织”。（彭　莎）

【基层卫生】 2020年，天心区启动实施《天心区基层医疗卫生机构规范化建设三年行动方案》（2020—2022年），年内建成大托铺卫生服务中心、迁址改建坡子街卫生服务中心，提质改造黑石铺卫生服务中心，升级改造17个村卫生室，各中心设施设备购置和换代升级加快推进，截至12月31日，暮云、城南路、赤岭路、桂花坪、金盆岭、南托、先锋、青园、裕南街、新开铺、黑石铺、坡子街12家街道社区卫生服务中心完成数字化门诊创建工作，占85.71%。提升基层服务能力，协同各街道社区卫生服务中心与湖南省第二人民医院、长沙市三医院等10余家省、市级医院建立医联体，青园街道社区卫生服务中心加入湖南中医药大学湘中医联盟，新开铺、桂花坪两个街道社区卫生服务中心同长沙市三医院建立名医工作站，爱尔眼科医院成立区眼保健医联体。完善人事制度和薪酬体系，规范基层人员招聘机制，实施基层医护人员人事档案管理全覆盖，档案统一由天心人才集团托管。注重培养使用优秀基层卫生人员，选派临床医生到市中心医院参加全科医生转岗培训，联合长沙市三医院举办“基层能力提升和优质服务行”培训、“三基三严”岗位练兵活动，培训医护人员315名。（彭　莎）

【卫生行政】 2020年，天心区在医疗机构设置上，按照方便群众、优化配置、合理布局原则，实行“阳光审批”，全年依法新增注册医疗机构31家，注销医疗机构11家，到期换证89家，行政许可在线受理项目131件，在线办结使用率100%。推进行政审批手续提效增速，将医护人员注册由原承诺时限20个工作日缩短为5个工作日。在中医诊所备案方面，实行资料提交齐全，即时受理审批发证，全年确认权力清单事项共496项，办结依申请事项8299件。（彭　莎）

【计划生育】 2020年，天心区全面落实计划生育奖励扶助政策，为辖区1536名特扶对象提供关怀服务，核定独生子女保健费、城市低保、农村奖扶、计生家庭特扶等多项扶助共14082人，发放奖扶资金2649.77万元。计划生育协会发挥政府与计生家庭之间桥梁纽带作用，为该区特扶对象发放重病大病住院护理补贴39.2万元，购买特殊家庭综合保险23.24万元。（彭　莎）

【健康扶贫】 2020年，天心区出台《卫生健康系统联点包村推进健康扶贫工作方案》，该区建立贫困人口慢病患者档案卡片共278人，全部落实家庭医生服务应签尽签和随访服务，救治进度100%。6月30日，组织对口扶贫单位——湖南怀化市通道侗族自治县10名基层医疗卫生机构医务人员到长沙市三医院进修学习1个月；7月1日，选派6名心血管内科、全科、眼科、超声科优秀医生到通道侗族自治县开展健康扶贫；出资250万元帮助他们购置DR；派出专家团队义诊20次。

（彭　莎）

【计生宣传】 2020年5月19日，天心区计划生育协会在金盆岭街道三真社区卫生服务中心开展题为“服务计生家庭与育龄群众，促进家庭健康发展”宣传服务活动，庆祝中国计生协成立40周年。当天，协会会员面向广大居民群众、计划生育家庭，全面宣传计划生育法律法规、普及优生优育、避孕节育、科学育儿、生殖健康、性病艾滋病预防等知识，为居民群众提供健康义诊56人，保健指导42人，义务咨询139人，发放《疫情防控宣传知识手册》800份。

（彭　莎）

【爱国卫生运动推进会】 2020年6月4日，天心区委副书记朱远红组织召开天心区年度爱国卫生运动工作推进会，区人民政府副区长黄会主持会议，天心区相关部门、各街道分管负责人参加会议。会上，区卫健局党组书记、局长张长生汇报《天心区2020年开展爱国卫生运动专项行动实施方案》（征求意见稿），对天心区2020年爱国卫生运动进行部署；各部门、各街道结合工作实际，对征求意见稿提出意见建议。

（彭　莎）

【新冠肺炎疫情防控应急演练】 2020年6月29日，天心区新冠疫情防控指挥部在区疾控中心组织开展新冠肺炎疫情防控应急模拟演练，区疾控中心、各街道社区卫生服务中心等14支防控队伍参加此次演练。本次演练以“新冠肺炎、不明原因肺炎、人禽流感、收治入院的病例”为情景，重点检验演练队伍现场流行病学调查、样品采集、密接管控处置及现场消毒等疫情防控技能，对每个场景操作步骤细节进行评分比较、找到防控中存在的薄弱环节，确保一旦出现疫情，各项防控措施都能立即落实，及时有效控制疫情的扩散。实战演练，检验新冠疫情预案可操作性。

（彭　莎）

【开展爱心送考公益活动】 2020年7月7—8日，天心区红十字会志愿服务队联合娃哈哈、长沙鹏程出租车公司、湘衡康复医院、湘园社区、长沙三兆实业、长沙黄兴南路步行商业街管委会在长郡中学、明德中学开展“晶钻同行，金榜题名”爱心送考送清凉公益活动，该志愿服务队在现场给考生送水加油，湘衡康复医院在补水点设置临时医疗点，免费提供藿香正气水、清凉油等防暑降温物资，同时对送考家长进行体温测定，开展疫情防控，为考生们加油打气。

（彭　莎）

【省级卫生城市复查暨专题调研】 2020年7月29日，湖南省爱国卫生运动委员会组织专家到天心区开展省级卫生城市复查暨蚊蝇密度控制水平A级达标评估省级调研工作。由中科院亚热带所副研究员李波带队的病媒生物防制组、湖南省卫健委规划处、省爱卫办三级调研员龙宇带队的爱卫组织管理组对天心区省级卫生城市暨蚊蝇密度控制水平A进行评估（长沙市其他区、县均为B级），结果满意。区卫健局和相关街道负责人陪同检查。

（彭　莎）

卫生监管

【概况】 2020年，天心区开展卫生计生监督检查专项执法行动，行政处罚案卷立案72起，办结66起（含简易程序4起），办结率91.67%。在办结案件中涉及公共场所类案件22个（含简易程序1起），饮用水及二次供水类案件3个，传染病类案件10个，医疗卫生类案件25个（含简易程序1起），职业病卫生类3个（含简易程序2起），消毒产品类3个，共罚没人民币19.76万元。办结大要案2起，分别对涉案人员夏忠某诊所和周宏某予以吊销《医疗机构执业许可证》和吊销执业助理医生执业证书的处罚。行政处罚案件七个工作日内在天心区政务网进行公示。接到投诉68起，立案13起，每起投诉均及时处理，回复率、满意率均达100%。全年共抽查行政许可行政处罚案卷30件，未发生一起违法违纪现象。做好信用建设工作，对行政处罚满三个月的当事人引导其进行信用修复，信用修复31条，修复率50%。

（熊　芬）

【监督执法体系建设】 2020年，天心区结合三级监督执法网络体系建设和日常综合监督工作需要，制定了全年学习培训计划，组织业务学习10余次，培训人员共300人次，并先后选派35人（次）参加省、市、区组织的信息化建设、医疗执业卫生、公共场所、稽查工作、行政执法能力等专业培训。全面推行《行政执法公示制度》《行政执法全过程记录制度》《重大行政处罚案件集体审理制度》三项制度，规范执法行为，提高执法质量。持续推行“双随机”（即在监管过程中随机抽取检查对象，随机选派执法检查人员）抽查机制，完成国家双随机抽检143家单位的监督检测工作，对存在问题的3家单位进行立案查处，并及时录入信息系统；本年度“双随机抽查”结果已公示于天心区公众信息网，接受群众监督。（彭　莎）

【卫生行政许可监督】 2020年，天心区共受理发放公共场所许可证1309家，其中，临时许可证1090家；饮用水34家，其中，分质供水4家，二次供水30家；放射诊疗许可15家。落实“最多跑一次”“一件事一次办”政务服务事项，完成“互联网+监管平台”以及“集约化智能门户平台”中行政许可、行政检查、行政处罚、行政强制等权力清单中400余项的梳理填报。区卫生计生综合监督执法局被湖南省卫健委评为2020年湖南省卫生健康“依法办事示范窗口”单位。（李慧珊）

【医疗执业监督】 2020年，天心区推进依法执业监督工作，对辖区非法行医点、诊所、村卫生室等开展专项监督检查，依法取缔非法行医黑窝点4家，收缴药品器械价值人民币1万余元。年内，对辖区医疗机构依法执业、文书书写、放射诊疗管理、药物及器械使用管理开展专项检查，检查医疗机构447户次，出动执法人员900人次、执法车辆350余台次，下达卫生监督意见书500余份，其中，对25家违法的医疗机构进行立案，吊销《医疗机构执业许可证》1本，吊销《执业助理医师证书》1本，没收违法所得470元，没收药品5箱、激光脱毛机1台，依法取缔黑诊所2家，罚款人民币87710元。4—10月，开展医疗美容专项整治，共出动执法人员80人次、执法车辆20余台次，对辖区内26家医美机构进行全面检查，下达卫生监督意见书28份，查处案件4起。其中，医美机构未按照规定书写病例1起，罚款人民币1.7万元；生活美容馆未取得“医疗机构执业许可证”开展医美活动1起，罚款人民币3500元整，没收违法所得350元，没收激光脱毛仪1台；医疗美容机构未按照规定对污水严格消毒排入污水处理系统案和未将医疗废物按照类别分置于专用包装或者容器案，分别罚款人民币9900元和1900元。（王　宁）

【传染病防治监督】 2020年，天心区按照《中华人民共和国传染病防治法》属地管理原则和新冠肺炎防控相关要求，对辖区医疗机构疫情期间传染病防控工作进行专项检查，检查内容包括发热门诊、预检分诊点设置执行是否到位，消毒、医疗废物、废水处置是否合规等，重点检查医疗机构新冠肺炎疫情防控落实情况和医疗废物处置情况，共计检查医疗机构450余户次，对10家有严重违法行为的医疗机构立案查处，罚款人民币5.13万元，对1家公立中心进行约谈。年内，开展医疗废物专项检查，出动卫生监督员500余人次，对447余家医疗机构进行了专项检查，共处理违法行为8起，共罚款人民币4.73万元。（王　宁）

【职业病防治监督】 2020年，天心区重视职业病对群众危害，在区卫生计生综合监督执法局增设职业病监督检查科，对天心区有职业病危害因素的企业进行全面摸底排查，建立了职业病危害因素企业本底，截至12月31日，该区暂无矿山、冶金、化工等企业，有建材类企业5家，其他职业病危害因素企业80家。开展尘毒危害专项执法检查，对有尘毒危害的5家建材类企业检查6次，下达卫生监督意见书6份；10月22日，召集5家建材类企业座谈，就职业卫生检查、职业病危害因素检测和劳动者体检建档相关数据标准等问题和企业面对面交流；对其他企业开展监督检查54家次，下达卫生监督意见书54份。对存在违法行为的企业，立案查处4起（其中简易程序2起），办结3起，办结率75%。（许子龙）

【公共场所卫生监督】 2020年2月14日—12月31日，天心区对辖区公共场所疫情防控措施及公共用具消毒情况进行专项执法检查，出动执法人员280人次，执法车辆50车次，监督检查公共场所130店次，书写执法文书45套；开展爱卫、游泳场所、住宿场所、美容美发以及控烟等专项执法检查，共计立案查处22起，罚款人民币41550元，首次办理控烟类案件2起，对在公共场所吸烟个人及未劝阻单位均进行处罚。开展公共场所量化分级工作，公共场所量化分级率100%。

（闫化忠）

【学校卫生监督】 2020年，天心区根据疫情防控具体要求，制订学校卫生工作专项检查工作方案，对辖区内中小学校及部分幼儿园开展饮用水卫生安全、传染病防治措施、学生生长发育监测、教室宿舍卫生状况检查。年内，共出动执法车辆168台次，出动卫生监督员332人次，累计检查学校145家次。按照国家和省、市级学校“双随机抽查”任务清单，对8所学校进行现场卫生监督，其中3家已关闭；委托第三方单位对5所学校教室采光和照明卫生标准进行监督抽检，结果显示4所学校达标，1所小学教室人均面积不符合要求，下达卫生监督意见书责令改正。对辖区内66所中小学在春秋两季分别进行传染病防控监督检查，2次监查覆盖率达100%，结果显示，各学校基本能按要求建立健全传染病防控制度、机构，落实主体责任，知晓传染病报告流程，做好相关防控物资储备。开展2次学校饮用水监督检查，监督覆盖率达100%，学校饮用水管理基本符合要求。

（许子龙）

【饮水安全保障】 2020年5月8—30日，天心区对辖区内124家二次供水单位进行监督检查，共计出动执法车辆124车次，出动执法人员320余人次，书写执法文书59套，责令整改22家，监督检查覆盖率100%；结合学校卫生专项检查，对辖区学校分质供水单位进行监督检查，检查单位65家，书写执法文书65套，责令整改13家，监督检查覆盖率100%；依托三级监督网络，辖区地段协管员上门巡查，年内出动协管员380余人次，巡查生活饮用水单位185家次。对存在严重违法行为的3家二次供水单位进行立案查处，罚款人民币6000元。办理兴水物业管理有限公司未取得《卫生许可证》擅自供水案，被长沙市卫生计生综合监督执法局评为年度卫生行政处罚优秀案卷。

（闫化忠）

【食品安全保障】 2020年，天心区出动执法车辆16台次，执法人员53人次，对辖区4家集中式餐饮具消毒产品生产企业开展企业布局、生产现场、工作人员、洗涤产品索证等督导17次（含国家双随机监督任务3家次），覆盖率100%；5月，委托湖南安康时代检验检测有限公司对4家集中式消毒餐饮具企业进行了2个批次8个单品（碗、筷、杯、盘）监督检测，32个样品均符合卫生标准，合格率达100%，监督抽检结果及时公布在天心区公众信息网。

（许子龙）

【“智慧卫监”】 2020年，天心区加快推进长沙智慧卫监综合管理平台建设，投入资金20万余元，采购了指挥大屏硬件、数据采集站、执法记录仪等设备，成立了智慧卫监综合管理指挥中心、调查询问室和听证室，智慧卫监平台进入试运行阶段；全面推进对医疗卫生机构、学校、公共场所、职业卫生相关企业等监管对象实行全行业、全方位、全过程的“互联网+监管”；组织卫生监督员参加培训，确保监督员尽快熟悉使用该平台，提升执法信息化建设能力。（李慧珊）

【案件办理实现全程录音录像】 2020年，天心区推行行政执法三项制度落实，在办理卫生计生行政处罚案件中，执行执法全过程记录制度，除文字记录外，卫生行政处罚案件在监督检查、调查取证、送达执行的全过程，通过执法记录仪进行录音录像记录。截至12月31日，天心区50%的案件做到调查取证全程录音录像，5起案件办理实现监督检查、调查取证、询问、送达执行等执法环节全程录音录像，全面归档保存。（李慧珊）

图56　2020年6月29日，天心区新冠疫情防控指挥部在区疾控中心组织开展新冠肺炎疫情防控应急模拟演练　（区卫健局供图）

【医疗机构依法执业培训】 2020年11月20日，天心区医疗机构依法执业暨新冠肺炎防控知识培训班举行。长沙市卫生计生综合监督执法局专家讲解《中华人民共和国基本医疗卫生与健康促进法》的理解和适用；区卫监局专业人员从病毒学、流行病学等角度讲解当前形势下如何做好新冠肺炎疫情防控工作及医疗机构、医务人员在传染病防控中的职责和法律责任；就《医疗质量管理办法》对各医疗机构医疗质量管理提出具体要求。该区卫生监督员、街道卫计执法人员、社区卫生服务中心卫生监督协管员以及辖区口腔诊所负责人共120人参加培训。 （彭　莎）

疾病预防控制

【概况】 2020年，天心区疾病预防控制中心（简称“区疾控中心”）以建设“健康天心”为主线，以各类传染病和慢性病防控为重点，提高疾病防控水平，增强突发公共卫生事件的应急处置能力，巩固“国家慢性病综合防控示范区”“县级甲等疾控中心”建设成果，被评为国家级“中国死因登记报告工作先进集体”和长沙市三八红旗集体。

（彭　莎）

【疫情监管】 2020年，天心区派出专业技术人员，深入辖区医疗机构、社区卫生服务中心，开展传染病管理、疫情网络直报、结核病防治等专项指导，共计32家次。每月对辖区传染病疫情进行专题分析、风险评估，并将结果向上级部门和29家疫情网络直报单位进行通报；完成传染病疫情漏报调查，漏报调查医疗单位覆盖率达100%。安排专人24小时值班，负责传染病预警信号的查看和相关信息的分析、核实与处理。截至12月31日共处理预警信息302条，及时处理率大于99%。年内，该区共发生乙类传染病11种1135例；报告发病率17.04/万；丙类传染病6种5639例，报告发病率84.67/万；无甲类传染病发生；因艾滋病死亡1例。传染病及时报告率100%，及时审核率100%，无重卡，身份证填写完整率100%。收到常住人口死亡信息报告3225条，常住人口粗死亡率4.82‰。

（彭　莎）

【重点传染病防控】 2020年，天心区开展禽流感环境监测，无阳性发现，无人感染H7N9流感病例报告。5—10月，对霍乱外环境疫源检索，完成外环境样90份，结果全阴；年内辖区医疗机构腹泻病人登记检索298人，无阳性发现。每月采集散发手足口病病例相关标本送市CDC进行病原学检测，累计采样60例；全年辖区手足口病发病2692例，比上年增加975例，增长56.79%；无重症病例，无死亡病例。 （彭　莎）

【新冠肺炎疫情处置】 2020年1月10日，天心区疾控中心在湖南省率先开展不明原因肺炎应急处置模拟演练。6月29日、8月26日，根据不同季节、不同阶段再次进行全区新冠肺炎应急处置模拟演练。同时以“疾控大培训”为契机，组织辖区医疗机构工作人员多次开展新冠肺炎防控培训，提高基层流行病学调查、环境消毒和病毒采样能力。因防疫需要，区卫健系统根据辖区既往高峰期疫情规模储备不少于30天用量的物资。6月29日，区疾控中心核酸实验室改造完毕正式启用。7月，区疾控中心把外环境新冠病毒监测纳入常规监测工作，每周一次对辖区超市、农贸市场、冷库进行循环监测。截至12月31日，共采集样品2700份，检测结果均为阴性。“新发地”事件、“厄瓜多尔白虾”事件出现后，天心区迅速启动应急监测工作，对辖区内的大型超市、农贸市场、冷库30余家单位进行新冠病毒应急监测采样，采集三大类样品共1640份，其中，海产品、水产品、禽畜肉类等重点食品类样品200份，市场环境样品240份，工作人员咽拭子1200份。所有样本新冠核酸检测结果均为阴性。9月，天心区组织编写《天心区应对可能发生的新冠肺炎疫情应急预案》《天心区应对秋冬季新冠肺炎疫情防控方案》。年内，该区共报告新冠肺炎病例26例，无症状感染者1例，由于疫情处置及时，措施得当，未出现二代病例。

（彭　莎）

【突发公共卫生事件处置】 2020年，天心区根据突发公共卫生事件应急处置需要，补充和换置一批应急处理物资、实验室试剂耗材，共出动机动队237次、1185人次，主要处理新冠肺炎疫情、新冠肺炎密接追踪、重点场所新冠病毒采样监测、食物中毒事件、幼儿园诺如病毒感染事件等。各起事件均处理及时果断妥当，疫情得到了有效控制。严格按照学校、社区卫生服务中心、区疾控三级处置原则，做好学校和托幼机构聚集性疫情风险排查和疫情分级处置工作，全年未发生大的暴发疫情和突发公共卫生事件。

（彭　莎）

【结核病防治】　2020年，天心区辖区医疗机构报告肺结核疫情111例（不含辖区外报现住址为天心区的卡），该区年度登记并管理现住址在天心区的肺结核患者303人，辖区肺结核报告病例总体到位率95.63%，定点医疗机构肺结核患者病原学检测阳性率50.34%，病原学阳性患者耐药筛查率90.43%，耐多药患者治疗率90%，基层普通肺结核患者规范管理率91.22%，普通肺结核患者成功治疗率91.22%，肺结核患者开展HIV筛查率99%。65岁及以上老年人、糖尿病患者结核病筛查达64597人次。组织开展辖区各类学校（含托幼机构）秋季入学新生结核病筛查，累计筛查75231人，发现肺结核患者19人；截至12月31日，该区处理学校结核病散发疫情147起，本辖区学校肺结核散发病例共计93例，比上年增长66.07%；全年未发生学校结核病聚集性疫情。（彭　莎）

【艾滋病防治】　2020年，天心区对辖区艾滋病户籍患者继续实施50元/月的电话补助，共计发放16.5万元，支付患者治疗补助25.5万元。对辖区强制戒毒人群、自愿咨询检测人群共采样检测3218份，初筛阳性16例。截至12月31日，辖区共报告新发现HIV/AIDS病例70例。累计现住址为辖区范围的存活HIV及艾滋病病例797例。患者随访率、配偶检测率、治疗率，结核检查率指标均达到上级要求。（彭　莎）

【预防艾滋病宣传】　2020年11月30日，天心区启动“12·1”预防艾滋病宣传月活动，与辖区大学联合开展在校大学生系列防艾宣传活动，发放宣传资料1万份，累计受众2万余人；通过在辖区居民楼和商务楼等人群集中的300台电梯集中播放防艾视频，对辖区居民进行广泛宣传，受众约1万人；长沙理工大学、中南大学铁道学院、湖南保险学院及9家社区卫生服务中心通过在中心、诊所、卫生服务站设置咨询台，张贴海报、发放宣传折页等方式，向居民和就诊者宣传艾滋病性病的传染途径、感染风险、预防措施等知识，并现场解答疑问，促进全民对艾滋病防控意识进一步提高。（彭　莎）

【慢性非传染性疾病防治】　2020年，天心区在国家严重精神障碍信息系统有在册患者2705例，在册率4.03‰；规范管理患者2593例，规范管理率95.86%；规律服药人数2179例，规律服药率为80.55%；面访人数2023例，面访率74.79%；完成重性精神病患者应急处置73例。有高血压在管患者34953人，规范管理数23439人，规范管理率67.04%。有糖尿病在管患者13329人，规范管理数9079，规范管理率68.11%。收集急性心脑血管事件新发病例937例，新发率139.93/10万；死亡病例18例，死亡率2.69/10万。收集肿瘤新发病例792例，发病率156.37/10万；肿瘤死亡病例583人，死亡率115.08/10万。完成口腔癌项目临床筛查932例；肺肠癌项目临床筛查179例；城市癌症早诊早治项目临床筛查962例；新型结直肠癌项目受试者随访819例；年度招募上消化道癌筛查前瞻性研究项目入组人数1296人，传统筛查组完成胃镜筛查261例，新方案组完成生物标志物检查205例。

（彭　莎）

【健康教育与健康促进】　2020年，天心区健康宣传以线上为主，线上线下相结合的方式进行，先后结合宣传日组织了“3·24”结核病宣传日、“4·15”全国肿瘤宣传周、4月25日—5月1日职业病宣传周和5月31日世界无烟日等线上知识有奖问答活动，同时在工地开展现场宣传。全年共制作发放宣传折页32.23万份，接受健康教育宣传人员4.8万人次；组织大小讲座136场，受益人员达8197人。组织基层健康教育工作人员培训2次，培训人数218人次；业务指导2次，下发宣传视频资料和宣传折页，定期更换固定宣传栏。完成居民健康素养调查和中国公民健康素养等国家监测项目2个，监测结果显示天心区居民健康素养水平较去年有所提高，达22.8%；完成中小学生市级监测项目1个，现场调查490户490人。（彭　莎）

【地方病防控】　2020年，天心区开展血吸虫病防治，春秋两季对以黑石铺滩为重点的湘江东岸沿岸河滩、兴马洲沿江河滩及沿江一带垸内沟渠、农田、涵闸等进行螺情调查，共调查1265.50万平方米，其中，垸内210万平方米，垸外1055.50万平方米，调查框数达10470框，未捡获钉螺；春秋季黑石铺完成药物灭蚴60万平方米；秋季对黑石铺滩约0.32平方千米面积进行环改灭螺；全年共排查登记63人，其中，当地51人，外地12人，未发现疑似“急感”

病例；给疫区学生发放不下河游泳倡议书和宣传折页各1份，168名疫区学生参加血防知识测试，基本知识知晓率97.62%，预防知识知晓率100%；开展疫区村居民血吸虫病监测，690名受检者查出1人血检阳性，对其进行病原学检查，结果为阴性；32人进行吡喹酮化疗，无不良反应报告；9396人进行询检；开展流动人口血吸虫病监测，287名受检者血检结果全部为阴性；完成天心区血吸虫病防治专项三年攻坚行动终期评估及“十三五”规划天心区血吸虫病防治规划终期评估。开展碘缺乏病防治，采集200名8—10岁儿童尿样、家中盐样，100名早、中、晚期孕妇尿样及家中盐样进行盐碘、尿碘含量检测，检测结果为非碘盐率2.33%、碘盐覆盖率97.67%、碘盐合格率93.17%、合格碘盐食用率91.00%；完成天心区地方病防治专项三年攻坚行动终期评估及“十三五”规划天心区地方病防治规划终期评估。开展疟疾防控，辖区各医疗机构以不同形式开展以“消除疟疾控新冠，同防输入再传播”为主题的“全国疟疾日”宣传活动；年内共完成不明原因发热患者血检97例，结果全部为阴性；对10张阴性血片进行复核，阴性血片复检符合率100%，对复核玻片制作情况进行打分，血片制作基本合格；完成2例输入性恶性疟疾病例的调查和处置。开展肝吸虫病和土源性线虫病监测，选取1002名居民进行肝吸虫病和土源性线虫病监测，对1002例粪便常规标本Kato-Katz法检查蠕虫卵及387例透明胶纸肛拭法检查蛲虫卵，检测结果为鞭虫感染1例，感染率为0.0998%；蛲虫感染3例，感染率为0.775%；蛔虫、钩虫等常见肠道寄生虫未检出，肝吸虫感染未检出，蛔虫、钩虫、肝吸虫感染率为0。（彭　莎）

【免疫规划】 2020年，天心区共有预防接种点23个，其中，预防接种单位13个，产科医院4个，成人接种门诊6个；有资质注册的预防接种人员150余人。区疾控中心对辖区预防接种人员资质、接种单位冷链设施、房屋布局、制度管理、资料归档等进行严格审查。全年共下发免疫规划用一类疫苗13.41万支，注射器24.34万支，销售二类疫苗30.94万支，按照《中华人民共和国疫苗管理法》《预防接种工作规范》，各接种单位均落实“一苗一接种一告知”要求，无预防接种异常反应纠纷。调查处置疫苗针对性疾病监测报告62例，其中，辖区医院报告疑似麻疹、风疹病例15例，经核查，无确诊麻疹、风疹病例，48小时内调查率、血标本采集率均为100%；通过疑似预防接种异常反应信息管理系统共报告AEFI47例，AEFI48小时内报告率100%、48小时内调查率100%、3日内调查表报告率100%。7—11月，该区对辖区适龄儿童开展年度儿童免疫接种率调查评估，结果显示，全区建卡率100%，卡证相符率100%；国家免疫规划疫苗基础接种率达到95%以上。落实《查验入托入学预防接种证工作实施细则》，促进流动人口儿童预防接种及管理，建立流动儿童免疫规划长效管理机制。（彭　莎）

【病媒生物与卫生监测】 2020年，天心区共设置生活饮用水监测点25个，采集包括城市管网末梢水、自建水厂出厂水及末梢水、二次供水、学校饮用水、农村分散式供水、学校直饮水等样品150份，监测合格137份，合格率91.33%。开展病媒生物监测，区疾控中心收到湖南铭予有害生物防制有限公司监测报告和记录12次，经核实，监测结果均符合要求；开展病媒生物防制示范工程建设，建成2个示范街区，2个示范小区，10个示范单位。开展食品安全监测，截至12月31日，共采集监测食品样品179份，其中，新鲜蔬菜样品20份、大米样品40份，油条样品20份，鲜湿米粉样品30份由区疾控中心完成检测，合格率分别为80%、7.5%、70%和100%；其他预包装饮用水、节假日食品、饼干、蜜饯、果冻、布丁、豆与豆制品、粽子、广式月饼、京式月饼等69份样品送往长沙市疾控食安科；承担湖南省卫生厅食品风险监测任务，采集米粉类样本30批次，检测项目为菌落总数、大肠菌群、金黄色葡萄球菌（定量）、沙门氏菌，经检测合格率100%；完成60批次的大米和蔬菜的重金属项目镉和砷的检测，合格率31.67%；完成20批次油条金属铝检测，合格率70%。开展食源性疾病监测，全年辖区20家医院共上报食源性疾病病例624例。报告食源性疾病暴发事件3起，均按要求处置。重视放射卫生，完成41家医疗卫生机构医用辐射防护监测调查及2家非医疗机构放射性危害因素监测。天心区2个监测点医院，开展医用隔帘微生物污染情况及医疗机构直饮水卫生质量专项调查，共采集隔帘20份、医疗机构直饮水10份，合格率100%。1—3月，该区根据《中国疾病预防控制中心关于开展全国学校卫生工作体系和能力建设调查工作的通知》要求，对辖区幼儿园、小学、初中、高中、职高、大学进行摸底调查，共调查学校257家，并在规定时间内将调查资料进行网络录入上传。11月份，对辖区9所学校进行“儿童青少年近视调查和近视率核定工作”，共对2696名学生进行近视检查，2001名学生进行学生视力不良及影响因素专项调查，结果显示总近视率53.10%，男女生近视率分别为48.78%和57.45%，幼儿园近视率7.30%，小学近视率为30.05%，初中近视率68.77%，高中近视率82.24%。（彭　莎）

【职业病防控】 2020年，天心区利用网络、电视、广播、宣传资料等多种形式，加大《中华人民共和国职业病防治法》等相关法律、法规及职业病防治知识的宣传力度。5—6月，该区对中华人民共和国成立以来所有曾诊断为尘肺病的患者进行随访，通过网上查询，实地核查，电话核实，公安、医保部门提供数据等方式，共随访528例，随访结果显示，截至12月31日，死亡人数为479人，存活人数为49人，其中，存活并居住在天心区的尘肺病患者共26例。8月，该区制定职业病危害现状调查实施方案，成立专项工作领导小组，收集各部门本底资料，组织街道办事处及社区卫生服务中心开展相关业务培训，共完成企业现场调查173家，并上报至“工作场所职业病危害因素监测系统”。根据《长沙市2020年工作场所职业病危害因素监测工作方案》要求，完成20家企业职业病危害因素监测及数据上报工作。（彭　莎）

【实验室能力建设】 2020年5月，天心区投入66万元对区疾控中心核酸实验室进行改造，6月29日，实验室改造完毕正式启用，拥有核酸提取仪、荧光定量PCR，生物安全柜等检测设备。7—12月，实验室开展新冠病毒核酸检测和外环境新冠核酸检测，检测新冠样品2604份，结果全阴；诺如病毒和禽流感病毒核酸检测，在疑似病毒性感染突发公卫事件中快速出结果协助诊断；年内完成诺如病毒检测29批次，流感和禽流感63批次，鼻病毒24批次，检测结果全阴。（彭　莎）

【参与能力验证活动】 2020年，天心区疾控中心参加湖南省疾控中心组织的新冠核酸检测、艾滋病抗体、梅毒抗体能力验证检测活动、省市场监督局组织的水中硝酸盐和食品中汞测定能力验证检测活动、长沙市疾控中心组织的临床检测工作能力验证活动，均达到满意效果。（彭　莎）

【项目工作】 2020年，天心区疾控中心承担国家居民健康素养调查监测、中国公民健康素养监测和国家老年人心理关爱等国家级项目3个；湖南省儿童青少年近视调查等省级监测项目1个；长沙市健康促进学校干预效果评价、市心理健康状况及其影响因素流行病学调查、市重点职业病及危害因素监测等市级监测项目3个。年内，所有项目工作均达到国家要求。（彭　莎）

【第34个全国儿童预防接种宣传日启动】 2020年4月25日，天心区开展以“及时接种疫苗，共筑健康屏障”为主题的儿童预防接种日宣传活动。活动通过网络方式向公众普及预防接种知识，宣传《中华人民共和国疫苗管理法》，网络在线学习答题并抽奖，宣传视频在辖区楼宇视频机投放点位253个，宣传海报在小区入口灯箱投放点位74个。（彭　莎）

妇幼保健

【概况】 2020年，天心区妇幼健康服务工作围绕“健康天心”总要求，以降低孕产妇及儿童死亡率为重点，全面落实各项政策，不断提升妇幼健康服务能力，深化巩固“全省妇幼健康优质服务示范区”创建成果。2020年，该区新增孕妇6923人，共有孕产妇8790名。其中，新增高危孕妇4016人，高危率58.01%；新增红色预警44人，比上年增长83.3%，新增橙色预警671人，紫色预警15人；出现危急重症10余例。辖区孕产妇死亡率为0，实现“十三五”规划期间孕产妇0死亡目标；5岁以下儿童死亡率3.6‰。剖宫产率（辖区）46.24%，新生儿疾病筛查率100.19%，新生儿听力筛查率99.16%。（刘　姣）

【孕产保健】 2020年，天心区免费产前筛查5462人，完成率101.71%。坚守母婴安全底线，全周期为孕产人员提供服务，产前利用三级妇幼网络提前识别风险，联合各级医务人员上门面访、产后访视共计12546人次，转诊高危孕产妇55人，从源头防控风险；产时加强联动，及时为胎盘植入、凶险型产后大出血、羊水栓塞、卵巢癌并多发转移、脑胶质瘤术后偏瘫并感染性休克等10余例危急重症孕产妇开辟绿色通道，展开全力救治，促使她们全部转危为安，顺利分娩；产后追踪随访，重点指导和关心关爱静脉栓塞高风险及产后严重抑郁产妇，陪伴她们平稳度过产后42天关键期。启动高危孕产妇救助，在湖南省红十字会和长沙市卫健委的支持指导下，救助家庭困难、病情危重的高危孕产妇共4人，救助金额8万元。（王凌霞）

【"两癌"筛查及妇女病查治】 2020年，天心区适龄妇女"两癌"（乳腺癌、宫颈癌）筛查9063人，完成率100.7%；农村适龄和城镇低保适龄妇女免费"两癌"筛查1455人，完成率115.94%。妇女病查治35336人，比上年减少3449人，摸底调查20—64岁妇女人数比上年减少6412人。两项检查共发现癌前病变100例，未发现晚期癌症。在筛查中，发现有部分阳性患者生活困难，拨付特殊人群慰问金5000元。（王凌霞）

【孕产健康管理】 2020年，天心区全力做好妇幼健康和母婴安全贴心服务工作。疫情期间，依托妇幼健康基层网底，通过电话、视频随访，2—5月，共排查孕产妇13192人次，排查出重点人群106例，累计随访18469人次，高危随访4632人次；对居家隔离的密切接触者面访50人次，为居家隔离孕产妇免费新冠肺炎核酸检测20人次。对全区孕产妇实施全覆盖排查，建立天心区新冠肺炎流行病学史孕产妇管理台账，规范处置和上报个案，实施全程跟踪；为满孕37周以上孕晚期孕妇联系好定点医院，安排绿色通道进行分娩；对2名孕晚期隔离孕妇进行上门产检，赠送爱心物资；为定点隔离酒店孕妇"开小灶"补充营养，帮助发热外籍产妇转诊长沙市三医院，联合心内科、妇产科、感染科多科室救治。有4家社区卫生服务中心提供免费为新生儿测黄疸的服务，区妇幼在线举办托幼机构卫生保健疫情防控专题培训班1期。疫情转入常态化后，全区继续严格落实疫情防控各项制度，要求各助产机构加强预检分诊和发热门诊管理，严防院内感染，要求各托幼机构保持警惕性，坚持做好疫情防控工作不放松。区妇幼所派出10名医务人员进行新冠病毒核酸采样培训。（王凌霞 周倩兰）

【妇幼公共卫生服务】 2020年，天心区克服疫情期间不能上门的困难，通过电话、网络访视和随访，加强孕产妇和儿童健康管理，全区孕产妇系统管理率96.97%，产后访视率97.46%，新生儿访视99.07%，7岁以下儿童健康管理率96.60%。加强托幼机构卫生保健和疫情防控工作督导，增强托幼机构疫情防控、卫生保健意识和能力。做好计划生育技术服务，全年享受免费计划生育技术服务共311人，免费围绝经期取环服务175人，爱心助孕特别行动免费或优惠服务惠及165个不孕不育家庭，全区免费避孕药具发放率91.2%。（刘 姣）

【出生医学证明管理】 2020年，天心区加大《出生医学证明》办理途径和流程宣传覆盖面，在各街道办事处政务中心放置相关宣传版画和咨询电话，减少群众跑路次数。天心区《出生医学证明》当年出生的首次签发率95.54%，废证率0.13%，废证率比2019年下降73.5%。（陈欢源）

【妇幼卫生信息管理】 2020年，天心区从数据源头抓起，健全信息网络，充分利用信息化平台，规范归口管理和交接制度，定期开展质控和考核，对质控及考核结果进行通报，确保妇幼卫生数据的准确性和真实性。加强数据分析和结果运用，年内完成数据分析报告2篇。（陈欢源）

【出生缺陷综合防治】 2020年，天心区采取专项培训、定期质控督导、阳性病例随访追踪等措施，推进免费婚孕检、预防艾滋病、梅毒和乙肝母婴传播、叶酸增补及地中海贫血等项目开展；利用"5·20"、七夕等特殊日子，在区民政局婚姻登记处设立咨询台进行婚孕检宣传；结合"预防出生缺陷日""世界母乳喂养周"等主题宣传日，在街道、商场开展形式多样健康教育活动，发放宣传资料6000份，提高群众对出生缺陷防治的知晓率与参与率。该年天心区免费婚检5266人，婚前医学检查率91.20%；孕前优生检查2494人，检测率103.91%；艾滋病、梅毒、乙肝孕期检测率达100%。围产儿出生缺陷发生率为万分之116.7，比上年下降8.7个百分点。（刘 姣）

【队伍建设】 2020年，天心区制定年度妇幼健康工作计划，组织召开辖区医疗机构、社区卫生服务中心和街道工作人员会议，部署妇幼健康主要目标和工作要求。分线对妇幼健康重点工作进行全面培训，定期开展产科急救演练及疑难危重孕产妇评审，举办医疗机构新生儿窒息复苏培训班，规范技术操作，提高快速反应和处理能力。9月，区卫健局、区妇幼保健所携手长沙市妇幼保健院开展结对共建，通过双向转诊、专家帮扶、业务讲座等合作形式，实现市级优质医疗保健资源下沉，同时完成对基层妇产科医生、儿童保健人员和妇幼信息人员的规范化培训。年内举办各类业务培训21次，参训人员889人次，母婴保健核心知识知晓率91.9%。10月，区妇幼公开招聘5名专业技术人员，充实一线妇幼健康服务队伍。 （刘　姣）

【免费婚检】 2020年5月20日，天心区妇幼保健所、区民政局联合在婚姻登记处开展免费婚前医学检查、免费孕前优生健康检查以及母乳喂养日宣传活动，为前来领证的新人们送上一份特别的礼物。 （何春利）

【托幼培训在线直播】 2020年7月1—7日，天心区在疫情防控常态化形势下，改变往年托幼机构现场培训模式，在线直播举办2020年托幼机构卫生保健疫情防控专题培训班。辖区160余所托幼机构负责人和保健老师共446人次参加本次培训。 （周倩兰）

【产科急救演练评审会议】 2020年7月14日，天心区产科急救演练及疑难危重孕产妇评审会议在湖南尚美妇幼医院门诊三楼会议室召开。长沙市妇幼保健院产科主任医师杨微涛担任总指挥、总评审。市妇幼保健院孕产保健科，长沙市第三医院妇产科、ICU科，市中心医院产科专家组成评审团共同参与评审工作。天心区产科医院产科主任、护士长和区妇幼保健所所长金晔、副所长石婷、专线医生及参与讨论病历患者主管医生共30余人参会。 （王凌霞）

【新生儿复苏培训班举办】 2020年9月15日，天心区与长沙市妇幼保健院在长沙市普瑞生殖与遗传专科医院四楼会议室共同举办天心区医疗机构新生儿复苏培训班。辖区所有助产机构产科医师、儿科医师、麻醉师和助产士均派代表参与培训。 （周倩兰）

社会生活

人力资源和社会保障

【概况】 长沙市天心区人力资源和社会保障局（简称“区人社局”）的主要职能有公共服务职能和人事管理服务职能，具体包括就业培训、社会保险、人事人才和劳动维权四项工作职能。

2020年，区人社局创新举措促和谐，服务人才激活力，稳定居民就业、保障基本民生。天心区城镇新增就业11310人，失业人员再就业6392人，就业困难人员实现就业2752人，新增农村劳动力转移377人，城镇失业率3.74%，零就业家庭100%动态清零。企业养老保险参保缴费率55.06%以上，城乡居民养老保险参保47484人，覆盖率100%。劳动保障监察举报投诉案件结案率96%以上，拖欠民工工资举报投诉案件结案率98%以上，劳动人事争议仲裁结案率90%以上。区人社局被评为长沙市“文明标兵单位”、“长沙市‘巾帼建功’先进集体”、2020年度全国人社窗口单位业务技能练兵比武长沙市选拔赛团体三等奖。（骆建安）

【人才招聘】 2020年，天心区公开招聘教师295名，事业单位工作人员33人，选聘免费师范生14人。指导区科技局、区交运局、区禁毒办、区金融中心等26个单位完成公开招聘。（骆建安）

【人才服务】 2020年，天心区落实各类人才政策，受理各类人才申报3112起，累计发放高校毕业生租房和生活补贴2037.33万元，留学归国人员租房和生活补贴171.27万元，职业技能晋级奖励65.1万元。推荐3名人才获长沙高层次人才绿卡的企业成功申报高精尖人才领跑工程，辖区36名人才获得长沙市高层次人才绿卡。全年完成初级职称认定及发证846人，中级职称初任呈报70人。（骆建安）

【人事改革】 2020年，天心区牵头完成黄兴路商业步行街管理有限公司等经营类事业单位改革，配合平台公司转型工作。开展事业单位岗位设置工作，完成14个街道所属事业单位岗位设置工作，并兑现工资待遇。（骆建安）

【劳动权益维护】 2020年，天心区推进根治拖欠农民工工资工作，在全市率先建立“互联网+劳动争议调解”平台，立案受理劳动人事争议纠纷案件752起，结案672起，其中，调解结案193起，撤诉201起，裁决278起。组织劳动人事争议案件公开巡回庭审，百余家企业代表“零距离”观摩庭审，以案释法举措得到社会好评，红网、智慧长沙等媒体进行报道。突出农民工工资支付保障工作，成立工作专班，建立联点承包街道、项目工作机制，动态排查在建项目59家，核缴农民工工资保证金29家，迎接国务院稳就业和农民工服务工作大督察。梳理汇总国家、省、市疫情期间出台的劳动关系政策，借助天心区公众信息网、微信公众号等媒介，进行宣传。深入企业、项目工地开展集中宣传《保障农民工工资支付条例》（以下简称《条例》），悬挂宣传标语200余条，张贴展板、海报1000余份，发放宣传资料2000余份。（骆建安）

【“互联网+调解”服务平台上线】 2020年，天心区劳动人事争议仲裁委员会上线劳动争议“互联网+调解”服务平台，为疫情期间解决劳动争议提供新的平台。“互联网+调解”服务平台运用“互联网+”和大数据思维，主要实现以下3个功能：为当事人提供调解网上申请及对案件处理进展查询服务；为调解员提供调解案件办理流程、调解文书模板、相关法律法规等办案辅助服务；为管理者提供对辖区内调解组织和调解员的规范管理服务。该平台在全区14个街道全面铺开，每个街道均配备专职的劳动争议网络调解员。（骆建安）

【劳动就业与培训】 2020年，天心区审核发放就业补助资金1867万元。开展计算机、育婴员等多个工种的技能培训，培训7108人次，其中，政府补贴性职业技能培训3935人，完成全年目标任务的112.43%。举办就业创业训练营，为40名学员提供集训、游学以及180天的陪跑辅导和资源导入服务。全年建成就业扶贫基地7家、就业扶贫爱心单位1家、扶贫车间2家，归集岗位6000余个。发放招用建档立卡贫困劳动力社保补贴和岗位补贴4家企业、13万元，拨付贫困劳动力转移就业交通补助约3.2万元。全区有劳动能力和就业意愿的341名贫困劳动力全部实现就业。举办第四届“中国创翼”创业创新大赛长沙市（天心区）选拔赛，吸引155个项目报名参赛，是长沙市“中国创翼”大赛组织发动项目最多的赛区。（骆建安）

【社会保障服务】 2020年，天心区落实长沙市援企稳岗和阶段性社保减免和缓缴政策，减免社保费8.6亿余元。社保政务大厅搬迁至区政务服务中心统一办公，深化“放管服”（即简政放权、放管结合、优化服务的简称；“放”即简政放权，降低准入门槛；“管”即创新监管，促进公平竞争；“服”即高效服务，营造便利环境）改革。疫情期间，推行“不见面”社保服务，方便企业足不出户办理业务，单位参保的大部分业务均实现网上办理。全区养老、失业、工伤保险参保人数分别为18.1万人、13.7万人和14.3万人。城乡居民养老保险基础养老金实现“17连调”。落实困难群众参保资助政策，代缴贫困人员城乡居民养老保险费1773人，发放贫困人员养老保险待遇471人，代缴率、发放率均为100%。

（骆建安）

【保障农民工工资支付】 2020年1月8日，天心区召开《条例》宣传暨建设项目保障农民工工资支付工作会议。长沙市人社局劳动保障监察支队队长陈长发，辖区建设项目施工总承包单位负责人、劳资专员，以及街道社保站工作人员共100余人参加。会上，天心区人社局党组成员、副局长王勇通报12月份对天心区建设项目大排查情况，提出整改要求。陈长发就劳动合同的签订、农民工工资专户制度、分账制管理、按时足额支付工资等制度落实中出现的难点和疑点进行指导。天心区40家在建项目当场签署《履行保障农民工工资支付主体责任承诺书》，部分制度未落实的项目签收《劳动保障监察限期整改书》。区人社局党组书记、局长贺红云组织学习《条例》，强调各在建项目要从内心上高度重视农民工工资支付工作，从现状上正视在制度落实上存在的问题，从整改上动真碰硬，杜绝拖欠农民工工资行为。4月22日，区人社局组织全体执法工作人员对《条例》进行专题学习和研讨。区人社局法制科负责人对《条例》出台的立法背景、立法目的、立法原则、重要意义作了说明，对《条例》的亮点内容进行解读。劳动保障监察大队负责人强调《条例》的具体规定和执法要求，明确执法要点和注意事项。区人社局党组成员、副局长王勇对《条例》的深入学习和引导宣传提出要求。5月1日，《条例》正式实施。5月9日，2020年天心区根治欠薪工作会议召开。区委常委、常务副区长周志军，区根治拖欠农民工工资工作领导小组成员单位和各街道分管负责人参加会议。区政府调研员于德海主持会议。区人社局负责人传达全市根治欠薪工作会议精神，通报全区根治欠薪工作基本情况及存在的问题，就根治欠薪工作联合执法排查和迎接“国检”工作提出工作意见。区住房和建设保障局负责人对如何落实在建项目实名制管理、严格施工许可审批、清理整顿“三包一挂”等工作进行布置。周志军强调，要狠抓责任机制、考核机制、预警机制和联动机制，全面贯彻落实《条例》，全面提升天心区根治欠薪工作水平。5月14日，区人社局、区住建局联合组织召开《条例》培训会议，区内在建项目建设单位、施工单位负责人和劳资专管员150余人参加培训。长沙市人社局劳动保障监察支队负责人介绍《条例》的立法背景，以案释法解读《条例》关于建设单位、施工总承包单位和分包单位法律责任的重点条款，强调要在根治欠薪工作中贯彻落实《条例》规定，保障农民工工资支付到位。5月18—22日，天心区根治欠薪工作领导小组采取领导带队、成员单位分片的形式共组成4个联合执法工作小组，对全区在建项目开展“地毯式”排查，对标对表确保根治欠薪各项工作制度落实到位。12月23日，天心区召开根治欠薪冬季专项行动推进会议，周志军、区根治拖欠农民工工资工作领导小组成员单位主要负责人、区政府投资项目各建设单位和各街道分管负责人参加会议。会议通报天心区开展根治欠薪冬季专项行动前期宣传和排查的基本情况。会议要求，各部门各街道要持续推进根治欠薪冬季专项行动，把冬季攻坚行动各项工作落到实处。（骆建安）

【“春风行动”赴外援企招工工作】2020年，天心区人社局根据当地实际条件，有针对性地通过多渠道、多形式开展信息摸查、岗位发布、招聘对接、宣传推广工作，将政策、服务、岗位等送到当地群众家门口。让贫困劳动力出家门、上专车、进厂门，最大程度降低疫情风险。2020年2月21日，天心区“春风行动”赴外援企招工工作启动，区人社局联合区驻龙山县洛塔乡扶贫工作队、龙山县洛塔乡政府在洛塔乡召开对接部署会。2月22日，通过宣传发动，洛塔乡第一批求职人员与天心区企业确认招工用工意向。2月23日，天心区赴通道小分队对接长沙市人社局与通道侗族自治县人社局，了解通道县劳动力输出情况以及长沙市人社局招工小分队工作进展。2月24日，天心区通道小分队分为三个小组到通道县6个乡镇开展线上线下招聘活动，进村进组宣传组织招工。线上线下招聘会将42家单位发布的3200个岗位信息一一展示，工作人员现场宣讲政策、发派资料，讲解并当场示范线上招聘小程序的使用，有蓝思科技、比亚迪等重点企业的招聘人员实时为务工人员答疑解惑。上岩村的村干部利用村部喇叭、务工微信群等推送招聘信息，吸引一部分有意愿外出务工的村民前来询问并在网上直接与企业进行联系。天心区通道小分队以对口帮扶通道焊工培训班的学员为重点进行首次“家访”。当天共有87名求职者通过线上申请求职，招工小分队现场为8名求职者进行视频招聘，初步达成就业意愿。同日，“春风行动”天心区企业现场招聘会在龙山县洛塔乡小学举行，洛塔乡14个村的群众参加，现场有106家企业和771个岗位供选择，可帮助外出务工人员实现精准就业。

（骆建安）

【就业工作会议】 2020年3月20日，天心区组组织各街道人社工作负责人召开就业工作会议。会议由区人社局副局长黄英主持。会上，传达全市保障企业用工工作和全市职业技能提升行动的相关会议精神，对全区2020年的就业工作指标分解情况进行说明，解读职业技能（含创业）培训组织管理办法，对推进职业技能提升行动做重点规划，对各个街道提出的关于培训工作的问题进行解答。区人社局党组书记、局长贺红云提出要求，围绕主责主业，认清就业形势；紧贴企业需求，积极优化服务；聚焦重点群体，落实分类帮扶；突出重点项目，推进培训工作；依托基层平台，强化基础建设。（骆建安）

【技能提升全流程线上培训班】2020年3月28日，天心区首个技能提升全流程线上培训班开班仪式举行。培训班由中国水利水电第八工程局有限公司高级技工学校（以下简称“工程局技校”）承办，来自长沙红海人力资源有限公司和湖南艾珂人力资源服务有限公司技能提升（计算机操作员）培训班的学员们参加。天心区人社局副局长黄英、长沙红海人力资源有限公司总经理朱艳华、湖南艾珂人力资源服务有限公司培训负责人谭谈、中国水电八局高级技工学校党委副书记、执行校长谢新明分别以短视频的方式与各位学员见面并致辞。此次岗位技能提升（计算机操作员）培训班共20天，学员们在工程局技校搭建的在线学习平台“尚水学堂”中完成62个录播与10个直播课时的课程任务的学习，课程内容涵盖Word、Excel、PPT等计算机基础知识的理论与实操。工程局技校为每个线上培训班级配备专职班主任，班主任在班级群内督促学员进行签到及学习打卡、收集打卡图片与视频，及时反馈学员的学习进度。4月18日，组织学员统一参加线下结业考试。结业考试成绩合格的学员统一发放证书编码在人社系统可查询的培训合格证书。（骆建安）

【业务技能练兵比武活动】 2020年4月，天心区在全区人社系统启动业务技能练兵比武活动。活动实现区人社局机关、街道、社区（村）全覆盖，前后台人员、编制内外人员全覆盖，就业创业、社会保险、人事人才、劳动关系等业务全覆盖。6月23日，天心区举行全国人社系统窗口单位业务技能练兵比武天心区选拔赛。来自各街道和局机关48名选手组成

16 支代表队，在区政府机关多动能会议室参加活动。经过角逐，区人社局二队、黑石铺街道代表队获团体一等奖，文源街道、区人社局一队、城南路街道代表队获团体二等奖，桂花坪街道等 4 支代表队获三等奖；同时评选出个人风采奖 5 名选手。（骆建安）

【办公场所搬迁】 2020 年 5 月 6 日，根据区政府统一安排，天心区社保政务服务大厅整体搬迁至区政务服务中心统一办公；2020 年 11 月 23 日，区人社局除社保政务服务大厅外，整体搬迁至区政府机关大院内原工商大楼一、五、六楼统一办公。（骆建安）

【创业创新大赛长沙市天心区选拔赛】 2020 年 6 月 10 日，第四届“中国创翼”创业创新大赛长沙市选拔赛天心区初赛在天心区人社局会议室举行。大赛组委会经过大赛方案研讨、比赛场地实地调研、筹备动员会、组织报名、资料审核等前期程序，历时近一个月，截至 5 月 31 日，天心区共报名 150 余个项目，报名数量在长沙市选拔赛 11 个赛区中位列第一。初赛分两个阶段举行：前期（6 月 5 日至 9 日）由 5 位评审专家通过线上审阅各个参赛项目的商业计划书，采用封闭式独立评分方式进行；6 月 10 日，组织各位评审专家再次进行线下合议。经过集中评审，评选出 30 个项目进入第四届“中国创翼”创业创新大赛长沙市选拔赛天心区决赛。其中，创业组 13 个项目，创新组 13 个项目，专项组 4 个项目。6 月 18 日，第四届“中国创翼”创业创新大赛长沙市（天心区）选拔赛在湖南邮电职业技术学院举行。晋级选拔赛决赛的 30 名创客带着团队与项目参赛。评委团由湖南工商大学工商管理学院副院长李坚飞，湖南省人社厅创业指导专家盛柯，中南林业科技大学创新创业学院院长祝海波，高新区创业服务中心创业导师肖波，湖南领度信息技术有限公司总经理聂磊，湖南产融信息科技有限公司创始人王华组成。天心区人社局党组成员、副局长黄英为大赛致辞。决赛的 30 个项目分为创新与创业两个组别进行比赛，采取 3 轮晋级的模式。经过角逐，现场评选出创业组和创新组一等奖各 1 个，二等奖各 2 个，三等奖各 3 个，另外创翼奖 8 个，优秀奖 10 个，30 个获奖项目分获 23 万元的奖金。一等奖为黑老虎长效扶贫项目、兵哥甄选农产品社区供应链服务平台。（骆建安）

【校园专场招聘会】 2020 年 6 月 30 日，2020 年高校毕业生就业服务季系列活动之天心区“校企融合职赢未来”千企万岗进校园专场招聘会暨长沙新华电脑学第十九届互联网 + 人才交流会在长沙新华电脑学院举行。招聘会邀请湖南汇富康达有限公司、广州市瀚昊文化传播有限公司、湖南无忧传媒有限公司等 60 家企业参加，共提供招聘岗位 300 个，500 余名应届毕业生入场求职。会上，贺红云致辞并指出，该次招聘

图 57　2020 年 6 月 10 日，第四届“中国创翼”创业创新大赛长沙市选拔赛天心区初赛在天心区人社局会议室举行（区人社局供图）

会，有利于促进学生便捷就业，深入推进校企合作。长沙宅速美装饰工程有限公司等4家企业与长沙新华电脑学院签订校企合作协议。（骆建安）

图58 2020年11月20日，天心区举办"优化营商环境，促进和谐同行"普法宣传活动，并公开庭审工伤保险待遇损失劳动争议案件（区人社局供图）

【专业技术职称培训】 2020年7月30日，天心区人社局举办"优化营商环境——专业技术职称培训"。长沙市人社局专技处处长文彤，辖区90余家企事业单位代表，开福区人社局、芙蓉区人社局代表参加。培训旨在提升辖区专业技术人员整体素养，指导帮助辖区企事业单位打通专业技术职场晋升渠道。培训内容包括专业技术职称理论知识的学习、有申报流程的介绍、众多企业关注的工程系列中高级职称申报指导等。（骆建安）

【劳动人事法律宣讲服务】 2020年11月20日，天心区人社局联合湖南一力股份有限公司、长沙经济技术开发区捷特人力资源开发有限公司、长沙市钢材商会等企业组织，通过公开开庭审理工伤保险待遇损失劳动争议案件，进行劳动人事政策宣讲，帮助企业提升依法用工、构建和谐劳动关系的能力。活动共有300余名企业代表参加。活动中，举行由区劳动人事争议仲裁院主审、以工伤保险待遇损失为主题的劳动争议案件，申请人与被申请人围绕工伤保险、补助标准等争议焦点，展开辩论，历时一个半小时，双方最终接受调解建议。区劳动人事争议仲裁院相关负责人就庭审关键环节进行解答，相关专家以《中华人民共和国劳动合同法》《中华人民共和国社会保险法》《工伤保险条例》等法律法规为依据，围绕企业经营中容易遇到的劳动人事争议问题进行宣传解读。（骆建安）

【就业帮扶】 2020年12月1—7日，天心区2020"点亮万家灯火"就业创业训练营活动举行。12月1日，区人社局在就业创业训练营上，围绕就业创业政策进行政策解读。训练营主要针对疫情后天心区建档立卡贫困户、退捕渔民、高校毕业生、登记失业人员（含就业困难人员）、返乡创业人员、退役军人、残疾人等重点群体，社区矫正、戒毒回归、刑满释放人员等特殊群体，以及中小企业、初创企业与创业团队的就业创业工作的专项活动。训练营主要是提升重点群体、特殊群体就业与创业水平，提升"创业带动就业示范企业""初创企业"的创业创新能力和经营管理能力，促成结业结对帮扶，实现"出现一人、认定一人、帮扶一人、稳定一人"的"四个一"目标。在为期7天的集训过程中，40名学员在天心区完成四天理论课程，系统学习商业运营的完整流程、具体方法；到浏阳经开区、浏阳河文化产业园进行三天实地研学，观摩文创、餐饮、电子商务和科技等类企业9家。12月4日，天心区"点亮万家灯火"就业帮扶服务暨2020年高校毕业生专场招聘会在中南林业科技大学举行。招聘会有50余家企业参加，为求职者提供2600余个工作岗位，涵盖金融、医药、教育、餐饮、家政等几十个行业。湖南思洋互联网、长沙亲友公社人力资源服务等10家企业HR（人事）成为首场"直播带岗"招聘会的带岗主播，在开设直播一个多小时内，吸引3万余人在线观看。（骆建安）

民政事务

【概况】 2020年，长沙市天心区民政局践行“民政为民、民政爱民”理念，统筹抓好疫情防控和民政事业，完成各项目标任务。155个依申请类政务事项100%纳入“互联网+政务”服务平台，实现“一次办”86项、“就近办”42项，在“一网通办”平台受理办结41859件服务事项，受理接待群众来信来访、来电咨询3200余人次，按时保质办结“12345”热线工单180件，办理市区建议提案15件，办结率、满意率100%。养老工作被湖南省政府评为真抓实干督查激励奖，打造白沙路“养老一条街”；天心区在民政部加强乡镇（街道）社工人才队伍建设推进会上典型发言；天心区暮云街道云塘社区居民公约被评为全省十佳村规民约；打造“爱心天心”困难帮扶品牌；疫情防控守住养老机构、民政服务对象安全底线。（仇玉瑜）

【社区治理】 2020年，天心区在社区防疫一线涌现出康姣、肖晓辉等众多先进典型和最美“守护者”；推进全国社区治理和服务创新实验区建设，建成社区15分钟服务圈15个，顺利通过民政部专家组中期评估；率先全市成立首个“乡村议事会”，指导村（社区）制修订村规民约（居民公约），修订率100%，工作做法得到湖南卫视推介报道，云塘、嘉和社区成功创建市级优秀村规民约，云塘社区居民公约被评为全省“十佳”；牵头拟订《湖南省城乡社区协商规范》，指导基层规范协商议事程序、撬动社区治理；指导社区（村）规范综合服务窗口设置和优化公共服务事项，推进“一门式办理”“一站式服务”；推动成立湖南省湘民社区治理研究中心，组建专家库；创建市级示范社区5个、精品社区5个、农村幸福社区示范村1个、农村幸福社区试点村2个，指导打造市级优秀社区工作法5个；指导村（居）“两委”（即村党支部委员会和村民自治委员会，社区党支部委员会和社区居民委员会）换届。（仇玉瑜）

【社会事务和儿童福利】 2020年，天心区加强社区（村）儿童主任队伍建设，组织开展2次集中业务培训；完成12个农村留守儿童之家建设，指导桂井村成功创建市级示范儿童之家；安排140万元资金用于政府购买专业社工服务，为农村留守儿童、困境儿童、困难老人、失独家庭开展关心关爱帮扶项目；全年发放高龄津贴1427.6万元、残疾人“两项补贴”803.4万元、孤儿及事实无人抚养儿童基本生活费42.4万元、惠民殡葬补助38.42万元；区财政自2013年起为全区独居、空巢以及困难家庭老人提供兜底居家养老服务，累计投入1300万余元；出台特别关爱百岁老人九条措施，在百岁老人过生日、入住养老机构、助餐点用餐等方面给予特别优待。（仇玉瑜）

【养老服务】 2020年，天心区委常委会、区政府常务会多次专题研究养老问题，出台《天心区关于居家养老服务的扶持办法》《天心区关于加快发展养老服务业的实施意见》，制定并实施《天心区养老服务发展三年规划（2020—2022）》；获得2020年度省政府养老服务真抓实干督查激励奖；打造15分钟养老服务圈，擦亮“养老在天心”民生品牌；树立“城市养老看裕南”街道中心养老标杆，建设白沙路养老服务示范街区，培育湘民康养中心、葆真堂养老中心等一批医养深度融合养老机构，引进华润置地、湖南发展等品牌企业；区社会福利中心全面建成并开始收住特困供养老人；推动国家“城企联动”普惠养老项目在天心区落地实施，支持养老机构申报3批次城企联动项目，申请落实上级专项资金1080万元，项目完成可新增普惠养老床位1990张；打造金盆岭“暖心厨房”、桂花坪“优老餐厅”等惠老助餐服务品牌；完成4个街道综合养老中心和16个社区居家养老服务中心建设任务，定向安排100万元福彩公益金支持街道社区完善养老骨干网建设。（仇玉瑜）

【社会工作】 2020年，天心区建成14个街道社工站，推动“社工站+社工+社区+社会组织”“四社”融合，开展专业社工服务，打造群众家门口的民生服务站；加强社工人才队伍建设，全区持有社工证人数900人；引导注册志愿者10.7万人，发展志愿者服务队40支；举办“天心社工节”，启动社工线上服务，升级社工服务模式；开展社工人才实务技能培训12场，开展社区活动180场、志愿者培训60场，服务群众1.5万人次；成立天心区社会工作协会；编制社工站运营手册、建设纪实；依托社工站打造金盆岭“金福工程”、新开铺“爱满心桥”、青园“小巷汇爱”、文源“源圈”等帮扶品牌；打造裕南街街道“三社联盟”、城南路街道“城南580”、赤岭路街道“微协商”、黑石铺街道“黑石聚力会”、桂花坪街道“桂花小区自治”等社工协同居民自治项目，培育“八大员”志愿者协会、“五老”义务管家团、九理事志愿者协会、满嗲和谐邻里工作室、龙珠英人民调解室等社区治理工作品牌。（仇玉瑜）

【社会组织】 2020年，天心区第5批9家社会组织出壳、第6批8家社会组织入壳孵化，全区注册社会组织394家，备案社会组织800余家；成立天心区社会组织党总支，联合区两新工委，依托区社会组织孵化基地，打造社会组织和社会组织党组织“双孵化”平台；成立社会组织党组织46个，覆盖社会组织221家，指导19家社会组织党组织完成换届；涌现出最美志愿者“中国好人”杨士泉、全国助残先进个人“中国好人”张建明、爱心助残及见义勇为“中国好人”汤俊杰等一批优秀社会组织带头人，培育天创社会组织发展与研究中心、小蜜蜂义工协会等一批示范社会组织；天心区民政局作为唯一区县代表，在2020年全省社会组织“十百千”示范创建经验交流会上作交流发言，介绍天心区经验。（仇玉瑜）

【婚姻登记服务】 2020年，天心区在区政务中心引进投放全省首台婚姻登记自助终端，打造24小时“不打烊”的婚姻登记服务厅；全年办理婚姻登记6234对，开展婚姻调解服务476对，成功调和187对；联合区文旅体育局，在黄兴南路步行街广场等地举办“浪漫天心，幸福长沙”520系列活动；实施“婚姻家庭服务”进社区、进高校项目，在中南林科大、女子学院等高校及社区开展普法宣传、专家讲座。（仇玉瑜）

【民政领域疫情防控】 2020年，疫情期间，天心区民政局驻守12家养老机构，指导落实封闭管理，确保防控措施在民政服务机构、服务对象、工作场所全覆盖、无死角，实现民政服务场所、服务对象“零隔离”“零感染”；印发《关于落实落细疫情防控期间“一老一小”特殊困难群体关爱帮扶工作的通知》，对2581户低保户、236名特困供养对象和12名孤儿建立“三包一”机制。区财政安排200万元疫情期间困难帮扶专项资金；摸排街面流浪人员101人，引导进站救助46人次，劝导返乡32人次；发动社工站、社会组织、社工等社会力量参与疫情防控。（仇玉瑜）

图59　2020年7月30日，长沙市天心区四家企业向“爱心天心”帮扶基金捐赠140万元（区民政局供图）

【“爱心天心”帮扶工程】 2020年，天心区在推进“五帮扶”基础上，创新实施“爱心天心”帮扶工程，开展困难帮扶和结对帮扶工作。建立了困难群众需求清单和爱心力量供给清单，采取结对帮扶形式，组织人大代表、政协委员、企业家、志愿者、爱心人士等社会力量为困难群众提供资金、物资、生活照料、精神慰藉等多元化、个性化帮扶。全区摸排走访16127户，实施帮扶5810户，筹集发放帮扶资金4175万元，落实结对帮扶1014户。通过“爱心天心”帮扶工程，有利于在全区形成爱心帮扶氛围，凸显“爱心天心”帮扶工程品牌效应，涌现爱心单位、爱心人士和爱心项目，打造城市特殊困难群体帮扶工作样板。（仇玉瑜）

【天心区社工站3.0版】 2020年，天心区民政局通过政府购买服务的方式，在全区街道建立社会工作服务站。培源社工负责文源、青园、桂花坪和黑石铺四个街道社工站，开始进行天心区社工站建设3.0版实践探索。培源社工天心区项目组制订“三步走”调研计划，通过文献法、访谈法和问卷调研法，把握“需要、问题和资源”三个关键点，四个站点社工分别绘制资源图，搭建社工站服务支持网络体系。培源社工天心区项目组由1名项目总监、4名社工站长、4名站点社工和1名内部督导及2名外部督导组成。培源社工制定“一督二会三报”（每月一次专业督导，一次线下项目推进会、一次线上项目推进会，按要求做好日报、周报和月报）制度，确保机构和督导及时掌握社工站运营情况。培源社工通过“四社”（社工站、社工、社区、社区自组织）融合，夯实“社工引领义工服务、义工协助社工服务”双工联动基础，提升居民自治能力，凝聚社区治理合力。在街道和社区招募和培育本土志愿者，以高校青年力量为补充，对志愿者进行辅导与培训，让志愿者带动小区居民，即居民互助的形式解决居民内部问题。社工站建立以小区党支部为主导，业委会、监委会、物业为管理主体，在职党员、户籍民警、法律顾问，网格力量，居民志愿者等为参与代表的沟通机制，明确各个利益方的诉求，协商议事，在会议中提出问题同时又在会议中作出解决方案，由驻站社工进行跟踪和反馈。（仇玉瑜）

【民政工作会议】 2020年7月10日，天心区组织召开“爱心天心”困难群体帮扶工作推进会议，全面总结前阶段帮扶工作开展成果，部署安排“爱心天心”困难帮扶工程目标任务。10月17日，由民政部主办的加强乡镇（街道）社会工作人才队伍建设推进会在长沙召开，全国10个省（区）民政厅主要负责人参加。长沙市天心区作为全省唯一区县代表，在现场做典型发言，推介天心区社工人才队伍建设经验。11月12日，湖南省民政厅召开社会组织管理工作会议暨全省社会组织“十百千”示范创建经验交流会，天心区民政局作为全省唯一的区县代表在会上做经验推介。（仇玉瑜）

【湖南省民政厅调研天心区】 2020年4月22日，湖南省民政厅党组书记、厅长唐白玉一行到天心区新开铺街道桥头社区、桂花坪街道金桂社区，实地查看城市社区党建、“一门式”覆盖、乡镇社工站项目建设等工作，体验社区信息化平台，了解疫情期间困难群体帮扶工作，慰问抗疫在一线的社区干部。9月14日，省民政厅党组成员、副厅长蒋建华一行实地走访调研黑石铺街道养和康养服务中心、桂花坪街道九峰小区优老餐厅、青园街道青园社区居家养老服务中心，督促指导天心区养老工作。蒋建华提出意见，要理清政府、市场、社会、家庭的责任，形成全社会上下支持、全方位参与的多元养老服务格局；打造县区级社会福利院、街道综合养老服务中心、社区养老服务站点三个层级互联互动的养老服务网络体系；加大政府购买力度，为低保、低收入老人提供更多养老服务保障；有针对性地出台支持政策，推动闲置房产用作养老场所。12月18日，省民政厅党组书记、厅长曹忠平到青园街道湘园社区调研，了解社区服务阵地及李丽心灵教育中心工作开展情况。曹忠平强调，要培育更多的社会组织参与到社会公益服务中来；发掘好的案例，做好广；坚持为民情怀，优化关爱服务。（仇玉瑜）

【“浪漫天心，幸福长沙”520系列活动】 2020年5月20日，天心区“浪漫天心，幸福长沙”520系列活动启动。该次系列活动有3个子活动，分别是“爱的诗句”“爱的纪念”“爱的承诺”。“爱的诗句”为爱情诗词朗诵活动，5月19—30日期间，参与者到黄兴南路步行街黄兴广场、太平街、海信广场、王府井、友阿奥特莱斯设有的五处诗吧中的任意一处，自行选择作品朗诵爱的诗句向身边人告白，朗诵后系统给予打分，根据系统打分，参与者将获得不同额度的奖券（王府井百货、周大福、海信广场等商家提供的消费券或代金券）；“爱的承诺”与“爱的纪念”于5月20日分别在黄兴南路步行街黄兴广场与南郊公园汽车电影院举行，10对新人在黄兴南路步行街黄兴广场现场领取结婚证，并集体宣读爱的誓言，现场近千名观众共同见证，现场有一对金婚夫妇传授生活经验。现场参与观众获得酒店、婚纱影楼等商家提供的优惠券。南郊公园利用多种信号的圆形气柱结构，组合成为爱情誓言森林，打造成520情侣打卡点。（仇玉瑜　廖丽琼）

【石长松调研天心区】 2020年5月26日，长沙市政协党组副书记、副主席石长松一行到天心区开展“促进社会组织健康发展和发挥社会组织积极作用”对口协商调研。7月22日，石长松带队实地察看天心区裕南街宝塔山社区智慧委员工作室、金盆岭街道智慧委员工作站。石长松指出，智慧委员工作室要着力推动普遍化、规范化、制度化发展，突出成果转化，打造长沙特色和模式；

要做到线上与线下双向发力，在思想政治引领、凝聚共识中发挥作用，在基层民主协商和社区综合治理中发挥重要作用。

（仇玉瑜）

【民政部专家组到区指导工作】 2020年12月9日，民政部到天心区跟踪指导全国社区治理和服务创新实验区的创建工作，并召开会议。民政部专家组成员田毅鹏、袁金洪、张帆，省市民政部门负责人廖剑波、祝林书、周义中，天心区实验区创建指导专家左高山，天心区委副书记、区长黄滔，副区长洪孟春，以及区直相关部门负责人参加。民政部专家组到天心区“养老一条街”、裕南街街道社工站、金盆岭街道黄土岭社区、暮云街道云塘社区、青园街道湘园社区、李丽心灵教育中心、新开铺街道桥头社区进行实地考察。汇报会上，黄滔从始终以最大的决心、最强的力度、最优的机制推进创建工作3个方面汇报天心区工作。相关部门负责人补充发言。民政部专家组天心区各部门通力协作，全力建设五大生活服务圈的创建工作给予肯定，就下阶段的创建工作进行相关指导。

（仇玉瑜）

【村（居）民委员会换届选举工作培训班】 2020年12月14日，天心区村（居）民委员会换届选举工作培训班在区委党校举办。培训由区民政局主办、湖南省湘民社区治理研究中心承办，培训邀请湖南省民政厅基层政权建设和社区治理处副处长莫健飞授课，各镇街道督导组成员、分管负责人等60余人参加培训。培训会上，莫健飞就如何有效防范和化解风险、圆满完成村（居）民委员会换届选举工作作出解读，对换届选举工作进行梳理与分析，对换届选举工作中的实际操作问题提出对策方针，提出按时完成、选优配强、合法合规、风清气正的“十六字”要求。天心区贯彻“全面部署、稳健推进、细节把控”的换届选举工作方针，健全换届选举班子、严格执行换届选举流程、加强专业咨询指导，为完成换届选举工作奠定基础。

（仇玉瑜）

民族宗教事务

【概况】 2020年，天心区民族和宗教工作紧扣中心大局，抓实疫情防控，推进民族团结进步，依法管理宗教事务，确保天心民族团结、宗教和睦、社会和谐。天心区有40个民族族别，少数民族人口2.78万，其中，常住人口1.78万。共有佛教、道教、基督教和伊斯兰教四大宗教，登记开放的宗教活动场所4处。天心区宗教活动场所玉泉寺被评为湖南省宗教界“五进五好”（即中共十九大精神、国旗国歌、社会主义核心价值观、政策法规、中华优秀传统文化进宗教活动场所，宗教教职人员努力做到政治品格好、守法遵规好、文明友善好、传承文化好、服务社会好）优秀场所、全省民族团结进步示范单位，天心区宗教活动场所清真寺海勇被评为湖南省宗教界“五进五好”优秀个人，城南路街道白沙井社区被评为市级民族团结进步示范单位。

（罗　兰）

【民族工作】 天心区围绕铸牢中华民族共同体意识主线，在各行各业广泛开展民族团结进步宣传，夯实民族团结进步基础。2020年，主动与新疆驻湘工作组、辖区高校建立工作联动联创机制。举办首期天心区少数民族群众党的政策、法律法规宣讲暨普通话培训班，65名少数民族群众参加。区、街、社区对107家少数民族门店进行走访。解决少数民族期盼问题，依法化解矛盾纠纷6起。全年审核高校招生享受民族优惠政策考生91名，办理公民民族成分变更5例。

（罗　兰）

【宗教工作】 2020年，天心区各宗教活动场所推进“五进五好”主题实践活动。在全市首推“校地四联”（校地联盟、信息联通、活动联谊、行动联手）民宗工作新模式，形成工作合力。以安全生产专项整治三年行动为契机，对宗教活动场所内部及周边环境进行集中整治。玉泉寺被评为长沙市平安建设红旗单位，城南堂被评为长沙市平安建设优秀单位。抓好宗教领域疫情防控工作，严格落实疫情防控期间宗教场所“两个暂停”和常态化疫情防控，各宗教活动场所筹集56万余元用于疫情防控工作。

（罗　兰）

【民宗工作部署会】 2020年4月23日，天心区民宗工作部署会议在区委统战部会议室召开。天心区委常委、统战部部长刘向，区委网信办、区教育局、区国保大队、区网格中心、各街道分管负责人及区民宗局全体干部参加会议。副区长黄会主持会议。会上，传达学习长沙市委统战部、市民宗局民族宗教工作会议精神，全面部署2020年全区民族宗教重点工作。6月17日，天心区宗教领域安全生产工作部署会及消防安全专项培训在长沙市玉泉寺召开。区民宗局全体工作人员、辖区内各宗教场所负责人、安全管理员及相关责任街道统战（民宗）专干，30余人参加培训。会上传达上级关于安全生产的指示精神，对疫情防控和安全工作进行部署。会后指导参训人员进行实践操作演练。（罗　兰）

【统战（民宗）业务培训班】 2020年5月21日，天心区统战（民宗）业务培训班在区委党校教室举办。区委常委、统战部部长刘向，区委党校常务副校长陈泽枝，区直各单位、各民主党派区工委、驻区高校、街道等统战（民宗）工作相关负责人60余人参加。开班仪式由副区长黄会主持。培训邀请长沙市民宗局党组书记、局长罗伟分别就宗教工作基本知识，宗教工作怎么看、怎么干，当前宗教工作存在的突出问题等三个方面对当前宗教工作形势、如何做好宗教工作等内容进行专题授课讲解。

（罗　兰）

【省民宗委调研宗教活动场所】 2020年6月3日，湖南省民宗委三处处长龙毅带队调研天心区宗教活动场所。龙毅听取城南堂关于堂史发展、“四型”教堂建设和“五进五好”主题实践活动开展情况的汇报，查看落实疫情防控措施等场所有序开放的准备工作。龙毅肯定天心区在推进宗教场所建设、开展专项整治工作上取得的成绩。（罗　兰）

【少数民族群众党的政策、法律法规暨普通话培训班】 2020年7月16日，天心区少数民族群众党的政策、法律法规暨普通话培训班在天心区新开铺街道豹子岭社区开班。新疆维吾尔自治区驻湘工作组党委书记石建，长沙市民宗局调研员赵萍，天心区民宗局党组书记、局长彭克伦出席开班仪式，区城管执法局、区市场监管局、区生态环境分局、新开铺街道等单位相关负责人及辖区内70余名少数民族群众参加。新疆维吾尔自治区驻湘工作组沙比提·吐尔逊宣读培训方案；学员代表图尔荪巴柯·克热木发言；赵萍对天心区组织少数民族培训给予肯定；石建强调，要努力学习党的政策、法律法规，学好普通话，树立新疆人良好形象。该次培训为期3个月，由天心区民宗局联合新疆维吾尔自治区驻湘工作组共同举办，邀请天心区有关职能部门宣讲政策法规、答疑解惑，促进各民族交往交流交融。10月30日，天心区少数民族群众党的政策、法律法规暨普通话培训班结业典礼举行。结业典礼上，宣读优秀学员表彰决定，颁发结业证书和“优秀学员”荣誉证书。

（罗　兰）

【市委统战部调研宗教工作】 2020年7月27日，长沙市委统战部副部长刘佳勇带队调研天心区宗教工作。刘佳勇一行实地查看金盆岭街道宗教工作“三级网络两级责任”落实情况，随后召开座谈会。天心区民宗局党组书记、局长彭克伦就天心区开展宗教工作进行专题汇报，金盆岭街道等参会单位进行交流发言。区委常委、统战部部长刘向指出，下一步工作重点要在“抓学习、抓机制、抓考核、抓带头”上浓厚氛围，在“部门联动、网格管理、长效机制”上形成合力。刘佳勇强调，要落实好“三级网络两级责任”，确保宗教领域和谐稳定。

（罗　兰）

【省政协调研宗教活动场所】 2020年9月9日，湖南省政协副主席贺安杰，省委统战部副部长、省民宗委主任向恩明一行调研天心区宗教活动场所人才培养及场所管理情况。贺安杰一行到长沙市清真寺、玉泉寺实地察看宗教场所开展疫情防控、“五进五好”主题实践活动、人才队伍培养、场所管理等情况，对天心区在宗教事务管理、宗教人才培养及推进我国宗教中国化中所做的工作给予肯定。贺安杰强调，要引导宗教界搞好人才队伍建设，提升依法管理宗教事务水平，团结凝聚信众智慧和力量。（罗　兰）

【全国政协民宗委调研宗教活动场所】 2020年10月23日，全国政协民族和宗教委员会分党组副书记、驻会副主任杨小波带队调研天心区宗教活动场所清真寺场所管理情况。杨小波一行实地察看清真寺礼拜殿及办公区域。长沙市伊斯兰教协会会长黄祖群就清真寺基本情况、日常管理、疫情防控及“五进五好”主题实践活动开展情况进行汇报。杨小波强调，要坚持我国宗教中国化方向，要用社会主义核心价值观来引领和教育中国宗教界人士和信教群众，弘扬中华民族优良传统，用团结进步、和平宽容等观念引导广大信教群众。（罗　兰）

【校地同心共建民族宗教工作】 2020年11月3日，湖南女子学院与天心区青园街道校地联盟开展民族宗教工作合作签约仪式在湖南女子学院举行。长沙市委统战部副部长刘佳勇，湖南女子学院党委书记罗婷，市民宗局党组成员、副局长王自书，天心区委常委、统战部部长刘向，湖南女子学院各院系负责人、师生代表及区民宗局、相关街道、派出所、社区相关负责人参加会议。会上，湖南女子学院党委与青园街道工委签订《校地联合开展民族宗教工作合作协议》。根据合作协议，双方以互动融合、优势互补、互惠共赢为原则，开展八个方面内容的深度合作，形成一批合作长效机制、开展一批主题活动、打造智库形成课题研究。罗婷等就湖南女子学院相关工作情况及下一步合作共建方向进行介绍，师生代表就新形势下如何理解民族宗教工作发言。刘向表示，成立校地联盟是一个宽领域合作，各方要做好校地民族宗教工作协同配合，围绕“四个统战”（即“同心统战”“创新统战”“实干统战”“亲清统战”）工作理念，构建全区大统战工作格局。刘佳勇强调，要发挥高校资源优势，加强地方服务和协同配合，把校地联盟打造成全市民族宗教工作的特色亮点。11月27日，区文源街道党工委校地同心共建单位——中南林业科技大学、湖南广播电视大学、中南大学铁道校区达成合作意向，现场签订校地同心共建民族宗教工作协议。刘佳勇表示，文源街道与辖区三所高校同时“联姻”，是校地资源共享、管理互融、合作共赢的战略选择。各高校负责人介绍工作经验，就校地共建提出建议。刘向表示，校地同心共建要做到信息共享，全方位联动，构建全区大统战工作格局。据了解，校地同心共建民族宗教工作是落实长沙市委统战部制定的驻长高校与当地党委政府民族宗教工作联席会议制度的务实举措。（罗　兰）

图60　2020年11月3日，湖南女子学院与校地联盟开展民族宗教工作合作签约仪式在湖南女子学院举行（区民宗局供图）

【民族团结通道“扶贫助学送温暖”活动】 2020年11月22—24日，天心区民宗局联合长沙市民宗局、长沙市民族联谊会赴通道侗族自治县开展2020年民族团结通道“扶贫助学送温暖”活动，少数民族爱心人士、助学教师一行27人参加活动。天心区民宗局为通道侗族自治县礼雅小学捐助2万余元的助学金及爱心物资，开展送课助教活动。与当地统战、民宗部门就如何做好新时代民族交往交流交融和民族团结进步创建工作展开交流。（罗　兰）

【民族宗教界代表人士谈心活动】 2020年12月17日，天心区委统战部、区民宗局组织全区少数民族、宗教界代表人士赴长沙县田汉文化园开展红色主题教育暨谈心谈话活动。长沙市民宗局党组书记、局长罗伟，天心区委常委、统战部部长刘向出席，副区长黄会主持，区民宗局、城南路街道、裕南街道、南托街道负责人以及少数民族、宗教界代表人士等40余人参加活动。活动中，各界代表人士观看舞台情景剧《田汉眼中的中国》，参观田汉纪念馆、田汉故居，了解田汉的求学、创作、革命、抗战成长历程。召开座谈会交流讨论，相关街道分管领导、宗教界、少数民族代表人士发言并提出意见和建议。（罗　兰）

退役军人事务

【概况】 2020年，天心区退役军人事务局以“思想政治工作年”“基层基础基本建设年”等活动为抓手，接收移交安置各类退役军人及家属；走访慰问退役军人和其他优抚对象；按规定及时发放各类抚恤补助经费；开展退役军人招聘、社保接续、为退役军人购买商业保险等一系列工作。裕南街街道长坡社区作为示范点迎接长沙市第七次创建全国双拥模范城检查，裕南街街道长坡社区党总支书记蒋彬被评为省级爱国拥军模范个人。（胡典香）

【服务保障体系建设】 2020年，天心区完善区、街道、社区（村）三级退役军人服务保障机构体系建设。依据《湖南省退役军人和其他优抚对象困难援助资金暂行管理办法》，对退役军人和其他优抚对象进行援助。（胡典香）

【双拥优抚褒扬工作】 2020年春节、八一建军节等节日，天心区委、区政府主要负责人带队走访慰问重点优抚对象，组织各街道、社区（村）、部门开展对退役军人和其他优抚对象慰问活动。打造裕南街长坡社区、黑石铺街道一力社区、青园中信小学和军魂培训基地4个双拥示范点，在全区重点地段设置双拥大型户外宣传标语4副，电子显示屏6处。长坡社区作为示范点迎接长沙市第七次创建全国双拥模范城检查。天心区“三属”（烈士遗属、因公牺牲军人遗属、病故军人遗属）、烈士子女、在乡复员军人、带病回乡退伍军人、伤残人员、60周岁以上农村籍退役人员等重点优抚对象，均按照标准及时足额发放各类抚恤补助金、医疗救助、价格临时补贴、病故军人一次性抚恤金、义务兵家庭优待金。（毛　敏）

【军休服务】 2020年，天心区按政策发放军休干部、职工退休金和其他福利。组织军休干部和职工开展文体活动。采取购买军休服务项目方式，服务每位军休人员。（刘　茜）

【移交安置】 2020年，天心区推行“阳光安置”，按照政策规定安置指令性计划安置转业干部、自主择业军转干部、随军随调家属、符合条件退役士兵。及时拨付自主就业退役士兵地方一次性经济补助、转业士官待安置期间生活费、待安置期间的社保接续费用。落实退役返乡“五关爱”（即老兵退伍返乡做好迎接仪式、开展谈心、宣讲政策、推介岗位、高效办事）相关政策，利用退役返乡报到时间节点，召开退役士兵返乡欢迎仪式并组织退役军人培训。（周冬云）

【就业创业】 2020年，天心区推进下岗（失业）转业志愿兵和转业士官再就业帮扶工作，助力重新再就业，及时拨付再就业人员工资、社保等经费。全年完成线上招聘会7次、线下招聘活动4次，数十人达成就业意向；组织符合条件的退役军人参加以“就业点亮万家灯火、服务连通三湘四水”为主题的就业帮扶服务活动。组织退役军人创办的企业（个人）参加长沙市“双带双促”项目申报，天心区推送的“湖南人人居安消防安全服务集团有限公司”和“湖南雷诺科技发展有限公司”总经理黄亮、“上海红星欧丽洛雅品牌管理有限公司”主管王培被评为先进单位和先进个人。天心区退役军人创办的湖南军珲教育有限公司参加长沙市退役军人创新创业大赛，被评为大赛唯一“人气之星”奖。（王　莉）

【社保接续】 2020年，天心区退役军人事务局多次召开区、街两级社保接续工作推进会，推进各项工作。全区部分退役士兵社保受理初审率、社保和医保审核通过率、社保办结率均为100%，到达退休年龄且可以办理医保退休人员的医保办结率100%。（周冬云）

【创新医疗保障体系】 2020年，天心区退役军人事务局探索“1+1+1”（即国家医保兜底＋区政府救助＋商业补充保险）保障模式，为全区重点优抚对象购买商业保险，形成以国家医保兜底、《天心区优抚对象医疗保障实施细则》进行政府救助为辅、商业保险为补充的优抚对象三级医疗保障体系，确保重点优抚对象得到实惠。（毛　敏）

【搬迁新址】 2020年6月22日，长沙市天心区退役军人事务局（天心区退役军人服务中心）举行搬迁新址揭牌仪式，区委常委、常务副区长周志军，副区长洪孟春，副区长、公安分局局长肖向东出席并为新址揭牌。该次搬迁新址，由天心区刘家冲北路19号市场监督管理局1楼搬迁至天心区正塘坡路300号友谊综合楼B栋4楼。区退役军人事务局在办公场地设就业创业信息墙，实时更新就业信息；设心理咨询室、法律援助室，倾听退役军人心声，为退役军人提供法律帮助；设服务大厅，采取窗口式办事，主要承担退役军人信息采集、就业创业扶持、困难帮扶、权益保障、法律咨询等服务性工作。

（胡典香）

【唐勇调研天心区退役士兵社保接续工作】 2020年6月30日，湖南省退役军人事务厅厅长唐勇一行到天心区调研部分退役士兵社保接续工作，长沙市退役军人事务局局长荣爱华，天心区委副书记、区长黄滔，区委常委、常务副区长周志军参加调研。唐勇一行实地察看天心区退役军人事务局及服务中心，了解社保接续工作，服务保障体系建设等情况；召开工作座谈会，听取黄滔、周志军分别就天心区退役军人服务保障工作、社保接续工作开展情况的汇报。唐勇强调，社保接续工作要"一把尺子量到底"，既要提量也要保质，按时间节点高标准完成工作任务。黄滔表示，天心区将努力补齐短板、延伸长板，更好地服务于退役军人群体。

（胡典香）

残疾人事务

【概况】 长沙市天心区残疾人联合会（简称"区残联"）是全区各类残疾人的统一组织，是将残疾人自身代表组织、社会福利和事业管理机构融为一体的残疾人事业团体。区残联主要负责残疾人康复服务、教育就业、扶贫救助、权益维护、文化宣传等工作，推动有关残疾人和残疾人事业的法规及政策的制定和实施；承担区政府残疾人工作委员会的日常工作。

2020年，天心区残疾人脱贫攻坚任务优质完成、第三代残疾人证首发仪式在全市率先开展；接待副省长朱忠明走访远征驾校；区政府常务会议专题听取残联工作，出台《天心区残疾儿童康复救助实施细则》。《湖南日报》专题报道区残联残疾人工作。残疾人周佳霖被评为中国残联"优秀残疾人艺术家"称号。

（张　琼）

【组织宣传工作】 2020年，天心区第三代残疾人证办理完成新卡制作、信息采集，发放新卡225张，首次将残疾证申请下放社区，重度瘫痪残疾人实施"视频办证"模式逐步开展，为43户残疾人开展便民评残上门服务工作；完成7459名残疾人调查工作，全部采集到位，APP采集比例98.88%。推选彭江、何正道、付艳龙、长沙红海人力资源有限公司为长沙市新时代学雷锋扶残助残"善行四十佳"先进。残疾人罗如奎创办海奎针车行公司，获得市残联复工复产自强典型先进；新考聘专职委员4名，全区有77名专职委员稳定上岗；专职委员雍杰、彭波、邓健飙参加长沙市动态更新知识竞赛被评为二等奖，专职委员汤俊杰、党贾、周莉、杨昂等参与防疫抗疫工作，发动志愿者参与防疫，带头募捐帮扶其他残疾人。

（张　琼）

【民生实事工作】 2020年，天心区残联完成180名省重点民生实事项目"残疾儿童康复救助"。从3月份开始全部在市定点康复机构开展线上康复训练。完成40名残疾学生和残疾人子女扶残助学工作任务。确定补助对象243名，补助金89万元，任务完成率607%。

（张　琼）

【康复工作】 2020年，天心区残联完成511名0—17岁残疾儿童享受市康复孤独症、智力、脑瘫、听障儿童康复救助；实施"光明关爱"救助。为182名低视力患者实施眼疾复明手术救助；开展"辅具适配"项目；为405人免费适配基本型辅具737件；为20名残疾儿童开展康复教育进家庭工作。

（张　琼）

【残疾人就业】 2020年，天心区残联做好51名疫情期间残疾人稳岗就业租金补贴工作；开展"送保险特色服务"工作，为3432名残疾人士购买意外保险服务；完成残疾人基本养老保险补贴，为3名残疾人个体工商户补贴基本养老保险1.03万元，为21名灵活就业残疾人发放基本养老保险5.7万元；区内5家托养机构为144名残疾人提供日间托养照料服务；为135名就业年龄段内服务对象的居家托养服务，对辖区内111名重度残疾人或多残家庭发放托养补贴26.64万元。

（张　琼）

【残疾人维权】 2020年，天心区残联妥善办理涉残信访案件5件；开展残疾人权益保障"双联双百"工作，撰写社情民意调研报告3篇；发挥专门协会在维权维稳中的作用，做好排查摸底和疏导化解工作。"12345"市民服务热线工单反映的问题6件均妥善回复和处理，未发生不良影响事件，工单签收办结率100%，工单回访满意率100%；新增残疾人机动车车主3名，累计有机动车车主146名；爱心卡办理150余张；加大无障碍改造，暮云街道花园岭社区成功创建市级无障碍社区，41户残疾人家庭改造全面

完成；春节慰问残疾人351人，发放慰问金35.1万元；全年救助困难残疾人381人，发放救助金82.91万元。（张　琼）

【残疾人脱贫攻坚工作】 2020年，天心区残联定期与区扶贫办、民政、教育、人社、住建、医保等部门开展数据交换与比对，及时掌握残疾人脱贫攻坚数据信息。摸清建档立卡残疾人基本情况，全区有建档立卡办证残疾人140户164人。其中，一级27人，二级62人，三级34人，四级41人（重残89人）；肢体残疾51人，视力残疾21人，智力残疾28人，精神残疾43人，听力残疾3人，言语残疾3人，多重残疾人15人；新增办证25人；一户多残23户47人。做好残疾人证办理便捷服务，出台《天心区建档立卡户、低保户办理残疾证鉴定费补贴办法》，为21户低保户、建档立卡户办理残疾证减免鉴定费5463元，开展残疾人证办理便捷服务，为38名建档立卡残疾人办证评残提供上门服务，25人新办残疾人证。建档立卡残疾人困难生活补贴、重度残疾人护理补贴应享尽享，养老保险、医疗保险政府代缴全部到位。为8名建档立卡残疾人子女实施教育就学救助，发放就学救助金3.15万元；为1名建档立卡残疾儿童提供免费康复训练，减免康复训练费用2万元。实施托养日间照料服务，对13名建档立卡残疾人开展居家或机构托养照料服务，对符合条件的5户建档立卡户发放重度残疾人家庭托养补贴1.2万元。（张　琼）

【残联改革工作】 2020年9月，天心区残联成立以党组书记、理事长夏继明为组长的方案起草小组，牵头区残联改革方案起草工作。10月27—29日，举办全区残疾人工作者培训班，期间召开主席团残疾人委员座谈会，就残联改革工作进行部署传达，听取主席团残疾人委员的意见和建议。10月26日，区政府常务会议听取区残联改革工作，印发《天心区残疾人联合会改革方案》，区残联加强残联自身建设，统筹抓好改革落实工作，新增挂职理事1名，专门协会兼职副主席5名。区残联新增干部1名，全区14个街道残联人员组织、场地落实等方面全面到位。截至年末已完成改革工作。（张　琼）

【长沙市第三代残疾人证在天心区首发】 2020年6月16日，长沙市第三代残疾人证首发仪式在天心区举行。湖南省残联组人部部长言建文、副部长唐绍国，长沙市残联党组成员、副理事长左锡涛，组宣部部长李梅及领证残疾人代表等参加。首发仪式由天心区政府副调研员李小文主持。左锡涛肯定天心区三代证试点工作。与会领导为残疾人代表发放第三代残疾人证。天心区作为湖南省第三代残疾人证换发工作试点区，成立工作小组，严格按照中残联“七个统一”（统一品牌、统一编号、统一风格、统一管理、统一标准、统一培训、统一宣传）的原则要求，明确试点工作目标、领导机制、经费保障等，形成试点工作方案，完成试点工作设备采购、信息录入、照片采集等工作。此次发放第三代残疾人证的是新申请办证的残疾人代表，由于第三代残疾人证有一定的制作周期，持有有效期内的第二代残疾人证可继续使用，使用效力不变。发放仪式结束后，各区县市残联就三代证制作、打印等技术问题和定点厂商进行交流探讨。（张　琼）

【残疾人工作者培训班】 2020年10月27—29日，天心区残疾人工作者培训班在天心区委党校培训基地开班。街道残联副理事长、社区（村）残疾人专职委员、区残联主席团残疾人委员、区残联工作人员等130人参加培训。开班仪式由区委党校副校长章建华主持，区残联党组书记、理事长作开班动员讲话，就专职委员“提素质、展技能、树形象”进行专题授课。10月26日，市残工委秘书处主任、市残联办公室副主任雷传红就“公文信息写作”进行专题授课；区委党校副校长章建华讲授十九届四中全会精神主题内容。10月28日，湖南天恒健律师事务所律师李萍讲授《中华人民共和国民法典》中涉及残疾人监护人的法规条款等知识进行讲解；湖南成才电脑培训学校手语老师张喜红就手语技能提升做专题培训；区纪委驻卫健局纪检监察组组长王珊就党风廉政教育工作进行专题授课；区残联各分管领导和业务线专干就残疾人康复政策、组织宣传、教育就业、残疾人证办理等知识进行讲解。10月29日，开展专职委员经验交流发言，专职委员从残疾人就业、救助、办证、康复等方面提出意见建议。该次培训采用多媒体教学，课堂以互问互答等方式进行授课，培训内容包括素质提升知识和业务基础知识，有利于天心区残疾人工作者认清工作目标任务，明确工作要求，提升业务知识，提高

服务能力。（张　琼）

【关爱残疾人学雷锋志愿服务活动】 2020年12月6日，天心区“秀出你的笑脸，展示你的风采”关爱残疾人学雷锋志愿服务活动暨爱心企业表彰活动在天心区新村阳光志愿服务中心举行，残疾人工作者、助残志愿者、爱心助残人士等100余人参加活动。该次活动从倡导文明和志愿助残的角度，对天心区关爱残疾人学雷锋志愿服务活动进行总结、宣讲和展望，弘扬人道主义精神，营造关心、帮助残疾人的社会氛围，促进残疾人事业长期稳定发展。专业摄影志愿者在活动前2个月深入残疾人士生产和生活环境，抓拍他们幸福笑脸照片。活动现场，摄影师将照片赠送给残疾人士。活动上，新村阳光的舞蹈队表演舞蹈；开展“国际志愿者日”助残工作知识及政策抢答环节；中国建设银行长沙芙蓉支行、湖南路路通塑业股份有限公司、湖南网路信息技术有限责任公司、长沙市望城区高塘岭镇红霞南杂批发部、长沙市远征驾校、天心区桥边人家农家乐等10家爱心企业接受表彰。“中国好人”汤俊杰以《向幸福出发》为主题与分享个人励志故事。（张　琼）

医疗保障

【概况】 长沙市天心区医疗保障局（简称“区医保局”）主要职能有组织实施医疗保障地方性法规、规章，拟订并组织实施全区医疗保障基金监督管理办法，拟订并组织实施全区医疗保障筹资和待遇政策，拟订由区级负责管理的药品、医用耗材的招标采购政策，负责区本级医疗保障经办管理，建立全区医疗保障公共服务体系，完善统一的城乡居民基本医疗保险制度和大病保险制度等。（邹　芳）

【医保参保待遇】 2020年，天心区医保局建成以职工医保和城乡居民医保为主体，生育保险、大病互助、大病保险、公务员医疗补助、离休人员医疗统筹为补充的全民医保制度。全区职工医保、城乡居民医保和生育保险参保人数分别为28.87万人次、15万人次、26.36万人次，参保覆盖率95%以上。（邹　芳）

【两病保障】 2020年，天心区医保局确保“两病”（高血压、糖尿病）门诊用药保障，高血压患者政策用药就诊1665人，基金支出12.51万元，普门统筹高血压患者3104人，基金支出30.41万元；糖尿病患者政策用药就诊750人，基金支出9.95万元，普门统筹糖尿病患者810人，基金支出10.17万元。（邹　芳）

【异地就医保障】 2020年，天心区实现省内、市内、跨省异地就医费用医保直接结算，无需参保人员垫付费用。全年异地联网就医直接结算总人数1057人，现场办理异地安置就医人数468人。异地就医、生育等费用审核1802笔，支出597.60万元；公费医疗支出532.24万元。（邹　芳）

【医疗监管】 2020年，天心区医保局联合中国人寿长沙分公司完成12家住院协议医疗机构的现场监督检查；对辖区内11家协议定点医疗机构下发违反医保协议行为处理通知书，共追回违约违规费用77.13万元。对辖区内230家协议定点医药机构做到100%全覆盖检查，对于有违规行为的134家机构做到100%处理。开展打击欺诈骗保自查自纠行动，全区8家医疗机构自查发现违规行为，主动退款共4.16万元。（邹　芳）

【贫困人口就医保障】 2020年，天心区为976名建档立卡脱贫人口建立城乡医保关系，实现由财政代缴个人部分20.82万元，“一站式信息化结算”的总人数为650人次，结算医疗总费用为571.59万元，报销总金额535.45万元。医疗救助办理2021人次，支出660.86万元。精神障碍患者药物救助5325人次，支出救助金额91.39万元，住院救助213人次，支出救助金额51.63万元。疫情期间针对576名精神病人进行上门发药，将医疗帮扶纳入民生工程，医疗帮扶256人，使用资金92.6万元。（邹　芳）

【医疗保障服务】 2020年，天心区医保局将“放管服”列为政务服务工作重点，坚持“一件事一次办”，把“最多跑一次，最好零跑腿”落到实处，精简办事材料，优化服务流程，加快推进“互联网+医保”，推进医保业务“掌上办”“网上办”，宣传异地就医联网结算，推行异地就医联网结算的参保人员在“智慧人社”和“我的长沙”APP内直接申请异地就医备案，实现异地就医费用医保直接结算，提高异地就医便捷性。全年印刷宣传手册6万余份，开展集中宣传和业务培训10余次，及时处理“12345”热线问题，居民满意率98%以上。及时开通政务网站平台，全年发布医保信息36条，其中2条被“学习强国”学习平台采用。（邹　芳）

【国药集采】 2020年，天心区医保局开展3批次112种国家中选药品的集中采购，进行抗菌药品专项集中采购和新冠病毒相关检测试剂专项采购，已终止合同期的第一批国药集采，超额完成采购合同量167.75%。通过实行国家药品集中采购，优化医疗支出结构，提高医保基金的使用效率，减轻了群众医疗费用负担。

（邹　芳）

【机构准入】 2020年，天心区深化医疗机构准入工作“放管服”改革，拓宽准入模式，开展社区卫生服务站和村卫生室申请城乡居民门诊统筹协议定点医疗机构试点，同时简化办事流程。2020年，天心区新增62家医药机构签订定点医疗机构服务协议，新增1家综合医院签订基本医疗保险普通住院协议。（邹　芳）

人居环境管理

【概况】 长沙市天心区城市人居环境局（简称“区人居环境局”），主要职能简称为“125111”，即1个“中心”（老城区有机更新）、2个“保护”（历史文化名城保护和近现代建筑保护）、5个“改造”（棚户区改造、老旧小区改造、街区“微改造”、城中村改造、危旧房改造）、1项“重点”（“一圈两场三道”建设）、1个基础（城市房屋征收与补偿）、1项职能（城市体检）；另牵头承担区有机更新办、区棚改办、区老旧小区改造办、区“一圈两场三道”建设办公室、长沙外滩指挥部办公室、西文庙坪有机更新指挥部办公室、区铁路沿线综合整治办、区危房改造办等“八办”的统筹协调工作。办公地点位于天心区湘江中路二段118号。（李慧媛）

【老城区有机更新】 2020年，天心区铺排太平街片区、太平街交通微循环、古道巷三期、青山祠社区、西文庙坪B地块、燕子岭及熙台岭社区等老城区有机更新项目10个。天心区老城区范围为北至五一大道，东南至白沙路、人民路、建湘路，西至湘江大道，面积约3.15平方千米，涉及坡子街街道所辖的12个社区和城南路街道所辖的4个社区。根据长沙市历史文化名城保护规划，天心区老城区有机更新划分为太平街片区、火宫殿片区、西文庙坪片区、天心阁片区、白沙古井周边片区、南门口周边片区和第一师范周边片区等7个片区，细分为12个有机更新项目40个子项，总投资约18.97亿元。在推进有机更新过程中，天心区突出以“留”为主，延续城市文脉，太平街项目、西文庙坪项目、火宫殿项目、古道巷项目4个项目，从棚改项目调整为有机更新项目，共保护修缮文物或潜在历史建筑30余处、留住老街巷名50余处；突出共建共享，改善人居环境，通过有机更新改造对区域内危房旧房进行改建翻新，拆除违章建筑打通“毛细血管”实现微循环，改造街巷增设绿地、消防、站厕、停车场等公共设施；突出业态更新，促进经济发展，在改善街区形象的基础上，同步推动业态丰富，推动有机更新与五一商圈提质改造互利共生，推动餐饮、文化、旅游、娱乐等业态协同发展，构建线上线下互动、服务体验融合、商旅文体协同的产业生态。截至2020年年底，基本完成老城区有机更新，全线贯通区内3.6千米长的历史文化步道示范线。

（李慧媛）

【“四项改造”】 2020年，天心区推进棚户区改造、老旧小区改造、危旧房屋（构筑物）改造、街区微改造“四项改造”。棚户区改造：完成征收签约1311户，实现7个签约清零、3个腾房清零、1个腾地清零，并办理15万元棚改安置补贴405户；老旧小区改造：完成老旧小区改造项目14个（26个小区），惠及居民楼255栋、居民5186户，建筑面积30.51万平方米；危旧房屋（构筑物）改造：45处危房改造（约1.86万平方米）开工，实施排危5处；街区微改造：实施街区微改造项目7个，农贸市场周边微改造项目6个。（李慧媛）

【铁路沿线环境提升】 2020年，天心区黑石铺铁路货运站违章拆除、大托铺违章拆除复绿完成，中铁二十五局物流路段进场，下新市街、上新市街、龙潭塆、新天小区后方、线材厂仓库对面等项目进入立项、设计等前期阶段。

（李慧媛）

【下碧湘街片区城市更新】 2020年，天心区实施城市更新行动，完成坡子街辖区下碧湘街片区的城市体检，启动该片区城市更新单元项目的前期工作。下碧湘街项目位于天心区坡子街街道，依托五一商圈、滨江商务带的地理位置优势，打造集金融总部办公、历史文化街区、滨江休闲商业中心等多功能、高复合于一体的长沙新地标。碧湘街棚改项目东起书院路，南起劳动路，西至湘江大道，北至城南西路（西湖路），分两期实施。12 月 17 日，天心区委书记刘汇调研下碧湘街片区有机更新工作。刘汇强调，要把以人为本、民生改善、弹性适应等理念贯穿有机更新建设的全过程；将城市有机更新工作与民生改善充分结合，解决好有机更新区域空中的电线、地下的管网、房子的提质改造等问题；引导居民群众以主人翁的姿态献计献策、参与其中；要确保有机更新项目的质量、安全和进度。（李慧媛）

【西文庙坪项目】 西文庙坪位于坡子街街道，东起长郡中学，西至湘江路，南临城南西路，北达人民西路，这里曾是湖南最高学府——长沙府学宫所在地，是长沙市历史文化名城保护规划的 4 个历史地段之一。西文庙坪作为天心区老城区有机更新工作的重点区域于 2018 年 8 月启动，该区域有机更新面积 22.90 公顷，分四期实施，2020 年完工。西文庙坪属于长沙古城风貌核心区，大部分区域仍保留着明清时代的街巷肌理。片区内含有“道冠古今”牌坊、梅公馆、长郡中学西南围墙等一般不可移动文物和历史建筑 85 处，有学宫门正街、百花村巷等保护街巷 30 余条。此次有机更新改造中，实施单位天心区棚改公司邀请柳肃、杨建党等古建筑专家进行指导，推动“整体修旧如旧、局部修新如旧、细节修旧如新”。（李慧媛）

【太平街交通微循环改造】 2020 年 3 月 12 日，天心区人居环境局启动太平街交通微循环改造，于 4 月底完工。该次交通微循环改造涉及太平街东、西两厢共 8 个节点，实现新增 12 处太平主街与支巷的联通，通过街道、社区拆除 58 处 900 余平方米历史违章建筑、征收 3 处房屋，8 个节点全部打通，施工单位对节点沿线的地面、建筑、招牌、消防、标识标牌、景观小品、水电气管网等进行改造。通过微循环改造，有利于群众提供便利生活提供空间，为游客自在穿行提供选择，为商业文创繁荣发展提供机会，为太平街腹地价值激活提供载体。（李慧媛）

【周飞调研老旧小区改造工作】 2020 年 6 月 1 日，长沙市城市人居环境局党组书记、局长周飞带队调研天心区金盆岭街道赤岭路社区老旧小区改造工作，现场察看赤岭路社区二机小区，了解项目改造情况和存在的困难，指出下步工作中的注意事项：探索老旧小区改造社会资本运作模式，广泛听取民意；小区改造后要建立后期运行管理机制，重点解决物业管理、社会治理等一系列问题，运用市场化服务手段，实现小区后续专业化管理；对老旧小区实施全生命周期管理，探索“旧区改造 + 物业管理”等模式，引入社会资本参与老旧小区改造。（李慧媛）

【黄滔调研人居环境提升项目建设】 2020 年 8 月 4 日，天心区委副书记、区长黄滔带队调研经信宿舍、上新市街、线材厂仓库后方、下新市街等铁路沿线人居环境提升项目，工农村小区、冶金居民点等老旧小区改造项目，以及碧湘街二期、劳动广场等棚改项目。黄滔强调，各相关部门、街道和项目建设单位要加速加快推进项目建设，加强调度配合，从群众的现实需求出发。（李慧媛）

园区建设

长沙天心经开区

【概况】 长沙天心经济开发区（简称“天心经开区”）由原长沙天心经济开发区、湖南暮云经济开发区合并成立。2020年11月，园区整合后有企业2733家，其中，文化广告类企业834家、人力资源类企业174家、大数据（地理信息）企业220家、软件技术类企业约200家，医药健康类企业约200家。总产值350亿元。天心经开区被评为“2020年度长沙市媒体艺术示范园区”。（陈晓宇）

【园区经济】 2020年，天心经开区完成技工贸总收入350亿元，同比增长10%；完成服务业主营业务收入198亿元，同比增长15%；实现税收收入35.91亿元，同比增长36%；完成外贸进出口总额2.17亿美元，为年度计划的103.52%；实际利用外资1.24亿美元，为年度计划的102.55%。整合后园区有规模以上企业共184家，其中，规模以上服务业77家，规模以上工业15家，限额以上批零住餐业61家，资质以上房地产、建筑业31家。产值过亿元的企业有36家，后备上市资源库企业12家。

（陈晓宇）

【招商引资】 2020年，天心经开区坚持“访厅拜院、产业链招商”工作思路，争取湖南省自然资源厅、省发改委研究出台支持地理信息产业发展的专项政策；长沙市委、市政府出台《中共长沙市委常委议事协调会议纪要》，明确在土地收储税收返还、项目手续办理等方面给予园区支持；天心区政府出台《关于支持天心经开区改革创新发展的若干意见（试行）》《关于大力支持高技术服务业发展的若干政策》。实施“以平台换产业、以市场换产业”举措精准招商，开展小分队招商、以商招商、协会招商，领导班子带队外出招商50余次，接待客商400余次。围绕以地理空间信息为特色的数字经济主产业，年内新引进湖南思极、绿盟科技、东方至远等企业574家。其中，包括全球500强企业2家；互联网巨头百度打造的全国最大云手机基地；全球最大投资基金软银推动的智慧机器人和高精度地图项目，解决光电科技领域国外“卡脖子”问题；国内技术顶尖的湖南麓星光电科技有限公司；首家登陆中国创业板的民营集成电路设计企业欧比特宇航科技公司等高端企业纷纷落户天心。新增税收1.7亿余元。（陈晓宇）

【数字经济发展】 2020年，天心经开区率先打造长沙天心软件产业园，形成“一核多点”产业格局。截至年末，该园区共有软件类企业875家，软件从业人员14070人，拥有软件著作权1.5万件，其中年内新增软件业企业121家。加速“天空地一体化”数据资源集聚，自然资源湖南省卫星应用技术中心、高分气象卫星应用中心建成，湖南能源大数据中心入驻，湖南地质大数据中心、湖南气象大数据中心加快落地；推动5G建设发展，与长沙理工大学、百度云手机等5家企事业单位合作建设5G创新应用示范区。全方位支持企业做大做强，成功推广“酷哇智慧环卫”等20个应用场景项目落地。肯耐珂萨是HCM SaaS（中国人力资本管理软件即服务）行业唯一被评为2020“新基建”产业独角兽（人工智能）企业，绿盟科技入选工信部2019—2020年度物联网关键技术与平台创新类示范项目，“V零工平台”蚂蚁天承实现高速发展，长沙人力资源创新中心等3家入选长沙市众创空间。全力做好“入规、升高、上市、扩面”工作，年内新增规上服务企业17家，新认定高新技术企业57家，提交上市辅导报告1家，新增智能制造试点项目5

个；获得知识产权质押融资 64537 万元，创年度新高；区校合作实质性突破，投入 1500 万元推动湖南大学红外薄膜技术光学器件产学研一体化基地建设。（陈晓宇）

【园区项目建设】 2020 年，天心经开区新增产业投资项目 84 个，总投资约 242 亿元。其中，产业链项目 43 个，总投资约 40 亿元；主特产业项目 41 个，总投资约 202 亿元。申报总部企业 20 个，500 强企业投资项目 4 个。远航健康城等 4 个项目竣工，全省唯一的数据要素与数字资产交易场所湖南大数据交易中心启动建设，五江国际商业广场、中交国际等 21 个项目建设加快推进。年内，完成固定资产投资 168 亿元。

（陈晓宇）

【营商环境优化】 2020 年，天心经开区推行"放管服""最多跑一次"改革，应用"一网通办""多规合一"平台，办理办结审批事项 278 件。推行全员联点服务机制，联点产业平台 18 个，为 355 家企业主动问需，解决问题 200 余件。强化金融保障，组织银企对接会 3 场，协助企业融资 2.67 亿元，指导万睿等 10 家企业获得长沙信贷风险补偿基金 3590 万元，落实政策兑现资金 2349.38 万元，落实绿心工业企业土地收储资金近 15 亿元。营造良好法治环境，率先全市成立"诉源治理工作室"，化解相关矛盾 216 件；打造天心周末大讲堂，开展"璀璨天心才聚经开"培训活动，为企业发展持续赋能。推荐企业 32 人次参加高层次人才认定培训工作。建立大数据（地理信息）专家智库和湘籍游子人才库，举办精准供需对接活动近 20 场次，解决 184 名人才购房资格、47 名人才子女就学问题。全面完成长沙地区全部地理标志证明商标、集体商标授权备案工作。国家商标局长沙商标受理窗口累计为企业办理 8217 件，业务量在全国窗口中排名第三，被国家知识产权局评为"全国商标受理工作先进单位"。（陈晓宇）

图 61　2020 年 2 月 24 日，长沙天心软件产业园（筹）在鑫远国际大厦挂牌（天心经开区供图）

【长沙天心软件产业园（筹）挂牌】 2020 年 2 月 24 日，长沙天心软件产业园（筹）在鑫远国际大厦挂牌，长沙市副市长邱继兴，长沙市副市长、天心区委书记朱东铁，长沙市工信局局长康小平，天心区委副书记、区长黄滔出席揭牌仪式。天心经开区党工委书记吴江，党工委副书记、管委会主任，以及区直、园区相关部门负责人参加活动。

（陈晓宇）

【重大项目集中签约】 2020 年 3 月 31 日，长沙天心区 22 个重大项目在鑫远白天鹅酒店集中签约，涵盖软件和信息技术服务、新基建、人工智能、人力资源服务、金融服务、文化创意等，其中 17 个软件产业项目引进核心研发人员 1000 人以上。朱东铁、黄滔、区人大常委会主任于献、区政协主席夏艳兰、吴江等参加签约仪式。吴江在仪式上作专题招商推介。

（陈晓宇）

【大数据产业链法律服务团成立】 2020 年 6 月 2 日由长沙市司法局和市律师协会招募组建的大数据产业链法律团在天心经开区成立，并发布"六个一"服务活动。即举办一次法治论坛；开展一次公益法律服务进企业活动；组织一次法律法规公益宣讲沙龙；免费审查规范一批合同；搭建一座政企沟通桥梁；深度服务一批链上企业。（陈晓宇）

【湖南大数据交易中心项目开工】 2020 年 7 月 15 日，湖南大数据交易中心项目开工暨全国首个市场化开放式场景"酷哇"智慧环卫项目启动仪式在天心经开区举行。天心经开区党工委书记吴江介绍湖南大数据交易中心情况，长沙酷哇人工智能及大数据产业技术研究院有限公司董事长何弢介绍全国首个市场化开放式场景“酷哇”智慧环卫项目情况。长沙市数据资源管理局局长张武主持仪式，天心区委副书记、区长黄滔致辞，长沙市委常委、统战部部长谭小平宣布湖南大数据交易中心项目开工、“酷哇”智慧环卫项目启动。湖南省自然资源厅一级巡视员王善明，省工业和信息化厅党组成员、总经济师熊琛，长沙市副市长彭楠等出席活动。（陈晓宇）

【统筹管理体制改革】 2020年11月，天心区印发《关于天心经开区和天心文化（广告）产业园实行统筹管理体制改革的工作方案》的通知，在机构编制架构不变的前提下，大力推进天心经开区和天心文化（广告）产业园统筹管理体制改革。从经济发展规划、产业布局、土地开发利用、统计报表、集中办公、人员分工、干部配备和编制资源、资产债务、财政保障和绩效考核等十个方面调整运行机制，实行统一决策、统一部署、统一运作，最大限度地整合资源，走出“天心特色”的园区改革之路。同时在园区探索推行相对集中行政许可权改革，进一步提升园区企业服务能力，推动以园区为主导、全区数字经济和地理信息产业蓬勃发展。

（陈晓宇）

【长沙人力资源服务产业园授牌】 2020年11月12日，中国长沙人力资源服务产业园企业孵化平台——长沙人力资源创新中心，经过实地查验和初审、市级专家评审和公示等流程，被长沙市科学技术局正式授牌为长沙市众创空间。（陈晓宇）

【湖南能源大数据中心有限公司揭牌】 2020年12月26日，湖南能源大数据中心有限公司揭牌暨湖南能源大数据智慧平台上线发布会举行。省政府副省长朱忠明出席发布会并为公司揭牌。省直相关部门负责人及股东单位负责人参加活动。（陈晓宇）

【湖南首家华为HiLink智慧家居生活馆落户天心】 2020年10月2日，湖南首家华为HiLink智慧家居生活馆携手苹果、OPPO等数十家余知名品牌项目落户天心经开区中海环宇城。生活馆经营面积近600平方米，整合华为HiLink协议下多个智能家居品牌资源，汇聚华为智能手机终端和平板、TV、音响、眼镜、手表、车机、耳机、PC八大类全场景融合产品，更有华为生态链各类品牌产品，为消费者提供客制化智能家居解决方案，建一套完整的5G时代服务生态体系。（陈晓宇）

长沙天心文化（广告）产业园

【概况】 长沙天心文化（广告）产业园是集国家文化产业示范园和国家广告产业园区于一体的产业发展平台。2020年7月园区作为全国国家级文化产业园区的唯一代表在文旅部电视电话会议上做先进典型发言。11月，长沙天心经济开发区、天心文化（广告）产业园实行统筹管理体制改革，合并成立长沙天心经济开发区。

截至2020年年末，原长沙天心文化（广告）产业园有企业833家，其中，上市挂牌企业6家，规模以上服务企业43家，高新技术企业31家，产值过亿元企业9家。企业总营收53亿元，其中，规模以上企业营收28亿元，完成全口径税收1.22亿元。（肖　婧）

【园区营商环境】 2020年，天心区组织金铠、中合慧景等园区企业申报2020年度省现代服务业发展专项资金项目；组织湖南山猫吉咪传媒股份有限公司、湖南金铠文化传播有限公司、湖南亚文传媒股份有限公司申报长沙市2020年度拟上市（挂牌）企业；为湖南山猫吉咪传媒股份有限公司、湖南启善尚行文化传播有限公司等8家园区企业申报天心区信贷“白名单”；为8家企业完成长沙市2020年中小企业贷款贴息（第一、二批）申报工作；指导湖南山猫吉咪传媒股份有限公司上报重点项目参与湖南省金融支持稳企业保就业政银企对接会；为湖南金铠文化传播有限公司、长沙锄禾展示展览有限公司、湖南亚文传媒股份有限公司、湖南知唐文化发展有限公司、湖南山猫健卫科技有限公司、湖南金贝基业集团有限公司、长沙晨铭体育文化发展有限公司等企业落实风补资金1000万余元。在做好金融服务的同时，该区为入园企业发展护航，免费提供工商、税务等帮代办业务，免费提供形式多样的线上线下人才招聘服务；区住保局为企业做好公租房保障，区检察院监察联络站、司法局纠纷调解中心、法院庭前调解室以及法律服务站为企业做好法律服务保障。新冠肺炎疫情防控期间，免费为园区复工企业“三类人员”提供核酸筛查检测，共计员工823人。为30余家企业615名员工采购中药3690份。为企业减免租金900万余元。（肖　婧）

【知识产权服务】 2020年，天心区知识产权长沙商标受理窗口接待咨询2.36万人次，受理商标业务共计9292件，比2019年增长20%，其中，商标注册业务5538件，商标后续业务3754件。商标受理量在全国212个商标受理窗口中排名第三。（肖　婧）

【首届创意集市在创谷主楼开街】 2020年1月15日，长沙天心文化（广告）产业园首届创意集市——“创市集‘年’在一起”在创谷主楼开街。仪式由园区、天信文创、天鸿物业负责人携手共启，现场聚集酷炫时尚的智能科技和新奇好玩创意产品、精致别出文创产品以及文化手工艺品等。商家通过创新互动、趣味体验、服务咨询等形式，将产品及服务等内容进行集中展示。（肖　婧）

【胡衡华调研长沙天心文化（广告）产业园】 2020年8月20日，湖南省委常委、长沙市委书记胡衡华调研长沙天心文化（广告）产业园，听取园区负责人详细解说，随后走访湖南顺凯文化传媒有限公司、湖南微算互联信息技术有限公司等园区企业，考察企业运营情况。胡衡华鼓励广告企业紧跟数字化发展步伐，紧盯内容创意，做好与信息产业结合文章，合力打造新一代科技型数字化广告产业园区。市委常委、统战部部长谭小平，副市长邱继兴，天心区委书记刘汇，天心区委副书记、区长黄滔等陪同调研。（肖　婧）

【陈献春调研园区发展情况】 2020年12月16日，湖南省政府副秘书长陈献春带队到长沙天心文化（广告）产业园，就园区文化服务贸易创新发展工作开展调研。陈献春一行先后走访湖南省动漫游戏协会、山猫吉咪传媒股份有限公司，现场了解协会和企业情况，并在园区召开调研座谈会。对园区下阶段的发展，陈献春提出要进一步树立长沙创谷品牌形象，培育龙头企业，发挥好平台作用，抓好文化服务贸易创新发展的课题研究，按照重点突破带动整体的思路，加强文化服务贸易改革与发展的研究，在构建新发展格局与促进园区“十四五”期间高质量发展上展现担当与作为。省发改委副主任刘崇斌、省商务厅、省文旅厅等省市单位相关负责人参加，天心经开区党工委书记吴江，天心经开区党工委副书记、管委会主任等陪同调研。（肖　婧）

图62　2020年1月15日，长沙天心文化（广告）产业园首届创意集市——“创市集‘年’在一起”在创谷主楼开街

（天心经开区供图）

街　道

坡子街街道

【概况】 长沙市天心区坡子街街道位于天心区最北端，北依五一大道，与开福区接壤，南至白沙路，与裕南街街道毗邻，东临黄兴中路、黄兴南路步行商业街，经南门口至劳动广场，西靠湘江，与岳麓区隔江相望。下辖太平街、西牌楼、八角亭、坡子街、文庙坪、登仁桥、楚湘、碧湘、创远、西湖、沙河和青山祠12个社区居委会，区域面积1.94平方千米，常住人口6.8万人。

2020年，坡子街街道抓好疫情防控和经济社会发展，省级文明单位保牌顺利验收，被评为湖南省离退休干部先进集体、长沙市第四次全国经济普查先进集体等称号7项，被中央电视台、人民网、“学习强国”学习平台、《湖南日报》、《长沙晚报》等市级以上主流媒体报道540余次，经济工作、优化营商环境、蓝天保卫战等工作在季度重点工作考核中被评为一等。　　（刘　波）

【街域经济】 2020年，天心区坡子街街道完成财政税收15.97亿元，固定资产投资12.77亿元，社会消费品零售总额32.06亿元，规模以上服务业营收9.18亿元，规模以上其他服务业营收5.39亿元，软件企业营收3259万元，新增“四上”企业10家，高新技术企业认定2家。加快推进中澳广场、文津巷项目建设，加快项目签约、腾地及结算，碧湘一期征收项目基本完成结算；火宫殿周边零星地块项目签订征收补偿协议，实现财贸医院搬迁过渡；太平街周边微循环征拆项目签约率100%；西文庙坪项目B2地块一期全面签约腾房；西文庙坪项目A地块签约率66.96%，上报研究调整征收范围；碧湘二期征收项目余3家未签。在重点楼宇配备名誉楼长、楼长、党建指导员、市监专管员、税务专管员等楼宇服务人员，形成“意见收集、问题解决、信息反馈”一条龙的楼宇服务机制。下河街商贸城完成房屋结构整改和报建手续及不动产权证的办理。德胜001实现复工复建，巩固国家开发银行、北京银行等3栋亿元楼宇建设，推进华远华中心、汇景环球建设招商。以“五一商圈”为核心，以“一带一道四条街”（“一带”即湘江风光带，“一道”即历史步道，“四条街”即太平街历史文化街、解放西路酒吧一条街、黄兴南路商业街、坡子街民俗名食街）为重点，繁荣夜间经济“夜+”业态，以文和友、茶颜悦色等网红打卡点为支点做活经济、做高人气，打造“夜购”“夜食”“夜娱”“夜游”“夜宿”等于一体的标志性“夜经济”服务带。推进“营商环境30条”落地实施，走访企业80余家次，对42家重点企业实现对接服务，解决企业发展难题30余个。首推“政企互动空间”，华远楼宇党群服务中心、楼宇服务站投入运行，开展主题活动10余次，办结服务事项28件。开展“民企大走访、同心促发展”活动，协助华远、汇景环球等项目招商。　（刘　波）

【疫情防控】 2020年，天心区坡子街街道成立疫情防控工作领导小组、防控指挥部，下设综合协调组、摸排管控组、医疗救治组、复工复产组、舆论宣传组、后勤保障组、督查问责组、集中隔离组8个工作组，建立健全调度机制，确保防疫精神第一时间传达、防疫要求第一时间把握、防疫举措第一时间落实、防疫情况第一时间反馈，确保街区疫情防控的稳定可控。通过电子显示屏、倡议书、横幅、海报、本土方言小视频等形式进行线上线下同步宣传，悬挂宣传横幅390余条，印制宣传海报4.6万余张，发放倡议书、告知书、一封信、开业须知等5.2万余份，发放防疫知识宣传册、法治宣传资料5500本，进一步普及疫情防控知识，提高公众防疫意识和能力，做到疫情防控人人知晓、人人参与，构筑起疫情防控坚强防线。坚持联防联控、群防群控，区联点领导驻街指导、街道领导班子成员联社区、市区干部沉社区、部门干部下社区、社区人员入网格，开展拉网式、地毯式摸排，累计摸排重点地区回长沙（来长沙）人员1575人，核查大数据5267条，核查药店买药信息356条。对重点地区回长（来长）人员坚持集中隔离观察、核酸检测等措施，累计进行核酸检测1050人，"四包一"（明确一名街道干部、一名社区干部、一名民警和一名基层医务工作者负责）管控625人、"五包一"（在"四包一"基础上，增加一名网格员）管控25人，确保疫情防控无缝隙、无死角、无盲区、无扩散。92名党员及干部职工派驻46家重点企业实施"二对一"精准指导，指导市场主体科学开展防护，安全有序推进复工复产工作。坚持"一企一策"帮扶解难，协商减免租金5800万余元。开展困难群体结对、资金帮扶，全年结对帮扶26户，帮扶241人，发放帮扶资金33.58万元。（刘　波）

【党建工作】 2020年，天心区坡子街街道发挥党建引领"红色引擎"作用，全街56个基层党支部示范带动，18个"有事好商量"议事平台充分运转，开展政策宣讲20余场，组织协商议事140余次，收集意见建议180余条，解决水、电、气、交通、绿化等问题400余个，19个党建联席会成员单位形成合力，5个驻街职能部门与街道结对共建，24个党群服务中心有序开放，15分钟党群服务圈延伸党建工作末梢，12支党员志愿服务队常态开展志愿服务，400余名党员干部组成的70余支"红色管家"队伍参与疫情防控，17万余元党员捐款支援防疫一线，"青年荟""候鸟驿站""流动党员心家园"等党建品牌内涵不断丰富，"党建＋"在经济发展、社会治理、服务群众方面效能更加突出。推进社区"两委"换届选举，完成社区党组织换届选举工作，第十次社区居民委员会换届选举有序推进。街道坚持党管意识形态原则，开展街道党工委理论学习中心组（扩大）学习12次，依托"有声习社"等阵地开展理论宣讲60余场，受众3000余人。加强信息员队伍建设，累计发表各类宣传报道540余篇，其中，央媒11篇，省媒390余篇，讲好坡子街好故事，传播坡子街好声音。街道保持严惩腐败的高压态势，旗帜鲜明地支持改革创新者、保护干事创业者、惩处违纪违法者，始终保持党组织和党员的先进性和纯洁性，努力营造风清气正、干事创业的发展环境。2020年，举办党风廉政文化宣传教育活动10次，开展作风考勤35次，纪律督查38次，查处"第一种形态"18人，立案调查2人。街道深入贯彻落实中共中央和省委、市委、区委关于加强党内法规制度建设的一系列决策部署，持续推进法治天心建设，健全党内法规制度体系，推进党的建设制度化、规范化、程序化。深入开展法治宣传，通过集中培训、法治讲座、法律咨询和"以案说法"等形式，开展法治讲座20余期，发放宣传资料3000余份，增强干部群众的法律意识，营造良好法治氛围。（刘　波）

图63　2020年，天心区坡子街街道民兵应急分队在黄兴南路步行街开展防疫宣传、秩序维护工作（张　琼　摄）

【综合治理】 2020年，天心区坡子街街道创新"互联网＋社会治理"模式，强力实施"红袖章工程""夜鹰工程"工程，持续巩固扫黑除恶专项斗争成果，开展坡子街地区社会治安重点整治、禁毒涉毒等专项整治行动20余次，联动组织城管、环保、综治、民宗等专项整治80余次，查获非法刻章制证人员20余人，抓获涉黄人员40余人，涉毒尿检846人，查处酒店旅馆31家，顺利通过坡子街周边地区社会治安乱象重点整治预警市级验收，取消预警挂牌。禁毒工作在2020年上半年长沙市禁毒工作群众满意度调查中排名全区第一、全市第四。2020年全面深化改革“试行网格化管控社区戒毒人员”改革事项全面完成。2020年接受法律咨询400人次，接待上访144人次，处理各级信访件197宗，保持接访约谈常态化、特护期工作机制制度化、积案化解专班化，共化解各类积案14宗。

（刘 波）

【城市管理】 2020年，天心区坡子街街道聘请专业保洁公司对街区进行景区化管理，城管、环保力量下沉网格，针对五一商圈城市管理等重点难点问题实施错时化整治，累计处理数字化案卷10540条，拆除违建103处，开展集中整治行动65次。完善城管、综治、环保、安监等职能于一体的网格化管理机制，35个网格内分布116个巡防点，配备巡防员、信息员、调解员、宣讲员等，实现网格调度可视化、网格巡查全天候、网格对接无空档，构建集中统一、联动高效的社会治理运行体系，日常管控和机动处置能力明显提升。街道开展安全生产大培训、大演练、大排查、大体检、大整治活动，通过常态化全覆盖宣传、差异化全角度管理、靶向化全方位整治，落实安全生产责任，2020年，发放安全生产宣传资料1.8万余份，开办培训讲座、警示教育、应急演练活动22场次，下达执法文书65份，行政处罚企业14家，罚款金额1.13万元。抓实消防安全隐患整改，汀兰雅苑商住楼、福临阁整改销号。开展群租房、消防车通道、高层建筑电缆井专项整治行动，摸排群租房105家，开展集中整治40余次，清查10家、取缔4家，消防通道维护划线50余处。开展食安宣传，印制发放“双创”宣传信、折页5000余份，发送“双创”宣传短信4万余条，联动开展食品安全大排查、大整治百日行动240余人次，持续开展农贸市场及周边环境专项整治活动12次。

（刘 波）

【社会事业】 2020年，天心区坡子街街道实施“民生造福”战略，发挥各级党组织、各个平台、各类人士作用，倾听群众呼声高、亟待想解决的事情，全力落实好人大代表票决通过的民生实事项目，全面推进各项惠民政策的落实。2020年春节慰问2844户，89名老人享受政府居家养老服务，低保、大病救助、特困帮扶累计逾1.4万人，确保细致深入、公平公正，居民医疗保险、养老保险参保率稳定在95%以上。街道开展社会主义核心价值观宣传教育、“我们的节日”、未成年人关爱、移风易俗等各类群众性文化主题活动120余场，丰富群众性文化活动的渠道、载体和形式，满足人民群众日益增长的精神文化需求。推进卫计关怀服务，计生家庭特别扶助资金、特扶老年补贴发放603人次448万元。开展爱心助孕、孕前优检100对，完成“两癌”筛查847人，建立健全居民健康档案。开展校园周边环境综合整治、无证办学机构清理整顿工作，联合相关部门集中开展清查行动8次，规范校外培训行为。街道聚焦打赢蓝天保卫战，开展集中整治行动40余次，规范餐饮门店800余家，油烟净化器安装率100%，10块黄土裸露、建筑扬尘污染问题整改到位，青山祠社区创建煤气改示范社区。精准抓实环境保护工作，水环境质量达标。全面落实河长制，全年巡河324人次，劝离引导沿河垂钓、下河游泳等现象，巩固提升河湖“清四乱”（乱占、乱采、乱堆、乱建）专项整治成效。九大民生工程重点项目按时按质完成，坡子街社区服务阵地完成建设并投入使用，有机更新项目有序推进，火宫殿周边零星地块（二期）棚改配套基础设施改造项目、冶金居民点配套设施改造项目、4个历史步道提升项目均已完工，老城区面貌焕然一新。

（刘 波）

城南路街道

【概况】 长沙市天心区城南路街道位于天心区东北角，辖区东接芙蓉路、南起劳动路、西至黄兴路、北抵大古道巷，辖区面积2.1平方千米。截至2020年年底，常住人口29326人，流动人口20222人。下辖白沙井、天心阁、燕子岭、吴家坪、古道巷、熙台岭、工农桥、城南中路8个社区居委会，街道在职工作人员42人。

（唐卓琳）

【街域经济】 2020年，天心区城南路街道完成区级财政税收5.88亿元；全社会固定资产投资6.75亿元；社会消费品零售总额13.77亿元。限额以上批发零售业总额30.9亿元；规模以上服务业营收10亿元，其中，其他营利性营收8.2亿元；规模以上工业总产值12.61亿元；高新技术企业认定7家；完成省外境内实际利用资金13.16亿元；重点外贸企业省机械设备进出口公司完成进出口总额9550万美元；实际到位外资5498.47万美元。在库考核项目16个。被评为11月重大项目攻坚优秀单位。新增税收百万企业4家。组织辖区企业开展生产经营自救，全年限额以上社会消费品零售额同比增长3.6%；规模以上其他营利性服务业营业收入降幅收窄，第四季度较第一季度收窄22.72%；招引涉软企业65家，新增承载空间面积11694.35平方米；深挖新增入库项目9个。组织辖区第七次全国人口普查，划分普查小区187个、建筑物772栋，共登记人口48554人。完成街道商会换届，新增商会会员单位7家。指导完成商会民政登记注册，成立商会党组织。

（唐卓琳）

【城建城管】 2020年，天心区城南路街道处理物业“12345”矛盾纠纷工单28起。指导成立长沙市地税局、政力大厦、城市之心业委会，指导佳兴公寓、建行宿舍、市广电宿舍、长郡宿舍等6小区完成电梯加装工作。对天心阁公园火药局巷护坡等6处危坡下发督办函；燕子岭裕敏里10号已申请排危资金整改施工完毕。组织社区完成3轮4个房产办证处遗化解项目摸底上报，完成南福巷化解项目指标核算进窗，完成裕敏里化解项目前期18户资料审核和6户的证件办理。白沙井迎龙阁、古道巷五交化老旧小区项目完工；长郡中学宿舍及周边改造项目已开工。推行精细化街巷维护管理，明确清扫保洁、设施维护、违章巡查等工作标准，实行城管大督查机制。全年数字化处置率100%，未新增大型违章建筑、违章广告。推进垃圾分类工作，降低全街的生活垃圾总量，全街厨余垃圾分类完成率排名全区第一。完成吴家坪、燕子岭、熙台岭3个社区有机更新项目，老旧小区改造五交化项目完成，迎龙阁项目扫尾；征拆项目方面，南门口项目扫尾，古道巷三期完成；完成芙蓉中路沿线相关领域工作整治。城南中路社区成功创建食品安全示范社区，家乐福超市被评为食品安全示范超市。

（唐卓琳）

【社会事务】 2020年，天心区城南路街道指导熙台岭社区新建社区养老服务中心并通过市区两级的验收，建设工农桥社区公共服务中心新阵地并全面达标，通过政府购买服务引进专业社工机构进驻街道。对低保户做到应保尽保；对弱势群体和独居老人做到精准帮扶；对特困群体、大病人员、住房困难、特扶对象、生活困难对象进行“五帮扶”，落实帮扶资金20余万元；为39名高龄老人购买居家养老服务；对疫情防控期间生活困难的居民给予救助；开展“爱心天心”帮扶活动，对75名特困对象进行一对一结对帮扶；对全街7名百岁以上老人在生日、重阳节上门进行慰问。对“12345”平台工作人员进行业务培训，全年结案1100余件，群众满意度98%以上；强化“一网通”就近办，网上办件4643件。开展“爱国卫生月”“5·29”计生协会活动日等卫生健康宣传活动。

（唐卓琳）

【综合治理】 2020年，天心区城南路街道更新宣传栏8块，改编制作综治民调漫画视频，发放宣传购物袋5000个、宣传折页5000份，推送宣传短信2万余条。成功调处各类矛盾纠纷55起。稳妥处置突发事件8起。建立吴家坪“互联网+群防群治”示范服务站。在册吸毒人员管控到位，污水检测同比得到下降。组织召开《中华人民共和国民法典》学习和宣讲2次。完成安全生产年

图64　2020年5月26日，城南路街道社工站开展“失独不孤独”插花活动

（城南路街道供图）

度执法检查工作计划，实施简易行政处罚 16 起，累计金额 8650 元。发出限期整改通告 860 份。摸排 156 户群租房，清退 8 家群租房，取缔 7 家群租房，重点整治 15 家。对接城南供水公司，共查明无水消防栓 27 处，修复通水 9 处。（唐卓琳）

【党建工作】 2020 年，天心区城南路街道深化“345”党建工作法，抓好党建 + 社会治理创新，落实“街道吹哨、部门报到”及“有事好商量”民主协商机制，城南中路等 4 个社区被评为 2020 年度“三零”社区。以党徽耀城南系列，统筹开展全街活动平台。充实“城南讲习所”“天心阁论坛”“庭院中心户”、贺龙商圈党建、城南联校的项目内涵。推进廉政“家立方”项目，开展“廉花盛开”活动，白沙井社区被评为全市民族团结进步示范社区。指导开展党员分类管理试点工作，白沙井社区第三支部被评为全市“五化”离退休示范支部；天心阁社区被评为长沙市最佳“五老红”志愿组织，李米沙被评为长沙市最美“五老红”志愿者。

（唐卓琳）

【疫情防控】 2020 年，天心区城南路街道实行网格化精准摸排管控，“五包一”管控 13 人次，“四包一”管控 443 人次，摸排酒店、宾馆 16 家，麻将馆 27 家，群租房 10 处，摸排 2363 户 4098 人，其中，常住人口 2333 人、流动人口 1765 人，核查大数据 600 余条，无疑似和确诊病例；搭建社区（楼宇）疫情政企联防联控平台 15 个，开设复工复产和防疫惠企政策专题百度云盘，安排楼宇联络员 25 名，组织企业（门店）完成备案 1426 家，摸排企业（门店）员工返岗 12034 人，组织企业员工核酸检测 300 余人，推动减租 1066.92 万元，落实减税降费 1502.16 万元。2020 年，城南路街道无疑似、确诊病例。

（唐卓琳）

【“同心同行迎新春　红红火火过大年”主题活动】 2020 年 1 月 17 日，天心区城南路街道白沙井社区组织开展“同心同行迎新春　红红火火过大年”主题活动。湖南省监察厅原副厅长、省君子文化研究会会长李利君，省委组织部原副巡视员、省君子文化研究会执行会长魏忠胜，中国农业银行湖南省分行原巡视员、湘江书画院副院长曾昭才，助人为乐“中国好人”谢晓钢，省委政研室办公室副主任沈跃强，省直书画家协会原执行主席、书法家彭志远以及省直单位 10 余位书法家，社区 300 余名群众和青少年参加。活动现场，黄兴小学的同学朗诵《礼赞新中国》、展示亲子书法等节目；“中国好人”谢晓钢现场慰问社区群众；20 名白沙井社区“最美”系列典型走上社区“星光大道”；谢晓钢和现场 10 余名书法家挥毫泼墨。该次活动，有利于将中华民族的传统美德发扬光大，将好人的“君子情怀”，君子的“凡人善举”传递到群众身边，形成以德劝善、以善养德的浓厚氛围，让崇德向善的君子之风走入社区走进百姓生活。

（唐卓琳）

【粤澳工商联会访湘团考察天心区】 2020 年 11 月 17 日，粤澳工商联会访湘团，在许传良 SIM 工业股份有限公司董事长带领下，一行 10 余人到长沙市天心区考察交流，湖南省委统战部副部长、省社会主义学院党组书记丁学新，省委统战部港澳台统战工作处处长梁长初，天心区委常委、统战部部长刘向等陪同。访湘团一行考察殷家冲 1123 地块、天心阁公园、高正街、县正街、老城区有机更新指挥部“老长沙会馆”、长沙网红餐饮店——超级文和友等地。刘向介绍天心区的区位优势、经济发展、产业布局、文化底蕴、生态环境、交通条件、引资政策以及老城区有机更新的工作理念、实施步骤、推进情况和运维思路。访湘团成员表示，天心区区位优势明显、文旅产业资源丰富、合作前景广阔，希望进一步加强对接交流，推动双方互利共赢。（唐卓琳）

裕南街街道

【概况】 长沙市天心区裕南街街道地处城市核心圈，西临湘江，北接白沙路、劳动路，南与金盆岭相邻，面积 6 平方千米，街道办事处下辖仰天湖、石子冲、裕南街、东电、东瓜山、宝塔山、向东南、杏花园、长坡、火把山、南站 11 个社区居委会。截至 2020 年年底，常住人口 5.5 万余人。

2020 年，街道被评为湖南省计划生育基层群众自治先进单位、湖南省百佳乡镇（街道）工会、天心区产业项目建设工作先进单位；11 个社区分别获得长沙市和谐社区、长沙市巾帼文明岗、长沙市最具人气公共服务中心等 40 余项称号；街道工委副

书记、办事处主任周钰沂被评为全国三八红旗手，仰天湖社区书记刘珍被评为湖南省劳动模范。（王凯璐）

【街域经济】 2020年，天心区裕南街街道经济数据稳中有进，完成财政收入5.43亿元；完成固定资产投资19.12亿元，新增入库项目7个，其中：五上及房地产项目4个，五下项目3个，投资额8.68亿元，增资项目1个；社会消费品零售额完成21.99亿元；实际到位省外境内资金完成11.05亿元；实际到位外资完成4455万美元；规模以上服务业营业收入完成12.31亿元；规模以上其他营利性服务业营业收入完成9.60亿元；新增四上企业10家。街道制定《2020年裕南街街道优化营商环境工作思路及方案》，对重点企业、重大项目实行“一对一”专员服务制，帮助解决实际困难。新冠肺炎疫情期间，先后帮助平安财富中心等7个续建项目顺利复工，招商华发天汇、五矿广场总部基地2个新建项目进场施工。借助街道商会平台，促进辖区内各行业企业相互交流、资源共享。2020年，全街可供招商地块7块，共计20.47公顷。其中金盛布市地块由深圳市振业（集团）股份有限公司以4.45亿元竞得。三大重点楼宇可供招商面积共15977平方米。全年引进企业220家，税收百万元以上的重点企业5家。（王凯璐）

【综合治理】 2020年，天心区裕南街街道化解百案攻坚案件6件，其中市级四重攻坚1件；与湖南省新开铺强戒所联合打造禁毒工作站，启动自愿戒毒工作机制，设立多元信息联络渠道，开展禁毒宣传“六进”活动。全街开展禁毒宣传讲座22次、大型禁毒宣传活动11次。街道司法所参与调处矛盾纠纷19起，复杂疑难纠纷3起，涉及金额120万元，调解成功率及履行率均达100%。社区和单位组织安全宣传教育培训40余场次，消防疏散演练20余场，受训群众达2000余人次。开展“安全生产月”宣传活动，悬挂“安全生产月”横幅，设置展板6块，发放宣传资料800余份，接受群众咨询百余次。检查单位59家，发出现场检查记录59份，简易行政处罚13起罚款6400元。（王凯璐）

【城建城管】 2020年，天心区裕南街街道通过搭建居民监督平台，创建“裕‘蓝’随手拍微信群”，形成15分钟高效处理蓝天保卫工作模式；聘请垃圾分类督导员137名，脚踏式垃圾桶在全街得到全覆盖；全街餐饮门店油烟净化器安装率和在建工地措施控尘均达100%；对5处裸露黄土和2处拆迁空置地进行专项整治和种草复绿。在全市垃圾分类工作中，被评为生活垃圾示范片区街道称号。加大投入对向东南社区蓝湾国际消防安全隐患进行整改，将辖区地上地下部分损坏的分散疏散标志、应急照明灯和600个损坏报警设备进行修复更换，故障率全部降为正常；加强对重点行业、领域的监管检查和专项整治，针对危险品仓库、冶金仓库、652仓库等区域开展重点检查，共发出现场检查记录59份，简易行政处罚13起罚款6400元。11月5日，启动南湖片区鼓风机厂周边地块棚改项目，截至12月31日，签约153户，腾房60户。全年未发生重大安全事件。（王凯璐）

【社会事业】 2020年，天心区裕南街街道投入220万余元完成惠民资金项目49个；投入906.3万元对工农村小区老旧小区14栋房屋进行提升改造，拆除违章建筑约2400平方米，道路栋间地坪铺沥青道路11141平方米；完成老旧

图65　2020年5月7日，湖南省民政厅巡视员杨薇（左四）一行调研裕南街街道社工工作站（李　玲　摄）

小区电梯安装、房地产化解排查、非定向公租房审批和南建公寓小区改造等重点工作；推进完成锦相百货超市和湘江颂山景花园2个九大民生项目。疫情期间，组织全街机关、社区和志愿者近600人从除夕开始参与到防控一线，对辖区43个小区、39家宾馆、13家网吧、3个市场及6个KTV场所开始拉网式排查。全年核实各平台反馈信息2万余条。上户摸排27305户，出租户3209户，办理健康卡50039人次；落实“四包一”管控措施698人次，纳入“五包一”隔离观察22人。打造1000平方米硬软件设置齐全的社工站。采用“需求导向＋资源整合＋项目化”模式开展服务项目，搭建“一站三中心”平台；花费92.5万元与社会组织签约14个服务项目，内容涵盖居民自治、培育社会组织、养老、助残、环保等方面；打造嵌入式养老新标本，实现“以居家为基础、社区为依托、机构为补充、医养有机结合”四位一体的养老服务体系。天心区委书记刘汇在全国加强乡镇（街道）社工人才队伍建设工作推进会上发言，对裕南街“三社联盟”社工项目给予肯定。（王凯璐）

【党建工作】 2020年，天心区裕南街街道社区“五化”支部建设全面达标；将10个社区党总支升格为党委，实现社区书记、主任“一肩挑”；推动实施“流动讲习所”“730党员夜校”教育品牌，增设“基训营”教育课程，实现党员教育全覆盖；依托长沙外滩党群服务中心，建立“45678”（即4个兴趣小组、5名专职工作人员、6支志愿服务队、7大特色品牌项目、8大服务管家）楼宇党群服务新模式；发动912名党员疫情捐款15万余元，仰天湖社区党总支书记刘珍抗疫事迹被《人民日报》报道，并被评选为省劳模；全年党建工作在中央和省市上稿100余篇。作为全区网格化试点街道，制定《裕南街网格化工作“两看两听一清单”考核办法》，探索形成“红领345”（即“三抓四清五提升”）网格化工作模式，该模式在网格党建、志愿者宣传发动、网格问题处置、综治民调提升、网格力量联动等方面发挥作用。在此基础上，构建“3+N”（“3”即1个网格党组织、1个网格指导员、1个网格长，“N”即网格内其他一切可以发动的力量）裕南网络治理力量。全街11个社区宣传发动志愿者2000余人，全年解决大小问题4000余件。疫情期间下发通报27期，处理回复区信访室转办平台疫情信访投诉10件；开展纪律作风集中整顿，处理问题线索6条。加大谈话函询力度，共提醒谈话13人、通报批评6人次。（王凯璐）

【长沙平安财富中心项目】 位于天心区裕南路街道辖区内（湘江中路二段356号），由平安集团全资子公司平安不动产投资在湘首个自建项目，项目由国际知名设计团队操刀设计，采用退台结构，风格独特，打造湘江东岸新地标。项目总投资额20亿元，总建筑面积12万平方米，一栋主塔楼，地下3层，1—4层为商业，5—14层为办公楼，15层以上为人才公寓。该项目于2017年启动；2019年5月1日进入主体结构施工阶段，6月30日顺利完成塔楼正负零施工，年底达成主体结构20层施工；2020年2月27日取得复工批复，成为同片区第一个复工的在建项目，9月8日，项目主体结构顺利封顶。（王凯璐）

【裕南街街道退役军人服务站挂牌成立】 2020年5月31日，天心区裕南街街道退役军人服务站及下辖11个社区退役军人服务站挂牌成立。街道工委书记颜日强，工委副书记、办事处主任周钰沂及班子成员分别为各退役军人服务站揭牌。街道及社区退役军人服务站均配备工作人员，单独设立工作场地，按照实际制定工作流程、职责和制度，确保相关业务办理规范合理，服务过程清晰透明，服务效果尽如人意，提升街道退役军人服务保障水平。（王凯璐）

【刘汇调研裕南街街道】 2020年8月5日，天心区委书记刘汇到裕南街街道工农村巷和仰天湖社区，考察老旧小区改造项目、社区建设和网格化管理工作情况。刘汇强调，要大力推进经济高质量发展、民生保障、城市品质提升和干部队伍建设。10月14日，刘汇调研裕南街街道社工站工作。（王凯璐）

金盆岭街道

【概况】 长沙市天心区金盆岭街道位于天心区中部，东枕芙蓉路，北接劳动路，南临赤岭路至书院路，西与裕南街交界，占地面积3.97平方千米，常住人口6.75万人。街道下辖夏家冲、天剑、狮子山、黄土岭、涂新、赤岭路6个社区居委会。街道驻地赤岭路30

号。辖区内主次交通干道有劳动路、芙蓉路、南湖路、赤岭路、书院南路等。（陈婧怡）

【街域经济】 2020年，天心区金盆岭街道通过“云招商”，引进亿元以上项目学而思中南地区总部。完成南湖大厦A、B座入库，挖掘出3个“五上”项目，30个“五下”项目。完成税收6.08亿元，完成年进度102.1%；完成社会消费品零售总额3.9亿元，同比增长32%；完成建筑业总产值378.88亿元，同比增长12%；引进年度全口径税收100万以上企业6家；新增“四上”企业10家。4月14日，劳动广场项目实现签约清零，12月14日实现全部私房腾房倒栋。盘活推进闲置楼宇完成全年目标的104%，累计去化面积6312平方米。推进南湖大厦A、B座项目。天剑社区华银宿舍、黄土岭社区木材厂宿舍、狮子山社区零星片区等老旧小区改造项目于12月初完成竣工验收。做好疫情防控与复工复产，发动辖区党员、志愿者809人，对全街44个居民小区21099户居民摸排3次以上，做到不漏一户、不少一人。派驻24位管理员至辖区楼宇控疫情、强保障、送政策，保障湖南省第六建筑工程有限公司等大型企业的复工复产，服务1000余家小微企业顺利复工。（陈婧怡）

【城市管理】 2020年，天心区金盆岭街道对涉挥发性有机物的企业、汽修厂、印刷厂、易制毒化学品定期进行监管检查；对露天烧烤、垃圾焚烧、散煤等现象常态开展专项整治；督促餐饮门店定期清洗油烟净化设备，确保排放达标；完成辖区3台锅炉的低氮改造任务并通过专家组验收评审。统筹推进垃圾分类工作；推进各物业小区实施管理和服务标准化工作。开展食品安全专项整治行动，天剑社区农贸市场第二季度被评为最佳农贸市场。全年新增市场主体1958户，企业占比44%以上。街道实现网格化管理，划分为42个网格，网格员及时掌握社情民意、发现和处置矛盾纠纷，24小时在线答复群众疑问。发动志愿者809名深入网格和楼栋。全年收集民生问题1万余条，90%的问题解决在网格、社区和街道。以网格为单位每周开展消防隐患排查，排查安全隐患110余起，并全部整改到位。（陈婧怡）

【综合治理】 2020年，天心区金盆岭街道深化“红袖章工程”，整合街道、社区、居民志愿者等巡防力量，开展网格化大走访，形成群防群治常态化格局。全年开展法治宣传20余次、发放宣传资料2000余份，受教育群众1000余人次。打造街道公共法律服务工作站，采取“窗口化、综合性、一站式”服务模式，统筹政务、业务、服务三大功能，实现公共法律服务“一站通”。开展“领导接访下访推动矛盾化解”攻坚年工作，在全区第一个实现信访积案清零。全年排查调处矛盾纠纷243起，调解成功率100%。黄土岭社区被评选为2020年“湖南省综合减灾示范社区”。（陈婧怡）

【党建工作】 2020年，天心区金盆岭街道依托“初心学堂”“民声金话筒”“家庭党校”等载体，持续开展“不忘初心、牢记使命”主题教育，累计举办专题培训、讲座、党课70余场；落实工委中心组学习制度，累计学习14个主题。每月开展学习强国“学习之星”评比，共评选街道“学习之星”90名，推选区级“学习之星”5名；建立“党建联席聚合力、同心同行促发展”党建联席会，与18家驻街单位通过共建活动推动区域化党建向纵深发展。开展基层公共服务“一门式”全覆盖工作，完成街道及社区内部办公用房挂牌清理，梳理全区40项高频政务服务事项办理情况。金盆岭街道青年干部培训班正式开班；探索街聘社管工作模式，6名街道工作人员下沉社区工作。试点完成社区“两委”换届选举工作，配强配优社区两委班子，新选出社区“两委”班子平均年龄为35岁，本科及以上占比82.8%。（陈婧怡）

【智慧街区】 2020年，天心区金盆岭街道引进AAAAA智慧社区、智慧云广播、智慧停车、智慧政务服务中心项目，打通数据壁垒，推进智慧便民服务。街道政务大厅依托互联网打造政务服务2.0升级版，通过服务终端实现24小时自助服务；黄土岭社区试点推行AAAAA智慧社区建设，即通过智慧门禁、AI视频监控、智慧停车、网格化管理、社区小店五类项目鲜活数据，完善15分钟生活圈；狮子山社区为多位独居老人、单元楼道免费安装智能语音门铃；街道增设17个云广播，共有81个云广播；涂新社区试点推进智慧停车新模式，将5个小区、3所学校、32栋开放式楼栋纳入智慧停车场范围，通过清理“僵尸车”、施行错时车位共享、降低路沿石等举措增加车位，可容纳500

余台车停放。　　　（陈婧怡）

【“金福”工程】 2020年，天心区金盆岭街道“爱心天心、金福工程”启动，实现全覆盖摸排、全方位关怀、全社会共助。组织对特困群众进行摸底，准确掌握五类重点对象256人，其中特困对象136人，建立基本台账。发动辖区内的“两代表一委员”（党代表、人大代表、政协委员）、爱心企业、社会组织、高校志愿者等群体参与帮扶，建立爱心人士台账、统筹爱心资源库。按照“一个项目解决一类问题”的思维导向，梳理制定暖心厨房、爱心资助、关怀独居老人等8个帮扶项目。96户特困群众作为第一批项目化帮扶对象，享受到“金福”工程的爱心服务。赤岭路社区暖心厨房项目开展5年，服务35名困难群众，微博话题阅读量超过500万次；夏家冲社区联系6家爱心企业参与，辖区湘悦酒店承办，为20名独居或行走不便的老人长期提供送餐服务。关爱独居老人项目为全街123名独居老人“一对一”配对爱心邻居，爱心邻居每天上户敲门向网格员报平安，每周社区组织志愿者上门为老人提供陪伴、家政和其他服务。爱心资助项目已发动辖区45家爱心企业参与，开展帮扶行动64次。

（陈婧怡）

【“初心学堂”暨青年干部能力素质提升班开班】 2020年4月30日，天心区金盆岭街道举办2020年“初心学堂”暨青年干部能力素质提升班开班仪式，63名学员参加。仪式上，金盆岭街道工委书记喻俊要求街道全体青年干部从3个方面做好素质提升。仪式后，63名学员参与团建活动，展现街道青年干部精神面貌，激发干事创业热情。　　　（陈婧怡）

【“食品安全健康生活”志愿者培训】 2020年6月2日，天心区金盆岭街道开展食品安全志愿者启动仪式暨“食品安全健康生活”志愿者培训活动。活动邀请区市场监管局副局长袁杰聪为志愿者和扫把塘农贸市场部分商户讲授食品安全工作相关知识，帮助他们了解和熟悉食品安全日常监督中的常见问题和注意事项。培训结束后，食品安全志愿者们走进社区，对辖区居民进行宣传讲解，扩大安全食品使用的宣传范围，营造人人关心、重视食品安全的社会氛围。　　　（陈婧怡）

【刘汇调研金盆岭街道】 2020年8月6日，天心区委书记刘汇到金盆岭街道调研经济社会发展情况。刘汇实地调研金盆岭街道南湖大厦项目、二机小区，了解考察老旧小区改造项目、社区建设和网格化管理工作等情况。刘汇强调，要加快加速项目建设，留住老企业、老产业，引进新企业、新产业，进一步提质升级现代服务业；要推进社区治理，创建“三零”社区，打造社区治理样本。　　　（陈婧怡）

【“金心护航——点亮心窗”心理健康志愿服务公益项目启动】 2020年11月25日，天心区金盆岭街道涂新社区“青苗学堂”新时代文明实践基地“金心护航——点亮心窗”心理健康志愿服务公益项目启动仪式在雅礼外国语学校举行。辖区学生、志愿者共约100人参加活动。活动中，涂新社区党委书记肖兰介绍“金心护航—点亮心窗”项目的基本情况以及师资力量。区关工委主任佘小玲、雅礼外国语学校校长王唯之共同为心理健康共享服务基地揭牌。王唯之致词，希望借心理健康活动来提高雅礼外国语学校学子自我心理的调控能力，增强对社会的适应能力，从而提升幸福感。启动仪式结束后，雅礼外国语学校的学子们表演情景

图66　2020年11月25日，天心区“金心护航——点亮心窗”心理健康志愿服务公益项目启动仪式在雅礼外国语学校举行

（金盆岭街道供图）

剧《最好的未来》，演绎广大学子们最常见的心理问题。国家二级咨询师李沫霖点评，并以“我的生命花园”为主题带来一场心理课堂公益讲座。（陈婧怡）

【“爱国情、强国志、报国行”党建联席分享会】 2020年9月29日，天心区金盆岭街道“爱国情、强国志、报国行”党建联席分享会暨“共建美好家园，共谋基层治理，共享民生福祉”主题系列活动在金盆岭街道夏家冲社区拉开序幕。活动中，青年党员代表的分享党风廉政建设对当下基层治理的重要意义；辖区共建单位湘悦饭店负责人呼吁辖区单位共同履行社会责任；退役军人代表分享退役不褪色、退伍不退志的爱国情怀。夏家冲社区老年大学的学员们在活动中通过节目展示幸福感和获得感。（陈婧怡）

图67　2020年6月19日，天心区赤岭路街道开展“赤心向党、不负韶华——庆祝建党99周年”活动　（赤岭路街道供图）

赤岭路街道

【概况】 长沙市天心区赤岭路街道位于天心区中部，东邻芙蓉南路，与雨花区接壤；南靠南二环，与新开铺街道相邻；西临湘江之水；北接赤岭路、殷家冲路，与金盆岭街道、裕南街街道交界，总面积3.72平方千米。截至2020年年底，常住人口6.8万余人，流动人口1.6万人。街道下辖白沙花园、新丰、芙蓉南路、南大桥、广厦新村、书院路6个社区居委会和新开管委会。街道办事处驻地书院南路423号。（刘安妮）

【街域经济】 2020年，天心区赤岭路街完成税收2.11亿元，完成年度进度145.92%，进度排名全区第一；固定资产投资38亿元，新增“五下”项目入库3个；社会消费品零售总额累计同比增长21.44%，批发累计同比增长28.11%。规模以上其他营利性服务业完成营收13.18亿元，增速为263.71%；楼宇经济1到10月累计完成去化3675平方米，完成进度122.5%；新增“四上”企业4家；完成外资任务4750万美元，外贸进出口626.84万美元。引入长沙高尚医学影像诊断中心有限公司、湖南穗保安防科技有限公司、湖南乐瑞建筑有限公司等一批百万税收企业入驻；6家企业成功完成区级企升高的审批，即长沙佳境环保科技有限公司、湖南交科天颐科技有限公司、湖南兴润环保科技有限公司、湖南电器检测所有限公司、湖南海尔斯环境工程有限公司、千祥土地评估规划测绘咨询有限公司。在2020年上半年“大干一百天实现双过半”考核中，排名全区第一；在9、10、11三个月经济工作考核被评为一类，其中11月排名全区第一。（刘安妮）

【城市管理】 2020年，天心区赤岭路街道按照建设“品质赤岭、幸福高地”总体目标，开展环境综合整治、清洁城市等专项行动，及时处理城管数字化平台案件，实现城市管理常态化。举办植树节、“美丽中国，我是行动者”等宣传活动，重点完成春节、清明节和中元节期间革命陵园及周边限燃禁烧工作。对辖区所有小区垃圾分类工作进行日常检查，共配备垃圾分类桶2000余个，开展垃圾分类宣传活动70余次。（刘安妮）

【社会事业】 2020年，天心区赤岭路街道完成南大桥社区危房改造项目、芙蓉南路社区文化活动中心项目、新丰社区信息中心科技展示馆、富绿新村居家养老活动中心、富绿新村小区消防通道排危、广厦新村小区楼道灯安装等项目。对全街因病、因残、因意外或急难造成暂时性生活困难的460余户拟帮扶对象进行摸底排查造册，对83户家庭进行帮扶，帮扶金额总计15.9万元。元旦、春节期间发放慰问资金45.84万元；为辖区1000余名高龄老人申请高龄老人生活补贴；为近300名残疾人申请重度残疾人护理补贴和护理补贴，助残日慰问52户贫困残疾人计1.04万元、并为70户贫困残疾人发放米、油等物品。落实各项特困群体帮扶政策，帮扶对象264户、发放帮扶资金108.03万元。（刘安妮）

【综合治理】 2020年，天心区赤岭路街道排摸出矛盾纠纷208起，调解处理206起，调处成功率99%。开展系列"平安创建"活动。结合街道"红袖章"平安志愿者的力量，将扫黑除恶行动深入渗透到群众中，联合辖区派出所开展各类摸排行动。组织民兵预备役参与街道各项建设活动，完成7月份的防汛抗洪任务。（刘安妮）

【党建工作】 2020年，天心区赤岭路街道擦亮"赤色堡垒、强基工程""赤色旗帜，先锋工程""赤色纽带、连心工程"党建品牌，深化"五化"支部建设，提升广厦新村社区"火车头"党建公园和党性教育基地建设，重点打造芙蓉南路社区党群服务体验馆和蓝调国际楼宇党建花园的建设；采取专家授课、"三会一课"、书记领学、实地践学等形式，定期学习中共最新政策理论；开展赤岭"习话汇""故事汇"20余期；"赤岭有约"民情议事先后就社区停车痼疾、小区占道经营、项目施工等主题开展民主协商议事50余次；推进疫情防控工作，企业复工复产有条不紊；定期召开意识形态专题会议，组织开展党风廉政建设宣传教育活动，全街干部职工无违法违纪案件；全年举办文明礼让、垃圾分类、扫黑除恶主题宣讲活动以及志愿服务活动500余场次。（刘安妮）

【刘汇调研赤岭路街道】 2020年8月6日，天心区委书记刘汇到赤岭路街道调研经济社会发展情况。刘汇实地调研赤岭路街道爱尔总部大厦、力高凤凰新天地项目，了解考察项目规划、建设进度、市场前景。刘汇强调，重大项目要抢抓进度、保障品质，更快更多形成投资实物量；招商引资要更强，加大对数字经济的培育和引进，将可用资源招精引强；营商环境要更优，继续围绕企业需求、项目需求提供"帮代办""一对一"等保姆式服务。要优化城市功能，提升市容环境、创新基层治理，推动"三零"社区创建。（刘安妮）

新开铺街道

【概况】 长沙市天心区新开铺街道毗邻省政府，北起南二环，南至湘府西路，西临湘江，东至芙蓉南路，区域面积6.41平方千米，下辖桥头、新天、新开铺、木莲、豹子岭5个社区居委会和新天、石人2个经济合作社。辖区常住人口7万余人，流动人口1.2万余人。辖区内有企业700余家，有湖南省人力资源和社会保障厅、省机关事务局、省建工集团、华菱集团等30余家行政企事业单位，以及明德中学、天心实验小学、新开铺小学、新天小学、向家坡小学5所中小学。（骆兰莎）

【街域经济】 2020年，天心区新开铺街道完成市、区级财税收入5.73亿元，工业总产值4368万元，同比增长11%；社会零售品总额3.31亿元，同比增长13.65%；固定资产投资16.67亿元；全年新增市场主体892家、"四上"企业9家、高新技术企业7家、软件信息企业17家；新引进湖南铁路砂石产业、湖南阿西莫新材料等11家企业，重点楼宇去库存约3000平方米。推进7个征拆项目。占地1.73公顷、涉及89户的舒家桥城改项目，12小时内实现签约清零；湖机棚改项目签约率98.86%，余9户未签；长铸棚改项目53户私房，发布五公告24小时签约清零，推进423棚改、杜鹃公园、石人学校等项目。新姚二号地块、新韶路地块成功摘牌，朗景地块成功挂牌，肖家大屋地块完成调规及手续办理，发布招标公告；龙潭湾地块与卓越集团签署战略合作框架协议。（骆兰莎）

【城市管理】 2020年，天心区新开铺街道把握棚户区改造、老旧小区改造、京广铁路沿线环境整治、"五纵五横"道路提质改造等政策红利，拆除京广铁路沿线3千米内违章建筑700平方米，完成安全隐患整治43处。投入400万元民生资金完成丽江翠园下水管网及下新市街路面改造，新天小区围墙维修、枫香路路面改造顺利完工。打造街道、社区新时代文明实践站6座，总面积约1800平方米，组织文明实践活动200余场，开展公益广告宣传、排队礼让、高考护考等各类志愿服务活动465次，新湖南、红网、《长沙晚报》等省市主流媒体进行专题报道23篇。拆除存量违章建筑3.4万立方米，完成华菱集团、湖南省人社厅7台低氮锅炉改造验收，覆盖裸露黄土5万平方米，新增绿地0.15公顷。完成省级环保督察“回头看”交办问题3个。

（骆兰莎）

【社会事业】 2020年，天心区新开铺街道完成304名困难群众社保补贴申请，争取补贴金额181万元。安排失业人员再就业519人、就业困难人员再就业226人。累计向97户城市低保户发放低保金7.2万元。“爱心天心”帮扶工程帮扶200人、筹集帮扶资金78万元，走访慰问困难居民861人，发放慰问金46万元。依托“有事好商量”等议事平台，在老旧小区改造、社区提质提档、惠民资金使用、民生项目铺排等方面征求群众意见。统筹惠民资金140万元铺排21个民生实事项目。推进符合条件的多层住宅小区增设电梯，新新家园小区纳入全区首批试点率先启动建设，全年完成4个小区、25台电梯增设申报。

（骆兰莎）

【综合治理】 2020年，天心区新开铺街道梳理辖区安全隐患177处，挂牌整改119处，约谈重点企业28家，执行行政处罚14起，完成猴子石水厂氯气仓库拆违、新芙蓉家居广场关停等上级督办案件整改，全年未出现较大以上安全生产事故。调处矛盾纠纷71起，有效化解信访案件问题103件。有效化解克拉美丽交房、万科紫台施工、长盛岚庭引进养老机构、冲剪机床厂债务矛盾等问题。开展食品、消防、校车安全交通领域顽瘴痼疾整治，开展“打非治违”，做好防火防汛。（骆兰莎）

【党建工作】 2020年，天心区新开铺街道推进“红领新开”工程，探索符合辖区实际、凝聚各界主体的“共治、共建、共促、共享”基层治理新模式。打造“一社区（经济合作社）一品牌”，7个社区（经济合作社）呈矩阵发展，“桥头红船”“幸福木莲”“小豹先锋”等基层党建品牌初具影响。其中“红船映初心”被评为全省首批示范化党性教育基地，全年接受1.1万名党员学习打卡。完成5个社区党组织换届选举，换届后本科学历占比提升30%、平均年龄下降10岁。完成312名国企退休人员组织关系转接。深化党支部“五化”建设，3个社区、2个两新党组织完成阵地提质升级。推进小区党建，在39个网格小区成立党支部8个，党小组11个，功能型党支部20个。探索实行物业经理、业委会成员到小区功能型党支部交叉任职，推动网格化工作落细落实。搭建“有事好商量”平台15个，全年调处矛盾纠纷107起，出台居民自治公约，促进矛盾及时化解、问题有效反馈。

（骆兰莎）

【疫情防控】 2020年突如其来的新冠肺炎疫情发生后，天心区新开铺街道辖区党员、志愿者、楼栋长共计900余人投入疫情防控战，实行地毯式、无盲区摸排，两轮共计摸排6.6万余户、13万余人次。实行重点对象“四包一”、群居户和外来人口14天动态观测、相关人员“一人一表”建档举措，累计纳入“四包一”管控对象908人，“五包一”管控对象26人。会同区疾控、卫健、公安等职能部门以及卡斯迪酒店，先后完成滞长人员安置点、返长复工集中隔离服务点两次任务，累计安排45名工作人员连续值守和服务50余天，为183名服务对象做好服务。

（骆兰莎）

【“红船映初心”党群学习活动中心】 2020年，天心区新开铺街道桥头社区“红船映初心”党群学习活动中心以“不忘初心”为主题，通过现场教学、音频教学、活动教学等形式传承红船精神，吸引1.8万余名党员群众前来打卡学习。红船下青少年们聆听和探寻革命先辈的初心故事；红色影厅里社区党委书记康姣讲述“一条小船与一个大党”的故事，200余个红色影片供各年龄层次党员学习；红船书阁里新增1000余本党史国史图书，印制1000册党建有声书，党员群众扫码即可听海量党史故事。通过线上线下的学习载体，传递党的思想，传播党的声音。（骆兰莎）

【第二届“红领新开”榜样颁奖仪式】 2020年1月16日，天心区新开铺街道在明德中学举办“奋进中的红领新开”暨第二届“红领新开”榜样颁奖仪式，活动以荣誉表彰为主体，文艺表演为依托，共由3个篇章组成，分别是传承篇——红领新开的奉献、成果篇——红领新开的荣光、奋斗篇——红领新开的誓言。活动现场，舞蹈《我爱你中国》、合唱《梨花又开放》、曳步舞《山河美》、诗歌朗诵《红船映初心》等节目上演。现场表彰10位红领好人及10个红领团队。

（骆兰莎）

图 68　2020 年 11 月 12 日，长沙市委党校第 56 期青干班党建组调研新开铺街道桥头社区网格化管理工作，参观“红船映初心”党群学习活动中心　（新开铺街道供图）

【新开铺街道青年学院】 2020 年 5 月 8 日，新开铺街道第三届青年学院开班，有学员 57 名。该届青年学院以街道重点工作为依托，实践为主、理论为辅，以实操代替纯理论教学，将学员分组安排到各重点项目一线，参与项目攻坚；同时开设书记讲党课、信息报送与新闻稿件撰写要点、摄影摄像、应急处突等课程，提高青年干部的思想认识、业务技能及群众接待能力。　（骆兰莎）

【石人学校项目】 2020 年 9 月，石人学校项目开工建设。项目位于天心区新开铺街道辖区内，枫香路与书香路相交的东南角，由天心区教育局和湖南中建信和钰和城置业有限公司投资建设，预计总投资 2.95 亿元，项目总用地面积 65396.45 平方米，总净用地面积 54986.88 平方米，总建筑面积 52072.31 平方米，容积率为 0.85，绿地率 42.13%。建设包括教学楼、综合楼、科技楼、体艺馆、知行楼、运动场等。办学规模 54 个班，其中，小学部 36 个班，初中部 18 个班。可容纳约 3000 名学生入学。　（骆兰莎）

文源街道

【概况】 长沙市天心区文源街道东起韶山南路，南到木莲冲路，西起芙蓉南路、新姚北路，北至南二环。辖区总面积 5.04 平方千米，总人口 7.5 万余人，常住人口 3 万余人，在校大学生 4 万余人，辖文源、金汇、天鸿、梅岭、状元坡 5 个社区居委会。辖区内有中南林业科技大学、中南大学铁道学院、湖南开放大学 3 所高校，湖南省林业科学院、省科学技术研究院等 5 家科研院所，限上贸易业 16 家、限上服务业 15 家、资质以上建筑业 1 家、资质以上房地产企业 3 家、规模以上工业 1 家，“四上”联网直报企业共计 36 家，高新企业 12 家，和庄、BOBO 天下城、长大彩虹都等 8 栋商务楼宇，省烟草公司、市农商行、长大集团等 10 家总部企业。　（刘志强）

【街域经济】 2020 年，天心区文源街道实现税收 4.33 亿元，完成规模以上工业产值 2750 万元，规模以上其他营利性服务业营收 21.9 亿元，社会消费品零售总额 9.15 亿元，固定资产投资 7.23 亿元。完成高新企业认定 11 家，新增“四上”企业 8 家。新增房地产入库项目 1 个（恒盛国际），新增“五下”项目 8 个，中煤和悦府、华时代等项目超时序推进。盘活闲置楼宇资源 5293 平方米，引进湖南省湘茶文旅有限公司（办公面积 1480 平方米）、长沙仁文建筑劳务有限公司、前行技术有限公司、长沙延年文苑酒店合伙企业（有限合伙）、湖南易裕和餐饮管理有限公司、长沙市康康医药有限公司、湖南建工联旺施工有限责任公司长沙分公司等一批优质企业。2020 年，有市场主体 7307 户（个体 3982 户，公司 3325 户），净增长市场主体 1402 户（新发展主体 1836 户，注销 434 户），其中，企业净增 557 户，企业占比 40.22%。　（刘志强）

【城市管理】 2020 年，天心区文源街道完成中铁四院老旧小区改造项目（立项金额 788 万元），提质设计着力彰显小区铁建特色，设施改造紧扣小区老人偏多特点，被《中国铁路建筑报》等多家媒体 20 余次报道。推行街道、社区、网格三级执法巡查网络体系建设，拆除违章建筑 18 处（历史违建 5 处），拆违面积约 2126 平方米。组织环境卫生大扫除活动 30 余次，清理“牛皮癣”3000 余张，垃圾堆物 200 余车。开展餐饮油烟、燃煤、露天焚烧、燃放鞭炮、黄土裸露问题专项执法行动32次，处罚12起，其中，工地进出车辆未清洁致路面严重污染7起，大型餐饮门店油烟污染严重超标3起，老旧小区内焚烧树叶2起，辖区黄土裸露区域补绿整改8840平方米，2020年省级环保督察“回头看”保持零投诉。（刘志强）

【社会事业】 2020年，天心区文源街道发放春节困难群众慰问资金34.3万元，发放低保金33.1万元，发放帮扶资金8.47万元，发放医疗救助12.4万元。完成城镇新增就业人数760人，失业人员再就业人数291人，就业困难对象再就业114人。组织60名中南林业科技大学学生参加创业模拟实训，组织250名辖区失业人员、进城务工人员免费参加技能培训。办理就业失业登记证107本，为161名困难对象申请社保补贴，发放社保补贴112.78万元。办理市特困家庭子女高等教育慈善助学2人，助学金6000元；办理区级残疾人家庭助学5人，助学金1.9万元。为3户残疾人家庭申请康复辅具，为5名残疾人家庭申报天心区重度困难残疾人家庭托养补贴。办理免费孕前优检95对，办理爱心助孕10对。检查文化经营场所220家，责令停业整顿2家，取缔非法行医流动摊点2起，关停非法行医机构1家。推进“源圈爱心零距离公益”项目，开展“社校合作共建同心源”党支部交流暨中秋慰问、“迎中秋·献爱心·暖夕阳”爱心帮扶在行动等慰问服务活动8次，帮扶困难群众106人次。（刘志强）

【综合治理】 2020年，天心区文源街道开展矛盾纠纷排查100余次，化解矛盾问题41起。接待群众来访200余人次，受理国家信访局交办件6件，接收市、区信访交办件40件、网信件49件、领导信箱1件、来访交办件6件，信访事项及时受理率100%、办结率100%，网信参评事项群众满意率100%。评选社区、街道两级平安创建先进单位10余家、平安家庭200余户。开展食品安全专项检查整治行动18次，检查各类涉食经营单位478家，下达责令整改通知书46份。检查生产经营单位120余家，行政处罚超量使用液化气瓶门店4家。开展烟花爆竹打非治违行动4次，收缴烟花爆竹9件。（刘志强）

【党建工作】 2020年，天心区文源街道13次召开工委会议，研究解决基层党建问题15个，组织理论学习中心组学习6次，书记带头讲党课1次。研究下发《2020年文源街道党工委理论学习中心组专题学习重点内容计划》《关于开展“学习强国”学习竞赛活动实施方案》，先后评选“月学习之星”64人，“季度学习之星”10人，“年度学习之星”5人，“学习标兵”3人，在“学习强国”学习平台上推送3篇稿件。打造区域化党建示范街区，主动对接辖区高校建立校街党建工作联席会议机制，搭建起“校地党建联盟”。以区域化党建共建单位湖南开放大学的智慧商务大学生创业孵化基地和中合慧景非公企业党支部活动阵地为载体，打造天心区青年人才综合服务中心和文源街道源圈幸福空间楼宇党群服务中心。《湖南日报》以《集聚共治澎湃合力——天心区文源街道以“源圈党建联盟”创新社会治理》为题对街道的创新社会治理工作进行专题报道。完成区党员分类管理试点工作，状元坡社区退休支部被评为全市“美在金秋”老党员之家和“五化”党支部示范点，选拔1名社区书记进入事业编，平稳完成社区“两委”换届选举。成立2家两新党组织，发展两新党员8人，中合慧景、保利天创党支部成功创建行业党建标杆示范点。全年开展各类督查累计47次，提醒谈话9人，批评教育5人，诫勉谈话3人，党纪政务处分1人。（刘志强）

【文源街道“两中心一站”建设】 2020年11月9日，天心区文源街道“两中心一站”（青年人才综合服务中心，文源街道源圈幸福空间党群服务中心，楼宇服务站）建成后的首场主题党日活动，在湖南广播电视大学终身教育大楼举行，楼宇党总支直属7个党支部的全体党员参加。文源街道“两中心一站”位于湖南广播电视大学终身教育大楼，依托区域化党建共建单位湖南广播电视大学和中合慧景公司而建。以人才聚力践理想，努力创业跟党走为主旨，以党建引领，服务青年人才就业创业，服务楼宇企业，助力街道“党建引领校政企共建，楼宇商圈产学研结合”区域化党建落地开花。周边有大中专院校和科研院所9家，市级高校毕业生创业孵化基地3个，国家级、省部级重点实验室上百个和一大批青年创业创新人才。截至2020年11月，楼宇入驻企业10家，有党组织4个，中共党员50人，通过党建引领，促进非公经济组织和社会组织健康长远发展。周边临近CAT财富广场、爱尔眼科企业总部、长沙

农村商业银行大厦及林大路文创新街，辐射街道辖区重点企业100余家。（刘志强）

【知识产权保护宣传周启动仪式】2020年4月23日，天心区“加强知识产权保护助推天心高质量发展”宣传周启动仪式在文源街道天虹百货前坪拉开帷幕。长沙市知识产权局副局长张立，天心区政府二级调研员黄光泽等参加活动。活动通过摆放宣传展板、播放知识产权保护中心宣传片、知识产权有奖问答互动环节等宣传形式，宣传天心区在强化知识产权创造、保护、运用方面的政策和举措，推动知识产权文化进一步深入人心，提升辖区民众知识产权意识。现场邀请湖南思博律师事务所律师就《中华人民共和国商标法》进行讲解，宣传普及商标等知识产权相关法律法规。区市场监督管理局党组书记童振宇重点介绍长沙知识产权保护中心天心分中心及天心区知识产权保护联盟2020年重点活动内容，湖南红网新媒体集团有限公司等10家企业代表上台发表保护知识产权的宣言，并在承诺板上签字。（刘志强）

【黄滔调研文源街道】2020年6月4日，天心区委副书记、区长黄滔到文源街道调研“大干一百天实现双过半”竞赛活动、督导疫情防控工作。黄滔一行前往中铁四院老旧小区实地调研老旧小区改造工作项目开展情况，听取街道党工委书记许伟斌关于街道“大干一百天实现双过半”竞赛活动及疫情防控、老旧小区提质改造工作三个方面的情况汇报。9月2日，黄滔调研文源街道，到恒盛国际项目、中煤和悦府项目现场，了解了各项目的建设进度，以及项目推进中遇到的困难，就相关具体问题现场进行交办。黄滔强调，要强力推进项目攻坚，推动天心经济发展进入“快车道”；要全面推进“爱心天心”帮扶工程，打造困难帮扶“天心样板”。（刘志强）

【朱东铁调研文源街道】2020年6月11日，长沙市人民政府副市长、天心区委书记朱东铁一行调研指导长沙市天心区文源街道防汛、应急、综治维稳方面的工作，天心区委常委、区委办主任、区蓝天办主任侯向宇，副区长、区蓝天办副主任许波等参与调研。朱东铁一行对辖区高校中南林业科技大学进行实地调研，调研结束后，听取许伟斌有关街道防汛、应急、综治维稳三个方面的情况汇报。朱东铁指出，街道必须强化底线意识，筑牢思想防线，采取有效措施，切实抓好城区防洪排涝工作；要全面做好预案制定、隐患排查、整修加固、值班值守、巡查预警、物资储备、抢险演练等工作，加强雨水管线清掏，打通各个堵点，保障降雨期间雨水正常排放。（刘志强）

【刘汇调研文源街道】2020年8月10日，天心区委书记刘汇一行到文源街道调研指导工作。刘汇书记一行到铁路沿线整治天鸿社区公园项目、中铁四院老旧小区提质改造项目进行实地考察，听取许伟斌关于文源街道工作情况的汇报，街道工委副书记、主任黄振国等其他班子成员作补充发言。（刘志强）

【“源课堂”】2020年10月14日，天心区文源街道在金汇社区丽水熙园举行“源圈”公益服务项目——源课堂开班仪式。“源课堂”从关注困境儿童需求出发，将辖区内优秀教师集结，为困难及残疾儿童提供免费课后辅导帮扶服务，着力解决困境儿童课后托管和课业辅导事宜。吸引井岗小学、红卫小学、天鸿小学及明德天心中学等40余名教师加入，并成为“源课堂”长期驻点志愿者老师，从不同领域为孩子的学业解惑，为家长在孩子的教育路上指点迷津。活动现场，凯泽兰亭幼儿园小朋友带来的舞蹈《感恩的心》拉开开班仪式的序幕；

图69　2020年10月14日，天心区文源街道在金汇社区丽水熙园举行“源圈”公益服务项目——“源课堂”开班仪式　（文源街道供图）

井岗小学校长孟新作关于家庭教育中亲子关系的系列分享；参与活动的领导嘉宾为街道辖区内10名困境儿童家长代表送上“源课堂”课业辅导学习卡；相关领导为“源课堂”进行开班揭牌。仪式结束后，作为“源课堂”教师志愿者，孟新组织开展主题为《好父母的三大秘籍》的第一期家长课堂，20余名家长参加。11月27日，天心区建设学习型城区“五个一”活动之“每周一学”第63期联合文源街道新时代文明实践所“源课堂”，共同举办“深入学习宣传贯彻中共十九届五中全会精神”理论学习微宣讲活动，组织党员干部、高校师生、爱心志愿者、群众代表围绕中心思想，结合本职岗位工作实际开展交流分享。长沙市委统战部副部长刘佳勇，中南林业科技大学党委副书记秦立春，湖南广播电视大学校党委副书记、教授周宇，中南大学铁道学院党工委书记董龙云，天心区委常委、统战部部长刘向，天心区委常委、宣传部部长肖雄伟等参加。（刘志强）

【湖南开放大学揭牌】 2020年12月23日，天心区文源街道辖区高校湖南广播电视大学举行揭牌仪式，正式更名为湖南开放大学。省委副书记乌兰，教育部职成司副司长周为，国家开放大学党委副书记刘臣，长沙市委副书记、市长郑建新，长沙市天心区委书记刘汇，湖南广播电视大学党委书记陈建民、校长彭元等出席揭牌仪式。揭牌仪式由彭元主持。与会人员观看宣传片《办泽被三湘的开放大学——献给湖南广播电视大学更名为湖南开放大学》。王瑰曙宣读《湖南省人民政府关于湖南广播电视大学更名为湖南开放大学的批复》，乌兰、周为、刘臣、郑建新、陈建民、彭元共同为“湖南开放大学”揭牌。周为表示，希望湖南开放大学积极构建服务全民终身学习的教育体系，提升质量，办好人民满意的开放大学，为加快推进教育现代化、建成教育强国不懈努力。刘臣指出，湖南开放大学要积极主动适应数字化、智能化、终身化、融合化教育发展趋势，大力推进转型发展，努力实现从“以量图大”向“以质图强”转型，从学历补偿向知识补偿转型，从文凭提高向技能提升转型，由线上为主向线上线下融合发展转型。陈建民表示，湖南开放大学，将秉承“开放、灵活、优质、便捷”的办学理念，大力推进专业、学科、课程和师资队伍建设，全面加强办学体系建设和教学平台建设，深化办学模式和人才培养模式改革，推进信息技术与教育教学深度融合，实现优质教育资源共建共享，形成全省终身教育体系的重要支撑；坚持面向基层、面向行业、面向社区、面向农村，广泛开展职业教育、社区教育、老年教育、新型农民教育和各类培训，把湖南开放大学建设成为具有湖南特色、国内一流的新型高等学校。（刘志强）

桂花坪街道

【概况】 长沙市天心区桂花坪街道地处湖南省政府、天心区政府核心，北以湘府路为界、南以绕城高速为圪、东与雨花区接壤、西至书香路。辖区总面积6.2平方千米，总人口6.1万人。街道有新园、桂庄、九峰苑、银桂苑、金桂、丹桂6个社区居委会及1个金桂经济合作社。街道辖区内有现代农业集团、现代投资股份有限公司、中国长城资产管理有限公司湖南省分公司、湖南鑫远投资集团有限公司、中国能源建设集团湖南火电建设有限公司、湖南省水运建设投资集团有限公司、湖南新物产集团有限公司等大中型企业；占地30.67公顷的长沙方向感国际汽车6S街区有35家车企入驻；有长沙现代凯莱大酒店、湖南天怡国际青年酒店、亚朵酒店等酒店服务业；有保险职业学院、湖南省总工会干部学校、桂花坪小学、青园小学梓枫校区、湘府英才小学等教育机构；有审计署驻长沙特派员办事处、共青团湖南省委、湖南省工商局、长沙市公安局刑侦支队等驻街单位；基础道路项目有青园前路、桂花坪路。（周京京）

【街域经济】 2020年，天心区桂花坪街道完成财税收入4.3亿元，完成限额以上社会消费品零售额29.9亿元，比2019年增长4.4%；完成固定资产投资46.53亿元；新增百万税源企业5家。引进13家品牌入驻街区，举办“天心汽车消费节”“天心乐购汽车节”及若干次车展活动，节会期间销售车辆4078辆，销售额超6.25亿元，比2019年增长10%。盘活楼宇面积1.5万平方米。引进绿盟（湖南）网络安全技术有限公司、湖南薪开发展实业有限公司、中国能建南方建投华中分公司、东莞银行天心支行等企业。开发在建项目共有8个，其中，房地产项目有五江国际商业广场、金桂安置房二期、鑫远南郡、鑫远嘉城、兴汝城三期、绿地天城二期。

（周京京）

【城市管理】 2020年，天心区桂花坪街道开展各类市容整治行动256次，查处违法违规行为759起，纠正倚门出摊行为1260余次，占道经营1390余起，清除非法张贴1370余张，覆盖乱喷涂广告720余处。清理楼道乱堆放、卫生死角，清理杂物461车，清理各类装潢建筑垃圾380余车，清理小广告3760余处，处置违章建筑7处。发放垃圾分类指导手册2万余份，开展垃圾分类主题宣传活动90余次。劝阻垃圾焚烧行为13起，完成锅炉低氮化改造11台。妥善处理省级环保督察交办案件6起。新园社区被评为长沙市“无违建社区”，金桂社区被评为长沙市“开放式小区示范社区”。丹桂社区园艺路被评为全区唯一“绿色餐饮油烟示范街”，银桂苑社区被评为全区唯一“无噪声示范社区”。

（周京京）

【社会事业】 2020年，天心区桂花坪街道建设街道综合养老服务中心1个、新园社区居家养老服务中心1个，总面积1700平方米。帮扶61户，帮扶金额20.87万元，发放各类专项或临时救助金8.4万元，累计发放城乡低保资金6.7万元。新增城镇就业720人，下岗失业人员再就业105人，发放社保补贴15.12万元。走访慰问困难群众364户，慰问金额20.34万元。医疗保险缴费8560人，登记13168人，缴费金额213.21万元，城乡居民养老保险缴费率98%。接收企业退休人员919人，认证人数95%。接受咨询或直接处理劳资纠纷5起，为高龄老人发放生活补贴费22万元，开展老年课堂110次，累计听课3300人次。

（周京京）

【综合治理】 2020年，天心区桂花坪街道发放扫黑除恶宣传资料3000余份，滚动播放宣传标语100余次。开展打击传销联合行动15次，查获传销窝点8处，驱散涉传人员85人。开展各类禁毒知识讲座30余场，禁毒宣传教育活动28次，发放宣传资料2万余份。召开13次法制讲座，组织22次普法宣传教育活动，分发宣传资料6000余册，提供法律咨询服务200人次，成功调处各类矛盾纠纷100余件，调解成功率100%。化解信访案件69件。推进“平安建设”，开展100余次平安宣传教育活动，发放宣传资料6万余份、张贴海报5000余张。检查各类生产经营单位150家次，下达责令整改文书22份，行政处罚7家，罚款3000元。对辖区内各个重点行业开展安全生产隐患排查活动，共排查各类安全隐患22例，整改率100%。以银桂苑社区为AAAAA“智慧”网格进行试点，推行车门禁、人脸识别等智慧安防建设。

（周京京）

【党建工作】 2020年，天心区桂花坪街道开展工委理论学习中心组学习13次，扩大学习会议2次。打造长城水郡小区“5+”红色联盟，以党建引领破解小区治理难题。《长沙晚报》以《“小平台大治理”治出家园新风貌》为题，对街道党建引领基层治理成效进行报道。完成党组织换届选举工作，落实书记主任“一肩挑”。完成300余名国企退休党员社会化移交工作。研究制定《桂花坪街道意识形态工作联席会议制度》《桂花坪街道舆情应急处置工作方案》。召开2次分析研判会议，做好辖区各重点关注点位信息摸排。全年未发生较大负面舆情和网络安全责任事件。在人民网、“新湖南”客户端、“掌上长沙”等媒体推介街道工作举措、工作成效326篇。处理“12345”市民热线工单1161件，开展督查40次，通报7次，办理信访件6件，立案3起。自觉接受人大法律监督、政协民主监督和社会舆论监督，会同办理市区提案建议14件。

（周京京）

【疫情防控】 2020年，天心区桂花坪街道广泛发动驻街单位、企业、党员、志愿者近1000余人参与疫情防控，居民、党员踊跃捐款13.46万元。成立8支党员志愿、防疫志愿服务队。将派出所、市监所、卫生服务中心、社区、小区物业全部纳入，迅速构建起“街道—社区—小区—网格”四级防控网络。对全街31个小区605栋楼房19070套房进行地毯式摸排，累计摸排51821人，重点人员1232人。指导140余家企业开展复工复产工作，发放惠企政策汇编近500份，为防疫物资紧张的32家企业调剂医用口罩5000余只、消毒水近400千克。

（周京京）

【金桂小区三期安置房项目】 项目位于天心区桂花坪街道辖区内，由金桂合作社投资建设，湖南长大建设集团股份有限公司承建。项目总投资4.1亿元，净用地面积5.93公顷，总建筑面积约13.1万平方米，共建设6栋高层建筑，18栋低层建筑，总计住宅

1032套、商业4100平方米。

（周京京）

【五江广场项目】 2020年3月9日，五江广场项目一期工程奠基仪式举行。项目位于天心区桂花坪街道辖区内，东临芙蓉南路，南达雀园路，是大托机场确定搬迁后首批解除限高的项目。项目由湖南日兴房地产开发有限公司开发建设，总用地面积87060.87平方米，总建筑面积约65万平方米，总投资约为75亿元，拟建设商业、酒店、公寓等为一体的商业广场。项目名称于2020年1月由"五江国际商业广场"变更为"五江广场"，投资金额由45亿元变更为75亿元，总建筑面积由约60万平方米变更为约65万平方米，其余均不变。 （周京京）

【2020天心汽车消费节】 2020年3月14日至6月14日，2020天心汽车消费节在天心区雀园路汽车6S街区举行。汽车消费节期间，天心区政府通过百万抽奖及百万补贴的形式，助力汽车销售。设百万奖金，合计为汽车消费者提供100万奖金池，以抽奖形式确定奖励等次，购车者人人有奖，每月推出1个10万元现金大奖，刺激汽车消费热情。在长沙市首届国际汽车会展期间，设200万购车补贴。消费者凭购车发票领取1000元购车补贴，通过优惠补贴政策，拉动汽车消费增长。消费节期间，桂花坪街道共组织辖区37家汽车商户在五一商圈、长株潭商圈开办汽车销售分会场，展出车型上百种。汽车6S街区商户纷纷开启云团购、抖音直播等线上营销活动，为消费者探店选车看车，同时在直播间进行订单抽奖。消费节3个月时间，天心区有37家4S店、4家平行进口车行参展，通过多频次外场车展、多渠道宣传推介、多措施疫情防控，全区累计销售汽车6156台，合计销售金额9.5亿元。11月4日，2020天心"乐购金秋汽车节"在黄兴路步行街开幕。天心区雀园路汽车6S街区36家企业近百款车型在现场布展，推出超低价购车、厂商让利优惠、精美礼物礼品等优惠活动。 （周京京）

【朱东铁调研桂花坪街道】 2020年3月23日，长沙市副市长、天心区委书记朱东铁调研天心区桂花坪街道项目建设及"双过半"工作时指出，要深入开展"大干一百天实现双过半"竞赛活动，确保实现"抢抓三月份、领跑第一棒"目标。4月28日，朱东铁一行到桂花坪街道五江书香苑建设工地指导蓝天保卫战工作。朱东铁向天心区桂花坪街道工委书记陈志文、项目开发商、施工负责人等了解工地建设情况。朱东铁表示，环境保护是底线，要在底线之上科学统筹，尽量减少企业损失；开发商、施工方和政府各部门之间要协调配合，务实高效地做到复工复产与污染防治两不误，统筹推进项目建设，坚决打好蓝天保卫攻坚战。

（周京京）

【长沙市统计局调研金桂社区第七次全国人口普查专项试点工作】 2020年6月9日，长沙市统计局调研员唐晓军一行4人到天心区桂花坪街道金桂社区调研第七次全国人口普查专项试点工作。唐晓军听取金桂社区党组织书记范雪清关于第七次全国人口普查工作试点工作的情况汇报，对入户登记表格进行查看，询问普查员登记表格是否设计合理等相关事宜。桂花坪街道金桂社区自开展第七次全国人口普查专项试点工作以来，及时成立领导小组，建立组织机构，组成"网格员＋老少搭档普查员"的结构，共计20名人员参与，充实普查队伍。社区充分运用"传统宣传＋现代媒体"宣传手段，采用"三训一学一模拟"即集中培训、小组培训、个别培训、交叉学习、模拟登记的模式，利用"普查五步法"即一敲门、二电话、三预约、四定点、五联合的普查登记方式，为全面做好第七次全国人口普查入户登记打下基础。唐晓军对金桂社区"七人普"试点工作予以肯定，强调要注意工作节奏、力度及方法，做好总结经验。

（周京京）

【黄滔调研桂花坪街道】 2020年6月29日，天心区委副书记、区长黄滔一行调研天心区桂花坪街道AAAAA智慧社区网格化建设工作。黄滔一行在桂花坪街道银桂苑社区，查看AAAAA智慧社区网格化工作建设的基本情况，听取AAAAA智慧社区服务云平台的介绍，了解网格化工作管理的情况；在银桂苑小区，现场体验智能垃圾分类回收站、智能人脸识别门禁系统、电动车规范停车充电桩等各类智能公共设施的功能；在智能垃圾分类设备站点，观看"刷脸"分类投递垃圾的过程：人脸识别登入居民账号，投递的垃圾立即产生相应积分，就可用积分可兑换奖品。黄滔指出，后期建设特别是大数据中心的建设要加快，提供各类大数据、物联网应用，要继续加大智慧社区建设力度，使社区治理服务能力不断提升。AAAAA智慧社区平台是基于人工智能、云计算、区块链等依托互联网、物联网技术采集各类智能硬件数据，打造真正属于社区的“小数据”平台，实现社区“人防”“物防”“技防”的全面管理。后期，桂花坪街道银桂苑智慧社区平台还将与大数据中心对接，实现远程诊疗、送菜上门、特殊人群关怀等惠民功能。9月9日，黄滔到桂花坪街道调研经济、项目攻坚和“爱心天心”帮扶工程工作。黄滔一行到紫樾香山二期、绿地公馆二期、雀园路汽车街区沃尔沃4S店，了解各项目的规划、建设、招商情况，并就相关具体问题现场进行交办，强调要以“八个一批”项目建设为抓手，合力推进项目攻坚，整合资源，加大招商引资力度，全面推进各项经济工作。

（周京京）

【“学先进温初心践使命”表彰大会】 2020年7月2日，天心区桂花坪街道庆祝中国共产党成立99周年暨“学先进温初心践使命”表彰大会举行。会议对5个先进基层党组织和50名先进个人进行表彰。活动现场，湖南省治未堂公司党支部书记郭耀峰围绕支部党员教育等方面介绍工作经验，优秀党务工作者邹进以“岗位在哪，心就在哪”为主题介绍如何在工作岗位中践行入党时的初心。两新党组织长沙锄禾展示展览有限公司党支部的党员们带来原创诗歌《春天，你在哪里？——战疫歌颂手记》《总有》朗诵。桂花坪街道工委书记陈志文表示，要以此次“七一”表彰为契机，教育引导广大党员继承和发扬党的光荣传统和优良作风，压紧压实各基层党组织的党建之责，着力提升基层党建工作质效，为全力建设实力品质文化幸福新桂花贡献力量。（周京京）

【刘汇调研桂花坪街道】 2020年9月2日，天心区委书记刘汇调研桂花坪街道经济社会发展情况。刘汇一行到长城水郡小区、雀园路，对基层社会治理、民生实事项目、产业发展进行实地调研。刘汇指出，要在经济高质量发展上争先进，推动项目尽快落地开工、投产达效，突出汽车消费、金融、建筑、房地产等方面，落实好“天心营商环境30条”；要在城区品质提升上显担当，开展城市管理整改和提质行动，抓好社区环境治理，根治城市治理顽疾，注入更多文化的元素，体现省府的文化氛围、文化品位，推进十大专项整治行动，突出抓好臭氧防治等工作；要在维护安全稳定上下苦功，持续抓好疫情防控，及时化解各类矛盾，维护安全稳定，强化隐患排查整治，严密防范各类事故；要在基层党的建设上作表率，打造特色亮点、形成可复制、可推广的经验，加强对干部的教育培训管理，坚决按制度执行、按规矩办事，确保常态长效、风清气正。

（周京京）

图70　2020年7月2日，天心区桂花坪街道举行“学先进温初心践使命”的“七一”表彰大会　（桂花坪街道供图）

【蓝天保卫战四大专项整治行动】 为打好蓝天保卫战收官之战，2020年12月3日，天心区桂花坪街道召开负责人会议进行部署，当晚展开首次行动。上午，街道分管领导召集各社区（合作社）书记、相关办所负责人，传达区蓝天办最新会议精神，对2020年最后一个月蓝天保卫战工作进行调度安排。会上，分管领导就《天心区蓝天保卫战四大专项工作方案》进行解读学习，要求各社区（合作社）、办所加强辖区内建筑工地的巡查，发现问题，及时整改；加强社区与城管办、城管执法中队的协调配合，做到对夜市烧烤和流动摊贩的联防联控，杜绝违规露天烧烤行为；加强对涉VOCs企业的宣传、监管，配合环保部门对相关企业进行VOCs在线监控系统布点等。当晚，道城管办联合城管执法中队对中豹塘路金桂小区沿线、湘府路地铁口附近流动摊贩进行突击巡查整治，严查露天炒菜、炒饭及油炸、烧烤等环境违规行为，暂扣经营车辆5台。（周京京）

青园街道

【概况】 长沙市天心区青园街道为省政府、区政府所在地，辖区东起韶山南路，西至书香路，北接木莲冲路，南抵湘府路，辖区总面积3.6平方千米，常住人口4万人，辖井湾子、青园、友谊、湘园4个社区居委会。（周　茜）

【街域经济】 2020年，天心区青园街道累计完成财税入库9.23亿元、固定资产投资21.17亿元、社会消费品零售总额11.53亿元、服务业营业收入12.36亿元（同比增速11%）、软件企业6家，完成营业收入2.91亿元（同比增速25%）、新增四上企业10家，超额完成工业技改投资。全年新增软件企业18家，盘活闲置楼宇9761平方米，引进100万以上税收企业9家，引进世界五百强企业1家（国家电投集团湖南综合智慧能源有限公司）。办结电力科技园（三期）工地渣土运输、有色青园二期道路修缮等问题。建立“千人帮千企百日大行动”服务专员制度，开展街道领导联点结对企业活动，收集、解决企业困难、问题100余条，解决80余条。组织银行协助企业融资贷款资金约8亿元，为企业申请贷款39.6万元。（周　茜）

【城市管理】 2020年，天心区青园街道加大扬尘治理管控，覆盖裸土5200平方米、出动洒水车降尘400余车次、劝阻工地扬尘污染700余次、立案处罚6起；对餐饮门店开展执法行动40余次，立案处罚3家；完成低氮锅炉改造13台；对小微水体实时监控，及时解决各类污染问题。探索垃圾分类工作新模式，通过“宣传＋督查＋执法”提升居民垃圾分类意识。全年入场湿垃圾1855吨，任务完成率80.44%，被评为全市垃圾分类“示范街道”。拆除历史违法建设2处，115平方米。处理市级数字化案卷5177条，区级1558条，网格化案卷868条。加强省府周边、校园周边流动摊担管控和环境整治，开展整治行动60余次，审批招牌66块，清理辖区堆物500余处。推进电视机南院提质提档工作，改造面积5910平方米，拆除违章建筑650平方米。完成民生工程建设项目2个。指导2个小区成立业委会。（周　茜）

【社会事业】 2020年，天心区青园街道开展创业培训班34个，惠及1537人，实现城镇下岗失业人员再就业228人，就业困难人员再就业101人。对在建项目拖欠农民工工资情况开展排查9350人次。发放计生相关补助304户，10余万元，补贴个人287人次，105万余元。慰问困难群众483户，30余万元；发放高龄、助残助学、困难救助、就业帮扶等相关补贴2770人次，242万元。慰问现役、退役、烈士家属1401人，慰问资金13万余元。组织退役军人参加就业招聘会，与单位达成就业意向书19名。依托“民声工作站（室）”，组织人大代表、政协委员，到通道侗族自治县万佛山镇开展扶贫帮扶行动，捐赠帮扶经费10万元，走访慰问30民贫困学生3万元、为图书馆捐赠3万元图书、为小学食堂捐赠修缮款1万元、捐赠文体用品1万元。辖区共确定投放智能扶贫柜28台。（周　茜）

【综合治理】 2020年，天心区青园街道组织安全消防演练、培训、观看专题等活动30余次，安全执法检查发现隐患62处，处罚13起，4900余元。排查消防隐患42处，排除堵塞消防车道隐患5处，查扣超限超载车辆1台。开展各类食品安全专项整治，友谊社区电力市场获得区“最佳农贸市场”称号。开展扫黑除恶专项斗争，巩固中央督导和督导“回头看”反馈意见整改成果。开展毒黄赌、传销、非法集资、恶意欠薪等专项打击专项整治行动20余次。清查摸排在册吸毒人员以及吸毒场所，开展清查行动50余次，盘查人员1124人、尿检664人，刑拘涉毒人员8人、强制戒毒17人、治安拘留37人。推进平安创建活动，发展平安志愿者3000余名，综治工作被评为全市红旗单位。（周　茜）

【党建工作】 2020年，天心区青园街道打造“书记听我说”党建品牌，征求、吸纳群众意见80余条，解决37名困难群体生活难题，解决206个企业和项目难点问题。创办“书记听我说之书记夜校”，开课10期，培训党员干部800余人次。打造“幸福青园”社会组织和社会组织党组织双孵化基地，开展各类活动20余次，成功孵化社会组织1家。建设网格（小区）党群服务中心，4个社区分别成立红色物业联盟、组建联盟理事会，打造阵地4个，开展“三亮三比三无”（三亮：亮身份，亮职责，亮承诺；三比：比作风，比技能，比业绩；三无：无违章，无违纪，无责任投诉）竞赛活动，打通“街道党工委—社区党总支—小区党支部—红色物业联盟联合支部/物业企业党支部”联动机制，实现双赢。开展“美在金秋”老党员之家品牌建设工作，打造退休干部党支部“五化”党建阵地。推进社区“两委”换届工作，顺利选举出社区党组织班子成员，党组织班子平均年龄整体下降，本科学历人数达到13人，较上届增加4人。以区域化党建结对共建等方式，倡导推行“三培三带三融合”（即把业务骨干培养成党员、把党员培养成业务骨干、把党员业务骨干培养成中高层管理干部；以党建带群团、支委带党员、党员带员工；把党建与企业经营管理相融合、与企业文化建设相融合、与担当社会责任相融合，着力打造“双强型”企业）特色做法，发挥楼宇党群服务中心党史馆红色教育基地的作用，举办政策宣讲、企业座谈、法律知识专题讲座等活动。街道“五老”刘新民被评为全国离退休先进个人，街道机关退休干部党支部被评为全省“示范离退休干部党支部”，电视机厂小区北院网格退休党支部被评为全市“离退休干部‘五化’党支部示范点”，湖南李丽心灵教育中心党支部被评为全省“社会组织先进党组织”，标志楼宇党总支被评为长沙市“‘两争一创’先进典型党建示范点”，“幸福青园”社会组织“双孵化”基地等5个单位被确定为全区“党建标杆创建点”。人民网、《湖南日报》、长沙党建、先锋潮等各类媒体报道青园街道基层党建工作60条次，其中《湖南日报》两期专版报道。（周　茜）

【“青园益+”暨爱心天心困境人群帮扶活动】 2020年，天心区青园街道开展“青园益+”暨爱心天心困境人群帮扶活动，针对青园街道的困境人群，建立“爱心人士+社工+社区干部+党员志愿者+居民志愿者小组”帮扶体系，累计低保救助居民789户，1374人次，累计救助金额69.59万元；为22户困难居民进行医疗救助，救助金额74722元；为3户困难居民进行临时救助，救助金额10.53万元；开展生活与医疗帮扶83人次，帮扶金额15.38万元；住房帮扶11户，其中，实物配租9户，货币补贴2户补贴金额7875元；就业帮扶112人次帮扶金额55.43万元。（周　茜）

【“书记听我说”党建项目】 2020年3月，天心区青园街道通过启动“书记听我说”党建项目。项目致力于打造开放包容“一站式”学习交流平台，以街道党工委主要负责人、所属各党组织书记为“听”的主体，辖区内“两代表一委员”、机关干部、党员、群众、辖区企业相关负责人等为“说”的主体，突出反映有关矛盾纠纷调处、困难问题诉求处置、身边优秀典型事迹宣讲、各线工作统筹推进等为“说”的内容，以面对面现场交流、集中访谈等多种形式进行。3月27日，青园街道“书记听我说”党建项目之湘园社区“对话百家事”2020年党建惠民项目推进议事活动举行，青园街道工委书记、社区党总支书记、网格支部书记与青山小区居民面对面，对小区智慧停车管理的道闸安装、线路设计、施工监管、日常运营、收费细则及资金管理等方面进行讨论，对每项讨论结果进行表决，一致同意实施小区智慧停车系统、下水道疏通改

图71　2020年5月9日，天心区青园街道举办“书记听我说”系列活动——“新青年·新力量·新作为”五四青年沙龙

（青园街道供图）

造项目，2个惠民项目7个具体事项敲定。结合"书记听我说"党建项目，湘园社区开展五个"百家行动"，即由党总支书记、网格支部书记带头敲开百家门、对话百家事、分忧百家难、接力百家课、团结百家心，鼓励多方参与，不断推进基层社区治理，建设品质更高、民生更实的幸福社区。"书记听我说"党建项目全年征求、吸纳群众意见80余条，解决37名困难群体生活难题，解决206个企业和项目难点问题。

（周　茜）

【"青园新力量"青年突击队成立】 2020年5月9日，天心区青园街道在标志楼宇党群服务中心举办"新青年·新力量·新作为"青年沙龙活动，现场组建"青园新力量"青年突击队，通过青年说、领导听、大家议的形式，进一步凝聚干事创业的信心和合力，激发青年智慧、贡献青年力量。"青园新力量"青年突击队分设招商、公益、环保、社区治理等小分队，投身公益行动、榜样树立、楼宇招商、企业服务、网格化治理创新等"十大行动计划"，发挥青年突击队的主力军和生力军作用。（周　茜）

【李丽家庭被评为"全国抗疫最美家庭"】 2020年5月15日，全国妇联举办"最美我的家抗疫'家'力量"全国抗疫最美家庭云发布活动，天心区青园街道湘园社区李丽家庭成功入选。青园街道湘园社区的社会组织湖南李丽心灵教育中心，由2007年度"感动中国"人物李丽创办。2020年1月23日突然暴发的疫情时，李丽家庭得知医护物资紧急告缺，连夜组建一支由儿子、儿媳及多名公益骨干组成的"丽家军抗击疫情指挥群"，向湘雅医院、长沙市第一医院各捐赠5万只一次性医用口罩，同时动员海外资源，从俄罗斯莫斯科紧急进口一次性医用口罩10万只和4000瓶免洗消毒液，支持全省122个县乡镇（街道）的一线防控人员。

（周　茜）

【井湾子社区电视机厂南院提质改造】 2020年6月，天心区青园街道电视机厂南院提质改造建设项目开工。项目建设内容包括小区原有道路铣刨及重新铺设沥青、栋间坪压膜地面、下水管网改造、自来水管网改造、绿化改造、停车位划施、文体设施安装、亮化改造等，投入资金700万余元，改造总面积约5910平方米，项目于9月竣工。期间青园街道和井湾子社区先后召开居民现场会10余次，拆除电视机厂南院小区历史违章建筑41处，新建停车位30余个，有效解决原小区破旧不堪、车辆乱停、出行不便等问题。（周　茜）

【省侨联调研青园街道李丽心灵教育中心】 2020年7月17日，湖南省归国华侨联合会党组书记、副主席黄芳一行走访调研天心区青园街道湘园社区李丽心灵教育中心。长沙市归国华侨联合会主席陈慧，天心区委常委、统战部长刘向等陪同。调研组一行参观湘园社区公共服务中心、幸福青园社会组织和社会组织党组织孵化基地、湖南李丽心灵教育中心，随后在湖南李丽心灵教育中心进行座谈交流。湖南李丽心灵教育中心创始人李丽介绍解机构发展历程、运作模式和项目建设等情况。黄芳指出，要打造侨胞之家，凝聚侨心，提高湖南李丽心灵教育中心、李丽的知名度，带动更多人参与专业服务。（周　茜）

【青园街道与湖南女子学院开展校地联盟活动】 2020年11月3日，湖南女子学院与天心区青园街道校地联盟开展民族宗教工作合作签约仪式举行。湖南女子学院党委与青园街道工委签订《校地联合开展民族宗教工作合作协议》，青园街道工委就如何落实落细合作内容作出表态发言，湖南女子学院党委书记罗婷，校党委委员、副校长周松涛及党委委员、宣传统战部长向前分别就学院相关工作情况及下一步合作共建方向进行介绍，师生代表就新形势下如何理解民族宗教工作发言。长沙市委统战部副部长刘佳勇表示，要发挥高校资源优势，加强地方服务和协同配合，把校地联盟打造成全市民族宗教工作的特色亮点。（周　茜）

【曹忠平调研青园街道】 2020年12月18日，湖南省民政厅党组书记、厅长曹忠平到天心区青园街道调研指导社会组织工作，长沙市民政局党委书记、局长陈昌佳，天心区民政局局长刘顺来等陪同。曹忠平一行参观湘园社区一楼大厅一门式服务阵地，询问工作人员的工作情况，聆听"湘园故事"；在湘园社区三楼李丽心灵教育中心开展座谈，听取李丽心灵教育中心心理辅导、家庭教育、社工服务、能力建设等工作的开展情况。曹忠平强调，要发挥社会组织的中坚力量，进一步培育更多的社会组织参与到社会公益服务中来；要坚持问题导向，设计好的想法，推动落地生根，发掘好的案例，做好成果推广，实现共建共治共享；要树牢底线思维，突出以人为本，坚持为民情怀，优化关爱服务，不断增进民生福祉，发扬“工匠精神”，将工作做深、做透。（周 茜）

黑石铺街道

【概况】 长沙市天心区黑石铺街道位于天心区南部，北抵湘府西路与新开铺街道、青园街道毗邻，东临书香路、石碑路、芙蓉南路与桂花坪街道相连，南至披塘路与先锋街道接壤，西倚湘江及京广线与大托铺街道交界，辖区总面积9.53平方千米。下辖黑石铺、铭安、创谷、一力4个社区居委会，披塘村1个行政村，黑石、九峰、披塘3个经济合作社。常住人口3.93万人，流动人口1.2万人。（曹晓姣）

【街域经济】 2020年，天心区黑石铺街道完成地方财政收入4.69亿元；完成限额以上批发零售业120亿元，同比增长6%；完成社会零售品消费总额1.56亿元，同比增长8%；完成规模以上工业总产值24.63亿元，同比增长11%。推出微信服务、集中办照等便民措施，选派驻企联络员，持续开展“大走访”活动，走访企业1000余家。全年完成新增“四上”单位15家，新增市场主体1787家。深入物流园区指导企业科学复工复产，累计上门服务园区企业备案500余家，备案人员2700余人。协助企业做好日常防疫同时，帮助辖区企业争取信贷9000万余元，为园区450家企业争取租金减免350万元，减免面积30万余平方米。（曹晓姣）

【城市管理】 2020年，天心区黑石铺街道裸露黄土覆网2.2万平方米，139家餐饮门店安装油烟净化设备，200余台非道路移动机械进行环保编码登记。开展70余次垃圾分类主题宣传活动，多维调度村（社区）、物业、保洁公司力量，实现垃圾分类常态化。对违法建筑、乱搭乱建、店外经营等乱象开展持续整治，累计拆违94处。中央环保督察及“回头看”、省级环保督察反馈29个问题全面整改到位。黑石合作社城改项目“630攻坚”，累计签约合法房屋240余户；社保融资四号地合法房屋全部“清零”；新联南路项目、长沙广播电视大学项目实现扫尾；披塘村两安用地开发项目15天签约全部私房。（曹晓姣）

【社会事业】 2020年，天心区黑石铺街道推进“黑石聚力会”社会组织双培育基地工作，打造“红色阵线共同体”“七彩党建”“向党报告”“绿军装变身红背心”“红色物业”“老年红网”“乡贤理事会”等“3+N”党建引领社会治理创新项目。指导黑石铺街道工商联商会完成换届选举，完成基干民兵整组及武装阵地建设工作。为16名残疾人子女申请助学金，对54户特扶家庭发放慰问金10万余元。建立“爱心天心帮扶工程”困难群体结对帮扶制度，建档帮扶91人。创谷社区居家养老服务中心建成运营，完善黑石铺社区居家养老服务中心、一力社区居家养老服务中心配套设施。新昌学校、湘府英才益清小学启动建设，雅礼融城中学、长郡外国语附小完成挂牌。完成印铁厂、乒乓球厂两个老旧小区提质改造。明确40余条服务事项就近办流程。“12345”热线工单接单办结859单，办结满意率98.6%。（曹晓姣）

图72 2020年10月23日，天心区黑石铺街道铭安社区开展“喜迎新时代 欢乐度重阳节”主题活动（黑石铺街道供图）

【综合治理】 2020年，天心区黑石铺街道全面开展禁毒防邪、扫黑除恶、社区普法、法律援助、学校周边环境净化等工作，刑事案件案发率持续下降。党工委成员带队，全面摸清辖区金融机构，持续开展防范非法集资宣传，全年无非法集资案件发生。广泛动员社会力量参与网格化管理工作，组建网格管理服务团队，提升网格工作精细化、常态化水平。持续开展安全生产专项整治三年行动，争创省级“安全发展示范街道”，全年无重大安全事故发生。全力抓好森林防火、防汛抗洪等工作，黑石铺社区被评为省级综合减灾示范社区。（曹晓姣）

【党建工作】 2020年，天心区黑石铺街道率先试点在5个村（社区）开展“两委”班子换届选举，实现书记、主任“一肩挑”。围绕“强党建、抓书记、抓党员、抓作风”，深入开展“从严治党再出发，党员服务群众再提升”基层党建提质行动。制定《关于推进“不忘初心、牢记使命”常态化制度化的实施方案》《黑石智轩学苑领航班培训计划》《黑石铺街道青年干部培训计划》，全面部署和推进学习教育常态化制度化工作，确保全体党员干部学习教育有序开展。在街道机关及各基层党组织设置主题教育宣传栏、习近平新时代中国特色社会主义思想宣传栏，营造浓厚主题教育学习氛围。指导基层党组织结合实际提高组织生活质量，召开党建知识培训会议16次，开展党务知识考测3次。全面推行党员分类积分管理，严格抓好“学习强国”学习情况监督。推进支部“五化”建设，黑石铺社区退休支部创建市“五化”退休示范支部，湖南一力股份有限公司党委创建市两新党组织党建标杆建设点，黑石铺社区党总支等4个基层党组织被评为区先进基层党组织。开展“战疫密码”“中国之治”“新思想基层”“全国两会精神”“党的十九届五中全会精神”等主题宣讲活动，活动受众2000余人次。实施多层次人才队伍培训计划，全面推进学习教育工作制度化、常态化。领航、基石班两个培训班共开班16期，培训学员1200余人次。（曹晓姣）

【雅礼融城中学挂牌】 2020年，披塘中学（创办于1962年）“转型”加入雅礼集团，改名为雅礼融城中学。雅礼融城学校位于天心区黑石铺街道境内（新开铺路1383号），是由天心区政府与雅礼中学合作办学，携手打造的一所高起点、高品位、高标准的现代化公办学校，办学总规模规划为60个教学班。（曹晓姣）

【长郡外国语第一附属小学挂牌】 2020年，黑石小学更名为长郡外国语第一附属小学，为天心区直属全日制小学。该校始建于1952年，前身是易家垅小学，几经易名，20世纪70年代中期改名为黑石小学。长郡外国语第一附属小学位于天心区黑石铺街道境内（新竹路与新开铺路交叉路口往东北约100米），有12个教学班。学区范围是：东至书香路，南至绕城高速，西至湘江，北至湘府西路。主要小区、楼盘或单位宿舍包括：保利花园、香芙嘉园、天悦嘉园农民安置保障住房。学校挂牌后，在长郡中学先进的办学思想和管理理念的引领下，整合教育资源，创新教学方式，提高办学水平；同时与长郡外国语实验中学在资源共享、课程对接、教师培养等方面实现强强联手，助推两校的发展。（曹晓姣）

【“党建领航”培训班】 2020年1月10日，天心区黑石铺街道组织开展“黑石智轩学苑”领航班开班仪式，街道班子成员、各社区（村）主要负责人及全体参训学员共计100余人参加。开班仪式上，对街道2019年度学习培训情况进行总结表彰，班委会代表及学员代表表态发言，街道党工委书记胡波作动员讲话并宣布“领航版”正式开班。现场邀请中共湖南省委党校教师戴安林以“推进国家治理体系和能力现代化的里程碑”为主题授课，对中共十九届四中全会精神进行解读。“黑石智轩学苑”是黑石铺街道为党员干部理论学习、经验分享、能力实践搭建的自主学习平台，旨在进一步提高广大干部的政治素质、党性修养、业务能力和服务群众的水平。本期组织的“领航班”，围绕基层工作特点和现实需求，通过专家授课、技能培训、互动研讨、情景模拟等多种形式，开展丰富多彩的培训活动。

（曹晓姣）

【新昌学校项目开工建设】 2020年4月28日，新昌学校项目开工建设。项目由天心区教育局与长沙世纪御景房地产开发有限公司投资建设，预计总投资3.2亿元。学校位于书香路与黑石路交会处西北角，规划净用地面积45521平方米，总建筑面积约43246平方米，建设包括教学楼、行政综合楼、艺体馆、运动场、图书馆、实验楼等。学校办学规模小学48个班、初中18个班，可容纳3000左右学生入学。项目将分两期建设。一期包括1#小学教学楼（5层，48班），2#行政综合楼，3#艺体馆及食堂。二期包括4#图书馆及综合楼，5#中学教学楼（6层，18班）。（曹晓姣）

【披塘村两安用地征拆项目】 2020年7月10日，天心区黑石铺街道披塘村集体建设用地合作开发项目动员部署会议在披塘城改项目拆迁指挥部召开，区住建局、区城管局、区市监局、区公安分局、区资规分局、区人社局等部门负责人及街道相关工作人员参加会议。披塘村"两安"用地征拆项目涉及3个地块，项目总面积约14万平方米。为壮大村集体经济，披塘村于2018年12月将4块集体建设用地对外招商，项目由中欣房地产集团中标，后授权于中欣三瑞公司。项目于2020年9月15日启动签约，15天后，58栋73户私房全部签约"清零"，刷新黑石铺街道征拆签约"清零"的新速度。（曹晓姣）

【黑石铺街道商会换届选举】 2020年7月30日，天心区黑石铺街道商会换届选举暨2020年首届营商大会举行。活动听取并通过上届商会工作报告，选举产生新一届街道商会领导班子。天心区委常委、统战部部长刘向出席。大会通过举手表决产生新一届商会领导班子，新当选的商会会长丁泽卉代表新一届班子成员发表讲话，表示将从加强组织建设、树立崭新形象、坚持创新引领、打造特色品牌、提升履职能力、提高服务水平等方面发力，开创商会工作新局面。刘向指出，换届后的商会要积极应对疫情冲击，化挑战为机遇，助推长沙市、天心区经济社会高质量发展。黑石铺街道党工委书记胡波表示，黑石铺街道商会要加强商会政治引导、服务发展等职能作用，谱写商会华彩篇章。在营商大会上，天心区税务局黑石铺税务所所长吴锡平、长沙农商行湘江支行党总支书记张翼作优化营商环境、金融普惠政策宣讲，为会员企业解读最新惠企利民政策，现场为企业代表答疑解惑。（曹晓姣）

【刘汇调研黑石铺街道】 2020年8月13日，天心区委书记刘汇调研黑石铺街道经济社会发展情况，并召开区委书记专题会议，听取区教育局工作情况汇报。刘汇到黑石铺街道铭安社区弘阳昕悦府项目及披塘村拟拆"两安"用地现场，对项目规划设计、建设进度等情况进行了解。刘汇强调，要以更大力度推进城中村改造；要以更新理念促进经济发展，推进项目建设，引导转型升级，优化营商环境；要以更高标准抓好城市管理，改善卫生环境，规范经营管理秩序，抓好拆违控违；要以更实举措改善民生，完善常态化疫情防控机制，增进民生福祉，确保安全稳定。（曹晓姣）

【启动科技周宣传活动】 2020年8月26日，由天心区科技局、黑石铺街道共同主办，一力社区、湖南引航未来品牌策划咨询有限公司共同承办的"2020科技战疫创新强国"天心区全国科技周宣传启动仪式正式拉开帷幕。副区长黄会，区政协副主席、区科技局局长彭元强，区科技局副局长苏奇、黑石铺街道班子成员等出席活动。与会人员现场体验抗疫科创作品、陶瓷3D打印、无人机+模拟飞行、四驱车竞速、激光雕刻、微型锯床等项目。（曹晓姣）

【湘府英才益清小学奠基】 2020年11月17日，湘府英才益清小学奠基。湘府英才益清小学项目位于天心区黑石铺街道辖区内，老甫冲路与工程路交会处，邻近地铁1号线大托地铁站。湘府英才益清小学的前身为大托小学，是大唐印象小区配建学校。学校筹建规模48个班，占地约3.53万平方米，总建筑面积29396.35平方米，建设3栋教学楼、2栋综合楼、1个报告厅，以及体育馆、足球场、网球场等运动场所。（曹晓姣）

【"争当志愿者·大爱耀黑石"主题活动】 2020年12月7日，长沙市学雷锋志愿服务文化节"弘扬志愿文化·争做雷锋志愿者"系列活动之黑石铺街道国际志愿者日"争当志愿者·大爱耀黑石"主题活动在一力社区足球场举行。活动现场，大合唱、群口相声、舞蹈等节目上演；披塘村邹利芝、一力社区郭晶华、铭安社区李勇、创谷社区马雍、黑石铺社区刘国强、黄春华被评为2020年度"最美志愿者"；黑石铺社区退休党员志愿服务队、一力平安创建志愿服务队、铭安社区平安创建志愿者协会获得"2020年度最佳志愿服务团队（组织）"称号；民建天心工委与一力社区一同组建"同心志愿服务队"。黑石铺街道依托新时代文明实践所建设，积极构建志愿服务工作体系，截至2020年12月，成立1个学雷锋志愿服务大队，5个学雷锋志愿服务中队和28支学雷锋志愿服务团队，通过组建“黑石聚力会”，全面整合辖区志愿服务资源，全域化推进新时代文明实践志愿服务工作，深入居民学习、工作、生活的方方面面，助力打造“雷锋家乡学雷锋”“最美天心”“满天星”等工作品牌。（曹晓姣）

大托铺街道

【概况】 长沙市天心区大托铺街道位于湘江长沙段解放垸境内，地处长株潭三市融城的最前沿，东临京广、西滨湘江，北面与黑石铺街道接壤，南与先锋街道、南托街道接壤，区域面积15.12平方千米，其中，陆地面积11.86平方千米，下辖黄合、兴隆、桂井、大托新村4个行政村，农村常住人口1.8万人，村民组110个，党员650人。（许世栋）

【街域经济】 2020年，天心区大托铺街道完成财政总收入3717万元，为全年任务113.63%；完成规上工业企业总产值13547万元，完成固定资产投资19479万元，完成社会消费品零售总额10518万元，完成高新技术产值3202万元，新增规上企业2家，高新企业1家。街道开展银企对接，为辖区企业解决村组矛盾、人才短缺、资金困难等问题23起，争取信贷支持1000万余元，为8家企业申请“金融白名单”；举办“优化营商环境、规范税收征管”专题培训会，为企业争取各类政策红利100万余元；举办第五届乡村休闲美食节、“春光大托”垂钓节活动；完成全国第七次人口普查工作、街道商会换届选举工作。新开铺路两厢片区改造及基础设施建设工程项目是街道成立以来第一个大面积征拆项目，项目用8天时间完成全部签约，用2个月时间完成腾房倒地工作。坚持一手抓防疫一手抓经济，街、村干部分为20个工作组全部包组到户，逐户逐人地毯式宣传、摸排、监测；发放疫情防控指南、告村民一封信等宣传资料3万余份，出动流动宣传车16台，制止劝导主动放弃或取消延期办理喜庆事项38起，从快从简办理丧事25起，严格落实“四包一”对象248人，核查下发大数据1359条。全街未出现确诊及疑似病例。（许世栋）

【社会事业】 2020年，天心区大托铺街道为低保户发放保障金175.9万元，发放城乡医疗救助金69.2万元，发放精神病人药物救助金35.6万元，为11名新入学的大学生发放慈善助学金3.5万元，为46户困难家庭发放帮扶资金8.9万元，为946户困难家庭发放慰问金54万元，为360余名80岁以上的老人发放高龄补贴46万余元。投资500万元的高家坪美丽屋场，成功创建市四星级美丽屋场；大兴路、中环路两条主干道3.7千米完成“白改黑”路面改；开展农村清洁行动，全年清理垃圾死角1800余处，清理转运枯枝败叶900余车，完成无害化厕所改造1700座，整治并拆除耕地上棚屋53处。各级河长履职巡河，开展“洞庭清波”等专项整治行动。开展湘江饮用水源治理、扬尘污染整治、餐饮油烟污染治理等蓝天保卫战活动30余次，突出对湘江南路、牛冻路周边等重点地段巡查监管，共立案查处露天焚烧案件8起、渣土车带泥上路污染路面扬尘案件15起、涉气企业违规排放废气行为4起，行政处罚金额共10.6万元。全年制止违章建筑30余处，下发停工通知单120余份，查获违法偷倒渣土行为47起，3宗国土卫片图斑整改到位。100余户房屋完成确权登记颁证，10户危房改造全部验收合格。深化移风易俗宣传教育，发放《长沙市民文明手册》1000余册，宣传移风易俗典型案例25例，发放6万余元奖励金；开展“邻里守望关爱留守儿童”“移风易俗文明过年”等系列新时代文明实践活动50余场，新建新时代文明实践站所2个、宣教基地6个。（许世栋）

【综合治理】 2020年，天心区大托铺街道做实做细网格化防控体系，重点抓好铁路、校园周边等地段巡查监管，辖区未发生涉铁事故；深化“红袖章”“夜鹰工程”，加大对特殊人群管控力度；加强禁毒宣传打击，有效威慑吸毒违法行为；巩固扫黑除恶专项斗争成果。举办安全生产应急预案、粉尘防爆、特种作业、消防安全等工作培训班100余次，共出动执法检查人员200余人次，责令现场整改安全隐患172处、排查重大安全隐患4处，发出限期整改通知书20份，办理行政立案14宗，行政简易处罚9800元，全年实现无生产安全事故；加强食品药品、公共消防、热力燃气等领域整治力度，消除各类安全隐患。全年调处各类矛盾纠纷136起，涉及金额1778.44万元，成功率98%以上；办结“12345”热线775件；网格通平台处理各类问题近2000件，结案率100%；解决爱之心老年公寓拖欠土地租金、安全隐患等问题。新建“退役军人之家”为退役军人提供交流沟通新平台，走访慰问退役军人和军属，发放慰问金12.3万元。（许世栋）

【党建工作】 2020年，天心区大托铺街道出台《大托铺街道基层党（总）支部季度目标管理考核办法》，提升各村党（总）支部“三会一课”和主题党日活动的质量。推行长沙智慧党建系统管理，会议活动上传及时率、准确率均在95%以上。鼓励党员利用微信、“学习强国”等平台开展冬春训线上学习，组织各村网格代表50余人赴浏阳市北盛镇学习基层社会治理经验。开展“大托党建论谈”之红色引擎领航乡村振兴主题活动。组建150名舆情信息员队伍，发布省、市、区新闻媒体稿件399篇，其中，15篇被人民网、“学习强国”等央级媒体宣传推介，拍摄《我是党员，我向人民报道》抗疫纪录片。全年发展新党员8名。桂井村党组织盘活集体经济，全面完成软弱涣散组织整顿工作；村级党组织换届选举工作完成，16名党员选拔到村党组织队伍。（许世栋）

【优化营商环境】 2020年，天心区大托铺街道把优化营商环境作为提升竞争力、生产力的重要抓手，用“三心”帮扶企业，以家长式“关心”、亲人般“暖心”、保姆式“尽心”，让企业感受到真心、贴心和细心。3月，湖南旺坤管业有限公司把工商税务关系迁至大托铺街道，街道通过与工商等部门的协调，帮助企业解决工商注册的品名问题，使得企业顺利中标昆明的3亿元订单。位于大托铺街道的湖南景丰建筑标化工程有限公司的场地不足，成为限制企业发展的难题，5月，街道在桂井村附近为企业找到一块面积近7000平方米的场地用作物料储存，并为企业减免租金，帮助降低生产成本。截至2020年5月，大托铺新增各类市场主体266家，新增主体数量排名全区第一。（许世栋）

图73　2020年，天心区大托铺街道贯彻落实乡村振兴战略，提升农村人居环境（大托铺街道供图）

【乡村振兴工作】 2020年，天心区大托铺街道突出抓好城郊农业，推动新型村级集体经济，持续快速健康发展。引导农户、农民对绿色蔬菜、花卉苗木、生态水产、有机瓜果等进行产业产品融合；支持引导农户推出葡萄、荷花、草莓采摘和多肉植物观光等近郊生态观光旅游项目；加大对以王捌院子为代表的30余家餐饮门店的服务，做强餐饮街道品牌。推进美丽“三园”、美丽屋场建设，开展道路提质改造、亮化、房屋外观美化、停车场等项目建设，重点突出休闲功能。（许世栋）

【农村人居环境】 2020年，天心区大托铺街道整治乱搭乱建，开展国土卫片图斑整改工作，对土地复绿复垦。开展交通秩序和渣土整治行动。开展蓝天保卫战，整治辖区“散、乱、污”企业。推进“河长制”工作，开展巡河，加强小微水体管理。推进农村“厕改”工作，完成1700座厕所的无害化改造。开展市容乱象整治，完成4座农村生活垃圾分拣房建设，整治规范占道经营等乱象。（许世栋）

【大托铺征收拆迁指挥部成立】 2020年6月8日，天心区大托铺街道征收拆迁指挥部成立。该指挥部位于大托铺街道乡村御庭公园内，主要负责“272地块”的拆迁工作，4月20日，天心区发布项目用地补偿安置公告。天心区新开铺路两厢片区改造及基础设施建设工程是区内重点项目，项目位于大托铺街道，涉及被征收户 31 户 134 人。9 月 25 日，该项目经 8 天时间，所有被征收户在奖励期内全部签约，提前实现签约“清零”任务。（许世栋）

先锋街道

【概况】 长沙市天心区先锋街道位于长沙市南大门，北靠桂花坪街道，东接暮云街道，南邻南托街道，西连黑石铺街道、大托铺街道。街道辖新路村，南城、嘉和、新宇、尚双塘 4 个社区居委会，先锋经济合作社。区域面积 16.62 平方千米，常住人口 4.4 万人，其中，农业人口 5510 人。

（毛爱珍）

【街域经济】 2020 年，天心区先锋街道完成区级税收 1.60 亿元，同比增长 39.13%，固定资产投资 43.61 亿元，社会消费品零售额 17.04 亿元，同比增长 18.4%，企业升级高新技术企业 7 家，“四上”企业新增 11 家。其中，中国长沙人力资源服务产业园落户 1 年，入驻人力资源机构 93 家，服务企业 2000 余家，服务各类人才 20 万余元，实现产值 20 亿元以上。2020 年，街域范围内有 12 个重大项目，6 个项目为市、区级重大项目。解决新路村“A 地块”，引进新长海南城中心项目。全省唯一数据要素与数字资产交易场所——湖南大数据交易中心落地。新长海、中交国际项目开工。鑫远人才公寓主体工程全部完成。先锋集资办安置房（三期）完成投资率 46.6%。新长海南城中心国土证、用地规划许可证完成，项目总图、施工许可证办理完成。芙蓉南路快速化改造完成，中意路城市化改造方兴未艾，环保路、万家丽路西延稳步推进，辖区逐步成为长株潭半小时经济圈的对接点。成立长株潭商圈商家联盟，搭建商圈购物消费节等节会平台。举办长株潭商圈消费节活动，友阿奥特莱斯 5 月 1 日销售额 1300 万元，较 2019 年同期增长 10%，年销售额 13.6 亿元。中国长沙人力资源服务产业园产业规模达到 20 亿元。2020 年上半年，为对冲疫情影响，街道创建天心区首个流动摊贩临时规范点，有 40 个摊位在规范点经营。中海环宇城户外广场的星空夜市拥有 20 家夜市品牌。建设长株潭商圈夜间经济服务中心，可为居民提供信息咨询、便民医疗、交通疏导等服务。

（吴　刚）

【城市管理】 2020 年，天心区先锋街道清除各类“牛皮癣”，拆除户外广告 62 处。收到市民举报违建 80 余次，拆除在建新建小区违章面积 200 平方米。坚决打好蓝天保卫战，收到市民举报环境问题 120 余起，现场立案处罚 15 例，总罚款金额 1.8 万元。推进垃圾分类，通过开展积分打卡、奖品兑换、暑期社会实践、趣味运动会等活动，垃圾分类理念深入人心，分拣厨余垃圾量 1300 余吨。市、区数字化城管案卷分别结案 4920 件、800 件，按期结案率 100%。街道有物业小区 18 个，在此基础上，划分网格 17 个，成立网格党小组 15 个，网格党支部 8 个。嘉和社区成立“中建芙蓉嘉苑党群服务中心”，推动“红色物业”管理新模式，助推社区、业主、物业三方联动共治。在每个物业小区中，打造邻里中心、配备专职网格员、成立网格党小组，不定期召开居民协商议事会议，解决系列难题：南城社区文化广场网格的电梯维修基金启动工程、嘉和社区芙蓉嘉苑网格协商增配幼儿园、新宇社区第一网格解决小区乱停车问题。

（沈爱华　赵荣娜）

【社会事业】 2020 年，天心区先锋街道出动 280 余人（干部、职工、物业、志愿者）进行地毯式排查，共排查 3 万余人，全年核实中高风险地区数据 1547 条，境外数据 222 条，纳入“五包一”管理 21 人，“四包一”管理 956 人。组织技能培训提升未就业人员的就业能力，开办计算机操作员、电工、育婴师、电子商务师等 10 个培训班，490 余人参加培训和考试。城镇新增就业 740 人，完成率 100%，失业人员再就业 240 人，完成率 160%。对接使用长沙市“互联网 + 政务服务”一体化平台，至 11 月底共办理 2200 余件。尚双塘社区挂牌成立，尚双塘社区居家养老服务中心建成投入使用。对辖区 460 户家庭进行摸排走访，对辖区困难家庭按人员类别建立台账，健全结对帮扶机制，对 27 个重点家庭建档立卡，分别与两会代表及社会爱心人士、志愿者结对。共为 28 个低保家庭发放低保 27.6 万元，为 26 个因病致贫家庭发放医疗救助金 21.12 万元，为 10 个困难家庭申请发放临时救助金 4 万元，为 2 位患尿毒症低保对象申请慈善救助金，为 4 位重病精神障碍患者申请免费住院治疗。（曾凡江　肖朝霞）

【综合治理】 2020年，天心区先锋街道调处矛盾纠纷18起，调处成功18起，来访受理8件，投诉受理45件，全部办结，及时有效处理5起涉及教育、建设领域的群体性事件。做好人民调解工作，早发现、早化解，成功调解24件纠纷，涉及金额300万余元。设立法律咨询台，聘请法律顾问，为居民提供法律援助。积极宣传《中华人民共和国宪法》《中华人民共和国婚姻法》《中华人民共和国民法典》等法律法典，开展大型法治宣传7次，发放宣传资料2120余份。对重点场所开展“黄、赌、毒”专项整治行动，现场验尿800余人，毛发检测100余人；开展扫黑除恶专项宣传活动30余次，发放宣传资料3万余份；开展打击传销专项整治行动，有效打击传销人员22人。加强对街道13名在册矫正对象的法律法规知识培训。开展刑满释放人员的安置帮教，辖区现有25名刑满释放人员，均无重新犯罪现象发生。排查安全生产隐患23处，基本完成整改。组织多次烟花爆竹“打非治违”行动，查处无证经营1家。规范安全监管执法检查，巡查整改安全生产隐患，共出具现场检查记录65份，下达责令限期整改指令书17份，行政处罚决定书14份，罚款6600元。完善企业安全生产长效机制，不定期警示约谈重点企业，压实安全生产主体责任，全年辖区内无安全生产事故发生。

（刘　衎　曾凡人）

【党建工作】 2020年，天心区先锋街道工委发动街属18个基层党组织、350余名党员志愿者投入新冠肺炎疫情阻击战，成立先锋街道轩尼斯酒店临时党支部、南城社区防疫临时党支部，多措并举抗击疫情。疫情防控稳定后，成立先锋街道“双过半”行动领导小组，新园路、健康城率先腾地，A地块全区首宗挂牌顺利出让，人才公寓、人才广场清零扫尾。工委班子联点78家重点企业、19个建设项目，为50余家企业争取优惠政策，减免租金168万余元、社保462万余元，各类奖金支持227万余元。推进区域化大党建机制，搭建机关、社区、两新组织党组织等驻街单位的工作体系，召开庆祝建党99周年暨区域化党建联席会议，引导社区、村与驻街单位双向认领“党群同心圆”等民生项目16个。推行领导干部联点机制，街道班子成员分别联点社区村党组织，督促任务推进，帮助社区解决3至5个实际困难。

（周　佳）

【文明创建】 2020年，天心区先锋街道打造新时代文明实践长廊、文明实践充电吧、新时代文明实践法治文化主题公园，创立“文明实践日·相约星期四”品牌项目。建立“七彩先锋”志愿服务队，开展“雷锋精神传三湘　关爱帮扶暖人心”“文明天心助力消费”“防疫情、净环境、迎‘五一’、促消费”等志愿服务活动，有注册志愿者3400余人，实施志愿服务项目10余个。先锋街道张建明，帮助1100余名残疾人顺利拿到驾驶证，被评为“全国最美志愿者”；居民游晓艳在长沙市2020年移风易俗十佳乡贤评选活动中，被评为长沙市十佳乡贤。

（黄雅玲）

【社区教育】 2020年，天心区先锋街道推进“十五分钟生活圈”建设，新建两个老年活动中心，3个篮球场、1个羽毛球场，1个邻里中心。建设天心区禁毒教育基地、先锋街道法治文化公园。开展社区教育学习活动230余场，参与学习人数6500余人，南城社区被评为湖南省“优秀社区学校”。关爱关心未成年人安全健康，针对仰天湖中建小学中意路施工造成的安全问题、校园周边门店食品安全问题、新路小学以及先锋中心幼儿园周边河道安全隐患等问题，多次组织联动相关部门予以协调并加以解决。

（夏丽莎　廖清影　刘　衎）

【产业项目引进】 2020年，天心区先锋街道重点引进的产业项目长沙市砂石产业有限责任公司正式落地，该公司是长沙市产业投资集团有限公司全资子公司，主要负责长沙市砂石产业相关工作。公司于2020年2月24日注册成立，注册资金1亿元，项目年产能可达到80万—100万吨，营业收入可达10亿元，税收超过3000万元。公司经营范围包括：建筑装饰用石材开采；花岗岩开采；石灰石、河砂开采；黏土及其他砂石开采；砂石加工、筛选；砂石、碎石、水泥稳定砂、混凝土生产及销售；建筑工程材料的技术咨询；建筑材料检验服务；产业园区及配套设施项目的建设与管理等。

（毛爱珍）

【新长海南城中心项目】 2020年3月初，新路村A地块正式由长沙天心惠坤置业有限公司顺利摘牌，新长海南城中心在先锋街道正式落地。项目位于天心区先锋街道辖区内，芙蓉南路以东、新电东路以南、安置小区道路以西、规划中的新岭东路以北的地块，项目总建筑面积约4.8万平方米，年度预计投资2亿元，总投资3亿元，计划建成一个标志性综合商业项目。（毛爱珍）

【尚双塘社区成立】 2020年3月27日，经天心区政府批准，先锋街道尚双塘社区成立。尚双塘社区公共服务中心位于天心区新电路与中意二路交叉路口东侧（中海新城熙岸西南侧），尚双塘社区卫生服务站位于中海新城熙岸正南侧。（毛爱珍）

【先锋集资办安置房(三期)项目】 2020年4月29日，先锋集资办安置房(三期)项目开工建设。项目位于天心区先锋街道辖区内，由先锋集资办投资建设，总投资3.5亿元，总建筑面积16.3万平方米，共建设8栋二类高层建筑。（毛爱珍）

【天心区禁毒教育基地在先锋街道揭牌成立】 2020年6月19日，长沙市天心区禁毒教育基地揭牌成立。该教育基地位于先锋街道尚双塘社区，占地面积375平方米。内容分为毒品近在身边、毒情形势、毒品的危害、禁毒斗争史、毒品的认知和抵御、天心区禁毒工作6个板块，通过360° 全息影像、宣传片、弧幕影院等形式展示，面向全社会开放，成为天心区禁毒宣传预防工作的6阵地之一。2020年，尚双塘社区利用禁毒基地平台，面向广大党员、居民群众、青少年、公职人员、社区矫正人员等，开展毒品预防宣传教育111场，受教育2800余人。（毛爱珍）

【长沙中交国际中心项目开工】 2020年9月，长沙中交国际中心项目开工建设。项目位于天心区先锋街道辖区内，芙蓉南路与新电路交叉口西南角，由中交一公局（长沙）建设投资有限公司开发建设，涵盖住宅、办公、酒店、商业、公寓，其规模为住宅建筑面积51415平方米，办公建筑面积33600平方米，酒店建筑面积18400平方米，商业建筑面积15466平方米，公寓建筑面积11000平方米，投资金额为15.66亿元。（毛爱珍）

【尚双塘社区居家养老服务中心揭牌】 2020年12月22日，天心区先锋街道尚双塘社区居家养老服务中心揭牌对外运营。尚双塘社区居家养老服务中心位于中信旋蓝岸26栋一层，面积500平方米，由湖南发展集团养老产业有限公司运营。主要以开展生活照料、公益助老、文娱活动、健康管理、康复理疗及精神慰藉等养老服务，设立日间休息室、自助餐厅、助浴间、健身活动室、中医理疗室、多功能大厅、心理疏导室、书画室、棋牌室、老年大学室、图书阅览室、手工室等功能区域，其中床位11张。日服务人次50人次以上，组建老年舞蹈班、书法兴趣组、象棋兴趣小组、乒乓球兴趣小组。（毛爱珍）

暮云街道

【概况】 长沙市天心区暮云街道地处长株潭融城核心区域，东接雨花区跳马镇，北接先锋街道和雨花经开区，南靠湘潭市昭山示范区，西抵南托街道。辖暮云、花园岭、云塘、丽发、卢浮、华月湖、高云、弘高、怡海9个社区居委会，莲华村、许兴村、暮云新村3个行政村及高云、西湖2个经济联合社，辖区内大中专院校有长沙理工大学云塘校区、湖南科技职业技术学院2所，省市级驻点单位6家，丽发新城、格兰小镇、格林香山、和美星城、龙湾国际社区、山水印象、怡海星城、幸福庄园等商业楼

图74　2020年12月22日，天心区先锋街道尚双塘社区居家养老服务中心揭牌对外运营　（先锋街道供图）

盘20个，安置小区3个。全街总面积34.6平方千米。绿心总面积29.55平方千米，占全街总面积的85%，其中禁止开发区6.98平方千米；限制开发区8.59平方千米；控制建设区13.98平方千米。暮云街道是城乡接合部，户籍人口约4.5万人，常住人口约18万人。　（袁思博）

【街域经济】　2020年，天心区暮云街道完成市区两级财政税收3.03亿元；引进税收过百万企业2家；固定资产投资22.9亿元；规模以上服务业营业收入完成额9.2亿元，其中，其他营利性服务业营业收入完成1.9亿元，同比增长29%；累计新增“四上”企业7家、完成高新企业认定8家；盘活闲置楼宇，上半年完成387.57%，下半年完成121.31%；新增软件和信息服务企业24家，新增企业人员882人，新增承载空间面积8111.46平方米。全年新增产业投资项目4个（其中，超10亿元、1亿元、0.5亿元的项目各1个）；建立“街道主要负责人+税务干部+网格管家”三级联动服务机制，走访企业200余家；通过“降费减租”助力复工复产，最高90万余元；破解青苹果数据城停滞建设多年及工商变更难题；帮代办共办理证照300余本。

（袁思博）

【城建城管】　2020年，天心区暮云街道实现11个项目清零，签约43户，倒房60户，迁坟600余家，腾地71.67公顷。3月份，社保融资用地项目52小时签约22户腾地15.73公顷。督促辖区内餐饮门店安装油烟净化器，安装完成率100%；拆除历史违建186平方米；控违509平方米；处理一级平台数字化案卷1983条，结案率100%；完成22、23期卫星图斑巡查、统计及实地核查工作；发放违法建设处置相关法律法规宣传册2000册；坚持开展周末卫生大扫除活动；卢浮社区“五定一督”管理模式开创长沙首个无垃圾桶小区，被评为市级垃圾分类示范社区。　（袁思博）

【社会事业】　2020年，天心区暮云街道办理118本失业证，办理居民困难人员申请93条；受理关于农民工工资投诉20起，涉及劳动者200余人，涉及金额约900万元；开展免费职业技能培训工作。组织开展就业技能培训班14个，参加免费职业技术培训人数647人；申报创新创业带动就业项目公司7家；协助湖南省深度洁巧湘女家政服务有限公司申报天心区就业扶贫车间项目，拟申请场地建设补贴、培训补贴3.7万元；为251名就业困难人员发放社保补贴120.56万元；为59名建档立卡贫困劳动力发放一次性转移就业交通补助1.58万元。街道城市低保保障对象48户，累计发放保障金62.23万元；农村低保保障对象106户，累计发放保障金135.39万元；2020年春节慰问1038人，发放慰问金63.26万元。承办省、市、区各级群众文化活动5场；以“小蜜蜂志愿者协会”“新村阳光志愿者服务中心”等社会组织品牌为孵化器，发展党员志愿者队伍开展新时代文明实践志愿服务活动220余场，建立长沙市图书馆天心区怡海分馆；丽发社区被评为长沙市最美志愿服务社区。

（袁思博）

【综合治理】　2020年，天心区暮云街道严厉打击非法集资，就群众反映安康老年服务有限公司事件，多次调查协调，安康养老公司按照程序要求全部搬离清场；开展普法进社区活动，丽发社区被评为湖南省法治示范社区；张贴发放扫黑除恶宣传资料1万余份，依法对重点区域开展集中整治；成功化解十余年信访积案1件；组织打传行动9次，成功端掉窝点10个，遣返传销人员37人；组建培训禁毒志愿宣传队，对119名在册吸毒人员逐一走访；联合交警中队动态化开展城市道路交通顽瘴痼疾整治。　（袁思博）

【党建工作】　2020年，天心区暮云街道结合换届选举工作，配强基层组织队伍，两委班子大专及以上学历占比94.4%，其中，研究生学历4人，本科学历30人；平均年龄36.3岁，其中，书记人选平均年龄43岁，最年轻的34岁，女书记占比41.7%，村级党组织副书记最年轻的23岁；在农村区域开展“星级党员户”评比；在城市社区构建“开放空间”议事平台，组建民生问题解决队伍45支，累计为居民、个体经营户解决问题30余个，惠及居民500余人；在全域范围内构筑暮云“红色云网”管理服务体系，以不超过30户居民为一个单位的云网格1772个。　（袁思博）

【乡村振兴】　2020年，天心区暮云街道在2020年10月、12月被评为区项目攻坚优胜单位。乡村振兴项目投入200万余元打造市级美丽屋场2个，区级美丽屋场1个，启动西湖农场基础设施配套和许兴村三组、洗马池组农田修复整理。开展农村人居环境整治暨“三园”创建工作，150座旱厕全面清零。上半年清理农村生活垃圾1200余吨、村沟村塘淤泥6250余吨、垃圾死角1500余处；清除村内残垣断壁54处。

（袁思博）

【西湖商业中心项目】 2020年4月29日，西湖商业中心项目开工建设。项目位于天心区暮云街道辖区内，长沙生态动物园南边，具体位置为芙蓉南路以东，中悦领秀城以北，碧桂园公园壹号以南，凯逸路以西。项目由西湖经济联合社投资建设，湖南达陆基交通工程有限公司承建，计划总投资1.2亿元，总用地面积27079平方米，总建筑面积35796平方米，容积率1.02，建筑密度22.08%，绿地率45.76%。项目整体呈东西狭长状分布，有商业楼与广场。该项目已建设完毕，现由长沙市耀华中学整体承租。

（袁思博）

【山洪地质灾害应急抢险演练】 2020年4月28日，长沙市天心区暮云街道防汛抗旱指挥部在暮云社区黄土塘组开展山洪地质灾害应急抢险演练，天心区应急管理局、区资规分局、暮云街道党政负责人及社区工作人员、街道民兵应急队、巡防队员、地质灾害点1千米范围内所有居民共130余人参加演练，转移受灾群众55人。此次演练活动真实模拟从险情发生到人员抢险救灾再到灾害结束解除应急响应预报的过程，涵盖灾害预警、信息传递、启动预案、紧急转移、展开救援、警报解除等环节。演练环节加入天心区“云应急广播系统”，可以联动各家各户。暮云街道黄土塘地质灾害点所在位置属丘陵地貌，岩性为板溪群多益塘组砂岩，人类工程活动较为频繁，坡体部分表土呈现裸露，在降雨频繁的情况下易发生滑塌，是历年汛期防汛防洪防地质灾害的重点地段。暮云街道坚持定期开展演练，坚持线上线下相结合，提高党员干部和群众的防灾意识。通过演练，既检验街道防汛预案和防汛措施的可行性，又锻炼防汛抢险队伍和民兵应急能力，提高干部群众和各部门、办所的协调能力，使干部群众掌握有效的逃生自救技能。

（袁思博）

【暮云街道禁毒志愿宣传队】 2020年6月7日，天心区暮云街道禁毒志愿宣传队成立。队员由辖区热衷志愿服务、具有奉献精神的12名居民组成。该宣传队的成立旨在为辖区居民提供全方位多角度的禁毒宣传服务，带动广大居民参与到全民禁毒工作中来。6月14日，暮云街道开展禁毒培训会，12名宣传队队员参加。培训会邀请天心区关工委主任李子玲，阐述做好新时代全民禁毒工作的重要意义，剖析当前禁毒工作面临的严峻形势、任务要求，为做好禁毒宣传志愿工作指出思路。（袁思博）

【刘汇调研暮云街道】 2020年9月3日，天心区委书记刘汇一行到暮云街道调研暮云街道经济社会发展情况。刘汇到暮云新村、丽发社区，对农村人居环境整治工作、党建引领基层社会治理和新时代文明实践站建设工作进行调研，走访慰问中国好人汤俊杰。刘汇强调，要做大做强村级集体经济，培育好文明乡风、良好家风、淳朴民风，打造好有事好商量平台；要全面排查整治交通、施工、消防、防汛、森林防火等各方面的安全隐患，化解各类矛盾；要全面加强班子建设，打造忠诚干净担当的干部队伍。

（袁思博）

【无垃圾桶住宅小区建设】 2020年，天心区暮云街道卢浮社区在磊鑫嘉苑小区建设无垃圾桶住宅小区。卢浮社区召集物业、业委会、党员、网格员、楼栋长、志愿者召开“卢浮有声”协商议事会议，推出“五定一督”定投时间外无垃圾桶化管理模式。“五定”即：定点，每栋合理布置一个垃圾桶位；定时，根据居民日常生活规律在7:00—9:00和18:30—20:30放置垃圾桶进行投放，其他时间均由物业撤离垃圾桶，实行无垃圾桶管理；定区域，根据小区户数分布，将小区划分为两个区域，各设1名区域长；定志愿者，“管得宽”垃圾分类志愿者有40余名成员；定岗，在每个定点岗位设置党员先锋岗，由1名党员作为组长，每5人为1组，每栋每天安排1人轮流担任“垃圾管家”，进行垃圾分类指导。“一督”即“督源头”，通过监控对垃圾未定点投放等情况进行“溯源”，由各栋垃圾分类督导员进行识别，再由社区及物业工作人员上门劝导。小区每月对住户进行张榜评定，每季度评选垃圾分类最美楼栋、垃圾分类达人等，启用绿色账户积分制，住户可以通过评奖获得积分，然后兑换奖品。社区制定“守箱”“劝导”“张榜”三大行动，从源头看住垃圾，让居民愿意分、懂得分，在小区张贴“红黑榜”。磊鑫嘉苑小区1300平方米架空层已打造为小区垃圾分类宣教基地，垃圾分类入脑入心，同时通过小区“四大板”（垃圾分类指示板、垃圾分类布点示意板、垃圾分类红黑榜、垃圾分类宣传活动板）通过铁艺分类投放指示牌、彩绘等方式实现楼道覆盖、橱窗覆盖、投放点覆盖“三覆盖”，做到小区各楼栋等公共场所垃圾分类标识和设施设备随处可见。截至2020年9月，小区张贴楼栋垃圾分类宣传板45块、制作垃圾分类异形板20块、发放家用小湿垃圾桶511个、垃圾分类指南1200余份。（袁思博）

图75　2020年11月14日，我为书香天心选馆藏暨长沙图书馆天心区怡海分馆开馆（暮云街道供图）

【长沙市图书馆天心区怡海分馆开馆】 2020年11月14日，由长沙市文化旅游体育局主办、长沙市天心区图书馆承办的2020我为书香天心选馆藏暨长沙图书馆天心区怡海分馆开馆。活动以市民选书，政府买单的方式，实现书香天心馆藏让群众做主。在新书展示区内，放置文学经典、历史传记、书法艺术、养生保健、少儿绘本等6000余种精品图书，市民只需将挑选到的书籍交给现场图书馆工作人员进行简单加工和办理借阅，即可将新书带回家。活动全天共吸引市民1万人参与，办理读者证350余张，现场选书及借阅书籍3000余册。长沙市图书馆天心区怡海分馆位于怡海社区公共服务中心负一楼，藏书1.5万册，设有综合阅读区、少儿阅读区等，实现与长沙图书馆系统通借通还。该馆的设立，成为服务南部融城片区居民文化新阵地，有利于丰富周边居民的精神文明生活。（袁思博　陈　佳）

【丁学新到暮云街道调研】 2020年12月19日，湖南省委统战部副部长、省社会主义学院党组书记丁学新一行到天心区暮云街道怡海星城调研怡海三湘侨企发展，考察怡海星城小区“侨胞之家”“老年大学”和配套学校“怡雅中学”。丁学新对怡海集团以教育为核心，服务与公益为两翼，地产、商业、金融为支撑的发展模式表示肯定，鼓励公司在做好做优教育地产的同时，加强对在湘空巢侨眷的服务，要求陪同考察的市、区统战部门为企业排忧解难，助力企业健康发展。（袁思博）

南托街道

【概况】 长沙市天心区南托街道位于天心区南部，地处长株潭三市融合、绿心保护区的中心地带，西与湘潭、岳麓区隔江相望，北邻先锋街道、大托铺街道，东邻暮云街道，107国道、芙蓉路贯穿南北。南托街道辖沿江、牛角塘、滨洲新村3个建制村以及南托岭、北塘、融城、南鑫、牛角塘、欣南6个社区，总面积30.05平方千米。街道驻地天心区南托街道南托岭社区市场路108号。机构改革后，街道下设党政综合办公室、基层党建办公室、城市管理一办公室、城市管理二办公室、公共服务办公室、公共安全办公室、农业农村服务中心、政务服务中心（党群服务中心）、网格化综合服务中心（综治中心）、退役军人服务站、财政所、司法所、纪检监察办公室共13个办公室，共有在职工作人员100人。

2020年，南托街道被评为市级五星武装部、长沙市内部审计先进集体、长沙市人居环境整治优秀乡镇的街道；沿江村被评为湖南省人居环境变化最大村，长沙市天心区两型示范村庄，沿江村尧塘片、滨洲新村白马塘美丽屋场被评为市级五星美丽屋场，滨洲新村被评为小微水体市级示范片。（黄紫微）

【街域经济】 2020年，天心区南托街道完成市区级税收3.03亿元，完成率134.91%；完成限上批发零售业销售额18.65亿元，同比增长27.3%；完成限上社会消费品零售额1.02亿元，同比增长0.2%；完成规模其他营利性服务业营业收入3.97亿元，同比增长27.2%；申报新增“四上”单位7家，高新技术企业认定8家，引进亿元项目3个，三类五百强企业1家，净增长市场主体1047个。全年走访企业129家，解决问题47个。2020年铺排项目12个，腾地113.33余公顷，长沙市一中城南中学、福中福337项目、圭白路东延线、南四线、芙蓉兴盛整合用地、冠达新天地等项目实现签约清零；牛角塘村城中村改造项目（一期）基本实现签约清零；107城市化改造项目完成腾地倒房，推进二标段建设，芙蓉路快速化改造项目实现主体通车，推进伊莱克斯大道西延线、圭白路、经开区道路提质改造等项目建设。

（黄紫微）

【城市管理】 2020年，天心区南托街道推进生态修复治理，收缴清理散煤1000余块、煤炉25个，为老旧小区及农村居民免费安装油烟净化器4731台，对全街315处小微水体进行常态化管控，制定专项方案推动南托港综合治理，对沿江村、滨洲新村26.67公顷耕地进行土壤污染治理；以107国道沿线、南大门市场周边等重点地段为突破口，对乱搭乱建、渣土乱卸等市容乱象有机整治，拆除违章建筑1964平方米，复绿、覆盖裸露黄土2万平方米；疏堵结合设立百兴综合市场为200余个流动摊贩安好家；实行垃圾分类“积分打卡”管理，聘请辖区热心群众担任督导员。（黄紫微）

【社会事业】 2020年，天心区南托街道为特殊人群提供社会救助、社保医保、特困帮扶等常态化服务7000余次，发放各类救助金共计500万余元；为1253名80岁高龄老人发放补贴148.93万元；推出“暖南”特色帮扶品牌，开展金秋助学、金牌月嫂、爱心助农三大行动，为困难群众提供个性化帮扶，建档立卡户199户614人全部脱贫。在35个网格中访民意、解难题，网格员走访2072户，处理案卷共519条；处理“12345”工单692条，满意率98%；促成沿江村、滨洲新村两安留地指标落地；实施三城花苑提质改造、气象佳园提质改造、滨洲新村东干道提质改造、北塘社区天然气项目等民生实事项目14个；协调300万元余资金，用三个月时间解决牛角塘村8个小组583户村民安全饮水难题；完成31户D级C级危房改造。开展天心区建设学习型城区“五个一”活动之“每周一学”第64期活动，开展“聚天心·惠生活·乐消费”农家采摘节等主题活动100余场；组织辖区干部群众参与全民健身系列活动；开设“邻里星空剧场”，将《十八洞乡》《我和我的祖国》等电影送进村（社区）。

（黄紫微）

【综合治理】 2020年，天心区南托街道围绕宣传培训、排查整改、打非治违开展工作，开展联合执法行动23次、打非治违专项行动4次，检查生产经营单位154家，发现并整改隐患60余处，全街未发生安全生产责任事故。化解信访积案2件，调解矛盾纠纷73件，矛盾调处成功率100%，开展扫黑除恶和禁毒人民战争。

（黄紫微）

【党建工作】 2020年，天心区南托街道有党支部43个，党委6个，党总支3个，党员1940名。实施“支部提标、阵地提质、干部提神、典型提升”四大行动，创建“五化”示范支部，全街30个党支部达标，打造“五化”示范支部3个；完成村（社区）换届选举；建强“初心学院”，推进后浪计划，开展学习活动100余次；打造“南风微视”品牌项目，推出“南托初心路”系列报道。统筹实施书记项目，形成“抓住一个人，示范一班人，带动一群人”的牵引效应。牛角塘社区通过红色引领配齐配强小区治理主体，建设党史文化长廊丰富居民生活环境；南托岭社区以“党建+”网格化、三驾马车、社会力量、奖励机制模式，引领垃圾分类新时尚；北塘社区“四自”工作法推进民生实事；欣南社区通过推动“社区党建智囊团”，助力区域化党建工作；沿江村“四比四看”助力美丽乡村建设；滨洲新村美丽屋场被评为长沙市“五星级”屋场、小微水体改造项目被评为市级示范。（黄紫微）

【乡村治理】 2020年，天心区南托街道以牛角塘城中村改造区为引领，以南托万亩垸、兴马洲千亩垸为着力点，推进脱贫攻坚、综合整治、项目带动、配套服务等工作。以乡村振兴“百日攻坚”为契机，重点改善交通、水利等基础设施，完成耕地棚屋整治138处，完成农村改厕230座；完成小水利建设项目9个，完成沿江村4处乡村小公园建设、沿江村示范片区打造项目；成功创建滨洲新村小微水体市级示范片，沿江村尧塘屋场、滨洲新村白马塘屋场创建为市级五星美丽屋场；推进文化、生态休闲、旅游观光产业，加大扶持力度推动农业招商，合理利用奖补资金发展一批特色农业产业，策划乡村旅游、民俗、特色农业等项目，启动沿江村文旅项目。（黄紫微）

【疫情防控】 2020年，天心区南托街道制作南托志愿者“土味”视频2期、音频5个，增强辖区群众的防控意识。在农村地区发动党员、“三长”、志愿者“三支队伍”，实行村组包片管控；城区22个物业小区把好岗亭、摸排、管控“三道关”；9个农安、开放式小区卡住出租房、小作坊、破产企业宿舍“三死角”。推出企业复产“四人小组”，排查返岗和来长求职人员累计2600余人；帮助102家企业、项目和384家五小门店复工，发放“抗疫”特别慰问券3.46万元，为20家“四上”企业、31家小微企业购买防疫综合保险。（黄紫微）

【优化营商环境】 2020年，天心区南托街道聚焦企业群众关切，优化营商环境，激发市场活力，助力辖区经济稳步回升。南托街道为湖南国喜新能源科技有限公司进入天心区金融支持名单，顺利获得1000万低息贷款，为推荐申报信贷白名单、省级清洁低碳技术推广试点项目等。自疫情发生以来，南托街道成立企业复工“四人小组”，推动企业复工复产，定期到企业摸底掌握实情，把服务和政策送上门，把问题和建议收上来，形成企业联络走访、问题发现解决、跟踪反馈回访的闭环式服务机制。南托街道着力引进一批优质项目，推动产业再造，对于符合入驻条件的单位加快协助完成工商注册、项目备案等前期手续办理，促成冠达商业广场、天筑六建混凝土生产基地等新项目落地。天筑六建混凝土生产基地项目选择落户南托街道牛角塘村以来，该村成立项目推进小组，在公司注册、项目立项、用地规划、矛盾化解等配套上协调，为项目投资方提供服务。该项目拟建设环保型省级示范混凝土生产基地，计划投资过亿元，预计年产值8亿元。街道和社区多次组织居民商讨解决方案，确定将北塘社区辖区内一闲置空地打造成北塘社区百兴综合市场。（黄紫微）

【“书记项目”】 2020年，天心区南托街道以党建为引领，按照“有难度、重实效、出典型”的原则，紧盯基层治理突出问题，集中资源，重点突破，探索实施“书记项目”，激活社会治理基层细胞。按照“解决难度大、群众参与广、示范价值高”的标准，南托街道每个社区（村）将最典型的问题申报为“书记项目”，梳理后主要涉及征地拆迁、美丽乡村建设、人居环境整治、重大民生实事、物业矛盾化解等五个领域。街道党工委根据项目征集时点题、项目申报时审题的方式，实行联点领导初审、基层党建办复审、街道党工委研究终审，逐一把关，最终确定19个项目为“书记项目”。南鑫社区长沙市一中城南中学、“福中福”两个项目两个征拆项目纳入“书记项目”，上半年实现该两个项目“双清零”；牛角塘村“书记项目”关注集体经济薄弱问题；北塘社区将“推进便民项目、管道燃气入千家”作为“书记项目”的重点；融城社区“书记项目”定位于垃圾分类工作。（黄紫微）

【南鑫社区“1+2+N”模式】 2020年，天心区南托街道南鑫社

图76　2020年4月30日，“浪漫初夏·乡约南托”聚天心、惠生活、乐消费农家采摘节启动（南托街道供图）

区通过“1+2+N”模式，聚焦“产业高地、民生福地”目标，建设精致精美、宜居宜业的家园。“1”即突出党建引领聚民心，南鑫社区结合“初心学院”品牌，把组织要求和群众需求紧密结合起来，把好方向、建强组织、搭好平台、凝聚力量，形成社区主导、社会融合、群众参与的红色联动体，把党组织的领导植入社区日常管理与建设中，将辖区内党员志愿队伍进行分为“爱心桥”“征拆攻坚”“志趣圈”“策略群”4个功能型党小组。“2”即把握两条脉络暖民心，社区围绕“打造1个体系，服务2个群体”两条主脉络，着在服务两个重点群体上发力，形成社区党总支“聚合效应”。“N”即推动多元发展乐民心，社区围绕多元主体的共同需求，构建“一支队伍统领、一套机制统筹、一张网格统揽”的网格化工作体系，以多元需求促多元发展，自2020年9月起打造“邻里星空剧场”，定期上演热门影片，全年开展美容师、育婴师培训班2期，培训100余人次，促进就业50余人。

（黄紫微）

【欣南社区揭牌】 2020年，1月8日，天心区南托街道欣南社区揭牌仪式举行。欣南社区是南托街道自2015年区划调整至天心区以来，成立的第一个真正意义上以纯楼盘小区居民为主的服务型社区。欣南社区辖区面积3.18平方千米，常住人口约1.28万人。欣南社区党群服务中心、社区公共服务中心位于天心区创业路。（黄紫微）

【北塘社区百兴市场开业】 2020年5月10日，天心区南托街道北塘社区百兴市场开业。该市场位于天心区诚信路，面积4700平方米，投资1000万余元建设的新市场，满足上万人的日常生活需求。场内设置摊位200余个，包括新鲜蔬果、风味小吃、烧烤夜宵、日用百货等。（黄紫微）

【牛角塘村城中村改造项目】 2020年5月，天心区启动牛角塘村城中村改造项目一期（一批）。项目位于天心区南托街道牛角塘片区，是长株潭“融城起步区”，具体区域范围为：东至芙蓉南路、北至万家丽南路、南至黎塘路（规划中）、西至京广线，作为长沙南部片区重点项目和民生工程纳入省市棚改计划、市重大项目投资计划，是长株潭生态绿心地区第一个成片开发的城中村改造项目，是全市第一个获得政策性贷款资金的城中村改造项目。项目规划总面积680.73公顷，涉及征拆户数多，情况复杂难度大。7月5日，牛角塘村城中村改造项目誓师大会举行。南托街道通过入户调查、政策宣讲、党员带头等方式，在7月25—31日集中签约期，实现一个星期内签约228户，一次签约率超过86%；在9月集中攻坚期，完成273户98.56%的签约任务，腾地73.33公顷。1—10月，牛角塘村城中村改造项目已完成投资5.64亿元。

（黄紫微）

【“每周一学”第64期活动】 2020年12月4日，“国际志愿人员日”之际，天心区建设学习型城区“五个一”活动之“每周一学”第64期活动在南托街道举行。活动现场，2017年度“湖南好人榜”、省特教中专的教师郭洋分享个人故事；南托街道新时代文明实践所的雷锋志愿者张霞分享自己用公益活动传递正能量的故事；特教中专的学子从外地发来个人生活情况。区政协南托委员组、南托商会会员单位湖南国喜新能源科技有限公司、湖南中科检测有限公司、长沙市天太劳务服务有限公司以及南鑫社区加入“暖南”队伍，将对特教中专的6名困难学子展开新的一对一帮扶，在接下来的2年每月为学生提供500元生活费。（黄紫微）

先进集体

表 11　　省级以上先进集体

单位名称	荣誉称号	授予单位
长沙市天心区消防救援大队劳动路消防救援站	先进政府（企事业）专职队	应急管理部消防救援局
李丽家庭	2020 年全国抗疫最美家庭	全国妇联
长沙市天心区卫生健康局机关党支部	“湖南省抗击新冠肺炎疫情先进集体” “湖南省先进基层党组织”	中共湖南省委、湖南省人民政府
长沙市天心区	湖南省 2020 年度真抓实干表彰激励奖	湖南省政府办公厅
长沙市玉泉寺	湖南省宗教界“五进五好”优秀场所	中共湖南省委统战部、湖南省委民族宗教事务委员会
长沙市新开铺街道木莲社区	2019 年度全省“十佳”村规民约（居民公约）	湖南省民政厅
长沙市天心区桂花坪街道财政所	省级星级财政所	湖南省财政厅

先进个人

表 12　　省级以上先进个人

姓　名	工作单位	荣誉称号	授予单位
康　姣（女）	长沙市天心区新开铺街道桥头社区	全国抗击新冠疫情先进个人	中共中央、国务院、中央军委
陈文君（女）	长沙市天心区新开铺街道办事处	“大排查、早调解、护稳定、迎国庆”专项活动表现突出个人	司法部
肖晓辉（女）	长沙市天心区新开铺街道木莲社区	全国“城乡社区抗疫巾帼先锋”	民政部、全国妇联
吴海芸（女）	长沙市天心区教育局	全国优秀共青团干部	共青团中央
骆　理（女）	长沙市天心区先锋街道	湖南省抗击新冠肺炎疫情先进个人	中共湖南省委、湖南省人民政府
许超伦	长沙市天心区疾病预防控制中心	湖南省抗击新冠肺炎疫情先进个人	中共湖南省委、湖南省人民政府
李　咨	长沙市天心区南托街道社区卫生服务中心	湖南省抗击新冠肺炎疫情先进个人	中共湖南省委、湖南省人民政府
苏毕如（女）	长沙市天心区新开铺街道社区卫生服务中心	湖南省抗击新冠肺炎疫情先进个人	中共湖南省委、湖南省人民政府
杨维君（女）	长沙市天心区城市管理和综合执法局	湖南省先进工作者 湖南省劳动模范	中共湖南省委、湖南省人民政府
刘　珍（女）	长沙市天心区裕南街街道仰天湖社区	湖南省劳动模范，湖南省“最美妇联人”	中共湖南省委、湖南省人民政府，湖南省妇联
海　勇	清真寺	湖南省宗教界“五进五好”优秀个人	中共湖南省委统战部、湖南省委民族宗教事务委员会
蒋　彬	长沙市天心区裕南街街道长坡社区	湖南省双拥模范个人（爱国拥军模范个人）	中共湖南省委、湖南省人民政府、湖南省军区
崔静蓉（女）	长沙市天心区审计局	全省审计工作先进个人	湖南省审计厅
周钰沂（女）	长沙市天心区裕南街街道办事处	湖南省“三八红旗手”	湖南省妇联
邱亚林	长沙市天心区妇联	湖南省妇联舆情宣传阵地建设工作先进个人	湖南省妇联
彭译瑢	长沙市天心区桂井小学	湖南省农村留守儿童心理健康辅导中心项目先进个人	湖南省妇女儿童发展基金会

道德模范

表 13　　天心区第三届十大道德模范

姓　名	工作单位、职务
喻　晓	天心区裕南街街道向东南社区工作人员
张　进	天心区大托铺街道城管办副主任
徐财茗	长沙天心巴普护理院护士
易　军	湖南易裕和餐饮管理有限公司董事长
曾东涛	湖南湘诚物业集团有限公司石化行业物业服务中心项目经理
汤俊杰	天心区新村阳光志愿服务中心主任
苏毕如	天心区新开铺街道社区卫生服务中心护士长
莫　勇	天心区人民武装部军事科干事
袁新华	天心区桂花坪街道新园社区长城水郡小区业主
谢晓刚	中国国画院常务副院长

统计资料

表 14　　2020 年天心区国民经济主要指标

指　标	单位	2020 年	2019 年	增长（%）
一、地区生产总值（现价）	万元	11206420	10806445	3.6
第一产业	万元	15040	14498	-4.3
第二产业	万元	3422235	3248922	3.1
# 工业	万元	1145257	1154567	0.0
# 建筑业	万元	2276978	2094736	5.4
第三产业	万元	7769145	7543025	3.8
二、农林牧渔总产值	万元	25240	24343	3.7
三、全部工业总产值	万元	—	—	—
规模以上工业总产值	万元	—	—	—
四、建筑业总产值	万元	12601167	11431073	10.2
五、固定资产投资总额	万元	—	—	-4.1
六、社会消费品零售总额	万元	4076455	4222145	-3.5
七、高新技术总产值	万元	—	—	8.1
八、外商直接投资实际到位资金	万美元	91094	81338	12.0
九、实际到位省外境内资金	万元	2001737	1667947	20.0
十、市外境内资金形成固定资产投资金资	万元	—	—	—
十一、一般公共预算收入	万元	1501842	142334	5.5
# 地区一般公共预算收入	万元	635984	461948	6.2

续表 14

指　标	单位	2020 年	2019 年	增长（%）
十二、一般公共预算支出	万元	680474	631933	7.7
其中：一般公共服务支出	万元	161940	161480	0.3
十三、城镇居民人均可支配收入	元	62293	59159	5.3
十四、辖区内城镇登记失业率	%	3.74	2.03	84.2
十五、全区总面积	平方千米	137.34	137.4	0.0
十六、年末常住人口数	万人	83.62	66.6	25.6
十七、年末辖区人口总户数	万户	19.85	19.36	2.5
十八、年末辖区户政人口数	万人	51.7	50.66	2.1
十九、居民消费价格总指数	%	101.8	102.9	—
二十、商品零售价格总指数	%	100.8	102.2	—

表 15　　2020 年天心区主要经济指标占长沙市的比重

指　标	单位	天心区	长沙市	占全市比重（%）
一、地区生产总值（现价）	亿元	1120.64	12142.52	9.2
第一产业	亿元	1.5	423.46	0.4
第二产业	亿元	342.22	4739.27	7.2
第三产业	亿元	776.91	6979.79	11.1
二、规模以上工业增加值	亿元	—	—	—
三、固定资产投资	亿元	—	—	—
四、社会消费品零售总额	亿元	407.65	4469.76	9.1
五、地区一般公共预算收入	亿元	63.6	1100.09	5.8
六、实际利用外资	亿美元	9.11	72.82	12.5
七、城镇居民人均可支配收入	元	62293	57971	—

表 16 2020 年天心区地区生产总值

指　标	按现价计算（万元）		按可比价计算（万元）		增长（%）	2020 年现价结构（%）	2020 年拉动点（百分点）	2020 年贡献率（%）
	2020 年	2019 年	2020 年	2019 年				
地区生产总值	11206420	10806445	11487261	11091850	3.6	100.0	3.6	100.0
第一产业	15040	14498	14000	14622	−4.3	0.1	0.0	−0.2
农林牧渔业	15675	15160	14498	15149	−5.5	0.1	0.0	−0.2
第二产业	3422235	3248922	3803991	3688360	3.1	30.5	1.0	29.2
工业	1145257	1154567	1552187	1552436	0.0	10.2	0.0	−0.1
建筑业	2276978	2094736	2251804	2136436	5.4	20.3	1.0	29.2
第三产业	7769145	7543025	7669270	7388868	3.8	69.3	2.5	70.9
交运仓储和邮政业	562933	583053	656495	655658	0.1	5.0	0.0	0.2
批发和零售业	1022884	991178	1096805	1065383	2.9	9.1	0.3	7.9
批发业	391078	390282	470570	441022	6.7	3.5	0.3	7.5
零售业	631806	600896	626234	624361	0.3	5.6	0.0	0.5
住宿和餐饮业	318544	359985	344608	374072	−7.9	2.8	−0.3	−7.5
住宿业	94889	154669	114655	133786	−14.3	0.8	−0.2	−4.8
餐饮业	223655	205316	229954	240286	−4.3	2.0	−0.1	−2.6
金融业	1237187	1146075	1292922	1191437	8.5	11.0	0.9	25.7
房地产业	842009	836486	513039	508865	0.8	7.5	0.0	1.1
房地产业（K 类）	332841	407893	232516	241701	−3.8	3.0	−0.1	−2.3
居民自有住房服务	509168	428593	280522	267164	5.0	4.5	0.1	3.4
营利性服务业	2620653	2479188	2675838	2518649	6.2	23.4	1.4	39.8
非营利性服务业	1164300	1146016	1089065	1073765	1.4	10.4	0.1	3.9

表 17　　2020 年天心区社会消费品零售总额

指　标	2020 年（万元）	增长（%）
社会消费品零售总额	4076455	−3.5
一、按销售规模分		
全部限额以上企业	1538798	4.8
二、按行业分		
1. 批发业	420459.7	0.5
2. 零售业	3059436.9	−4.2
3. 住宿业	38427.4	−8.8

表 18　　2020 年天心区农业生产情况　　（单位：万元）

指　标	2020 年现价	2019 年现价
农林牧渔业总产值	25240	24343
其中：农业产值	18170	19074
林业产值	—	—
牧业产值	3388	2153
渔业产值	2508	1890
农林牧渔服务业产值	1175	1225

附 录

组织机构及负责人名录

（截至 2020 年 12 月 31 日）

中国共产党长沙市天心区委员会

书　记　朱东铁（2020 年 08 月止）
　　　　刘　汇（女，2020 年 08 月任）

副书记　黄　滔
　　　　朱远红（女，2020 年 07 月止）
　　　　周志军（2020 年 07 月任）

常　委　张界贻　曾卫国
　　　　黄文先　刘　向
　　　　肖雄伟　侯向宇
　　　　周永顺

长沙市天心区第五届人民代表大会常务委员会

主　任　于　献（女）

副主任　李　曦（女）　颜小平（女）
　　　　谭文敏（瑶族）　邱忠献
　　　　张少林

委　员　（按姓氏笔画排列）
　　　　王　维（女）　李昌林
　　　　余卫辉（女）　陈　武
　　　　陈　耿　陈　谦　宋立湘（女）
　　　　邹仕斌　吴　浩（苗族）
　　　　杨　军　郑　凯　林茂青
　　　　胡　浩　胡金元（女）
　　　　贺　喜　袁石岗　梁　峰
　　　　曾　科　曾飞玲（女）
　　　　谢丽娟（女）　雷燕怡（女）
　　　　薛宏远　戴　佳（女）

长沙市天心区人民政府

区　长　黄　滔

常务副区长　周志军

副区长　王海军　洪孟春
　　　　肖向东　黄　会（女）
　　　　许　波　张　建

政协长沙市天心区第五届委员会

主　席　夏艳兰（女）

副主席　彭泽南　黎小玲（女）
　　　　陈　劲（女，兼）　赵英华
　　　　彭元强（兼）

常　委　刘湘勇　李新洲　赵礼发
　　　　黄金利（女）　丁荣培
　　　　杨华昭（女）　苏　剑
　　　　刘　婷（女）　于剑光
　　　　肖征刚　任　健　周　雄
　　　　甘元春　莫跃飞　谭粮好
　　　　孙咏华（女）　刘　敏
　　　　兰　飞（女）　陈明凡
　　　　吴　娜（女）　梁　忆

常 委 张可为 王 蓉（女）
李 亮 杨文献 周三中
饶 灿（女）

中共长沙市天心区纪律检查委员会
长沙市天心区监察委员会

纪委书记、监委主任 曾卫国
纪委副书记、监委副主任
胡仕伟 李衍富
纪委常委 陶建国 彭 雁（女） 梁 晓
段文波 吴 丹 孙美青
监委委员 彭 雁（女） 梁 晓
段文波 吴 丹 彭 程
邵泪波
办公室主任 李兴秋
信访室主任 傅俊瑾
案件审理室主任 彭 雁（女）
党风政风督查室主任 陶建国
第一纪检监察室主任 郭 翔（女）
第二纪检监察室主任 杨 旭
第三纪检监察室主任 徐 树（2020年08月止）
第四纪检监察室主任 汤晓春
第五纪检监察室主任 肖叶嵩
第六纪检监察室主任 王 迪

长沙天心经济开发区

工委书记 吴 江
工委委员、管委会副主任 陈 宇（2020年04月任）
刘正文
工委委员、文广园管委会主任
谢 巍（2020年06月任）

长沙市天心区人民法院

党组书记、院长 谭剑辉
党组副书记、副院长 胡精华
党组成员、副院长 彭 刚
党组成员 马铁夫
党组成员、执行局局长 彭 伟（2020年04月止）
党组成员、执行局局长 颜 斌（2020年04月任）
副院长 杨华昭（女）
党组成员 汤 伟
党组成员、政治部主任 陈新政

长沙市天心区人民检察院

党组书记、检察长 袁 征
党组成员、副检察长 周 新（2020年04月止）
吴冠勋（2020年04月止）
刘 立（2020年04月任）
谢 彦（2020年04月任）
党组成员、政工室主任 欧道华
副检察长 冯 苹（女）
专职委员 张飞进（2020年04月止）
焦 焰（女）

区委工作机构和直属事业单位

中共长沙市天心区委办公室
（中共长沙市天心区直属机关工作委员会、长沙市天心区档案局）
主 任 侯向宇
常务副主任 吴 智
副主任 杜志强 孙 喆 廖道荣
区纪委监委派驻纪检监察组组长 周红辉（女）
中共长沙市天心区直属机关工作委员会
书 记 侯向宇
常务副书记 张 宁（女）
长沙市天心区直属机关党员教育服务中心
主 任 杨振军

中共长沙市天心区委组织部
（长沙市天心区委非公有制经济组织和社会组织工作委员会、中共长沙市天心区委老干部局、长沙市天心区公务员局）
部 长 张界贻
常务副部长 曾 科
副部长、基层办主任（兼） 周 雄
“两新”工委书记 唐 珺（女）
副部长、离退休干部工委书记、老干部局局长
易媛媛（女）
区纪委监委派驻纪检监察组组长 王 希（女）
副部长（兼）、绩效办主任 陈建国
副部长（兼） 贺红云（女）
中共长沙市天心区委非公有制经济和社会组织工作委员会
书 记 唐 珺（女）
副书记 童 周 周璐璐（女）

中共长沙市天心区委宣传部
【长沙市天心区新闻出版局（长沙市天心区版权局）、长沙市天心区精神文明建设指导委员会办公室】
部 长 肖雄伟
常务副部长 王 宁（女）
副部长 朱德军
副部长 杨 英（女）
区纪委监委派驻纪检监察组组长 钱 芳（女）
长沙市天心区精神文明建设指导委员会办公室
副主任 龚细梅（女）

中共长沙市天心区委员会统一战线工作部
部 长 刘 向
常务副部长 胡 浩
副部长 兰 飞（女） 汤 沛（女）

中共长沙市天心区委政法委员会
书 记 黄文先
常务副书记 张庆祝
副书记 陈国其 王 波
陈 琳（女，挂职）
区纪委监委派驻纪检监察组组长 张文军
长沙市天心区综治中心
主 任 彭文杰

中共长沙市天心区委网络安全和信息化委员会办公室（长沙市天心区互联网信息办公室）
主 任 王若飞
副主任 周 密 何汶蔚（女）

中共长沙市天心区委机构编制委员会办公室
主 任 王文莉（女）
副主任 彭向茜（女） 许 姣（女）
长沙市天心区机构编制电子政务中心
主 任 李 琛（女）

中共长沙市天心区委巡察工作领导小组办公室
主 任 王 镞
副主任 薛宏超 曾巧明

中共长沙市天心区委巡察组
组 长 丁首强 伍子建 肖 斌
组 长 鄢 晔 谭继超
副组长 徐 路 何 蓓（女）

中共长沙市天心区委员会党校
（长沙市天心区行政学院）
校 长 朱远红（女，兼，2020年07月止）
周志军（兼，2020年07月任）
常务副校长 陈泽枝
副校长 章建华 刘保平

长沙市天心区接待服务中心
主 任 马 薇（女）
副主任 夏 菲（女） 徐 璐（女）

长沙市天心区网格化综合服务中心
主 任 陈 琳（女）
副主任 熊 琛（女） 吕正明
李立志

长沙市天心区档案馆
（中共长沙市天心区委党史研究室、长沙市天心区地方志编纂室）
馆 长 周雅娴（女）
副馆长 李 强

区人大各专门委员会

民族华侨外事委员会
主任委员 余卫辉（女）

监察和司法委员会
主任委员 李昌林

财政经济委员会
主任委员 邹仕斌
副主任委员 杨纪军

教育科学文化卫生委员会
主任委员 郑 凯

环境与资源保护委员会
主任委员 吴 浩（苗族）
副主任委员 刘灿辉（女）

农业与农村委员会
主任委员　　曾飞玲（女）

社会建设委员会
主任委员　　杨　军（侗族）

区人大常委会办事机构、工作机构

办公室
主　任　　贺　喜
副主任　　胡斯可（2020年08月止）
　　　　　李　沙（女）

选举任免联络工作委员会
主　任　　宋立湘（女）
副主任　　尹娟娟（女）

区人大各街道工作委员会

坡子街街道工作委员会
主　任　　晏荣祥
副主任　　罗　园（女）

城南路街道工作委员会
主　任　　宁科良
副主任　　董　劲

裕南街街道工作委员会
主　任　　谭石泉
副主任　　邹彦妮（女）

金盆岭街道工作委员会
主　任　　陈秋良
副主任　　巩铂予

赤岭路街道工作委员会
主　任　　何庭洁（女）
副主任　　曹泽仁

新开铺街道工作委员会
主　任　　李清明
副主任　　张　照（女）

文源街道工作委员会
主　任　　刘　建
副主任　　田凤林（女）

桂花坪街道工作委员会
主　任　　鲁意芝（女）
副主任　　邓星方

青园街道工作委员会
主　任　　何理萍（女）
副主任　　刘　智

黑石铺街道工作委员会
主　任　　张　卫
副主任　　黄　毅

先锋街道工作委员会
主　任　　魏铁奇

大托铺街道工作委员会
副主任　　彭　昂

暮云街道工作委员会
主　任　　孙　辉（女）
副主任　　曹　菲（女）

南托街道工作委员会
主　任　　郭建华
副主任　　刘胜雄（女）

区政府各部门

长沙市天心区人民政府办公室
党组书记、主任　　李勇军
党组成员、区纪委监委派驻纪检监察组组长
　　　　　　　　　李凌波
党组成员、副主任　　赵　纯
　　　　　蒋国坤（壮族）　　易　皓（女）
　　　　　郑启军　王玉宏
副主任　　黄文杰　左　罗（苗族）刘　幸（兼）

长沙市天心区发展和改革局
党组书记、局长　　何海兵
党组副书记、副局长　　唐　军
党组成员　　杨爱军
党组成员、副局长　　王永红（女）

党组成员、总经济师　　　张　芳（女）

长沙市天心区教育局

党委书记、局长　　　张　伟（女）
党委副书记　　　刘美兰（女）
党委委员、副局长　　　何阳莉（女）
杨晓雄（土家族）　张其林
党委委员、主任督学　　　刘含冰（女）

长沙市天心区教育科学研究中心

主　任　　　邹今倜

长沙市天心区科学技术局

局　长　　　彭元强
党组书记　　　杨　倩（女）
党组成员、副局长　　　欧定勇（苗族）
许品方（女）　苏　奇

长沙市天心区工业和信息化局
（长沙市天心区数据资源管理局）

党组书记、局长　　　石宇峰
党组成员、副局长　　　符文滔（女，土家族）
罗群峰
党组成员　　　曾　程（女）

长沙市天心区企业服务中心

主　任　　　曾　程（女）

长沙市天心区民族宗教事务局

党组书记、局长　　　彭克伦
党组成员、副局长　　　徐卫星　朱剑锋

长沙市天心区民政局

党组书记、局长　　　刘顺来
党组成员、副局长　　　陈　晖（女）
副局长　　　李新洲

长沙市天心区社会救助事务中心

主　任　　　胡定巍（女）

长沙市天心区生活无着人员救助站

站　长　　　彭　伟

长沙市天心区社会工作事务中心

主　任　　　陈　娜（女）

长沙市天心区司法局

党组书记、局长　　　陈玉英（女）
党组成员、副局长　　　邹平义　吴洪文
王　园（女）
副局长　　　张　模（女）

长沙市天心区坡子街街道司法所

所　长　　　周　律（女）

长沙市天心区财政局

党组书记、局长　　　罗孟怡（女）
党组副书记、副局长　　　张　莹（女）
党组成员、区纪委监委派驻纪检监察组组长
黄勇军
党组成员、总会计师　　　蒋惠英（女）
党组成员、副局长　　　孙笑峰

长沙市天心区财政事务中心

主　任　　　彭燕燕（女）

长沙市天心区财政评审中心

主　任　　　杨　欢（女）

长沙市天心区国库集中支付中心

主　任　　　龙海媛（女）

长沙市天心区财源建设协调事务中心

主　任　　　彭枫婷（女）

长沙市天心区人力资源和社会保障局

党组书记、局长　　　贺红云（女）
党组成员、副局长　　　王　勇　蔡　鹏
黄　英（女）
社会保险服务中心主任　　　任福辉

长沙市天心区住房和城乡建设局
（长沙市天心区人民防空办公室）

党组书记、局长　　　李劲松
党组成员、副局长　　　罗文力
党组成员　　　谭　初
党组成员、副局长　　　李纪清
党组成员、副局长、工会主席　　　刘振华
党组成员、区纪委监委派驻纪检监察组组长
刘　武
总工程师　　　蒋良核（2020年06月止）

长沙市天心区人民防空办公室

主　任　　　李劲松
副主任　　　刘幸福　胡华波

长沙市天心区建设工程安全监督站

站　长　　　肖　金

长沙市天心区住房保障服务中心
主　任　　熊　磊

长沙市天心区交通运输局
党组书记、局长　　陶曙山
党组成员、副局长　　贺　颖　　王志明
　　覃红伟（瑶族）

长沙市天心区农业农村局
（长沙市天心区林业水利局、长沙市天心区扶贫开发办公室）
党组书记、局长　　冯学武
党组成员　　蒋哲明
党组成员、副局长　　肖乾军　　蔡慧勇
　　尹文钊
党组成员　　易艳辉（女）
长沙市天心区动物疫病预防控制中心
所　长　　蔡　嘉

长沙市天心区商务局
党组书记、局长　　李念奇
党组成员、副局长　　陈益文
党组成员　　李　凯
党组成员、副局长　　谭双剑
长沙市天心区投资服务中心
主　任　　李　艳（女）

长沙市天心区文化旅游体育局
党组书记　　彭明霞（女）
局　长　　张　磊（蒙古族）
党组成员、副局长　　陈　萍（女）
　　唐　娟（女）
长沙市天心区文化市场综合执法局
副局长　　毕　佳（女）
长沙市天心区文化馆
馆　长　　李　羽（女）
长沙市天心区图书馆
馆　长　　周　琼（女）

长沙市天心区卫生健康局
党组书记、局长　　张长生
党组副书记、副局长　　阎伟奇
党组成员、副局长　　朱　静（女）
党组成员　　曾怡伯
党组成员、副局长　　温国清　　刘旭峰
　　朱　斌（女）　　周　阳
　　董锡娜（女）
党组成员、区纪委监委派驻纪检监察组组长
　　王　珊（女）
长沙市天心区卫生计生综合监督执法局
局　长　　廖元平
党支部书记　　黄荟颖（女）
长沙市天心区疾病预防控制中心
主　任　　许超伦
长沙市天心区妇幼保健所
所　长　　金　晔（女）

长沙市天心区审计局
党组书记、局长　　丁　洪
党组成员、副局长　　陈志刚　　曹永鸿
　　周　勇

长沙市天心区退役军人事务局
党组书记、局长　　何　东
党组成员、副局长　　李运平　　曾维唯（女）

长沙市天心区应急管理局
（长沙市天心区防汛抗旱指挥部办公室）
党委副书记、局长　　何定安
党委书记　　黄　健
党委委员、副局长　　胡小军　　罗振华
　　叶大荣
总工程师　　邓　欣
党委委员、副局长　　陈　尧

长沙市天心区市场监督管理局
（长沙市天心区知识产权局）
党组副书记、局长　　邹　展
党组书记　　童振宇
党组成员、副局长　　贺岱峰　　袁杰聪
　　肖军民　　涂　亮　　舒宗文
　　王　密　　夏　志　　谈奕麟
　　谢富平　　谭亚军　　刘万江

长沙市天心区统计局
党组书记、局长　　胡志坚

副局长　刘　婷（女）
党组成员、副局长　张　校
副局长　范方平

长沙市天心区普查中心
主　任　叶　冰（女）

长沙市天心区城市管理和综合执法局
党组书记、局长　杨维君（女）
党组成员、副局长　段应定
李　飚（女）
李贵勇
区纪委监委派驻纪检监察组组长
吴宏智（侗族）

长沙市天心区信访局
党组书记、局长　刘　幸
党组成员、副局长　王　强　彭　卫
刘红亮
副局长　张　乐（挂职）

长沙市天心区医疗保障局
党组书记、局长　肖四军
党组成员、副局长　何上元
副局长　黄慧宜（女）
党组成员、医疗保障事务中心主任　徐　敏（女）

长沙市天心区行政审批服务局
党组书记、局长　吴波勇
党组成员、副局长　陈湘彧
副局长　吴　宇（女）
党组成员、政务服务中心主任　李晓欢（女）

长沙市天心区城市人居环境局
党组书记、局长　黄根明
党组成员、副局长　孙卫锋
副局长　杨　柳（女）

长沙市天心区机关事务中心
党组书记、主任　盛春江（女）
副主任　涂　虹　岳玲玲（女）

长沙市天心区征地服务中心
党组书记、主　任　杨科应
党组成员、副主任　刘　展
副主任　谭军武

长沙市天心区金融事务中心
党组书记、主任　于　意（女）
党组成员、副主任　马　浩　许言方（女）

长沙市天心区公共工程建设中心
党组书记　谢　毅
主　任　邓利民
党组成员、副主任　杨红波
副主任　周　垚

长沙市天心区现代服务业发展中心
主　任　熊　玲（女）
党组成员、副主任　汤　莲（女）
李　伟（土家族）

长沙市天心区“两型”社会建设服务中心
主　任　王　珊（女）
副主任　童　莎（女）　罗丹妮（女）

长沙市天心区城市管理综合执法大队
党委书记、大队长　杨维君（女）
党委副书记、教导员　杨　柳
党委委员、常务副大队长　邹军荣
党委委员、纪委书记　刘晋军
党委委员　马　纲
党委委员、副大队长　黄卫权　何青砖
黄　丽（女）

长沙市天心区市政设施维护中心
党委副书记、主任　罗建民
党委书记、副主任　林嘉凌
党委委员、副主任　邓海龙　于新丽（女）
李艳纯（女）　熊彦添
党委委员、总工程师　禹　喜（女）

长沙市天心区市容环境卫生维护中心
党委书记、主任　蒯建红
党委副书记　陈赛宏
党委委员、副主任　魏洪亮　张文广
黄　畅　莫　莹（女）

长沙市天心区园林绿化维护中心
党委书记、主任　李政煌
党委委员、副主任　陈　惠（女）
吴　宇　吴茁青
罗朝晖（女）　刘昆成

长沙市天心区城市房屋征收和补偿管理办公室
主　任　胡伟军
副主任　严　凯　张镜文

长沙市天心区现代服务业示范区管理办公室
工委书记　何　竞（2020年11月止）
工委副书记、主任　江　宇（2020年11月止）
副主任　周　涛　秦贵光　向　葵

长沙市步行商业街管理服务中心
主　任　杨　波
副主任　谭梓婕（女）

长沙天心城市建设投资开发集团有限公司
党委书记、董事长　张勇刚（2020年11月任）
党委副书记、总经理　彭野战（2020年11月任）
党委委员、副总经理　周　亮　周　浪
张　琳（女）　李　波（女）
副总经理　贺利华（女）　宋平原

长沙市天心国资经营集团有限公司
党委书记、董事长　何　竞（2020年11月任）
党委副书记、总经理　江　宇（2020年11月任）
监事长、工会主席　吴佳波（2020年11月任）

雅礼书院中学
党委副书记、校长　龙检罗（2020年08月止）
校　长　朱全民（2020年08月任）
党委书记　龙朝东（2020年08月任）
党委委员、副校长　张胜军

雅礼外国语学校
党委副书记、校长
龚玉刚（土家族，2020年08月止）
王唯之（2020年08月任）
党委书记　张德志
副校长　周新胜

长沙市天心区文化（广告）产业园
工委副书记、管委会主任　谢　巍
工委委员、管委会副主任
刘湘俊　唐　华

长沙市南郊公园管理处
党委书记　张少林
管理处主任　邹畅萍
党委副书记、管理处副主任　陈　海
党委委员、纪委书记、工会主席　杨干清
党委委员、管理处副主任　刘金勇

长沙市天心阁管理处
党支部书记、主任
陈　杰（女，2020年10月止）
党委书记、主任
徐　伟（2020年10月任）
党支部书记、工会主席　王　静（女）
党支部委员、副主任　钱伟明
副主任　王凯民
党支部委员、副主任　何　锦（女）

区政协办事机构及专门委员会

办公室
主　任　张　灵（女）
副主任　罗鑫欣（女）

委员学习联络委员会
主　任　张　瑜（女）

社会法制和民族宗教委员会
主　任　刘芳妍（女）

文教卫体和文史委员会
主　任　杨　红（女）

农业农村和人口资源环境委员会
主　任　高劲柳（女）

提案委员会
主　任　张善翥

经济科技和外事委员会

主　任　周文辉

各街道政协联络工作负责人

坡子街街道　陈全政（兼）
城南路街道　徐文彩（兼）
裕南街街道　周　婷（女，兼）
金盆岭街道　周羌笛（兼）
赤岭路街道　李　静（女，兼）
新开铺街道　吴智钢（兼）
文源街道　龚　卓（兼）
桂花坪街道　刘　洋（兼）
青园街道　邓　静（女，兼）
黑石铺街道　陈　城（兼）
大托铺街道　彭彦华（兼）
先锋街道　徐卫星（兼）
暮云街道　黄　栋（兼）
南托街道　粟晓宇（女，兼）

民主党派

民革天心区工委

主　委　刘湘勇
副主委　袁　志　罗果松

民盟天心区工委

主　委　李新洲
副主委　刘晓军　李　羽（女）
　　　　李昌林　肖宗文

民建天心区工委

主　委　王德军
副主委　赵礼发　任超文　侯四海

民进天心区工委

主　委　黄金利（女，2020年10月止）
　　　　彭燕燕（女，2020年10月任）
副主委　吴　治　杨纪军　贺建华

农工党天心区工委

主　委　李光焰
副主委　杨　昕　刘　敏　王　菁（女）
　　　　高智颖（女）　但　旦（女）
　　　　舒华兵

致公党天心区工委

主　委　张　磊
副主委　杨华昭（女）　邓　静（女）
　　　　王　蓉（女）

九三学社天心区工委

主　委　苏　剑
副主委　胡　芳（女）　张西军
　　　　李　雷　秦　超　吴　娜（女）

群众团体

长沙市天心区总工会

党组书记、主　席　肖时昴
党组成员、副主席　何千才　曾松文
　　　　周立兴（挂职）　张　维（兼）

中国共产主义青年团长沙市天心区委员会

书　记　周　云（女）
副书记　邓玉冰（女）　何　为（兼）
　　　　连　雯（女，兼）　黄乾洁（兼）

长沙市天心区妇女联合会

党组书记、主席　孙咏华（女）
党组成员、副主席　张　平（女）

长沙市天心区科学技术协会

党组书记、主席　杨　倩（女）
党组成员、副主席　王　宏（女）

长沙市天心区工商业联合会

主　席　罗超纲
党组书记、第一副主席　兰　飞（女）
党组成员、副主席　彭立新

长沙市天心区归侨侨眷联合会

主　席　汤　沛（女，兼）
副主席　饶　丽（女）

长沙市天心区残疾人联合会

党组书记、理事长　夏继明
党组成员、副理事长　何映章
　　　　郑跃晖

长沙市天心区文学艺术界联合会

主　席　张少林
名誉主席　陈曦民
副主席（兼）　陈　萍（女）　李春和　雷永鸿
秘书长　田　谧（女）

长沙市天心区红十字会

会　长　黄　会（女，兼）
常务副会长　朱　静（女）

长沙市天心区计划生育协会

会　长　谭文敏（瑶族，兼）
副会长　曹福新

街　道

坡子街街道

中共长沙市天心区坡子街街道工作委员会

工委书记　郑　州
工委副书记　戴次强　刘秉玺
工委委员、纪工委书记　孟立国
工委委员　晏荣祥　陈全政　邓继红　易　芳（女）

长沙市天心区坡子街街道办事处

主　任　戴次强
副主任　陈全政　邓继红　彭建中　汪　辉

城南路街道

中共长沙市天心区城南路街道工作委员会

工委书记　徐　伟
工委副书记　蔡果时　徐文彩　封　颖（女）
工委委员、纪工委书记　刘利才
工委委员　宁科良　邱　阜　邢　瑛（女）　周成军　严景特

长沙市天心区城南路街道办事处

主　任　蔡果时
副主任　邱　阜　周成军　严景特

裕南街街道

中共长沙市天心区裕南街街道工作委员会

工委书记　颜日强
工委副书记　周钰沂（女）　周　彦
工委委员、纪工委书记　舒用民
工委委员　谭石泉　张　伟　刘　晖　周　婷（女）　刘　剑

长沙市天心区裕南街街道办事处

主　任　周钰沂（女）
副主任　张　伟　李　园（女）　周　婷（女）

金盆岭街道

中共长沙市天心区金盆岭街道工作委员会

工委书记　喻　俊
工委副书记　湛　果　肖林琼（女）
工委委员、纪工委书记　马旭奇
工委委员　陈秋良　彭志远　周羌笛　李　佳（女）　皮文奎

长沙市天心区金盆岭街道办事处

主　任　湛　果
副主任　顾　勇　彭志远　周羌笛　皮文奎

赤岭路街道

中共长沙市天心区赤岭路街道工作委员会

工委书记　柳宏伟
工委副书记　陈　泽
工委委员、纪工委书记　喻　备（女）
工委委员　何庭洁（女）　韦向怡　宋　刚　李　静（女）　周克俭　任博文　周　杰

长沙市天心区赤岭路街道办事处

主　任　陈　泽
副主任　宋　刚　李　静（女）　周克俭　任博文

新开铺街道

中共天心区新开铺街道工作委员会

工委书记　蒋　苒（女）
工委副书记　王学中　刘　振
工委委员、纪工委书记　池宏志
工委委员　李清明　肖险峰　杨宏志　吴智钢　唐志波

长沙市天心区新开铺街道办事处

主　任　王学中
副主任　杨宏志　吴智钢　王　露（女）

文源街道

中共长沙市天心区文源街道工作委员会

工委书记　许伟斌
工委副书记　黄振国　彭　勃
工委委员、纪工委书记　孙学文
工委委员　刘　建　付佳明
姜文志（2020年10月任）
周　晓（女）　赵　哲
龚　卓

长沙市天心区文源街道办事处

主　任　黄振国
副主任　付佳明　姜文志　田　烨（女）
赵　哲　龚　卓

桂花坪街道

中共长沙市天心区桂花坪街道工作委员会

工委书记　陈志文
工委副书记　夏　天（女）　周　艳（女）
工委委员、纪工委书记　钟　奎
工委委员　鲁意芝（女）　姚云辉
张志云　朱建军　袁　刚
刘　洋

长沙市天心区桂花坪街道办事处

主　任　夏　天（女）
副主任　朱建军　袁　刚　刘　洋

青园街道

中共长沙市天心区青园街道工作委员会

工委书记　张　毅
工委副书记　刘傲雪　谢　耿
工委委员、纪工委书记　刘殿军
工委委员　何理萍（女）　江建华
谢小宁　刘拥军　冯小珊（女）

长沙市天心区青园街道办事处

主　任　刘傲雪
副主任　邓　静（女）　谢小宁
杨志宇　刘拥军

黑石铺街道

中共长沙市天心区黑石铺街道工作委员会

工委书记　胡　波
工委副书记　龚承平　邓亚兵
工委委员、纪工委书记　唐涌华（女）
工委委员　张　卫　贺舜贤　王　帆
陈　城　郭　娟（女）

长沙市天心区黑石铺街道办事处

主　任　龚承平
副主任　王　帆　陈　城　李建群（女）

大托铺街道

中共长沙市天心区大托铺街道工作委员会

工委书记　凌　异
工委副书记　汤宇驰　杨　炼
工委委员、纪工委书记　虢海鹏
工委委员　吴荣娥（女）　曹　军
陈云龙　熊亚东（女）　彭彦华

长沙市天心区大托铺街道办事处

主　任　汤宇驰
副主任　吴荣娥（女）　曹　军
陈云龙　彭彦华

先锋街道

中共长沙市天心区先锋街道工作委员会

工委书记　骆　理（女）
工委副书记　阳海波　陈　丹（女）
工委委员、纪工委书记　周　军
工委委员　魏铁奇　傅中辉　裴中宏
李　帅　蒋月异（女）
徐卫星

长沙市天心区先锋街道办事处

主　任　阳海波
副主任　傅中辉　裴中宏
李　帅　徐卫星

暮云街道

中共长沙市天心区暮云街道工作委员会

工委书记　蔡　逸
工委副书记　刘　哲　张春辉
工委委员、纪工委书记　罗敏德
工委委员　孙　辉（女）　刘良清
黄　栋　刘凌彬　毛桂平

长沙市天心区暮云街道办事处

主　任　刘　哲
副主任　刘良清　黄　栋
谢灿英（女）　毛桂平

南托街道

中共长沙市天心区南托街道工作委员会

工委书记　王钰莹（女）
工委副书记　雷杰淋　潘　锋
工委委员、纪工委书记　周厚翔
工委委员　郭建华　杨　广　吴　俊
曾　文　粟晓宇（女）
钟慧余

长沙市天心区南托街道办事处

主　任　雷杰淋
副主任　杨　广　吴　俊　曾　文
粟晓宇（女）

双重领导与垂直管理单位

长沙市公安局天心分局

党委书记、局长　肖向东
党委副书记、政委　罗　晖
党委副书记、副政委、纪委书记（兼）杨海军
党委副书记、副局长　王　虎
党委委员、副局长　陈　劲
党委委员、副局长、政工室主任（兼）
邹笑平
党委委员、副局长　龙　江　朱旭东
黎银波　曹鹏飞

国家税务总局长沙市天心区税务局

党委书记、局长　雍小平
党委副书记、副局长　谭　卫
党委委员、副局长　吕　健　李维波
余锦钟（挂职，2020 年 06 月任）
黄　静（女）　刘　信
邓　军　钟仲华　黎元元
党委委员、纪检组长　廖小玲（女）
党委委员、副局长　李剑平

长沙市自然资源和规划局天心区分局

党组书记、局长　康哲新
党组副书记、副局长　李定平
党组成员、副局长　张　杰　邓智亮
杨　媚（女）　姚　文
周　讯（2020 年 10 月止）
朱振宏

长沙市生态环境局天心分局

党组书记、局长　徐乙天
党组成员、副局长　史毓和　姚和平
党组成员、总工程师　倪　正（2020 年 07 月任）

长沙市天心生态环境监测站

站　长　向剑军

长沙市公安局交警支队天心大队

大 队 长　张　星
教 导 员　余卫东
副大队长　周正军　邓日超
胡新宇（2020 年 08 月止）
李　陵
韦克杰（2020 年 08 月任）

长沙市天心区消防（救援）大队

大 队 长　陈卫华
教 导 员　杨立明
副大队长　陈　冶　易　楠（2020 年 11 月任）

交通运输综合行政执法局天心大队

大 队 长　李　立
副大队长　曾　伟　欧大明

长沙农商银行天心支行

行　　长　邝　斌（2020 年 08 月止）
副 行 长　邹　圆（女，2020 年 12 月止）
王　刚（2020 年 04 月任）
行长助理　严从善

长沙农商银行湘江支行

党总支书记、行长　王劢丁（2020 年 6 月止）
党总支书记、副行长（主持工作）
张　翼（2020 年 7 月任）
行长助理　张洁群（女）

重要文献

立足新起点　抢抓新机遇 开启高质量建设“智慧天心、融城核心”新征程

——在区委五届十一次全体（扩大）会议暨经济工作会议上的讲话（摘要）

中共长沙市天心区委员会书记　刘　汇

（2021 年 1 月 15 日）

一、在攻坚克难、奋勇争先中迎来高质量发展新起点

昨天下午以来，听了 9 个区直部门单位、14 个街道主要负责人以及包括区委副书记、人大常委会主任、政协主席和经开区书记、主任在内的 14 名区级领导干部的发言，我很有感触。大家结合自身工作实际、结合“十四五”发展规划描绘的宏伟蓝图，谈了很好的想法和建议，大家紧紧围绕“智慧天心、融城核心”总目标，“北优南融、数字赋能、民生为本”发展战略，紧扣建设“现代化长沙示范区、中部一流的现代化服务业集聚区、长株潭一体化引领区”发展定位，着重就如何推进长株潭一体化发展，如何通过“人才强区”擦亮国家级人力资源产业园的品牌，如何优化营商环境，如何发展数字经济，如何提升完善城市管理、社会治理，以及如何加强党风廉政建设、干部人才队伍建设，等等。讲得很有针对性、有思想深度，说明大家都做了认真思考和准备。尽管有些单位、部门、区领导没有发言，但看了材料汇编，有的单位写得不错，很有针对性，有自己的思想。

最近有几个事给我一些触动。第一件事是 2020 年全市项目观摩。我和黄滔同志、吴江同志、国权同志 4 个人参加了，我的感受是实力比我们强，排在我们前面的区县、园区比我们更努力。比如，长沙经开区三一智联重卡项目，总投资 220 亿元、占地 333.33 公顷，重点打造智联重卡和配套产业，场面让人震撼。比如，浏阳经开区的慧科 8.6 代超高清新型显示器生产线项目，主要是生产显示器柔性面板，投资 320 亿元、占地 80 公顷。决策这个项目的时候，市委做了全面认真的分析，也担了一定的风险，通过市委常委会才统一了思想意见。这个项目从启动签约到拿地开工只有三个月的时间，而且提前一个月开工、提前一个月投产，抢占了一个月的时间窗口，节省了几亿元的投资成本。项目建设的时候，工地上几千人干得热火朝天、井然有序，蔚为壮观。比如，开福区为了推进消费电子产业项目，38 天签约清零 392 户、腾地 152.67 公顷，城市中心能有 199.33 公顷一坦无垠的项目用地，非常令人震撼和震惊。去年我们全区签约腾地 170 公顷，其中还有 113.33 公顷是在暮云片区，这也值得好好反思。最近网上看到，湘春路有个 12 年的“钉子户”，开福区在今年元月 5 日按照合法合规程序顺利签订协议。这些项目的征拆建设背后倾注了各级领导干部的心血和夜以继日连轴转的付出，与公检法司等部门的强力配合也是分不开的。

第二件事是关于省政府真抓实干奖。今年总共有 25 项，我们目前有 3 个正在对外公示，教育去年拿了真抓实干奖，今年又在公示名单排名第一，超出想象。民政工作，去年 9 月在湖南举行的民政部加

强乡镇（街道）社会工作人才队伍建设推进会上，天心区作为唯一的区县代表作了典型发言，这次又进入了真抓实干奖名单。商务工作也进入了公示名单。天心区作为省政府所在区，争取省直部门的支持方面，在空间上、地域上，相对其他区县有“近水楼台”的便利。去年7月份，区里就真抓实干奖专门作了布置，但是有的部门毫无动作。从这个事情也可以看出，有的部门平时在争取上级部门的理解和支持，为自身工作、部门工作创造好的环境和条件方面，缺乏主动性、积极性，缺少方法和能力。

第三是卫国同天在会上的发言。这次省委巡视，按照原计划是本月22日左右撤场。总体来说，问题最终要按照程序来正式反馈，但卫国今天讲的情况，属于阶段过程中反馈的问题，主要是去年12月23日听取区委常委会汇报后，讲了5个方面的问题。同志们听得很认真，我确实也很有触动，巡视组来一个多月就把问题梳理得很清楚，而且直击痛点。既然有些问题是客观上的，我们就要另辟蹊径，寻找发展的差异化空间。

年前召开了区委五届十次全会和区人大、政协“两会”，就过去五年的工作，未来五年的谋划以及2020年的工作作了全面的报告，等会黄滔区长还会就2021年的工作进行具体安排部署，在这里就不再一一报告。2020年，在省委和市委的坚强领导下，全区上下齐心，应该来说交出了大考之年比较优秀的答卷，有几件事情可圈可点。

比如，园区成功整合，找到了发展的主攻方向。园区实质性地实现了整合，整体推进非常平稳，工作机制也建立健全，“一主两特”的发展方向越来越清晰。引进了在全省乃至中部地区唯一的大数据交易中心，还有高分气象卫星应用中心、地质院的地质大数据中心、地理空间大数据应用中心，真正搭建起了“天空地”一体化平台。还有本月准备入驻天心软件产业园的中湘智能建造科技有限公司，主要是BIM技术的应用，利用数字技术来提升建筑行业的全过程管理，预计2021年实现2亿元产值，2022年4亿元产值，2023年8亿元产值。从省工信厅颁布的数据来看，全国互联网企业50强分（子）公司落户数量以及全省互联网企业50强进榜数量，天心区都居全省各区县第一。我们在平台搭建、高品质企业引进方面，已经具备了一定的基础，以地理空间大数据为特色的信息产业这条路走对了。

比如，项目攻坚取得明显的成效。上半年“双过半”大竞赛，下半年“八个一批”活动中，大家比学赶超，实现31个项目扫尾清零，腾出170公顷新发展空间，对比过往这个成绩值得肯定。尤其要肯定暮云片区，南托和暮云2个街道腾出了113.33公顷、完成12个项目的清零；黑石铺街道九峰村整村招商工作推进有力、效果很好。这些项目的扫尾清零，既腾出了发展空间，也锤炼了干部作风，磨炼了干部意志，为今后的发展奠定了基础。

比如，营商环境优化越来越好。“天心营商环境30条”已经深入人心，“一日一制一景三中心”营商模式日趋成熟，“五一”、国庆假期消费热潮获中央媒体高度关注，夜间经济、网红经济蜚声全国，营商环境百强区排名第43位。历史步道建设大有起色，把一些旅游景点很好地贯通起来。环境就是生产力，口碑就是吸引力，有了更好的环境、更响亮的品牌，就会有更多的项目落户天心。

比如，市场活力不断增强。在去年疫情的冲击下，全区市场主体逆势增长23.8%，突破11万户大关；我们还有上市企业10家，后备上市企业16家，“四上”企业709家；亿元楼宇全市最多，达19栋；税收过亿元企业23家、过千万企业169家。这些都是天心税收的来源、经济的支撑。另外，连续17年保持省“平安县市区”称号，这都是我们发展的软实力。

由于时间关系，工作没有一一点到。通过这几个事情还是可以说明我们发展的成效，天心区即将迎来高质量发展的新起点。

二、在把握大局、抢抓机遇中开启高质量建设“智慧天心、融城核心”新征程

2021年是全面开启现代化建设新征程的第一年，是“十四五”开局之年，也是中国共产党建党100周年。我们一定要深入领会习近平总书记考察湖南重要讲话精神以及中央、省委、市委有关会议精神，从推进高质量发展的战略高度，科学分析形势，把握发展大局，抢抓发展机遇，明确工作目标，下好先手棋，打好主动仗，交出高质量的优异答卷。

（一）增强发展信心。我们要清醒地看到发展的有利条件和积极因素。一是整体环境稳中向好。去年我国成为全球唯一实现正增长的主要经济体，这是习近平总书记在2021年新年贺词中讲的，我国经济稳定恢复态势正在不断巩固拓展。特别是去年9月16日至18日，习近平总书记亲临湖南考察，并深入长沙调研，勉励湖南打造“三个高地”、践行“四新”使命、抓好五项重点任务，为我们的发展擘画了蓝图。天心作为省府所在地、融城核心区，立足自身定位、发挥比较优势，依托省、市在主动对接、深度融入上必定大有可为。二是省市政策加力。在省委经济工作会议上，达哲书记强调的五个具体问题中，前两个问题分别是长株潭一体化和人才引进、培育，这与天心的优势高度契合，我区地处长株潭几何中心、融城前沿，在一体化进程中发挥示范引领作用是使命所在、职责所系，我区有全省唯一的国家级人力资源产业园，应该为省市引才育才提供强大平台支撑。特别是市委刚刚闭幕的经济工作会议作出了当好实施“三高四新”战略领头雁、奋力建设现代化新湖南示范区的决定，给生产性服务业、科技创新、对外开放带来新机遇，这些政策对我们都是利好消息。三是内生动能正在形成。近年来，天心区经济运行总体平稳，经济结构持续优化，经济总量不断增长，综合实力持续增强。现代服务业发展迅速，目前占GDP比重已超70%；金融业集聚效应明显，夜间经济、网红经济持续繁荣，楼宇经济再创新高。同时，我区是南部片区“绿心”的重要板块，园区顺利整合，产业转型升级取得较大突破，5G、智慧电网等新基建加速布局，数字产业抢占了先机，为后续发展打下了一定的基础。

总的来看，机遇大于挑战、机遇多于挑战，我们要坚定必胜信心，扎扎实实办好自己的事。一是要强化机遇意识。机遇难得、稍纵即逝。在机遇面前，不能犹豫和等待，不能懈怠和无所作为。我们每位干部，特别是担任重要岗位、关键岗位的干部工作时间都有限，怎样才能做到不负组织期望，做到只争朝夕、不辱使命，干出精彩、干出成效，走在前列、当好表率，是每位同志都要认真思考的。二是要强化底线思维。提高风险预见预判能力，积极做好应对各种复杂状况和风险挑战的充分准备，把底线思维贯穿于决策和落实的全过程，做到工作基础更加扎实、基层建设更加牢固、发展理念更加科学。这是习近平总书记经常告诫我们的，要以自身的确定应对外在的不确定，干好自己的事情。

（二）关于工作目标。今年经济社会发展主要预期目标是：地区生产总值增长8%，地方一般公共预算收入增长6%，固定资产投资增长9%，社会消费品零售总额增长9%，城镇居民人均可支配收入增长6%。同时，为强化“三高四新”战略导向，数字经济增加值增长20%以上，研发经费投入强度达2.6%以上，产业投资增长15%左右，税收占比75%以上。

地区生产总值、地方一般公共预算收入、固投、社零指标预期目标分别高于政府工作报告1%、1%、2%、2%。主要有三个方面的考虑：一是体现省会中心城区的责任担当。经济工作是要向“两会”作报告的，这是我们的奋斗目标。天心的经济总量在全市不靠前，如果我们要想在实施“三高四新”战略中走在前列，就必须自我加压、调高标杆，在主要指标上盯紧、跟上全市平均增速，这不仅有利于天心在全市站稳脚跟、争先进位，同时更是一种责任、一种担当。二是体现中长期发展的战略谋划。从省、市“十四五”规划看，地区生产总值年均增速分别是6.5%和7%。我们“十四五”规划确定的目标是7%，今年定为8%，一方面是考虑去年基数比较低，今年经济恢复增长的空间相对较大；另一方面是考虑要开新局、迈好第一步，打好基础，适当将压力前移，以不变应万变。三是体现天心经济高质量发展的努力方向。随着新发展战略的进一步确立，瞄准中部一流的现代服务业集聚区目标，数字经济、软件产业将迎来发展良机，这就要求我们在经济发展速度、研发投入强度、经济发展质量等相关指标上找准定位、明确目标追求。

（三）保持战略定力。做好今年各项工作，最为关键的是要全力贯彻落实“三高四新”战略，按照《中共长沙市委关于深入学习贯彻习近平总书记考察湖南重要讲话精神当好实施“三高四新”战略领头雁、奋力建设现代化新湖南示范区的决定》的要求，结合天心实际落细落实：一是立足自身产业优势，着力推动服务业与制造业深度融合发展，发展以数字经济为引领的服务业，为全市打造国家重要先进制造业高地提供技术保障和支撑。二是着力构建适合创新的生态体系，做好创新人才体系建设、知识产权体系建设、重点平台体系建设。三是着力推动更深层次改革和更高水平开放。具体来讲，要牢牢把握区域发展总目标和发展战略：

全力建设“智慧天心、融城核心”。定位“智慧天心”，是在中央大力倡导要发展数字经济、推进新经济、建设智慧城市的背景下，落实习近平总书记对湖南“三个高地”定位的具体行动；也是“绿心”工业退出以后，发展新产业、提升城市品质的必然选择。紧盯智慧产业，大力发展数字经济，促进实体经济与信息化深度融合，推动产业转型升级。数字经济归纳起来就是以数据资源为关键生产要素，以现代信息网络为主要载体，以信息通讯技术的融合，运用全要素数字化转型为重要推动力，促进效率提升和经济结构优化的新的经济形式。数字经济不仅赋能传统产业，而且对于培育新的产业业态、满足新的需求、优化新的环境具有重要的促进作用。就是大家讲的，数字产业化形成新供给，生活数字化满足新需求，治理数字化优化新环境。紧盯智慧城市，推动智慧医疗、智慧教育、智慧旅游、智慧防灾等场景应用，提升智慧城市功能品质。区工信局要主动担当作为，进一步加强与市数据资源管理局的联系，利用好市级层面与腾讯公司建立的基础平台，减少重复投资。紧盯智慧政务，通过政府的智慧政务来带动和引领，实现“治理一网统管、政务一网通办”。定位“融城核心”，在“融城”上下更大功夫。紧盯基础设施互联互通、产业协作创新协同、生态环境共建共享、社会治理同向同行。在“核心”上求更大实效，通过做强区域经济实力、探索协调发展机制、凝聚多方思想共识，充分发挥天心区在长株潭一体化进程中“先行先试、辐射带动”作用。

聚焦“北优南融”，着力提升城区品质。一是实现“四精五有”标准。城市的本质是“城市让生活更美好”，城市运营建设管理得好本身就是一种竞争力，有利于吸纳人们安居、创业，吸纳实体经济落户。要充分挖掘天心滨江、绿心优势，抓好人居环境改善、老旧小区提质，促进公共服务设施提质提标。特别是推进老旧小区改造，要思考在符合相关条件下是否可以赋予智慧化的场景运用。二是坚持片区协调发展。坚持系统思维、统筹推进三大片区建设。外滩片区要打造一流的城市客厅，整合“五一商圈”相关管理部门职能，探索建立大管委会模式，全力推动黄兴南路步行街创建“全国示范步行街”。省府片区要打造名副其实的全省政治经济文化高地，打通断头路、畅通微循环、处置好烂尾楼，完善公共服务配套，展示省府周边现代化、国际化的风貌。暮云片区要围绕打造长株潭一体化引领区，创新思路、创造空间，进一步加大征拆力度，优化道路设施、公共配套服务设施，变后发的劣势为优势。

聚焦“数字赋能”，着力提升产业能级。由区工信局牵头，制定天心区数字经济发展三年行动计划，立足新起点谋划推动工作。一是更加注重数字引领。二是更加注重产业平台集聚，进一步壮大“天空地”一体化大数据支撑、上中下游产业链齐头并进的“一核多点”发展格局，特别是要建设运营好湖南省大数据交易中心，推动地理信息产业园、人工智能产业园、软件产业园的发展迈上新台阶。三是更加注重传统产业升级，围绕做大做强“大数据”产业链，实施金融、商贸、电力、建安等产业数字化转型行动，引导企业开展数字化网络化智能化改造，提高全要素生产率。四是更加注重产业生态营造，推动数字与产业发展、与商圈建设、与政务服务、与城市管理、与社会治理的深度融合，促进先进制造业与现代服务业相互融合，让数字无处不在、让天心充满智慧。

聚焦“民生为本”，着力提升人民福祉。强力推进好人大代表票决通过的民生实事工程，不断提高人民群众的获得感、幸福感、安全感。一是强化基础保障，筑牢社会保障网络，健全社会救助体系，继续实施“爱心天心”帮扶工程，让天心更有“温度”。二是着力民生改善，聚焦住房、教育、医疗、就业、养老等问题，努力做到“住有宜居、学有优教、病有良医、勤有丰酬、老有颐养”。三是抓实社会治理，坚持系统治理、依法治理、综合治理、源头治理，做深做实网格化管理，优化公共服务，持续深入开展扫黑除恶专项斗争和禁毒人民战争，建设更高水平的法治天心、平安天心。

今年，我们重点抓好以下几件事情

1. 主动对接引领长株潭一体化，打造高质量发展新引擎。习近平总书记要求“长株潭一体化发展要继续抓下去、抓出更大成效”。省委明确提出了“高位统筹、同向发力、创新协同、政策一体、齐抓落实”的工作要求。天心区在推动“一体化”“高质量”上要走在前列、率先发展。要深刻认识到，“融城”尽管有天然的地理优势，但“核心”的地位不是靠口号喊出来、自己叫响的，关键要靠实力说话。区委决定成立专门领导小组，由我来担任组长，黄滔同志担任第一副组长，志军、向宇同志担任副组长，办公室设区委办，由向宇同志兼任办公室主任。着重在政策争取、平台打造、项目引进方面发力：一是加强产业协作创新协同。积极推进金融、技术、土地、人力资源等市场一体化。发挥信息流集聚、创新平台多等优势，推动我区数字产业对关联产业链进行信息资源整合、智能平台建设、关键技术攻关，推动产业发展资源共享、优势互补。二是加强基础设施互联互通。融城发展基础先行，要持续推进交通一体化，加快推进107国道城市化改造，全力确保新韶山南路开工建设，力争湘江大道南延线尽快开工建设，加快建设伊莱克斯大道西延线，做好环保大道过江通道建设前期有关工作，依托乡村振兴做好农村路网规划提质。三是加强生态环境共治。探索建立保护山水资源、修复生态系统、建设生态家园、发展绿色产业的联防共治机制，在绿心保护、湘江禁捕、大气防治上着力，共同打好“蓝天碧水净土保卫战”，共同建设长株潭生态绿色融合发展示范区。四是加强社会治理共享。要全力向省市争取有关文体健身、公共服务配套的项目落户绿心。比如，省府周边“三馆一中心”作用怎么样发挥，进一步打造成为天心区名片。五是对接规划纲要落地。去年10月份，省委、省政府专门印发了《长株潭区域一体化发展规划纲要》，各相关部门要认真研究，把纲要中明确的各项要求细化落地、转化落实。

2. 全力建设人才强区，增强高质量发展新活力。我们有中部唯一的国家级人力资源服务产业园，要针对全市22条产业链和我区紧缺的专业人才，编制人才需求清单，建立靶向引才、以才引才机制，做大做强人才增量。区委决定成立人力资源服务产业园建设发展领导小组，由我担任组长，园区作为主体。要加大向上级部门、行业协会对接力度，积极为驻区、驻园企业争取政策、搭建平台、提供服务。围绕22条产业链，围绕省内、市内企业、行业协会，制定个性化的清单，有针对性地进行推介，通过有效对接、助力企业做大做强。同时，要充分挖掘辖区9所高校12万在校大学生、4个国家级重点实验室和工程技术中心、58所省级重点实验室和工程技术中心作用，争取做到“一室一产业、一所一平台”。要用好国家版权示范园区平台，完善知识产权评估、交易、转让、质押、投资的社会服务机制，充分释放各类人才创新活力。

3. 稳住核心产业、发展新兴产业，巩固经济可持续、高质量发展态势。一是发展壮大金融产业。去年，金融行业税收占全区税收比例达40%，是全区最重要的税源支撑，要通过强化服务，稳住企业信心军心，积极引进金融机构总部，营造“头部企业＋人才＋基金”的产业生态，助推金融企业做大做强。二是提质繁荣商旅产业。扭住扩大内需这个战略基点，强化需求侧管理，着眼扩大居民消费，提升消费层次，加快传统商贸业提质升级、大型商业综合体建设、消费升级行动计划实施，提档升级汽车、家电、餐饮等商贸经济，用好区内文化旅游资源和网红经济、夜间经济优势，加快推进全域旅游发展。三是着力培育特色产业。发挥园区优势，加快培育提升文化广告、人力资源、高端医养、音频产业等特色产业。要围绕做大做强楼宇经济，摸清底数，提质升级一批老旧楼宇硬件设施和功能配套，夯实楼宇经济发展基础；资规部门要强化调研和向上对接，为楼宇发展优化布局，满足结构性需求；要强化楼宇招商，做好去库存工作，有针对性地引导产业链上下游企业集聚，激发楼宇内生活力，培育更多亿元楼宇。要发展壮大总部经济，依托区位优势和资源优势，进一步完善要素配套，推动现有企业通过上市挂牌、兼并重组等方式转型升级。

4. 加快推进项目建设，培育高质量发展新动能。今天的项目投资力度，就是明天的发展速度；今天的投资结构，就是明天的经济结构。只有依靠源源不断的高质量项目，才能保障和支撑高质量的发展。一是强化招商引资。招商引资是项目建设的源头活水。要围绕区委、区政府大力发展的数字经济、楼宇经济、总部经济等，聚焦“三类500强”、行业前20强等投资规模大、产业层次高、创新能力强的旗舰项目和头部企业，有针对性地开展招商。要精准招商，看亩均税收，实现招商提质增效。二是力促项目征拆建设。持续营造“项目建设为王”“以项目论英雄”的浓厚氛围，落实“八个一批”常态化要求，全面完成长沙外滩大规模的棚改项目清零扫尾，城市中心湘江大道周边的建设要积极稳妥推进，务必尽快完成，争取相关棚改项目进入市里的笼子，全面改善滨江片区的整体形象。省府周边城中村改造，要继续整村招商模式，实现“组团式”大发展，打造“三轴三片六组团”，形成经济和城市转型升级新支撑。要抓紧制定2021年重大项目建设计划安排，抓紧推进去年的“八个一批”，谋划新的“八个一批”，制定土地出让计划。同时，要马上启动研究部署一季度项目集中开工的工作。三是全面优化环境。继续落实“天心营商环境30条”，深入推进“放管服”改革，深化“互联网+政务”改革，争取营商环境综合指数排名再进位次。政务中心要建设好，建得宽敞明亮，让大家办事舒心；办事流程要简化，落实“最多跑一次”要求，最好能做到一次都不跑。由行政审批局研究，服务窗口办完事项后，设计像银行办理完业务后进行“满意、基本满意、不满意”的评价体系。优化办和纪检部门要定期分析数据，看相关部门是否切实履行了工作职能。这项工作请优化办督促，行政审批局尽快落实到位。四是做强平台公司。充分发挥平台公司在融资、建设方面的优势，深化体制机制改革，有效化解政府债务，不断提升企业经营效益。在当前经济发展的大背景下，平台公司要生存下去、要发展起来，很不容易，全区各级各部门要给他们提供支持和保障，支持他们做大做强。

5. 切实统筹城乡建设，提升高质量发展新格局。城市管理要更严、功能完善要更优、乡村振兴要更美。我们有3个涉农街道、16万农业人口以及大量的农村，如何做实乡村振兴这篇文章，特别是基于长株潭一体化的背景下如何来做好，请区农业农村局牵头考虑，在乡村环境、乡村产业、乡村治理上加强对三个涉农街道的指导、务实推进。

6. 切实增进民生福祉，共享高质量发展新成果。一是推进疫情防控常态化。昨天黄滔区长传达了全国疫情防控工作电视电话会议精神并对全区疫情防控作了安排部署，请大家认真遵照执行。二是统筹社会事业发展。教育、就学、就医、就业、养老等问题在政府工作报告里已经写得很明确。今年要新增6915个学位，推进13所学校、幼儿园建设。要按照“一区一点、一街道一中心”养老要求，力争在2—3年内，让老年人就近享受到舒适的养老服务。体育健身方面，要建10个健身中心，让大家在楼下就能享受到健身、健康的服务。还有医院的建设，省府周边确实缺乏一个高水平的医院，目前虽然碰到了一些困难和问题，但是仍在逐步推进。三是加强基层社会治理。坚持党建引领网格化，坚持和做实每月28日网格日制度，着力解决居民群众的急难愁盼问题。

7. 扎实做好庆祝建党100周年相关工作。今年是建党100周年，湖南是毛主席的家乡，是中国革命和建党的重要策源地，毛泽东、蔡和森、李富春等人都曾活跃在天心大地，是天心的宝贵财富。我们要为建党100周年营造政治安全、社会安定、人民安宁、网络安靖的环境，同时，组织深入学习“四史”、走访慰问“五老”等活动，从党的百年光辉历史中汲取不忘初心、砥砺奋进的精神力量。

三、加强党的领导，为适应新发展阶段、贯彻新发展理念、融入新发展格局提供高质量保障

一是强化政治引领。切实提高政治站位，不断提高政治判断力、政治领悟力、政治执行力，从讲政治的高度重视经济工作，善于用政治眼光观察和分析经济社会问题，从步入新发展阶段的高度认识融入新发展格局的重大意义、科学内涵，不折不扣贯彻落实党中央、国务院、省委、省政府、市委、市政府各项决策部署，团结一切可以团结的力量，调动一切可以调动的积极因素，把经济工作做得更实更细、更深更透、更有成效。

二是提升专业能力。习近平总书记强调，“领导工作要有专业思维、专业素养、专业方法”。全区各级领导干部特别是各单位主要领导，要带头坚持干什么学什么、缺什么补什么，要围绕加快构建新发展格局，加快知识更新、优化知识结构，不断提高抓经济发展、驾驭复杂局面的本领，增强我们的生存力、竞争力、发展力、持续力，努力成为“适应新发展阶段、贯彻新发展理念、融入新发展格局”的行家里手；要知人善用，把专业的干部放在合适的岗位，最大限度发挥干部作用，确保人尽其才、才尽其用。

三是推进改革开放。不断增强改革意识、开放思维，持续深化园区管理、科技创新、生态文明、

民生保障等领域改革，注重基层探索创新、及时总结评估推广，充分激活市场活力和社会创造力。

四是狠抓工作落实。经济工作是实打实的，我们要按照中央、省委、市委经济工作会议精神，将各项任务落地落细落具体，将各项工作抓紧抓实、抓出成效。会后，请“两办”牵头，对我和黄滔区长今天讲话中提到的工作进行分解、部署，做到一项工作一套机制、一抓到底。领导干部要在实践中坚定“想干事、能干事、干成事”的信念，磨砺“明知山有虎、偏向虎山行”的勇气，强化“踏平坎坷成大道，斗罢艰险又出发”的信心，拿出“抓铁有痕、踏石留印”的韧劲，以钉钉子精神狠抓落实。组织部门要强化干部的日常管理工作，进一步加强对担当、作为干部的发现、培养和使用；纪检部门要采取切实措施，加强对干部不担当、不作为的巡查、督查。

今年是集中换届之年，搞好换届工作是我们一项重要的工作。我们一边要认真落实省委巡视工作要求，坚持问题导向，强化巡视整改，特别是要举一反三，完善我们的制度，防止问题的反复和反弹，坚决杜绝工作上的互相推诿、部分领域某些干部没有底线、不担当不作为现象的发生，用制度规范工作、保护和引导干部；一边要凝心聚力、提神鼓劲，真抓实干谋发展、心无旁骛干工作，努力把我们的工作提高到一个更高的水平，以改革、发展、稳定和党风廉政建设方面的成绩，为换届营造一个心齐气顺、风清气正的氛围和环境。

今年是“十四五”的开局之年，新起点催人进取，新机遇令人奋发。我们要以拼搏的姿态、奋进的状态，开拓进取，扎实工作，建设“智慧天心、融城核心”，实现我区经济社会高质量发展，以优异成绩迎接建党100周年！

天心区人大常委会工作报告

——在长沙市天心区第五届人民代表大会第七次会议上

长沙市天心区人大常委会主任 于 献

（2020年12月26日）

2020 年工作回顾

2020 年，在区委坚强领导下，区人大常委会坚持以习近平新时代中国特色社会主义思想为指导，学习贯彻党的十九大、十九届二中、三中、四中、五中全会精神，坚持党的领导、人民当家作主、依法治国有机统一，围绕中心大局，依法履职行权，加强“两个机关”建设，各项工作取得了新成效。全年共召开常委会会议 6 次、主任会议 25 次，作出决议决定 6 项，任免国家机关工作人员 20 人次，听取审议专项工作报告 35 个，对 3 部法律实施情况开展了检查监督，备案审查规范性文件 5 件，圆满完成区五届人大六次会议确定的目标任务。

一、讲政治，融入中心工作，在服务大局上体现担当

坚持党的全面领导，牢固树立“四个意识”，坚定“四个自信”，做到“两个维护”，始终在发展全局中定位和谋划人大各项工作。

1. 全面贯彻区委决策部署。强化政治机关意识，坚持以党的政治建设为统领全面推进人大工作。严格落实意识形态责任。深刻认识意识形态工作的极端重要性，着力培育和践行社会主义核心价值观，深入学习贯彻习近平总书记关于坚持和完善人民代表大会制度的重要思想，执行重大问题、重大事项请示报告制度，在思想上、行动上与区委同频共振，不断夯实人大工作的思想政治基础。依法行使重大事项决定权。履行宪法法律职责，认真讨论决定重大事项，将区委决策通过人大决定，转变成为全区人民的共同意志。审查批准了 2019 年财政决算报告、2020 年财政预算调整方案和 2020 年发展计划、民生实事项目部分内容调整的议案，作出了加强司法建议、检察建议工作的决议和召开区五届人大七次会议的决定。切实规范人事任免工作。坚持党管干部和人大依法任免相统一，严格执行任前法考、会前见面、任职陈词、向宪法宣誓等制度，确保党组织推荐人选通过法定程序成为国家机关的工作人员。

2. 全力服务区域工作大局。助力“三大攻坚战”。主任会议听取审议防控化解政府债务风险工作情况报告，督促规范资金管理，管控债务风险。常委会听取审议年度环境状况和环境保护目标完成情况报告，跟进大气污染防治法审议意见的办理情况；主任会议成员带队开展垃圾分类调研和蓝天保卫战“三级执法、两级巡查”工作，推动环保法和环境保护基本国策在辖区内的实施。持续开展“扶贫帮困、天天一元捐”活动，筹资 8 万余元，为龙山洛塔九年制学校和安化天心小学学生捐赠校服近 600 套；结合“民族团结进步行”活动，组织优秀教师为当地学生送课；参与“爱心天心”帮扶工程，发动代表结对帮扶困难群众 100 余户，支持通道、浏阳富溪村消费扶贫工作。聚力高质量发展。着眼新形势新任务，调研“十四五”规划编制、重大项目（重点工程）、税收征管等工作，为区域发展出谋献策。围绕提质繁荣“五一商圈”，采取工作座谈、代表视察、走访企业、外出交流等方式，进行细致深入调研，向区委专题报告了调研成果，为商圈消费聚集和升级建言献计。助推法治天心建设。落实中央全面依法治国战略，持续开展“依法行政天心行”“司法公正天心行”活动，加强法律监督，促进依法行政和公正司法。服从工作全局。班子成员和全体干部积极有为，实干担当，推动优化营商环境、文明创建、安全生产、防汛备汛、网格管理等工作取得实效。

3. 全员参与新冠疫情防控。面对新冠疫情重大挑战，常委会坚决落实中央和省市区委整体安排，第一时间学习传达习近平总书记关于统筹推进疫情防控和经济社会发展的重要讲话精神，县级领导深入联点街道，指挥协调疫情防控和复工复产工作；人大机关干部放弃休假，开赴社区、企业，协助落实各项防控措施。响应市人大“三讲三做当表率”号召，常委会带头为武汉洪山区紧急募集了一批防疫物资，倡议发动全区各级人大代表、人大工作者扛起社会责任，共捐赠医用口罩22万余只、资金300余万元，在这场抗疫人民战争、总体战、阻击战中发扬了风格、展现了风采。

二、循法治，突出监督实效，在助推发展上彰显作为

努力成为全面担负起宪法法律赋予的各项职责的工作机关，关心民生福祉，关注民主法治，坚持正确监督、有效监督，撰写调查和审查报告14份，发出审议意见9份、会议纪要5份，为经济社会发展贡献了智慧与力量。

1. 立足守正创新，拓宽监督工作思路。坚持和完善人民代表大会制度，探索基层治理新路径，继续试点推进民生实事项目代表票决制工作，细化票决工作实施方案，综合运用预算审查、专项审议、集中视察和满意度测评等方式，加强对民生实事项目实施情况的监督，确保各票决项目落到实处、见到实效；常委会听取审议了2020年民生实事项目完成情况报告，初审了2021年民生实事候选项目。依法作出《关于加强司法建议、检察建议工作的决议》，规范“两类建议”备案、反馈和监督机制，支持司法机关有序参与社会综合治理。顺应机构改革要求，健全大会工作机制，讨论制定了《天心区人民代表大会议事规则（草案）》，将提交本次大会表决通过。

2. 聚焦“六稳”“六保”，抓好财经工作监督。加强规划执行监督。围绕“十三五”规划冲刺收官，关注国民经济和社会发展主要指标进展情况，支持政府及其职能部门攻坚克难，补齐短板，助力圆满完成“十三五”规划。突出国有资产监管。提请区委出台了《关于建立区人民政府向区人大常委会报告国有资产管理情况制度的意见》，常委会听取审议行政事业性国有资产管理情况报告，督促区政府摸清国有资产家底，提高经营效益，实现保值增值。重视基层保障问题。针对社区（村）工作经费和工资保障等实际情况，认真听取意见，深入调查研究，督促政府落实责任，助推基层有序运转。支持审计工作监督。听取了区政府的年度审计工作报告和区监察委关于审计问题线索处理情况报告，连续三年对审计查出问题单位的整改情况进行满意度测评，促使24个问题整改到位。

3. 紧扣社会关切，加强民生事业监督。围绕人民群众反映较多的热点难点问题开展监督，常委会听取审议物业管理工作情况报告，督促区政府认真贯彻落实物业管理法律法规，不断健全工作机制，提升物业监督管理水平，维护社会和谐稳定。关注教育事业发展，跟踪督办义务教育法执行及教育“十三五”规划审议意见落实情况，促进义务教育优质均衡发展。主任会议听取审议区政府人居环境工作情况报告，督促区政府立标准、建机制、定程序，依法推进棚户区改造和有机更新工作，营造更美的人居环境。主任会议听取审议区政府养老工作报告，提出加强对养老机构的监督管理、精准做好养老服务的建议，助推老龄事业协调可持续发展。

4. 关注机构改革，促进政府职能转变。把握基层治理体系和治理能力现代化要求，加强对机构改革后政府工作部门职责运行情况监督。结合行政审批制度和“放管服”改革，常委会听取审议行政审批服务工作情况报告，推动打造“宽进、快办、严管、便民、公开”的行政审批服务模式。听取审议文化旅游体育工作情况报告，督促政府落实法定职责，形成工作合力，加快推动文化旅游体育事业发展。听取审议区政府应急管理工作情况报告，提出加快职能整合，完善应急管理保障体制的审议意见，助推政府增强预防和快速应对的能力。听取审议退役军人事务工作报告，推动政府进一步落实各项退役军人政策，加强退役军人的服务保障。

5. 贯彻宪法法律，推进地方法治建设。保障法律法规实施。助力常态化疫情防控，开展了《中华人民共和国野生动物保护法》《中华人民共和国动物防疫法》《全面禁食野生动物的决定》和《中华人民共和国传染病防治法》及其实施办法、《突发公共卫生事件应急条例》等执法检查，督促政府严格执法，加强野生动物保护，压实防疫责任，提升疫情防控能力和公共卫生服务水平，维护人民生命安全和身体健康。加强司法工作监督。聚焦“让人民群众在每一个司法案件中感受到公平正义”，主任会议听取审议了区法院、区检察院司法责任制改革工作情况报告，就健全监督制约机制、规范司法权力运行、完善综合配套改革等方面提出了审议意见。参与立法调研和执法检查。配合省市人大开展了《湖南省实施〈中小企业促进法〉办法》《长沙市生活垃圾管理条例》立法调研和《中华人民共和国食品安全法》《长沙市文明行为促进条例》执法检查。规范备案审查和信访工作。坚持“有件必备、有备必审”原则，对《天心区残疾儿童康复救助实施细则》等政府规范性文件进行了备案审查；加强人大信访工作，明确工作职责，理顺工作流程，全年受理群众来信来访20件次。

三、汇民智，密切联系群众，在代表工作上凝聚合力

坚持以人民为中心的发展思想，依法保障人民通过人民代表大会行使权力，建设同人民群众保持密切联系的代表机关。

1. 以联络站点为载体，强化代表履职保障。扎实推进“双联”工作，建立健全代表联络机制，进一步做好代表履职服务。积极创先争优。开展以争当“五好”人大代表、优秀人大工作者、创建“五星级”示范代表联络站为主要内容的“两争一创”主题活动，全区各级代表积极响应，深入基层、深入企业，走访群众2000余人次，收集各类意见、建议200余条，42名代表、20名人大工作者获表彰，6个代表联络站成功创建示范。丰富代表活动。围绕议案建议督办、推动经济复苏、垃圾分类、节能减排、老旧小区改造等主题，人大街道工委精心组织各类形式多样、丰富多彩的代表活动，开展闭会期间视察调研、选民接待，畅通民意表达渠道，切实做到民有所呼、我有所应。打造工作品牌。按照“一站一亮点”的要求，人大各街道工委在实践中创新方式，总结提高，真正让代表联络站点用起来、动起来、活起来，“三回三访三化”“五个一”等工作机制和代表进网格、代表讲坛、代表议事会等特色做法，受到省、市媒体的推介。

2. 以提升能力为目标，推动代表履职作为。加强学习培训。制订贯穿全年的学习计划，邀请专家讲授党的十九届四中全会、全国“两会”精神，各人大街道工委组织代表学习交流、赴外地考察、到对口扶贫点、红色基地教育培训，进一步拓宽了视野，提升了代表综合素质。开展述职评议。完成届内代表述职评议工作，部分常委会组成人员、职务代表带头述职，69名市、区人大代表分别向原选举单位和原选区选民述职，现场评议，接受监督，代表们的责任意识进一步增强，获得广泛好评。扩大政治参与。认真组织代表听取审议“一府两院”半年度工作情况通报，有计划邀请代表列席常委会、主任会议，参加区长接待日和常委会会前调查、集中视察、执法检查等500余人次，保障代表的知情权参与权表达权监督权，激发了代表履职热情。

3. 以议案建议为抓手，促进代表履职见效。办理机制更加健全。坚持办理结果与过程并重，加大议案建议办理公开力度，及时向代表反馈办理进度；注重办理考评，对各承办单位办理工作量化打分、分类排名，落实了办理责任。督办措施更加有力。通过常委会集中督办、主任会议成员重点督办、委室分类督办的形式，加大督办力度，提高办理质量，一批群众关心的“小事”、身边事得到圆满解决。办理实效更加明显。常委会听取审议了议案建议办理情况报告，144件代表建议办复率100%、满意率99.3%，代表和群众满意度进一步提升，如《进一步繁荣发展天心区夜间经济的议案》，区委区政府高度重视，相关职能部门全力办理，扩大了天心夜间经济的影响，代表履职成果实现较好转化。

四、提素质，筑牢履职基础，在自身建设上树立形象

坚持理论学习，坚实思想根基，坚定立场方向，抓实常委会自身建设，增强做好新时代人大工作的能力。

1. 抓党建严作风，确保政治合格。把支部建设融入日常。以党建为抓手，发扬党的优良传统，巩固主题教育成果，扎实开展“三会一课”和主题党日活动，组织机关干部赴长沙县陈树湘纪念馆、影珠山抗战遗址馆和十八洞村参观学习，接受精神洗礼，树牢宗旨意识。把纪律规矩挺在前面。绷紧廉政之弦，及时传达中央省市有关作风纪律要求，认真落实中央八项规定，树立过紧日子思想，严控“三公经费”；抓好机关作风常态化建设，定期开展纪律督查、廉政谈话和廉政学习，构筑拒腐防变的防线。

2. 抓学习促履职，锤炼工作本领。坚持常委会、月调度会、周例会会前学习制度，集中学习了习近平总书记在湖南考察时重要讲话和党的十九届五中全会精神，深入学习了民法典、选举法、传染病防治法等内容。举办2020年区人大系统专题培训班，开展委办主任带头学法讲法活动，重点讲授了监督法、代表法、财政违法行为处罚处分条例等法律法规。组织全区人大干部进行法律知识考试，参加省、市、区举办的党建、宣传、财务等政治和业务培训，提高人大工作水平。

3. 抓基础优管理，激发队伍活力。创建文明机关。对照“省级文明标兵单位”测评标准，完善志愿服务、卫生环境、内部管理等机制措施，推动人大机关精神文明建设做到细处、走在前列。增进工作互动。采取“请进来、走出去”方式，接待广州、厦门等地人大来区交流工作，组织赴苏州、内蒙古调研考察，撰写了关于垃圾分类、扫黑除恶、课后服务、联络站建设工作的调研报告，在《人民之友》、红网、《长沙人大》等媒体发表文章8篇，发布新闻信息300余条。注重联系指导。增强街道人大工作的主动性，完善绩效考核办法，定期调度、督办工作，保证全区人大工作整体协调发展；组队参加了市人大第三届“活力人大杯”体育比赛，取得了较好成绩，展现了团结拼搏的精神风貌。

各位代表，一年来，常委会所取得的工作成绩，是在区委坚强领导下，常委会组成人员、各级人大代表和全体人大工作者恪尽职守、共同努力的结果，是“一府一委两院”密切配合、团结协作的结果，也是全区人民、社会各界充分信任、大力支持的结果。在此，我谨代表区五届人大常委会，向大家表示崇高敬意和衷心感谢！

同时，我们也清醒地认识到，常委会工作还有一些差距和不足，“两个机关”建设整体水平有待进一步增强，监督实效有待进一步提升，人大代表作用有待进一步发挥等。对此，我们将认真研究、加以解决。

2021年工作任务

2021年，是“十四五”规划的开局之年，也是全面建设社会主义现代化国家新征程的开启之年。奋进新时代，我们深感责任重大，使命光荣。新的一年，区人大常委会工作的总体要求是：高举习近平新时代中国特色社会主义思想伟大旗帜，学习领会党的十九大和十九届二中、三中、四中、五中全会精神，深入贯彻省委“三高四新”战略要求，紧紧围绕区委“北优南融、数字赋能、民生为本”发展战略，始终坚持党的领导，有效履行监督职权，密切联系人民群众，切实加强自身建设，为推动天心经济社会高质量发展不懈努力，以优异成绩迎接建党100周年！

一、坚持党的领导，牢牢把握正确政治方向

把党的领导贯穿人大工作始终，通过人民代表大会制度保障中央和省市区委决策部署的依法全面贯彻。坚持不懈抓好政治建设。将学深悟透习近平新时代中国特色社会主义思想作为首要政治任务，深刻领会习近平总书记对地方人大及其常委会工作的重要指示精神，强化意识形态工作责任，牢固树立“四个意识”、坚定“四个自信”、做到“两个维护”；把理论学习成果转化为人大工作生动实践，忠诚履职，依法监督，推动党委中心工作落实。依法依规推进换届选举。增强做好换届选举工作的责任感和使命感，深入调研走访，精心制定方案，科学划分选区，严格依法办事，把好代表的法律关、民意关和结构关，营造风清气正的工作氛围，确保换届选举工作依法有序进行。积极主动服务工作大局。认真落实区委工作安排，发挥人大制度优势，依法做好人事任免，全力完成各项交办任务。

二、围绕区域重点，全力助推经济社会发展

贯彻法治国家、法治政府、法治社会一体建设要求，坚持依照法定职责、限于法定范围、遵守法定程序履行人大监督职权，助力全区经济社会高质量发展。完成法定监督。立足于促进“十四五”开好局、起好步，深化财政预算监督，审查和批准年度财政决算草案，初审财政预算执行情况和财政预算草案；初审年度国民经济和社会发展计划草案，审查重大项目计划安排和完成情况；注重发挥审计作用，听取审议年度区本级预算执行及其他财政收支情况审计工作报告；开展国有资产管理情况调研，听

取审议年度国有资产管理情况综合报告；听取审议环境状况和环境保护目标完成情况。突出重点监督。聚焦群众关切，听取审议区政府关于城市管理、医疗保障、物业管理、八五普法、社区、村居委员会换届等工作情况报告；拓宽途径，探索方式，加强对审判机关、检察机关和公安机关的工作监督；调研民生保障、乡村振兴等工作；进一步完善民生实事项目代表票决工作机制，促使民生实事项目问需于民、惠及于民。注重监督效果。完善监督措施，扎实推进人大预算联网系统建设，适时对专项工作情况进行满意度测评，健全审查意见跟踪问效、规范性文件备案审查等工作机制，提升监督质量。

三、保障依法履职，不断强化代表主体地位

尊重代表主体地位，充分发挥代表作用，保障代表依法履行职责。深化“双联”工作。执行集中走访月、代表接待日等制度，常态化开展好代表活动，使之成为闭会期间代表交流、建言献策、推动发展的平台。强化履职保障。畅通代表履职渠道，有计划组织代表参加常委会会前调查、执法检查、调研视察和进法院、检察院零距离监督等活动，抓实代表学习培训，加强代表服务管理，为广大代表履职作为创造更好的条件。规范建议办理。完善代表建议提出、交办、督办、答复、评价等工作机制，进一步改进议案建议办理质量；坚持主任会议成员重点督办、各委办对口联系、人大各街道工委全程参与、责任单位组织办理见面会等做法，让代表建议办出实效。

四、提升工作效能，切实抓好机关自身建设

适应新形势新任务新要求，全面加强自身建设，使区人大及其常委会成为全面担负起宪法法律赋予的各项职责的工作机关和同人民群众保持密切联系的代表机关。加强班子建设，凝聚工作力量。突出班子示范引领，坚持民主集中制，组织召开专题民主生活会，深入开展批评与自我批评，形成真诚共事、团结干事的工作合力；始终对党忠诚对事业负责，不忘初心，砥砺前行，以毫不懈怠的精神状态和担当作为的奋斗姿态，高标准严要求完成届内各项工作。加强能力建设，提升履职本领。以创建“学习型”机关为抓手，坚持常委会党组中心组学习、常委会会前学习和委办主任辅导学习等制度，大兴学习调研之风，切实增强人大干部发现问题、分析问题和解决实际问题的能力素质。加强作风建设，守好廉政底线。严格落实中央八项规定，严格执行党风廉政建设责任制，厉行勤俭节约，抵制不正之风；带头倡导、遵守社会公德、职业道德和家庭美德，持续争创“省级文明标兵单位”。

各位代表，全面建设社会主义现代化国家的新征程即将开启，新的时代催人奋进，新的使命激荡人心。让我们紧密团结在以习近平同志为核心的党中央周围，在区委坚强领导下，同心同德，凝心聚力，开拓创新，为推动区域治理体系和治理能力现代化，建设“智慧天心、融城核心”努力奋斗！

政府工作报告（摘要）

——在长沙市天心区第五届人民代表大会第七次会议上

长沙市天心区人民政府区长　　黄　滔

（2020 年 12 月 26 日）

一、2020 年及“十三五”期间工作回顾

2020 年是极不平凡、极具挑战的大考之年。面对艰巨繁重的改革发展稳定任务特别是新冠肺炎疫情的严重冲击，在市委、市政府和区委的正确领导下，在区人大、区政协的监督支持下，我们坚持以习近平新时代中国特色社会主义思想为指导，全面贯彻中共十九大、中共十九届二中、三中、四中、五中全会和习近平总书记考察湖南重要讲话指示精神，沉着有力应对各种风险挑战，统筹推进疫情防控和经济社会发展，扎实做好“六稳”工作，全面落实“六保”任务，以战之必胜的决心和排除万难的担当，奋力交出了大战大考之年的优异答卷。

——疫情防控取得重大成果。全省区（县、市）中第一个启动重大突发公共卫生事件一级响应，全市第一个调为中风险 B、C 类城区，连续 10 个月无新增病例。

——经济发展快速恢复稳定向好。全区地区生产总值增长 4%（预计数，下同），地方一般公共预算收入增长 2.6%，城镇居民人均可支配收入增长 5%，全国高质量发展水平百强城区排名再次跃升 7 个位次，位居第 64 位，呈现出强劲的发展势头。

——夜间经济、网红经济蜚声全国。“网红长沙，红在天心”成为共识，文和友、茶颜悦色等品牌企业成为各地竞相招商对象，天心成为国内外游客来长打卡的首选之地。

——数字经济呈现蓬勃发展态势。地理信息产业园、人工智能产业园、软件产业园三大数字产业平台阔步向前，百度 ARM 云手机全球总部基地、省大数据交易中心、省卫星应用技术中心、省高分卫星气象应用中心、省能源大数据中心等一批重大产业项目成功落地，全国软件企业 50 强分（子）公司落户数量和全省互联网企业 50 强上榜数量全省区县（市）中最多，“天心数谷”强势启航。

——营商环境获得市场充分认可。营商环境排名全国百强城区第 43 位，形成了“一日一制一景三中心”天心营商模式，相关案例成功入选《中国营商环境报告 2020》，市场主体“用脚投票”逆势增长 23.8%，总数突破 11 万户大关，“营商环境最佳”成为天心核心软实力和最亮新名片。

——城乡品质实现稳步提升。西文庙坪等 7 大片区 12 个有机更新项目全面完工，三大板块征拆强力推进，南部田园休闲旅游方兴未艾，现代都市与美丽乡村交相辉映。

——脱贫攻坚取得决定性成就。区内 313 户建档立卡贫困户实现稳定脱贫，结对帮扶浏阳富溪村、龙山洛塔乡、怀化通道县提前脱贫摘帽，消费扶贫智能柜试点工作在全省推广。

——生态环境质量持续改善。建成全省首个大气复合监测站，$PM_{2.5}$、臭氧浓度大幅下降，空气质量优良率达 86%，国家、省、市控断面水质 100% 达标，山青、水绿、岸美的画卷在天心徐徐展开。

——民生保障有力度更有温度。用心用情回应百姓期盼，深入实施学校建设、老旧小区改造、“爱心天心”帮扶、基层医疗卫生服务能力提升、南部饮水工程五个民生“三年行动计划”，天心人民的幸

福感、获得感显著增强。

——国土空间规划取得重大突破。《长株潭区域一体化发展规划纲要》重磅发布，《暮云东、南、西三片国土空间控制性详细规划》正式出炉，“三线一单”编制成果成功落地，争取落实社保融资用地及建设用地113余公顷，天心发展未来可期。

一年来，我们全力抓好了五个方面的工作。

（一）新冠疫情在奋力抗击中精准防控。主动担当率先作为。1月15日率先全国组织开展不明原因肺炎应对演练，大年初一率先启用定点酒店安置疫源地人员，率先推出密切接触者集中隔离措施，率先发出公筷公勺文明用餐倡议，不到1个月实现新增确诊病例清零，不到2个月实现在院确诊病例清零。联防联控群防群治。抽调700余名干部下沉基层防控一线，发动党员、群众及志愿者5万余人次，累计上户摸排近100万人，开展核酸检测超12万人，“两代表一委员”、爱心企业等社会各界人士捐钱捐物、倾力奉献。坚持外防输入、内防反弹，落实区、街道、社区（村）三级常态化防控联动机制，持续推进“大数据分析＋网格化排查”日清日结与冷链食品管理工作，扎实做好入境抵长航班接待。2个先进集体、5名先进个人荣获国家、省级表彰。精准有序复工复产。选派驻企联络员联系服务企业5493家。减免企业税款8.79亿元、社保费用8.6亿元，拨付企业各类奖补资金2.5亿元。率先全国开放农贸市场、大型商超及文娱场所，率先全国推动早餐店、理发店复工复产，率先全省启动有奖促销购物消费季。在这场疫情防控的人民战争、总体战、阻击战中，天心区人民风雨同舟、守望相助，众志成城、共克时艰，书写了气势磅礴的战疫篇章，让我们向所有参战人员、志愿者、奉献者以及全区人民，致以崇高的敬意！

（二）经济运行在逆势逆境中企稳回升。全速推进项目攻坚。强力实施“八个一批”项目攻坚行动，铺排市区重大项目150个，完成征拆1909户，腾地124.73公顷，劳动广场、舒家桥等31个项目成功扫尾清零，新姚2号地、天悦2号、3号地等5块优质土地顺利挂牌出让。加大闲置资源盘活力度，处置闲置土地30宗140.47公顷，盘活闲置楼宇11.5万平方米。全力激发产业效能。推动现代服务业高质量发展，金融业税收占比达42.6%，上市后备企业达16家。商贸业持续繁荣，举办首届夜经济博览会，五一商圈、长株潭商圈“四上”企业商品零售额同比增长7%、23.3%，黄兴南路步行街成功入选全国第二批步行街改造提升试点。大力发展数字经济，率先发布“天心软件10条”，率先全省“云开工”重大新基建项目106个，完成5G基站建设3829个，数字经济相关企业突破4000家。加大总部企业招引力度，成功引进投资过亿元项目31个、“三类500强”项目10个。全面夯实平台载体。天心经开区、文化（广告）产业园完成整合，湖南地理信息产业园年产值达85亿元。长沙人力资源服务产业园被评为2020中国人力资源服务产业园“最具特色园区”。省人工智能产业园持续稳定发展，打造全国首个市场化开放式道路无人驾驶智慧环卫应用场景。率先全市挂牌成立天心软件产业园，新增注册软件类企业875家，东方至远、绿盟、欧比特等行业龙头企业相继入驻。全心优化营商环境。率先全市开展“15分钟政务服务圈”试点，推出24小时自助政务服务厅和办税服务厅，“网上办”“一次办”比例达98%以上。“三集中三到位”和综合窗改革全面完成。设立“天心赢商学院”，搭建“天心金融”线上对接平台。把保市场主体作为保就业、稳发展的主要举措，新增“四上”企业118家、高新技术企业65家，R&D经费占GDP比重达2.4%。

（三）三大攻坚在克难奋进中决战决胜。脱贫攻坚任务全面完成。35户贫困户危房应改尽改，零就业贫困家庭100%动态清零，贫困家庭学生基础教育入学率、巩固率达100%，贫困户全部纳入基本医疗、大病保险和医疗救助。安排对口帮扶资金4300万元，打造迷迭香、华南锥栗、“侗嫂”等重点特色产业项目20余个。污染防治工作成效显著。中央、省环保督察反馈问题和督察“回头看”交办问题整改均达序时进度。深入推进大气污染防治专项行动，严格落实“六控十严禁”措施，安装老旧小区家庭油烟净化设施13559户，完成锅炉低氮改造107台，实现规模以上餐饮单位油烟在线监控185家，空气质量优良天数较去年增加33天。持续推进河湖“长治久清”工作，启动污染防治项目29个，湘江天心段水质稳定达标。重大风险防范有力有效。成立区国资公司，平台公司市场化转型全面完成，隐性债务有序化解，政府债务风险总体安全可控。搭建区级金融风险监测预警平台，及时处置非法集资风险企业 14 家，坚决守住了风险底线。

（四）城乡品质在建管并重中蝶变升级。承载能力不断增强。大力度推进有机更新项目，提质“15 分钟生活圈”34 个，改造城镇老旧小区 26 个。提质建设园区道路 17 条，伊莱克斯大道西延线即将通车，107 国道城市化改造加快推进，暮坪湘江大桥、新韶山南路启动前期建设准备工作。电力“630 攻坚”三年行动计划全面完成。城区环境更加洁净。深入开展城市管理重点问题集中攻坚行动，重点路段、窗口地区实行 24 小时清洗降尘。扎实推进“厕所革命”，提质改造城区站厕 208 座。全力推动生活垃圾分类减量。新增绿地 10 公顷。乡村振兴全面提速。出台发展壮大新型村级集体经济实施办法、乡村振兴项目以奖代补实施办法，推进冬春水利建设项目 37 个，提质改造农村公路 9.6 千米，无害化厕所改造 2290 座。深入推进农村人居环境整治，加快美丽“三园”建设，创建市级五星、四星美丽屋场 6 个，“山有舍”等一批精品民宿来势喜人。

（五）民生福祉在优先保障中持续增进。民生实事高效完成。民生实事项目人大代表票决制试点工作取得显著成效。雅礼书院中学、青园教育集团友谊校区等一批中小学校完成建设改造，新增学位 6040 个，新增公办幼儿园 10 所。大托铺、坡子街卫生服务中心完成建设。成立天心文旅联盟，打造标准化村（社区）综合文化中心 5 个。加装老旧小区电梯 200 台。社会保障坚实有力。新增城镇就业 11310 人，失业人员再就业 6392 人，天心区保就业、保市场主体工作获国务院督查组现场检查高度肯定。发放城乡低保金 2956.4 万元、残疾人“两项补贴”735.7 万元。出台百岁老人特别关爱政策，大力实施“爱心天心”困难群众帮扶工程，促成社会爱心力量结对帮扶特殊困难对象 1014 户，落实帮扶资金 1975.3 万元。社会治理效能提升。设定每月 28 日为领导干部网格驻点日。深入开展“领导接访下访推动矛盾化解”攻坚年活动，成功化解信访积案 38 件。“铁腕治安”取得实效，全市唯一没有一、二类道路交通安全风险，全年未发生较大及以上安全生产事故。率先全国实现 5G 应急云广播小区全覆盖并获全市推广，暮云消防站完成建设，消防宣传“三普一帮”新模式入选全国 2020 民生示范工程。成功创建 2020 年度湖南省知识产权建设强县。持续强力开展扫黑除恶和禁毒人民战争，刑事案件发案率持续下降，污水涉毒成分检测值大幅降低。保持省“平安县市区”称号。其他事业协调推进。第七次全国人口普查深入开展。人民武装和双拥共建工作成效明显，退役军人、民族宗教工作扎实推进，工会、共青团、妇联、残联、文联、侨联、科协、对台、红十字会、人防、机关事务管理、史志档案、工商联、老干和关工委等工作都取得了新的成绩。

这一年，我们全面加强法治政府建设，着力推进政府治理体系和治理能力现代化，坚决贯彻执行民主集中制，梳理并公示政府权力清单事项 3013 项，天心公众信息网在全国测评中连续两年位居全省区县级政府网站第一名。主动接受区人大及其常委会的工作监督、法律监督，区政协的民主监督和社会舆论监督，区政府及其部门认真办理代表建议 141 件、委员提案 76 件、群众来信 78 件，办复率 100%。建立了人大代表、政协委员参与“区长企业接待日”制度。依法审查规范性文件 229 份，办理法律援助案件 435 件，“12345”热线工单办结率 100%。以政府的紧日子换取人民群众的好日子，压减政府一般性支出 20%、“三公”经费 30%。教育、民政、营商环境、稳就业等多个领域冲刺“省政府真抓实干奖”。2020 年天心区获中央电视台《新闻联播》报道点赞 6 次，“干部天天用心、百姓天天开心”的良好生态日益巩固。

各位代表，回首“十三五”，面对异常复杂的宏观形势，全区上下紧紧围绕“融城核心、璀璨天心”建设，大力实施“北提南进、服务引领、民生造福”发展战略，坚定不移贯彻新发展理念，统筹推进稳增长、促改革、调结构、惠民生、防风险、保稳定各项举措，经济社会发展蹄疾步稳、硕果累累。

五年来，我们始终坚持创新发展，产业能级迈上了走在全市前列的新台阶。地区生产总值突破千亿元大关，由 700 亿元增长至 1100 亿元；一般公共预算收入由 102 亿元增长至 147 亿元，走在内五区前列。现代服务业发展领跑全市，占地区生产总值七成。商贸物流、现代金融、文化创意、地理信息、健康医疗、旅游休闲六大产业快速发展，抢滩布局数字经济、5G、人工智能、大数据中心等新基建项目，总部经济、数字经济、楼宇经济、夜间经济、网红经济走在全市前列。亿元楼宇增加 8 栋总数达 19 栋，全市最多；税收过千万企业、"四上"企业分别增加到 169 家、709 家；上市企业达 10 家，总市值占全市 30.6%，其中爱尔眼科市值成为湘股冠军。创新型城区加快建设，全社会研发经费投入实现倍增，创建国家级重点实验室 1 个、省级科研平台 26 个，有效发明专利数从 675 个增加到 2521 个，高新技术企业从 28 家增加到 255 家，高新技术总产值突破 1000 亿元。2019 年，市对区及园区绩效考核均获一等佳绩。2018 年，天心区成功跻身全国综合竞争力百强城区，2019、2020 两年时间强势上扬 21 个位次。

五年来，我们始终坚持协调发展，城乡建设呈现了产城人景共融的新面貌。深入推进三大板块建设，"长沙外滩"高质量完成有机更新项目 12 个，完成棚户区改造 9430 户，引入国家开发银行湖南省分行、北京银行长沙分行等金融机构 180 家，华远华中心、汇景环球、保利国际广场等一批优质项目建成运营，五一商圈进阶繁荣，坡子街、太平街、黄兴南路步行街实现提质升级；"省府新区"成功清零征拆项目 47 个，完成城中村改造 1916 户，腾地 74.67 公顷，打通断头路 22 条，长株潭商圈整体营收突破 280 亿元；"暮云片区"经历了腾笼换鸟的巨大蜕变，收储收购退出工业企业用地 145.47 公顷，"六横四纵一环"路网建设基本完成，美丽乡村建设全面推进。地铁 1 号线、2 号线、4 号线和长株潭城际铁路、芙蓉南路快速化改造项目顺利通车，长株潭"半小时通勤圈"基本形成。

五年来，我们始终坚持绿色发展，生态环境取得了天蓝水清地净的新成效。坚决贯彻落实习近平生态文明思想，强力推进污染防治攻坚战，整改完成中央、省环保督察反馈问题 441.5 件，高标准落地污染防治项目 136 个。全面打响蓝天保卫战，空气质量优良率提升 11.7 个百分点；严格落实"河长制"，强力整治黑臭水体，饮用水源地水质 100% 达标；整治国土违法图斑 109 宗 66.57 公顷。退出绿心地区工业企业 361 家，拆除丽发新城、怡海星城等绿心违建 6 万余平方米。新建湘府文化公园等各类公园 32 个，新增绿地 272.2 公顷，绿化覆盖率提升至 46.4%。"天心蓝"与"绿心绿"成为天心区新的底板色。

五年来，我们始终坚持开放发展，深化改革实现了从量变到质变的新突破。主动对接融入"一带一路"、长江经济带、中部崛起等国家战略，成功组织举办首届长株潭一体化区域合作联席会议、第十九期钱学森论坛暨长沙空间信息产业国际博览会。水电八局、省建工集团等驻区企业在"一带一路"建设上大显身手。新一轮政府机构改革顺利完成，原天心经开区、暮云经开区整合升格为正县级天心经开区，获批中部首个国家级人力资源服务产业园、全省首个人工智能产业园。"放管服"改革深入推进，行政许可事项效能提速 77.6%；率先全省出台"天心营商环境 30 条"，市场主体从 3.4 万户增加到 11.2 万户，企业数从 1.4 万家增加到 4.8 万家。

五年来，我们始终坚持共享发展，民生事业开创了全面提档升级的新局面。区级财政八成以上用于民生，年均增长 7.4%；常住人口由 59 万增长至约 68 万；城镇新增就业 5.6 万人；基本医疗保险参保率稳定在 95% 以上。新建改建长郡外国语中学等学校 39 所，中小学、幼儿园数量由 154 所增加到 197 所，新增学位 37540 个，率先全省完成义务教育标准化学校建设，大力改善和提高教师待遇，优质均衡教育获得质的提升。医疗卫生机构由 382 家增加到 464 家，市第三医院、市口腔医院成功升级为三级甲等医院。五年来，天心区先后荣获全国社区治理和服务创新实验区、全国义务教育发展基本均衡区、全国法治宣传教育先进区等多项国家和省市荣誉。

各位代表！事非经过不知难。五年的奋斗步履铿锵、历历在目，五年的变化真真切切、有目共睹，五年的成绩振奋人心、令人鼓舞。这是市委、市政府和区委正确领导的结果，是区人大、区政协监督支持的结果，是历届区委、区政府接续奋斗的结果，更是全区广大干部群众扎实苦干、奋力拼搏的结果！在此，我谨代表区人民政府，向各位人大代表、政协委员、老领导、老同志，向各民主党派、工商联、无党派人士和人民团体，向驻区部队、武警官兵、政法干警、消防救援和民兵预备役人员，以及所有关心、支持、参与天心发展建设的同志们、朋友们，表示衷心的感谢并致以崇高的敬意！

安不忘危、兴不忘忧。在总结成绩的同时，我们也清醒地认识到前进的道路上仍然面临诸多困难和挑战：缺乏重大战略项目引领，发展质量不够高，区位与科技优势发挥不充分，动能转换不够快，政府债务压力依然较大；发展不平衡不充分问题仍然突出，基础设施、环境治理、民生保障与群众美好期待还有差距，城乡品质还有待进一步提升；治理能力和治理水平还有较大短板，党员干部创造性开展工作、狠抓落实的作风与能力还有待增强等等。对于这些问题，我们必须高度重视、全力解决，不负人民期待、不负使命重托。

二、“十四五”时期目标与任务

“十四五”时期是我国全面建成小康社会、实现第一个百年奋斗目标之后，乘势而上开启全面建设社会主义现代化国家新征程、向第二个百年奋斗目标进军的第一个五年。世界正经历百年未有之大变局，要增强机遇意识和风险意识，准确识变、科学应变、主动求变，善于在危机中育先机、于变局中开新局。要深入贯彻习近平新时代中国特色社会主义思想，抢抓数字经济蓬勃发展机遇、长株潭一体化加快发展机遇、大托机场搬迁空间释放机遇、南部绿心地区工业退出与控规落地机遇，把握经济规律，保持战略定力，树立底线思维，狠抓工作落实，努力实现更高质量、更有效率、更加公平、更可持续、更为安全的发展。

“十四五”期间政府工作的指导思想是：高举中国特色社会主义伟大旗帜，深入贯彻党的十九大和十九届二中、三中、四中、五中全会精神，全面落实习近平总书记系列重要讲话特别是考察湖南重要讲话指示精神，坚定不移贯彻新发展理念，坚持稳中求进工作总基调，以推动高质量发展为主题，以深化供给侧结构性改革为主线，以改革创新为根本动力，以满足人民日益增长的美好生活需要为根本目的，勇当“三高四新”战略的排头兵，以“智慧天心、融城核心”为总目标，坚持“北优南融、数字赋能、民生为本”三大战略，全面建设现代化长沙示范区、中部一流的现代服务业集聚区、长株潭一体化引领区。

未来五年全区经济社会发展的主要预期目标是：地区生产总值年均增长6%；一般公共预算收入达170亿元；产业投资占固定资产投资比重达45%；社会消费品零售总额年均增长7%；城镇居民人均可支配收入年均增长5%；城镇登记失业率控制在4%以内。

未来五年，我们将紧扣长株潭一体化发展大局，进一步推动区域均衡发展，全力彰显三市融城核心省会中心城区担当。深入落实《长株潭区域一体化发展规划纲要》，主动发挥“融城核心”的引领、辐射、带动作用。聚焦“北优”发展外滩片区。围绕“中心、网红、名街”做文章，持续繁荣夜间经济、网红经济，扎实推进城市有机更新，高标准建设湘江路发展轴。聚焦“中提”发展省府片区。围绕“总部、楼宇、商务”做文章，精准有序推动解放垸战略空间规划编制，加快推进有机棚改和城中村改造，强化书院路、芙蓉路两厢产业功能建设，布局一批重大商业综合体项目，全力打造省府商务中心。聚焦“南融”发展暮云片区。围绕“数字、生态、旅游”做文章，全面落实暮云片区控规要求，加快推进湘江路南延线、新韶山南路、107国道城市化改造、暮坪湘江大桥建设，推动地铁南延，争取省市交通、文化、体育、医疗、新基建等重大公共基础设施与产业项目加速布局，共建世界级绿心。

未来五年，我们将紧扣高质量发展主题，进一步强化服务省市先进制造业的支撑能力建设，全力提升现代服务业竞争优势。打好产业基础高级化、产业链现代化攻坚战，抢抓产业数字化和数字产业化重大机遇发展数字经济，主动对接和服务省市制造业数字化转型，推动区域优势现代服务业与省市制造业深度融合，在助力全省打造先进制造业高地中展现“天心作为”。做大做强支柱产业。发展壮大金融业和总部经济，推动数字金融融合创新。巩固提升商贸文旅产业，提质商圈建设，发展全域旅游。大力培植新兴产业。加快“天心数谷”建设步伐，推动地理信息产业园、人工智能产业园、软件产业园发展迈上新的台阶，推动传统产业实现数字化转型，打造全省数字经济发展高地。着力发展特色产业。发挥国家级文化（广告）产业园“孵化器”功能，推动广告传媒、创意设计产业走向“专精特新”。做大做强人力资源服务产业，加速布局一批国际高端医养健康产业项目。

未来五年，我们将紧扣改革创新发展要求，进一步激活发展动力活力，全力服务构建新发展格局。坚持向创新要活力。围绕产业链部署创新链，加大对企业自主创新和人才引进的支持力度，实施瞪羚企业、独角兽企业培育计划和创新主体增量提质计划，启动上市公司倍增培育计划。围绕创新链布局产业链，整合盘活辖区高校及科研院所创新资源，推动“政产学研金”更有效合作，落实“四个面向”要求，建设区域科技创新中心，更好发挥对全省产业链建设和关键核心技术攻关的支撑作用，在助力全省打造具有核心竞争力的科技创新高地中迸发“天心力量”。坚持向改革要动力。继续深化供给侧结构性改革，重点在政府职能转变、园区体制机制优化、市场主体活力激发、闲置资源盘活、政府债务管理等领域取得突破，力争亿元楼宇突破25栋，市场主体突破18万户，打造全省营商环境首善之区。坚持向内需要潜力。切实发挥投资对稳增长的关键作用，突出产业投资，保障民生投资，强化社会投资，推进新基建投资。深度融入国内大循环，推动消费扩容升级，打造“夜间经济、网红经济第一区”“长株潭半小时经济圈”“全省商业消费中心”，在助力全省打造内陆改革开放高地中做出“天心贡献”。

未来五年，我们将紧扣生态文明发展战略，进一步改善城乡环境面貌，全力推进全域品质整体跃升。全面提升生态环境质量。深入实施绿心生态保育工程，注重在保护中发展、在发展中保护，把生态“颜值”转化成经济“价值”。坚决落实长江“十年禁渔”，深入推进“一江四河”流域综合治理，抓实“六控十严禁”，严格耕地保护。建设现代化国际城区。坚持“四精五有”标准，加强对城市的空间立体性、平面协调性、风貌整体性、文脉延续性等方面的规划和管控。大力实施城市更新行动，拓宽国际化视野，对标国际化理念，增加国际化元素，统筹推进老旧小区改造、棚户区改造、城中村改造、街区微改造和完整居住社区建设。大力发展智慧交通、智慧社区、智慧环卫、智慧市政、智慧安防，建设新型智慧城区。开创乡村振兴崭新局面。全面加强乡村建设，打造美丽乡村升级版。切实巩固脱贫攻坚成果，遏制耕地“非农化”、防止“非粮化”，加快补齐农村地区公共服务短板，发展现代都市农业，壮大农村集体经济，实现农民收入稳步增长。

未来五年，我们将紧扣以人民为中心发展思想，进一步强化民生福祉保障，全力满足天心人民美好生活向往。健全多层次的民生保障。千方百计稳定和扩大就业，提升劳动者技能素质，多渠道增加城乡居民财产性收入。筑牢社会保障网络，健全社会救助体系，继续实施“爱心天心”帮扶工程，推进养老服务、残疾人保障等各项事业稳定发展，让城市更有温度。完善高水平的公共服务。全面优化义务教育资源布局，建设更高质量的教育强区。深化健康天心建设，推动爱国卫生、疾病防控、卫生监督、妇幼保健等全面深入发展。创新实施文化惠民工程，推进基层文体设施建设。擦亮天心文化名片，建设更高水平的全国文明城区。强化更高效的社会治理。坚持安全发展理念，进一步强化网格化管理，深化法治天心、平安天心创建，提升应急处置能力，始终保持治安防控的高压态势，确保人民安居乐业、社会安定有序。我们坚信，在全区人民的共同奋斗下，未来五年，将会成为天心区发展史上新的“黄金五年”！

三、2021 年工作重点

2021年是建党100周年，也是“十四五”规划的开局之年。做好明年工作，对于实现“十四五”良好开局、推动高质量发展具有十分重要的意义。全区经济社会发展预期目标是：地区生产总值增长7%；地方一般公共预算收入增长5%；固定资产投资增长7%；社会消费品零售总额增长7%；城镇居民人均可支配收入增长5.5%；城镇登记失业率控制在4%以内。围绕上述目标，重点抓好七个方面的工作。

（一）着力引领长株潭一体化建设。省委、省政府已决定要加强领导、加大力度推进长株潭一体化，天心要有机遇意识和责任担当，坚持“融城核心”定位，紧紧抓住“一体化”和“高质量”两个关键，扭住“引领、辐射、带动”三个作用，主动在长株潭一体化建设中当先锋、打头阵。强化区域联动合作。探索建立三市接壤城区联席会议制度，加强横向对接交流。围绕“产业协作、创新协同”两个重点，充分发挥上市公司、总部企业集聚优势，引导其在株洲、湘潭跨区域配置产业链；充分发挥“天心数谷”众多高科技数字化企业与数据平台优势，助推长株潭制造业企业数字化转型；充分发挥60余家国家级、省级科创平台与9家高校12万名在校大学生的创新资源优势，推进重大科研平台、大型试验设施开放共享和核心技术联合攻关。强化交通互联互通。以“三干两轨”为牵引，加快完善暮云片区“六横四纵一环”主干路网体系，推进107国道、伊莱克斯大道西延线、圭白路东延线建设，推动暮坪湘江大桥、新韶山南路开工开建，进一步优化“半小时通勤圈”。强化绿心同保共育。落实“两山”理念，探索建立保护山水资源、修复生态系统、建设生态家园、发展绿色产业的协同推进机制，实现区域环境联防共治。

（二）着力抓好常态化疫情防控。慎终如始紧绷疫情防控这根弦，巩固防控成果。严格落实防控举措。始终保持外防输入、内防反弹不放松，统筹抓好重点场所、重点人群、重大活动、重要时段疫情防控，做好入境抵长航班接待，严格入境人员和进口冷链食品等入境物流防控管理。落实落细联防联控、群防群控措施。全力做好应急准备。精准开展疫情监测、分析、研判，有序做好人员、技术、设施、物资、场所等应急准备。完善应急预案，强化应急演练，提升紧急医疗救援保障能力。提高公共卫生水平。深入开展爱国卫生运动、环境卫生整治行动，引导公众保持良好卫生习惯。有序开展新冠肺炎疫苗接种和重点人群核酸检测“应检尽检”工作，筑牢疫情防控严密防线。

（三）着力推动产业高质量发展。坚持锻造长板和补齐短板相结合，强化数字引领，推进现代服务业高质量发展、新经济蓬勃发展，提高经济发展质量效益和核心竞争力。聚力提升金融产业。坚持“强存量、引增量、创新型”发展思路，持续壮大金融外滩规模，支持重点金融企业在区内打造标志性总部基地，完成华融湘江银行、平安财富中心建设，新增各类金融机构10家以上。发挥金融产业优势，引导更多金融活水流向本地实体经济和中小微企业。繁荣商贸文旅产业。扭住扩大内需战略基点，主动融入中国（湖南）自贸区建设，推动传统商贸业创新扩容、转型升级，推动黄兴南路步行街创建具有“千年湖湘、烟火长沙”特色的国家级示范步行街，加快建设五江国际、龙湖天街、中澳广场等大型商业综合体。推动全域旅游发展，高标准建设西文庙坪等历史文化街区，联动湖南第一师范、贾谊故居、天心阁、田汉大剧院等文化旅游资源，精心打造长沙历史文化步道，全力保护城市文脉，留住城市记忆，让历史文化和现代生活融为一体。大力发展数字产业。抢抓新一代信息技术机遇，持续推进“软件产业再出发”，推动大数据（地理信息）产业链补链强链、优化升级，着力完成软件产业园二期、省大数据交易中心和省能源大数据中心建设，支持BIM、气象服务、数字孪生、5G等本土应用推广扩面，加快成为长沙争创中国软件名城的核心基地和标杆城区。筹建“天心数谷”产业投资基金，推动产销对接，发布数字应用场景20个，引进数字经济相关企业800家以上，全年数字经济核心产业增加值增长20%以上。培育壮大特色产业。加快发展新型文化企业、文化业态、文化消费模式，深耕音频等优质细分领域，引进影视传媒、广告设计等文创企业50家以上。积极引导人力资源服务产业走专业化、特色化发展道路，全年营收力争突破35亿元。支持爱尔眼科打造全球眼科医疗中心。构建多元产业形态。持续发力总部经济，加速集聚各类高能级区域总部。抓紧抓实楼宇经济，盘活青苹果数据城、太和广场、德胜001等问题楼宇，完成楼宇去化面积11万平方米以上，亿元楼宇突破20栋。积极培育时尚消费、体验消费、智能体育，聚力繁荣夜间经济、网红经济，培育一批网红品牌，塑造大型夜间消费活动IP，有序发展直播产业，打造全国夜间经济、网红经济标杆城区。

（四）着力培育壮大发展动能。厚植高质量发展新优势，实现经济发展质量变革、效率变革、动力变革。提升科技创新能力。以建设创新型城区为总揽，坚持创新在现代化建设全局中的核心地位，发展壮大科技创新联盟，推动木本油料资源利用国家重点实验室、国家光伏装备工程技术研究中心、电网输变电设备防灾减灾国家重点实验室等国家、省级科创平台深度开放合作，加大科技成果就地转化力度。培育高新技术企业60家以上。推进重大项目攻坚。牢固树立“项目为王”理念，继续实施重大项目攻坚行动，以项目论英雄、以项目促发展。强力开展征拆攻坚，启动西文庙坪B2地块、新开铺423地块、天悦12号地块、长沙肉联厂片区、九峰村片区等征拆项目16个，加快推进牛角塘片区等城中村改造项目，推动湖南机床厂等18个项目扫尾清零，完成征拆腾地198.67公顷。大力开展招商攻坚，既发挥“四千”精神外出精准招商，又充分挖掘区内企业招商资源以商招商，出台中介招商激励办法，修订完善区域经济发展奖励政策，掀起“大招商、大开发”新高潮，推动古道巷、长沙机床厂等12块土地挂牌出让并尽快开工建设，招引投资过百亿元项目破零、过50亿元项目3个以上、过10亿元项目7个以上、“三类500强”项目5个以上、年税收过百万企业100家以上。加快五矿总部基地、中交国际中心等重大项目建设，加快新基建布局，推进5G独立组网（SA）与IDC数据存储中心建设，新建充电桩300个。激发民间投资活力，社会类重大项目年度投资占比达80%以上，着力形成“大项目顶天立地、小项目铺天盖地”的项目建设火热局面。夯实重要平台基础。坚持“以亩均效益为核心”的综合评价体系和“精简高效”的原则，继续深化园区体制机制改革，推动天心经开区转型为高新技术园区，全年技工贸总收入实现380亿元以上。启动起步区建设，加快道路“白改黑”提质，完成新园路、新梅路等道路管网工程。整合“五园”优势，抓住“大智移物云”及人力资源、文创广告产业的数字经济共性脉络，发挥数字化“基础层、技术层、应用层”三层叠加的综合优势，推动“天心数谷”成为产业经济发展的主战场、长株潭一体化的新动力。激发市场主体活力。深化“放管服”改革、推进“不见面审批”，全面落实第三批“一件事一次办”政务服务事项，行政许可事项全程网办率达70%以上。驰而不息抓好区领导联系走访服务企业、“区长企业接待日”等制度落实，大力弘扬企业家精神，保护企业家合法权益，构建亲清政商关系，浓厚“亲商、聚商、优商、护商”氛围。落实落细减税降费、稳岗援企等政策，帮助企业降成本、增效益。加大市场主体培育，推进个转企、企升规、规改股、股上市，新增市场主体1万户，培育“四上”企业100家、上市后备企业14家。

（五）着力建设“四精五有”品质城区。强化规划提升、风貌严控、特色塑造、形象提升，着力建设更加有颜值、有气质、有内涵、有格调、有品位的品质天心。坚持精准规划。深入践行人民城市人民建、人民城市为人民，牢固树立“规划是最大的城市资源”理念，主动对接正在修订的《长沙市国土空间总体规划》，合理安排生产、生活、生态空间，走内涵式、集约型、绿色化的现代城市高质量发展路子。坚持精美建设。强化对建筑风貌、高度、色调等要素的规划引导和审查把关，启动下碧湘街片区、湘府路以南片区城市更新，提质改造楚湘片区等城镇老旧小区24个，新增绿化面积10公顷。强力推进违停违建专项整治，实施缓解停车难两年行动计划，持续提升铁路沿线人居环境。进一步完善城市路网体系，完成丽江路、青园前路等14条城区道路建设，高品质推进湘江路、芙蓉路、赤岭路提质改造，打造具有代表性的品质路、风景路、网红路。坚持精致管理。全面提升城市管理智慧化、人文化水平，通过绣花般的细心、耐心、巧心绣出城市的品质品牌。深化全民垃圾分类，进一步提升生活与建筑垃圾减量化、资源化和无害化处置能力。坚持不懈打好污染防治攻坚战，按时保质保量完成中央、省环保督察和“回头看”反馈问题整改，巩固蓝天、碧水、净土保卫战成效，确保空气质量优良天数比例达80%以上，国省控断面水质优良率保持100%。扎实做好长江“十年禁渔”工作。坚持精明增长。加大“三资”盘活与城市各类设施开放共享力度，实现资源优化配置。积极推动有为政府与有效市场更好结合，提升国有资产经营效率，实现最大效益提升。

（六）着力保障和改善民生。落实好人大代表票决通过的民生实事工程，让人民群众切实看到变化、得到实惠、感到幸福。深入推进乡村振兴。编制好村庄规划，大力发展观光休闲、乡村旅游产业，增加村民和集体收入。持续开展农村“五治”、美丽“三园”、美丽屋场创建，完成暮云新村、许兴村等农村自来水普及工程。巩固脱贫攻坚成果，严格落实“四个不摘”要求，实施长效扶贫接续工程，健全防止返贫监测和帮扶机制。推动更高质量就业。全力促进高校毕业生、农民工、退役军人等重点群体就业，确保零就业家庭动态清零。新增城镇就业1.1万人。严格落实《保障农民工工资支付条例》。办好人民满意教育。扎实推进长沙市一中城南中学、师大附中双语实验学校、仰天湖实验学校、湘府英才益清小学、许兴小学等13所中小学幼儿园建设，新增学位6915个。加强智慧校园、“四点半课堂”和师资师风师德建设，重视青少年身心健康。强化文化卫生服务。实施文化惠民工程，举办各类全民健身系列活动赛事，打造智慧健身驿站。全区所有社区卫生服务中心医疗设备标准化配备到位，培养一批全科医生，新增老年人家庭医生签约3500人。抓实基层社会治理。提高社会治理社会化、法治化、智能化、专业化水平，推动网格化综合服务改革，更加注重在细微处下功夫、见成效。规范小区物业管理，健全物业矛盾纠纷调解机制。深入推进“三零”街道、社区建设，进一步完善社区规划调整，全力抓好社区（村）“两委”班子换届。突出食品药品领域专项整治，争创省级食品安全示范区。深入推进安全生产专项整治三年行动，扎实做好安全生产和防灾减灾工作，坚决杜绝重特大事故。强力推进扫黑除恶专项斗争和禁毒人民战争，严厉打击传销、非法集资、黄赌毒，扎实开展“领导接访下访推动矛盾化解”攻坚行动，维护社会大局和谐稳定。提升社会保障水平。进一步提高城乡居民养老保险基础养老金、大病医疗保险和残疾人补贴标准，持续提高城乡低保、特困供养等对象社会救助水平。加快养老设施布局，新增养老服务床位300张。采取灵活务实方式，创建老年大学分校区。深入实施“爱心天心”帮扶工程，结对帮扶1000户。开发建设智慧电梯监管平台，为既有多层住宅加装电梯100台。坚持“房住不炒”，加快推进天心佳苑、石人村、先锋集资办等安置房建设，提供廉租房、公租房等保障房534套。“足国之道，节用裕民”，城市为人民而生，我们庄严承诺，将继续大力压减政府一般性支出，继续加大对民生的保障支出，继续用心用情用力解决群众的“急难愁盼”问题，让幸福不断在天心百姓的家门口升级！

（七）着力提高政府治理效能。全面推进政府治理体系和治理能力现代化，全力以赴答好新时代发展考卷。旗帜鲜明加强政治建设。始终坚持以习近平新时代中国特色社会主义思想为指引，深入贯彻落实习近平总书记考察湖南重要讲话指示精神，增强“四个意识”、坚定“四个自信”、做到“两个维护”。严守政治纪律和政治规矩，坚决贯彻执行中央、省、市和区委的决策部署，做好省委巡视交办问题的立行立改和标本兼治，确保政令畅通、令行禁止。持之以恒推进法治建设。始终秉承民主法治工作理念，将“人民至上”作为一切正确决策的根本前提，推进行政决策、执行、管理、服务、结果“五公开”，加强政府合同、规范性文件审查与执行监督，开展街道综合执法改革试点，争创省级法治政府建设示范区。依法接受人大法律监督、工作监督，自觉接受政协民主监督，主动接受群众监督和舆论监督，探索人大代表、政协委员、市民代表列席政府常务会议制度，进一步加强审计监督，让民主和法治的阳光洒满天心的每个角落。精准发力提速智慧建设。落实长沙新型智慧城市示范城市顶层设计和三年行动计划，推动大数据、人工智能、云计算、数字孪生等技术在政府治理中的应用。着力打通“数据孤岛”，大力推进“互联网+政务”服务，探索“大数据+审计”新模式，高标准建设数字政府。严字当头抓好廉政建设。全面落实从严治党要求，持续纠治形式主义、官僚主义，继续开展“真抓实干”督查激励，大力弘扬担当作为、敢于斗争的务实作风，让“想干事、能干事、干成事”成为天心干部的鲜明标识。严格落实中央八项规定精神，加大对重点领域、重要环节和重点对象的监督，着力营造风清气正的良好政治生态。

各位代表！精彩是拼搏出来的，幸福是奋斗出来的。让我们更加紧密地团结在以习近平同志为核心的党中央周围，在市委、市政府和区委的坚强领导下，在区人大、区政协的监督支持下，坚定信心、勠力同心，锐意进取、真抓实干，全力建设“智慧天心、融城核心”，以优异成绩迎接建党100周年！

名词解释：

1.ARM云手机：将云计算技术运用于网络终端服务，通过云服务器实现云服务的手机。

2.“一日一制一景三中心”：区长企业接待日、区领导联系走访服务企业制度、应用场景推广、企业服务中心、园企产销对接服务中心、夜间经济服务中心。

3.“三线一单”：生态保护红线、环境质量底线、资源利用上线和生态环境准入清单。

4.三类500强：世界财富500强、中国企业500强和民营企业500强。

5.“三集中三到位”：审批服务工作向一个科室集中、审批服务科室向区政务服务中心集中、审批服务事项向区政务服务中心和电子政务平台集中；区直单位审批服务事项和人员入驻区政务服务中心到位、区直单位对区政务服务中心窗口授权到位、审批服务电子监察到位。

6. 侗嫂：天心区对口帮扶怀化市通道侗族自治县精准扶贫项目，旨在培训一批专业家政服务人员，让更多的城乡妇女通过职业技能提升实现灵活就业。

7. 美丽“三园”建设：建设美丽家园、美丽菜园、美丽田园。

8. 消防宣传“三普一帮”：通过开展全员普训、隐患普查、档案普建、精准帮教等系列活动，探索“政府购买、中介实施、综合监管、基层配合、全民参与”的消防安全宣传“三普一帮”新模式。

9. “六横四纵一环”：“六横”是指万家丽路、高云路、黎塘路与西湖路、暮南路接南湖路、南二线、伊莱克斯大道；“四纵”是指新韶山路、芙蓉南路、中意路、湘江大道；“一环”是指沿规区域西侧湘江、东部南部生态山体形成生态绿环。

10. “四个面向”：中共中央总书记习近平在主持召开科学家座谈会时提出，坚持面向世界科技前沿、面向经济主战场、面向国家重大需求、面向人民生命健康，不断向科学技术广度和深度进军。

11. “一江四河”：湘江天心段、港子河、双管子河、南托港、官桥湖撇洪渠。

12. “三干两轨”：“三干”工程包括芙蓉大道、潭州大道和洞株路快速化改造；“两轨”包括长株潭城际轨道交通西环线（长沙地铁 3 号线南延项目）建设、长株潭城际铁路完善。

13. 数字孪生：充分利用物理模型、传感器更新、运行历史等数据，集成多学科、多物理量、多尺度、多概率的仿真过程，在虚拟空间中完成映射，从而反映相对应的实体装备的全生命周期过程。

14. “四千”精神：不怕千难万险、不舍千言万语、不惧千山万水、想尽千方百计。

15. “五园”：地理信息产业园、文化（广告）产业园、人力资源服务产业园、人工智能产业园、软件产业园。

16. 大智移物云：数字经济相关主要技术的缩写，包括大数据、人工智能、移动互联、物联网、云计算。

17. “三零”街道：居民零上访、安全零事故、治安零发案。

政协长沙市天心区第五届委员会常务委员会工作报告

——在政协长沙市天心区第五届委员会第五次会议上

政协长沙市天心区党组书记、主席　夏艳兰

（2020 年 12 月 25 日）

2020 年主要工作回顾

2020 年，区政协以习近平新时代中国特色社会主义思想特别是习近平关于加强和改进人民政协工作的重要思想为指导，深入贯彻党的十九大和十九届二中、三中、四中、五中全会精神，在区委的坚强领导下，强化思想政治引领，认真履行政协职能，坚持建言资政和凝聚共识双向发力，为全力建设“融城核心、璀璨天心”做出了新贡献。

一、突出党建引领，思想政治基础更加牢固

（一）学习新思想，自觉坚持党的领导。围绕党的十九大和十九届二中、三中、四中、五中全会精神，习近平总书记考察湖南重要讲话精神以及党中央的新决策、新部署、新论断，先后开展党组理论中心组（扩大）学习 13 次、常委会议学习 4 次、机关例会“会前半小时”学习 20 余次。及时传达省、市、区委各类会议精神，及时向区委报告重要工作，进一步增强“四个意识”，坚定“四个自信”，确保区政协系统与党委同心同向。

（二）践行新要求，全面加强政协党建。区政协党组严格落实管党治党、党风廉政建设、意识形态工作主体责任，充分发挥了党组把方向、管大局、保落实的作用。区政协机关党支部以争创“五化”支部为目标，注重突出政协特色抓实党建工作，被评为区级先进基层党组织。组织委员中的中共党员赴韶山接受党性教育培训，开展了“发挥党员委员先锋模范作用”主题探讨，首开先河，联合区委两新工委开展委员企业党建工作交流，切实做到了党建工作对政协系统的全覆盖。

（三）把握新定位，积极发挥政协作用。牢牢把握人民政协在新时代作为社会主义协商民主重要渠道和专门协商机构的定位，构建了全会协商、常委会议协商、主席会议协商、专委会对口协商、提案办理协商、委员组专题协商、微协商等七种形式的全方位协商体系，强化协以求同、商以成事的理念，有效发挥了凝聚共识、汇聚力量、促进发展的作用。

二、实时闻令而动，服务社会大局更加有为

（一）紧跟抗疫指令走。疫情大考面前，区政协号召和组织几级委员主动积极应对，彰显家国情怀。1 月 26 日（大年初二）起，区政协全体机关干部和体制内委员坚守街道、社区、企业近 2 个月时间，医疗卫生界别的委员勇敢地挺在了防疫救治第一线，物业管理战线的委员带领团队坚守基层防控第一线。易帅委员企业被评为“全国高校疫情防控物业服务先进单位”，杨士泉委员作为唯一志愿者代表参加湖南省疫情防控新闻发布会，赵礼发、刘敏、张维委员被评为相关党派省委“新冠肺炎防控工作先进个人”，康望才委员为武汉捐赠现金和器械近 100 万元，刘敏、危莎委员企业分别向区教育战线、区红十字会捐赠物资 10 万元，刘湘勇、欧阳庆标、夏文辉、刘辉雄、夏攀、吴娜、谢文进、朱艳

华、虎保林、陈瑶、文路平等众多委员及其单位共为抗疫捐款捐物近500万元。2月下旬起，区政协又积极响应区委号召，一手抓疫情防控一手抓复工复产，政协主席们对企业界委员进行了全面走访，尽力帮助委员解决实际问题。荆健、鲁琳、王建国、罗俊男、刘琴、贺子洋、潘红霞、张文浩、张向阳等企业界委员克服困难复工复产，为恢复社会秩序作出了积极贡献。白兴成、邓静等委员撰写了一批事关疫情防控与经济复苏的社情民意信息，分别被省、市政协采纳。

（二）紧跟区委部署走。严格落实区委重大战略部署，积极投身三大攻坚战、“大干一百天实现双过半”大竞赛活动、重大项目建设攻坚行动，认真完成联系服务企业、蓝天保卫战、安全生产、文明创建、禁毒工作、社区换届、网格服务等全区重点工作任务，走访区重点企业73次，集中深入网格履职100余人次，开展环保督察近20次，区政协县级领导联系的12个重点项目均有序推进。落实我区关于优化营商环境的部署，开展“聚焦涉企行政执法，优化营商环境”民主评议“回头看”，联合区委统战部、工商联举办“天心赢商学院·赢在天心”创新企业路演分享会，指导金盆岭委员组开展“天心最舒心，有事您说话”菁英沙龙，以多种方式为我区营商环境优化献计出力。

（三）紧跟民心导向走。一是关心困难群众。认真参与“爱心天心”帮扶工程，54名委员与困难家庭结对认亲。积极响应省政协号召，开展“助力巩固脱贫成果帮扶行动”，全体政协委员和机关干部组成52个帮扶小组，与我区52户农村建档立卡贫困户结对，捐款捐物30余万元。陈晓燕、廖彩霞、谭迎国、孙旺东等委员解决帮扶对象急需就医的燃眉之急，于剑光、周雄、彭彦华、陈玉英、刘泉林、胡本章、李星治、肖征刚、陈林希、谢正豫等一大批委员，充分调动自身资源优势，开展精准帮扶。区政协探索城区扶贫新路径的经验被《湘声报》头版予以报道。二是关心民生实事。曹晖委员为10名困难群众发放免费学车券，葛鹏委员免费为先锋街道留守儿童提供成长项目支持，刘湘勇委员牵头解决木莲社区自来水管爆裂问题，金盆岭、文源、黑石铺、赤岭路委员组分别为辖区儿童、环卫工人、燕离家庭、低保户送上慰问祝福，人民政协为人民的情怀充分彰显。

三、聚焦中心工作，建言献策成果更加丰硕

（一）聚焦产业发展。今年9月，受区委委托，区政协围绕“盘活楼宇资源，促进我区软件产业发展”开展调研，刘汇书记召开书记专题会议听取报告并研究报告意见的落实工作。区政协五届四次会议上，彭燕燕、戴向东、王蓉、潘月圆等委员围绕“促进园区发展”的主题，从不同角度与黄滔区长等区领导面对面协商。坡子街、黑石铺、大托铺、先锋委员组围绕“加快发展夜间经济”开展调研，桂花坪委员组组织辖区企业召开银企对接会，周三中、王婷、张文等多位委员参加我区“十四五”规划、招商引资、软件平台发展、文旅产业发展等方面的征求意见会及“区长接待日”，梁忆、李亮、兰飞等委员积极为我区招商引资牵线搭桥，周文欣、胡晔、黄素萍、彭葵东、杨文献等委员企业在纳税、就业、创新等方面做出了积极贡献。同时，区政协接待赴我区学习养老、夜经济等产业发展经验的考察团12批次，不断提升了天心美誉度。

（二）聚焦民生福祉。区政协五届四次会议期间，任健、游宇、莫跃飞等委员围绕“增进民生福祉”这一主题，与区领导开展面对面协商。围绕民生热点难点，委员们共提交提案22件，撰写社情民意信息97篇，事关公民驾驶证、公积金、农村宅基地改革等方面的社情民意信息被全国政协采纳。区政协相关专委会及裕南街、文源、桂花坪、青园等委员组，分别围绕基层卫生人才队伍建设、医养结合、物业矛盾调处、小区安全隐患排查、学校周边交通优化等问题开展协商，为解决群众身边的急难愁盼问题提出了建设性的意见和建议。

（三）聚焦城区提质。区政协常委会议就“推动黄兴南路步行街提质升级”“老城区历史文化保护与利用”开展协商，主席会议就“改善农村人居环境，提升农民幸福指数”开展协商。坡子街、城南路、赤岭路、大托铺、南托、暮云委员组围绕城市有机更新、社区阵地建设、开放式小区管理、美丽乡村建设进行调研，相关界别委员就五一商圈提质、暮云地区服务配套等问题开展调研，形成了一批促进城乡品质提升的高质量履职成果。

四、发挥政协优势，服务基层治理更加主动

（一）发挥政协平台优势参与基层治理。加强对智慧委员工作站（室）的指导，建立季度工作任务“清单化”的管理模式，充分发挥智慧委员工作站（室）作为委员学习和交流的平台、收集社情民意的平台、深入基层服务群众的平台、参与基层社会治理的平台等方面作用，多个工作站（室）先后接受了省、市政协的检阅，接待了甘肃省、岳阳市等地政协领导的实地考察，《湘声报》以《打造履职新样本延伸履职触角走进群众心头》为题，对我区智慧委员工作站（室）工作进行了头版头条报道。

（二）发挥政协协商优势助推基层治理。立足政协专门协商机构的定位，创新开展“委员组专题协商”及“微协商”工作，引导广大委员深入基层，组织相关利益群体开展协商对话141场，开展调研视察60余次，有效解决问题与矛盾190余个。大托铺街道农贸市场建设、天剑社区公厕管理、白沙井社区街道社工站建设、古道巷社区“五化”小区改造、宝塔山社区杏花园巷行道树修整、五七一二老旧小区加装电梯等协商成果得到了较好落实。先锋委员组以“发挥专门协商机构作用，释放基层治理新力量”为主题组织菁英沙龙，总结政协在基层协商的成果、分享协商实例，得到了省、市政协的充分认可。

（三）发挥委员专业优势促进基层治理。着眼基层群众普遍关心的热点问题，利用政协人才荟萃的优势，先后开展“用法治思维破解基层治理难题”菁英沙龙、“青少年视力健康”“家庭教育分享”“民法典视角下的婚恋观”等3期委员讲坛，阳青、张毅、邹新军、李雷、张敏纯等委员从专业角度，现场为群众答疑释惑。组织全体委员进行《中华人民共和国民法典》专题学习培训，新开铺委员组铺排“委员联网格”“以法维稳”活动，刘国杰、甘元春、杨东升、李纯等市、区政协委员，面向基层群众开展党的政策理论、法律、金融、医疗、安全等方面的专业知识宣讲30余场，政协委员在基层治理中的作用进一步凸显。

五、坚持固本培元，政协内生动力更加强劲

（一）科学定位布局。在工作谋划中增强大局意识，加强与党委、政府的联动，确保区政协年度工作要点紧扣区政中心工作。各委员组主动从街道党工委、办事处领题20个，确保委员组精准围绕街域发展履职。年初根据工作要点制定了年度的常委会议计划、协商工作计划、学习培训计划，确保各项工作不偏不倚、稳步推进。

（二）整合资源力量。加强了常委、主席班子建设，确保了“火车头”的强劲、稳健。完善了委员履职季度通报制度，建立健全了“全员入委”的条块管理机制，更好地发挥了委员主体作用。主动联合民主党派、工商联、两新工委等开展调研及重要活动，召开会议听取各民主党派负责人的意见与建议，团结民主氛围更加浓厚。组建老委员咨询团，创新发挥老委员的智囊作用。各街道政协联络工作负责同志克服身兼数职的困难，抓好了委员组学习、队伍建设、各类活动的组织与实施，充分发挥了服务委员履职的积极作用。

（三）着力宣传推介。密切与区委宣传部及省、市媒体的对接联系，疫情期间在湖南省“政协云”上连续推出7期关于委员典型的宣传，政协履职、扶贫经验、党建工作等多次被中央、省、市级媒体报道。李春和委员作为湖南唯一代表上榜10月全国“平安之星”、其政协委员工作室被评为湖南省示范性政协委员工作室，张维委员入选“中国网事·感动2020”网络感动人物，廖彩霞、赵礼发委员分别入围我区“孝老爱亲”模范、道德模范评选，周军、海勇、沈坚、杨晓雄、刘敏、丁荣培、黎宁、王菁、白霖、汪伟民、龚奇林等委员立足岗位建功立业，其本人或所在单位分别获得国家级、省级荣誉，委员影响力不断增强。

各位委员、同志们，一年来，区委、区政府高度重视、关心政协工作，看重委员在区政工作中的作用发挥，形成了区委区政府出题、区政协答题、区委区政府认真研究并采纳履职成果的工作格局。区委、区政府领导主动领办提案，积极参加专题协商，关心委员企业，为政协工作的开展提供了坚强保障。总之，区政协今年所取得的工作成绩，是区委坚强领导的结果，是区人大、区政府、区人武部、区法检“两院”、各园区、各街道、各部门、各民主党派、工商联、人民团体、无党派人士、社会各界大力支持的结果，是政协各参加单位和广大政协委员共同努力的结果。在此，我代表区政协党组和常

委会，向所有关心、支持政协工作的领导和同志们表示衷心的感谢！

回顾今年的工作，我们也认识到自身还有很多不足之处：一是本届以来行之有效的工作探索还需进一步总结提升；二是政协作为专门协商机构的专业优势还需进一步凸显；三是政协协商在基层治理中的作用还需进一步发挥。这些差距和不足，有待我们在今后的工作中加以改进。

2021 年工作思路

2021 年是建党 100 周年，是“十四五”规划的开局之年，也是本届政协的收官之年。新的一年，区政协工作的总体要求是：高举习近平新时代中国特色社会主义思想伟大旗帜，深入贯彻党的十九大和十九届二中、三中、四中、五中全会精神，认真学习习近平总书记考察湖南重要讲话精神，在区委的坚强领导下，牢牢把握新时代人民政协新方位新使命，让政协工作的站位和水平更高、认真和尽责的委员更多、学习和履职的平台更大、会议和活动的实效更好，为建设“智慧天心、融城核心”贡献政协力量。

一、提高站位、坚定立场，牢牢把握正确政治方向

一是始终坚持加强思想政治引领。通过委员履职能力提升培训班、常委会议集中学习、委员组学习等多种形式，认真学习贯彻党的创新理论和新时代政协工作的要求，确保政协工作始终保持正确的政治方向。引导政协委员深入基层、深入群众，切实发挥人民政协重要阵地、重要平台、重要渠道的作用，为区域发展增进共识、汇聚力量。二是始终坚持党的全面领导。坚定不移贯彻区委决策部署，坚持在区委领导下谋划、推动工作，严格落实重大事项、重要问题请示报告制度，充分发挥好党组的领导核心作用、机关党支部的战斗堡垒作用、党员委员的先锋模范作用。深入推进全面从严治党，筑牢党风廉政建设的思想防线，按照区委的统一部署，谋划好建党 100 周年系列活动，做精做实党建工作、意识形态工作。三是始终坚持以人民为中心。把群众观念贯穿于政协工作的全过程，在工作部署、视察调研、建言献策中，广泛听取基层一线和人民群众的意见建议，理性表达群众的意见与诉求，更好地诠释“人民政协为人民”的鲜明政治立场。

二、不负韶华、认真履职，充分发挥专门协商机构作用

一是坚持服务大局。重点围绕习近平总书记对湖南工作系列重要讲话精神、“三高四新”战略、区委全会精神、“十四五”规划、“一府两院”工作报告的落实建言献策，聚焦城区品质提升、重点产业发展、《中华人民共和国民法典》实施等关键点开展调研协商，努力形成一批高质量的建言成果。按照分工，高质量地完成区中心工作、重点工作、重点工程建设和联系街道等任务，主动为区委、区政府分忧解难。建立招商引资信息对接平台，发挥政协委员的资源、人脉优势，做好以商招商工作，更好地服务全区产业发展。二是突出协商为民。围绕湘江大道建设、提升网格化工作水平、“绿心”保护与乡村振兴、发挥高校科技创新优势促进产业发展等课题开展协商，继续指导各委员组选准切入口，做精做实专题协商、微协商，积极为民代言、为民解忧。三是拓展协商监督领域。积极探索灵活多样的协商式监督形式，完善会议监督、视察监督、评议监督流程，拓展干部选拔、作风建设、廉政建设等协商监督新领域。四是关注履职成果转化。通过“回头看”等形式，对本届以来建议案、提案、调研报告、协商意见等履职成果的落实进行跟踪调研，促进相关建议和监督意见的落实见效。强化社情民意信息、微建议的转化和提案的办理实效，促推委员协商议政成果落到实处。

三、总结提升、擦亮品牌，切实巩固本届政协履职成效

一是完善协同配合的协商议政机制。继续加强工作对接，进一步完善区委区政府出题、区政协答题的工作机制，提升政协协商实效。广泛汇集民主党派、界别等政协参加单位的智慧，发挥委员专业优势，搭建协商议政平台，更好地为区委、区政府的决策提供智力支持。二是推进政协协商与基层协

商有机衔接。充分发挥智慧委员工作站（室）的平台优势，选准题目、整合资源、加强协商，切实转化协商成果。对各智慧委员工作站（室）的经验做法进行系统梳理、总结、提炼，建立健全工作规则，进一步打造特色品牌，提升智慧委员工作站（室）在群众中的影响力和公信力。三是深化提案和社情民意工作实效。强化提案工作与协商议政、民主监督、调研视察等工作的有机结合，强化提案策划环节，提高集体提案比重，提升区领导领衔督办重点提案的示范效应。加强社情民意信息员队伍建设，完善社情民意素材定期分析和分类处理工作机制，更好地发挥社情民意“直通车”作用。四是持续关注民生为民解忧。深入开展“助力巩固脱贫成果帮扶行动”，深化对口援助“雷锋超市”“燕离”家庭帮扶、春节慰问、通道助学、产业扶贫等活动实效，打造扶贫工作品牌，向社会传递更多正能量。

四、夯实基础、面向未来，努力开创政协工作新局面

一是搭好互动平台，加强委员横向交流。做实“全员入委”工作，突出专委会的界别特色，更好地发挥委员专业优势开展履职活动，加强行业内委员交流联系。开展羽毛球赛等大型文体活动，鼓励委员跨组开展各类履职、学习、联谊等活动，搭建委员企业、项目推荐平台，在交流互动中增进友谊、互学互助、成长提升。二是搭建展示舞台，充分彰显委员风采。加强与宣传部门、新闻媒体的对接，多途径强化委员的推介，发挥优秀委员的示范带动作用。制作委员风采展示录、委员履职纪念册，留存本届委员履职记忆。继续开展委员讲坛、常委讲堂、菁英沙龙等活动，扩大参与面，更全面地展示委员优势特长。三是注重自身建设，提升机关工作效能。全面梳理和完善工作制度，深入推进工作规范化、程序化。持续优化工作作风，着力打造一支懂政协、会服务、高质量、严要求、重实效的政协机关干部队伍。开展优秀共产党员、优秀机关干部评选表彰活动，大力倡导敢于担当、争先创优的良好风气，积极主动地向组织推荐优秀年轻干部。四是加强统筹谋划，确保换届工作平稳顺利。继续做好委员的联络与服务工作，向委员推荐单位、组织部、统战部反馈委员履职情况，向省市政协推荐优秀委员。做好留任委员的推荐工作，协同相关部门做好新进委员的考察，把好委员入口关，优化委员组的设置，为下一届委员履职奠定基础。加强换届工作的组织领导和教育引导，严明换届纪律与规矩，确保换届工作的平稳有序。

各位委员、同志们，新的蓝图已经绘就，新的征程已经开启，人民政协责任重大，使命光荣。让我们更加紧密地团结在以习近平同志为核心的党中央周围，在中共天心区委的坚强领导下，团结一心，锐意进取，努力推动我区人民政协事业迈上新台阶，为建设“智慧天心、融城核心”做出新贡献！

文件选录

中共天心区委、区委办公室文件目录（摘要）

表19　　2020年中共天心区委重要文件（天发）目录（摘要）

发文字号	文件标题	发文日期
天发〔2020〕1号	印发《关于支持天心经开区改革创新发展的若干意见（试行）》的通知	1月23日
天发〔2020〕2号	关于印发《中共长沙市天心区委常委会2020年工作要点》的通知	3月10日
天发〔2020〕3号	关于转发《长沙市天心区人大常委会2020年工作要点》的通知	3月23日
天发〔2020〕4号	关于转发《政协长沙市天心区委员会2020年工作要点》的通知	3月13日
天发〔2020〕5号	印发《关于建立区人民政府向区人大常委会报告国有资产管理情况制度的意见》的通知	7月2日
天发〔2020〕6号	关于表彰长沙市天心区优秀共产党员、优秀党务工作者、先进基层党组织的决定	7月30日
天发〔2020〕7号	关于印发《中共长沙市天心区委书记、副书记、常委工作分工》的通知	10月12日
天发〔2020〕9号	关于制定天心区国民经济和社会发展第十四个五年规划和二〇三五年远景目标的建议	12月22日

表 20　2020 年中共天心区委重要文件（天办发）目录（摘要）

发文字号	文件标题	发文日期
天办发〔2020〕1 号	关于长株潭商圈建设及南大门提质改造工作考核结果的通报	1 月 9 日
天办发〔2020〕2 号	关于印发《长沙市天心区推进国有企业退休人员社会化管理工作实施方案》的通知	1 月 9 日
天办发〔2020〕3 号	关于下达长沙市天心区 2020 年重大项目投资计划的通知	1 月 20 日
天办发〔2020〕4 号	关于 2019 年度全区“产业项目建设年”“营商环境优化”活动及老城区有机更新、绿心地区工业企业退出工作考评结果的通报	1 月 22 日
天办发〔2020〕5 号	关于印发《长沙市天心区抓项目稳投资促发展实施方案》的通知	2 月 19 日
天办发〔2020〕6 号	关于印发《长沙市天心区“大干一百天实现双过半”竞赛活动的工作方案》的通知	2 月 29 日
天办发〔2020〕7 号	关于 2019 年度全区综治工作考核评估情况的通报	3 月 23 日
天办发〔2020〕8 号	关于印发《中共长沙市天心区委全面深化改革委员会 2020 年工作要点》的通知	4 月 29 日
天办发〔2020〕9 号	印发《关于开展“领导接访下访推动矛盾化解”攻坚年活动的方案》的通知	5 月 9 日
天办发〔2020〕10 号	关于 2019 年度领导班子和领导干部绩效考核结果的通报	5 月 19 日
天办发〔2020〕11 号	关于印发《2020 年度市绩效考核工作目标责任分解表》的通知	5 月 19 日
天办发〔2020〕12 号	关于印发《长沙市天心区创建国家食品安全示范城市和湖南省食品安全示范区实施方案》的通知	5 月 22 日
天办发〔2020〕13 号	关于长沙市天心区 2019 年度优秀工作人员的通报	6 月 10 日
天办发〔2020〕15 号	关于印发《“爱心天心”帮扶工程实施方案》的通知	7 月 8 日

续表 20

发文字号	文件标题	发文日期
天办发〔2020〕16 号	关于印发《长沙市天心区 2020 年度重点工作季度考核实施办法》的通知	7 月 30 日
天办发〔2020〕17 号	关于印发《长沙市天心区重大项目建设攻坚行动方案》的通知	7 月 30 日
天办发〔2020〕18 号	关于印发《长沙市天心区发展壮大新型村级集体经济实施意见（试行）》的通知	7 月 31 日
天办发〔2020〕19 号	关于明确区领导对口联系街道工作安排的通知	8 月 28 日
天办发〔2020〕21 号	关于建立长沙市天心区经济责任审计工作联席会议制度的通知	9 月 15 日
天办发〔2020〕23 号	关于一季度重点工作考核结果的通报	9 月 28 日
天办发〔2020〕24 号	关于二季度重点工作考核结果的通报	9 月 28 日
天办发〔2020〕25 号	印发《关于推进网格化综合服务工作的实施方案》的通知	10 月 10 日
天办发〔2020〕26 号	印发《关于天心经开区和天心文化（广告）产业园实行统筹管理体制改革的工作方案》的通知	11 月 3 日
天办发〔2020〕28 号	关于三季度重点工作考核结果的通报	11 月 18 日
天办发〔2020〕29 号	印发《关于配合省委第八巡视组巡视天心区有关工作的实施方案》的通知	11 月 25 日

天心区政府、政府办公室文件目录（摘要）

表 21　2020 年天心区政府重要文件（天政发）目录（摘要）

发文字号	文件标题	发文日期
天政发〔2020〕3 号	关于2020年市人民政府《政府工作报告》目标任务实施责任管理的通知	1 月 10 日
天政发〔2020〕4 号	关于2020年区人民政府《政府工作报告》目标任务实施责任管理的通知	1 月 10 日
天政发〔2020〕18 号	关于认真做好天心区第七次全国人口普查工作的通知	4 月 23 日
天政发〔2020〕32 号	关于调整天心经济开发区财政管理体制的通知	5 月 26 日
天政发〔2020〕40 号	关于对重大火灾隐患单位长沙市富绿物业管理有限公司（芙蓉同发大厦项目）实行挂牌督办整改的通知	6 月 18 日
天政发〔2020〕45 号	关于对重大火灾隐患单位三兴市场（长沙市佳安物业管理有限公司）实行挂牌督办整改的通知	7 月 13 日
天政发〔2020〕46 号	关于对重大火灾隐患单位长沙市天心区雅杰商务宾馆实行挂牌督办整改的通知	7 月 17 日
天政发〔2020〕56 号	关于对重大火灾隐患单位中南大学湘雅三医院景熙门诊部、深圳市莲花物业管理有限公司湖南分公司（银桂苑小区）实行挂牌督办整改的通知	8 月 19 日
天政发〔2020〕73 号	关于表彰见义勇为先进个人的决定	10 月 26 日
天政发〔2020〕74 号	关于对湖南科技职业学院（暮云校区）等四家重大火灾隐患单位实行挂牌督办整改的通知	10 月 26 日

表 22　　2020 年天心区政府办公室重要文件（天政办发）目录（摘要）

发文字号	文件标题	发文日期
天政办发〔2020〕1 号	长沙市天心区人民政府办公室关于进一步做好计划生育特殊家庭扶助关怀工作的实施意见	1 月 21 日
天政办发〔2020〕2 号	关于印发《天心区大力支持软件产业发展十条措施》的通知	2 月 23 日
天政办发〔2020〕3 号	印发《关于加快推进天心教育现代化的实施方案（2020—2022 年）》的通知	3 月 2 日
天政办发〔2020〕4 号	关于承接市级下放第二批“一件事一次办”审批权限的通知	3 月 19 日
天政办发〔2020〕5 号	关于成立长沙市天心区人民政府推进政府职能转变和“放管服”改革协调小组的通知	4 月 7 日
天政办发〔2020〕6 号	关于印发《天心区残疾儿童康复救助实施细则》的通知	6 月 20 日
天政办发〔2020〕7 号	关于印发《长沙市天心区 2020 年真抓实干督查激励实施方案》的通知	7 月 14 日
天政办发〔2020〕8 号	关于印发《长沙市天心区政府投资信息化建设项目管理暂行办法》的通知	7 月 17 日
天政办发〔2020〕9 号	关于印发《长沙市天心区建筑垃圾资源化利用特许经营项目实施方案》的通知	7 月 30 日
天政办发〔2020〕10 号	关于做好政府规范性文件合法性审查工作的通知	8 月 19 日
天政办发〔2020〕11 号	关于对长沙市全面落实“六保”任务做好当前重点工作目标任务实施责任管理的通知	9 月 8 日
天政办发〔2020〕12 号	关于印发《长沙市天心区基层医疗卫生机构规范化建设和能力提升三年行动方案（2020—2022 年）》的通知	9 月 29 日
天政办发〔2020〕13 号	关于进一步加强行政机关涉诉民事案件应诉工作的通知	11 月 13 日
天政办发〔2020〕15 号	关于调整一批行政权力事项的通知	12 月 14 日
天政办发〔2020〕16 号	关于进一步规范党政机关工作人员参与重点项目建设领取施工现场津贴等福利的意见	12 月 29 日

新闻媒体报道

表 23　　2020 年天心区新闻媒体报道目录（摘要）

日　期	媒体名称	标　　题
1 月 30 日	人民网、《人民日报》APP	父子兵，夫妻档，一家老小上“战场”——“人民战争”撒豆成兵
1 月 30 日	《人民日报》APP	天心区农贸市场保供应、稳物价、安民心！
1 月 30 日	新华网	携手抗疫　与子同袍——湖南驰援湖北“抗疫”侧记
1 月 31 日	“学习强国”	湖南长沙坡子街街道：社区基层工作者都是抗疫“排头兵”
2 月 1 日	人民网	接地气，暖人心，喜闻乐见形式新
2 月 1 日	《人民日报》APP	在孤洲上战“疫”，她是居民“守护神”
2 月 1 日	人民网、《人民日报》、新华网、央广网、光明网、中国新闻网	织密防控网　防疫保健康（社区防控，我们在行动）
2 月 2 日	新华网、央广网	湖南长沙：同心战“疫”　热包子传递温情
2 月 2 日	《人民日报》APP	长沙天心区：108 名战“疫”话务员已上线
2 月 3 日	“学习强国”	湖南长沙天心区：结合疫情防控　“以战练兵”开展农村党员冬春训
2 月 3 日	《人民日报》	基层干部　不一样的春节（干部状态新观察）
2 月 4 日	人民网	天心区：“小网格”里大防疫
2 月 5 日	中央电视台新闻频道《战疫情》	同心战“疫”热包子传递温情
2 月 6 日	中央电视台新闻频道《新闻直播间》《共同关注》	湖南长沙·战疫情·天心区 26 家农贸市场恢复营业
2 月 7 日	《人民日报》、《人民日报》APP、人民网、光明网、中国新闻网	战斗在社区疫情防控第一线（人民眼·疫情防控）
2 月 8 日	中央电视台新闻频道《共同关注》、综合频道《晚间新闻》	不一样的元宵节，同样的温情暖暖
2 月 8 日	“学习强国”	湖南长沙天心区：爱心汇聚筑起战“疫”坚固“防线”
2 月 9 日	央视网	[战疫情特别报道]湖南长沙　热腾腾元宵暖心　线上活动闹元宵
2 月 9 日	中央电视台中文国际频道《中国新闻》、中央电视台新闻频道《战疫情》《共同关注》	湖南长沙：热腾腾元宵暖心，线上活动闹元宵
2 月 10 日	央视网	不一样的元宵节，同样的温情暖暖
2 月 10 日	人民网、新华网、光明网	湖南：铁腕抗疫不可懈　风物长宜放眼量（长沙市天心区青园街道成立“楼宇防疫小管家”）
2 月 10 日	经济日报、人民网	长沙“五一商圈”商场陆续复工　推出“无接触购物”
2 月 11 日	“学习强国”	湖南长沙天心区：疫情当前　农产品“大后方”让长沙人民放心吃
2 月 12 日	人民网	长沙市天心区：小社区助力战“疫”
2 月 13 日	“学习强国”	齐心抗“疫”　长沙天心区医保“五办”让您“好办”
2 月 13 日	“学习强国”	时隔四年再披白大褂　扶贫干部“疫”线演绎“凡人亦英雄”
2 月 16 日	新华社客户端	凡人亦英雄｜致敬者李纯
2 月 16 日	“学习强国”	湖南龙山：防疫与扶贫两不误　6 万余株锥栗苗免费送到户
2 月 17 日	央视网	疫情挡不住爱情，今天我们结婚了
2 月 18 日	中央电视台新闻频道《新闻直播间》、央视网	湖南长沙　“限流”吃粉理发　店面有序复工营业
2 月 18 日	中国日报网	口罩与嗦粉都要，长沙开市！
2 月 18 日	新华社客户端	嗦粉、理发、喝咖啡……有烟火味的长沙城在复苏
2 月 19 日	工人日报	长沙米粉店开张记
2 月 19 日	“学习强国”	组图｜戴着口罩微笑，太美！（五）
2 月 20 日	“学习强国”	莫道春寒尚料峭，危中有机天地宽
2 月 20 日	人民网	天心区：驻企联络员快速“解锁”各类问题 908 个
2 月 20 日	“学习强国”	组图｜戴着口罩微笑，太美！（七）
2 月 20 日	“学习强国”	组图｜最美战“疫”身影②：“志愿红”
2 月 21 日	“学习强国”	防疫＋扶贫，我们都要打胜仗！——3 位驻村帮扶工作队队长奋战在“两个战场”的故事

续表 23

日　期	媒体名称	标　　　题
2 月 21 日	新华每日电讯	鼓励有条件的地方有序恢复烟火气
2 月 21 日	"学习强国"	湖南长沙南托街道：筑牢抗"疫"防线　唤醒城乡活力
2 月 21 日	"学习强国"	湖南长沙天心区：驻企联络员快速"解锁"各类问题 908 个
2 月 21 日	《人民日报》海外版	经济运转起来，才能抗疫发展两不误
2 月 22 日	"学习强国"	按下重启键、开启加速度、统筹一盘棋，天心区开启全城复工模式
2 月 23 日	"学习强国"	视频 | 防疫期间想结婚怎么办？记者探访婚姻登记全流程
2 月 23 日	人民论坛	众志成城克时艰　携手同心抗疫情——农工党长沙市委在行动
2 月 23 日	"学习强国"	组图 | 最美战"疫"身影③："环卫橙"
2 月 24 日	"学习强国"	防疫不松劲　活力在复苏
2 月 24 日	"学习强国"	湖南长沙天心区：饱含深情过目难忘　看天心战"疫"里的"纸短情长"
2 月 24 日	"学习强国"	湖南长沙天心区：来自一线的入党申请书　写满了医护人的战"疫"誓言
3 月 1 日	经济导报网	长沙天心区：白衣卫士助力企业复工复产
3 月 4 日	"学习强国"	非常时期非常战士　长沙伢子双腿戴着假肢支撑抗疫
3 月 4 日	"学习强国"	长沙市天心区：智慧防控助复工　看"创新之区"有哪些"高科技"
3 月 4 日	"学习强国"	长沙天心区：草儿绿花儿红　这里的春天最美丽
3 月 6 日	"学习强国"	星城雷锋・最美锋范 | 张旭东：抗疫路上"疫无反顾"
3 月 7 日	"学习强国"	志愿者如何战"疫"　湖南推介长沙天心区"小蜜蜂"经验
3 月 9 日	"学习强国"	海报 | 这一路，"罩"样美
3 月 10 日	"学习强国"	凝心聚力"艺"起战疫①：美术类
3 月 10 日	"学习强国"	长沙："家园这么美，我们精心呵护"
3 月 11 日	"学习强国"	凝心聚力"艺"起战疫②：歌曲类
3 月 11 日	"学习强国"	五一商圈这条街 289 家商铺已复工　有你爱的小吃
3 月 14 日	"学习强国"	复苏 ing！"元气"长沙动起来
3 月 14 日	《长沙晚报》	下馆子，有了新食尚火宫殿、徐记海鲜、秦皇食府、冰火楼等长沙餐饮名店基本恢复堂食，"分餐分食""公筷公勺"等用餐新理念正在形成
3 月 14 日	新华社客户端	长沙"夜经济"逐渐复苏
3 月 15 日	《长沙晚报》	不后退，战必赢！新闻战士向"疫"而行
3 月 15 日	"学习强国"	湖南长沙：不夜天心，在烟火中复苏
3 月 15 日	《长沙晚报》	走，品尝春的味道，长沙约 50% 餐饮企业复业，新菜品新服务吸引客流　徐记海鲜等开放堂食，文和友海信店 16 日开门迎客
3 月 16 日	央视网	［第一时间］湖南长沙：每桌至少记录一名顾客信息
3 月 16 日	中央电视台新闻频道《战疫情》	低风险地区，餐饮业逐步恢复
3 月 18 日	"学习强国"	长沙市天心区对口帮扶龙山县洛塔乡：传授技术　为帮扶产业"买保险"
3 月 20 日	《湖南日报》、人民网、新华网、中国日报网、中国新闻网	慎终如始抓好疫情防控　科学有序恢复生产生活秩序
3 月 20 日	《长沙晚报》	幸得有你，山河无恙——"长沙奋力夺取疫情防控和高质量发展双胜利"系列报道之四
3 月 21 日	《长沙晚报》	第一道防线，守住！——"长沙奋力夺取疫情防控和高质量发展双胜利"系列述评之五
3 月 22 日	《长沙晚报》	长沙文旅复业按下"快进键"全市公共文化场馆全面有序恢复开放
3 月 24 日	"学习强国"	湖南长沙天心区："无人政务超市"4 月底亮相，开展"15 分钟政务服务圈"试点
3 月 24 日	《长沙晚报》	心若有爱　战自有力——"长沙奋力夺取疫情防控和高质量发展双胜利"系列报道之八
3 月 25 日	"学习强国"	湖南长沙天心区："线上＋线下"，把惠企政策送到每一家企业
3 月 26 日	"学习强国"	好消息！长沙生态动物园向全国医护人员免费开放
3 月 30 日	新华网	"将公益进行到底"付耀
3 月 30 日	新华网	"网红民警的铁汉柔情"张鹏
3 月 30 日	经济导报网	长沙市天心区对口帮扶洛塔乡：被锥栗改写的穷乡逆袭
3 月 30 日	《湖南日报》	湖南建工集团向五国捐赠疫情防控物资
3 月 31 日	央视影音客户端	［第一时间］湖南长沙：街头人潮正形成　店内人气在增加
3 月 31 日	新华网	"最美战疫志愿者"杨士泉
3 月 31 日	经济导报网	长沙软件再出发！天心区打造软件产业高地
3 月 31 日	"学习强国"	湖南各地党政干部扎堆"下馆子"，只为点燃城市"烟火气"
3 月 31 日	《湖南日报》	跃马扬鞭逐春光——长沙多措并举稳投资、促消费、稳外贸纪实
4 月 2 日	"学习强国"	湖南省长沙市天心经开区：号角声声催奋进
4 月 3 日	《湖南日报》	难而上化危为机　奋力实现今年经济社会发展目标任务
4 月 3 日	经济日报	万里驰援见真情　兄弟相助渡难关
4 月 3 日	"学习强国"	号角声声催奋进——长沙市天心经开区"大干一百天"竞赛现场见闻
4 月 4 日	人民网	长沙天心区：软件产业迎政策"力挺"　助企业发展壮大
4 月 7 日	人民网	湖南首家 24 小时互联网自助办税服务厅揭牌
4 月 7 日	《湖南日报》	红红火火小长假

续表 23

日期	媒体名称	标题
4月8日	《长沙晚报》	开学啦，同学们加油
4月11日	“学习强国”	长沙市天心区：念好“三字诀” 做好夺取“双胜利”答卷
4月12日	《长沙晚报》	天心区小蜜蜂志愿服务协会为抗疫一线工作者筹集口罩近10万个，400余名志愿者“疫”路奔忙
4月15日	“学习强国”	湖南长沙丨社区书记战“疫”记：巧用“大数据” 勤用“铁脚板”
4月15日	《长沙晚报》	留下古城文脉 留住记忆乡愁
4月15日	《长沙晚报》	为建设品质美丽宜居长沙提供法治保障，谢卫东到天心区调研垃圾分类立法和重大项目建设
4月17日	科技日报、手机人民网、中国经济网、光明网	发展基金不低于1亿元 长沙天心区启动软件产业园建设
4月18日	中央电视台新闻频道《新闻直播间》	促进旅游市场恢复，主推省内短线游
4月18日	“学习强国”	骑行气质城市长沙：自行车道400公里，“去年骑到了太阳边”
4月21日	新华社客户端	“夜妆师”复工
4月21日	中国日报网	长沙按下复工复产“快进键”
4月24日	《潇湘晨报》	管道潜水员“污海”中连续掏5小时
4月24日	《人民日报》APP	文旅消费节启动，长沙天心区邀你来品文化尝美食游古迹
4月24日	“学习强国”	五一就来长沙天心区吧
4月25日	人民网	应急救援“一呼百应” 长沙天心区将实现云应急广播全覆盖
4月25日	中央电视台综合频道《新闻联播》	长沙市天心经开区：把解决好贫困群众就业摆在首位
4月27日	《长沙晚报》	长沙3000万元补贴撬动汽车消费（大干一百天实现双过半）
4月28日	“学习强国”	文脉颂中华丨火了几百年的“火宫殿”，藏着几代长沙人的回忆
4月28日	“学习强国”	长沙市天心区：倾听心声回应关切 政企恳谈谋民营经济新发展
4月30日	人民网	灵活高效保就业 让“饭碗”端得稳又牢
4月30日	“学习强国”	文脉颂中华丨长沙弹词传承人王志敏：无惧任何挑战 正是“非遗”春天
4月30日	“学习强国”	长沙天心区64个重大项目抢进度 2400家软件企业争相入驻
5月2日	《湖南日报》	五一商圈“五一”热
5月2日	《人民日报》APP	湘遇·第一书记王振：从最繁华长沙到最偏远龙山，只为贫困村早脱贫
5月2日	《长沙晚报》	长沙消费全面升温“五一”假期首日长沙各大商场商业街秩序好消费渐旺
5月3日	中央电视台财经频道《第一时间》	复工复产进行时 湖南长沙：“五一”消费套餐丰富
5月3日	“学习强国”	我的青春在基层丨为了居民幸福
5月4日	央视网APP	〔朝闻天下〕湖南长沙 “五一”假期看消费 发力促消费 推出假期消费套餐
5月4日	央视网APP	〔天下财经〕“五一”假期旅游 长沙太平老街200余个商业网点全部开业
5月4日	《湖南日报》	消费券催热“五一”假期
5月4日	《长沙晚报》	一手抓疫情防控，一手抓文旅融合，长沙各大景区吸引力竞争力攀升“五一”两手抓，星城风光无限（夏之恋在长沙·文化旅游季系列报道）
5月5日	《长沙晚报》	太平街上聚集了湖南各地的特色小吃，成为游客来长沙必到的打卡地之一
5月5日	《长沙晚报》	新老商圈繁荣有序引央视关注
5月6日	“学习强国”	跟着书“旅行”，长沙市民青睐“书香假期”
5月6日	《长沙晚报》	长沙文旅市场迎来小高峰（夏之恋 在长沙·文化旅游季系列报道）
5月8日	央视网APP	长沙天心 西文庙坪 老长沙的记忆
5月9日	“学习强国”	520不扎堆也能领结婚证！湖南省首个24小时自助服务厅落户长沙天心区
5月9日	“学习强国”	南城再添合作办学“生力军”，长沙天心区一天两所名校加持学校揭牌
5月9日	“学习强国”	青春建功“双过半” 长沙天心区22支青年突击队集结出征
5月9日	“学习强国”	长沙天心区：全民“诗词热”插上AI翅膀 “盘活”传统文化
5月9日	“学习强国”	长沙天心区：群众的“小事”不小 配电改造让居民用电安全有保障
5月9日	“学习强国”	长沙天心区：有颜值又有内涵 社区里幸福感大涨
5月13日	“学习强国”	长沙天心区“聚天心·惠生活·乐消费”九大系列消费活动提振区域经济
5月14日	《长沙晚报》	用心用情化解积案 担当履职为民解难，郑建新到天心区下沉督访
5月15日	央视网	2020年全国抗疫最美家庭——湖南省李丽家庭
5月15日	人民网	守好百姓“钱袋子”：天心区金融风险监测预警大数据平台上线
5月16日	《光明日报》	这个春天，诗歌带给人们奋进的力量
5月17日	人民网、中央电视台新闻频道《第一时间》	“中国好人”张建明两年帮助132名残疾人成功考取驾驶证
5月17日	《湖南日报》	医疗物资出口“井喷”背后
5月18日	潇湘晨报	爱的回报，粉店提供免费餐，房东为其免租

续表 23

日 期	媒体名称	标 题
5 月 20 日	《人民日报》APP	“浪漫天心，幸福长沙”520 系列活动开启
5 月 22 日	《长沙晚报》	抓重点补短板强弱项 确保高质量完成脱贫攻坚任务
5 月 24 日	《长沙晚报》	人民至上——2020 长沙众志成城抗击新冠肺炎疫情纪实
5 月 26 日	新华每日电讯	从“嗦粉”品茶，到“云嗨”撸虾，长沙催热“烟火气”激发消费信心
5 月 26 日	“学习强国”	大干一百天 长沙市天心区新开铺街道项目建设按下“快进键”
5 月 26 日	“学习强国”	湖南长沙：老城“更新”再起芳华 始于颜值精于细节
5 月 27 日	人民网	打造智慧城市样板 天心区发布 22 个人工智能和大数据应用场景
5 月 28 日	“学习强国”	又一个国家级重点实验室落户天心 助力湖南打造木本油料千亿产业
5 月 28 日	“学习强国”	长沙“天心数谷”软件产业腾飞新高地
5 月 29 日	“学习强国”	小龙虾里“吃”出的新专利！湖南长沙理工大学博士团队成功研发龙虾壳粉改性沥青
5 月 29 日	中工网	长沙软件再出发，迎来最好时代
6 月 1 日	《人民日报》APP	长沙天心区：为企业提供“省心、放心、暖心、匠心”营商环境
6 月 3 日	“学习强国”	从“烟火气”里感悟“小确幸”
6 月 3 日	“学习强国”	湖南长沙首个未成年被害人“一站式”询问救助中心成立
6 月 6 日	“学习强国”	长沙天心区：打好前站 让老旧小区改造“走心更走实”
6 月 7 日	《长沙晚报》、人民网	“退”有魄力，“引”有魅力，“进”有动力，数字经济成天心转型发展新引擎（大干一百天实现双过半）
6 月 8 日	“学习强国”	长沙天心区：数字经济成转型发展新引擎
6 月 9 日	“学习强国”	长沙市天心区：碧水蓝天绘新卷
6 月 10 日	“学习强国”	长沙先锋街道有“硬招”：重燃消费引擎 拉动经济“正增长”
6 月 11 日	人民网	身边人讲身边事 “每周一学”微访谈潜移默化引领文明新风尚
6 月 12 日	“学习强国”	以需寻岗 长沙市天心区聚焦就业保民生
6 月 12 日	“学习强国”	长沙市天心区：“网格化”打造精准扶贫样板
6 月 13 日	中工网、中央电视台新闻频道《新闻直播间》《共同关注》	【今天是“文化和自然遗产日”】寻味“非遗”：火宫殿臭豆腐
6 月 13 日	“学习强国”	长沙市天心区：苦干快赶推进项目建设 高位谋划助力乡村旅游
6 月 15 日	中央电视台新闻频道《新闻直播间》	湖南长沙：拓展就业渠道 助力毕业生就业
6 月 16 日	“学习强国”	40 个“网红品牌”点亮长沙夜经济
6 月 17 日	“学习强国”	长沙天心区：以“三心”服务提质营商环境 奋力夺取“双胜利”
6 月 19 日	人民网	拥抱新零售 “天心赢商学院”为非公企业经营创新赋能
6 月 20 日	《长沙晚报》	《长沙晚报》掌上长沙连线龙山女孩吴添春——直播带货，助力龙山扶贫，我们一起拼（走向我们的小康生活 决战决胜脱贫攻坚）
6 月 21 日	“学习强国”	“越老越有味”老街新巷打卡游长沙启幕
6 月 23 日	《人民日报》	干部沉下去 带来新变化（深度关注）
6 月 23 日	人民网	乐之书店：品一杯香茗，与书相拥
6 月 24 日	人民网	天心区政协首次委员讲坛开讲啦！
6 月 24 日	“学习强国”	长沙市天心区：“红色引擎”添动力 乡村振兴结“硕果”
6 月 24 日	“学习强国”	长沙市天心区：楼宇崛起 高质量赋能高质量发展
6 月 29 日	“学习强国”	湖南长沙：白沙井背后的大历史
6 月 30 日	人民网	闯出从“绿心”到“数谷”涅槃之路
7 月 1 日	“学习强国”	长沙市天心区：金盆岭的幸福“网”事
7 月 1 日	人民网	走在前、作表率·长沙天心区直机关 100 名优秀共产党员受表彰
7 月 2 日	中央广播电台《新闻联播》	采访湖南长沙市天心区暮云街道党工委副书记张春辉关于“星级党员”工作
7 月 2 日	人民网	献礼“七一”，天心区“南城之声”微广播正式开播
7 月 3 日	央广网	让老手艺焕发新光彩，全靠“金手指”
7 月 3 日	“学习强国”	长沙天心区：探寻基层党建新引擎 汲取基层治理大智慧
7 月 5 日	“学习强国”	“人心准 秤才准” 长沙老街里藏着一位手工制秤人
7 月 7 日	“学习强国”	区县新闻丨长沙市天心区：省府片区党旗飘 “红领新开”涌热潮
7 月 8 日	“学习强国”	老旧社区“换新颜” 长沙市天心区 6 个有机更新项目已完工
7 月 8 日	中央电视台财经频道《经济半小时》	美好的就业生活
7 月 8 日	“学习强国”	区县新闻 | 平常听节目应急听指令 长沙天心区实现城乡云应急广播全覆盖
7 月 10 日	“学习强国”	基层党建 | 长沙市天心区：“家文化”聚了民心 暖了人心
7 月 11 日	“学习强国”	湖南长沙：舌尖上的“非遗” 寻味长沙臭豆腐
7 月 11 日	《长沙晚报》	在天心区雀园路刘家冲路口，经过连续抽排，该路段积水全部消退并恢复交通
7 月 15 日	“学习强国”	基层党建 | 长沙市天心区：充分盘活区域化党建资源“为民所用”
7 月 15 日	工人日报	【现场·我在我思】小康就是“幸福来敲门”

续表 23

日期	媒体名称	标题
7月16日	“学习强国”	小鹿听课：铜铺街小学《称人结》
7月16日	“学习强国”	长沙市天心区：小个子拥有大能量
7月17日	《经济日报》	全国首个商用化智能网联环卫项目落地长沙天心区
7月18日	“学习强国”	老长沙新味道 | 太平街之隐
7月18日	“学习强国”	推动长沙软件业再出发　天心区一周连发“三重箭”
7月18日	“学习强国”	新平台引领新高度　长沙市天心区“两中心一平台”投用
7月20日	《湖南日报》	富溪村：产业振兴，徐徐铺开
7月20日	“学习强国”	每日校训丨湖南第一师范学院：要做人民的先生　先做人民的学生
7月20日	“学习强国”	区县新闻丨长沙市天心区：甩开膀子往前奔
7月21日	“学习强国”	乘风破浪再起航——长沙市天心区坡子街街道“大干一百天”活动见闻
7月22日	“学习强国”	大赛大干　天心以“数”为马闯新路——天心区以百日大竞赛活动为契机，打造高质量发展新引擎
7月22日	“学习强国”	长沙市天心区：初心不改一心为民　步履匆匆只为成为社区群众的贴心人
7月26日	《人民日报》	长沙人才集团揭牌　唱响人才发展“好声音”
7月28日	《长沙晚报》	2020年第二季度　“长沙好人·身边雷锋”名单出炉，不同的身边好人　同样的暖心大爱(建设更高水准的全国文明城市)
7月30日	《长沙晚报》	胡衡华走访慰问驻长部队官兵，发扬双拥光荣传统　当好部队坚强后盾
7月31日	“学习强国”	【真抓实干在湖南】乘风破浪　勇闯新路——长沙市天心区向高质量发展迈进
7月31日	人民网	从第一碗粉到云手机，天心很行
8月3日	《湖南日报》	湖南建工集团打造装配式建筑产业集群，已形成PC构件年产能120万立方米、钢结构年产能8万吨
8月3日	中国文明网	小蜜蜂志愿者协会：传承红色基因　凝聚磅礴力量
8月5日	《长沙晚报》	热长沙遇上长沙热（多彩长沙走新路）长沙大力推动文旅产业转型升级，从暑期旅游淡季城市变为热点城市
8月6日	人民网	“错位式”斑马线原来这么有用！天心这些地方启用亮相长沙街头
8月6日	《长沙晚报》	去年9月起长沙实施城市特殊困难群体“五帮扶”，至今累计帮扶3.76万人次，探索出一条城市困难群体帮扶的“长沙路径”——城市霓虹灯下，“特别帮扶”暖人心（走向我们的小康生活）
8月7日	“学习强国”	为红色文化遗址树碑，长沙天心阁“槐树巷5号”揭牌
8月7日	“学习强国”	长沙市天心区：组合智能拼图打造一幅“天心数谷”图画
8月7日	“学习强国”	长沙市天心区“优秀社工”廖双剑：力微亦可为　小步积大善
8月8日	“学习强国”	高质量夜经济：长沙拉动经济增长的新引擎
8月9日	“学习强国”	长沙夜市图鉴 | 太平街：最受年轻人欢迎的长沙夜市
8月11日	中央电视台新闻频道《焦点访谈》	房住不炒，打好组合拳
8月12日	“学习强国”	长沙西文庙坪：千年老街“逆生长”
8月17日	“学习强国”	县区新闻 | 长沙天心区行政效能再提速　市场活力持续迸发
8月17日	《人民日报》	长沙天心区：解密市场主体逆势增长的密码
8月20日	《人民日报》	湖南长沙天心区，城郊村民们尝试以“点到点”对接方式，将蔬菜出售给城市居民
8月21日	《长沙晚报》	胡衡华在天心经开区调研时强调，保持定力精准发力　推动园区高质量发展
8月23日	《湖南日报》	湖南建工湖南路桥跻身国际承包商250强
8月23日	“学习强国”	湖南长沙：这个暑假　社区图书馆云集“小书虫”
8月24日	“学习强国”	长沙太平老街：古街有机嬗变　千年文脉流传
8月25日	中央电视台新闻频道《共同关注》	七夕节就连红灯都是爱你的形状
8月25日	《长沙晚报》	情系环卫工　夏日送清凉，市学雷锋志愿服务基金会举行关爱环卫工人活动
8月26日	《长沙晚报》	习近平总书记在经济社会领域专家座谈会上的重要讲话引起强烈反响，长沙区县（市）、园区等代表表示——以创新推动长沙高质量发展(就认这个理·学习新思想　长沙微宣讲)
8月27日	《长沙晚报》	5000个智能车位上线，长沙计划年底完成2万余个道路临时停车泊位建设
8月27日	央广网	农发行天心区支行总行级“文明单位”授牌仪式
8月29日	“学习强国”	大街流行节俭“画风”小巷倡导科学点餐　杜绝“舌尖上的浪费”，社区宣讲很走心
8月31日	“学习强国”	长沙市天心区：“扶贫车间”扶出新气象
9月3日	人民网	长沙天心区：“开放空间”议出基层治理新光景
9月6日	《湖南日报》	40余家湘企线上参展服贸会，长沙行深智能科技有限公司现场参展参会，湖南建工集团将在分论坛演讲
9月7日	“学习强国”	长沙市天心区：“小网格”集聚基层治理新动能
9月8日	“学习强国”	强链延链补链　长沙市天心区大数据产业破浪前行
9月8日	“学习强国”	长沙市天心区：五化民政　让百姓共享发展成果

续表 23

日　期	媒体名称	标　　　题
9月9日	《人民日报》	全国抗击新冠肺炎疫情先进个人名单【康姣（女）长沙市天心区新开铺街道桥头社区党总支书记、居委会主任】
9月11日	人民网	传承·创新·突破　这是天心青年企业家的成长足迹
9月11日	《湖南日报》	许达哲在湖南第一师范学院、湖南大学调研慰问，向全省广大教师和教育工作者致以节日问候　勉励大家立德树人为党育人为国育才
9月13日	“学习强国”	长沙市天心区：给区域教育特色发展插上信息化翅膀
9月14日	“学习强国”	县区新闻丨长沙天心区用心　用力　用情　护市场主体逆势上扬
9月14日	人民网	长沙天心区：集中整治　扎牢燃气安全防护网
9月15日	“学习强国”	长沙市天心区：新时代文明实践绘就百姓生活幸福“底色”
9月16日	《长沙晚报》	加强非机动车通行引导，长沙打造5个升级版样板路口，通行规则一目了然，骑行上路更加安全（建设更高水准的全国文明城市）
9月17日	人民网	天心区加快建设“创新型城区”　科研成果不再锁“抽屉”
9月19日	中国经济网、中国青年网、中国新闻网、环球网、《人民日报》海外网、新华报业网	服务企业“沉”下去　数字经济“涨”起来
9月19日	“学习强国”	基层党建丨长沙大托铺街道：党建引领红色先锋　为困难家庭撑起“爱心伞”
9月19日	“学习强国”	长沙市天心区：优化营商环境　激化市场活力
9月22日	“学习强国”	《哇！老街》系列之长沙市太平街：一条街火了两千年
9月22日	“学习强国”	菁菁校园丨终于等到你！中南林业科技大学迎来7000余名新同学
9月22日	“学习强国”	长沙市西文庙坪：市井生活　文气打底
9月23日	“学习强国”	文明实践丨爱心暖人心帮扶助幸福　长沙天心区精神文明建设奏响“爱”之歌
9月24日	《长沙晚报》	有困难找志愿者　有时间当志愿者（建设更高水准的全国文明城市）长沙持续传承雷锋精神，涵养城市文明气质，实名注册志愿者突破100万人
9月24日	人民网	长沙南部融城片区：内畅外联打造长株潭融城新枢纽
9月29日	“学习强国”	长沙市天心区：打造“美丽屋场”　推动乡村振兴
9月29日	“学习强国”	长沙市天心区：简政便民提效率　精准服务增后劲
9月30日	“学习强国”	《哇！老街》系列之坡子街——好呷鬼的天堂
10月2日	“学习强国”	Vlog·坐着高铁看湖南丨全国人民都想打卡的网红之城：长沙！
10月2日	中央电视台新闻频道《新闻联播》	快闪迎国庆　共祝祖国好
10月8日	《长沙晚报》	山水洲城正青春——决战决胜全面小康的长沙画卷
10月9日	《长沙晚报》	地铁单日客流量创下200万乘次的历史新高，跻身国内酒店预订十大城市，成为除北上广深外车票到达目的地最多的城市……2020年中秋国庆长假，长沙再一次刷屏网红长沙　意气风发（多彩长沙走新路）
10月10日	《长沙晚报》	国庆中秋假期长沙城市管理者全天候“在线”，用坚守换来“网红长沙”的洁净美，以最美姿态迎八方来客（多彩长沙走新路）
10月14日	“学习强国”	【乡村医生的故事】颜新艳：“外来妹”蝶变为“土著”
10月17日	《长沙晚报》	非常9+1(在习近平新时代中国特色社会主义思想指引下——新时代　新作为　新篇章)——长沙市对口帮扶龙山县26年纪实
10月19日	中国网、半月谈	云塘蝶变：“软治理”　焕发社区新活力
10月19日	“学习强国”	长沙市天心区：书写决战脱贫攻坚的时代“答卷”
10月19日	“学习强国”	长沙市天心区向全国推介社工队伍建设经验
10月20日	“学习强国”	校园风采丨21天光盘打卡　长沙理工大学节约粮食妙计频出
10月22日	“学习强国”	区县新闻　丨　长沙市天心区开展“车畅人欢示范片区”创建活动
10月22日	《长沙晚报》	网红长沙的蝶变（　多彩长沙走新路·辉煌“十三五”）——辉煌“十三五”·长沙精彩系列报道之四
10月22日	《人民日报》	长株潭融城加速：芙蓉大道（涉铁段）快改工程主线完工
10月23日	人民论坛	农工党长沙市委会举办“不忘合作初心、继续携手前进”主题教育活动——暨“农工送健康·服务到龙骧”　公益活动
10月24日	人民网	长沙天心区：把特别的关爱献给百岁老人
10月25日	“学习强国”	区县新闻丨长沙天心区向上海成都市民展示夜长沙风采
10月26日	《长沙晚报》	发挥示范引领作用　建设“四精五有”品质城区，郑建新深入天心区调研湘江大道品质提升及黄兴南路步行街创建全国示范步行街工作
10月27日	“学习强国”	基层人物　丨　长沙市天心区　：　他们让社区邻里间充满幸福的温度
10月27日	“学习强国”	校园风采丨中南林业科技大学谭晓风教授团队获得“梁希林业科学技术奖”科技进步一等奖
10月27日	《长沙晚报》	长株潭全面融入“半小时交通圈”——辉煌“十三五”·长沙精彩系列报道之六

续表 23

日　期	媒体名称	标　　题
10 月 28 日	中央电视台综合频道《新闻联播》	畅通城乡循环，构建统一大市场
10 月 28 日	人民政协网	小小社工站　抗击疫情显担当
10 月 29 日	《长沙晚报》	火爆夜经济　活力夜星城(　多彩长沙走新路)2020 中国城市夜间经济发展峰会暨首届“夜星城”消费节闭幕典礼举行，长沙列中国夜间经济发展 TOP10 城市第 7 日
10 月 29 日	人民网	新“夜”态　天心奇妙“夜”点亮网红长沙
10 月 30 日	人民网	天心区创新小达人张荣景被评为全国“新时代好少年”
10 月 31 日	中国新闻网	最具“烟火气”的警察故事来了!《守护解放西》第二季开播
11 月 1 日	人民论坛	应用大数据构建家暴预防机制，有效保护妇女儿童权益
11 月 2 日	人民网、“学习强国”	璀璨天心踏歌来
11 月 5 日	经济日报	“辣条博物馆”在长沙开馆
11 月 6 日	《湖南日报》	2020 湖南企业 100 强出炉，华菱集团、中建五局、湖南中烟和湖南建工跻身千亿企业
11 月 6 日	“学习强国”	长沙市天心区美丽屋场纪实：图中美景成风景
11 月 9 日	“学习强国”	长沙黄兴南路步行街搬进了进博会
11 月 9 日	“学习强国”	长沙市天心区打造 15 分钟养老服务圈　辖区 35 名百岁老人享特别关爱
11 月 10 日	“学习强国”	基层党建丨长沙市天心区：“有事好商量”构建社会治理新格局
11 月 11 日	人民网	“一照准营”！天心区加速释放市场主体活力
11 月 11 日	“学习强国”	将法治融入百姓生活点滴———长沙市天心区深入推进法治政府建设系列报道④
11 月 11 日	“学习强国”	区县新闻丨长沙市天心区：网格助力　全力办好民生“关键小事”
11 月 11 日	人民网	数“聚”天心　万“码”奔腾
11 月 13 日	“学习强国”	区县新闻丨老旧小区“内外兼修”：让居民身有所栖、心有所寄
11 月 13 日	《长沙晚报》	以更高标准谋划南部片区建设，市政协主席会议成员调研天心经开区，文树勋参加
11 月 14 日	“学习强国”	文明实践丨长沙市天心区：多措并举　打通居家养老服务“最后一公里”
11 月 15 日	工人日报	会营销，有烟火气，夜经济已成亮丽名片“网红”长沙的表与里
11 月 16 日	中国新闻网	社会组织管理工作的“天心经验”获全省推介
11 月 16 日	“学习强国”	周末观影　|《守护解放西》，火就火在“不正经”
11 月 17 日	中国新闻网	8 个组织（个人）荣获第六届湖南省省长质量奖
11 月 17 日	中国新闻网、“学习强国”	湖南首位！全国“新时代好少年”张荣景接受颁奖
11 月 17 日	“学习强国”	区县新闻丨 2020 年长沙市天心区为 16 个老旧小区　“换装”
11 月 18 日	“学习强国”	区县新闻　|　奔向新高地——长沙市天心区开创政法工作新局面综述
11 月 24 日	“学习强国”	菁菁校园丨长沙理工大学教师用“废品”打造美丽乡村
11 月 24 日	新华网	天心区“一件事一次办”成常态　24 小时自助服务不打烊
11 月 25 日	“学习强国”	携手共进奔小康——长沙市天心区对口帮扶一线探访
11 月 26 日	“学习强国”	校园风采丨中南林业科技大学：以特色鲜明的文化熏染，营造浓郁的“三全育人”氛围
11 月 28 日	“学习强国”	基层党建丨长沙市天心区：“党建 +”与“高颜值”村庄撞了个满怀
11 月 28 日	《长沙晚报》	近年来，长沙建立健全身边好人和道德模范帮扶礼遇机制，礼遇有德者，让德者更有得。截至目前，全市先后涌现 4 位全国道德模范、14 位全国道德模范提名奖获得者，“好人之城”增辉山水洲城——德耀星城　厚道长沙（雷锋家乡　好人之城）
11 月 28 日	《人民日报》	网红长沙看天心
11 月 28 日	中国报道网	长沙市城南路街道：多措并举　全力控排
11 月 29 日	“学习强国”	解读长沙市天心区持续走红背后的密码
11 月 29 日	新华社	天心区建成湖南首个大气复合监测站
11 月 30 日	中国新闻网	长沙崛起“第五谷”：这里不种庄稼，只种数字
12 月 1 日	新浪网	B 站观众为何跟着《守护解放西》又笑又哭
12 月 1 日	“学习强国”	区县新闻丨长沙市天心区：“红色物业”打通服务群众“最后一米”
12 月 2 日	新华网	“城企联动”激活天心区普惠养老一池春水
12 月 4 日	人民网	《湖南日报》市州头版丨天心区滨洲新村村民投工投劳打造“美丽屋场”——美了环境美心灵
12 月 5 日	《长沙晚报》	切实解决城市停车难题　提升群众获得感幸福感，郑建新调研全市停车工作
12 月 5 日	“学习强国”	用功用心用情办好每一个案件——记长沙市天心区人民法院民二庭庭长廖龙芝
12 月 6 日	人民网	长沙天心区举行志愿服务联合会成立大会
12 月 7 日	《长沙晚报》	一座最具幸福感城市的解码（全面建成小康社会・百城千县万村调研行）——高水平全面建成小康社会的长沙调查

续表 23

日 期	媒体名称	标 题
12月7日	人民网	营商环境“首善之区” 长沙天心区的温度与速度
12月8日	“学习强国”	榜样的力量丨长沙市天心区项目攻坚一线先进典型风采
12月9日	中国公益新闻网	城南路街道社工站：“因地制宜、精细服务”的成长之路
12月9日	“学习强国”	古城青春志 | 长沙太平老街：繁华星城里的一幅鲜活“清明上河图”
12月9日	人民网	长沙创谷音频产业展示交易基地启幕
12月10日	“学习强国”	法治政府建设示范地区和项目巡礼丨长沙市天心区：创新开展五个“+”
12月10日	“学习强国”	古城青春志 | 坡子街：韵味长沙越夜越美丽
12月13日	人民网	加快文化高地建设 首届“何绍基杯”全国书法篆刻作品展绽放天心
12月15日	“学习强国”	区县新闻丨长沙市天心区：绿满乡村美如画 美丽屋场建设成就幸福生活
12月15日	《长沙晚报》	星城一抹“志愿红”（弘扬志愿文化 争做雷锋志愿者）长沙持续擦亮“雷锋家乡”志愿服务品牌，逾百万“雷锋志愿者”活跃在志愿服务一线
12月15日	人民网	长沙天心区：“温度”融初雪 “走心”暖人心
12月16日	“学习强国”	组图丨长沙市天心区：雨雪来袭 他们各就各位
12月17日	“学习强国”	基层党建丨长沙市天心区先锋街道：党建引领高质量发展 擦亮“魅力先锋”幸福底色
12月18日	中国公益新闻网	长沙市天心区率全省之先 打通线上线下社工服务
12月20日	经济日报	文宾的美食江湖
12月22日	人民网、新华网、中国经济网、“学习强国”、中国经济周刊网、中国小康网	百姓有啥难？都咋解决的？——供暖问题线索追踪记
12月22日	《长沙晚报》	投资中部 看好长沙，2020年中国296个城市营商环境报告出炉，长沙位居全国第九
12月22日	“学习强国”	影像2020·街采丨我们的日子终究像这久违的阳光
12月24日	人民网	【天心“格”网事】：“党建＋网格化” 提升居民幸福生活的三维度
12月24日	《长沙晚报》	发挥排头兵作用 着力打造长株潭核心增长极引领区，谢卫东率市人大常委会主任会议成员专题调研天心区
12月24日	《长沙晚报》	星城园丁APP注册用户总数达602.65万，重点区域、重点部位视频监控全覆盖……通过党建引领、群众自治、科技创新，长沙形成社会治理的新思维新机制，治理更精细，群众更安心（在习近平新时代中国特色社会主义思想指引下——新时代 新作为 新篇章）
12月24日	人民网	再传佳音！长沙天心区消防安全宣传“三普一帮”获2020民生示范工程
12月25日	中国新闻网	首善街区赋新能——长沙市天心区青园街道迈入高质量发展侧记
12月25日	中央电视台新闻频道《新闻直播间》	长沙理工大学设计艺术学院教师邓寒松：设计庭院小景为美丽乡村加分
12月26日	人民网	两会来了·【天心两会】政协长沙市天心区第五届委员会第五次会议开幕
12月26日	“学习强国”	区县新闻丨长沙市青园街道：首善街区赋新能
12月26日	人民网	天心·两会 | 怀揣民声 代表委员有备而来
12月27日	人民网	两会来了·【天心两会】“智慧天心、融城核心” 天心区五届人大第七次会议开幕
12月27日	“学习强国”	区县新闻 | 图解2020年长沙市天心区人大常委会工作报告
12月27日	人民网	一图看天心区“十三五”成绩、“十四五”目标
12月27日	人民网	长沙天心法治建设屡获省、市先进的秘钥何在？
12月28日	中国新闻网	勠力同心 书写“十四五”天心发展新篇章——区五届人大七次会议胜利闭幕
12月28日	“学习强国”	区县新闻 | 长沙市天心区：让数据变成企业的“真金白银”
12月28日	工人日报	长沙市再造办事流程，重塑理念作风，多项高频事项可自助办理，这里的政务服务“24小时不打烊”
12月29日	法治日报	党建引领自治筑基智治支撑，长沙全力打造市域社会治理现代化新样本
12月29日	“学习强国”	区县新闻丨动漫解读“十四五” 长沙市天心区这么干！
12月29日	《长沙晚报》	长沙，项目为王（多彩长沙走新路）——写在全市重大产业项目流动观摩会之际
12月30日	《长沙晚报》	智慧天心，一“码”当先
12月31日	“学习强国”	便民服务丨“数字”赋能 “智慧”同行 长沙市天心区这个街道有点“潮”
12月31日	中央电视台财经频道《新年新世界》	湖南：打卡网红庙会，感受韵味长沙
12月31日	中国新闻网	解码天心“十四五”：读懂发展关键词 勇担长株潭一体化“排头兵”
12月31日	“学习强国”	区县新闻 | 长沙市天心区：全力建设“智慧天心、融城核心”
12月31日	《人民日报（海外版）》官网	长沙市天心区湘府英才小学举办新年年俗体验节

索　引

说　明

一、本索引采用主题词分析法编制，设主题词索引和人名索引，按汉语拼音字母顺序排列。

二、专文、大事记、荣誉榜、附录等类目及概况条目不列入索引；分目作索引词的用加粗字体标明。

三、索引主题词后的数字表示页码。

主题词索引

1—9

A

B

C

D

M

N

P

Q

R

S

X

人名索引

A

B

C